D1728508

Dennis Pulina
Kaiser Maximilian I. als Held im lateinischen Epos

Frühe Neuzeit

—

Studien und Dokumente zur deutschen Literatur
und Kultur im europäischen Kontext

Herausgegeben von
Achim Aurnhammer, Joachim Hamm,
Wilhelm Kühlmann, Martin Mulsow und
Friedrich Vollhardt

Band 244

Dennis Pulina

Kaiser Maximilian I. als Held im lateinischen Epos

Ein Beitrag zur Methodik epischer Heroisierungen
und zur Aktualisierung antiker Heldennarrative

DE GRUYTER

Überarbeitete Fassung der 2020 an der Albert-Ludwigs-Universität Freiburg eingereichten Dissertation mit dem Titel „Maximilian I. als Held lateinischer Epik. Heroisierungsprozesse einer Gattung im Wandel der Zeit"

Gefördert durch die Deutsche Forschungsgemeinschaft (DFG) – Projektnummer 181750155 – SFB 948

ISBN 978-3-11-074197-1
e-ISBN (PDF) 978-3-11-074249-7
e-ISBN (EPUB) 978-3-11-074260-2
ISSN 0934-5531

Library of Congress Control Number: 2021948976

Bibliografische Information der Deutschen Nationalbibliothek
Die Deutsche Nationalbibliothek verzeichnet diese Publikation in der Deutschen Nationalbibliografie; detaillierte bibliografische Daten sind im Internet über http://dnb.dnb.de abrufbar.

© 2022 Walter de Gruyter GmbH, Berlin/Boston
Satz: Integra Software Services Pvt. Ltd.
Druck und Bindung: CPI books GmbH, Leck

www.degruyter.com

carissimis parentibus

Danksagung

Die vorliegende Arbeit ist das Ergebnis meiner Tätigkeit am Freiburger Sonderforschungsbereich 948 „Helden – Heroisierungen – Heroismen" während dessen zweiter Förderphase. Die Zusammenarbeit mit Wissenschaftlerinnen und Wissenschaftlern ganz unterschiedlicher Disziplinen, der intensive und stets herzliche kollegiale Austausch hat nicht nur meine Sicht auf das Heroische, sondern mein Denken und Arbeiten auch darüber hinaus fundamental geprägt.

Dass es überhaupt zu dieser Arbeit gekommen ist, verdanke ich dem Vertrauen, das mein Doktorvater, Herr Professor Dr. Stefan Tilg, in mich gesetzt hat. Er hat meine Arbeit mit vielen Impulsen begleitet, mit einem offenen Ohr und einem kritischen Blick. Vom ihm erhielt ich den Rat, den ich wollte, und die Freiräume, die ich brauchte. Für die zahlreichen Gespräche und die vorbehaltlose Unterstützung gilt ihm von Herzen mein Dank.

Ebenso zu schätzen weiß ich den Rückhalt, den ich von meinem Zweitbetreuer, Herrn Professor Dr. Florian Schaffenrath, erfuhr. Mit seiner Expertise im neulateinischen Epos und seiner Begeisterung für das Thema meiner Arbeit stand er mir immer mit Rat und Tat zur Seite. Ihm gilt mein Dank, weil er meine Untersuchungen mit einem Blick ‚von außen' bereicherte, jenseits des Sonderforschungsbereichs und den Strukturen, in denen ich zu denken gewohnt war.

Nicht nur für das inspirierende Umfeld, sondern auch für die Möglichkeiten, meine Ansätze und Ideen zu hinterfragen, zu festigen oder zu verwerfen, danke ich allen Mitgliedern des Sonderforschungsbereichs. Namenlos aber kann ich nicht übergehen, wer einen ganz besonderen Anteil daran hat. Zunächst möchte ich mich bei Herrn Professor Dr. Ralf von den Hoff bedanken, dem Sprecher des Sonderforschungsbereichs, vor dem ich als Vertreter der Lesekommission auch meine Disputation abgelegt habe. Für die Leitung des integrierten Graduiertenkollegs bin ich darüber hinaus nicht nur ihm, sondern auch Frau Professorin Dr. Barbara Korte zu Dank verpflichtet. Im selben Zug möchte ich auch Frau Dr. Ulrike Zimmermann meinen Dank aussprechen, die als Koordinatorin des Graduiertenkollegs bei allen Fragen und Unwägbarkeiten zur Stelle war. Dass alles reibungslos ablief und vieles unkompliziert möglich wurde, ist nicht zuletzt dem wissenschaftlichen Koordinator des Sonderforschungsbereichs, Sebastian Meurer, zu verdanken.

Nicht nur für die Übernahme des Drittgutachtens, sondern auch für viele Hinweise im Laufe der SFB-Tätigkeit danke ich Herrn Professor Dr. Achim Aurnhammer, der als Mitherausgeber der Reihe „Frühe Neuzeit" auch Anteil daran hat, dass die Arbeit nun in dieser Form vorliegt. Ihm und den weiteren Herausgebern gilt mein herzlicher Dank für die zügige Begutachtung und die Aufnahme in die Reihe.

https://doi.org/10.1515/9783110742497-202

Eine exzellente Betreuung bei De Gruyter hat mir Herr Robert Forke zuteil-werden lassen. Für die großzügige Übernahme der Druckkosten danke ich dem Sonderforschungsbereich.

Die Arbeit ist meinen Eltern gewidmet. Ihrem Rückhalt kann kein noch so wortreicher Absatz Genüge tun.

Freiburg, am 12. August 2021 Dennis Pulina

Inhalt

1 Einleitung

> Miratur: „Sed mox, quid prosunt marmora", dixit,
> „aut similes vivis vultus! Me Musa secundo
> carmine, cuncta novem referant mea facta Sorores."[1]
> (Basinio da Parma, Hesperis 4, 573–575)

Eine überdauernde Erinnerung, den festen Platz im kollektiven Gedächtnis der Nachwelt, versprach man sich in der Frühen Neuzeit von einer literarischen Gattung, die von Italien aus zu neuer Blüte gelangt war, dem lateinischen Epos. Der Ruhm, den die Dichtung durch die musenbegabte Schau des Göttlichen zu schenken vermöge, überrage jedes menschenähnliche und in Marmor geschlagene Denkmal – so die Worte, die Basinio da Parma dem Helden seiner *Hesperis* (fertiggestellt 1455), des ersten Großepos auf einen frühneuzeitlichen Herrscher, in den Mund legt. Basinio, der für seine dichterische Verewigung der Taten Sigismondo Malatestas nicht allein auf die römischen Epen, sondern besonders auch auf Homer zurückgriff,[2] ist mit seinem dreizehn Bücher umfassenden Werk nur der erste einer langen Reihe von Dichtern und ihren Epen auf frühneuzeitliche Herrscher:[3] Episches Heldentum als Form der Panegyrik war bald

---

1 [„Er wunderte sich: „Aber was nützt in der Zukunft der Marmor", so seine Worte, „oder Gesichtszüge ähnlich den Lebenden! In einem günstigen Gedicht soll die Muse von mir künden und sollen die neun Schwestern von allen meinen Taten erzählen!"'] Diese und alle weiteren Übersetzungen lateinischer Zitate stammen, wenn nicht anders angegeben, von Dennis Pulina. Als Prämisse für die Darstellung lateinischer Texte gilt, dass in der vorliegenden Studie Lesbarkeit und Verständlichkeit auch für ein interdisziplinäres Publikum im Vordergrund stehen. Die Orthografie wird daher – mit Ausnahme von genuin mittelalterlichen und frühneuzeitlichen Eigennamen – an das klassische Latein entsprechend den Lemmata des Georges angepasst (Ausführliches lateinisch-deutsches Handwörterbuch. Hg. von Karl E. Georges. Unveränderter Nachdruck der achten verbesserten und vermehrten Auflage von Heinrich Georges. 2 Bde. Darmstadt 1988). Die Werke antiker Autoren werden gemäß den Konventionen des Neuen Pauly abgekürzt: Der Neue Pauly. Hg. von Hubert Cancik, Helmuth Schneider. Bd. 1. Stuttgart, Weimar 1996, S. xxxix–xlvii. Ihre Zitation erfolgt, wenn nicht anders angegeben, entsprechend den Ausgaben, aus denen auch die Übersetzungen stammen. Bei reinen Verweisen möge man die gängigen Ausgaben konsultieren, bei textkritischen Problemen sind die Verweise präzisiert. Sofern für jüngere Quellen eine Edition vorliegt, wird nach dieser zitiert, ansonsten sind sie anhand der angegebenen Handschriften oder Drucke erschlossen. Neben der Normalisierung der Orthografie wird dabei die Interpunktion modernisiert, d.h. Sätze nach syntaktischen Einheiten gruppiert und direkte Reden in Anführungszeichen gesetzt.
2 Zur Homerimitation Basinios s. Georg Finsler: Homer in der Neuzeit. Von Dante bis Goethe. Italien – Frankreich – England – Deutschland. Leipzig, Berlin 1912, S. 30.
3 Dass in dieser Studie von Herrschern, Dichtern und Helden allein im Maskulinum die Rede ist, reflektiert den historischen Kontext der untersuchten Heroik sowie den Entstehungskontext der Maximiliansepen, ist jedoch auch der bislang unzureichenden Forschung an frühneuzeitlichen Gen-

https://doi.org/10.1515/9783110742497-001

an den Fürstenhöfen Italiens – und nicht nur dort – mehr als eine Mode, es wurde zum festen Bestandteil herrschaftlicher Legitimation und Propaganda.[4] In

---

derkonzepten geschuldet. Für Maximilian bestand Geschichte in den Taten tapferer Männer (Jan-Dirk Müller: Gedechtnus. Literatur und Hofgesellschaft um Maximilian I. München 1982 [Forschungen zur Geschichte der älteren deutschen Literatur 2], S. 87). In diesem Kontext wird das epische Heldentum Maximilians (speziell auch die ritterlichen Facetten) rein an Männern verhandelt. Herrscher wie Maximilian treten insbesondere die Nachfolge ruhmreicher Feldherrn Roms als Erben der einstigen Größe an. Während etwa in Bartolinis *Austrias* einer unterlegenen Amazone namens Pantho ihr Heldentum aberkannt wird, weil sie eine Frau sei (10, 629), muss man für die Zeit nach Maximilian andere Beobachtungen machen. Heldinnen wie Marfisa in Ariosts *Orlando furioso* (1516) oder Clorinda in Tassos *La Gerusalemma liberata* (1574) werden nicht ohne Nachwirkung für epische Narrative geblieben sein. Man muss ebenfalls Abstand davon nehmen, die vorgelegten Ergebnisse vorbehaltlos auf Herrscherinnen zu übertragen. Bedenkt man etwa die Inszenierung Königin Elisabeths I. von England mittels des Astraea-Mythos, bedarf es zunächst näherer Studien zur Klärung, inwiefern Panegyrik auf Herrscherinnen auf dieselbe Weise funktioniert und funktionieren kann wie auf Herrscher. Dass in dieser Arbeit schließlich von Dichtern die Rede ist, soll nicht verdecken, dass Frauen in Maximilians Zeit (wie etwa seine Tochter Margarethe) als Autorinnen herausragten. Die Epen auf Maximilian jedoch ebensowie ihre Vorläufer und Vorbilder, aber auch die unmittelbaren Nachfolger wurden von Männern verfasst und diesem Umstand wird durch das Maskulinum Rechnung getragen.

4 Die Eignung des Begriffes Propaganda für das Mittelalter wird ausführlich diskutiert in Karel Hruza: Propaganda, Kommunikation und Öffentlichkeit im Mittelalter. In: Propaganda, Kommunikation und Öffentlichkeit (11.–16. Jahrhundert). Hg. von Karel Hruza. Wien 2002 (Denkschriften der Philosophisch-Historischen Klasse der Österreichischen Akademie der Wissenschaften 307; Forschungen zur Geschichte des Mittelalters 6), S. 9–25. Hruza postuliert ebd., S. 14–15, dass der Begriff dann gebraucht werden solle, wenn sich mittelalterliche Kommunikationsstrukturen mit der Definition des im siebzehnten Jahrhundert aufkommenden Begriffes deckungsgleich zeigen. Diese Deckung ergibt sich, indem für die vorliegende Studie der Begriff wie folgt verstanden werden soll: „Propaganda is the deliberate, systematic attempt to shape perceptions, manipulate cognitions, and direct behavior to achieve a response that furthers the desired intent of the propagandist." (Garth S. Jowett, Victoria O'Donnell: Propaganda & Persuasion. 7. Auflage. Thousand Oaks u.a. 2019, S. 6). Dies trifft sehr genau auf Maximilians Erinnerungsprojekt zu. In ähnlicher Weise versteht auch Hollegger den Begriff, der die herrschaftliche Propaganda Maximilians eingehender beschrieben hat: Manfred Hollegger: Erwachen vnd aufsten als ein starcker stryter. Zu Formen und Inhalt der Propaganda Maximilians I. In: Propaganda, Kommunikation und Öffentlichkeit (11.–16. Jahrhundert). Hg. von Karel Hruza. Wien 2002 (Denkschriften der Philosophisch-Historischen Klasse der Österreichischen Akademie der Wissenschaften 307; Forschungen zur Geschichte des Mittelalters 6), S. 223–234. Würde man hingegen eine engere Definition von Propaganda anlegen, wonach etwa Propaganda als Verbreitung „gezielt falsche[r] Informationen" anzusehen wäre (Alexander Heintzel: Propaganda im Zeitalter der Reformation. Persuasive Kommunikation im 16. Jahrhundert. St. Augustin 1998, S. 5), würde dies nur mit Einschränkungen auf Maximilians Ruhmeswerk zutreffen. Zu Maximilians Propaganda ist weiter grundlegend zu beachten Georg Wagner: Maximilian I. und die politische Propaganda. In: Maximilian I. Katalog der Ausstellung Innsbruck. Innsbruck 1969, S. 33–46.

den dichtungstheoretischen Schriften der Zeit wurde das Epos als erhabenste Gattung angesehen.[5]

Bereits in der Antike galt das *carmen heroicum* als eine Gattung, die dauerhaften Ruhm versprach:[6] Nicht zu Unrecht bemitleidet Horaz diejenigen Helden, die vor Homer lebten (c. 4, 9, 28). Auch Cicero hegte die Hoffnung auf unvergänglichen Ruhm durch ein Epos (Arch. 28–30), welche ihm von dem griechischen Dichter Archias zwar nicht erfüllt wurde, aber ein Paradigma blieb: Gerade Francesco Petrarca, der „father of Italian humanism",[7] rekurrierte anlässlich seiner Dichterkrönung 1341 auf Ciceros Verteidigungsrede und der darin hervorgehobenen Bedeutung des Dichters als Garant der Erinnerung.[8] Dass man im Quattrocento das Epos gerade als panegyrische Gattung ansah, liegt vor allem darin begründet, dass bereits der spätantike Kommentator Servius Vergils *Aeneis* – das bedeutendste Vorbild für die frühneuzeitliche Epik – als ein Lobgedicht auf Augustus laß.[9]

Zu Basinios Zeit sah man im epischen Helden – im Gegensatz zum tragischen – den „Inbegriff aller kriegerischen, moralischen und aristokratischen Tugenden":[10]

---

5 Klaus Werner: Die Gattung des Epos nach italienischen und französischen Poetiken des 16. Jahrhunderts. Frankfurt a.M. 1977 (Heidelberger Beiträge zur Romanistik 11), S. 8–11; Florian Schaffenrath: Neo-Latin Epic. In: Encyclopedia of Renaissance Philosophy. Hg. von Marco Sgarbi. Cham/CH 2018 (online living edition). DOI: 10.1007/978-3-319-02848-4_852-1 (letzter Zugriff 04.03.2021).

6 Paul Gwynne: Poets and Princes. The Panegyric Poetry of Johannes Michael Nagonius. Turnhout 2012 (Courts: Medieval and Renaissance Court Cultures 1), S. 54–59.

7 Schaffenrath: Neo-Latin Epic.

8 Gwynne: Poets and Princes, S. 55 mit Bezug auf Ernest H. Wilkins: The Coronation of Petrarch. In: Speculum 18.2 (1943), S. 155–197, hier S. 175, der in Petrarcas Rede anlässlich der Dichterkrönung (Collatio laureationis 17) die Rezeption von Cicero, Arch. 24 nachweist. S. hierzu auch Jonathan Usher: Monuments More Enduring than Bronze: Boccaccio and Paper Inscriptions. In: Heliotropia 4.1–2 (2007), S. 21–50, hier S. 27.

9 Osborne B. Hardison: The Enduring Monument. A Study of the Idea of Praise in Renaissance Literary Theory and Practice. Westport 1962, S. 71; Allen Cameron: Claudian. Poetry and Propaganda at the Court of Honorius. Oxford 1970, S. 260; Gwynne: Poets and Princes, S. 44.

10 Werner, S. 10.

> Vor allem im epischen Helden verdichtete sich das Idealbild der heroischen Lebens- und Persönlichkeitssteigerung. In ihm sammelten sich brennpunktartig die Kräfte der Moral, des Mutes, des Verstandes und des Willens und gelangten zur höchsten Steigerung.[11]

Für die Konstruktion eines solchen Heldentums boten Homers *Ilias* und *Odyssee* sowie die lange Tradition lateinischer Epen ein nahezu unerschöpfliches Repertoire an Bauformen zur Heroisierung, an Figurationen des Heroischen und letztlich heroischen Figuren selbst, an die im Text erinnert werden konnte.[12] Gerade Homers und Vergils Dichtung sind auch bei denjenigen frühneuzeitlichen Dichtern stets präsent, die zeitgenössische Themen behandeln; Elemente des Mythos dienten zur *variatio* der historischen Grundlage,[13] gleichzeitig aber auch zur Idealisierung und dadurch zur Überhöhung.[14] Nicht nur, dass vergangene heroische Figuren, besonders auch mythische, Kontrast- und Reflexionsfiguren für gegenwärtige waren, auch spielte die italienische Vergangenheit für die Identifikation frühneuzeitlicher Herrscher eine gewichtige Rolle. „In Italien ist die Geburt der Nation als Wiedergeburt erfahren worden",[15] konstatiert Klaus Garber.

Nach Petrarcas Tod richtete sein Zeitgenosse Giovanni Boccaccio eine Klage an das personifizierte Epos *Africa*, Petrarcas Gesang auf die Taten Scipios d. Ä. im Zweiten Punischen Krieg, wonach es sich um der Heldenerinnerung willen erheben und sich selbst vor den Flammen und der Vergessenheit bewahren solle.[16] Dass Boccaccio Petrarcas Epos auf den antiken Helden Scipio als ‚erhabene Zierde

---

11 Ebd., S. 11.

12 Zu den verschiedenen Funktionen erinnerter Figuren als Vorbilder, Vorläufer und Präfiguranten s. Kap. 1.3.3.

13 Antonio Belloni: Storia dei Generi Letterari Italiani. Bd. 8. Mailand 1912, S. 92.

14 Ebd.

15 Klaus Garber: Zur Konstitution der europäischen Nationalliteraturen. Implikationen und Perspektiven. In: Nation und Literatur im Europa der Frühen Neuzeit. Hg. von Klaus Garber. Tübingen 1989 (Frühe Neuzeit 1), S. 1–55, hier S. 26.

16 Boccaccio, Pro Africa Petrarchae 16–20.36b–38: „Parte alia Pietas deflet sociata querelis | innumeris, dulcesque simul stant ordine secum | orantes Musae lacrimis precibusque senatum, | ne pereant tot gesta virum sanctique labores | amplaque doctiloqui vatis nunc carmina flammis. | [...] Circumspice, quaeso, | quot pereant misere, si tu neglecta peribis, | Italiae renovatus honor Musaeque Latinae." [‚Auf der anderen Seite weint die Pietas, begleitet von unzähligen Klagen, und in Reih und Glied stehen zugleich bei ihr die süßen Musen, die unter Tränen und mit Gebeten den Senat darum bitten, dass nicht so viele Taten der Männer, die geheiligten Mühen und die bedeutenden Gedichte des Sehers mit seiner gelehrten Stimme nun in den Flammen verloren gehen. | [...] Schau Dich um, ich bitte Dich, wie viele Männer elend vergehen, wenn man Dich vernachlässigen und so vergessen wird, Du, die erneuerte Zierde Italiens und der latinischen Muse.']

Italiens' („Italiae sublimis honor"; 1) und später als ‚erneuerte Zierde Italiens'
(„renovatus honor Italiae"; 37) bezeichnet, weist die gegenwartsbezogene Relevanz der Antike und ihrer Helden in der Frühen Neuzeit mehr als deutlich aus.

Epische Helden des Quattrocento wie Sigismondo Malatesta sind jedoch
keineswegs einfach als neuer Achill oder zweiter Aeneas dargestellt. In den antiken Figuren ist vielmehr ein Ausgangspunkt zu sehen, von dem aus Dichter
wie Basinio ihre eigenen Helden konstruierten, die ihren Vorläufern zwar in
vielerlei Hinsicht ähnlen, aber durchaus anders und besser als diese agieren. So
schöpft beispielsweise Lorenzo de' Medici in Naldo Naldis *Volaterrais* (fertiggestellt 1474) das diplomatisches Geschick zur Kriegs- und Gewaltvermeidung aus
und Figuren wie Malatesta in der *Hesperis* oder Francesco Sforza in Francesco
Filelfos *Sphortias* (unvollendet) lassen sich stets von der Milde, der *clementia*, leiten, womit sie eine christliche Ethik verkörpern. „As time passes experience ac-
cumulates",[17] bemerkt Osborne B. Hardison zur Notwendigkeit der Modifikation
antiker Heldenbilder. Gleichzeitig darf man nicht vergessen, dass die Modifikation erst vor dem Hintergrund etablierter Denkfiguren sichtbar wird und jedes
neue Heldenbild erst im Kontrast als Auseinandersetzung mit vorausgehenden
wahrnehmbar wird.

1.1 Maximilians *gedechtnus*

Die Ausbreitung des lateinischen Epos nördlich der Alpen ist im Wesentlichen
einem Herrscher zu verdanken, der in bis dahin einzigartiger Weise seine bedeu-
tungsvolle Erinnerung in der Nachwelt über Jahrzehnte hinweg und unter Ausschöpfung der Medien seiner Zeit organisierte, Kaiser Maximilian I. (1459–1519,
römisch-deutscher König ab 1486, Kaiser des Heiligen Römischen Reiches ab
1508).[18] Leitidee seines sogenannten Ruhmeswerkes war die Vorstellung von

---

17 Hardison, S. 24, der ebd. weiter ausführt: „The spontaneous responses of early poetry become
ever less satisfactory until copying them becomes not simplicity or spontaneity but primitivism, a
sign of decadence. Pindar's enthusiasm for the victors in the Olympic games commands assent
even now; but that a modern poet could describe baseball in Pindaric terms is ridiculous."
18 Maximilians Leben wurde in einer ganzen Reihe an Forschungsbeiträgen beleuchtet. Erwähnt
seinen an dieser Stelle erstens die grundlegenden Arbeiten von Wiesflecker, besonders Hermann
Wiesflecker: Kaiser Maximilian I. Das Reich, Österreich und Europa an der Wende zur Neuzeit. 5
Bde. Wien 1971–1986 sowie im Überblick Hermann Wiesflecker: Maximilian I. In: Neue Deutsche
Biographie. Hg. von der Historischen Kommission bei der Bayerischen Akademie der Wissenschaften. Bd. 16. Berlin 1990, S. 458–471. Ebenfalls unverzichtbar ist Manfred Hollegger: Maximilian I.
(1459–1519). Herrscher und Mensch einer Zeitenwende. Stuttgart 2005. Umfangreichere Lebensbe-

einer *gedechtnus*, welche ihn vor dem Vergessen nach dem letzten Glockenschlag bewahren sollte.[19] Jan-Dirk Müller hat diese in zahlreichen Studien aufgearbeitet und sieht in ihr vier Hauptbestandteile: erstens die Sicherung der Erinnerung durch religiösen Kontext, etwa durch Stiftungen von Kirchen, zweitens historische Forschungen, d.h. Aufarbeitung der Vergangenheit und die dauerhafte Sicherung dieser Kenntnisse und ihrer Relikte (dass er etwa seltene Erzählungen im *Ambraser Heldenbuch* zusammenbinden ließ), drittens – was damit einhergeht – die Sammlung und Archivierung „aller möglichen Wissensbestände im Umkreis von Regiment, Hof und fürstlichem Haus", insbesondere die Aufzeichnungen in Urkunden und Registern. Viertens nun – und diesem Punkt widmet sich die vorliegende Studie – meint *gedechtnus* „die überhöhende Darstellung der eigenen Taten in Text und Bild für die Nachwelt".[20] Müller unterstreicht, dass die *gedechtnus* – und das bedeutet vor allem schriftliche Fixierung –[21] nicht

---

schreibungen liefern darüber hinaus u.a. Norbert Koppensteiner, Christa Angermann (Hg.): Maximilian I.: der Aufstieg eines Kaisers: von seiner Geburt bis zur Alleinherrschaft 1459–1493. Wiener Neustadt 2000; Sabine Weiss: Maximilian I. Habsburgs faszinierender Kaiser. Innsbruck 2018. Kürzere Darstellungen bieten zudem Georg Schmidt-von Rhein: Maximilian aus der Sicht der Zeitgenossen. Einleitung. In: Kaiser Maximilian I. Bewahrer und Reformer. Hg. von Georg Schmidt-von Rhein. Ramstein 2002, S. 290–292; Heinz Noflatscher: Maximilian I. (1486/93–1519). In: Höfe und Residenzen im spätmittelalterlichen Reich. Ein dynastisch-topographisches Handbuch. Hg. von Werner Paravicini. Ostfildern 2003 (Residenzenforschungen 15.1), S. 351–360. Die diversen Facetten von Leben und Wirken Maximilians werden zudem in den vielen Ausstellungskatalogen, insbesondere den jüngsten anlässlich des 500. Todesjahres des Kaisers, eindrücklich erschlossen, zu nennen sind v.a. Monika Frenzel u.a. (Hg.): Maximilian 1. Aufbruch in die Neuzeit. Innsbruck, Wien 2019; Katharina Kaska (Hg.): Kaiser Maximilian I. Ein großer Habsburger. Wien 2019; Heidrun Lange-Krach (Hg.): Maximilian I. 1459–1519. Kaiser. Ritter. Bürger zu Augsburg. Augsburg, Regensburg 2019.

19 In Kapitel 24 des *Weißkunig* (S. 69) heißt es: „wer Ime in seinem leben kain gedachtnus macht der hat nach seinem todt kain gedächtnus vnd desselben menschen wirdt mit dem glockendon vergessen". Zitiert wird nach der der Erstausgabe Maximilian I.: Der Weiß Kunig. Eine Erzehlung von den Thaten Kaiser Maximilians des Ersten. Von Marx Treitzsaurwein auf dessen Angaben zusammengetragen [...]. Wien 1775.

20 Jan-Dirk Müller: Kaiser Maximilian I. In: Die deutsche Literatur des Mittelalters. Verfasserlexikon. Hg. von Kurt Ruh u.a. Bd. 6. Berlin, New York 1987, Sp. 204–236, hier Sp. 208–209.

21 Müller: Gedechtnus, S. 89. Zum Konzept der *gedechtnus* und den nicht-schriftlichen Erinnerungsmedien des fünfzehnten Jahrhunderts s. überblickshaft Klaus Graf: Fürstliche Erinnerungskultur. Eine Skizze zum neuen Modell des Gedenkens in Deutschland im 15. und 16. Jahrhundert. In: Les princes et l'histoire du XIVe au XVIIIe siècle. Hg. von Chantal Grell u.a. Bonn 1998 (Pariser historische Studien 47), S. 1–11.

nur der eigenen Ehre gedient habe, sondern maßgeblich der Legitimation von Dynastie und Herrschaft; insofern sei die Archivierung der eigenen Taten auch eine Herrscherpflicht gewesen.[22] Wenngleich ein breites Spektrum an Medien, man denke vor allem an Gedenk- und Schaumünzen[23] sowie Gemälde und Porträts Maximilians,[24] von Maximilians einzigartigem Bewusstsein und Eifer für die herrscherliche Inszenierung und seine Propaganda zeugen, bezeichnet Larry Silver ihn doch zurecht als einen „Papier-Kaiser":[25]

---

22 Müller: Gedechtnus, S. 81–82.87–89; Stephan Füssel: Maximilian I. In: Deutsche Dichter der frühen Neuzeit (1450–1600). Ihr Leben und Werk. Hg. von Stephan Füssel. Berlin u.a. 1993, S. 200–216, hier S. 203.

23 Man denke beispielsweise an den 1509 anlässlich der Annahme des Kaisertitels geprägten Kaiserdoppelguldiner, ein Schaustück mit Durchmesser 53 mm und Gewicht eines doppelten Guldiners (s. hierzu Erich Egg: Die Münzen Kaiser Maximilians I. Innsbruck o. J. [ca. 1970], S. 39–40) Dass Maximilian sich in seiner Funktion als Bewahrer des gesamten Kontinents betrachtete, zeigt sich darin, dass auf dieser Münze von Europa die Rede ist (Helmut Rizzoli: Die Veroneser Prägungen Maximilians in seinem Dietrich-Bern. Maximilians geprägte Propaganda. In: Der Venezianerkrieg Kaiser Maximilians I. Tagungsbände der Stiftung Bozner Schlösser. Bd. 1. Hg. von Stiftung Bozner Schlösser. Bozen 2019, S. 175–187, hier S. 176). Auf der Rückseite des Doppelguldiners heißt est: „PLVRIVMQVE EVROPE PROVINCIAR[VM] REX ET PRINCEPS POTENTISSIM[VS]". Der Doppelguldiner in Gold, nicht als Zahlungsmittel gedacht (ebd., S. 178), war ein Geschenk an den Venezianer Dogen Leonardo Loredan (ebd.). Einen Überblick über den Münzbetrieb, die Prägestätten und Prägungen, sowie einen Katalog der Münzen Maximilians I. bietet Egg.

24 Einführend hierzu Anja Eisenbeiß: Ein Herrscher formt sein Bild. Die Porträts Kaiser Maximilians. In: Maximilianus. Die Kunst des Kaisers. Hg. von Lukas Madersbacher, Erwin Pokorny. Berlin, München 2019, S. 28–39.

25 So der Titel von Larry Silver: Der Papier-Kaiser. Burgkmair, Augsburg und das Bild des Kaisers. In: Kaiser Maximilian I. und die Kunst der Dürerzeit. Hg. von Eva Michel, Maria L. Sternath. München u.a. 2012, S. 91–99.

Er nutze die Medienrevolution der Zeit,[26] Buchdruck[27] und Bilddruck[28] (Metallstich und Holzschnitt) – Letzteren hat Maximilian besonders eindrucksvoll und neuartig für seine monumentale *Ehrenpforte* im Format 295 x 357 cm eingesetzt,

---

26 Zu den Reproduktionstechniken der Zeit grundlegend Andreas Würgler: Medien in der Frühen Neuzeit. München 2009 (Enzyklopädie deutscher Geschichte 85).
27 Jan-Dirk Müller: Literatur und Kunst unter Maximilian I. In: Kaiser Maximilian I. Bewahrer und Reformer. Hg. von Georg Schmidt-von Rhein. Ramstein 2002, S. 141–150, hier S. 142. Auch Diederichs hebt die Bedeutung des Buchdruckes für Ruhmeswerk wie politische Publizistik heraus und spricht von Maximilians Pflege persönlicher Kontakte zu Buchdruckereien (Peter Diederichs: Kaiser Maximilian I. als politischer Publizist. Diss. Heidelberg 1931, S. 15). Füssel betont, dass Maximilian amtliche Schreiben wie Achterklärungen oder Mandate nicht mehr wie Friedrich III. an ausgesuchte Empfänger sandte, sondern sie „als offene Schreiben herausgeben" ließ (Stephan Füssel: Die Funktionalisierung der „Türkenfurcht" in der Propaganda Kaiser Maximilians I. In: Osmanische Expansion und europäischer Humanismus. Akten des interdisziplinären Symposions vom 29. und 30. Mai 2003 im Stadtmuseum Wiener Neustadt. Hg. von Franz Fuchs. Wiesbaden 2005 [Pirckheimer Jahrbuch für Renaissance- und Humanismusforschung 20], S. 9–30, hier S. 19). Füssel macht ebd. auf „die öffentliche Verbreitung durch Anschläge in den Rathäusern oder die Vermeldung von den Kanzeln" aufmerksam. Im Hinblick auf einen frühen Einblattdruck, in dem Maximilian zu einem Kriegszug gegen Ludwig XI. von Frankreich auffordert (Herrn Erzherzog Maximilians Verkündung, etliche Söldner wider den König von Frankreich und dessen Anhänger zu bestellen: Nürnberg, Stadtarchiv Nürnberg, Reichsstadt Nürnberg, Ratskanzlei, A-Laden, Akten A 141 Nr. 36), bemerkt Eisermann, dass solch ganz spezifische Ausschreiben eher in geringer Auflage gedruckt und dann wiederum von den Empfängern weitergeleitet wurden, schriftlich oder mündlich (Falk Eisermann: Buchdruck und politische Kommunikation. Ein neuer Fund zur frühen Publizistik Maximilians I. In: Gutenberg-Jahrbuch 77 [2002], S. 76–83, hier S. 81). Er untermauert ebd. dies, indem er auf einen Druck über die öffentliche Bekanntmachung des ewigen Landfriedens vom 7. August 1459 verweist (Gesamtkatalog der Wiegendrucke 10381), wobei auf Maximilians Geheiß Markgraf Friedrich V. von Brandenburg 200 Exemplare der Bekanntmachung drucken ließ. Müller: Literatur und Kunst, S. 142 betont zudem die intensive Nutzung des Holzschnittes und resümiert, dass die neuen Medien dazu dienten, „die Denkmäler, die Maximilian sich für alle Ewigkeit zu schaffen gedachte, nicht nur an einem Ort, sondern überall präsent zu halten".
28 Dass die Medienrevolution des fünfzehnten Jahrhunderts vor allem in den Bilddrucken begründet liege, betont Christine Bossmeyer: Visuelle Geschichte in den Zeichnungen und Holzschnitten zum ‚Weißkunig' Kaiser Maximilians. Textband. Ostfildern 2015, S. 9. Die Besonderheit an Maximilians Umgang mit diesem Medium sei, dass er zeitgeschichtliche und vor allem zeitnahe Ereignisse in der begrenzten Bildfläche auf Drucken darstellen ließ (ebd., S. 11) – man denke an die Holzschnitte des *Teuerdank*. Es handelte sich um sog. Ereignisbilder (ebd., S. 12), „Darstellungen, in denen eine historische Begebenheit, die noch als gegenwärtig im Bewußtsein lebt, in berichtender Schilderung abgebildet wird" (Werner Hager: Das geschichtliche Ereignisbild. Beitrag zu einer Typologie des weltlichen Geschichtsbildes bis zur Aufklärung. München 1939, S. 2).

ein gedruckter „Gedächtnisraum"[29] bestehend aus 192 Holzschnitten, durch die der Betrachter geistig hindurchschreiten und sich das Leben und die Erfolge Maximilians vor Augen führen sollte.[30]

Für die künstlerischen Projekte beschäftigte Maximilian einige der renommiertesten Künstler seiner Zeit, beispielsweise Albrecht Dürer (1471–1528), Hans Springinklee (zw. 1490/95–nach 1522) oder Hans Burgkmair d. Ä. (1473–1531). Nicht nur an der *Ehrenpforte*, sondern an sehr vielen weiteren künstlerischen Werken ist die besondere Text-Bild-Relation[31] zu beachten, so auch in den drei zentralen deutschsprachigen Texten des Ruhmeswerkes, die unter Maximili-

---

29 Beate Kellner: Formen des Kulturtransfers am Hof Kaiser Maximilians I. Muster genealogischer Herrschaftslegitimation. In: Kulturtransfer am Fürstenhof. Höfische Austauschprozesse und ihre Medien im Zeitalter Kaiser Maximilians I. Hg. von Matthias Müller u.a. Berlin 2013 (Schriften zur Residenzkultur 9), S. 52–103, hier S. 80.

30 Ebd., S. 79–80. Wie auch in den anderen Teilen des Ruhmeswerkes flossen hierbei verschiedene Traditionen ineinander und diese sind keineswegs immer gut unterscheidbar. Vorbildhaft für die *Ehrenpforte* waren nach Kellner ebd., S. 79 „mittelalterliche Herrschereinzüge", „ephemere[ ] Schaugerüste der burgundischen Entrées solennelles", „gotische[ ] Flügelaltäre[ ]" und „spätmittelaltelriche[ ] Wappenwände[ ]". Zur *Ehrenpforte* s. insbesondere Thomas U. Schauerte: Die Ehrenpforte für Kaiser Maximilian I. Dürer und Altdorfer im Dienst des Herrschers. München u.a. 2001 (Kunstwissenschaftliche Studien 95) sowie Hans R. Velten: Triumphzug und Ehrenpforte im Werk Kaiser Maximilians I. Intermediale Konstellationen zwischen Aufführung und ‚gedechtnus'. In: Medialität der Prozession. Performanz ritueller Bewegung in Texten und Bildern der Vormoderne. Hg. von Katja Gvozdeva, Hans R. Velten. Heidelberg 2011 (Germanisch-Romanische Monatsschrift, Beiheft 39), S. 247–269.

31 Müller: Kaiser Maximilian I., S. 209 unterstreicht die Zusammengehörigkeit von „*gemäl* und *schrift*". Das Verhältnis von Text und Bild wurde insbesondere für die *Ehrenpforte* untersucht, s. Müller: Gedechtnus, S. 153–159; Schauerte; Stefan Manns: Topik und Gedächtnis. Text-Bild-Relationen und symbolische Kommunikation in der *Ehrenpforte*. In: Kaiser Maximilian I. (1459–1519) und die Hofkultur seiner Zeit. Hg. von Sieglinde Hartmann, Freimut Löser. Wiesbaden 2009, S. 215–229. Dem Text kommt dabei keine rein explikative Funktion zu, vielmehr dient er entscheidend der Rezeptionslenkung und kann insbesondere Gewähr und Legitimation stiften, etwa indem Johannes Stabius als Erzähler des Textes auftritt (Manns, S. 219). Zum Verhältnis Text–Bild s. weiter Franz Unterkircher: Maximilian I.: ein kaiserlicher Auftraggeber illustrierter Handschriften. Hamburg 1983; Hans-Joachim Ziegeler: Der betrachtende Leser – Zum Verhältnis von Text und Illustration in Kaiser Maximilians I. ‚Teuerdank'. In: Literatur und bildende Kunst im Tiroler Mittelalter. Die Iwein-Fresken von Rodenegg und andere Zeugnisse der Wechselwirkung von Literatur und bildender Kunst. Hg. von Egon Kühebacher. Innsbruck 1982 (Innsbrucker Beiträge zur Kulturwissenschaft. Germanistische Reihe 15), S. 67–110; Alexander Kagerer: Macht und Medien um 1500. Selbstinszenierungen und Legitimationsstrategien von Habsburgern und Fuggern. Berlin, Boston 2017 (Deutsche Literatur. Studien und Quellen 23).

ans penibler Redaktion entstanden sind:[32] im *Freydal*, einem Turnierbuch über die Jugend Maximilians, im erst gut 200 Jahre nach Maximilians Tod gedruckten *Weißkunig*, einem „romanhafte[n] Fürstenspiegel",[33] und im *Teuerdank*, einem Ritterepos über die Brautfahrt den gleichnamigen Helden, das noch eingehender in dieser Studie besprochen werden wird. Abseits von Büchern hat Maximilian sich regelmäßiger Flugschriften[34] (darunter Einblattdrucke und Flugblätter, teils

---

32 Maximilians substanzielle Mitarbeit an der Trias *Weißkunig*, *Teuerdank* und *Freyal* hat die Forschung mehr als deutlich herausgearbeitet, s. v.a. Stephan Müller, Dennis Wegener: Maximilian als Autor. Der letzte Ritter in den Mühlen seines Ruhmeswerks. In: Maximilianus. Die Kunst des Kaisers. Hg. von Lukas Madersbacher, Erwin Pokorny. München 2019, S. 40–49. Müller: Gedechtnus, S. 65–66 stellt klar, Maximilian habe das Material für *Teuerdank* und *Weißkunig* geliefert, oft aus seinen Erinnerungen diktiert, eventuell selbst aufgeschrieben. Für den Historiker sei Maximilian daher im Sinne der „historische[n] Authenzität [sic!] des Memoirenwerks" (ebd., S. 68) der Autor. Davon zu unterscheiden seien jedoch die fertigen Werke, die durch Maximilians Mitarbeiter entstanden. Müller plädiert ebd., S. 69 für eine Separierung der Herstellungsabschnitte: „Nicht ein ‚Dichter' verantwortet das Ganze, das Ruhmeswerk ist nicht als autobiographisches Gesamtkunstwerk konzipiert, sondern als historiographische Kollektivarbeit, deren Inhalte mit Hilfe rhetorisch geschulter Sekretäre ausgeformt, von Gelehrten kontrolliert, von Literaten, Künstlern, Handwerkern zwecks gesteigerter Wirkung ausgeschmückt werden – unter Maximilians Oberaufsicht." Maximilians Mitarbeit lässt sich jedoch auch in kleinen Formen der herrschaftlichen Propaganda feststellen, in politischen Schriften, Flugblättern, Briefen etc. Wo sich Maximilians Mitwirkung nicht direkt nachweisen lässt, geht Diederichs dennoch von einer großen Beteiligung des Kaisers aus, vor allem in der eigenhändigen Korrektur von Schrifterzeugnissen seiner Berater (Diederichs, S. 20–21); er spricht von der steten Aufsicht Maximilians (ebd., S. 24, insb. Anm. 3).
33 Jörg J. Berns: Maximilian und Luther. Ihre Rolle im Entstehungsprozeß einer deutschen Nationalliteratur. In: Nation und Literatur im Europa der Frühen Neuzeit. Hg. von Klaus Garber. Tübingen 1989 (Frühe Neuzeit 1), S. 640–668, hier S. 656.
34 Unter ‚Flugschriften' werden nach Johannes Schwitalla: Deutsche Flugschriften 1460–1525. Textsortengeschichtliche Studien. Tübingen 1983 (Germanistische Linguistik 45), S. 14 Texte verstanden, „die nach der Intention und der Auffassung des intendierten Publikums aktuelle und umstrittene Fragen des allgemeinen Wohls betreffen, von öffentlichem Interesse sind und zur Lösung sozial relevanter Probleme beitragen wollten", sowie diejenigen, die „die Einstellungen beim Lese-/Hörerpublikum gegenüber diesen sozialen Fragen befestigen oder ändern wollen und gegebenenfalls zu konkreten Aktionen oder Unterlassungen auffordern". Neben den Studien von Schwitalla und Wagner s. nach wie vor Diederichs. Schwitalla, S. 21 unterstreicht, dass Maximilians Flugschriften „beim Publikum etwas erreichen wollen, was weder durch Zwang, noch durch den üblichen Lauf der Dinge eintritt". Wenn sie – wie meistens – nicht zu einem bestimmten Handeln auffordern, so sollten sie im Mindesten auf die Meinung des Publikums wirken (ebd.). Maximilian nutze zudem mehrblättrige Drucke, s. ebd., S. 241–250, wozu insbesondere polemisch-argumentative Streitschriften gegen seine Gegner gehörten.

auch mit Gedichten oder Liedern) bedient, in einer Auflagenhöhe von 350 bis 400 Exemplaren.[35]

An der literarischen und damit immer auch politischen Inszenierung[36] Maximilians arbeiteten Humanisten im ganzen Reich. Berühmte Namen sind Heinrich Bebel (Tübingen), Willibald Pirckheimer (Nürnberg), Sebastian Brant (Straßburg) oder Konrad Peutinger (Augsburg).

In seiner grundlegenden und unverzichtbaren Studie *Gedechtnus. Literatur und Hofgesellschaft um Maximilian I.* hat Müller gezeigt, dass entsprechend Maximilians Erinnerungsvorstellungen distinkte Traditionen im Ruhmeswerk zusammenfließen und der funktionsgeschichtliche Hintergrund[37] dabei vor allem aus Sicherung des Nachruhmes, Legitimation und Propaganda bestand, sozialgeschichtlich die Herausbildung neuer Führungsschichten am Wiener Hof prägend waren, wonach deutlich weniger adelige Abstammung als vielmehr das individuelle Verdienst (und die entsprechende Bekanntmachung dessen) Gel-

---

35 Wagner, S. 38. Mit einer Flugschrift an die Untertanen Venedigs wollte Maximilian zu Zeiten des Venezianerkrieges Einfluss nehmen (näher ebd.). Die attestierte Auflagenhöhe von 60 zeigt, dass unterschiedliche Adressatenkreise unterschiedliche Auflagen erforderte (Schwitalla, S. 229).

36 Der Begriff der Herrschaftsrepräsentation greift zu kurz, da er den Aspekt der Reaktion des Publikums nicht fasst. Die vorliegende Studie folgt damit Lukas Wolfinger: Die Herrschaftsinszenierung Rudolfs IV. von Österreich. Strategien – Publikum – Rezeption. Köln 2018, der am Beispiel Rudolfs IV. (1339–1365) die Herrschaftsinszenierung – wenngleich vor allem an Gegenständen – untersucht und ebd., S. 36 den Begriff der ‚Repräsentation‘ kritisiert. In ihm sieht er nur den Aspekt der Darstellung und den der Vorstellung von Herrschaft enthalten (womit er anknüpft an Otto G. Oexle: Soziale Gruppen in der Ständegesellschaft: Lebensformen des Mittelalters und ihre historischen Wirkungen. In: Die Repräsentation der Gruppen. Texte – Bilder – Objekte. Hg. von Otto G. Oexle, Andrea von Hülsen-Esch. Göttingen 1998 [Veröffentlichungen des Max-Planck-Instituts für Geschichte 141], S. 9–44). Zurecht kritisiert Wolfinger, S. 37.39, dass die Komponenten der Vor- und Nachbereitung des eigentlichen repräsentativen Aktes sowie die Rückbindung an das Publikum bei diesem Begriff fehlten. Gerade solche Überlegungen allerdings sind wesentlicher Bestandteil von Maximilians Ruhmeswerk und sind auch für die Panegyrik bedeutsam. Folgt man der Definition von Andrea von Hülsen-Esch: Einleitung. In: Inszenierung und Ritual in Mittelalter und Renaissance. Hg. von Andrea von Hülsen-Esch. Düsseldorf 2005 (Studia humaniora 40), S. 7–12, hier S. 7, die ‚Inszenierung‘ als „das ‚In-Szene-Setzen‘ [sieht], also die gesamte Vorbereitungen, die notwendig sind, um einen bestimmten Effekt mit der Aufführung des [Theater-]Stücks zu erzielen", so rückt der Begriff näher in das Feld der Propaganda (Wolfinger, S. 39–40).

37 Der funktionsgeschichtliche Hintergrund blieb, wie Müller: Gedechtnus, S. 15 festhält, in der Analyse auf den engen Zeitraum um 1500, das Umfeld Maximilians Hof sowie den Zweck der *gedechtnus* beschränkt. Weitergehende Untersuchungen, die verallgemeinernd Tendenzen der Zeit aufzeigen, fehlen bislang.

tung hatten.[38] Vergangenheit und Gegenwart fließen in dieser Inszenierung in eins, Erinnerung an vergangene Taten schließt für Maximilian die Erneuerung in der Gegenwart mit ein: „[D]as erinnerte Bild der Vergangenheit (*gedechtnus*) [kann] Selbst- und Fremdbilder der Gegenwart vermitteln und für diese eintreten. Die Selbstdarstellung der eigenen Person, ihres Wirkens, ihrer Ziele kann in der Form der antizipierten *gedechtnus* durch die Nachwelt erscheinen",[39] resümiert Müller und fügt an, dass dieser antizipierte Prozess zu Lebzeiten Maximilians organisiert und medial fixiert werden sollte.[40] Hierunter falle die Funktionalisierung literarischer Gattungen:[41] In ihnen würden „Handlungsmodelle und Leitbilder"[42] illustriert und vermittelt. Der Erinnerte, in diesem Fall Maximilian, werde an Stereotypen wie dem römischen Imperator oder dem Ritter festgemacht.[43] Entscheidend dabei sei, dass Maximilian die Rolle dieser Figuren einnehme und sie repräsentiere:

---

38 Den sozialgeschichtlichen Hintergrund der Blüte der Panegyrik hat Müller ein Jahr vor Publikation seiner *Gedechtnus*-Studie in einem Konferenzbeitrag näher untersucht: Jan-Dirk Müller: Deutsch-lateinische Panegyrik am Kaiserhof und die Entstehung eines neuen höfischen Publikums in Deutschland. In: Europäische Hofkultur im 16. und 17. Jahrhundert. Bd. 2. Hg. von August Buck u.a. Hamburg 1981 (Wolfenbütteler Arbeiten zur Barockforschung 9), S. 133–140. Am Wiener Hof sei es im fünfzehnten Jahrhundert zu einem Wandel der Werte in den Führungsschichten gekommen. Adelige Abstammung und ererbte Würde seien durch individuelle Taten ersetzt worden: „Hinter der Panegyrik verbirgt sich der Geltungsanspruch einer bestimmten höfischen Fraktion" (ebd., S. 133), sodass sie nicht beschreibe, sondern Normen entwerfe (ebd., S. 133–134). Jenseits des Adels sei eine Schicht Intellektueller wie Finanzleute und Sekretäre herangewachsen, die ihre Stellung durch ihre Verdienste zu behaupten hatten (ebd., S. 134; eingehender mit Beispielen dann Müller: Gedechtnus, S. 34–37). Ihre Qualifikation – und damit ihre Stellung am Hof – wiesen sie durch ihre Bildung nach, nicht durch ihre Abstammung (ebd., S. 37). Von besonderer Relevanz hierbei war gerade die Panegyrik, in der persönliche Verdienste für jedermann hörbar und nachlesbar waren. Müller: Panegyrik, S. 134 nennt paradigmatisch den Beamtensohn Blasius Hölzl (1471–1526), einen hochrangigen Verwaltungsbeamten Maximilians, und verweist auf dessen angebliche Worte: „Devincis meritis proceres, comitesque ducesque" [‚Mit den Verdiensten besiegst Du den Adel, die Herzöge und Fürsten‘] (Complurium eruditorum vatum carmina, ad magnificum virum D. Blasium Hoelcelium, sacri Caesaris Maximiliani consiliarium, Augsburg: o. Dr. 1518, Bl. B 1^r). Das ganze Werk versammelt Lobgedichte auf Blasius Hölzl. Vor diesem Hintergrund sei Panegyrik besonders bedeutsam geworden und habe sich in allen Gattungen widergespiegelt (Müller: Deutsch-lateinische Panegyrik, S. 138).
39 Müller: Gedechtnus, S. 94.
40 Ebd.
41 Ebd., S. 211.
42 Ebd.
43 Ebd.

Gedechtnus erzählt nicht die Taten eines ritterlichen Fürsten, sondern die Taten des Fürsten ‚als' die eines Ritters, Heros usw.; sie preist nicht den fürstlichen Mäzen oder erzählt von seinen Studien, sondern prägt ihn zum *doctrina maximus heros*: indem er sich ‚als' Ritter, Herkules, Gelehrter identifizieren läßt, richtet Maximilian sein Bild an bestimmten sozialen Leitbildern aus, die jeweils für unterschiedliche Gruppen ‚verinnerlichte Normen und Gebote darstellen'.[44]

Ein Gutteil dieser ‚Hofliteratur', deren typische Merkmale Müller herausgearbeitet hat, ist auf Deutsch verfasst; ein interessantes Beispiel ist hierbei eine von Maximilian beabsichtigte lateinische Autobiografie, redigiert von Josef Grünpeck (1473–nach 1530), welche letztlich durch eine deutschsprachige ersetzt wurde.[45] Dies veranschauliche, so Jörg Jochen Berns, Maximilians Bewusstsein dafür, dass für eine ständeübergreifende Erzeugung von Ruhm und Gedächtnis eine mediale Inszenierung auf Deutsch erforderlich gewesen sei.[46]

Nichtsdestoweniger hat das Latein und vor allem die lateinische Dichtung eine große Bedeutung für Maximilians *gedechtnus*. Ein immenses Korpus an lateinischer Panegyrik ist bis heute erhalten. Latein an sich war zunächst einmal Sprache von Diplomatie, Kirche und Bildung.[47] Es war zudem nicht nur eine Frage von Prestige, in lateinischen Epen oder Oden besungen zu werden, es garantierte vielmehr die Verständlichkeit über das Heilige Römische Reich Deutscher Nation hinaus und ermöglichte mit einem größeren Verbreitungsgebiet eine potenziell weiterreichende *memoria*.[48] Hinsichtlich der legitimatorischen Inanspruchnahme

---

44 Ebd., S. 212 mit Zitat von Peter R. Hofstätter: Das Denken in Stereotypen. Göttingen 1960 (Vortragsreihe der niedersächsischen Landesregierung zur Förderung der wissenschaftlichen Forschung in Niedersachsen 15), S. 13.

45 Ausführlich hierzu Hermann Wiesflecker: Joseph Grünpecks Redaktionen der lateinischen Autobiographie Maximilians I. In: Mitteilungen des Instituts für Österreichische Geschichtsforschung 78 (1970), S. 416–431.

46 Berns, S. 642. So zuvor Müller: Gedechtnus, S. 76: „Maximilians Entscheidung gegen eine lateinische Autobiographie ist eine Entscheidung nicht gegen den Humanismus, sondern für eine gezielte Wirkung seines Ruhmeswerks." Anders sieht das Hollegger: Herrscher und Mensch, S. 22, der Maximilians leidliches Latein als Ursache für den Abbruch des Projektes und die Verfassung der autobiografischen Werke auf Deutsch vermutet. Dem gegenüber einzuwenden wäre, dass die stilistische und rhetorische Qualität der Schrift für die Zeitgenossen in diesem Fall wenig Relevanz gehabt haben dürfte, schließlich handelte es sich um das Latein des Kaisers.

47 Zur Bedeutung des Lateins in Maximilians Zeit insbesondere in den genannten Milieus s. Joycelyne G. Russell: Diplomats at Work. Three Renaissance Studies. Phoenix Mill u.a. 1992, S. 3–23.

48 Gegen die vernakularen Erzeugnisse und insbesondere deutschsprachige Dichtung erhebt sich Celtis in seinem Gedicht *Ad divum Maximilianum de rhematariis suis* (im Appendix zu seiner *Rhapsodia* [Wien: Otmar 1505] in Conrad Celtis: Ludi Scaenici (Ludus Dianae – Rhapsodia). Hg. von Felicitas Pindter. Budapest 1945, S. 16) und verleiht nicht nur seiner Hoffnung Ausdruck, dass niemand bei Maximilian mehr Gefallen finde als die lateinischen Dichter, sondern

auch der Dichtung konnte nur das Lateinische sich gegen die ebenfalls auf Latein entstandene Panegyrik auf Herrscher in Italien behaupten. Immerhin galt Italien als „Schlüssel zur europäischen Hegemonie".[49]

Eine besondere Stellung innerhalb dieses lateinischsprachigen Herrscherlobs nehmen die Dichter ein. Dass diese in der Frühen Neuzeit als Herolde und Garanten dauerhaften Ruhmes erachtet wurden, bezeichnet Paul Gwynne als „root of the Renaissance vogue for epic panegyric".[50] Hinsichtlich der dichterischen Huldigung und damit verbundenen Propaganda bediente sich Maximilian intensiv einer Institution, die mit Francesco Petrarca wiederbelebt wurde:[51] der Dichterkrönung.[52] Zu Maximilians Zeit haben um die vierzig die Auszeichnung eines *poeta laureatus* getragen. Teilweise waren sie noch von Friedrich III. ernannt worden,[53] 29 wurden von Maximilian mit dieser Auszeichnung bedacht.[54] Mit dieser Anzahl

---

unterstreicht auch, dass das Lateinische universell verständlich sei, Franzosen, Böhmen, Polen, Ungarn, Italiener und weitere es verstehen könnten. Indes weist Müller: Gedechtnus, S. 75–76 darauf hin, dass dieses Argument gleichzeitig gegen die Humanisten sprach, da die Adressaten, die die gelehrten lateinischen Gedichte verstehen konnten, nur eine kleine Gruppe dargestellt hätten. Als eigentliches Publikum für das Ruhmeswerk, „wo es galt, das Bild des Herrschers zu propagieren, mit der Darstellung seiner Erfolge seinen Plänen Nachdruck zu verschaffen und seine Untertanen an seine Personen und sein Haus zu binden" (ebd., S. 76), nennt er ebd. folgende Gruppen: Reichsstände, Adel, bürgerliche Ober- und Mittelschichten, fürstliche *diener* in Kammer und Regiment.

49 Alfred Kohler: Expansion und Hegemonie. Internationale Beziehungen 1450–1559. Paderborn u.a. 2008 (Handbuch der Geschichte der Internationalen Beziehungen 1), S. 334.

50 Gwynne: Poets and Princes, S. 57.

51 Petrarca wurde 1341 von dem römischen Senator Orso dell'Anguillara auf dem Kapitol zum Dichter gekrönt; s. grundlegend hierzu Wilkins.

52 Zur Geschichte dieser Institution Alois Schmid: „Poeta et orator a Caesare laureatus". Die Dichterkrönungen Kaiser Maximilians I. In: Historisches Jahrbuch 109 (1989), S. 56–108, hier S. 56–58. Dieser merkt ebd., S. 62 an, dass sich unter den gekrönten Dichtern kein volkssprachlicher Literat findet.

53 Dieter Mertens: Maximilians gekrönte Dichter über Krieg und Frieden. In: Krieg und Frieden im Horizont des Renaissancehumanismus. Hg. von Franz J. Worstbrock. Weinheim 1986, S. 105–123, hier S. 105. Die Förderung von Dichtern zur herrscherlichen Propaganda konnte Maximilian bei seinem Vater beobachten; s. hierzu William C. McDonald: German Medieval Literary Patronage from Charlemagne to Maximilian I. A Critical Commentary with Special Emphasis on Imperial Promotion of Literature. With the collaboration of Ulrich Goebel. Amsterdam 1973, S. 174–184. Man denke beispielsweise an Enea Silvio Piccolomini (1405–1464, ab 1458 Papst Pius II.), der 1442/1443 in den Dienst Friedrichs III. trat.

54 Eine Liste der 29 von Maximilian oder in seinem direkten Auftrag durchgeführten Dichterkrönungen bietet Schmid: Poeta et orator, S. 60. Ders. bietet ebd., S. 92–106 ein ausführliches Verzeichnis dieser mit biografischen und bibliografischen Informationen.

übertrifft Maximilian alle römisch-deutschen Kaiser.[55] Dieter Mertens zeigt, dass sie durch die Krönung „ein rechtlich fixiertes Treueverhältnis"[56] eingingen und die fortwährende Huldigung des Kaisers gelobten.[57] Für Maximilian war diese Pflicht zum Herrscherlob besonders attraktiv zur „Propagierung des militärisch-triumphalen Zuges [seiner] Regierung".[58] Alois Schmid weist eine rein utilitaristische Intention Maximilians hinter der Dichterkrönung nach: „Nur dem, den Maximilian I. für geeignet hielt, an der Pflege seiner *gedechtnus* mitzuarbeiten, dem erkannte er den Dichterlorbeer zu, ob er nun Literat, Wissenschaftler oder Kanzleibediensteter war."[59]

---

55 Ebd., S. 61.
56 Ebd., S. 107.
57 Ebd. Die Aufgabe der Dichter, Ruhm zu erzeugen, für ihren Herrn quasi in den Krieg um Ruhm zu ziehen, zeigt sich besonders deutlich in einer Rede Maximilians an Jakob Locher bei dessen Dichterkrönung in Freiburg 1497. Er beschreibt die Pflichten eines *poeta laureatus* (Maximilian I.: Verba regis ad poetam Quem hedera coronat. In: Libri philomusi. Panegyrici ad Regem Tragediam de Thurcis et Suldano Dyalogus de heresiarchis. Straßburg: Grüninger 1497, Bl. [A vi]ᵛ–Bʳ, hier Bl. [A vi]ᵛ): „Accipe laurigeram, vates Jacobe, coronam | et ramo viridi tempora docta tege. | Hos tibi regali vultu largimur honores, | scriptor ut electus atria nostra colas | et lituo pugnas incurvo bellaque pangas, | victrici dextra quae mea signa parant. | Inter bella ducum cantus extollis ovantes | extendisque sacro Romula sceptra choro. | Aere ciere viros Martemque accendere versu | tum poteris, quando castra inimica tero." [‚Nimm die Lorbeerkrone an, Dichter Jakob, und bedecke Deine gelehrten Schläfen mit dem grünen Zweig. Diese Ehren verleihen wir Dir kraft königlicher Autorität, damit du als auserkorener Schriftsteller unsere Hallen verehrst und mit dem Krummstab Schlachten und Kriege besingst, die die Träger meiner Feldzeichen mit der siegreichen Rechten führen. Zwischen den Kriegen der Feldherren stimmst du Jubelgesänge an und verbreitest in heiligem Reigen die römische Herrschaft. Wenn ich die feindlichen Lager dem Erdboden gleichmache, dann obliegt es Deinem Können, die Männer mit der Zimbel herbeizurufen und mit Versen den Krieg zu befeuern.'] Schmid: Poeta et orator, S. 66 betont auch den Kostenaspekt der Kunst- und Literaturförderung Maximilians, dass er nämlich angesichts der ständigen finanziellen Schwierigkeiten ein Propagandainstrument ohne großen Kostenaufwand zur Hand hatte.
58 Mertens: Maximilians gekrönte Dichter, S. 110.
59 Schmid: Poeta et orator, S. 68.

1.2 Maximilian als epischer Held

Unter den Dichtern an Maximilians Hof befanden sich nicht wenige Italiener,[60] wenngleich nur wenige unter den gekrönten.[61] Im Bewusstsein um das Potenzial des italienischen Humanismus hinsichtlich der Herrschaftsinszenierung stellte Maximilian insbesondere italienische Humanisten an,[62] die an seinem Hof, „auf Gesandtschaftsreisen oder für einige Jahre als Sekretäre, Bibliothekare, Kapläne, Hofdichter oder Historiographen",[63] tätig waren – Personen wie Riccardo Bartolini, den Dichter der *Austrias*. Sie waren eine wichtige „Vermittlungsinstanz" für die Ausbreitung des italienischen Humanismus nördlich der Alpen.[64] Auch nimmt unter Maximilians Herrschaft die Zahl italienischer Gelehrter an der Universität Wien sowie in dortigen Sodalitäten zu.[65] Schlögl konstatiert überhaupt, dass die erfolgreiche Ausbreitung des Humanismus nördlich der Alpen maßgeblich Friedrich III. und Maximilian zu verdanken sei.[66]

---

60 Die Italiener waren unabhängig von dessen Konflikten in Italien von Maximilians Förderung von Kunst und Wissenschaft beeindruckt und zollten ihm Anerkennung. Glenn E. Waas: The Legendary Character of Kaiser Maximilian. New York 1966, S. 35–36 hat in seinem Überblick über die Äußerungen von Maximilians Zeitgenossen, vor allem auch von Wissenschaftlern und Dichtern deutlich aufgezeigt, dass der Kaiser alle denkbaren Tugenden auf sich vereine, sogar in den Werken von Schweizer Humanisten wie Simon Lemnius oder Nicolaus Schradin. Füssel: Einfluss listet einige Lobreden und Loblieder italienischer Humanisten auf Maximilian auf.

61 Unter den gekrönten Dichtern finden sich sechs Italiener, der Rest waren Deutsche (Schmid: Poeta et orator, S. 62). Schmid spricht in diesem Zuge ebd., S. 70 von einer „Entitalienisierung und [...] Eindeutschung" der Dichterkrönung, um eine literarische Überlegenheit der Deutschen gegenüber den Italienern zu demonstrieren.

62 Zur Ausbreitung des italienischen Humanismus nördlich der Alpen in Maximilians Zeit s. näher Mathias F. Müller: Rinascimento alla Moderna. Kaiser Maximilian I. als Imitator Antiquorum. Wien 2019, S. 40–57.

63 Stephan Füssel: Der Einfluss der italienischen Humanisten auf die zeitgenössischen Darstellungen Kaiser Maximilians I. In: Acta conventus Neo-Latini Bononiensis. Proceedings of the Fourth International Congress of Neo-Latin Studies. Hg. von Richard J. Schoeck. Binghamton 1985 (Medieval & Renaissance Texts & Studies 37), S. 34–43, hier S. 35. Füssel: Maximilian I., S. 201 bemerkt, dass insbesondere seit der Heirat Maximilians mit Bianca Maria Sforza 1494 ein Zuwachs italienischer Humanisten an Maximilians Hof zu verzeichnen gewesen sei.

64 Alfred Noe: Der Einfluß des italienischen Humanismus auf die deutsche Literatur vor 1600. Ergebnisse jüngerer Forschung und ihre Perspektiven. Tübingen 1993 (Internationales Archiv für Sozialgeschichte, Sonderheft 5), S. 84. Zum Einfluss des italienischen Humanismus nördlich der Alpen s. ausführlich ebd. Ders. hält ebd., S. 88 zugleich fest, die angestellten Humanisten seien zunächst ein „ein Instrument der Politik" geblieben.

65 Füssel: Einfluss, S. 35.

66 Herwig Schlögl: Lateinische Hofpoesie unter Maximilian I. Wien 1969, S. 1; McDonald, S. 178–180.185–194. Von der Förderung von Humanismus und neulateinischer Dichtung, aber

Gerade die italienischen Humanisten gaben auch einen wichtigen Impuls für die Verbreitung des lateinischen Epos nördlich der Alpen. Nicht nur, dass die panegyrische Gattung als erhabenste angesehen wurde,[67] sie war aufgrund ihrer Tradition und Affinität zu Heroisierungen besonders geeignet, um Maximilians *gedechtnus*-Projekt Vorschub zu leisten.[68] Epische Heldenverehrung nämlich war keineswegs nur eine Form von Huldigung, auch für Maximilian sollte sie substanzieller Bestandteil dauerhaften Ruhmes sein. Abgesehen von der Speicherung von Taten – und in diesem Sinne repräsentierten die Epen historische Wahrheit mit poetischer ‚Schminke' –,[69] konnte diesen in der epischen Handlung Bedeutung in einem Weltenplan gegeben werden. Helden können kollektive Identität stiften, und gerade im Epos waren bestimmte Abstammungsverhältnisse, eine göttliche Auserwähltheit oder gar Sendung in besonderer Weise der Herrschaftslegitimation dienlich – wie es für die Panegyrik überhaupt zu beobachten ist.[70] In ihrer typischen Anlage und vor allem in der Vergilnachfolge konnten lateinische Epen Maximilians Heldentum zugleich auf

---

auch volkssprachlicher Literatur spricht ebenso Füssel: Maximilian I., S. 201. Bei den italienischen Humanisten des Quattrocento findet sich bereits panegyrische Dichtung auf Friedrich III. Ein Beispiel für die explizite Förderung ist die Gründung des Collegium poetarum et mathematicorum durch Maximilian im Jahr 1502. Zu Celtis' *Rhapsodia* bemerkt Füssel: Maximilian I., S. 202, dass dessen Druck „eine Art Rechenschaftsbericht über die zweijährige Tätigkeit des Kollegiums beigegeben [ist], in dem die Mitglieder [*sc.* des besagten Collegium] je einen Panegyrikus auf den Kaiser beisteuerten, dessen Aufgeschlossenheit für die enzyklopädisch ausgerichteten humanistischen Studien in dieser Institution ihren sinnfälligen Ausdruck fand".

67 S. Anm. 5 auf Seite 3.

68 Ein Überblick über die Epen ist zu finden in Elisabeth Klecker: Lateinische Epik für Maximilian. In: Kaiser Maximilian I. Ein großer Habsburger. Hg. von Katharina Kaska. Wien 2019, S. 84–93. Graf: Erinnerungskultur, S. 8 unterstreicht, dass das Zusammenwirken von höfisch-ritterlichen und humanistischen Einflüssen bei Maximilian Tendenzen der Zeit widerspiegele, „was man als retrospektives ‚Syndrom' bezeichnen könnte: der verstärkte Rückgriff auf Vergangenes, eine wachsende Aufmerksamkeit gegenüber Altertümern, historisierende Strömungen in Kunst und Schriftentwicklung".

69 Das Wort ‚Schminke' gebraucht Joachim Vadian in seinem Widmungsbrief für den Erstdruck der *Austrias* (Riccardo Bartolini: Ad divum Maximilianum Caesarem Augustum, Riccardi Bartolini, de bello Norico Austriados libri duodecim. Straßburg: Schürer 1516, Bl. iv^r).

70 Zur Bedeutung der *poetae laureati* für Herrschaftspanegyrik und -legitimation s. Albert Schirrmeister: Triumph des Dichters. Gekrönte Intellektuelle im 16. Jahrhundert. Köln u.a. 2003 (Frühneuzeitstudien NF 4). Er betont ebd., S. 213 insbesondere den Zweck der Propaganda und damit verbunden die Festigung der Reichseinheit unter dem Kaiser, welcher mit vornehmlich auf Reichstagen gehaltenen Dichterkrönungen einhergehe. Zugleich unterstreicht er ebd., S. 217, dass Panegyrik für den Bestand einer Monarchie unabdingbar sei. Gerade die historiografischen Schriften wiesen, so Schirrmeister ebd. weiter, „die Legitimität und Würde kaiserliche[r] Herrschaft" (ebd.) nach.

die Türkenbedrohung[71] hin ausrichten (nach der ersten Invasion in Krain 1469 fielen die Türken noch einige weitere Male in die habsburgischen Gebiete ein, bis sie 1480 vor Graz standen) und das christliche Europa, das Innen mit Maximilian als Beschützer, gegen die Gefahr von außen behaupten.[72] Im Epos konnte Maximilian in die Reihe großer epischer, mythischer wie historischer, Helden treten und zugleich über diese überhöht werden. Um die vielen Facetten des Heroischen jedoch so zu präsentieren, dass das Publikum selbst Bewunderung und Verehrung entwickelt und im Protagonisten einen Helden, bestenfalls seinen Helden erkennt, bedarf es einer besonderen Ausführlichkeit in der Darstellung. Das Epos als literarische Großform bietet überhaupt erst ausreichend Raum für umfassende Darstellungen der kriegerischen Fähigkeiten Maximilians, seiner Tugendhaftigkeit und seines christlichen Ethos. Das epische Narrativ kann Leserinnen und Leser den Protagonisten in seinem Wesen und seinem Handeln samt Zielen und Beweggründen erleben lassen. Nötig hierfür sind insbesondere raumgreifende strukturelle Bausteine wie Götterzeichen, Epiphanien, Prophetien, Träume, Rückblicke, Katabaseis. Sie dienen der Veräußeralltäglichung des Helden, indem beispielsweise Gottheiten in Erscheinung treten, die das irdische Handeln unterstützen oder ihm entgegenstehen, und Geschehnisse auf einen Fluchtpunkt hin ausgerichtet werden. Während in kleinen literarischen Formen

---

71 Unter den ‚Türken' ist das Osmanische Reich zu verstehen. Diese Begrifflichkeit stammt aus Maximilians Zeit (s. Dieter Mertens: Europäischer Friede und Türkenkrieg im Spätmittelalter. In: Zwischenstaatliche Friedenswahrung in Mittelalter und Früher Neuzeit. Hg. von Heinz Duchhardt. Köln, Wien 1991 [Münsterische Historische Forschungen 1], S. 45–90, hier S. 48–49) und ist in der Forschung etabliert. Deshalb wird sie hier beibehalten. Zur Bedeutung der Türkengefahr in Maximilians Propaganda s. Füssel: Türkenfurcht sowie Manfred Hollegger: „Damit das Kriegsgeschrei den Türken und anderen bösen Christen in den Ohren widerhalle." Maximilians I. Rom- und Kreuzzugspläne zwischen propagierter Bedrohung und unterschätzter Gefahr. In: Maximilians Welt. Kaiser Maximilian I. im Spannungsfeld zwischen Innovation und Tradition. Hg. von Johannes Helmrath u.a. Göttingen 2018 (Berliner Mittelalter- und Frühneuzeitforschung 22), S. 191–208. Die Bedeutung der Türkengefahr für Maximilians Leben zeigt sich bereits in seinem Namen, für den zwei Versionen der Herleitung überliefert sind. Einerseits konnte der Name auf den Heiligen Maximilian referieren, den Bischof von Lorch, der während der Christenverfolgung unter Numerian sein Leben ließ, wodurch der Name den Kampf gegen die Türken anzeigen sollte. Andererseits stelle der Name eine Verschmelzung der römischen Helden Quintus Fabius Maximus und Publius Cornelius Aemilianus Scipio dar, die beide im Kampf gegen Karthago berühmt geworden waren, sodass die Eigenschaften der beiden großen Römer im Träger ihrer Namen vereint sein sollten seien; hierzu näher Stephan Füssel: Riccardus Bartholinus Perusinus. Humanistische Panegyrik am Hofe Kaiser Maximilians I. Baden-Baden 1987 (Saecula spiritalia 16), S. 20.
72 Einen ausführlichen Überblick über die politischen Herausforderungen und Leistungen Maximilians liefert Robert G. D. Laffan: The Empire under Maximilian I. In: The New Cambridge Modern History. Hg. von George R. Potter. Cambridge 2008, S. 194–223.

wie Oden ein Held mit all seinen Fähigkeiten nur als bereits existierend aufgerufen und wachgehalten werden kann, ermöglicht es erst das Epos, eine Figur im Text prozessual zu einem Helden zu formen. In dieser Studie wird die Prozesshaftigkeit auf die Erzählung bezogen, im Verlauf derer eine Figur eine Heroisierung erst erfährt und das Publikum diese Heroisierung miterlebt und bestenfalls für sich annimmt. Gerade in einem solchen Prozess bietet sich die Möglichkeit, Maximilian nicht nur zu einem jedweden Helden zu machen, sondern ihn von anderen abzuheben, die ebenfalls einen Seesturm bewältigt, ebenfalls Ungeheuer erlegt oder ebenfalls übermenschliche Kriegstaten vollbracht haben. Indem Maximilian dabei nicht nur textintern zum Idealbild eines epischen Helden avanciert, sondern in der Darstellung zugleich ein Mythos ausgeformt wird, dienen die Epen einer Erinnerung, die man heute in Assmann'scher Prägung als ‚kulturelles Gedächtnis‘ bezeichnen kann, denn „[f]ür das kulturelle Gedächtnis zählt nicht faktische, sondern nur erinnerte Geschichte".[73]

1.2.1 Textkorpus und Erkenntnisgegenstand

Angesichts der besonderen Popularität des Epos bei den italienischen Humanisten und der wachsenden Bedeutung nördlich der Alpen ist es nicht verwunderlich, dass Maximilian als römischer-deutscher König und später Kaiser, zudem involviert in vielerlei Konflikte der Zeit – etwa die Auseinandersetzungen mit Frankreich, den Eidgenossen oder Venedig –, als Nebenfigur oder auch als Gegner in einer Reihe von Epen der Zeit in Erscheinung tritt. Dabei muss man Epen trennen, die die Zeitgeschichte besingen und in denen Maximilian als Nebenfigur oder als Regent in der Ferne eine untergeordnete Rolle spielt, und solche, die die explizite Absicht haben, ihn als Protagonisten in Szene zu setzen und prozessual das Narrativ darauf ausrichten, für ihn ein episches Heldentum zu behaupten. Letztere sind Gegenstand der vorliegenden Studie und an der Anzahl vier.

Der erste von Maximilian gekrönte Dichter Giovanni Stefano Emiliano, genannt Cimbriaco (1449–1499), hat auch das erste Epos auf Maximilian verfasst: fünf Bücher *Encomiastica* über die Wahl Maximilians zum römisch-deutschen König und dessen Gefangenschaft in Brügge (in einer erweiterten Fassung erstmals gedruckt in Venedig: Aldo 1504).[74] Später erhielt Maximilian zwei weitere panegyrische Epen seiner gekrönten Dichter. Riccardo Bartolini (gest. 1529)

---

73 Jan Assmann: Das kulturelle Gedächtnis. Schrift, Erinnerung und politische Identität in frühen Hochkulturen. 8. Auflage. München 2018, S. 52.
74 Cimbriaco erweiterte eine ursprüngliche, ein Buch umfassende Version auf fünf Bücher, s. hierzu S. 74–75.

schrieb die *Austrias*[75] über den Landshuter Erbfolgekrieg 1504/1505 (Straßburg 1516: Schürer) und Riccardo Sbruglio (ca. 1480 – nach 1525) übertrug das Ritterepos *Teuerdank* unter dem Titel *Magnanimus* ins Lateinische – was jedoch nie fertigstellt wurde. Im Auftrag des Papstes war darüber hinaus Mitte der 1490er-Jahre ein Epos entstanden, das prospektiv Maximilian als neuen Herrscher des Römischen Reiches darstellen sollte, um ihn zur Kaiserkrönung nach Rom zu holen: das *Pronostichon de futuro imperio propagando* des Giovanni Michele Nagonio (ca. 1450 – ca. 1510), das Maximilian als Teil eines päpstlichen Geschenks überreicht wurde.[76]

Abseits hiervon findet sich eine Reihe an Epen, die Maximilian nur beiläufig in ihrer Erzählung berücksichtigen. Im Hintergrund des Geschehens bleibt der Kaiser im *De conventu Divi Caesaris Maximiliani regumque Hungariae, Bohemiae et Poloniae* (Heiligenkreuz, Stiftsarchiv, Ms 80)[77] des Benedictus Chelidonius (lat. für Benedikt Schwalbe; 1460–1521).[78] Das Werk behandelt in streng chronologischem Aufbau[79] die 1515 gefeierte Doppelhochzeit von Ludwig II. von Ungarn, dem Sohn Vladislavs II., mit Maximilians Enkelin Erzherzogin Maria sowie die Annas von Böhmen und Ungarn mit Maximilian als Stellvertreter seines Enkels Ferdinand I.[80] Die Hochzeit dient im Text der Einigung Europas sowie der Friedenssicherung im Inneren, um anschließend nach außen gegen die Türken zu

---

75 Zu weiteren Epen mit dem Titel „Austrias" auf andere Habsburger s. Franz Römer, Elisabeth Klecker: Poetische Habsburg-Panegyrik in lateinischer Sprache. Bestände der Österreichischen Nationalbibliothek als Grundlage eines Forschungsprojekts. In: Biblos 43 (1994), S. 183–198, hier S. 194, Anm. 60.

76 Gwynne: Poets and Princes, S. 82.

77 Für die Überlassung eines Digitalisates danke ich Elisabeth Klecker (Wien).

78 Über den Autor Chelidonius ist nicht viel bekannt, zu den Informationen über sein Leben und seine Werke s. Franz Posset: Benedictus Chelidonius O.S.B. (c. 1460–1521), a Forgotton Monastic Humanist of the Renaissance. In: The American Benedictine Review 53.4 (2002), S. 426–452; Claudia Wiener: Chelidonius (Schwalbe, Hirundo, Musophilus), Benedictus. In: Deutscher Humanismus 1480–1520. Verfasserlexikon. Hg. von Franz J. Worstbrock. Bd. 1. Berlin, New York 2006, Sp. 427–439.

79 Claudia Wiener: Der ‚Wiener' Kongress von 1515 als literarisches Doppelprojekt. Zum Verhältnis von Benedictus Chelidonius' Epos *De conventu Divi Caesaris* zu Johannes Cuspinians *Diarium*. In: Iohannes Cuspinianus (1473–1529). Ein Wiener Humanist und sein Werk im Kontext. Hg. von Christian Gastgeber, Elisabeth Klecker. Wien 2012 (Singularia Vindobonensia 2), S. 349–377, hier S. 357.

80 Eine tabellarische, aber sehr ausführliche Inhaltsübersicht findet sich in Wiener: Doppelprojekt, S. 374–377.

kämpfen (2, 205–218); der Türkenfeldzug bleibt das bestimmende Telos.[81] Die Friedensschlüsse dienten dazu, ‚das lange geschüttelte Schiff des Petrus' („Petri longum quassata carina"; 2, 214) stabil zu machen. Der innere Frieden wird direkt im Proömium als notwendig für den Kampf nach außen proklamiert (1, 26b–28), er ist Maximilians großes Verdienst (1, 23–24). Claudia Wiener spricht von einer „nur mäßig überformte[n] Versifizierung der historischen Ereignisse, die trotz unverkennbar panegyrischer Tendenz [...] doch auf viele Möglichkeiten zur Überhöhung und zur Geschichtsdeutung verzichtet".[82] Insbesondere fehlt es an einem Götterapparat. Die wenigen Erwähnungen Maximilians betonen seine Friedensliebe und seine steten Bemühungen, das Christentum zu schützen. Chelidonius aber legt keinen Wert darauf, ihn zu einem Helden zu stilisieren.

Überhaupt keine panegyrische Intention verfolgt das *Carmen de bello Norico* des Zisterzienserabts Wolfgang Marius (München, Bayerische Staatsbibliothek Ms Clm 1851),[83] das wie die *Austrias* den Landshuter Erbfolgekrieg schildert, allerdings keine Panegyrik sein soll, sondern eine moralisierende Absicht hegt. Im Traum werden dem Dichter die göttlichen Ursachen des irdischen Geschehens offenbart: Jupiter wolle die Menschen für ihr sündhaftes Leben bestrafen. Mehrmals mahnt Marius im Epos die Zustände der Zeit an. Vor diesem Hintergrund allerdings geht es nicht um Helden oder Nicht-Helden, Marius hebt nicht die eine Partei von der anderen ab, sondern schildert schlicht die Begebenheiten. Zwar bedient sich der Dichter, wie Alois Kapsner bemerkt hat, durchaus typisch epischer, zumeist der Überhöhung dienender Bauformen sowie des Götterapparates, setzt dies aber nicht panegyrisch ein, sondern veranschaulicht das gottlose Walten auf Erden und die Sittenverderbnis der Zeit.[84] Als der Dichter sich fragt, ob das Jupiters Wunsch sein kann (1, 68), hat Marius in der Nacht eine Vision: vor ihm öffnet sich der Himmel (1, 74–93) und Jupiter selbst spricht zu dem Dichter über die Gründe für den kommenden Krieg. Er beklagt, dass die Menschen ihm nicht genügend Verehrung entgegenbrächten, seine Kirchen und Altäre vernachlässigten (1, 115–117) und die menschliche Gier zu jeglichem Verbrechen neige (1, 120); dafür bestrafe sie Gott nun (1, 123–127). Im Vordergrund des Epos steht die Sündhaftigkeit der Zeit, beide Parteien werden positiv wie negativ dargestellt. Maximilians diplomatische Bemühungen, den Krieg noch abzuwenden

---

81 Auch außerhalb dieser epischen Darstellung wurde der Erbvertrag mit Ungarn 1515 durch die Türkengefahr legitimiert und gedeutet, hierzu näher Diederichs, S. 81.

82 Wiener: Doppelprojekt, S. 361.

83 Eine Inhaltsübersicht gibt Alois Kapsner: „De bello Norico". Ein unveröffentlichtes Epos des Abtes Wolfgang Marius von Aldersbach über den Landshuter Erbfolgekrieg. In: Ostbairische Grenzmarken 44 (2002), S. 38–56.

84 Zur epischen Technik und der literarischen Darstellung Kapsner, S. 41–46.

(2, 134), nutzt Marius nicht zur Überhöhung des Kaisers, sondern um erneut zu unterstreichen, dass die Götter eine Strafe für die Menschen beschlossen hätten (2, 140–143). Noch ganz zum Schluss betont er, dass die neugewonnene Ordnung nur so lange Bestand haben könne, wie nicht die ‚verlockende Lust auf Herrschaft' („dominandi blanda voluptas"; 5, 372) wieder die Oberhand gewinne. Anschließend übt der Dichter Kritik am Priestertum seiner Zeit, das sich nicht mehr um das Seelenheil der Menschen kümmere, sondern von Ehrgeiz, Gelddurst und Lust betört sei (5, 404–405). In den Schlussworten macht Marius noch einmal deutlich, dass es ihm in seinem Werk nicht um eine besonders ästhetische Darstellung des Krieges gehe, die einen ‚glänzenden Seher' („magnificu[s] vate[s]"; 5, 452) wie Orpheus oder Vergil fordere, und auch gehe es ihm nicht um Panegyrik im Streit um ideelle und finanzielle Anerkennung durch den Kaiser (5, 455–463). Der Dichter wollte keine Helden präsentieren, sondern detailgetreu die Geschehnisse kundtun und damit den Verfall der Sitten aufzeigen (5, 482–483).

Im Folgenden sollen zwei Epen kurz beleuchtet werden, in deren Erzählungen Maximilian als Gegner erscheint, nämlich in der unvollendet gebliebenen *Raeteis* des Simon Lemnius (1511–1550)[85] über den Schwabenkrieg 1499 und die erstmals 1521 in Rimini bei Bernardino Vitali gedruckte *Venetias* des Publio Francesco Modesti (1471–1557),[86] einem Epos auf die Stadt Venedig, das insbesondere von den Auseinandersetzungen der Stadt mit Maximilian erzählt. Man könnte meinen, dass sich in diesen Epen Bestrebungen fänden, Maximilian zu deheroisieren oder ihn als Gegen- oder Antihelden zu präsentieren, was jedoch nicht der Fall ist. Bei Lemnius ist Maximilian nur der entfernte, abwesende Regent der Gegenpartei, in der *Venetias* versucht der Dichter sogar nachdrücklich, Makel von Maximilian abzuwenden. Der Reihe nach: In Lemnius' *Raeteis* wird der römisch-deutsche König als besonnen und friedensliebend dargestellt, im eigentlichen Kriegsgeschehen spielt er keine Rolle. Eigentlich wolle er Frieden und habe seinen Leuten entsprechend befohlen, diese nun aber hätten die Gebote des Königs missachtet („regis mandata relinquunt"; 1, 114). Damit wird dem König jegliches Verschulden an den Ereignissen von Beginn an genommen. Im vierten Buch bei erneutem Ausbruch der Kampfeshandlungen wird der

---

85 Nachgezeichnet werden Lemnius' Lebensweg und dessen literarische Werke in Simon Lemnius: Die Raeteis. Schweizerisch-deutscher Krieg von 1499. Epos in IX Gesängen. Hg. mit Vorwort und Kommentar von Placidus Plattner. Chur 1874, S. iii–xxvii.

86 Zu Leben und Werk Modestis s. Dante Pattini: Modesti, Publio Francesco. In: Dizionario Biografico degli Italiani. Bd. 75. Rom 2011, S. 209–212. Einige Abschnitte des Epos in Übersetzung finden sich in Giuseppe Albini: Il Modesti e la Veneziade. Studi e versioni. Imola 1866.

Krieg abermals als ein Verschulden der Feldherren entgegen den königlichen Befehlen dargestellt (4, 685–688a),[87] worauf Maximilian zunächst den Schwäbischen Bund anklagt (4, 691–693). Erst nachdem Maximilian sich in das Lager seiner Leute an der Thur aufmachte und dort die Verwüstungen durch die Schweizer sah, erklärt er diesen aus Zorn („ira"; 4, 701) den Krieg. Aufgrund der Verletzung seiner Autorität steht es ihm zu, in einen gerechten Zorn zu entbrennen (4, 706b–708).[88] Eine längere Charakterisierung erfährt Maximilian im vierten Buch des Epos (4, 719–733): Bevor Lemnius auf dessen kriegerische Fähigkeiten zu sprechen kommt, betont er den tugendhaften, friedfertigen, milden und gerechten Charakter des Königs und betitelt ihn als ‚hochherzig' („magnanimus[ ]"; 4, 725). In der *Venetias* liegt die Sache etwas anders. Das Epos dient der Verherrlichung Venedigs, es zeigt sich durchaus als Gegenentwurf zu den Maximiliansepen: Venedig zeigt sich als neues Troja (1, 264) und Jupiter selbst bekundet, es habe die Nachfolge Roms angetreten (1, 347–348); die frommen Venezianer (1, 335–336) würden insbesondere, so Jupiter, die Türken bezwingen (1, 378–380). Das zweite Buch schildert die Kriegsumstände und führt Maximilian ein. Modesti bemüht sich, die Ursache für den Krieg weder bei den Venezianern noch bei Maximilian zu suchen und bedient sich hierfür des Götterapparates. Juno beklagt sich, dass sie nicht verehrt werde (2, 60) – zuvor war für den Heiligen Markus eine Kirche gebaut worden –, zudem hegt sie nach wie vor Hass auf die Römer und somit auch auf deren Nachfolger, die Venezianer. Sie macht sich deshalb zu Maximilian auf, um ihn zum Krieg anzustacheln; bezeichnenderweise befindet sich dieser gerade auf der Jagd und die Jagderfolge werden deutlich gemacht (2, 76–90). Juno erinnert Maximilian, dass Venedig im Bündnis mit dem französischen König stehe und ihn deshalb davon abhalte, in Rom zum Kaiser gekrönt zu werden (2, 118–119). Es gelingt ihr, in Maximilian den Gedanken zum Krieg reifen zu lassen. Vor dem Reichstag bekundet der König, Krieg führen zu wollen; er sieht sich im Recht, wenn er Juno folgt (2, 291–294), die sich selbst als Schutzgöttin angeboten hat. Ein gewisser

---

87 „At rex Romanus primo sub tempore belli | iusserat, ut terrae rectores pacta subirent | Helvetiis, nec praeferrent sibi bella secundae | paci." [‚Bei dem Beginne des Krieges schon hatte der römische Kaiser all' den Herren der schwäbischen Gaue befohlen, ein Bündniß mit den Schweizern zu schließen und nicht in den Krieg sich zu stürzen nach dem zweiten Frieden.'] (Übers. aus Simon Lemnius: Raeteis. Heldengedicht in acht Gesängen. Im Versmaß der Urschrift ins Deutsche übertragen von Placidus Plattner. Chur 1882, S. 65).

88 „Non ira modum, non pectoris aestus | illa capit, regis furit indignata potenter | maiestas, fuit Helveriis sed laesa coactis" [‚Sein Zorn kennt keine Grenze und ergreift nicht die Besorgnis seines Herzens. Die erzürnte Erhabenheit des Königs wütet gewaltig, allerdings wurde sie durch die Nötigung der Schweizer verletzt.'] (Übers. Dennis Pulina; die Übersetzung in Raeteis: Heldengedicht, hg. von Plattner, S. 66 ist in mehrfacher Hinsicht fehlerhaft). Zur Bedeutung des Zornes in den Maximiliansepen s. ausführlich Kapitel 4.4.4.

Androphilus versucht, die allgemeine Kriegslust zu hemmen und rät zu einer vorausgehenden Gesandtschaft (2, 355–358). Maximilian lenkt ‚klug' („prudens"; 2, 371) ein. Der kurzzeitige Entschluss zum Krieg wird ganz der Juno angelastet, die vorgegeben hat, göttlichen Willen zu bekunden – Maximilian weiß nichts von der List. Er wird vielmehr als jemand präsentiert, der eigentlich vor allem Frieden will (2, 457). Es kommt zu einer Gesandtschaft. Venedig will sich Maximilian nicht in den Weg stellen, sofern er nur mit einem geringen Truppenkontingent nach Rom reist; das restliche Geleit würden ihm die Venezianer stellen (2, 488–490). Obwohl sie versichern, sie würden nur mit Gewalt antworten, wenn Maximilian zuerst Gewalt ausübe (2, 514–515.600–601), fühlt sich Maximilian in seinen Bemühungen um Frieden (2, 723) verpönt und in seinem Krönungsvorhaben behindert. Es kommt zum Krieg, in dessen Verlauf Maximilian selbst kaum mehr eine Rolle spielt. Der Eindruck, der von Maximilian bleibt, ist der eines friedliebenden Kaisers, der Gewalt verhindern will, aber dessen Rechte beschränkt werden.[89] In jedem Fall wird das Bild des Gegners nicht negativ gezeichnet.

Eine unerwartet geringfügige Präsenz hat Maximilian darüber hinaus in denjenigen Epen, die zu Beginn des sechzehnten Jahrhunderts in Frankreich entstanden sind, obwohl die Habsburger nicht nur mit den Valois um die Vorherrschaft in Europa rangen, sondern speziell Maximilian gute 17 Jahre gegen die französischen Könige (bis 1483 Ludwig XI., anschließend Karl VIII.) um Burgund, das Erbe seiner Schwiegervaters Karls des Kühnen, gekämpft hat. Ganz zu schweigen ist hierbei von deren Aufeinandertreffen in Italien um die Jahrhundertwende. Ludwig Braun gilt das Verdienst, einen Überblick über die Epenproduktion der Zeit in Frankreich geliefert zu haben,[90] sodass sich leicht ersehen lässt, dass Maximilian auch darin erstens kaum in Erscheinung tritt und zweitens kein negatives Porträt erhalten hat.[91]

---

89 Dass Modesti ihn zudem als Jäger präsentiert, könnte, wie Klecker meint, eine Rezeption des *Teuerdank* sein (Klecker: Lateinische Epik, S. 92).

90 Ludwig Braun: Ancilla Calliopeae. Ein Repertorium der neulateinischen Epik Frankreichs (1500–1700). Leiden, Boston 2007 (Mittellateinische Studien und Texte 38).

91 Maximilian scheint in Frankreich überhaupt nicht Teil eines epischen Diskurses gewesen zu sein. Eindrucksreich ist eine Stelle aus Antoine Forestier: De triumphali atque insigni christianissimi invictissimique francorum regis Ludovici duodecimi in venetos victoria. Paris: De Marnef [1509] über die Schlacht von Agnadello im März 1509. In diesem Epos steht Maximilian auf Seite des französischen Königs Ludwigs XII.in der Liga von Cambrai. Bevor Ludwig XII. in Cremona einzieht, wartet er vergeblich auf Versorgungsnachschub durch Maximilian. Dass der Kaiser nicht wie vereinbart erscheint, wird jedoch nur weiter zur Überhöhung Ludwigs genutzt, indem dessen Seelenruhe angesichts der Bedrängnis angezeigt wird (Bl. c i^r). Der Dichter mutmaßt zwar, Maximilian könnte Ludwig nicht genug Vertrauen entgegengebracht haben, aber dies wird zugleich als Mutmaßung relativiert („haud bene certum est" [‚man kann es nicht mit guter

Nicht nur diese Epen repräsentieren damit einen Sachverhalt, den die Forschung bereits an anderen Werken beobachtet hat: Auch Humanisten verfeindeter Gebiete stellen Maximilian vielfach voller Respekt und Anerkennung dar; an einem feindlichen oder despektierlichen Ton fehlt es.[92] Die Epen machen aus ihm allerdings auch keinen Helden, sie halten ihn vielmehr aus dem Geschehen so gut es geht heraus (insbesondere in den Kampfesdarstellungen von *Raeteis* und *Venetias*) und bedienen, wo seine Erwähnung doch erforderlich ist, gängige, positive Herrschertopoi. Dies beantwortet nicht nur die Frage der Beschränkung des Textkorpus auf die vier benannten panegyrischen Epen, sondern begründen auch die Methodik, diese vier Epen in Fallstudien einzeln zu beleuchten. Im Falle von Helden, die, wie noch näher zu besprechen ist, besonders von einer Verehrergemeinschaft abhängig sind und dazu auffordern, sich zu ihnen positiv oder eben auch negativ zu positionieren, wäre es ein naheliegender methodischer Ansatz gewesen, Maximiliandarstellungen ‚seiner‘ Dichter mit denen fremder zu vergleichen und so die Heldenfigur synoptisch zu konturieren. Da sich jedoch in den Epen abseits seines Hofes schlicht keine negative Positionierung gegen Maximilian auffinden lässt und er stets ‚nur‘ gütiger, friedensliebe-

---

Gewissheit sagen‘]; ebd.). Die Situation lässt den Dichter keine Kritik an Maximilian üben, etwa an dessen Zuverlässigkeit, seiner von Geldproblemen geprägten Herrschaft etc. Auch das Narrativ eines anderen Epos hätte genügend Angriffsfläche geboten: In Faustus Andrelinus: De neapolitana fornoviensique victoria. Paris: Marchant, Petit 1496 wird vom Einzug Karls VIII. in Rom erzählt. Nicht nur, dass Maximilian es damit versäumt hat, Rom vor Karl zu schützen (wie es noch im *Pronostichon* gefordert wurde), Karl nimmt zudem vom Papst den Sohn Sultan Mehemmed II. in sein Gewahrsam und will ihn auf einem Kreuzzug ausliefern. Daran hätte man leicht Maximilians stets aufgeschobene Kreuzzugspläne anprangern können. Nichts von beidem aber ist der Fall. Am engsten ist die Verbindung zu Maximilian in Martin Dolet: De parta ab Invictissimo Gallorum Rege Ludovico duodecimo In maximilianum Ducem victoria cum dialogo pacis. Paris: Gourmont [ca. 1508] (zur Datierung Braun: Ancilla, S. 66). Das Epos handelt vermutlich von der Schlacht von Cadore (ebd., S. 66–67). Auch in dieser Schlacht wird Maximilian herausgehalten. Im Text ist sogar nur von einem „Romanu[s] [...] | induperator[ ]“ (Bl. [a 4]^r) die Rede, Maximilians Name fällt nicht. Das Epos schildert rückblickend Maximilians geplanten Romzug 1507, der mit der Kaiserproklamation am 4. 2. 1508 in Trient endete. Abgesehen davon, dass von den Plänen der Deutschen als ‚gottlosem Vorfall‘ („casus nefand[i]“) und ihren ‚verschlagenen Gemütern‘ („versut[i] anim[i]“) die Rede ist (Bl. [a 5]^v), wird von Maximilian kein negatives oder abwertendes Bild gezeichnet. Das Epos postuliert, dass die Franzosen aufgrund ihrer Abstammung von den Trojanern über die Franken den rechtmäßigen Anspruch auf die Kaiserkrone hätten (Bl. [b 3]^v), und positioniert sich damit gegen die Epen auf Maximilian. Auf die Mitteilung der Franzosen, sie würden Maximilians Romzug nicht zulassen, entbrennt er in Zorn (Bl. [c 2]^v), wobei dieser wie in den übrigen Epen gerechtfertigt ist, da er in seinen Rechten gehindert wird. Dementsprechend wird der Zorn im Text auch nicht zur Kritik genutzt.
92 Waas, S. 35–36; Füssel: Einfluss; Klecker: Lateinische Epik, S. 92.

der, christlicher Herrscher bleibt, genügen die Fallstudien, um die Leitlinien des epischen Heldendiskurses aufzuzeigen.

Die Narrative der vier zugrunde zu legenden Epen – des Cimbriaco, Nagonio, Bartolini und Sbruglio – sind im Übrigen in hohem Maße disparat und bieten damit nicht nur einen breiten Blick auf die Möglichkeiten und das Potenzial epischer Heroisierung in der Frühen Neuzeit, sondern sind repräsentativ für das Herrscherlob auf Maximilian überhaupt. Sie behandeln in ganz verschiedenen Zugängen unterschiedliche Lebensphasen und Taten Maximilians und verdichten das Heldentum auf spezifische Kernaspekte. Die *Encomiastica* zeigen neben dem sakralisierten und in der Nachfolge der Römer stehenden Herrscher keinen kriegerisch-aktiven Helden, sondern einen heroischen Dulder in Gefangenschaft. Das *Pronostichon* richtet den Blick ganz auf die Zukunft, auf Maximilians schicksalsbestimmte Herrschaft über Rom (vor anderen europäischen Dynastien) und die ihm göttlich auferlegte, aber von ihm selbst auch für sich angenommene Aufgabe der *renovatio imperii* mit einer Ausdehnung des Reiches in den Osten. Die *Austrias* schildert als einziges Epos heroische Kriegstaten samt Bezwingung eines Ungeheuers und Triumphen über Gottheiten. Der *Magnanimus* schließlich überhöht aus seiner Vorlage heraus die ritterlichen Fähigkeiten und das ritterliche Ethos Maximilians samt der Bereitschaft und Bestimmtheit zur erfolgreichen *militia Christiana*, aber setzt ihn ganz in die Nachfolge der Mühen des Aeneas und der des Hercules (samt dessen Entscheidung am Scheideweg).[93] Dass Maximilians Heldentum um die Leitmotive herum arrangiert wird, dient der Konstruktion einer Erinnerungsfigur. Müller hat dies als bedeutend für die *gedechtnus* herausgearbeitet: „*Gedechtnus* bedarf weniger der genauen und nüchternen Einzelerhebung als der Einprägsamkeit und Monumentalität des Ganzen."[94] Indem auf wenige heroische Aspekte fokussiert wird und die Heldentaten durch die Gesamtstruktur, durch Rückblicke, Götterversammlungen, Visionen in Träumen etc., unterstrichen werden, wird gerade die Erinnerbarkeit unterstützt. Angesichts des breiten Spektrums an Ereignissen und Taten aus Maximilians Leben kann man nicht von *der* Heroisierung und *dem* Helden sprechen, sondern es wird das Ziel dieser Arbeit sein, unterschiedliche Zugänge zu und Umsetzungen von epischem Heldentum sowie die spezifischen Anpassungen an Maximilian herauszuarbeiten. Die Einzeluntersuchungen sollen in einer Synthese zusammenfließen, in der die substanziell dominanten Elemente in den Heroisierungen Maximilians, die seinen epischen Diskurs begründen, zusammengefasst werden.

---

93 S. ausführlich S. 106.
94 Müller: Gedechtnus, S. 94.

In den Fallstudien werden einerseits verschiedene narrative Bestandteile der Heroisierung wie Rüstungsszenen oder Gleichnisse für sich genommen untersucht: In ihnen zeigen sich Wesenszüge und Attribute, von denen bereits Aristoteles eine ganze Reihe als notwendig für Panegyrik proklamiert hat[95] –

---

95 Dies hat Aristoteles für jegliches Lob festgesetzt (rhet. 1367b26–33): „Ἔστι δ'ἔπαινος λόγος ἐμφανίζων μέγεθος ἀρετῆς. δεῖ οὖν τὰς πράξεις ἐπιδεικνύναι ὡς τοιαῦται. τὸ δ'ἐγκώμιον τῶν ἔργων ἐστίν, τὰ δὲ κύκλῳ εἰς πίστιν, οἷον εὐγένεια καὶ παιδεία · εἰκὸς γὰρ ἐξ ἀγαθῶν ἀγαθοὺς καὶ τὸν οὕτω τραφέντα τοιοῦτον εἶναι. διὸ καὶ ἐγκωμιάζομεν πράξαντας. τὰ δ'ἔργα σημεῖα τῆς ἕξεώς ἐστιν, ἐπεὶ ἐπαινοῖμεν ἂν καὶ μὴ πεπραγόντα, εἰ πιστεύοιμεν εἶναι τοιοῦτον." [‚Es ist das Lob eine Rede, die die Größe der Tugend veranschaulicht. Man muss also die Handlungen als derartige vorführen. Das Enkomion hingegen hat es mit vollbrachten Werken zu tun. Die begleitenden Faktoren aber tragen zur Überzeugung bei, wie zum Beispiel die edle Herkunft und Erziehung: es ist nämlich wahrscheinlich, dass aus guten (Eltern) gute (Nachkommen) hervorgehen und dass jemand so, wie er aufgezogen wurde auch einen solchen Charakter hat. [[Deswegen machen wir auch Enkomien auf solche, die etwas getan haben.]] Die Werke sind Zeichen der Charaktereigenschaft, weil wir auch jemanden loben könnten, der noch nichts vollbracht hat, falls wir glauben, dass er von einem solchen Charakter ist.'] (dopp. Klammern i. O.; Übers. aus Aristoteles: Rhetorik. Hg. von Christof Rapp. Hbd. 1. Darmstadt 2002 [Aristoteles. Werke in deutscher Übersetzung 4], S. 49). An dieser Stelle müssen einige Worte zur Kenntnis von Aristoteles' *Rhetorik* und *Poetik* in Maximilians Zeit fallen. Den griechischen Text von Aristoteles' *Rhetorik* gibt im Jahr 1508 erstmals Demetrius Dukas heraus: [Rhetores Graeci, Tom. 1] Rhetores In Hoc Volumine Habentur Hi [...] Aristotelis Rhetoricorum [...] libri tres [...] Eiusdem [sc. Aristotelis] ars Poetica, Venedig: Aldo 1508, S. 269–286. Eine lateinische Übersetzung der *Poetik* wurde bereits 1498 durch Giorgio Valla (1447–1500) besorgt: Georgio Valla Placentino Interprete. Hoc in volumine hec continentur [...] Aristotelis ars poetica [...]. Venedig: Bevilaqua 1498; weitere Drucke: ebd: Vitali 1504, 1505; ebd., Scotus 1515. Ebenfalls vor der *editio princeps* steht die Übersetzung der *Rhetorik* durch den Venezianer Ermolao Barbaro (1453/4–1593), welche zwar erst im Jahr 1544 (Venedig: Tridino) gedruckt wurde, von Barbaro aber bereits mit 24 übersetzt wurde (Ermolao Barbaro: Epistolae, Orationes et Carmina. Bd. 1. Hg. von Vittore Branca. Florenz 1943, S. 92); s. auch S. 33 Anm. 117. In den *Encomiastica* ist von diesem die Rede; es ist gut möglich, dass Humanisten wie Cimbriaco und Bartolini mit ihm in Kontakt standen und noch vor der *editio princeps* nähere Kenntnis über *Rhetorik* und *Poetik* besaßen. Auch bei den deutschen Humanisten ist dies aufgrund ihrer Reisen und Verbindungen denkbar. Pirckheimer etwa studierte zwischen 1488 und 1491 der Universität Padua (zu dem Gedankengut und den Humanisten, mit denen er dort in Kontakt kam s. ausführlich Hans Rupprich: Wilibald Pirckheimer und die erste Reise Dürers nach Italien. Wien 1930, S. 10–28). Ebenso unternahm Celtis Ende 1499 eine Reise nach Italien, wo er nicht nur Aldus Manutius traf, sondern auch Giorgio Valla (Gustav Bauch: Die Anfänge des Studiums der griechischen Sprache und Literatur in Norddeutschland. Tl. 2. In: Mitteilungen der Gesellschaft für deutsche Erziehungs- und Schulgeschichte 6 (1896), S. 75–98, hier S. 94). Dass selbst Dürer von Aristoteles' *Poetik* beeinflusst war, wird überzeugend dargelegt durch Peter Krüger: Dürers ‚Apokalypse'. Zur poetischen Struktur einer Bilderzählung der Renaissance. Wiesbaden 1996 (Gratia. Bamberger Schriften zur Renaissanceforschung 28), S. 109–125.

die Abstammung[96] etwa, das Aussehen, das Schwert, das als Teil der Rüstung die Kampfkraft widerspiegelt, etc. – und in denen später auch Cicero einen Beweis von Tugendhaftigkeit sah.[97] Diese Bestandteile des Heroisierungsprozesses müssen jedoch andererseits zugleich in ihrer Funktion innerhalb einer Szene, eines Buches oder des Gesamtwerkes analysiert werden. Denn isoliert kann man ihren Anteil an der Heroisierung nicht bemessen oder gelangt zu Fehlschlüssen. Zusätzlich würden sie für sich genommen eine Heroik suggerieren, wie sie auch in anderen antiken und zeitgenössischen Epen zu finden ist. Vielfach machen die heroischen Qualitäten Maximilian an sich nicht einzigartig, er würde zu einem Helden wie andere vor ihm, und das ist in den Epen auf ihn nicht intendiert. Indem größere und kleinere Strategien der Heroisierung ineinanderfließen, wird das spezifische Heldentum Maximilians ausgeformt. Die Arbeitsprozesse der Humanisten hat Müller in seiner *gedechtnus*-Studie klar umrissen. Es gehe um die Wiederbelebung der Antike: „[M]an bemüht sich, die eigene Wirklichkeit nach jener zu stilisieren, in ihr das zu entdecken, was sich unmittelbar auf antike Traditionen berufen kann oder

---

96 Dass die Vorfahren in ihrer Außergewöhnlichkeit auf Helden abfärben, wie Aristoteles es erwähnt hat, ist auch für die Frühe Neuzeit feststellbar. Eine Synonymie von „adelig" und „heroisch" gegen Ende des sechzehnten Jahrhunderts erwähnt Ronald G. Asch: Adel (Frühe Neuzeit). In: Compendium heroicum. Hg. von Ronald G. Asch u.a. Freiburg i. Brsg. 08.02.2018. DOI: 10.6094/heroicum/adel-fnz (letzter Zugriff 10.11.2019). Dieser führt Belege zur Bezeichnung der Genealogie als *scientia heroica* auf und hat eine zeitgenössische Begründung für diese Synonymie gefunden: „Gerechtfertigt wurde diese Wortwahl mit dem Hinweis darauf, dass die Wappen ‚ihrem Ursprung nach Zeichen heroischer Taten und Verrichtungen gewesen' seien, wie es in einer einschlägigen Abhandlung noch Ende des 18. Jahrhunderts hieß" (ebd.). Man erkennt hieran, dass die Bemühungen um die Genealogie insbesondere von den Heldentaten der Vorfahren geprägt waren, die die Exzeptionalität der eigenen Familie entscheidend mitbegründeten. Gerade Maximilian war besonders auf seine Ahnen bedacht und leistete der genealogischen Forschung zu seinem Haus Vorschub; für die Epen besonders relevant ist der Beleg einer Abkunft des Hauses Habsburg von den Trojanern über die Franken (zur Genealogie Maximilians ausführlich Kap. 3.2.
97 Cicero, de orat. 2, 84, 342: „Perspicuum est igitur alia esse in homine optanda, alia laudanda. Genus, forma, vires, opes, divitiae ceteraque, quae fortuna det aut extrinsecus aut corpori, non habent in se veram laudem, quae deberi virtuti uni putatur; sed tamen, quod ipsa virtus in earum rerum usu ac moderatione maxime cernitur, tractanda in laudationibus etiam haec sunt naturae et fortunae bona." [‚Es ist also offensichtlich, dass das eine bei einem Menschen wünschenswert, anderes lobenswert ist. Herkunft, Schönheit, Kräfte, Besitz, Reichtum und die übrigen Vorzüge, welche das Schicksal als äußerliche oder körperliche Güter schenkt, bergen in sich keinen wahren Ruhm, der, wie man glaubt, allein der Tugend gebührt. Aber weil man im Gebrauch und in der ausgewogenen Beherrschung dieser Dinge gerade die Tugend am besten erkennt, muss man dennoch in den Lobreden auch diese Güter der Natur und des Schicksals behandeln.'] (Übers. aus Cicero: De oratore. Über den Redner. Hg. und übers. von Theodor Nüßlein. Düsseldorf 2007, S. 295).

den bewunderten Vorbildern nahezukommen scheint".[98] Indem Müller überdies eine Angleichung an antike Heldenfiguren konstatiert hat,[99] hat er ein Forschungsdesiderat benannt, nämlich die Frage genau nach der Art dieser Stilisierung, ihren Strategien und Zielen. Die epischen Heroisierungen Maximilians, die zentralen heroischen Qualitäten, ihre funktionelle Einbettung in das jeweilige Gesamtnarrativ sowie ihre Kontextualisierung in der Gattungstradition werden Gegenstand der vorliegenden Studie sein, und es wird sich zeigen, wie die Maximiliansepik tatsächlich an Traditionen anknüpft, aber auch einen eigenen Weg in ihrer Zeit beschreitet. Angesichts der Stilisierungen Maximilians zum heroischen Dulder wie Hercules oder Christus, der epischen Umsetzung von Maximilians Interessen wie der Jagd oder der typisch habsburgischen *clementia* gibt die vorliegende Studie nicht nur Auskunft über raum- und zeitspezifische Ausprägungen von Heldenvorstellungen, sondern trägt auch zur Forschung an Gattungsgeschichte und Antikenrezeption bei. Von Bedeutung sind dabei auch ideologische Konzepte, vor allem die Translatio Imperii, der Übergang der einstigen Größe Roms auf die Deutschen, oder die *militia Christiana*, der Kriegsdienst für Gott. Die Arbeit füllt damit nicht nur die von Müller angesprochene und nach wie vor nicht behobene Lücke in der Aufarbeitung von Maximilians Ruhmeswerk, sondern macht strukturelle und thematische Wandlungen epischer Heroisierungen sichtbar, deckt ideengeschichtliche Verflechtungen von Vergangenheit und Gegenwart in gängigen Herrscherdarstellungen der Zeit auf und untersucht gerade auch Maximilians Abgrenzung von epischen Herrscherdarstellungen im Quattrocento. Die spezifische Heroisierung Maximilians kristallisiert sich in der Darstellung vor allem durch Kontrast und Abgrenzung des Habsburgers zu Helden anderer lateinischer Epen, einerseits der Antike, andererseits von unmittelbaren Vorläufern aus dem italienischen Quattrocento, sodass die vorliegende Arbeit stark komparatistisch arbeitet. Die Präsenz von Vergangenheit kann nicht nur kontextualisieren, legitimieren oder überhöhen, sondern auch deutlicher das Neue hervortreten lassen.[100] Das Entscheidende an dieser Ausrichtung ist, dass es sich nicht um eine Heuristik von Gattungstopoi oder antik-paganem versus mittelalterlichem Repertoire handelt, sondern die entsprechende Intertextualität rezeptionsästhetisch respektive wirkungsästhetisch

---

98 Müller: Gedechtnus, S. 169.

99 Ebd. Wie diese Angleichung in Werken der Kunst funktioniert, hat Müller: Rinascimento beleuchtet.

100 Dass gerade die Aufnahme des Homerischen, also des Alten, die Neuheit steigere, hat für Vergils Epos bereits Ernst A. Schmidt: Vergils Aeneis als augusteische Dichtung. In: Von Göttern und Menschen erzählen. Formkonstanzen und Funktionswandel vormoderner Epik. Hg. von Jörg Rüpke. Stuttgart 2001 (Potsdamer Altertumswissenschaftliche Beiträge 4), S. 65–92, hier S. 65 bemerkt.

unmittelbar auf die Heroisierung hin untersucht wird. Die hierbei zugrunde gelegte Methodik, Präfiguration (nach Hans Blumenberg), Zeitschichten (nach Reinhart Koselleck) und Grenzziehung, d.h. Heroisierung durch Abgrenzungsprozesse und Distinktionen zwischen Helden, Gegnern und der Masse, lässt sich überdies für die Epenforschung generell nutzbar machen, wobei einzig die typologischen Kategorien an unterschiedliche zeitliche und soziale Umstände angepasst werden müssten. Die Studie soll somit nicht nur einen Beitrag zu Maximilian und seiner Zeit leisten, sondern auch als Anregung und Aufforderung verstanden werden, auch in anderen Epen Helden und Heroisierungen gezielter in den Blick zu nehmen, insbesondere auch in denen der römischen Antike, deren Heroik die Forschung bislang erstaunlich wenig beleuchtet hat.

1.2.2 Vorarbeiten

Das Corpus dieser Studie wurde bislang nur überblickshaft oder passagenweise vor allem unter dem Aspekt der Antikenrezeption besprochen. Die werkgebundenen Erkenntnisse hieraus, die für die spezifischen Heroisierungen durchaus relevant sind, werden in den entsprechenden Fallstudien zur Diskussion gestellt. An dieser Stelle sollen zunächst die Ergebnisse präsentiert werden, die bislang zur epischen *gedechtnus* Maximilians und den Produktions- und Rezeptionsbedingungen an Maximilians ‚Hof‘[101] erarbeitet wurden, daran anschließend die Arbeiten, die sich mit der Heroik frühneuzeitlicher Epik näher beschäftigt haben und übertragbare oder zumindest wegweisende Resultate vorgelegt haben.

Den Anfang muss auch hier Müllers *gedechtnus*-Studie machen, in der der Autor nicht nur zur *Austrias* und dem *Magnanimus* die Grundprinzipien der Stili-

---

101 Maximilian war ein mittelalterlicher Reiseherrscher und sein ‚Hof‘ kann vor diesem Hintergrund nur summarisch die verschiedenen Orte meinen, an denen Aufgaben der Reichsverwaltung ausgeübt werden; näher hierzu Müller: Gedechtnus, S. 22–23. Für die Frage nach den literarischen Produktionsbedingungen ist hinsichtlich des Hofes zu unterstreichen, was Müller ebd., S. 34–42 dargelegt hat, dass sich nämlich neben adeligen Würdenträgern im Gefolge Maximilians bei offiziellen Anlässen eine feste Personengruppe auch niederen Ranges (auch bürgerlichen) ausgebildet hat, der Hofämter übertragen wurden und die über politisches Gewicht verfügte. Die Folge war unter anderem eine minder hierarchische Gliederung. Indem außerdem die Ämter vielfach nach individuellen Fähigkeiten und Leistungen vergeben wurden (und hierbei spielen die eigenen literarischen Erzeugnisse sowie die Darstellung der eigenen Person in den Medien der Zeit eine Rolle), entstanden glänzende Karrieren wie die des Matthäus Lang, Sohn eines Augsburger Goldschmieds, später Geheimsekretär Maximilians, weiterhin in den Adelsstand erhoben, bis er 1505 Fürstbischof von Gurk wurde und 1535 Kardinalbischof von Albano.

sierung Maximilians als antikem *heros* sowie die fundamentalen Strategien der Allegorisierung erarbeitet, sondern auch grundlegend die sozialen, kulturellen und strategischen Hintergründe des Ruhmeswerkes geklärt hat. Unter der Vielzahl an Erkenntnissen sind drei für Fragen der Heroisierung besonders relevant, erstens die Produktionsbedingungen, zweitens der zeitgenössische theoretische Diskurs über das Wesen und die Funktion von Historiographie versus Dichtung mit Bezug auf panegyrische Absichten, drittens das Verhältnis von deutschsprachiger zu lateinischer Panegyrik. Zu Maximilians Zeit gab es, wie Müller eindrücklich zeigt, einen sozialen Wandel der Führungselite, eine wachsende Relevanz von Gelehrsamkeit, praktischen Fähigkeiten und erbrachten Leistungen einhergehend mit dem Rückgang adeliger Privilegien von Geburt wegen.[102] Literarische Darstellungen von *virtus* konnten somit einen wichtigen Anteil an der Legitimation des sozialen und beruflichen Status am Hof haben.[103] Maximilian bedurfte zudem rhetorisch und humanistisch geschulter Amtsträger.[104] Das Aufgabenspektrum der Ämter am Hof schloss literarisches Schaffen mit ein, umgekehrt muss auch festgehalten werden, dass es sich bei Maximilians Literaten um „politisch einflußreiche und sozial bereits avancierte Männer"[105] handelte, Müller nennt sie „Literaten-Sekretär[e]".[106] Zu den Aufgaben der Amtsträger gehörten insbesondere historische Studien und deren schriftliche Fixierung, Historiographie.[107] Anhand einer Vielzahl an Quellenbelegen erörtert Müller die Positionen von Maximilians Literaten hinsichtlich der dichterischen Ausgestaltung der Geschichte. Ereignisse und Personen können nicht nur ‚verkleidet' werden, sondern ihnen kann in der – so versteht es Müller – ‚poetischen' Darstellung Ordnung und Bedeutung gegeben werden.[108] So zeigt er auf, wie der literarische oder künstlerische Rahmen auf das Dargestellte Einfluss nimmt, wie etwa im *Teuerdank* die einzelnen Jagden erst

---

102 Müller: Gedechtnus, S. 34–42.

103 Deutlicher in Müller: Panegyrik, S. 134–135.

104 „Neben sprachlich-rhetorischer Ausbildung […] versprach die Lektüre der antiken Autoren ein Realwissen, das im öffentlichen Leben zunehmend an Bedeutung gewann, sei es daß man bei den Rhetoren und Historikern Regeln politischer Technik, ein unmittelbar applikables Erfahrungswissen suchte, sei es, daß die antiken Mathematiker, Geographen, Naturwissenschaftler zur Lösung praktisch-technischer Probleme herangezogen werden." (Müller: Gedechtnus, S. 44). In diesen praktischen Anlässen sieht Müller ebd. auch die Gründung des Collegium poetarum et mathematicorum und verweist zugleich ebd. auf das Gründungsprivileg Maximilians, das die Bedeutung der Kenntnis der Geschichte für das gegenwärtige Handeln der Führungselite herausstellt.

105 Müller: Gedechtnus, S. 71.

106 Ebd., S. 65.

107 Ebd., S. 56.

108 Ebd., S. 182.

durch ihren Platz im Gesamtnarrativ zur *âventiure* eines Ritters würden.[109] Auch unter Maximilians Literaten gibt es einen Diskurs um den Wahrheitsgehalt der Historiographie:[110] Die einen – beispielsweise Conrad Celtis – verteidigen (wie etwa vor ihm Petrarca)[111] die ‚verhüllte *gedechtnus*‘, wie Müller sie nennt,[112] indem sie sagen, dass der Schleier des Verborgenen dem Verhüllten eine besondere Würde und gar Sakralität verleihe, da es zu einem Geheimnis werde und ein tieferer Sinn gerade durch diese poetische Gestalt angezeigt werde.[113] Der Sinn des Dargestell-

---

109 Ebd.

110 Ausführlich hierzu ebd., S. 180–190. Zum antiken Diskurs um die Wahrheit in epischen Darstellungen s. Philip Hardie: Ancient and modern theories of epic. In: Structures of Epic Poetry. Bd. 1. Hg. von Christiane Reitz, Simone Finkmann. Berlin, Boston 2019, S. 25–50, hier S. 39–42.

111 Müller verweist ebd., S. 185 auf Petrarcas Rede anlässlich von dessen Dichterkrönung (Collatio laureationis 7), wo er Historiographie und Dichtung mit einem wolkenlosen versus einem bewölkten Himmel vergleicht, wobei der Himmel stets derselbe ist und sich nur dem Betrachter anders offenbare. Abseits hiervon ist auch auf die dichtungstheoretischen Aussagen in Petrarcas Epos *Africa* hinzuweisen, wo die Bedeutung der Wahrheit für die Dichtung unmittelbar auf das Epos angewandt wird. Im neunten Buch bekundet Ennius die Ausrichtung der Dichtung auf die Wahrheit (9, 92–97a.100b–105a): „Scripturum iecisse prius firmissima veri | fundamenta decet, quibus inde innixus amoena | et varia sub nube potest abscondere sese, | lectori longum cumulans placidumque laborem, | quaesitu asperior quo sit sententia, verum | dulcior inventu. [...] | [...] sub ignoto tamen ut celentur amictu, | nuda alibi, et tenui frustentur lumina velo, | interdumque palam veniant, fugiantque vicissim. | Qui fingit quodcumque refert, non ille poetae | nomine censendus" [‚Wenn er etwas schreiben will, muß der Dichter zuvor eine starke und feste Grundlage der Wahrheit gelegt haben. Auf sie kann er sich dann stützen und sich hinter einer schönen Wolke verbergen, die ihr Erscheinungsbild vielfältig ändert. So bereitet er dem Leser eine lange, stille Arbeit, auf daß die Suche nach dem Sinn schwieriger, doch seine Entdeckung umso annehmlicher sei. [...] Diese Dinge sollen aber unter einem Überwurf des Unvertrauten verborgen sein, während sie anderswo nackt zutage treten; sie sollen sich hinter einem dünnen Schleier nur schwer erspähen lassen, sollen bisweilen hervorkommen und dann gleich wieder die Flucht ergreifen. Wer alles erfindet, was er erzählt, der ist nicht als Dichter zu bezeichnen‘] (Übers. aus Francesco Petrarca: Africa. Hg. von Bernhard Huss, Gerhard Regn. Mainz 2007, S. 641.643).

112 Müller: Gedechtnus, S. 180.

113 Müller verweist ebd., S. 183 auf eine Stelle aus Sebastian Franck: Germaniae Chronicon. Von des gantzen Teutschlands/ aller Teutschen völcker herkomen/ Namen/ Händeln/ Güten vnd bösen Thaten/ Reden/ Räthen/ Kriegen/ Siegen [...] Vonn Noe biß auff Carolum V. [Frankfurt a. M.]: [Egenolff] 1538. Bl. 287ʳ: „Gewiß ist aber nicht im Theurdanck vnd Blanck kunig/ daran nit etwas sey/ weil es aber ein helden bůch ist/ so hat es auch sein poetery/ darein die histori als ein heyltumb in ein monstrantz gefast ist/ ich hab aber nit vnderlassung der schal/ monstrantz vnd poeterey/ nach dem kern heylthumb vnd histori griffen/ vnd darff dir schier zůsagen/ das du hie in kurtz den inhalt des gantzen Theurdanck has herauß gescheschelt vnd bettelt."

ten lasse sich auf diese Weise zudem vor „einer Abnutzung und Trivialisierung" bewahren,[114] wie man es an der Mythenallegorese beobachten konnte. Müller nennt hierbei eine zentrale Stelle aus dem *De poetica et carminis ratione* (Wien: o. Dr. 1518) des Joachim Vadian, dass man hinter der poetischen Zierde einen kundigen Schreiber und vor allem eine Wahrheit und Fakten finden könne.[115] Andere Humanisten hingegen wie Willibald Pirckheimer (1470–1530) oder Johannes Cuspinian (1473–1529) kritisierten, dass der Kern durch die Form verdunkelt werde.[116] Während Müller hierbei nur die Aussagen der einzelnen Humanisten in den Blick nimmt, sollte man auch die Geschichte der Rezeption von Aristoteles' *Poetik* berücksichtigen, die bis in Maximilians Zeit durch die arabische Fassung des andalusischen Gelehrten Averroes (1126–1198) bestimmt war.[117] Dieser allerdings transformiert den aristotelischen Mimesis-Begriff in ein Konzept, das der bedeutendste lateinische Übersetzer des Averroes, Hermannus Alemannus (gest. 1272), als ‚Gleichnishaftigkeit' wiedergibt (*assimilatio*). Entscheidend hierbei ist, dass das dichterisch Dargestellte auf tatsächlichen Begebenheiten beruhen müsse und nur in Details der dichterischen Freiheit unterliege.[118] In der Tradition des

---

114 Müller: Gedechtnus, S. 186.

115 Ebd., S. 185 mit Verweis auf Joachim Vadian: De Poetica et Carminis ratione, Liber ad Melchiorem Vadianum fratrem. Wien: o. Dr. 1518, Bl. [I 6]^r: „Tolle a poeta picturam et schemata et vel theologum cernes vel physicum aut si ad voluptatem aliquid scripsit: omnino nomine poetae privas." [‚Nimm dem Dichter die Bildhaftigkeit und das Gestalthafte und Du wirst entweder einen Theologen sehen oder einen Physiker, oder, wenn er etwas zur Erheiterung geschrieben hat, nimmst Du ihm voll und ganz die Bezeichnung ‚Dichter'.']

116 Hierzu näher Müller: Gedechtnus, S. 184.

117 Während eine lateinische Übersetzung der *Poetik* von Wilhelm von Moerbeke aus dem Jahr 1278 wenig Beachtung fand, wurde sie bis Anfang des sechzehnten Jahrhunderts vor allem mittels der arabischen Paraphrase (sowie einer kürzeren Epitome) des Averroes bzw. ausgehend von der lateinischen Übersetzung dieser arabischen Schriften rezipiert (zu Averroes s. Volkhard Wels: Dichtung als Argumentationstechnik. Eine Interpretation der averroischen Bearbeitung der aristotelischen ‚Poetik' in ihren lateinischen Übertragungen. In: Beiträge zur Geschichte der deutschen Sprache und Literatur 133.2 (2011), S. 265–289 sowie Volkhard Wels: Der Begriff der Dichtung in der Frühen Neuzeit. Berlin, New York 2009 [Historia Hermeneutica. Series Studia 8], S. 11–42 mit einem Ausblick auf die frühneuzeitliche Rezeption). Besonders zu erwähnten ist hierbei die 1256 entstandene Averroes-Übersetzung des Hermannus Alemannus, die noch in Maximilians Zeit in Venedig gedruckt wurde (di Pietro 1481), außerdem kam es zu einer Übersetzung des Lateinischen ins Hebräische und dieser kürzeren hebräischen Fassung dann wieder ins Lateinische, allerdings erst nach Maximilians Zeit (s. ebd., S. 14). Dass der Originaltext der Poetik seit der ersten Hälfte des fünfzehnten Jahrhunderts in Italien bekannt war, bemerkt Thomas Leinkauf: Grundriss Philosophie des Humanismus und der Renaissance (1350–1600). Bd. 1. Hamburg 2017, S. 554.

118 Entgegen Aristoteles, Poetik 1451b formuliert Averroes, Expositio S. 51–52: „Ideo poetae non pertinet loqui nihil in rebus quae sunt aut quas possibile est esse. [...] Poetae vero ponunt

Averroes steht nicht nur Celtis,[119] sondern auch der einflussreiche Wiener Humanist Georg von Peuerbach (1423–1461), der in seiner Dichtungstheorie konstatiert (Positio sive determinatio de arte oratoria sive poetica S. 202, 7–9): „Est enim poetae, ut ea quae vere gesta sunt, in alias species obliquis figurationibus cum decore aliquo conversa traducat, virtutem laudando, vitia fulminando."[120] Vor diesem Hintergrund heißt es auch im Widmungsbrief der *Austrias*, den der besagte Joachim Vadian verfasst hat, das Epos spiegele die historische Wahrheit wider.[121]

Für die panegyrischen Epen auf Maximilian muss somit individuell erfragt werden, wie sie von ihren Dichtern in diesem Diskurs positioniert werden. Hierüber Auskunft geben gerade die Paratexte, in denen der Dichter Stellung zu seinem Werk nehmen kann. Müller hat bereits bemerkt, dass Bartolini zu dem Kreis der Dichter gehöre, die nur in der poetischen Ausschmückung eine würdige Art der Repräsentation herausragender Taten sehen:[122] Abseits von Vadians Brief zur *Austrias* bekennt sich der Dichter selbst in seinem *Odeporicon* (Bl. [Q iv]^v) klar zum Wert dichterischer Zierde entsprechend der Erhabenheit historischer Ereignisse. Die Paratexte der *Encomiastica* sprechen ebenfalls von der Darstellung der Taten des Kaisers,[123] auch Nagonio schreibt in einem Wid-

---

nomina rebus existentibus, et fortassis loquuntur in universalibus." [‚Daher ist es nur Aufgabe des Dichters, über das zu sprechen, was ist oder was sein kann. [...] Die Dichter fassen existierende Sachverhalte in Worte und vielleicht sprechen sie verallgemeinernd.']

119 Wels: Begriff der Dichtung, S. 52.

120 [‚Es ist nämlich die Aufgabe eines Dichters, dass er das, was wirklich geschehen ist, mittels einer halbverdeckten äußeren Gestalt und mit einer gewissen Zierde umgestaltet in andere Formen überführt und dabei die Tugend lobt und das Laster tadelt.'] Hierbei folgt Peuerbach Laktanz, inst. 1, 11.

121 Bartolini: Ad Divum Maximilianum [...], Bl. iiii^r.

122 Müller: Gedechtnus, S. 184–185. Dass Müller bei seinen Ausführungen zum Wahrheitsgehalt der Dichtung zu wenig auf die Funktion des dichterischen Werkes eingehe, da nämlich poetische Darstellungen weniger die historischen Ereignisse beschreiben wollten, die ohnehin jeder kenne, als vielmehr den Kaiser zu rühmen, wurde kritisiert von Kurt Nyholm: Jan-Dirk Müller: Gedechtnus. Literatur und Hofgesellschaft um Maximilian I. In: Arbitrium 2.1 (1984), S. 269–272, hier S. 271. Dies allerdings ist zu kurz gedacht. Die Verbreitung des Wissens um Ereignisse des Landshuter Erbfolgekrieges beispielsweise oblag schließlich auch zu einem Großteil Maximilians Humanisten und das sind nicht nur jene in Innsbruck oder Wien, sondern auch in Straßburg oder Tübingen. Der Landshuter Erbfolgekrieg bestand aus einer Vielzahl an kleinen Schlachten, deren detaillierte Abläufe nicht breit bekannt sein konnten. Dichter wie Bartolini hatten mit einem für den Druck bestimmten Epos ein Instrument zur Verfügung, Einfluss auf genau diese Informationen zu nehmen, die im Reich ankommen sollten. Nyholm verkennt, dass gerade der Wahrheitsanspruch in besonderem Maße mit der Panegyrik und der Steuerung der Erinnerung interferiert.

123 Ausführlich hierzu Kapitel 2.3.1.

mungsgedicht auf dem Titelblatt, dass das Büchlein die „gesta" besinge.[124] Während der *Teuerdank* explizit den Anspruch erhebt, verschlüsselt echte Begebenheiten aus dem Leben des Kaisers zu präsentieren, finden sich in Nagonios in der Zukunft spielendem *Pronostichon* keine Ausführungen hierzu. Indes scheint der Dichter mit der Streitfrage nach der Wahrheit zu spielen: Maximilian nämlich hat es selbst in der Hand (dazu wird er im Epos von Hercules aufgefordert), aus der Fiktion eine Wahrheit zu machen, indem er nach Rom zieht und Stadt und Herrschaft erneuert.

Die dritte wichtige Erkenntnis aus Müllers Arbeit betrifft schließlich die unterschiedlichen Adressatenkreise deutschsprachiger und lateinischer *gedechtnus*. Zwar sei das Lateinische in den Augen einiger Humanisten wie Bartolini oder Cuspinian die einzig geeignete Sprache gewesen, die Zierde und Erhabenheit des Kaisers und seiner Taten darzustellen, maßgeblich allerdings sei die Reichweite der Verbreitung gewesen und Maximilian habe bei den lateinischen wie den deutschen Teilen seines Ruhmeswerkes stets den avisierten Adressatenkreis beachtet.[125] Das Lateinische nämlich wirkte dort nicht mehr, wo die Propaganda (angesichts der Unterstützung des geplanten Romzugs und des Kreuzzugs) am nötigsten gewesen wäre, „bei den Reichsständen, beim Adel, bei den bürgerlichen Ober- und Mittelschichten, vor allem auch den fürstlichen *dienern* in Kammer und Regiment, die durch ihre praktischen Fähigkeiten zu Rang und Einfluß gelangt waren".[126] Das deutschsprachige Werk nun richtete sich vor allem an diese Kreise jenseits der Bildungselite, wobei Müller davor warnt zu glauben, dass tatsächlich eine flächenmäßig größere Verbreitung stattgefunden hätte. Auch der Besitz gedruckter Bücher war Ende des fünfzehnten Jahrhunderts noch ein Privileg.[127] Bei jedem deutschsprachigen Werk hat Maximilian überlegt, wer es erhalten sollte (auch etwa als besondere Auszeichnung oder Geschenk); es war „zunächst für jene [sc. für den Fürstenstaat wichtige] neue Hofgesellschaft adliger und bürgerlichen Provenienz bestimmt".[128] Bei aller Bedeutung der Sprache sei bemerkt, dass nicht nur sie, sondern auch die Inhalte und Motive auf das Publikum ausgerichtet werden mussten. Thomas Menzel weist darauf hin, dass Gruppen, die ihre Werte im Handeln des Kaisers wiederfanden, Anteil an dessen Glanz erhalten konnten –[129] was einer Vereh-

---

124 Wien, Österreichische Nationalbibliothek, Cod. 12750, fol. 1ᵛ.
125 Müller: Gedechtnus, S. 74–79.
126 Ebd., S. 76.
127 Ebd.
128 Ebd., S. 78.
129 Thomas Menzel: Kaiser Maximilian I. und sein Ruhmeswerk. Selbstdarstellung als idealer Ritter, Fürst und Feldherr. In: Militärgeschichtliche Zeitschrift 63.2 (2004), S. 401–427, hier

rung als Held wiederum besonders zuträglich ist. Besonders gut wird sich dies in der vorliegenden Arbeit bei *Teuerdank* und *Magnanimus* nachvollziehen lassen.

Die beiden lateinischen Epen, *Magnanimus* und *Austrias*, behandelt Müller nur beiläufig und schlaglichtartig. Während Müller für das Ritterepos einige formale Modifikationen gegenüber der deutschsprachigen Vorlage benennt wie etwa zwei Musenanrufungen, konzentriert er sich vor allem im Vergleich zum *Teuerdank* auf den kittenden und bedeutungsstiftenden Rahmen der Gattung ‚Heldenbuch' und des Erzählmusters ‚Abenteuerfahrt im Dienst der Dame'. Sbruglio wolle einen Bezug von Liebe und Kriegsdienst aufrechterhalten, unterfüttere aber vor allem die Liebe, sodass die Abenteuer nicht als Bedingung der Liebe, sondern als Hindernisse erscheinen, welche zudem weiter voneinander separiert würden.[130] Damit geht Müllers Feststellung einher, dass im *Magnanimus* „Tat durch Haltung ersetzt wird", was er insbesondere mit zwei Formulierungen des Proömiums belegt (1, 17.20).[131] Er versteht den Helden ganz als zweiten Aeneas oder Hercules. Die Parallele zu Letzterem konstruiert er insbesondere durch einen im Werk augenscheinlich entworfenen Scheideweg des Helden Magnanimus zwischen *virtus* und *voluptas*.[132] Beide Thesen allerdings belegt Müller mit wenigen Einzelstellen. Überprüft man diese punktuellen Befunde jedoch am ganzen Text, muss man zu anderen Schlüssen kommen, was später ausführlich belegt werden soll: Keineswegs ist die *voluptas* negativ konnotiert, die der Held repräsentiert, und steht nicht mit tatsächlich unheroischem *otium* in Zusammenhang. Sie stellt vielmehr einen Teil aktiver Handlungsmacht dar, die die Passivität der Mühen (*passus*) ergänzt und den Ritter zu einem besseren Helden als Aeneas oder Hercules machen soll, der zwar dulden kann, aber zur Ausübung seiner Pflicht nach Mühen sucht. Keineswegs ist ebenso die Liebe besonders präsent, vielmehr reduziert Sbruglio sie auf ein Mindestmaß, was dem Rahmen der Vorlage geschuldet sind. Ganz in der Tradition antiker Epik passen Heldentum und Liebe nicht zueinander.

Nicht viel anders verhält es sich mit Müllers partiellen Analysen von Bartolinis *Austrias*. Er billigt dem Epos keine Güte zu, bezeichnet den Dichter bei der Kompo-

---

S. 403. Ebenso sieht Wolfinger, S. 56 in seiner Studie zur Herrschaftsinszenierung Rudolfs IV. nur dann eine dauerhafte, positive Resonanz vonseiten des Publikums, „wenn sich die fürstliche Repräsentation erfolgreich auf die Wertvorstellungen und Interessen jener Personen bezog, die an den verschiedenen politisch relevanten Foren partizipierten."

130 Müller: Gedechtnus, S. 161.
131 Ebd., S. 235.
132 Ebd., S. 234.

sition als „wenig wählerisch",[133] spricht von der „mitunter abgeschmackte[n] Collage ganzer Erzählkomplexe",[134] wozu er insbesondere die Totenbeschwörung des Gegners zählt.[135] Diese Einschätzung zeigt Müllers Vorgehensweise bei den lateinischen Werken auf. Er benennt typische Topoi der Gattung Epos und richtet das Augenmerk vor allem auf allegorische Elemente, etwa Maximilians Kampf gegen Pallas und Venus, erkennt diese diversen Komponenten aber nicht in einem System von Überhöhungen und Abgrenzungen der einzelnen Figuren zueinander. So ist etwa die Totenbeschwörung keineswegs eine sorglose Einstreuung epischer Topik, sondern erweist sich bei genauerem Hinsehen als eine zentrale Strategie zur Heroisierung Maximilians, indem der Gegner mit ruhmsüchtigen und gewaltbereiten Figuren kontextualisiert wird und überdies nicht durch eine individuelle Heldentat der Leserschaft vor Augen treten kann – ganz im Gegenteil zu Maximilian, der ebenfalls aus guten Gründen erst im zweiten Buch des Epos auftritt. Die Einordnung der diversen Heroisierungspartikel im Gesamtwerk wird in der vorliegenden Arbeit nachgeholt.

Neben Müllers Studie, die das Ruhmeswerk als Ganzes zu betrachten sucht, sind die bisherigen Erkenntnisse zur lateinischen Habsburg-Epik vor allem einem Projekt zu verdanken, das Mitte der 1990er-Jahre in Wien entstanden ist: ‚Poetische Habsburg-Panegyrik in lateinischer Sprache vom 15. bis ins 18. Jh.'.[136]

---

133 Ebd., S. 175.

134 Ebd., S. 176.

135 Ebd.

136 Ein einführender Überblick über die lateinische Habsburgpanegyrik wird gegeben in Römer/Klecker; Elisabeth Klecker: Nachleben antiker Mythologie in der Renaissance und Poetische Habsburg-Panegyrik in lateinischer Sprache. Zwei Wiener Projekte zur schöpferischen Antike-Rezeption in der frühen Neuzeit. In: Wolfenbütteler Renaissance Mitteilungen 21.3 (1997), S. 142–145; Franz Römer: Klassische Bildung im Dienst habsburgischer Propaganda: Lateinische Panegyrik in der Donaumonarchie. In: International Journal of the Classical Tradition 5.2 (1998), S. 195–203. Zur generellen Einführung in die Thematik ‚neulateinisches Epos' mit einem breiteren Überblick ist grundlegend zu konsultieren Heinz Hofmann: Von Africa über Bethlehem nach Amerika. In: Von Göttern und Menschen erzählen. Formkonstanzen und Funktionswandel vormoderner Epik. Hg. von Jörg Rüpke. Stuttgart 2001 (Potsdamer Altertumswissenschaftliche Beiträge 4), S. 130–182; Craig Kallendorf: The Neo-Latin Epic. In: Brill's Encyclopaedia of the Neo-Latin World. Hg. von Philip Ford u.a. Leiden, Boston 2014, S. 449–460; Florian Schaffenrath: Narrative Poetry. In: The Oxford Handbook of Neo-Latin. Hg. von Sarah Knight, Stefan Tilg. Oxford 2015, S. 57–71; Paul Gwynne: Epic. In: A Guide to Neo-Latin Literature. Hg. von Victoria Moul. Cambridge 2017, S. 200–220; Christian Peters: Narrative structures in Neo-Latin epic from 1440 to 1500. In: Structures of Epic Poetry. Bd. 3. Hg. von Christiane Reitz, Simone Finkmann. Berlin, Boston 2019, S. 257–299; Florian Schaffenrath: Neo-Latin Epic; Florian Schaffenrath: Narrative structures in Neo-Latin epic: 16th–19th century. In: Structures of Epic Poetry. Bd. 3. Hg. von Christiane Reitz, Simone Finkmann. Berlin, Boston 2019, S. 301–329.

Zu den Maximiliansepen, speziell auch zum Heldentum in Bartolinis *Austrias* hat
Elisabeth Klecker fortan eine ganze Reihe an Arbeiten vorgelegt, die nicht nur
wichtige Rezeptionsaspekte – insbesondere aus den homerischen Epen – klären,
sondern auch substanzielle epische Bauformen beleuchten wie ein Seesturm
oder Tapisserien. Die Arbeiten werden in den Fallstudien eingehender betrachtet.
Mit dem Rezeptionsaspekt, der vor dem in Maximilians Zeit wichtigen Ideal des
antiken *heros* sowie dem Legitimationsdruck um die Herrschaft im Heiligen Römischen Reich gar nicht deutlich genug erarbeitet werden kann, befassen sich
auch zwei Arbeiten Franz Römers, und zwar zu Joachim Meisters *De Rodolpho
Habsburgico* (Görlitz: Fritsch 1576) auf Rudolf I. (1218–1291) sowie zu Antonio
Minturnos *De adventu Caroli V. imperatoris in Italiam* (erhalten im Druck Venedig: Valvassor 1564, entstanden wohl um 1536)[137] auf Karl V. (1500–1558), aber
doch mit übertragbaren Ergebnissen hinsichtlich der Arbeit und der Absicht der
Dichter.[138] In Meisters Epos dienen die analoge Konstruktion von Aeneas–Rudolf
versus Turnus–Ottokar sowie die deutliche Übernahme traditioneller Bauformen
wie Truppenkataloge entsprechend dem vergilischen Italikerkatalog (Aen. 7,
641–817) oder einer Schildbeschreibung mit Blick auf künftige Herrscher (Aen. 8,
626–728) ganz dem Zweck, dass „dem Leser offenbar eine schnelle Assoziation
ermöglicht werden soll: er soll die Gestalten und Ereignisse des Epos möglichst
früh in vergilischen Dimensionen sehen".[139] Ähnliche Strategien weist Römer
auch für das Epos Minturnos nach, dass Karl V. beispielsweise durch eine Schildbeschreibung mit Augustus verglichen wird,[140] sodass deutlich wird, dass mit
dem deutschen Kaiser, der im Epos nach Bologna zieht, der Frieden in Italien
einziehe – wie einst bei Augustus.[141]

Gerade für die Analyse panegyrischer Epen sind zudem Erkenntnisse des
Komparatisten David Quint relevant. In seinem Werk *Epic and Empire*[142] zeigt
er auf, wie die Darstellung der Schlacht bei Actium (Sieg Octavians gegen Marc
Anton am 2. 9. 31 v. Chr.) auf dem Schild des Aeneas (Aen. 8, 671–713) zum weg-

---

137 Franz Römer: Zur Panegyrik in der Epoche Karls V. In: Karl V. 1500–1558. Neue Perspektiven seiner Herrschaft in Europa und Übersee. Hg. von Alfred Kohler u.a. Wien 2002 (Zentraleuropa-Studien 6), S. 67–82, hier S. 75.
138 Zu Rudolf I. Franz Römer: Aeneas Habsburgus. Rudolf I. in einer epischen Darstellung des
16. Jahrhunderts. In: Wiener Studien 114 (2001), S. 709–724; zu Karl V. Römer: Panegyrik in
der Epoche Karls V.
139 Römer: Aeneas Habsburgus, S. 714.
140 Römer: Panegyrik in der Epoche Karls V., S. 77.
141 Ebd., S. 78.
142 David Quint: Epic and Empire. Politics and Generic Form from Virgil to Milton. Princeton
1993.

weisenden Modell für die Politisierung eines mythischen Stoffes wurde.[143] Während Quint anhand einiger frühneuzeitlicher vernakularer[144] Epen eine Vergilnachfolge von einer Lukannachfolge, Epen auf Gewinner von Epen auf Verlierer, trennt, sind es erstere, die für die Maximiliansepik von Bedeutung sind. Ihre Ereignisse würden als Höhepunkt der Geschichte stilisiert, in denen sich Macht auf die Zukunft erstreckt und durch die Vergangenheit legitimiert wird:[145] „all events are led, or dictated, by an end that is their cause".[146] Quint zeigt eindrucksvoll, wie in der Schildbeschreibung zudem der Bürgerkrieg umgedeutet wird in einen Krieg West gegen Ost, Ordnung versus Chaos, einer gegen viele etc.[147] In hieran anschließenden Narrativen lag in der Frühen Neuzeit ein gewichtiges Legitimationspotenzial für Eroberungen etwa in der Neuen Welt oder in Indien. Die von Quint skizzierten Verfahren werden sich auch in den Epen auf Maximilian wiederfinden, abgesehen von Schildbeschreibungen vor allem die Dichotomisierung Innen versus Außen, Christen gegen Muslime, Ordnung versus Chaos usw.

Verallgemeinernde Schlüsse zur frühneuzeitlichen Epik, ebenfalls vorwiegend rezeptionsbasiert, allerdings spezifisch auf das Heroische ausgerichtet, zieht Ludwig Braun im Anschluss an eine Analyse der *Rupellais* des Paul Thomas (Paris: o. Dr. 1630) über die Belagerung von La Rochelle im zehnten Hugenottenkrieg sowie der *Rhea Liberata* des Jean de Bussières (Lyon: o. Dr. 1655) über die Kämpfe auf Ré als Teil dieser Belagerung. Braun spricht von einer *imitatio*, „um den Ruhm seiner Helden zu erhöhen",[148] macht aber zugleich deutlich, dass für diese Angleichung die geschilderten Geschehnisse deutlich an Historizität einbüßen.[149] Kernelemente der *imitatio* seien das Eingreifen der Götter sowie die Agonalität zwischen Figuren oder himmlischen Mächten, bei-

---

143 Quint, S. 9 macht auch deutlich, dass Aeneas als idealer Krieger und Herrscher gesehen wurde.

144 Konkret besprochen werden Camoes' *Os Lusíadas*, de Ercilla y Zúñigas *La Araucana*, d'Aubignés *Les Tragiques*, Tassos *Gerusalemme liberata*, Miltons *Paradise Lost* und *Paradise Regained*. In einem Epilog führt Quint seine Beobachtungen bis in die Moderne fort und bespricht Macphersons *Poems of Ossian* sowie Eisensteins *Alexander Nevsky*.

145 Quint, S. 45.

146 Ebd., S. 33.

147 Tabellarisch ebd., S. 25.

148 Ludwig Braun: *Fortia facta cano Lodoici* – Über die Heroisierung der Gegenwart durch das transformierte Epos der Antike im 17. Jahrhundert. In: Wissensästhetik. Wissen über die Antike in ästhetischer Vermittlung. Hg. von Ernst Osterkamp. Berlin, New York 2008 (Transformationen der Antike 6), S. 161–170, hier S. 163.

149 Ebd.

des charakteristisch für jedes lateinische Epos.[150] Er weist zudem darauf hin, dass der Götterapparat eine Abgrenzung von größeren und kleineren Helden ermögliche.[151] Dieses bedeutsame und in der Zeit nicht unumstrittene[152] Element des Epos, das Wirken der paganen Götter, hat in der Tat einen immensen Einfluss auf die Heroisierung. Speziell die Interaktion zwischen Mensch und Gottheit wirkt nicht nur auf Exzeptionalität und Attraktionskraft eines epischen Helden zurück, sondern auch auf dessen *agency*, wenn ein bestimmtes Handeln etwa durch Götterzeichen legitimiert wird oder ein Mensch sogar eine Gottheit im Kampf verwunden kann. In diesem Zuge ist auch auf eine weitere Arbeit Brauns hinzuweisen, in der er sich mit der christlichen Adaptation epischer Motive befasst und zeigt, wie Epen vom vierzehnten Jahrhundert an stets einen christlichen Helden präsentieren, selbst wenn es sich nicht um zeitgenössische Stoffe, sondern antike, vorchristliche handelt und beispielsweise Alexander der Große christliche Züge trägt.[153] So tritt etwa beim Motiv des Seesturmes der Heldentod hinter die Einsicht eines reuigen Sünders zurück und der christliche Held kann nicht mehr in der Unterwelt seine Zukunft erfahren.[154] Auch wenn Braun zu rigoros formuliert, dass im Himmel fortan Eintracht herrsche (was etwa in der *Austrias* keineswegs der Fall ist), weist er mit allem Recht darauf hin, dass Himmel und Hölle, Christliches und Nichtchristliches zur Abgrenzung von Held und Gegenheld[155] eingesetzt werden kann.[156] Inwiefern ein frühneu-

---

150 Ebd., S. 165. Die Stilisierung der Gegenseite zum Bösen ist, wie Braun ebd., S. 166 bemerkt, nicht aus der *Aeneis* entnommen, sondern aus der Invektive *In Rufinum* des spätantiken Dichters Claudian, wobei die Gegenseite dort noch die heidnische Unterwelt war. Dass *In Rufinum* panegyrische Tendenzen in Bezug auf Stilicho aufweist, wurde dargelegt von Gernot M. Müller: Lectiones Claudianae. Studien zu Poetik und Funktion der politisch-zeitgeschichtlichen Dichtungen Claudians. Heidelberg 2011 (Bibliothek der klassischen Altertumswissenschaften NF 133), S. 141–142.

151 Braun: Fortia facta, S. 165: „Genügt bei kleineren Helden wie den kühnen Schwimmern von La Rochelle noch oftmals eine einfache Anlehnung an heroische Gestalten des Mythos, so kann, wenn es um den Fürsten selber geht, nur das ganze Gewicht des übernatürlichen Apparats eingesetzt werden."

152 Näher hierzu Römer: Aeneas Habsburgus, S. 720.722.

153 Ludwig Braun: Über den Wandel epischer Bauformen im lateinischen Epos der Neuzeit. In: Hyperboreus 16–17 (2010–2011), S. 479–492.

154 Ebd., S. 479–480.484–485.

155 Gemäß Ulrich Bröckling: Negationen des Heroischen – ein typologischer Versuch. In: helden.heroes.héros. 3.1 (2015), S. 9–13, hier S. 9 werden unter Gegenhelden Figuren verstanden, die „mit den Helden auf einem antagonistischen Feld konträrer Wertordnungen und Handlungsorientierungen [konkurrieren]; sie sind die Identifikationsfiguren der einen Seite im Falle widerstrebiger Heroisierungen".

156 Braun: Wandel, S. 485.

zeitlicher epischer Held sich, wie Braun konstatiert,[157] nicht mehr verlieben dürfe, wird am Beispiel des *Magnanimus* und einer normativ ausgestalteten Szene der *Austrias* noch eingehend zu diskutieren sein.

Damit skizziert Braun eine wichtige Fragestellung, die mittlerweile in zwei Studien einschlägig behandelt wurde, die Funktionalisierung nämlich des paganen Götterapparates im neulateinischen Epos. Die Kernprobleme der epischen Einbettung des christlichen Gottes hat Tobias Gregory ausführlich dargestellt. Er zeigt die Vorzüge auf, die eine Vielzahl an Göttern für die epische Handlung bedeutet, insbesondere was Anthropomorphismen angeht, die nicht leicht und widerspruchslos auf den christlichen Gott hätten angewandt werden können.[158] Gregory betont die Wichtigkeit göttlicher Rivalitäten, Konflikte und Parteinahmen für das epische Narrativ und gibt gleichzeitig Fragen christlicher Theodizee oder der Omniszienz und Omnipräsenz Gottes zu bedenken.[159] Während Gregory für Petrarcas *Africa* bereits aufschlüsselt, wie dieser auf das Handeln paganer Gottheiten verzichtet, der Held Scipio d. Ä. weder in Interaktion mit solchen noch mit dem christlichen Gott tritt, und nur einmal das personifizierte Rom sich vor Jupiter auf Venus beruft,[160] harrten solche Strukturen, insbesondere hinsichtlich panegyrischer Epik, noch gute zehn Jahre der näheren Betrachtung: Christian Peters hat 2016 genau dieses Phänomen der Interferenz von Mythologie und politischer Zeitgeschichte für das fünfzehnte Jahrhundert untersucht. Er analysiert die Funktion des Götterapparates für die Panegyrik und allgemein für das „Epos als Instrument der politischen Repräsentation".[161] Peters konnte zeigen, wie die Interaktion zwischen Figuren des paganen Götterapparates und den Menschen genutzt wurde, um u.a. Makel im Leben des Helden zu tilgen, und wie zeitgenössische, insbesondere politische Hintergründe in das epische Narrativ eingebunden werden. Peters spricht dabei von einer „Camouflagetechnik"[162] durch Einsetzung einer göttlichen Ursache: „Entweder die mythologische Handlung substituiert menschliche Ursachen für die politischen Problematiken vollständig, oder sie wirkt als Katalysator für menschliches Handeln, das anderweitig nicht zu einem Konflikt (oder dessen Lösung) geführt hätte."[163] Der Autor betont außerdem die Bedeutung des Götterapparates für das

---

157 Ebd., S. 486–487.

158 Tobias Gregory: From Many Gods to One. Divine Action in Renaissance Epic. Chicago, London 2006, S. 5–9.

159 Ebd. sowie S. 53–55.

160 Ebd., S. 59–65.

161 Christian Peters: Mythologie und Politik. Die panegyrische Funktionalisierung der paganen Götter im lateinischen Epos des 15. Jahrhunderts. Münster 2016 (Wissenschaftliche Schriften der WWU Münster, Rh. X 24), S. 54.

162 Ebd., S. 456.

163 Ebd.

Telos der Geschichte.[164] Figuren würden durch ihn, durch Jupiter und das *fatum*, im großen Weltenplan verortet, sodass das spezifische Zeitgeschehen hierdurch Bedeutung erhalte.[165] Peters zieht derweil kaum Rückschlüsse auf die Heroisierung, sodass die vorliegende Arbeit auch dessen wegbereitende Studie ergänzen kann.

Neben den genannten Untersuchungen, die das Problemfeld um einen frühneuzeitlichen epischen Helden umreißen und den Produktions- und Rezeptionskontext um Maximilian aufzeigen, hat die Klassische Philologie einige Arbeiten zum epischen Heldentum, vorwiegend zu den homerischen Epen sowie zu den spätantiken Panegyrikern – wobei für die Frühe Neuzeit Claudian von besonderer Relevanz ist –[166] hervorgebracht. Deren Ergebnisse sollen in das folgende Kapitel fließen, in dem die methodische Grundlage dieser Studie ausgearbeitet ist.

1.3 Prolegomena zur Analyse frühneuzeitlicher epischer Heroisierung: Gattung, Begriffe, Methoden

Heroisierungen in frühneuzeitlicher epischer Dichtung sind zwar von veränderten kulturellen und sozialen Bedingungen betroffen, bedienen sich aber der traditionellen, antiken Bauformen der Gattung und knüpfen an bestehende, etablierte Narrative wie dem des listenreichen Odysseus oder verantwortungs- und respektvollen Aeneas an. Die Ausarbeitung der methodischen Grundlage baut in ihrem Kern darauf auf, was die Klassische Philologie bislang zu epischem Heldentum erarbeitet hat, und verknüpft diese Erkenntnisse mit einem soziologischen Modell, das die vielen Facetten des Heroischen besonders gut beschreiben und klassifizieren lässt.

---

164 Ebd., S. 457–458.
165 Peters bemerkt ebd., S. 457 weiter: „In jedem dieser Fälle [*sc.* der von Peters untersuchten Epen] weist der explizite oder implizite Umgang der Götter mit mythologischen Prätexten dem Helden des Epos seine Rolle im Kontext von *fatum* oder anderen geschichtsteleologischen Großkonzepten zu – es ist die Rolle desjenigen, der überhaupt erst den Anspruch verwirklicht, dass die Gegenwart der historischen Akteure eine Zeit ist, die jener gleichkommt, aus der die antiken Epen und ihre Götter stammen oder von der sie handeln."
166 Hierzu eingehend Siegmar Döpp: Claudian und die lateinische Epik zwischen 1300 und 1600. In: Res Publica Litterarum. Studies in the Classical Tradition 12 (1989), S. 39–50.

1.3.1 Held, Heldentat und Verehrergemeinschaft

Unter einem ‚Helden' wird in dieser Arbeit eine fiktive oder reale Person verstanden, die eine übermenschliche (aber nicht übernatürliche),[167] agonale[168] Leistung vollbringt und dafür von einer Gemeinschaft verehrt wird.[169] Diese Leistung wird dann zu einer Heldentat, wenn sie Teil eines Heroisierungsprozesses ist,[170] d.h. sie eine Gemeinschaft als heroisch behauptet.

Diese Definition hat sich nicht nur in der interdisziplinären, auf die Perspektive der *longue durée* ausgerichteten Arbeit des Freiburger Sonderforschungsbereichs 948 als zielführend erwiesen, sie ist auch vereinbar mit einschlägigen

---

167 Tobias Schlechtriemen: Der Held als Effekt. *Boundary work* in Heroisierungsprozessen. In: Berliner Debatte Initial 29.1 (2018), S. 106–119, hier S. 114. Man könnte einwenden, dass eine gottgeschmiedete Rüstung als übernatürliche Kraft zu bewerten ist, hierzu jedoch bemerkt Cecil M. Bowra: Heldendichtung. Eine vergleichende Phänomenologie der heroischen Poesie aller Völker und Zeiten. Stuttgart 1964, S. 98 zurecht: „In den meisten Heldendichtungen sind [die Fähigkeiten des Helden oder der Heldin] spezifisch menschlicher Natur, wenn sie auch über die normalen menschlichen Beschränktheiten hinausragen. Selbst wenn der Held übernatürliche Kräfte besitzt und ihretwegen noch furchtgebietender erscheint, dienen diese doch zu kaum mehr als der Ergänzung seiner wesentlich menschlichen Eigenschaften."
168 Dies kann sowohl einen äußeren wie auch einen inneren Widerstand meinen, „in Gestalt eines individuellen Gegenspielers, der gesellschaftlich-politischen Rahmenbedingungen, hemmender internalisierter Normen oder einer anderen widerständigen Kraft" (Achim Aurnhammer, Hanna Klessinger: Was macht Schillers Wilhelm Tell zum Helden? Eine deskriptive Heuristik heroischen Handelns. In: Jahrbuch der Deutschen Schillergesellschaft 62 (2018), S. 127–149, hier S. 133.
169 Sonderforschungsbereich 948: Held. In: Compendium heroicum. Hg. von Ronald G. Asch u.a. Freiburg i. Brsg. 01.02.2019. DOI: 10.6094/heroicum/hdd1.0 (letzter Zugriff 10.02.2020).
170 Steadmans Beschreibung eines epischen Helden als „a man raised above the common lot of men by his supernatural parentage, his superlative virtue, or an immortality of glory and fame" (John M. Steadman: Milton and the Renaissance Hero. Oxford 1967, S. 170) erweist sich als unzulänglich. Dieser Anschauung liegt eine essenzialisierende Sicht auf Helden zugrunde, wonach „es Heldinnen und Helden gibt und man deren jeweilige Einzigartigkeit beschreiben müsse" (Tobias Schlechtriemen: Konstitutionsprozesse heroischer Figuren. In: Compendium heroicum. Hg. von Ronald G. Asch u.a. Freiburg i. Brsg. 07.06.2018. DOI: 10.6094/heroicum/konstitutionsprozesse [letzter Zugriff 10.11.2019]). Steadmans Definition suggeriert, es gebe episches Heldentum von Geburt an, ohne die Notwendigkeit einer Heldentat. Die von ihm als Charakteristikum ins Spiel gebrachte „immortality of glory and fame" aber ist das Resultat eines Heroisierungsprozesses, in dem heroische Qualitäten erst zugeschrieben werden. Auch die Abstammung von Göttern ist nicht hinreichend für eine Heroisierung, wenngleich sie den Aspekt der Außeralltäglichkeit von Helden unterstützt.

Heuristiken des Heroischen wie bei Cecil M. Bowra,[171] Dean A. Miller[172] und Fabian Horn.[173] Zudem bedarf es gerade für Maximilians Zeit einer solchen, auf der Tat basierenden Definition des Heroischen. Während Brian Vickers für die Renaissance allgemein konstatiert: „With almost no exceptions, the stuff of heroic poetry was held to be the deeds of illustrious men, ideal figures who should be exemplars of virtue, courage, piety",[174] weist Müller speziell für Maximilian die Auffassung von Geschichte als Taten tapferer Männer nach.[175] Die aktive Tat wird auch in den Paratexten zu den untersuchten Epen stets als Kern der Heldenerinnerung betont. In diesem Punkt rekurriert die Maximiliansepik auf die antiken Vorbilder. Gerade in der Erinnerung an die Vorfahren und vor allem ihre herausragenden Taten sieht Belloni die ursprüngliche Intention der Gattung.[176] Hardie betont, in der Nachfolge der homerischen *kléa*, der ‚tapferen Taten‘, sei das Hauptthema des Epos vor allem das Lob.[177] Von Aristoteles wiederum wird die Tat als zwingend für jede Form von Lob proklamiert.[178] Die *Ilias* kündet in ihrem Programm (Il. 1, 1–2) von der Transgressivität im Zorn des Achill, der sich in dessen Taten verwirklicht, und die *Aeneis* betont die Mühen ihres Helden, was nicht nur, aber auch die kriegerischen Auseinandersetzungen in Latium meint (Aen. 1, 8–11a.33).[179] Die Großtat, die Aristie, ist

---

171 Bowra, S. 4.

172 Dean A. Miller: The epic hero. Baltimore, London 2000. Dieser spricht ebd., S. 1 von der Heldentat, impliziert aber nur die nötige Verehrergemeinschaft.

173 Fabian Horn: Held und Heldentum bei Homer. Das homerische Heldenkonzept und seine poetische Verwendung. Tübingen 2014 (Classica Monacensia. Münchener Studien zur Klassischen Philologie 47). Auch wenn dieser zurecht auf viele Attribute und Qualitäten eines Helden eingeht, resümiert er doch für das homerische Heldenideal, dass sich die Vortrefflichkeit im Handeln zeige (ebd., S. 47). Die richtige *phýsis* sei Voraussetzung für *areté*, Letztere Ausdruck der Ersteren (s. ebd.). Außerdem bemerkt er ebd., S. 51 hinsichtlich des Zweckes der Handlung den Gewinn von Ehre (*timé*) und somit einer Verehrergemeinschaft.

174 Brian Vickers: Epideictic and Epic in the Renaissance. In: New Literary History 14.3 (1983), S. 497–537, hier S. 518.

175 Müller: Gedechtnus, S. 87.

176 Belloni, S. 4.

177 Hardie: Theories, S. 32.

178 Aristoteles, rhet. 1367b26–33 (s. Anm. 95).

179 „Musa, mihi causas memora, quo numine laeso | quidve dolens regina deum tot volvere casus | insignem pietate virum, tot adire labores | impulerit. [...] | tantae molis erat Romanam condere gentem." [‚Muse, sag mir die Gründe: In welchem göttlichen Wollen war sie verletzt, was schmerzte der Götter Königin, dass in so viel Unglück sie trieb den Mann, ein Vorbild an Ehrfurcht, so viel Mühsal? [...] | So groß war die Mühe, das römische Volk zu begründen.'] (Übers. aus Vergil: Aeneis. Hg. und übers. von Niklas Holzberg. Mit einem Essay von Markus Schauer. Berlin, Boston 2015, S. 43.45).

nach Cedric H. Whitmans Meinung zugleich eine Charakterzeichnung.[180] In ihr verbinden sich, so Will Desmond, Schrecken und Faszination,[181] wodurch der „‚godlike‘ warror“[182] nicht nur die Aufmerksamkeit der Menschen, sondern auch die der Götter errege.[183] Heroisches Handeln fordert dabei unmittelbar zur Positionierung auf, kann einerseits eine Verehrergemeinschaft erzeugen, andererseits auch zur Ablehnung führen, insbesondere bei transgressivem Verhalten wie Achills Berserkertum bei Homer oder dessen Hüllung in Frauenkleidern bei Statius.

Die Heldentat im Epos kann jedoch auch in einem passiven Aushalten begriffen sein. Für die Antike exemplifizieren dies Odysseus' Polytropie oder die passiven Mühen des Aeneas wie der Seesturm,[184] für frühneuzeitliche, epische Helden hat Mario A. Di Cesare konstatiert, dass diese oftmals leiden oder erdulden müssen.[185] Somit ist das Konzept des Handelns als reinem *activum* für die epische Heroisierung nicht ausreichend, sondern bedarf einer Ausweitung. Hierfür bietet sich der Handlungsbegriff an, wie ihn Max Weber formuliert:

> ‚Handeln‘ soll [...] ein menschliches Verhalten (einerlei ob äußeres oder innerliches Tun, Unterlassen oder Dulden) heißen, wenn und insofern als der oder die Handelnden mit ihm einen subjektiven Sinn verbinden.[186]

Der Vorzug von Webers Ansatz ist zweierlei: Erstens schließt es im ‚Handeln‘ die im Epos heroisierte Passivität mit ein, zweitens fußt es auf dessen Intentio-

---

180 Cedric H. Whitman: Homer and the Heroic Tradition. Cambridge 1958, S. 158.

181 Will Desmond: Between Gods and Mortals: The Piety of Homeric Kings. In: Homer and the Good Ruler in Antiquity and Beyond. Hg. von Jacqueline Klooster, Baukje van den Berg. Leiden, Boston 2018 (Mnemosyne Supplements 413), S. 38–64, hier S. 42.

182 Desmond gebraucht den Begriff *godlike* hier insbesondere hinsichtlich der Ehrfurcht vor dem Krieger und seiner Tat.

183 Ebd.

184 Zur generellen Heroisierbarkeit von passivem Erleiden, Aushalten, Durchhalten oder schlicht Warten s. Sonderforschungsbereich 948: Heldentat. In: Compendium heroicum. Hg. von Ronald G. Asch u.a. Freiburg i. Brsg. 22.02.2018. DOI: 10.6094/heroicum/heldentat (letzter Zugriff 10.02.2020). Zum heroischen Aushalten des Odysseus eingehend Andreas Bagordo: Wie die Griechen (und ihre Helden) beim Warten die Zeit entdeckten. In: Heldenhaftes Warten in der Literatur. Eine Figuration des Heroischen von der Antike bis in die Moderne. Hg. von Isabell Oberle, Dennis Pulina. Baden-Baden 2020 (Paradeigmata 59), S. 23–37; Bernhard Zimmermann: Episches und tragisches Warten. In: Heldenhaftes Warten in der Literatur. Eine Figuration des Heroischen von der Antike bis in die Moderne. Hg. von Isabell Oberle, Dennis Pulina. Baden-Baden 2020 (Paradeigmata 59), S. 39–56.

185 Mario A. Di Cesare: ‚Not less but more heroic‘: The epic task and the Renaissance hero. In: The Yearbook of English Studies 12 (1982), S. 58–71, hier S. 62.

186 Max Weber: Wirtschaft und Gesellschaft. Grundriss der verstehenden Soziologie. 5. Auflage. Tübingen 1972, S. 1.

nalität,[187] was nicht nur für das antike Epos von Bedeutung ist, sondern in noch höherem Maße für die christlich geprägte Maximiliansepik. Auch hierbei ist auf Aristoteles hinzuweisen, der die Bedeutung der Tat samt ihrer wertrationalen Motivation als notwendigen Gegenstand des *génos epideiktikón* hervorgehoben hat.[188] Weber unterteilt ‚soziales Handeln' begrifflich in vier Typen, wobei sich eine Handlung selten als Reinform des einen oder des anderen verwirklicht: zweckrationales Handeln, wertrationales Handeln, affektuelles, besonders emotionales Handeln sowie traditionales Handeln.[189]

Die Intentionalität epischer Heldentaten kann dabei ganz unterschiedliche Ausprägungen annehmen und hat sich seit den homerischen Epen deutlich gewandelt: In der *Ilias* dominiert das zweckrational geprägte Streben nach *kléos*, dem Nachruhm nach dem Tod. Wolfgang Kullmann spricht vom „extremen indi-

---

187 Näher hierzu Aurnhammer/Klessinger, S. 130.

188 So heißt es bei Aristoteles, rhet. 1366a33–1366b6: „Καλὸν μὲν οὖν ἐστίν, ὃ ἂν δι' αὐτὸ αἱρετὸν ὂν ἐπαινετὸν ᾖ, ἢ ὃ ἂν ἀγαθὸν ὂν ἡδὺ ᾖ, ὅτι ἀγαθόν. εἰ δὲ τοῦτό ἐστι τὸ καλόν, ἀνάγκη τὴν ἀρετὴν καλὸν εἶναι· ἀγαθὸν γὰρ ὂν ἐπαινετόν ἐστιν. ἀρετὴ δ'ἐστὶ μὲν δύναμις, ὡς δοκεῖ, ποριστικὴ ἀγαθῶν καὶ ψυλακτική, καὶ δύναμις εὐεργετικὴ πολλῶν καὶ μεγάλων, καὶ πάντων περὶ πάντα. μέρη δὲ ἀρετῆς δικαιοσύνη, ἀνδρία, σωφροσύνη, μεγαλοπρέπεια, μεγαλοψυχία, ἐλευθεριότης, πραότης, φρόνησις, σοφία. ἀνάγκη δὲ μεγίστας εἶναι ἀρετὰς τὰς τοῖς ἄλλοις χρησιμωτάτας, εἴπερ ἐστὶν ἡ ἀρετὴ δύναμις εὐεργετική. διὰ τοῦτο τοὺς δικαίους καὶ ἀνδρείους μάλιστα τιμῶσιν." [‚Schön also ist das, was aufgrund seiner selbst gewählt wird und dabei lobenswert ist, oder das, was gut und dabei aufgrund des Gutseins angenehm ist. Wenn also dies das Schöne ist, dann ist notwendigerweise die Tugend schön; sie ist nämlich gut und dabei lobenswert. Tugend aber ist, wie es scheint, eine Fähigkeit, Güter zu beschaffen und zu bewahren, sowie eine Fähigkeit, viele und große Wohltaten zu erweisen, und zwar alle Arten von Wohltaten bei allen Dingen. Die Teile der Tugend sind Gerechtigkeit, Tapferkeit, Besonnenheit, Großgeartetheit, Großgesinntheit, Freigebigkeit, Sanftmut, Klugheit, Weisheit. Notwendigerweise aber sind die größten Tugenden diejenigen, die den anderen in höchstem Maße nützlich sind, wenn die Tugend eine Fähigkeit ist, Wohltaten zu erweisen. Deswegen ehrt man die Gerechten und die Tapferen am meisten.'] (Übers. aus Rhetorik, hg. von Rapp, S. 45–46). Die von Aristoteles aufgeführten Tugenden, die im Lob herauszuheben sind und sich im Helden wertrational verwirklichen sollen, nennt Vickers: Epideictic and Epic, S. 518 „an anatomy of the Renaissance hero".

189 „Wie jedes Handeln kann auch das soziale Handeln bestimmt sein 1. zweckrational: durch Erwartungen des Verhaltens von Gegenständen der Außenwelt und von anderen Menschen und unter Benutzung dieser Erwartungen als »Bedingungen« oder als »Mittel« für rational, als Erfolg, erstrebte und abgewogene eigene Zwecke, – 2. wertrational: durch bewußten Glauben an den – ethischen, ästhetischen, religiösen oder wie immer sonst zu deutenden – unbedingten *Eigen*wert eines bestimmten Sichverhaltens rein als solchen und unabhängig vom Erfolg, – 3. affektuell, insbesondere emotional: durch aktuelle Affekte und Gefühlslagen, – 4. traditional: durch eingelebte Gewohnheit." (Weber: Wirtschaft, S. 12; Hervorhebungen des Originals wurden getilgt).

vidualistischen Ruhmesgedanken" der *Ilias*.[190] Das iliadische Heldentum beruhe auf dem eigenen Ruhm in der Nachwelt und ziele nicht auf Verteidigung der Ehre durch die gegenwärtige Gemeinschaft ab,[191] mag auch in der *aidós*, der Verantwortung für andere, ansatzweise eine wertrationale Komponente anklingen.[192] Im Zorn des Achill zeigt sich zudem ein ganz markantes affektuelles Handeln.

Bezeichnend für das Heldentum des Aeneas hingegen ist gerade dessen Funktion als Vaterfigur (als *pater*), seine Verantwortung anderen gegenüber,[193] sowie die Ausrichtung seines Handelns auf die Gründung des römischen Volkes (Aen. 1, 33). Die *pietas* des Helden – man mag das Wort am besten als Respekt vor den Göttern verstehen –, die insbesondere in der Erfüllung dieses Auftrages, aber auch in der Translation der Penaten besteht, ist in hohem Maße wertrational: Aeneas hat die Aufgabe, nicht seinen Ruhm, sondern den seines Geschlechts zu begründen (Aen. 8, 731): „attollens umero famamque et fata nepotum".[194] In

---

190 Wolfgang Kullmann: Das Heldenideal der Ilias und die Zeit ihres Dichters. In: Wolfgang Kullmann: Homerische Motive. Beiträge zur Entstehung, Eigenart und Wirkung von Ilias und Odyssee. Hg. von Roland J. Müller. Stuttgart 1992, S. 264–271, hier S. 269.

191 Ebd., 267. Er fügt ebd., S. 268 hinzu: „Niemals wird in der Ilias der um der Gemeinschaft oder eines abstrakten Zieles willen erlittene Tod eines Helden verherrlicht, auch wenn der konkrete Einsatz für den Vater, den Freund, den Kameraden positiv hervorgehoben wird." Dies gilt nicht nur für Achill, der sich bewusst für seinen durch seine Mutter prophezeiten unvergänglichen Ruhm entscheidet (Il. 9, 412–413), sondern auch für Hector: „Was ihn trägt und was ihn zum Kampf führt, das ist der Gedanke an den Ruhm, an die Arete. Was ihn bedrückt, ist das mögliche Schicksal seiner Familie, d.h. der ‚Kleinfamilie', bestehend aus Frau und Kind, nicht das der Sippe und der Verwandten und nicht das der Polis." (Kullmann, S. 269 mit Bezug zu Il. 6, 450–465). Wertrationalität wird dem iliadischen Heldentum zudem abgesprochen von Jenny Strauss Clay: How to be a Hero: the Case of Sarpedon. In: Ἀντιφίλησις. Studies on Classical, Byzantine and Modern Greek Literature and Culture. In Honour of John-Theophanes A. Papademetriou. Hg. von Eleni Karamalengou, Eugenia Makrygianni. Stuttgart 2009, S. 30–38, hier S. 33–34. Der Kampf zwischen Ajax und Hector (Il. 7, 87–91) etwa ziele schlicht darauf ab, den besseren Kämpfer zu ermitteln und *kléos* (Il. 7, 91) zu erwerben (Strauss Clay, S. 33–34).

192 Whitman, S. 171–172, der dies für die homerischen Helden Hector, Menelaos, Antilochus und besonders Ajax nachweist.

193 Zu Aeneas' zentralen heroischen Qualitäten *pius* und *pater* s. Antonie Wlosók: Zur Funktion des Helden (Aeneas) in Vergils *Aeneis*. In: Klio 67 (1985), S. 216–223. Zu Aeneas als Führungsfigur s. Markus Schauer: Aeneas dux in Vergils Aeneis. Eine literarische Fiktion in augusteischer Zeit. München 2007 (Zetemata 128). Dieser vernachlässigte bei seiner Untersuchung Webers Konzept, was Galinsky kritisiert hat (Karl G. Galinsky: Markus Schauer, Aeneas dux in Vergils Aeneis. Eine literarische Fiktion in augusteischer Zeit. In: Bryn Mawr Classical Review 2008.06.29).

194 [‚und er hebt auf die Schulter den Ruhm und die Fata der Enkel.'] (Übers. aus Vergil: Aen., hg. von Holzberg, S. 445).

Vergils Epos wird das soziale Sendungsbewusstsein zum Schlüssel der Heroik.[195] Nicht nur, dass der eigene Ruhm an Bedeutung verliert, negiert wird zudem das affektuelle Handeln: Aeneas will bei Dido bleiben, entscheidet sich aber nach Ermahnung durch den Göttervater für seine soziale Pflicht, seine Bestimmung im Weltenplan, und verlässt Karthago.

Die Epen auf Maximilian knüpfen in ihrem teleologischen Rahmen gerade an die *Aeneis* und die Jupiterprophetie an, sodass das wertrationale Handeln bestehen bleiben muss, es zwar modifiziert, aber nicht unterlaufen werden kann. Für den Preis des idealen Herrschers ist in Maximilians Zeit überdies ein wertrationales, christliches Ethos bestimmend. Jedes Kriegshandeln etwa steht im Dienst einer *militia Christiana*, die dem Schutz der Christenheit und der Ehre Gottes verpflichtet ist.[196] Indem die Helden frühneuzeitlicher Epen vor allem zeitgenössische Herrscher sind, wird von diesen gerade die Erfüllung ihrer christlichen Pflicht erwartet. Selbst wenn sie realiter nicht nach diesen Geboten agieren, würde im Epos dennoch ein Dichter zur Ermahnung ein idealisiertes Verhalten anzeigen.[197] Speziell für die Panegyrik an Maximilians Hof spricht Müller von einem normativen – teils realitätsfremden – „Entwurfscharakter",[198] dem der Gelobte folgen müsse.[199] Man darf dabei zuletzt auch nicht die Verehrergemeinschaft aus den Augen verlieren. Ronald G. Asch und Michael Butter sprechen von der Notwendigkeit „eine[r] Interpretationsgemeinschaft, in der Heldenerzählungen einen Resonanzraum finden".[200] Eine wertrationale Tat, besonders für den Frieden, erhöht diesen Resonanzraum.

---

195 Viktor Pöschl: Lebendige Vergangenheit. Abhandlungen und Aufsätze zur Römischen Literatur und Ihrem Weiterwirken. Kleine Schriften III. Hg. von Wolf-Lüder Liebermann. Heidelberg 1995 (Bibliothek der klassischen Altertumswissenschaften NF Rh. 2, 92), S. 137. Zu Aeneas bemerkt dieser ebd.: „Er ist kein Mensch, der Befriedigung in sich selbst fände, der sich von der φιλαυτία, der Selbstliebe, leiten ließe, die nach Aristoteles kein Laster, sondern eine hohe Tugend ist (vgl. EN 1168 a 28 ff.)."

196 Dass darüber hinaus Thomas von Aquin jeden gerechten Krieg als wertrational betrachtete, indem dieser dem Schutz der Allgemeinheit diene, betont Pamela Kalning: Kriegslehren in deutschsprachigen Texten um 1400. Seffner, Rothe, Wittenwiler. Münster u.a. 2006, S. 31. Zum gerechten Krieg s. näher Anm. 306 auf Seite 66.

197 Gwynne: Poets and Princes, S. 50–51.

198 Jan-Dirk Müller: Deutsch-lateinische Panegyrik am Kaiserhof und die Entstehung eines neuen höfischen Publikums in Deutschland. In: Europäische Hofkultur im 16. und 17. Jahrhundert. Bd. 2. Hg. von August Buck u.a. Hamburg 1981 (Wolfenbütteler Arbeiten zur Barockforschung 9), S. 133–140, hier S. 133–134.

199 Ebd., S. 134.

200 Ronald G. Asch, Michael Butter: Verehrergemeinschaften und Regisseure des Charisma. Heroische Figuren und ihr Publikum. In: Bewunderer, Verehrer, Zuschauer: Die Helden und ihr Publikum. Hg. von Ronald G. Asch, Michael Butter. Würzburg 2016 (Helden – Heroisierungen – Heroismen 2), S. 9–21, hier S. 11.

1.3.2 Eine Typologie des Heroischen

Die besagte Verehrergemeinschaft bedingt die raum- und zeitspezifischen Ausprägungen des Heroischen. Abgesehen davon, dass die Rhetoriktradition eine Vielzahl an Elementen für die Epideiktik vorsieht, die bedient werden müssen,[201] muss ein Dichter in der medialen Heroisierung durch das Epos die entsprechenden zeitgenössischen Ideale und Diskurse verarbeiten.[202] Speziell für Maximilians Ruhmeswerk, für die *gedechtnus*,[203] unterstreicht Müller die Ausrichtung der Texte am Publikum: „Wo es um mehr geht als um bloße Inventarisierung historischer Ereignisse, muß sich das *memorabile* den Erwartungen und Normen derer anpassen, die seiner gedenken sollen."[204]

Frühneuzeitliche Erfordernisse wie diplomatisches Geschick oder auch rhetorisches Können[205] müssen in die Gegebenheiten der Gattungstradition einge-

---

201 Cicero, inv. 2, 177 teilt Lob und Tadel in drei Kategorien ein: „animu[s]" [‚Geist'], „corpus" [‚Körper'], „extranea[e] res" [‚äußere Dinge']. Den äußeren Dingen werden beispielsweise Herkunft und Vermögen zugeordnet, den körperlichen Fähigkeiten wie Kraft und Schnelligkeit, unter die geistigen fallen die Kardinaltugenden. Eine ebensolche Einteilung findet sich bei Quintilian (inst. 3, 7, 12) und in Rhet. Her. 3, 6, 10. Instruktionen spezifisch für das Lob des Kaisers finden sich in den *Abhandlungen zur Rhetorik* des Menander Rhetor (Erstdruck Venedig: Aldo 1508), der empfiehlt, das Lob nach den Kardinaltugenden zu ordnen (2, 1, 21), sodass zunächst in kriegerischen Angelegenheiten Mut und Besonnenheit zu preisen seien, anschließend Gerechtigkeit und Mäßigung. Dieser Rat wurde jedoch bereits bei den spätantiken Panegyrikern (von Claudian einmal abgesehen) kaum berücksichtigt.

202 Für die Frühe Neuzeit betont dies Steadman, S. 151. Auf den Punkt bringt es Thomas Greene: The Descent from Heaven. A Study in Epic Continuity. New Haven, London 1963, S. 4, der unter den Dichtern der Renaissance keinen wie Vergil ausmachen kann und auch infrage stellt, ob es zu dieser Zeit überhaupt noch gelungen sei, ein echtes Epos (wenn er die Maßschnur der Antike anlegt) zu schreiben. Zurecht aber sagt er: „But this failure constitutes non real occasion for regret, because in its quest for epic the Renaissance was engaged in the quest for self-definition. It was forced to modify Homer and Virgil, to modify them in those ways characteristically modern, and then to discover what in the modern age was new and individual."

203 Müller: Gedechtnus, S. 18.

204 Ebd., S. 18.

205 Müller: Panegyrik, S. 136 betont die „Nobilitierung der *oratoria* im enkomiastisch gesteigerten Bild des Herrschers" und verweist dabei auf den *Panegyricus* Jakob Lochers (Bl. C 5ʳ): „Eloquio quid enim Romano in principe maius | esse potest: quaenam gloria maior erit?" [‚Was nämlich kann es bei einem römischen Fürsten Größeres geben als die Beredsamkeit: welcher Ruhm wird denn größer sein?'] Müller: Gedechtnus, S. 50 spricht von einer „notwendige[n] Ergänzung ‚ritterlich'-militärischer Tugenden". Ansätze einer solchen Bedeutung der Rhetorik finden sich bereits in den homerischen Epen: Dass die Reden nicht nur einen kompetitiven Charakter aufweisen, sondern – wenn sie als Anweisungen dienen – Teil eines Grenzziehungsprozesses werden und zwar anhand dessen, wer in welchem Umfang zu wem spricht, wird dargestellt von Richard P. Martin:

passt werden. Die bedeutendste Auswirkung auf das Epos aber hatte zweifelsfrei das Christentum.[206] Sicherlich sind die besungenen Helden der Frühen Neuzeit nicht ohne die antiken Vorlagen und Vorbilder denkbar – bei den deutschen Kaisern allein schon aufgrund der mittelalterlichen Vorstellung von der Translatio Imperii, dem Übergang der einstigen Größe Roms auf die deutschen Herrscher –, dennoch ist Steadman zu widersprechen, wenn er konstatiert, die Tradition der Gattung sei über das Christentum gestellt worden und christliche Tugenden nur ins Narrativ kriegerischer Heldentaten eingebettet worden.[207] Für drei Epen des Quattrocento ließ sich paradigmatisch nachgewiesen, dass vielmehr das Christentum den Rahmen spannt, in dem kriegerische Helden überhaupt nur existieren können.[208] In seiner *Institutio Principis Christiani* für den jungen Karl V. wird Erasmus von Rotterdam 1517 programmatisch dazu mahnen, dass den Herrscher einer christlichen Zeit der Schutz und die Wohltätigkeit gegenüber dem Volk ausmachen und Macht und Krieg und Reichtum heidnische Güter seien.[209]

The language of Heroes. Speech and Performance in the *Iliad*. Ithaca, London 1989, S. 47–65 – ganz abgesehen davon, dass Rednern für ihre Reden Verehrung zuteilwerden kann (ebd., S. 59). Horn, S. 55 relativiert diese Meinung zum Teil und rückt die kriegerischen Fähigkeiten in den Vordergrund: „Durch Redefertigkeit kann ein Held seine Kampfesleistung hervorheben, doch es bedarf immer zuerst der Vortrefflichkeit im Kampf, und für das Recht, öffentlich sprechen zu dürfen, muss ein Held sich als Kämpfer bewährt haben." Für die römischen Epen fehlt es an einschlägigen Untersuchungen hierzu, bei den spätantiken Panegyrikern aber findet sich ein deutliches Lob auf die Redegewandtheit des Herrschers; näher hierzu Michael Mause: Die Darstellung des Kaisers in der lateinischen Panegyrik. Stuttgart 1994, S. 93–94. Dieser spricht ebd., S. 94 sogar von einem „Hauptkriterium [...] eines *optimus princeps*".

206 Es gestaltet sich jedoch schwierig, die verschiedenen Einflüsse und Interferenzen explizit zu trennen. Die *clementia* beispielsweise, die nicht nur Maximilian, sondern auch andere epische Helden der Frühen Neuzeit mehrfach üben, ist zum einen ein Element christlicher Ethik; ein Herrscher als *vicarius Dei* muss diese repräsentieren. Darüber hinaus ist die Milde ein wesentlicher Bestandteil des Stoizismus, der nach der Wiederentdeckung der Schriften Senecas Ende des fünfzehnten Jahrhunderts eine Blüte erlebte (s. S. 219). Schließlich handelt es sich zugleich um eine Überhöhung innerhalb der Gattung, weil nämlich Aeneas nicht fähig ist, Turnus' Taten ungesühnt zu lassen (Aen. 12, 930–953).

207 Steadman, S. 152.

208 Pulina: Violence.

209 Erasmus von Rotterdam: Institutio Principis Christiani saluberrimis referta praeceptis [...]. Basel: Froben 1516, Bl. h^r: „Cogitato semper dominium imperium, regnum, maiestatem, potestatem, potentiam, Ethnicorum esse vocabula, non Christianorum. Christianum imperium nihil aliud esse quam administrationem, quam beneficientiam, quam custodiam." [‚Bedenke immer, dass Herrschaft, Reich, Königtum, Erhabenheit und Macht Wörter der Heiden sind, nicht der Christen. Dass das christliche Reich nichts anderes ist als Verwaltung, Wohltätigkeit und Schutz'].

Gerade im Fall Maximilians müssen neben seiner Selbstwahrnehmung als „weltliches Haupt der Christenheit"[210] und den damit einhergehenden, Maximilians Leben stets prägenden Kreuzzugsplänen[211] spezifische Charakterzüge mitbedacht werden wie die Selbststilisierung der Habsburger als milde, die sog. *clementia Austriaca*,[212] Maximilians Affinität zum Mythos des Hercules, zu dessen Fähigkeiten, Taten und seinem Durchhalten,[213] oder die Leidenschaft für die Jagd.[214] Gerade diese Themen sind auch in *Weißkunig* und *Teuerdank* dominant.[215]

Die historisch und kulturell bedingten Verschiebungen, das Aufeinandertreffen unzeitgleicher Vorstellungen im Epos der Frühen Neuzeit durch Bezüge auf antike Texte und ihre Figuren sowie die Analyse und Gegenüberstellung verschiedener Narrative in dieser Studie bedingen eine theoretische Grundlage, die keine Trennung in zu spezielle Kategorien kennt, zeit- und raumspezifischen Ausprägungen keine Gewichtung vorgibt und dennoch Phänomene des Heroischen vollumfänglich beschreiben kann.

In der Klassischen Philologie wurden für die Epenforschung zwar Typologien oder Ansätze einer Systematisierung des Heroischen vorgelegt, allerdings erweisen sich diese nicht als brauchbare Grundlage für die vorgelegte Studie. Die meisten Ergebnisse hierzu beziehen sich auf die homerischen Epen.[216] Ausgehend vom ‚Heroic Code‘, einer Rede des Sarpedon in Il. 12, 310–328, arbeitet Jenny Strauss Clay das Heldenideal der *Ilias* heraus, dessen vollkommene Verwirklichung Sarpedon selbst darstelle: Ehre zu Lebzeiten, *timé*, und Ruhm der Nachwelt durch den Heldentod, *kléos*.[217] Erstere meine gesellschaftliche Ver-

---

210 Diederichs, S. 77.

211 Wiesflecker: Kaiser Maximilian I., Bd. 5, S. 308. nennt den Türkenfeldzug „Leitmotiv seines wirklichen wie stilisierten Lebens". Näher hierzu – und die tatsächliche Bedrohung relativierend – Hollegger: Kriegsgeschrei.

212 Ausführlich hierzu Veronika Pokorny: Clementia Austriaca. Studien zur Bedeutung der clementia Principis für die Habsburger im 16. und 17. Jahrhundert. In: Mitteilungen des Instituts für österreichische Geschichtsforschung 86 (1978), S. 310–364.

213 Zu Maximilian und Hercules s. Berns sowie Georg Braungart: Mythos und Herrschaft. Maximilian I. als Hercules Germanicus. Traditionswandel und Traditionsverhalten. Hg. von Walter Haug, Burghart Wachinger. Tübingen 1991 (Fortuna vitrea 5), S. 77–95.

214 Zur Jagd in Maximilians eigenen Briefen und Schriften s. Raphael Einetter: Die Jagd als Leidenschaft in den Briefen und Schriften Maximilians I. In: historia.scribere 6 (2014), S. 419–451.

215 Diederichs, S. 72.

216 Einen aktuellen Überblick über den Forschungsstand, insbesondere auch menschliche Eigenschaften wie dem Zorn, die in den Figuren reflektiert werden, liefern Stefan Tilg, Ralf von den Hoff: Homerische Helden. In: Compendium heroicum. Hg. von Ronald G. Asch u.a. Freiburg i. Brsg. 26.06.2019. DOI: 10.6094/heroicum/homhd2.0 (letzter Zugriff 10.11.2019).

217 Strauss Clay, S. 34.

pflichtungen, insbesondere ererbte, Letzterer die Überwindung der Sterblichkeit durch ewigen Ruhm „by personal courage, by confronting death, and ultimately, dying in a heroic fashion".[218]

Die Rede des Sarpedon nimmt auch Horn als Ausgangspunkt der aktuell relevantesten Studie zum homerischen Heldentum, in der er eine Synthese der vielen gräzistischen Arbeiten hierzu präsentiert: Er versucht, aus dieser Rede die spezifischen Komponenten des iliadischen Helden zu isolieren und identifiziert hiervon sechs, die er als Typologie postuliert und dann an der Darstellung der Helden in weiteren Narrativen untersucht: erstens der Status als Anführer, zweitens die stete Legitimation dieser Stellung durch Leistung, speziell drittens durch Höchstleistungen im Kampf, viertens der Gewinn von Ehre durch die Gemeinschaft respektive fünftens die gesellschaftliche Sanktionierung einer nicht ausreichenden Leistung, sechstens die Sterblichkeit als entscheidender Antrieb, dass also die homerischen Helden durch die Bereitschaft zum Tod im Kampf ewigen Ruhm erlangen wollten.[219] Dabei kann er zwei Gruppen an heroischen Qualitäten trennen, angeborene wie Abstammung, und relative wie Umgang mit Waffen.[220] Horn zeigt, dass dasselbe Heldenkonzept in *Ilias* und *Odyssee* vorliegt, aber dessen Komponenten unterschiedlich gewichtet werden.[221] Als entscheidend arbeitet er vor allem Gewalt als Anerkennungsressource heraus.[222]

Eine andere Studie, die den archaisch-griechischen Helden nicht nur mitberücksichtigt, sondern diesen für die *longue durée* als Ausgangspunkt wählt,

---

218 Ebd., S. 34.

219 Horn, S. 32–33. Keine typologisch neuen Ergebnisse bringt die Studie von Tine Scheijnen: Quintus of Smyrna's *Posthomerica*. A Study of Heroic Characterization and Heroism. Leiden 2018 (Mnemosyne Supplemente. Late Antique Literature 421). Sie legt in ihrer Untersuchung die Ergebnisse Horns, speziell seine Typologie des Helden aufgrund der Rede des Sarpedon zugrunde: die Sterblichkeit des Helden, die Suche nach *kleós* sowie „various skills" des Helden, besondere Taten im Krieg und Redegewandtheit (Ebd., S. 16–23).

220 Horn, S. 145. Ders. betont ebd., S. 333 besonders die heroische ‚praktische Intelligenz' (*mêtis*). Die Odyssee bereite eine Reihe an Bewährungsproben für den Helden, wobei Odysseus zwar auch kriegerische Fähigkeiten besitze, aber sich gerade durch „Geschick und Redekunst" beweisen müsse (ebd.).

221 Horn, S. 332–334 mit Bezug zu Katherine C. King: Achilles: Paradigms of the War Hero from Homer to the Middle Ages. Berkeley u.a. 1987, S. 69 sowie Anthony T. Edwards: Achilles in the Odyssey: Ideologies of Heroism in the Homeric Epic. Königstein/Ts. 1985 (Beiträge zur Klassischen Philologie 171), S. 75. Dass sich die *Odyssee* kritisch mit dem iliadisch-kriegerischen Heldentum auseinandersetze, meint Hardie: Theories, S. 36. Zum Heldentum der *Odyssee* s. besonders Margalit Finkelberg: Odysseus and the Genus ‚Hero'. In: Greece&Rome 42.1 (1995), S. 1–14; Ari Kohen: Untangling Heroism, Classical Philosophy and the Concept of the Hero. New York, London 2014.

222 Horn, S. 146.

ist Dean A. Millers *The epic hero*.[223] Ankerpunkt seiner Studie bildet das Heldentum der *Ilias*. Er identifiziert eine ganze Breite an essentialistischen, heroischen Qualitäten, die er anhand diverser Texte als Teil einer indo-europäischen Tradition dokumentiert. Mithilfe derer konstruiert er einen Archetypus, „the *archaic, traditional,* or *premodern hero*".[224] Nicht nur aber ist einzuwenden, dass es einen solchen Archetyp des Helden nie gab, sondern Heldenbilder immer zeit- und raumspezifische Dimensionen annahmen. Dass das Heroische nach historischem, kulturellem und gesellschaftlichem Kontext variiert, dem tragen Millers Rubriken keine Rechnung, weshalb Norman Austin zurecht kritisiert: „To call this figure the epic hero is slightly misleading".[225] Vielmehr gruppiert Miller zudem die heroischen Qualitäten zu sehr in Rubriken, die an seinem Ausgangstypus verhaften sind, etwa ‚Biografie' oder ‚Redekunst'. Solche engen Klassifizierungen lassen keine Schnittpunkte zu, wie sie in Epen zu beobachten sind, dass etwa Schönheit im Epos mit der Nähe zu den Göttern interferiert.[226] Sie sind überdies zu sehr an dem kriegerischen Kontext verhaftet; dieselben Kategorien können an anderen Figuren wie Seefahrenden, Märtyrerinnen und Märtyrern oder auch Wissenschaftlerinnen und Wissenschaftlern eine geringere oder gar keine Rolle bei der Heroisierung spielen – solche Problematisierungen finden sich bei Miller nicht. Um nur ein Beispiel zu nennen, ist Millers Resümee, „[t]he central hero is detached from any sense of national or ethnic affiliation by his solipsistic individualism",[227] für die Frühe Neuzeit, in der soziales Handeln dominiert, schlicht nicht anwendbar. Für eine breitere und vor allem komparatistische

---

223 Dean A. Miller: The epic hero. Baltimore, London 2000.

224 Miller, S. 3.

225 Norman Austin: Dean A. Miller, The Epic Hero. In: International Journal of the Classical Tradition 9 (2002), S. 127–129, hier S. 127.

226 Horn, S. 41–42 bemerkt die Interferenz verschiedener epischer Topoi mit dem Heroischen, z.B. der Abstammung. Speziell für diesen Bezug merkt er ebd., S. 47 an: „Leistung zeigt sich im Handeln, und das Handeln des Helden gestaltet sich als Manifestation und Sichtbarwerden seiner Vortrefflichkeit. Es besteht keine Opposition zwischen Abkunft (φύσις) und individueller Leistungsfähigkeit (ἀρετή), denn in den Taten und Leistungen des Helden manifestiert sich für alle sichtbar seine Wesensart". Dass auch die äußeren Qualitäten wiederum eine Illustration der Handlungsmacht darstellen, hat Horn, S. 17 für die homerischen Epen festgestellt. In besonderem Bezug zur Schönheit steht das Charisma der Helden: „[Die Schönheit ist] ein dauerhaft an einer Person wahrgenommener Vorzug, der ihr spontane Zuneigung einbringt. [...] Eine solche imponierende Schönheit [sc. wie die des Agamemnon oder die des Achill] verschafft spontan Furcht bei Gegnern wie Sicherheitsgefühl bei Gefährten und Schutzbefohlenen." (Harald Patzer: Die Formgesetze des homerischen Epos. Stuttgart 1996 [Schriften der Wissenschaftlichen Gesellschaft an der Johann Wolfgang Goethe-Universität Frankfurt am Main, Geisteswissenschaftliche Reihe 12], S. 166–167).

227 Miller, S. 372.

Perspektive erweisen sich Müllers Überlegungen somit als wenig brauchbar. Die epische Erzählung von Maximilians Königskrönung, von der Gefangenschaft in Brügge oder das retrospektive *Pronostichon* des Nagonio etwa passen nicht in sein Schema.

Ebenso quer stehen die Epen auf Maximilian zu weiteren, zu eng gefassten Typologien. Als prominentestes Beispiel ist hier Joseph Campbells Theorie der Heldenreise zu nennen. Er vertritt die These, dass Heldennarrative stets aus denselben, aufeinander folgenden Komponenten bestünden, dem sog. Monomythos: Ausbruch – Abenteuer/Prüfungen – Rückkehr, darin eingebettet die Möglichkeit des Todes und der Wiederauferstehung.[228] Diese Abschnitte untergliedern sich weiter, der Aufbruch etwa geht mit einer Weigerung einher sowie mit der Unterstützung durch einen Mentor, gegebenenfalls einer Gottheit. Auch hier kommen viele Elemente der lateinischen Epik zur Sprache, z.B. die Genealogie, die Vaterfigur, göttliches Eingreifen etc., allerdings entspricht die von Campbell postulierte Abfolge der Heldenreise den freier angelegten, frühneuzeitlich-epischen Heroisierungen nicht. Zudem sind seine Analysen mit einer Vielzahl diverser religiöser und spiritueller Überlegungen und impressionistischer Mutmaßungen angereichert, die nicht als Grundlage für eine wissenschaftliche Analyse dienen können.

Typologien aus anderen Disziplinen haben sich ebenfalls nicht als brauchbare Grundlage erwiesen: Der Soziologe Bernhard Giesen hat einige typologische Überlegungen zum Heroischen angestellt. In seinen *Zwischenlagen* geht er der Außerordentlichkeit des Helden nach.[229] Dabei beschränkt es sich jedoch auf die Konstellation Täter – Opfer, die in dieser Trennung im lateinischen Epos nicht gegeben ist: In der Regel entwerfen lateinische Epen gleichstarke Gegner, wobei der Unterlegene selten als Opfer inszeniert wird.[230] Facetten wie Abstammung und göttlicher Schutz[231] finden zudem bei Giesen keine Berücksichtigung und das ist auch nicht sein Anspruch. Dasselbe Problem findet sich bei Theorien aus der Moralphilosophie: Sie erheben ebenfalls nicht den Anspruch auf Vollständigkeit, sondern fokussieren vor allem auf die Außerordentlichkeit

---

228 Joseph Campbell: The Hero with a Thousand Faces. 3. Auflage. Novato 2008 (Bollingen Series 17).

229 Bernhard Giesen: Zwischenlagen. Das Außerordentliche als Grund der sozialen Wirklichkeit. Weilerswist 2010.

230 Zur Vermeidung der Opferrolle für Alfons' Anhänger Iphitus in Basinios *Hesperis* s. Pulina: Violence, S. 256–257.

231 Horn, S. 88 aber konstatiert: „Für die homerische Konzeption eines Helden ist der Bezug zu den Göttern als Ausdruck seines hohen Status unerlässlich".

des Helden, auf seine seltenen, sog. supererogatorischen Handlungen,[232] die aus freien Stücken geleistet werden und über die Pflicht eines Menschen hinausgehen. Solche Theorien tragen sehr wohl der Wertrationalität des Handelns Rechnung, übergehen allerdings ebenfalls eine Vielzahl an konstitutiven Elementen epischer Heroik.

Den Erfordernissen der Maximiliansepik, in der verschiedene Traditionen und Werte zusammenfließen und die aus sehr disparaten Narrativen besteht, werden die benannten Ansätze nicht gerecht. Eine für die Aufschlüsselung der Heroisierungen Maximilians nötige, kontextunabhängige Typologie, die nicht an fixen narrativen Elementen oder Handlungsabläufen haftet, hat indes der Soziologe Tobias Schlechtriemen entwickelt. Er unterscheidet für den Konstruktionsprozess eines Helden oder einer Heldin fünf Merkmale, die aber – wie bei Webers Distinktion in Typen sozialen Handelns – sich selten in Reinform verwirklicht finden, sondern vielmehr begrifflich separiert sind. Sie greifen ineinander und sind in mehr oder weniger starkem Ausmaß in einer heroischen Figur und ihrem Handeln vorhanden: Außerordentlichkeit, Agonalität, moralisch-affektive Aufladung, eine starke *agency* (Handlungsmacht) sowie schließlich Autonomie respektive Transgressivität. Außerordentlichkeit, auch als Exzeptionalität bezeichnet, meint die Einzigartigkeit und Besonderheit einer heroischen Figur.[233] Heldinnen und Helden überbieten andere Figuren, Außerordentlichkeit beschreibt diese Kontrastierung des Einzelnen zur Masse, die die Normalität repräsentiere,[234] und der Veranschaulichung der Außeralltäglichkeit. Schlechtriemen sieht dabei eine direkte Wechselwirkung von Außerordentlichkeit und Agonalität, „da der Held seine Außerordentlichkeit vor allem in der Auseinandersetzung mit einem starken Gegenpart – oder einer großen Herausforderung – unter Beweis stellen kann".[235] Die Qualitäten des Gegners würden durch den Sieg des Helden übertroffen und illustrierten hierdurch die Qualitäten des Helden selbst. Unter Agonalität versteht Schlechtriemen eine Gegenüberstellung Held – Gegner mit starker Polarisierung, sodass die Seiten entsprechend identitätsstiftend wirken.[236] Sie greift mit dem Affizierungspotenzial des Helden ineinander bzw. auch mit dem eines Gegen- oder Antihelden.[237] Helden könnten so „als Projektionsfläche für kollektive

---

232 S. hierzu James O. Urmson: Saints and Heroes. In: Essays in Moral Philosophy. Hg. von Abraham I. Melden. Seattle, London 1958, S. 198–216, besonders S. 201.
233 Schlechtriemen: Effekt, S. 110.
234 Ebd.
235 Ebd.
236 Ebd., S. 112.
237 Ebd., S. 113, wobei Schlechtriemen ebd. weiter ausführt: „Denn in Heldengeschichten sind es nicht bloß die Anderen, die dem Wir gegenübergestellt werden. Die ganze Situation ist

Werte und Gefühle dienen".[238] Schlechtriemen spricht von einer Bündelung positiver kollektiver Zuschreibungen auf den Helden und einer beifälligen affektiven Aufladung desselben, wofür aber eine gegnerische, „mit starken negativen Affekten besetzte Figur" nötig sei.[239] Als weitere Komponente des Heroischen nennt der Soziologe die *agency*, worunter in seinem Fach die Fähigkeit einer Figur zum selbstbestimmten Handeln verstanden und auch dessen Ausprägung berücksichtigt wird.[240] Im Falle von kriegerischem Heldentum fällt in diese Kategorie auch die Aktionsmacht, wie Heinrich Popitz sie definiert hat, also die Macht, jemandem durch eine Aktion Schaden zuzufügen.[241] Für den Helden sei dabei entscheidend, dass es sich um eine starke menschliche *agency* handele, nicht um übernatürliche Kräfte.[242] Im Falle von mehreren Akteuren werde durch „Ausgrenzung oder Ausblendung" die Handlungsmacht der anderen reduziert und der Held als Zentralfigur herausgearbeitet.[243] Als letzten Punkt nennt Schlechtriemen die Transgressivität, worunter er die Überschreitung von Normen, Gesetzen oder Gewohnheiten versteht.[244]

Schlechtriemens Typologie weist drei entscheidende Vorteile vor anderen Ansätzen auf: Erstens ist sie hinreichend abstrakt, nicht auf bestimmte Elemente in der Biografie eines Helden respektive einer Heldin festgelegt und postuliert für die ganz unterschiedlichen Charaktere und ihre Taten nicht identisch ausgeprägte Qualitäten wie beispielsweise Schönheit oder Transgressivität. Damit ist sie deutlich universeller angelegt als etwa Millers Typologie.[245] Sie ist

---

kriegerisch aufgeladen. Die Vereinfachung, die gruppenintern den Sündenbockmechanismus kennzeichnet, findet sich hier auch im dichotom zugespitzten Außenverhältnis: Dem *we-image* steht – durch eine klare Grenze getrennt – die als Feind markierte Gruppe gegenüber. An die Stelle komplex verflochtener Interaktionen, die das alltägliche politische Geschehen kennzeichnen, tritt die polar und binär strukturierte Blockbildung." Zur Unterscheidung von Gegenheld versus Antiheld s. Bröckling.

238 Schlechtriemen: Effekt, S. 111.

239 Ebd.

240 Detaillierter Tobias Schlechtriemen: Konstitutionsprozesse heroischer Figuren. In: Compendium heroicum. Hg. von Ronald G. Asch u.a. Freiburg i. Brsg. 07.06.2018. DOI: 10.6094/heroicum/konstitutionsprozesse (letzter Zugriff 10.11.2019).

241 Heinrich Popitz: Phänomene der Macht. 2. Auflage. Tübingen 1992, S. 43.

242 Schlechtriemen 2018: Konstitutionsprozesse.

243 Schlechtriemen 2018: Effekt, S. 113.

244 Ebd., S. 111.

245 Millers heroische Qualitäten lassen sich derweil gut in Schlechtriemens Typologie einbetten: Miller, S. 3–5 weist bspw. für den archaisch-griechischen Helden Exzeptionalität in einer sehr engen Form der Zwischenlage zwischen Menschen und Göttern nach, verbindet dabei allerdings bewusst Heldentum und Heroenkult. Er bemerkt ebd., S. 5 die Agonalität im heroischen Ideal des Heldentodes sowie des *kléos* und konstatiert zugleich die *agency* im „physically perfect

zweitens nicht an ein bestimmtes Narrativ wie Krieg gebunden und wird zeitspezifischen, kulturellen wie gesellschaftlichen Einflüssen gerecht. Damit erlaubt sie eine Perspektivierung in der *longue durée*, um die Phänomene des Heroischen in der Maximiliansepik mit der Gattungstradition zu vergleichen und so auch eine Entwicklung epischen Heldentums aufzeigen zu können. Ein dritter tragender Grund für die Wahl speziell dieser Typologie liegt in ihrer Anlage, wonach sie Heroisierung als Abgrenzungsphänomen zu anderen Figuren, zu einem Gegner, den Göttern, anderen Helden oder zur Masse versteht. Dass Helden immer in ihrem Umfeld zu sehen sind, wurde in der bisherigen Epenforschung bereits beobachtet, aber nur marginal angesprochen. Die bereits benannten Typologien beachten diesen Punkt nicht, den die Soziologie als Grenzziehung (*boundary work*, *boundary process* oder *boundary drawing*) versteht. Dabei ist eine solche bereits fester Bestandteil der homerischen Epen. Sie nämlich zeichnen ein Heldenkollektiv und konstruieren dennoch zugleich eine Hierarchie unter dessen Mitgliedern. Desmond nennt Beispiele solcher Distinktionen, etwa Philoktet, den besten Schützen, nach ihm Ajax, den besten Speerwerfer, oder Eumelus, der die besten Pferde nach Achilles besitzt.[246] Es handelt sich um Individualisierungen und Abgrenzungen der Helden zueinander. Bereits Henrich Spieß zeigt diese Abgrenzung, etwa indem Achills Heldentum noch in der *Ilias* zur Kontrastfolie für andere Helden wird.[247] Nähere Betrachtungen hierzu hat Karl Bielohlawek angestellt, indem er fünf Idealhelden der *Ilias* identifiziert – Achill, Diomedes, Ajax, Hector und Nestor – und zeigt, inwiefern sich diese untereinander unterscheiden und wie

---

young hero" (ebd., S. 4), außerdem eine Transgressivität, indem er ebd., S. 5 für den homerischen Helden festhält, es handle sich um ein „essentially asocial individual".

246 Desmond, S. 40.

247 „[Achills] Größe bleibt der Maßstab, an dem alles Große gemessen wird. Ein Troer faßt den gewaltigen Eindruck, den die wilde Tapferkeit des Diomedes bei den Seinen hervorruft, bezeichnend in die Worte zusammen, man habe selbst vor Achill nicht so gezittert wie vor jenem [mit Bezug zu Il. 6, 99]. Vor Hectors furchtbarer Stärke weiß Agamemnon seinen Bruder nicht nachdrücklicher zu warnen als durch die Bemerkung, selbst Achill habe es gescheut, im Kampfe ihm zu begegnen [mit Bezug zu Il. 7, 113–114]." (Heinrich Spieß: Menschenart und Heldentum in Homers Ilias. Paderborn 1913, S. 101). Whitman, S. 156–157 sieht in der *Ilias* Agamemnon als Folie zu Achill an und arbeitet gerade diese Abgrenzung an ihrer Sicht auf Ruhm, Ehre und letztlich Heldentum heraus, wobei er besonders die Bedeutung innerer und äußerer Werte darstellt.

andere Figuren wie Menelaos „eine mindere heldische Wertung"[248] erhalten. Für das kriegerische Heldentum konstatiert er „individuelle Unterschiede und Abstufungen"[249] und meint, dass Achills Rückzug aus dem Kampfgeschehen beispielsweise nötig gewesen sei, um die Heroisierung anderer Figuren zu ermöglichen, da er durch seine Dominanz sonstiges kriegerisches Heldentum nicht ermöglicht hätte.[250] Strauss Clay sieht in Sarpedon den idealen Helden, der aufgrund seines ererbten Status in der Ferne kämpfe und einen Heldentod sterbe. Vor dieser Folie werde das Heldentum anderer Figuren wie Agamemnon, Hector und Achilles verhandelt.[251] Man muss nicht in Sarpedon den idealen Helden sehen,[252] um festzuhalten, dass Heldentum innerhalb eines relationalen Gefüges gewertet und verglichen wird. Dass die Größe des homerischen Helden von der Größe seines Gegners abhänge, konstatiert Horn und vor ihm u.a. Kullmann.[253] Horn stellt insbesondere für die äußeren Qualitäten von Helden wie ihrer Schönheit, fest, dass diese sich gerade darin von der Masse abhoben.[254] In seiner Studie fasst er den ‚Heroic Code' normativ auf und untersucht daran die Figur des Achill für die *Ilias*, aber gerade im Vergleich zu Agamemnon und Hector. Damit nimmt er unausgesprochen an und belegt, dass Heldentum ein Abgrenzungsphänomen ist. Auch wenn es an diesbezüglichen Studien zu lateinischen Epen fehlt, wurde diese Grenzziehung durch Vergils Homerimitation[255] und die Adaptation des kriegerischen Narrativs und der epischen Bauformen aus der *Ilias* ebenso für die lateinische Epik prägend.[256]

---

248 Karl Bielohlawek: Das Heldenideal in der Sagendichtung vom troischen Krieg. In: Wiener Studien 65 (1950/1951), S. 5–18, hier S. 12.

249 Ebd., S. 8.

250 Ebd.

251 Strauss Clay, S. 38.

252 Etwa Bielohlawek.

253 Horn, S. 13; Kullmann, S. 268.

254 Horn, S. 17–18.

255 Diese bezeichnet Servius neben dem Augustuslob als Grundintention des Werkes (Servius, Commentarius in Aeneadem, praefatio, hg. von Thilo/Hagen, S. 4).

256 Leider geht auch Rismag Gordesiani: Prinzipien der Individualisierung der Helden im antiken Epos (Homer, Apollonios Rhodios, Vergil). In: Euphrosyne. Sudies in Ancient Epic and its Legacy in Honor of Dimitris N. Maronitis. Hg. von John N. Kazazis, Antonios Rengakos. Stuttgart 1999, S. 124–131 in seinem Beitrag zur Individualisierung von Helden im antiken Epos nicht auf das Heldenkollektiv um Aeneas in Vergils Epos ein, obwohl er noch deutlich für Homer Unterschiede in der Darstellung verschiedener Helden ausgemacht hat (dass bspw. die Haupthelden sich durch ihnen eigene Ausdrücke und Phrasen in Reden auszeichneten; ebd., S. 125). Gleichzeitig aber merkt er die Übernahme vieler struktureller Elemente bei Vergil an: „Die jüngeren epischen Dichter, darunter auch Apollonios und Vergil, versuchten in ihren Werken ‚den Geist Homers ' zu bewahren, obwohl sie von der Epoche des archaischen, mythopoetischen Denkers sehr entfernt waren." (ebd., S. 124).

Eine solche Grenzziehung kann im Epos beispielsweise durch bestimmte Bauformen wie Kataloge[257] unterstützt werden. Ernst G. Schmidt bemerkt, dass die Personengestaltung von der Struktur des Werkes abhänge: „Die Struktur, also das System, nach dem die Details des Werkes sich zu einem Ganzen ordnen, ist ihrerseits ja nichts Isoliertes, sondern ein Mittel, den Helden aufzubauen und ihm sein Kirkensfeld [sic, wohl Wirkensfeld] zu öffnen.".[258] Speziell für Aristie und Gleichnis in den homerischen Epen hat dies Tilman Krischer nachgewiesen, dass jedem Helden eine individuelle Aristie zukomme, durch die er im Wesentlichen charakterisiert werde.[259] Die Größe des Helden zeige sich in den homerischen Epen in der Großtat.[260] Die Variationen in den Aristien, die „Ökonomie der Differenzen", wie Krischer es nennt,[261] ist für das Heldentum besonders bedeutsam, denn die Variationen hingen insbesondere von dem Grad der Überlegenheit des Gegners des Aristeuons ab.[262] Krischer betont, dass die Aristie durch ein Gleichnis dahingehend ergänzt werde, dass „gewisse Element[e] der Aristie durch die Zuordnung eines Gleichnistypus ausgezeichnet werden".[263] Außerdem weist er nach, dass bei Anwendung desselben Gleichnistypus unterschiedlich viel Pathos gebraucht werden konnte.[264]

Relevant ist eine solche Grenzziehung besonders für panegyrische Epen, da bereits Aristoteles diese, also die Abhebung eines Individuums von anderen durch Vergleich, als wesentliches Element von Panegyrik benannt hat; sie ist auch ein rhetorisches Mittel.[265] In der Geschichte der Gattung blieben solche Strukturen er-

---

257 Zu epischen Katalogen grundlegend Wilhelm Kühlmann: Katalog und Erzählung. Studien zu Konstanz und Wandel einer literarischen Form in der antiken Epik. Diss. Freiburg i. Brsg. 1973; Eva von Contzen: On the (Epic) List: Catalogues of Heroes and Literary Form from Homer to *Omeros*. In: Antikes Heldentum in der Moderne: Konzepte, Praktiken. Hg. von Stefan Tilg, Anna Novokhatko. Freiburg i. Brsg. 2019 (Paradeigmata 55), S. 231–255; Christiane Reitz u.a.: Epic catalogues. In: Structures of Epic Poetry. Bd. 1. Hg. von Christiane Reitz, Simone Finkmann. Berlin, Boston 2019, S. 653–725.
258 Ernst G. Schmidt: Achilleus – Odysseus – Aeneas: Zur Typologie des Vergilischen Helden. In: Listy filologické 106 (1983), S. 24–28, hier S. 25.
259 Tilman Krischer: Formale Konventionen der homerischen Epik. München 1971 (Zetemata 56), S. 15.
260 Ebd., S. 35–36.
261 Ebd.
262 Ebd.
263 Ebd., S. 18.
264 Ebd., S. 18.
265 Aristoteles, rhet. 1368a19–26: „κἂν μὴ καθ' αὐτὸν εὐπορῇς, πρὸς ἄλλους ἀντιπαραβάλλειν· ὅπερ Ἰσοκράτης ἐποίει διὰ τὴν ἀσυνήθειαν τοῦ δικολογεῖν. δεῖ δὲ πρὸς ἐνδόξους συγκρίνειν· αὐξητικὸν γὰρ καὶ καλόν, εἰ σπουδαίων βελτίων. πίπτει δ' εὐλόγως ἡ αὔξησις εἰς τοὺς ἐπαίνους· ἐν ὑπεροχῇ γάρ ἐστιν, ἡ δ' ὑπεροχὴ τῶν καλῶν. διὸ κἂν μὴ πρὸς τοὺς ἐνδόξους, ἀλλὰ πρὸς τοὺς ἄλλους δεῖ παραβάλλειν, ἐπείπερ ἡ ὑπεροχὴ δοκεῖ μηνύειν ἀρετήν." [‚Und

halten, und für frühneuzeitliche Epen hat Peters bereits eine Strategie solcher Grenzziehung aufgedeckt, nämlich die Etablierung von Hierarchien durch den Götterapparat, je nach Interaktion bestimmter Gottheiten mit bestimmten Figuren, etwa bei Sigismondo Malatesta und König Alfons von Aragón in Basinios *Hesperis*.[266] Whitman hat anhand der homerischen Epen verallgemeinert, dass es bei der Weiterentwicklung von der Erzählung von einem Einzelnen hin zu einem „panorama of all the heroes"[267] individueller Eigenschaften und Fähigkeiten bedürfe.[268] Diese Individuation aber lässt sich nur im Kontrast zu den Vielen erst als solche beobachten.

Im Kontext des neulateinischen Epos soll in Anlehnung an Schlechtriemen für diese Studie eine Typologie aus fünf Komponenten zugrunde gelegt werden: Während *agency*, Agonalität, Exzeptionalität und Moralität gemäß Schlechtriemen übertragbar sind, muss eng an die Moralität angelehnt der Aspekt der Exemplarität hinzugenommen werden. Transgressivität hingegen gehört nicht zu den heroischen Idealen der Maximiliansepik.

Im Einzelnen: Die *agency* wird in der Heldentat verwirklicht und ist somit von besonderer Bedeutung für das frühneuzeitlich-epische Heldentum. Nicht nur, dass die Gattung selbst eine Affinität zu Gewalthandeln entwickelt und beibehalten hat, für die homerischen Epen spricht Horn zudem von der Kampfkraft (und das ist ein Aspekt von *agency*) als der „bestimmende[n] heroische[n] Vortrefflichkeit vor allen anderen Eigenschaften eines Helden".[269] Auch für die Frühe Neuzeit bleibt Gewalt die bestimmende Anerkennungsressource. Die episch besungenen *condottieri*, die im Kern Gewalthändler sind, werden in panegyrischen Werken dementsprechend gewaltmächtig dargestellt. Um mit ihnen mithalten zu können, muss auch Maximilian mindestens ebenso gewaltmächtig in Erscheinung treten. In der *agency* zeigt sich jedoch nicht nur der beste Krieger, sondern auch der ideale Herrscher, nämlich in seiner Eignung, die Ordnung im

---

wenn du nicht genug über die betreffende Person selbst zu sagen hast, ist sie mit den anderen zu vergleichen, was ja Isokrates aufgrund seiner Übung in Gerichtsreden tat. Man muss sie aber mit bekannten Persönlichkeiten vergleichen; das nämlich bewirkt eine Steigerung und ist schön, wenn die betreffende Person besser ist als tugendhafte Menschen. Es fällt die Steigerung vernünftigerweise den Lobreden zu: Denn Steigerung liegt darin, über etwas anderes hinauszuragen, über etwas anderes hinauszuragen aber gehört zum Schönen. Daher muss man, wenn sich kein Vergleich mit den Berühmten nahe legt, statt dessen mit der Menge vergleichen, denn das Hinausragen (über andere) scheint die Tugend anzuzeigen.'] (Übers. aus Rhetorik, hg. von Rapp, S. 50).

266 Peters: Mythologie, S. 455–456.

267 Whitman, S. 163.

268 Ebd.

269 Horn, S. 53. Belloni, S. 5 sieht den Ursprung der Gattung überhaupt im Kriegsgeschehen.

Staat zu garantieren und somit zu zeigen, dass jeder, der sich gegen ihn erhebt, verlieren wird. Relevant hierbei ist auch die Ausrichtung epischer Narrative auf das Telos eines Goldenen Zeitalters,[270] dessen überdauernder Frieden zunächst durch Krieg hergestellt werden muss. Zeitgenössische Herrscher wurden zudem dahingehend gemessen, als sie in der Regel als Erben der Römer auftraten. Die antiken Helden waren im kollektiven Gedächtnis der Zeit stark präsent und wenn beispielsweise Sigismondo Malatesta in der *Hesperis* gerade in seiner *agency* von Jupiter als wahrer Nachfolger der Römer bezeichnet wird (1, 473–478), wird ersichtlich, dass die heroische Nachfolge auch ähnliche bzw. noch größere Kriegstaten kennen muss.

Die Größe einer solchen Tat und der dahinterliegenden Handlungsmacht wird nicht selten in Bezug auf die Agonalität deutlich. Das Kernszenario hierbei besteht seit der Antike darin, dass der Held auf einen respektablen gegnerischen Helden bzw. auch Gegenhelden trifft.[271] Dass sich an der Stärke des Gegners auch die Stärke des Helden misst, ist in der Gattung vorgeprägt.[272] Die Maximiliansepen werden deutlich machen, dass Agonalität nach außen hin auch auf die Umstände bezogen sein kann, die man aushält, genauso gut aber auch nach innen, indem man einen starken Affekt zügelt, z.B. den Zorn.

Wie ihre antiken Vorläufer zeugen auch frühneuzeitliche epische Helden von einer besonderen Außeralltäglichkeit und Außerordentlichkeit. Dies kann sich in körperlichen Fähigkeiten ebenso wie in Charaktereigenschaften manifestieren, im Epos besonders auch durch eine Nähe zu den Göttern (indem man Götter erkennen kann, Schutzgottheiten agieren oder eine göttliche Sendung angezeigt wird, nicht selten auch durch Vergleiche mit Gottheiten). Außeralltäglichkeit kann besonders in der sog. ,Attraktionskraft' erscheinen, die die unmittelbare Wirkung des Helden auf andere Figuren (und das Publikum) meint, wie etwa Furcht oder Verehrung. Das kann einerseits eine große, muskulöse

---

270 Eingehend zur Vorstellung des Goldenen Zeitalters im Quattrocento Luke B. T. Houghton: Virgil's Fourth Ecloge in the Italian Renaissance. Cambridge 2019.

271 Für das Epos der Frühen Neuzeit ist der Begriff des Gegenhelden insofern passend, als sich deutlich in den Heldenepen solche konkurrierenden Ordnungen zeigen, vor allem auf religiöser Ebene: Alfons V. von Aragón vertraut bei seinem Vorgehen gegen Sigismondo in der *Hesperis* beispielsweise auf mantische Praktiken bei der Deutung eines Vogelfluges (Hesperis 1, 389–404). Unter den Maximiliansepen tritt in der *Austrias* Ruprecht von der Pfalz als Gegner auf, der eindeutig als Anführer eines häretischen Volkes gezeigt wird (abgesehen davon, dass er veralteten gewaltaffinen Idealen des Helden anhängt; z.B. unchristliche Transgressionen, die nicht zum *bellum iustum* passen). Im *Magnanimus* muss der Held Gefahren meistern, die durch Unterweltsgestalten ausgelöst werden, die ebenfalls eine explizit unchristliche Lehre vertreten.

272 Das ist bereits bei den homerischen Helden der Fall, s. S. 58, insb. Anm. 253.

Statur sein bzw. eine besondere Schönheit.[273] Ein markantes Beispiel hierfür aber ist das Strahlen, der Glanz des Helden,[274] der nicht selten auch ein Ausdruck von Göttlichkeit ist. Dieser kann beispielsweise durch Auspizien wie einer Flammenaureole hervorgerufen werden, blondes Haupthaar kann glänzen oder ein strahlend weißer Stuhl, auf dem der Held thront. Der Glanz ist dabei auch ein Symbol von Ewigkeit. Desmond weist in seiner Untersuchung zu den homerischen Epen darauf hin, dass das Epitheton *áphthitos* (‚unvergänglich') mit dem Göttlichen, aber auch mit Gold assoziiert wird.[275] Die Attraktionskraft kann Teil der Sakralität des Helden sein, die in dieser Studie ebenfalls in der Kategorie Exzeptionalität mitaufgefasst wird. Unter ‚Sakralität' wird verstanden, „was von Menschen dem Göttlichen bzw. dem Menschen selbst nicht verfügbaren Mächten zugeordnet und so als ‚geheiligt' aus dem Feld des Materiell-Physischen ausgegrenzt und mit etwas Außerweltlichem verbunden wird".[276] Dies wird gerade dann relevant, wenn der Held durch seine Tugenden als Zwischenlage zwischen Menschen und Göttern gezeichnet wird.[277] Hinsichtlich der antiken Heroen als „vielfach Kultempfänger und damit Teil der sakralen Sphäre"[278] bis zu christlichen Märtyrern und Heiligen bemerken Felix Heinzer et al., dass seit dem Mittelalter auch Herrschern einerseits heldenhafter, andererseits sakraler Status zugesprochen werden kann.[279] Die Inter-

---

273 Mause, S. 154 zeigt für die spätantike Panegyrik auf, dass Schönheit die Göttlichkeit des Kaisers widerspiegeln kann.

274 Eingehend hierzu Andreas Gelz: Der Glanz des Helden. Über das Heroische in der französischen Literatur des 17. bis 19. Jahrhunderts. Göttingen 2016 (Figurationen des Heroischen 2) sowie Jakob Willis: Glanz und Blendung. Zur Ästhetik des Heroischen im Drama des *Siècle classique*. Bielefeld 2018.

275 Desmond, S. 41, Anm 9. Ebd. finden sich einige Stellen zur Assoziierung von Gold und Göttlichem bei Homer. Dass Gold mit Göttlichem verbunden war, bemerkt auch Plinius, nat. 36, 5.

276 Felix Heinzer u.a.: Einleitung: Relationen zwischen Sakralisierungen und Heroisierungen. In: Sakralität und Heldentum. Hg. von Felix Heinzer u.a. Würzburg 2017 (Helden – Heroisierungen – Heroismen 6), S. 9 – 18, hier S. 10.

277 Auch dies bewirkt zugleich eine Grenzziehung, wie Desmond, S. 39 festhält: „[H]e is somehow ‚more' divine, a figure somehow sacred and numinous, as he mediates between his human society and the enigmatic powers that surround, threaten, and support it." Wie eine solche Zwischenlage konkret enworfen warden kann, hat Lisa Cordes am Beispiel der Panegyrik auf Nero, insbesondere an Senecas *De clementia*, aufgezeigt und spricht von dem Phänomen der ‚Vagheit', dass nämlich der Kaiser in göttliche Sphären gehoben, eine explizite Identifizierung des Kaisers mit einer Gottheit jedoch nicht expliziert werde: Lisa Cordes: Kaiser und Tyrann. Die Kodierung und Umkodierung der Herrscherrepräsentation Neros und Domitians. Berlin, Boston 2017 (Philologus Supplemente 8), S. 113–128.

278 Ebd., S. 11.

279 Ebd.

ferenz dieser beiden Zuschreibungskategorien, Heldentum versus Sakralität, wird in den Epen auf Maximilian speziell zu untersuchen sein.

Hinsichtlich der Attraktionskraft ist schließlich der Begriff ‚Charisma' zu klären. In dieser Studie wird er gemäß Webers Definition gebraucht:

> ‚Charisma' soll eine als außeralltäglich (ursprünglich, sowohl bei Propheten wie bei therapeutischen wie bei Rechts-Weisen wie bei Jagdführern wie bei Kriegshelden: als magisch bedingt) geltende Qualität einer Persönlichkeit heißen, um derentwillen sie als mit übernatürlichen oder übermenschlichen oder mindestens spezifisch außeralltäglichen, nicht jedem andern zugänglichen Kräften oder Eigenschaften [begabt] oder als gottgesandt oder als vorbildlich und deshalb als ‚Führer' gewertet wird.[280]

Charisma ist eine Affizierung, die nicht durch äußeren Glanz, sondern aus der Person heraus entsteht, es ist inhärent.[281] Insbesondere für die Panegyrik auf Herscherinnen oder Herscher ist Charisma relevant; unter ‚charismatischer Herrschaft' fasst Weber eine Herrschaft

> kraft affektueller Hingabe an die Person des Herrn und ihre Gnadengaben (Charisma) [auf], insbesondere: magische Fähigkeiten, Offenbarungen oder Heldentum, Macht des Geistes und der Rede. Das ewig Neue, Außerwerktägliche, Niedagewesene und die emotionale Hingenommenheit dadurch sind hier Quellen persönlicher Hingebung.[282]

Weber merkt zudem an, dass ein charismatischer Herrscher eine Pflicht zur Anerkennung durch die Beherrschten einfordern könne, Charisma also eine besondere Form von Legitimation darstelle.[283] Dass Webers Konzept durchaus auf die Epen um Maximilian anwendbar ist, man also eine derartige Vorstellung von Charisma besaß, zeigt eine Strophe aus den an Maximilian gerichteten Oden des Nagonio, der auch ein Epos auf den König verfasst hat (Ode 1, 25–28):[284] „Frons tibi plena est rigidi pudoris, | lucet et fastu gravitas modesto, | quam timent hostes sociique verentur, | miles adorat.“[285]

---

280 Weber: Wirtschaft, S. 140 (Hervorh. i. Orig.).
281 Sonderforschungsbereich 948: Attraktionskraft. In: Compendium heroicum. Hg. von Ronald G. Asch u.a. Freiburg i. Brsg. 04.02.2019. DOI: 10.6094/heroicum/atd1.0 (letzter Zugriff 10.02.2020).
282 Max Weber: Gesammelte Aufsätze zur Wissenschaftslehre. Hg. von Johannes Winckelmann. 7. Auflage. Tübingen 1988, S. 481.
283 Ebd., S. 483. Ders. bemerkt ebd., S. 482, dass Herrschaft nur so lange existiere, wie dem Herrscher Charisma zugeschrieben werde: „Wenn er von seinem Gotte ‚verlassen' oder seiner Herrschaft oder des Glaubens der Massen an seine Führerqualität beraubt ist, fällt seine Herrschaft dahin.“
284 Giovanni Michele Nagonio: Ad eundem divi Cesarem maximilianum [...] liber Secundus Carminis lyrici [...]. In: Wien, Österreichische Nationalbibliothek, Cod. 12750, fol. 52ʳ–66ʳ, hier fol. 52ᵛ.
285 [‚Deine Stirn strotzt vor unerschütterlicher Ehre und es leuchtet von bescheidenem Stolz Deine Erhabenheit, welche die Feinde fürchten, die Gefährten achten, der Soldat bewundert.']

Schlechtriemens vierter Aspekt, die Moralität bzw. das Affizierungspotenzial, ist für das neulateinische Epos von besonderer Bedeutung, da die Gattung einen hohen moraldidaktischen Anspruch vertrat.[286] Indes macht es die Auffassung der Zeit auch erforderlich, dass die Typologie diesbezüglich um die Kategorie der Exemplarität des Helden ergänzt wird. Während Gwynne für frühneuzeitliche Epen bereits den Aspekt der Beispielhaftigkeit hinsichtlich der besungenen Taten unterstrichen hat,[287] betont Steadman den Konnex zur Moralität, die Spannung zwischen traditioneller Form der Gattung und zeitgenössischer Vorstellung eines höheren Heldentums, das nicht aus Kriegstaten erzeugt, sondern in einem moralischen Vorbild verwirklicht wird.[288] Beispielhaftigkeit und (vor allem ethische) Tugendhaftigkeit fließen ineinander.[289] Die Gründe hierfür liegen im epideiktischen Anspruch des Epos der Frühen Neuzeit: „[R]hetoric taught that the practice of reading was not a merely theoretical or mental activity, but one with major consequences for life."[290] Wer die Werke las, hatte auch die Erwartung an eine Anleitung zum guten Handeln,[291] sogar zu einer Neuausrichtung des eigenen Lebens.[292] Ausgehend vor allem von der Vergilallegorese des Donat über Fulgentius und Petrarca sah man auch die Epen der Antike als epideiktisch an.[293] Umso mehr schätzte man die Tugenden der epischen Figuren.[294] Speziell unter Maximilians Humanisten lässt sich die Ansicht nachweisen, dass Dichtung dem Lob der Tugend und dem Tadel des Lasters diene.[295] Vor diesem Hintergrund von Lob und Tadel einerseits und An-

---

286 Hardison, S. 18 nennt die Vorstellung der Dichtung als Teil didaktischer Moralphilosophie als „the most universal of critical theories".

287 Gwynne: Poets and Princes, S. 57.

288 Steadman, S. 148.

289 Vickers: Epideictic and Epic, S. 518; Hardison, S. 52.

290 Ebd., S. 498.

291 Ebd., *passim*. Dieser sieht ebd., S. 499 gerade darin die Überlegenheit zum Geschichtsschreiber oder dem Philosophen.

292 Ebd., S. 499; Ähnlich Di Cesare, S. 60; Peters: Mythologie, S. 55.

293 Vickers: Epideictic and Epic, S. 506; Hardison, S. 33.

294 Peters: Mythologie, S. 62. Er führt ebd. weiter aus: „Allein dadurch, dass episch von ihnen gesprochen wurde, wurden die Herrscher ins Recht der *poetic justice* gesetzt und ihr Handeln zudem einem historiographischen Diskurs entzogen, der es nach anderen Bewertungsmaßstäben und Wahrhaftigkeitskriterien darstellen und in ein schlechteres Licht hätte rücken können."

295 So formuliert beispielsweise der Wiener Humanist Georg von Peuerbach (1423–1461), dass es die Kraft des Dichters sei, Leserinnen und Leser zur Tugend zu erziehen (Positio, S. 199, Z. 16–17), indem er diese lobe und das Laster verurteile (ebd., S. 202, Z. 9). Lukan erkennt er ebd., Z. 9–11 in diesem Zug den Dichterstatus ab, weil er „historia[e]" (Z. 10) schreibe und kein Gedicht, er nämlich die Tugend nicht lobe. Hintergrund dieser rigiden Ausrichtung auf das Lob der Tugend ist erneut die Dominanz der arabischen Aristoteles-Übersetzung durch Aver-

reiz zur *imitatio* andererseits waren die Helden beispielhaft,[296] allerdings konnten sie das nicht nur in der Mildtätigkeit etwa oder im Glauben sein, sondern auch im Regieren, in Turnieren oder in Kämpfen gegen Ungeheuer. Somit erscheinen Moralität und Beispielhaftigkeit zwar zumeist eng miteinander verknüpft, müssen in einer Typologie aber dennoch separat genannt werden.

Schlechtriemens Kategorie der Transgressivität schließlich ist ein sehr ambivalentes Phänomen im lateinischen Epos. In der Antike war sie sehr präsent, man denke zunächst an Achill und dessen entgrenzten Zorn. Diese Transgressivität bleibt auch in der römischen Bearbeitung des Mythos in Statius' *Achilleis* erhalten: Achills Travestie, der Raub der Deidamia sowie die Störung des Bacchusritus stellen Transgressionen dar.[297] Hercules war nicht nur ein tugendhafter, sondern auch ein gewaltvoller und maßloser Held.[298] Auch in Aeneas' Tötung des Turnus kann man eine Transgression sehen. Reemtsma stellt anhand des Herculesmythos die These auf, dass Helden gar nicht zur Gemeinschaft fähig seien, sondern ihren heldenhaften Status nur solange bewahren, wie sie autonom sind.[299] Nach Georg F. W. Hegel kann es überhaupt keine Hel-

---

roes (s. Anm. 117 auf S. 33). Bei der Übertragung ins Arabische und der Anpassung der Gedanken an die arabische Literatur und den Leserkreis haben sich Abweichungen von Aristoteles ergeben, insbesondere dass Averroes die Begriffe ‚Tragödie' und ‚Komödie' als ‚Lob' und ‚Tadel' übertrug (Wels: Argumentationstechnik, S. 270), während Aristoteles weniger dogmatisch meinte, die beiden Gattungen stellten gute respektive schlechte Menschen dar (poet. 1448a); Lob und Tadel wird bei Averroes Zweck jeder Dichtung (Averroes, Expositio, S. 41); sie solle zur Besserung der Menschen dienen (Averroes, Expositio, S. 43). Nicht nur Peuerbachs Dichtungslehre, sondern auch die *Ars versificandi* des Konrad Celtis weisen Spuren dieser averroischen Poetik auf (Wels: Begriff der Dichtung, S. 52).

296 Joel Springarn: A History of Literary Cirticism in the Renaissance. New York 1956, S. 53: „The poet must incite in the reader an admiration of the example, or the ethical aim of poetry will not be accomplished. Poetry [...] becomes like oratory, an active exhortation to virtue, by attempting to create in the reader's mind a strong desire to be like the heroes he is reading about."

297 Zur Transgressivität in der *Achilleis* s. Mason 2013.

298 Seine Gewalttätigkeit und Maßlosigkeit wurden durchaus von den Humanisten der Frühen Neuzeit rezipiert, s. Joachim Berger: Herkules – Held zwischen Tugend und Hybris. Ein Europäischer Erinnerungsort der Frühen Neuzeit? In: Auf dem Weg nach Europa. Deutungen, Visionen, Wirklichkeiten. Hg. von Irene Dingel, Matthias Schnettger. Göttingen 2010, S. 79–106, besonders S. 83–88.

299 Jan Philipp Reemtsma: Dietrichs mißlungene Brautwerbung. Über Heldengeschichten. In: Gewalt und Heldentum. Hg. von Olmo Gölz, Cornelia Brink. Baden-Baden 2020 (Helden – Heroisierungen – Heroismen 16), S. 33–46.

den in einer staatlichen Ordnung geben.[300] Ebenso versteht Norbert Bolz unter dem Helden einen „Outlaw", das autonome Individuum, und spricht vom „gerechtfertigte[n] Verbrecher".[301] Giesen verortet gerade im Bruch von Normen und Gesetzen das Charisma des Helden.[302] Auch im frühneuzeitlichen Epos finden sich Spuren hiervon, wenn etwa in der *Volaterrais* des Naldo Naldi im Kampf um Alaunrechte Federico da Montefeltro zwar auf Jupiters Befehl, aber entgegen dem des noch zögerlichen Lorenzo de' Medici gegen Volterra zieht.[303] Dass ein Held gerade nicht sozial handelt, sondern ganz auf sich selbst bezogen für sich nach Ruhm sucht, ist prinzipiell auch im frühneuzeitlichen Epos möglich,[304] wenngleich Di Cesare festgestellt hat, dass sich Derartiges eher bei Schurken oder Helden auf Abwegen finden lässt.[305] Sobald ein Epos allerdings einen Herrscher lobt, wie es bei Maximilian der Fall ist, kann Transgressivität nicht mehr Ausgangspunkt einer Heroisierung sein. Denn in christlicher Zeit, in der ein idealer Krieger und ein idealer Herrscher – als *vicarius dei* – gefeiert wird, kann ein solcher kein Lob erhalten, sollte er staatliche oder religiöse Normen brechen. In der *Sphortias* versucht Francesco Sforza, die Plünderung Piombinos durch seine Soldaten zu verhindern, in der *Volaterrais* verliert das aufständische Volterra gegen Lorenzo de' Medici, in der *Hesperis* verliert der machtgierige Alfons gegen Sigismondo Malatesta. Auch an den Maximiliansepen kann man sehen, dass Helden, die Gesetze missachten, am Ende unterliegen müssen. Transgressivität als Bestandteil des Charakters eines echten Helden ist somit nicht denkbar. Vielmehr gehorcht ein solcher den Geboten des *bellum iustum*, wie er in der Antike nach Platon vor allem von Cicero postuliert, später von Augustinus und Thomas von Aquin im christlichen Sinne weitergedacht wurde.[306] Die Transgressivität

---

300 Georg W. F. Hegel: Vorlesungen über die Philosophie der Geschichte. Frankfurt a. M. 1986 (Georg Wilhelm Friedrich Hegel. Werke 12), S. 46 sowie Georg W. F. Hegel: Vorlesungen über die Ästhetik I. Frankfurt a. M. 1986 (Georg Wilhelm Friedrich Hegel. Werke 13), S. 243.

301 Norbert Bolz: Der antiheroische Affekt. In: Merkur. Deutsche Zeitschrift für europäisches Denken 63.724/725 (2009), S. 762–771, hier S. 765.

302 Bernhard Giesen: Triumph and Trauma. Boulder 2004, S. 18.

303 Dass Lorenzos Zögern durchaus Teil seiner Heroik ist, formuliert Pulina: Violence, S. 262–264. S. hierzu auch S. 69–70.

304 Di Cesare, S. 61–62 nennt als Komponenten der Außerordentlichkeit „extraordinary virtue, self-centeredness, and self-assurance, and a deep but rarely vain desire for honour."

305 Di Cesare, S. 65.

306 Einen Überblick bietet Kalning, S. 15–32. Zu Ciceros Vorstellungen vom gerechten Krieg s. Cicero, off. 1, 11, 34–40 sowie rep. 3, 34–35; zu Augustinus bspw. civ. 19, 7.12; In Heptateuchum 6 (Iesu Nave), 10 (6, 8, 2); Contra Faustum 22, 75. Thomas systematisiert die Kriterien, die auch Cicero und Augustinus postuliert haben, in drei Erfordernissen: (Summa Theologiae 2, 2 q. 40 a. 1), erstens ‚die Autorität des Fürsten' (*auctoritas principis*), wonach das Gewaltmonopol beim Herrscher liege und der Untertan bei ihm sein Recht erhalten könne,

kann kein Merkmal des panegyrisch überhöhten Helden mehr sein, wohl aber kann sie als Negation der Moralität als Eigenschaft eines Gegenhelden erscheinen.

Die fünf benannten Kategorien – *agency*, Agonalität, Außerordentlichkeit, Moralität und Exemplarität – sollen somit als Beschreibungsgrundlage für die folgenden Fallstudien dienen. In welchen Formen und welchem Maß sie im Helden Maximilian realisiert werden, muss erst noch gezeigt werden. Wie diese Kategorien in den Maximiliansepen literarästhetisch überführt wurden, d.h. welche Topik und welche Bauformen zu deren Beschreibung im epischen Narrativ eingesetzt werden und wie somit die spezifisch epische Ausprägung dieser Typologie aussieht, soll in der Synthese zusammengefasst werden.

1.3.3 Vorbilder, Vorläufer, Präfiguranten und Zeitschichten

Die Heroisierungen epischer Helden basieren indes nicht nur auf körperlichen und geistlichen Tugenden sowie in Abgrenzung der textintern agierenden Figuren, sondern zu einem gewichtigen Teil auch durch Auseinandersetzung zu früheren, besonders antiken Helden und ihren entsprechenden Darstellungen maßgeblich in vorausgehenden Epen. Die frühneuzeitlichen Helden individuieren, ihre Herolde richten sie an früheren Helden aus, grenzen sie aber auch von diesen ab. Gerade Maximilian soll kein Held wie andere sein. Um solche intertextuellen und ideellen Abhängigkeiten und Brüche bei der Heroisierung beschreibbar zu machen, bedarf es einiger Begriffe, die im Folgenden vorausgehend zu klären sind: Vorbilder, Vorläufer und Präfiguranten. Dabei handelt es sich um Strategien, die sich bereits in der antiken Epik herausgebildet haben. Dass die *Aeneis* vor der Folie der homerischen Epen gelesen wird, ist, wie Viktor Pöschl zurecht bemerkt, gewollt: „Der Vergleich von Virgil und Homer ist nichts, was wir von außen herantragen, er ist nicht von uns, sondern von Virgil selbst gefordert."[307] Wie Schmidt für die *Aeneis* eine Übereinanderschichtung der beiden homerischen Vorlagen gezeigt hat,[308] so

---

zweitens ‚der gerechte Grund' (*causa iusta*), wonach der Gegner sich schuldig gemacht hat, drittens ‚die rechte Absicht der Kriegführenden' (*intentio bellantium recta*), wonach man Übles vermeiden und Gutes durchsetzen solle.

307 Pöschl: Vergangenheit, S. 136.

308 Schmidt: Achilleus, S. 25, der ebd. von einem „strukturell verbindlichen Verhältnis zu beiden griechischen Epen" spricht und ebd., S. 26 verschiedene Stellen aufzeigt, an denen beide Schichten gemeinsam wirken. Als Beispiel nennt er u.a. den Schluss der *Aeneis*, dem einerseits Achills Sieg über Hector aber auch der des Odysseus über die Freier zugrunde liege. Den Bezug zum Schluss der *Odyssee* sieht Schmidt auch darin angelegt, dass die Ehe von Aeneas und Lavinia das Motiv des heimgekehrten Ehegatten Odysseus aufnehme.

existieren solche intertextuellen Überlagerungen in der Gattung fort,[309] jedes neue
Epos ist immer auch eine Auseinandersetzung mit den Vorläufern; in der Größe
und Anerkennung antiker Helden liegt für frühneuzeitliche Epen gerade das Potenzial einer Angleichung an die Antike und zugleich (teilweise auch durch Aktualisierung) einer Überhöhung.[310] Hardison sieht die Möglichkeit zur Überbietung
darin, dass Figuren wie Achill oder Odysseus in ihrem Charakter Mängel aufwie-
sen, die der geforderten Exemplarität eines frühneuzeitlichen Helden entgegen-
gestanden hätten.[311] Auf derartige Mankos hat auch Steadman aufmerksam
gemacht.[312] Beispielhaft für ein solches Fortwirken des antiken Heldenbildes
sind die Beobachtungen, die Nikolaus Thurn anhand des Beginns der *Carlias* des
Ugolino Verino über Karl den Großen gemacht hat: In einer Seesturmszene (Carlias 1, 12–124) überlagert sich der Seesturm des *Aeneis* als Substruktur mit späteren Heldenidealen, insbesondere christlichen: Thurn zeigt den Rückgriff des
Dichters auf Augustinus und die biblische Erzählung von Hiob.[313] Zugleich aber

---

309 Belloni, S. 92 betont eine solche Überbietung durch Vergleich: „L'epica latina del Quattrocento prese a soggetto la storia solamente per iscopo encomistico, e affinché gil [sic!] avvenimenti
reali acquistassero maestà, li sottopose a quel processo d'ingrandimento e d'idealizzazione che
notammo, sebbene in proporzioni minori, ne' cenni storici medievali. In questi trovammo spesso
chiamate a paragone le geste de' Greci e de' Romani; le piccole bataglie ci apparvero pugne
grandiose." [‚Die lateinischen Epen des fünfzehnten Jahrhunderts haben die Geschichte nur
zum Zwecke des Lobpreises als Ausgangspunkt genommen, und damit die realen Ereignisse
an Erhabenheit gewännen, haben sie sie jenem Prozess der Vergrößerung und Idealisierung
unterzogen, den wir, wenn auch in geringerem Maße, in den mittelalterlichen Geschichtsdarstellungen beobachten konnten. In diesen fanden wir oft die Taten der Griechen und Römer verglichen; die kleinen Schlachten erschienen uns als große Kämpfe.']
310 Braun: Fortia facta, S. 166.
311 Hardison, S. 76.
312 Steadman, S. 152: „If Achilles seemed too savage for their tastes, and Odysseus too crafty,
he [*sc.* the poet] must temper his images of Homeric types with Renaissance chivalric ideals
and the values of a spiritual aristocracy – a Christiana nobilitas."
313 Die Unterschiede, insbesondere dass Rutenus vor der Rede Karls zu Christus stirbt, während Orontes nach der Rede des Aeneas stirbt, analysiert Nikolaus Thurn: Heros Aeneas und
Iuno, die Hera. Der Wandel des Heldenbegriffes von der Antike zur Neuzeit. In: Vestigia Vergiliana. Vergil-Rezeption in der Neuzeit. Hg. von Thorsten Burkard u.a. Berlin, New York 2010
(Göttinger Forum für Altertumswissenschaft, Beihefte NF 3), S. 9–30. Einerseits arbeitet Thurn
Karls Sorge um seine Mannschaft entgegen Aeneas' persönlicher Verzweiflung heraus, resümiert aber ebd., S. 18 auch: „Ganz offensichtlich soll diese veränderte Haltung dem humanistischen Leser signalisieren, ein christlicher Held habe in höchster Gefahr anders zu reagieren
als ein heidnischer. Karl denkt an seine Ritter, Aeneas an sich selbst. Aeneas verzweifelt, Karl
bleibt gottergeben." Mit Rückgriff auf Augustinus merkt er ebd., S. 20–21 an, man sehe an dieser Stelle, dass ein christlicher Held nicht zu Dämonen bete, sondern zu Gott: „[Karl] erduldet
den Seesturm und unterwirft sich ihm nicht. Er ‚exorziert' den Teufel, indem er zu Gott Vater

sieht er die Adaptation der *Aeneis* als Notwendigkeit an, um mit zeitgenössischen Dichtungen der Volkssprache konkurrieren zu können.[314] Karl der Große wird zu einem Helden wie Aeneas, aber einem besseren, einem gottergebenen Ritter für die *militia Christiana*.[315] Die großen Helden der Antike sind im kollektiven Gedächtnis präsent und Herrscher können in noch so unbedeutenden Situationen zu Helden wie sie werden. Fehlt es beispielsweise an einem Gegner oder gar einer Heldentat, kann eine solche Referenz teilweise die nicht gezeigten heroischen Qualitäten substituieren.

Der Vergleich mit bzw. der Verweis auf andere Heldenfiguren, meist aus der Vergangenheit, entstammt keineswegs nur der dichterischen *imitatio* und *aemulatio*, sondern ist ein rhetorisch wichtiger Baustein des Herrscherlobs. Michael Mause benennt in seiner Studie zur spätantiken Kaiserpanegyrik den Vergleich mit anderen Personen und eine damit meist einhergehende Überhöhung sowie die Nennung von *exempla* aus der Geschichte oder dem Mythos als Teil der Ausgestaltung des Gegenstandes der Rede, der *amplificatio*.[316]

Historische oder mythische Figuren, auf die explizit oder intertextuell Bezug genommen wird, können Vorbilder, Vorläufer oder Präfiguranten sein. Als Vorbild dienen historische oder mythische Figuren, wenn sie ein idealisiertes Muster darstellen und Handeln an ihnen orientiert wird. Ein Beispiel hierfür ist, wenn etwa ein *daemon* im *Magnanimus* von Sulla oder Marius spricht, die zeigen sollen, wie ruhmesbringend ein bestimmtes Verhalten, hier ein expansiv-kriegerisches, sein kann; der Held soll sich danach richten. Als Vorläufer fungieren sie, wenn sie in ihrem Handeln das Handeln späterer Figuren erkennen lassen, sodass gegenwärtiges Handeln eine Fortbildung und Entwicklung jener Helden darstellt. Hierfür sei beispielsweise Lorenzo de' Medicis Zögern angesichts einer kriegerischen Aktion gegenüber Volterra genannt; ein epischer Vorläufer für die-

---

und Gott Sohn spricht." (ebd., S. 21). Mit Rückgriff auf die Erzählung von Hiob konstatiert Thurn die Vorwegnahme des Todes des Rutenus, „weil auch Hiob zuerst geprüft wurde und dann seine Klage erhob" (ebd., S. 25).

314 Thurn: Heros Aeneas, S. 11.

315 Präziser zeigt Thurn einen Wandel des Heldenideals auf und zwar dahingehend, dass das spätantike Ideal den Märtyrer in den Vordergrund stelle, der für Gott „bis zuletzt" (ebd., S. 26) erdulde, bis er durch Gott errettet wird. Der Held Karl des fünfzehnten Jahrhunderts solle weniger der Märtyrer sein, der für Gott stirbt, sondern bleibe verschont für ein höheres Handeln zugunsten der Christenheit, nämlich den Zug gegen die Langobarden (ebd., S. 26–27). Er sei somit weniger Dulder als mehr Handelnder.

316 Mause, S. 24. Die Notwendigkeit der ,Verstärkung' (gr. αὔξησις, lat. *amplificatio*) hebt auch Menander in seiner zweiten Abhandlung über die Kaiserrede gleich zu Beginn hervor (Abhandlungen zur Rhetorik 2, 1, 1).

ses Verhalten ist zweifelsfrei Pompeius' Zögern in Lukans *Bellum civile*;[317] dabei wählt sich Lorenzo aber nicht aktiv Pompeius als Vorbild. Was bei einem Vorläufer hingegen nicht mitbegriffen ist, ist die Herstellung des identischen Zieles oder Zweckes der Handlung; ein solcher vorausweisender Ausgang ist einzig in der Präfiguration enthalten: Darunter wird in dieser Studie das in den Religionswissenschaften genutzte Konzept der Typologie – die Inbezugsetzung von Figuren aus dem Alten Testament mit denen aus dem Neuen Testament – verstanden. Grundlegend ist dabei die Definition, die Vinzenz Buchheit in seiner Studie zum Geschichtsverständnis der *Aeneis* gewählt hat:

> Zwei verschiedene Personen oder Fakten der Bibel stehen untereinander in Beziehung. Dieser Bezug ist dadurch spezifiziert, daß das erste Glied auf das zweite vorausweist und das zweite als eine Wiederholung des ersten zu verstehen ist, jedoch in der Art, daß dieses zweite Glied eine Steigerung, Überbietung oder gar Erfüllung darstellt.[318]

In der vorgelegten Studie wird Präfiguration allerdings enger gefasst, und zwar gemäß den Überlegungen Blumenbergs, dass nämlich in der Wiederholung eines Präfigurants „die Erwartung der Herstellung des identischen Effekts verbunden wird",[319] was für ihn Mythisierung bedeutet. Er spricht weiter davon, „daß die bedeutsame Vorgabe, das Prägnat zur Präfiguration, nicht geboren ist, sondern gemacht wird, *auf daß erfüllt werde, was geschrieben steht* – sobald das Erfüllende das Erfüllte erkennen lässt".[320] In der Forschung haben sich unterschiedliche Sprechweisen etabliert, ob die Ausgangsfigur oder die Zielfigur einer Präfiguration als Präfigurat zu bezeichnen ist. Gemäß Blumenberg wird in dieser Studie die Ausgangsfigur Präfigurant genannt und die Zielfigur Präfigurat.[321]

---

317 Zum heldenhaften Zögern des Pompeius s. Ulrike Auhagen: Verhindertes Warten: Pompeius vor der Schlacht von Pharsalos (Lukan, Bellum civile 7, 87–123). In: Heldenhaftes Warten in der Literatur. Eine Figuration des Heroischen von der Antike bis in die Moderne. Hg. von Isabell Oberle, Dennis Pulina. Baden-Baden 2020 (Paradeigmata 59), S. 79–91.

318 Vinzenz Buchheit: Vergilische Geschichtsdeutung. In: Grazer Beiträge 1 (1973), S. 23–50, hier S. 29. Er resümiert damit die theoretischen Überlegungen von Ludwig Goppelt: Apokalyptik und Typologie bei Paulus. In: Theologische Literaturzeitung 89.5 (1964), S. 321–344, besonders S. 328–329.

319 Hans Blumenberg: Präfiguration. Arbeit am politischen Mythos. Hg. von Angus Nicholls, Felix Heidenreich. Berlin 2014, S. 9.

320 Ebd., S. 11.

321 So auch in Sonderforschungsbereich 948: Präfiguration. In: Compendium heroicum. Hg. von Ronald G. Asch u.a. Freiburg i. Brsg. 09.03.2021. DOI: 10.6094/heroicum/pfd1.0.20210309 (letzter Zugriff 18.08.2021).

Für die *Aeneis* hat zuerst Binder die Präfiguration als relevante Denkfigur ausgewiesen.[322] Die Typologie identifiziere Aeneas als einen Helden wie Hercules und Augustus als einen Helden wie Aeneas und Hercules, indem diese beiden „Typen, Urbilder, Vorläufer des Augustus dar[stellten].“[323] Binder spricht dabei von Prototypen: „Ein oder zwei deutliche Hinweise, Anklänge, Parallelen genügen [...] um den Leser darauf hinzuweisen, daß hinter dem mythischen Bild mehr steckt als eine schöne Geschichte aus alter Zeit.“[324] Gleichwohl geht Binders Methodik nicht weit genug, seine Überlegungen zur Typologie beziehen sich nicht auf die Zukunft, sondern nur darauf, dass früheres Geschehen in der Gegenwart aufgerufen werde, was eigentlich nur einen Vorläufer meint. Buchheit aber verweist vor dem Hintergrund von Binders Studien zurecht auf Ludwig Goppelt, der betont, dass Typologie Geschichte „als Vorausdarstellung des Endgeschehens“ deute.[325]

Dieses Endgeschehen ist im Epos gerade das Telos: Durch das Aufrufen des Aeneas kann einer Figur des Epos einerseits die Fähigkeit zur Begründung eines neuen Goldenen Zeitalters zugeschrieben werden, andererseits, und dieser Punkt ist gerade für die panegyrische Epik der Frühen Neuzeit besonders relevant, verortet ein Präfigurant wie Aeneas einen Helden in einem göttlichen Schicksalsplan und in einer trojanischen Abstammung, wodurch Legitimation gestiftet wird. Blumenberg spricht von der „Prägnanz der Bezugsfigur“.[326] „[Präfiguration] beruhigt über Motivation, schirmt gegen Unterstellungen ab, indem sie als gar nicht mehr dispositionsfähig hinstellt, was zu entscheiden war.“ –[327] ein Punkt, der gerade für Maximilian von besonderer Relevanz war: Man denke an die fehlende Akzeptanz des Königs in den Niederlanden, die Auseinandersetzung mit Venedig oder die ausgebliebene Kaiserkrönung.

Eng mit der Präfiguration verbunden sind sogenannte Zeitschichten. Reinhart Koselleck versteht darunter „mehrere Zeitebenen verschiedener Dauer und unterschiedlicher Herkunft, die dennoch gleichzeitig vorhanden und wirksam sind“.[328] Diese haben dabei ‚ihre‘ Zeit, ihre eigene Geschwindigkeit, ihre eigenen Rhythmen

---

322 Gerhard Binder: Aeneas und Augustus. Interpretationen zum 8. Buch der *Aeneis*. Meisenheim am Glan 1971 (Beiträge zur klassischen Philologie 38).
323 Binder, S. 3.
324 Ebd.
325 Goppelt, S. 328. Auch Buchheit, S. 35 betont die Typologie von Aeneas und Augustus sowie ebd., S. 37–38 von Hercules auf Aeneas und Augustus.
326 Blumenberg, S. 14.
327 Ebd. Dieser führt ebd., S. 9 weiter aus: „[W]as schon einmal getan worden ist, bedarf unter der Voraussetzung der Konstanz der Bedingungen nicht erneuter Überlegung, Verwirrung, Ratlosigkeit, es ist durch das Paradigma vorentschieden.“
328 Reinhart Koselleck: Zeitschichten. Studien zur Historik. Frankfurt a. M. 2000, S. 9.

und Wiederholungen. Gerade im Epos können sich verschiedene Zeitstrukturen überlagern. Eine für die Maximiliansepik wichtige Zeitschicht ist die Anbindung der Handlung an ein Telos und ihre Verortung in einem göttlichen Weltenplan. Konkret handelt es sich um die Zeitschicht der Zeitalter; die panegyrischen Epen erwarten die Erneuerung des goldenen. Heldentaten können somit insbesondere möglich werden, weil sie im Weltenplan vorgesehen sind; noch nicht geleistete werden für die Zukunft beglaubigt. Diese Zeitstrukturen können vor allem durch intertextuelle oder präfigurative Interferenzen vermittelt werden.

Mit dem dargestellten Instrumentarium wird dreierlei gewährleistet. Erstens lassen sich Eigenschaften und Taten von Heldenfiguren systematisieren und vergleichen, indem sie spezifischen, von Anlage und Ablauf eines Narrativs sowie den zeit- und raumspezifischen Umständen unabhängigen Kategorien des Heroischen zugeordnet werden können. Zweitens versteht die Typologie Heldentum als Figuration, sodass die Analyse die vielfältigen weiteren Akteure eines Narrativs berücksichtigen und in ihrem Effekt auf das Heldentum der Hauptfigur bewerten kann. Drittens wird durch die Identifikation von Vorbildern, Vorläufern, Präfiguranten und Zeitschichten den intertextuell aufgerufenen und zumeist nicht nur deskriptiv, sondern normativ gesetzten Abhängigkeiten zu vorausgehenden Epen und ihren Helden Rechnung getragen.

2 Giovanni Stefano Emiliano Cimbriaco, *Encomiastica* (1504) – der zum Heldentum gekrönte Maximilian und sein heroisches Dulden

Die *Encomiastica* des etwa 1449[1] in Vicenza geborenen Giovanni Stefano Emiliano Cimbriaco[2] stellen das „erste Großepos über Kaiser Maximilian I."

---

1 Cimbriacos Geburtsjahr ist ungewiss. Die ungefähre Bestimmung gründet sich auf Verse aus Encomiastica 1, 28–29, wo der Autor schreibt, er sei bei seiner ersten Dichterkrönung – welche auf das Jahr 1469 datiert werden kann – noch nicht ganz 20 Jahre alt gewesen (Maurizio Moschella: Emiliano, Giovanni Stefano. In: Dizionario biografico degli Italiani. Bd. 42. Rom 1993, S. 613–615, hier S. 613).

2 Cimbriaco, der erste der von Maximilian gekrönten Dichter, ist auch bekannt als Elio Quinzio Emiliano oder latinisiert Helius Quintius Aemilianus. Seinen Beinamen Cimbriaco erhielt er in der Annahme, Vincenza sei eine Gründung der Kimbrer (Moschella, S. 613). Zu Cimbriacos Leben sind einige Überblicksdarstellungen verfügbar, s. v.a. Franz Babinger: Eine lateinische Totenklage auf Mehmed II. In: Studi orientalistici in onore di Giorgio Levi della Vida. Hg. von Istituto per l'Oriente. Bd. 1. Rom 1956 (Pubblicazioni dell'Istituto per l'Oriente 52), S. 15–31, hier S. 19–31; Andrea Benedetti: Storia di Pordenone. A cura di Daniele Antonini. Pordenone 1964, S. 205–207; Schlögl, S. 57–89; Moschella; John L. Flood: Poets Laureate in the Holy Roman Empire. A Bio-bibliographical Handbook. 4 Bde. Berlin, New York 2006, hier Bd. 1, S. 25–28 sowie Laura Casarsa: Emiliano Giovanni Stefano detto il Cimbriaco. In: Nuovo Liruti. Dizionario biografico dei Friulani. Bd. 2. Hg. von Cesare Scalon. Udine 2009, S. 1014–1018. Nach literarischen Studien in seiner Heimatstadt ging Cimbriaco nach Pordenone, um Latein und Griechisch zu unterrichten; in einem Dokument aus dem Jahr 1468 wird er als Schuldirektor geführt (Moschella, S. 613). Nach der Dichterkrönung 1469 lehrte er in San Daniele, ab 1470 in Gemona. In Pordenone war Cimbriaco in den Jahren 1482–1486 Teil eines Humanistenkreises unter der Familie Mantica. Die Leitung einer Schule in Sacile übernahm er 1486, woraufhin er 1488 nach Gemona zurückkehrte. Für das Jahr 1486 lässt sich ein Aufenthalt in Venedig nachweisen: Schlögl, S. 65 bemerkt, Cimbriaco sei dort Teil eines Kreises um Antonio Albertini gewesen; Moschella 1993, S. 614 spricht zudem von einem Besuch in Venedig bei seinem Freund Filippo Buonaccorsi (1437–1497). 1490 zog er weiter nach Cividale und starb ebendort neun Jahre später. 1493 könnte er sich eine kurze Zeit in Innsbruck aufgehalten (Moschella 1993, S. 615) und dort auf Maximilian getroffen sein, für den Innsbruck seit 1490 „seine erste Residenzstadt in den österreichischen Erbländern" war (Inge Wiesflecker-Friedhuber: Kaiser Maximilian I. und die Stadt Innsbruck. In: Der Innsbrucker Hof. Residenz und höfische Gesellschaft in Tirol vom 15. bis 19. Jahrhundert. Hg. von Heinz Noflatscher. Wien 2005 [Archiv für österreichische Geschichte 138], S. 125–158, hier S. 126). Die Dichterkrönung durch Friedrich III. 1469 hat Cimbriacos Schaffen nachhaltig geprägt (Moschella 1993, S. 614). Unter seinen weiteren Gedichten, „größtenteils [...] panegyrische[n] Epigramme[n] oder persönliche[n] Bitten an Angehörige des Hofes" (Herbert H. Samek: Die „Encomiastica" des Aemilianus Cimbria-

https://doi.org/10.1515/9783110742497-002

dar,[3] ein Epos, das Klecker bis zum Erscheinen von Bartolinis *Austrias* als „konkurrenzlos"[4] bezeichnet. Sie bezieht sich dabei auf eine zweite Fassung des Werkes, die posthum 1504 von Johannes Camers herausgegeben wurde (Venedig: Aldo).[5] In fünf Büchern werden die Begebenheiten bei der Messe anlässlich der Königswahl Maximilians 1486 sowie dessen Gefangenschaft und Freilassung durch die Bürger von Brügge im Jahr 1488 erzählt; entstanden ist das Epos somit nicht vor Mai 1488.[6] Da die *Encomiastica* die früheste Lebensphase innerhalb der epischen Darstellung Maximilians schildern und zugleich noch eine starke Präsenz von Maximilians Vater Friedrich aufweisen, bilden sie den Ausgangspunkt der Fallstudien.

Gedacht war das Epos anfangs nicht als Panegyrik auf Maximilian, sondern auf dessen Vater.[7] Die erste Fassung – entstanden samt weiterer panegyrischer

---

cus. Studien zur literarischen Technik. Diplomarbeit Wien 1992, S. 17), ist hinsichtlich dieser Studie besonders das *Syncriticon* mit der Vorhersage der Kaiserwürde für Maximilian erwähnenswert sowie das *Epicedium in Fridericum III. Imperatorem ad Maximilianum Romanorum Regem*, vier panegyrische Nänien auf den verstorbenen Friedrich III., die den Wunsch bergen, die Tugenden des Kaisers mögen in dessen Sohn Maximilian weiterleben. Zu den Werken Cimbriacos, die teils in Handschriften, teils in Drucken erhalten sind, s. Samek, S. 17–20 sowie Babinger, S. 28 Anm. 2, welcher ebd. neben den *Encomiastica* noch ein verschollenes Epos auf den Venezianer Girolamo Vendramin, das *Encomiasticon Epos ad Hieronymum Vendraminum*, aufführt (s. auch Attilio Hortis: Pordenone e Trieste e un poemetto inedito dei fatti di Pordenone dal 1466 al 1468. Triest 1891, S. LV). Ein weiteres, ebenfalls verschollenes Epos mit dem Titel *Asteris* schildert den Angriff der Türken auf Rhodos 1480. Entstanden ist es wohl in Venedig und war laut einer Bemerkung des Marcantonio Sabellico (1436–1506) weit bekannt und geschätzt (Samek, S. 14). Einige Gedichte, teilweise jedoch mit Auslassungen, sind ediert in De carminibus Latinis saeculi XV. et XVI. ineditis. Hg. von Anton Zingerle. Innsbruck 1880. Eine Auflistung der Forschungsliteratur zu Cimbriaco sowie vorhandener Editionen von dessen Werken ist zu finden in Moschella, S. 615. Eine Edition der ersten Fassung von Cimbriacos *Encomiastica* liefert Florian Schaffenrath: Das erste Großepos über Kaiser Maximilian I.: Ein Vergleich der beiden Fassungen der *Encomiastica* des Helius Quinctius Cimbriacus. In: Bibliothèque d'Humanisme et Renaissance 81 (2019), S. 103–140.

3 Schaffenrath: Großepos, S. 103.
4 Elisabeth Klecker: Tapisserien Kaiser Maximilians. Zu Ekphrasen in der neulateinischen Habsburg-Panegyrik. In: Die poetische Ekphrasis von Kunstwerken. Eine literarische Tradition der Großdichtung in Antike, Mittelalter und früher Neuzeit. Hg. von Christine Ratkowitsch. Wien 2006 (Österreichische Akademie der Wissenschaften, Phil.-hist. Klasse, Sitzungsberichte 735), S. 181–202, hier S. 188.
5 Giovanni Stefano Emiliano Cimbriaco: Cimbriaci Poe[tae] Encomiastica Ad Divos Caes[ares] Foedericum Imperatorem Et Maximilianum Regem Ro[manorum]. Venedig: Aldo 1504. Nachgedruckt wurde das Epos 1512 bei Schürer in Straßburg sowie 1601 und erneut 1637 im zweiten Band von Frehers *Germanicarum rerum scriptores* in Frankfurt.
6 Schaffenrath: Großepos, S. 106.
7 Klecker: Lateinische Epik, S. 87.

Dichtung im Nachgang der ersten Dichterkrönung[8] Cimbriacos durch Friedrich III. 1469 –[9] ist deutlich kürzer als die zweite; sie umfasst nur 665 Verse und ist in zwei Handschriften überliefert.[10] Ein zweites Mal erhielt Cimbriaco den Dichterlorbeer im Jahr 1489 von Maximilian in Linz. Dieses Ereignis wird in der ersten Fassung des Epos noch nicht erwähnt,[11] es dürfte der Anlass für die Umarbeitung gewesen sein.[12] Da erst die zweite Fassung eine klare panegyrische Ausrichtung auf Maximilian hin aufweist und überhaupt erst eine Heroisierung speziell des jungen Königs vornimmt,[13] wird sie Gegenstand der vorliegenden Untersuchung sein.

Cimbriacos Werk stellt sowohl im Vergleich zu Epen der Antike als auch unmittelbaren Vorläufern aus dem Quattrocento eine Ausnahmeerscheinung dar. Denn das römische und später das lateinische Heldenepos war ein Epos der Tat. Einer solchen aber entbehren die *Encomiastica*. Der Reichstag zu Frankfurt dient der sakralen Herrschaftslegitimation, aber auch einer Verortung der Person Maximilians im Weltenplan: Durch zwei Auspizien ähnlich denen, die auch Aeneas' Sohn Iulus widerfahren sind (Aen. 2, 681–698), wird Maximilian zum Hoffnungsträger großer Taten in der Nachfolge des Trojaners, aber eben nur künftiger. Im Folgenden wird somit zunächst ausgeleuchtet, welche heroischen Implikationen die epische Darstellung der Königswahl für Maximilian birgt und in welcher Weise Cimbriaco mit der Präsenz von Vater und Sohn und der Herausforderung einer doppelten Panegyrik umgeht. Der zweite Teil des Epos zeigt ebenfalls keine traditionelle Heldentat, sondern einen Dulder. Auch wenn Maximilians Aushalten und Warten damit in die Nachfolge von Jesus gerückt wird, dessen Leiden bereits in spätantiken Epen heroisiert wurde und dessen *imitatio* gerade auch in der Frühen Neuzeit zu einem Heldenideal wurde,[14] hat Maximilian augenscheinlich wenig von den Qualitäten seiner antiken Vorgänger. In den

---

8 Moschella, S. 614.

9 Die Datierung der ersten Dichterkrönung entstammt einer Äußerung Cimbriacos selbst, s. Moschella, S. 613.

10 Die eine befindet sich in der Universitäts- und Landesbibliothek Tirol in Innsbruck (Cod. 664, fol. 28ʳ –40ᵛ), die zweite in zwei Versionen in der Österreichischen Nationalbibliothek in Wien (Cod. 3506, fol. 1ʳ –16ᵛ sowie Cod. 2470). Zu Inhalt und Verhältnis der beiden Fassungen zueinander ausführlich Schaffenrath: Großepos.

11 Schaffenrath: Großepos, S. 106. Zur Dichterkrönung Flood, Bd. 1, S. 25–28.

12 Klecker: Lateinische Epik, S. 87.

13 Zur *amplificatio* des Maximilian-Lobes in der zweiten Fassung s. Schaffenrath: Großepos, S. 117–119.

14 Ausführlich hierzu Achim Aurnhammer, Johann A. Steiger (Hg.): Christus als Held und seine heroische Nachfolge. Zur *imitatio Christi* in der Frühen Neuzeit. Berlin, Boston 2020 (Frühe Neuzeit 235).

traditionellen Epen kann Passivität durchaus eine Komponente von Heldentum sein, erscheint aber stets in ein kriegerisches Narrativ eingebettet: Man denke etwa an Achills Schmollen, das seinem Heldenstatus dadurch zuträglich wird, dass er auf sich warten lässt und seine Qualitäten somit als ersehnt erscheinen.[15] Ein anderes Beispiel ist Fabius Cunctator, dessen Zögern einen zentralen Baustein von dessen epischem Heldentum in Silius' *Punica* darstellt.[16] Vor der Folie der Fabius-Darstellung bei Livius kann man auch in der Figur des Pompeius in Lukans *Bellum civile* einen Helden sehen.[17] Der zweite Teil der folgenden Untersuchung wird Cimbriacos Strategie offenlegen, aus einem augenscheinlichen Manko ein besseres Heldentum für Maximilian zu postulieren, als frühere Epen es für ihre Helden behaupteten.

2.1 Hintergrund und Inhalt des Epos

Der geschichtliche Rahmen der Erzählung in den ersten zwei Büchern besteht in Maximilians Königswahl auf dem Reichstag zu Frankfurt am 16. Februar 1486.[18] Aufgrund von Friedrichs Alter und angesichts der Türkengefahr wählten die Kurfürsten Maximilian in der Bartholomäuskirche zum römisch-deutschen König und gaben zugleich das Versprechen, ihn nach dem Tod Friedrichs III. zum Kaiser zu machen.[19] Als Anlass für die Gefangennahme Maximilians durch die Bürger von Brügge, von der die letzten drei Bücher des Epos erzählen, gilt ein hoher Steuerdruck, Maximilians Verstoß gegen zugesicherte Privilegien sowie dessen Handel mit dem englischen König zum Nachteil der flämischen Handelsstädte.[20] Als Maximilian Brügge zur Bereitstellung von Militärhilfen gegen den französischen König aufforderte und seine Truppenverstärkung in Brügge stationieren wollte, wurde er aus Angst der Bevölkerung vor einer Besetzung der Stadt am 5. Februar 1488 für vierzehn Wochen inhaftiert.[21]

Die Erzählung im Epos ist wie folgt angelegt:[22] Nach einem Proömium (1, 1–44), worin Cimbriaco neben den Musen auch Friedrich als ‚dem göttlichen

---

15 Näher hierzu Bagordo.
16 Maier 2018.
17 Auhagen: Verhindertes Warten.
18 Hierzu eingehend Susanne Wolf: Die Doppelregierung Kaiser Friedrichs III. und König Maximilians (1486–1493). Köln u.a. 2005 (Beihefte zu J. F. Böhmer, Regesta Imperii 25), S. 100–128.
19 Ebd., S. 117.
20 Ausführlich ebd., S. 201–205.
21 Ebd., S. 204–205.
22 Eine Inhaltsübersicht findet sich in Schlögl, S. 76–83. Die Angaben bei Samek, S. 24–26 sind unzuverlässig, da er offensichtlich die verschiedenen Fassungen miteinander vermischt.

Apoll gleich' („Cirrhaei [...] numinis instar"; 1, 25) sowie Maximilian anruft, folgt die Darstellung der Sorge des Kaisers um sein Alter. Maximilians Vater war zu diesem Zeitpunkt bereits 70 Jahre alt. Die Kriegsgeschäfte könne er nicht mehr auf sich nehmen, weshalb ein Nachfolger zu bestimmen sei (1, 45–62). Gleichzeitig tobten in Europa Kriege, von außen werde es durch die Türken bedroht (1, 63–141). Friedrich bittet schließlich Gott um einen Friedensbringer (1, 142–157). Es folgt die Schilderung des Reichstags zu Frankfurt, zunächst die Einberufung der Kurfürsten verglichen mit einem Götterkonzil (1, 158–173), anschließend deren Einzug (1, 174–211) samt einer Ekphrasis über Tapisserien in der Bartholomäuskirche (1, 212–295). Das zweite Buch beinhaltet die Königswahl, beginnend mit dem Einzug Friedrichs und Maximilians (2, 1–35). Der Kaiser wendet sich an das Kollegium und richtet ein Gebet an Gott, um einen geeigneten und würdigen Nachfolger zu erbitten (2, 36–74). Zwei Flammenauspizien zeigen Maximilian als solchen an; die Kurfürsten akzeptieren die göttliche Sendung (2, 75–99). Im Anschluss an eine Rede Friedrichs (2, 100–115) dankt Maximilian Gott, bestätigt seinen Gehorsam und bittet um Beistand (2, 116–141). Gottesdienst und die Feierlichkeiten werden dargestellt (2, 142–163), bevor das zweite Buch mit einer Rede der Adligen schließt (2, 164–237). Im dritten Buch wechselt die Erzählung zur Gefangennahme Maximilians durch die Bürger von Brügge: Als Fama die Kunde von Maximilians Wahl verbreitet, erregt sie den Neid der Fortuna (3, 1–8a). Im Anschluss an ein Binnenproömium (3, 8–32) stiftet Fortuna die Brügger Bürger unter dem Versprechen ewigen Ruhmes zur Gefangennahme Maximilians an (3, 33–61). Auf die Schilderung der Inhaftierung (3, 62–88) folgt eine Klage Maximilians an die Fortuna sowie ein Lob des Erzählers auf Friedrich (3, 89–128). Die Nachricht der Gefangennahme verbreitet sich (3, 129–148). Während Maximilian sich um seine ebenfalls arrestierten Gefährten sowie seinen Sohn Philipp sorgt (3, 149–168), dienen die Ängste von Maximilians Eltern zu einem Panegyrikus auf dessen ganze Familie (3, 169–211). Friedrich versammelt das Reichsheer (3, 212–258) und belagert mit seinen Truppen Brügge (4, 1–15). Nach einem kurzen Musenanruf (4, 16–17) folgt eine Darstellung der Bedrängnis, in der sich die Stadt befindet. Vor allem leidet die Bevölkerung aufgrund der Belagerung an Hunger, sodass sie schließlich die Freilassung fordert (4, 18–56). In der Nacht träumt Maximilian bereits vom Ende seiner Gefangenschaft und betet zu Gott, es möge sich so erfüllen (4, 57–72). Als er am Folgetag freigelassen wird, bitten ihn die Brügger demütig um Gnade (4, 73–203a). Maximilian verschont sie

---

Ausführlichere Bemerkungen zum Inhalt samt Kontextualisierung und Interpretation finden sich in Samek, S. 112–176. Schaffenrath: Großepos, S. 108–110 bietet zudem tabellarisch einen vergleichenden Inhaltsüberblick über die erste und zweite Fassung.

und erhält ihren Dank (4, 203b–230). Fama verkündet die Freilassung und allgemeine Freude bricht aus (5, 1–7). Nach einem Musenanruf (5, 8–15) wird die Feier der Brügger und ihr Dank an Gott beschrieben (5, 16–33). Maximilian zieht aus und kehrt zu seinem Vater zurück (5, 34–96). Nach einem panegyrischen Kommentar Cimbriacos auf Friedrichs Tugenden (5, 97–138), erfährt Maximilian in Friedrichs Lager eine Ehrerbietung für sein Dulden (5, 139–176). Im Epilog folgt eine Huldigung Venedigs mit einem Lob auf den Venezianer Antonio Boldù[23] sowie Wünsche für Friedrich und Maximilian (5, 177–192).

2.2 Die göttliche Sendung Maximilians: Cimbriacos Umgang mit der doppelten Panegyrik der *Encomiastica*

Eine Königswahl bietet per se keinen Raum für eine übermenschliche, agonal geprägte Tat, sondern intendiert vor allem die Darstellung einer göttlich gestifteten Herrschaft. Sakralität stellt wie Heldentum eine Zuschreibungskategorie dar. Beide lassen sich dabei im Epos nur selten trennscharf wahrnehmen, da das Göttliche in fundamentaler Weise mit dem Wesen und Handeln des Helden interferiert. Im Fall der Habsburger, einer Dynastie, die ihren Herrschaftsanspruch gerade in der unmittelbaren Auserwählung durch Gott sah,[24] muss die Sakralität in der Herrscherpanegyrik zweifelsfrei eine besondere Stellung einnehmen. Dennoch ist ein solcher Umfang – zwei von fünf Büchern – für eine epische Darstellung ungewöhnlich. Denn durch eine derartige Exposition im Epos geht Cimbriaco die Gefahr ein, das Heroische durch die Sakralität zu überlagern. Das tatorientierte Telos des Epos, zunächst die Bewältigung der Gefahren innerhalb Europas, anschließend der Bedrohung von außen, erfordert weniger einen sakralen, von der Realität des Publikums weit distanzierten Herrscher, sondern einen tatkräftigen Helden, auf den die Leserinnen und Leser hoffen und

---

23 Der venezianische Diplomat Antonio Boldù wird in 5, 187–188 als Zeuge dieser Ehrerbietung angerufen. Cimbriaco und ihn verband eventuell eine Freundschaft (Delle inscrizioni Veneziane. Hg. von Emmanuele A. Cicogna. Bd. 6. Venedig 1853, S. 916). Die Hintergründe dieser Erwähnung liegen aber bislang im Dunkeln. Boldù wurde 1489 von Friedrich III. an seinen Hof berufen, um zwischen ihm und dem ungarischen König Matthias Corvinus (reg. 1458–1490) zu vermitteln. In dieser Vermittlung sieht Klecker: Lateinische Epik, S. 87 den „politischen Hintergrund" der *Encomiastica*. Liruti meint, dass die erste Fassung überhaupt auf Bitten Boldùs verfasst wurde (Gian-Giuseppe Liruti: Notizie Delle Vite Ed Opere Scritte Da'Letterati Del Friuli [...]. Bd. 1. Venedig 1760, S. 386.388.390.393).
24 Das Sendungsbewusstsein der Habsburger thematisiert Karl Vocelka: Die Familien Habsburg und Habsburg-Lothringen. Politik – Kultur – Mentalität. Wien u.a. 2010, S. 133–141.

dem sie im Voraus Verehrung für die künftigen Taten entgegenbringen können. Bevor Cimbriacos Strategien hierbei offengelegt werden, lohnt ein Blick auf einen unmittelbaren Vorläufer dieses Epos, der vor dieselbe Herausforderung gestellt war.

2.2.1 Möglichkeiten und Grenzen epischer Sakralität – die *Borsias* des Tito Vespasiano Strozzi

Die *Borsias*[25] des Tito Vespasiano Strozzi (unveröffentlicht),[26] entstanden zwischen 1460 und 1496 in Ferrara, war bis ins Jahr 1485 mindestens bis zum fünften Buch fertiggestellt.[27] Gegenstand dieses Epos ist in den ersten vier Büchern die Übertragung der Herrschaft über Ferrara an Borso d'Este. Dabei wird die ganze Lebensgeschichte des Herzogs geschildert, von der Entscheidung Jupiters, einen Mann von alter römischer Tapferkeit zu senden,[28] über die deshalb von Amor erzeugte Beziehung von Borsos Eltern bis zu Geburt, Jugend und Herrschaft.

Es ist schwer zu sagen, ob Cimbriaco Strozzis Werk gekannt haben mag. Eine Verbindungsperson könnte der venezianische Verleger Aldo Manuzio darstellen, bei dem die *Encomiastica* 1504 gedruckt wurden und der mit den Strozzis bekannt bzw. befreundet war.[29] Auch wenn Aldo offiziell erst von Johannes

---

25 Edition sowie Kommentar liegen vor in der Ausgabe Tito Vespasiano Strozzi: Die Borsias des Tito Strozzi: ein lateinisches Epos der Renaissance. Hg., eingel. und komm. von Walther Ludwig. München 1977.

26 Nach dem Tod von Tito Strozzi sowie von dessen Sohn Ercole bewegten Ercoles Brüder Lorenzo und Guido den venezianischen Verleger Aldo Manuzio zum Druck einer Auswahl der Werke von Tito und Ercole; die Borsias war allerdings nicht darunter. (Borsias, hg. von Ludwig, S. 59).

27 Ebd, S. 48.

28 Borsias 1, 360–361: „ipse virum magna virtute prioribus illis | aequandum clarumque pari pietate creabo" [‚Ich werde einen Mann erschaffen, der in seiner großen Tugendhaftigkeit jenen aus früheren Zeitaltern gleichkommen soll und der durch einen ihnen gleichen Respekt vor den Göttern berühmt sei.'].

29 Ludwig spricht von einer Freundschaft, allerdings ungünstig formuliert und ohne Quellenangabe (Borsias, hg. von Ludwig, S. 59). Ders. spricht ebd. nur von einer „Freundschaft zum Verstorbenen", wobei nicht klar wird, ob er Tito Vespasiano Strozzi oder dessen Sohn Ercole meint, dem die Herausgabe der *Borsias* durch den Vater anvertraut worden war. In jedem Fall kam Aldo in den 1470er-Jahren nach Ferrara und führte insbesondere Beziehungen zur Schule des Guarino da Verona (Nicolas Barker: Aldus Manutius and the Development of Greek Script and Type in the Fifteenth Century. 2. Auflage. New York 1992, S. 11), dessen Schüler auch Strozzi war.

Camers und erst für die zweiten Fassung der *Encomiastica* in das Projekt einbezogen wurde, könnte Cimbriaco dennoch bei seinem Aufenthalt in Venedig 1486, aber durch Bekanntschaften und Beziehungen genauso gut später, mit Aldo Kontakt gehabt und von Strozzis Projekt erfahren haben. Zudem dürfte sich Cimbriaco auch thematisch für die *Borsias* interessiert haben, da im vierten Buch von Strozzis Epos die personifizierte Italia Friedrich III. erscheint und ihn zu einem Italienzug auffordert, der dann samt aller potenziellen Stationen ausführlich in Borsias 4, 295–505 entworfen wird. Des Weiteren könnten auch die diplomatischen Beziehungen zwischen Friedrich respektive Maximilian und Ercole d'Este Ankerpunkt dieser Kenntnisnahme sei. Die d'Este waren Herzöge von Modena und Reggio, 1452 wurde ihnen diese Würde durch Friedrich III. verliehen.[30] Audienzen und Unterredungen konnten auch mit dem Italienzug in Verbindungen stehende Literatur zum Gesprächsgegenstand haben.[31] Cimbriaco könnte auch über Beziehungen zu Humanisten an Maximilians Hof davon erfahren haben.

Ob Cimbriaco über Strozzis Werk Bescheid wusste oder nicht, die Grundstruktur der Erzählung stimmt mit der der *Encomiastica* überein: Borso wird in Zeiten überall wütender Kriege (Borsias 2, 438; 3, 58–60) auf Götterzeichen hin durch den Beschluss eines Gremiums, das den göttlichen Wunsch befolgen will (Borsias 2, 537), zum Herrscher erkoren. Genauer gesagt lässt Jupiter Iris, die Friedensgöttin wohlgemerkt, dem Vorsteher des kommunalen Zwölfmännerrates, Agostino Valla, verkünden, dass das Schicksal Borsos Herrschaft vorsehe (Borsias 2, 493–507). Agostino bekräftigt, dem Willen Folge zu leisten und informiert die übrigen Gremiumsmitglieder, denen die Wahl des Stadtoberhauptes formal obliegt; auch sie gehorchen dem Willen Jupiters. Nachdem auf dem Weg Borsos zu seiner Einsetzung nach Ferrara günstige Götterzeichen erschienen sind, erhält

---

30 Indes gab es auch Spannungen zwischen dem Kaiser und Ferrara. Denn die Herzöge unterstützen den französischen König Karl VIII. bei seinem geplanten Italienzug: Ercole bot diesem 500 Bewaffnete und 2000 Mann Fußvolk als Unterstützung an (Elena Taddei: Der Römische König Maximilian aus der Sicht der estensischen Gesandtschaft und das Beispiel eines problematischen Lehensverhältnisses in Reichsitalien. In: Maximilian I. (1459–1519). Wahrnehmung – Übersetzungen – Gender. Hg. von Heinz Noflatscher u.a. Innsbruck u.a. 2011 [Innsbrucker Historische Studien 21], S. 97). Als Hintergrund hierfür führt Taddei ebd., S. 98 die Hoffnung auf eine größere Selbstbestimmung unter Karl VIII. an.
31 Bei den Audienzen etwa zwischen dem ferraresischen Diplomaten Pandolfo Collenuccio (1444–1504) und Maximilian waren nicht nur die politischen Belange Thema: „Manche Unterredungen [...] behandelten Literatur, die mit dem Italienzug verbundenen angedachten Festlichkeiten und Empfänge in Ferrara und sonstige philosophische Dispute" (Taddei, S. 100).

er schließlich in der Georgskirche die Insignien (Borsias 3, 231–279) und leistet gegenüber dem Volk von Ferrara einen Treueschwur (Borsias 3, 280–289).[32]

Durch diese inhaltliche Nähe eignet sich Strozzis Epos als Kontrastfolie zu den *Encomiastica*, um Cimbriacos Heroisierungsstrategien deutlicher sichtbar werden zu lassen. Von Beginn des Epos an wird Borso in höchstem Maße sakralisiert, von Beginn an ist seine Vergöttlichung angekündigt. Noch bevor die Erzählung zur Übermittlung des Götterwillens an Agostino übergeht, spricht Borsos Halbbruder Meliaduse zu ihm, Borso sei für die Herrschaft bestimmt, da jemand prophezeit sei, der das Menschliche überbiete und selbst zu einem Gott werden würde (Borsias 2, 460–462). Ein intensives Wirken paganer Gottheiten und eine damit einhergehende sakrale Aufladung einer Figur ist im lateinischen Epos des fünfzehnten Jahrhunderts nicht ungewöhnlich.[33] In der *Borsias* aber erscheint der Protagonist durch die an den Anfang gesetzte, göttlich gestiftete Geburt, die Götterzeichen, die Vorausdeutung der Apotheose und – das ist der Hauptfaktor – den reinen Fokus hierauf sowie den Verzicht auf kriegerische Heldentaten[34] speziell in den ersten vier Büchern mehr als Gott, weniger als Mensch und somit nicht als Held. Mag es auch späterhin einen Rückblick auf Borsos Jugend und Kriegsdienst sowie einen kleinen Zwischenruf des Priesters Malchus zur Menschlichkeit Borsos geben,[35] so gibt es dennoch eine scharfe Trennung des Herrschers von den Menschen und somit dem Publikum des Epos; er ist ihnen nicht nahe und kann ihnen aufgrund seiner göttlichen Sendung auch nicht nahe sein. Die manifeste Sakralität lässt keinen Platz für Heldentum, das zwar außeralltäglich ist, aber immer menschlich bleibt. Grund für

---

32 Umgekehrt leistet auch Agostino für das Volk Ferraras dann einen Treueschwur an Borso in Borsias 3, 340–344.

33 Hierzu ausführlich Peters: Mythologie.

34 Während Peters: Mythologie, S. 255 für die Epen der Zeit generell feststellt, dass „die Kriegstüchtigkeit des jeweiligen Helden bzw. die Sinnhaftigkeit von dessen kriegerischem Handeln" durch mythologisches Personal unterstützt werde, merkt er ebd., S. 256 an, dass im Speziellen die *Borsias* teilweise – nämlich in Hinsicht auf Borso – davon abweiche. Er resümiert ebd.: „Das Epos macht es sich zur scheinbar paradoxen Aufgabe, Borso und seine Brüder dafür zu feiern, dass es ihr wesentliches Verdienst ist, ein halbes Jahrhundert lang zu verhindern, dass sich in ihrem Herrschaftsbereich oder mit ihrer Beteiligung ein Krieg ereignete, der eines Epos würdig wäre."

35 Der Priester mahnt Borso, er möge nicht vergessen, nur Mensch zu sein (Borsias 4, 160–164). Malchus' Worte sind dennoch geeignet, einen Helden zu konstruieren. Denn dieser selbst hat unmittelbar zuvor betont, dass Borso alles, was er vermöge, nur durch Gottes Hilfe und Zustimmung zu leisten imstande sei (Borsias 4, 156–159). Zwar unterstreicht dies auch Borsos Menschlichkeit, wenn aber alle Taten, explizit „industria [...] | [...] humana" [‚menschlicher Eifer'] genannt (Borsias 4, 157–158), aus sich heraus nichts bewirken können, werden die heroischen Qualitäten des Menschen maximal reduziert.

diese Ausrichtung des Narrativs dürfte sein, dass Borso sich durch Wahrung von Frieden sowie durch diplomatisches Geschick auszeichnet;[36] Krieg kann nicht das Kernthema des Epos sei. Ebenso wie die Einsetzung des mythologischen Personals wird die starke Sakralisierung Borsos durch die Intention veranlasst, „die tendenziell problematische dynastische Situation, vor der insbesondere Borso zum Zeitpunkt seines Herrschaftsantritts stand, [zu camouflieren]".[37] Borsos Herrschaft bedurfte einer Legitimation, wofür es im Epos keinen Helden braucht, sondern einen gottgesandten Herrscher.

Der Status eines Helden differiert maßgeblich von dem eines Sakralisierten oder hier speziell Divinisierten. Sakralität erscheint gerade in der *Borsias* als eine Bezeichnung, wohingegen Heldentum eine Anerkennung darstellt.[38] Die Sakralität wird durch den Götterapparat zugesprochen, Heldentum durch eine Verehrergemeinschaft. Angesichts einer defizienten Anerkennung durch eine Verehrergemeinschaft kann der Platz eines Sakralisierten – wenn es nicht eine institutionalisierte Erinnerung wie im Falle von Heiligen gibt – im kollektiven Gedächtnis somit keine derartige Beständigkeit erreichen, wie ein Held es vermag. Für einen Helden aber ist ein ausnivelliertes Nähe-Distanz-Verhältnis ausgehend von den Verehrern konstitutiv. Einerseits verhindert eine zu große Nähe die Verehrung, wie Hegel sentenzenhaft postuliert: „Es gibt keinen Helden für den Kammerdiener.",[39] also für jemanden, der einem Helden zu nahesteht. Veronika Zink hat andererseits deutlich gemacht, dass die Außeralltäglichkeit des Helden einer Distanz zum Publikum bedürfe; Nähe bleibe allerdings notwendig, um die soziale Bedeutsamkeit des Helden zu sichern.[40] Bereits die spätantiken Panegyriker wussten um diese beiden Extreme und beschritten den nötigen Mittelweg, „indem sie dem Auditorium sowohl einen Gottkaiser als auch einen *princeps civilis* präsentieren".[41]

---

36 Peters: Mythologie, S. 256.

37 Ebd.

38 Für diesen Gedanken gilt der Dank meinem Kollegen Olmo Gölz (Freiburg i. Brsg.).

39 Georg W. F. Hegel: Phänomenologie des Geistes. Frankfurt a. M. 1986 (Georg Wilhelm Friedrich Hegel. Werke 3), S. 489. Ebenso Giesen: Zwischenlagen, S. 78: „Der Alltag verbraucht das Charisma. [...] Jeder Held erweist sich als ganz gewöhnlicher Sterblicher, wenn man ihn nur lange genug aus der Nähe betrachtet."

40 Veronika Zink: Das Spiel der Hingabe. Zur Produktion des Idolatrischen. In: Bewunderer, Verehrer, Zuschauer: Die Helden und ihr Publikum. Hg. von Ronald G. Asch, Michael Butter. Würzburg 2016 (Helden – Heroisierungen – Heroismen 2), S. 23–43, hier S. 32.

41 Mause, S. 141, der ebd. weiter ausführt: „Während ein ferner und den Augen entrückter Gottkaiser eher Scheu und Respekt bei der Bevölkerung ausgelöst haben wird, wird der volksnahe Kaiser in seiner Präsenz erfahrbar und so in seinen Vorzügen erkennbar."

Eine umfassende Sakralisierung sowie die damit einhergehende Reduktion heroischen Handelns wie in der *Borsias* hätte Maximilians Vorstellung von *gedechtnus* somit nicht entsprechen können; denn diese zielte vor allem auf Nachruhm ab. Wie sehr dem Kaiser an der Nähe zu seinen Adressaten lag, zeigen eindrucksvoll die alltäglichen Abenteuer des *Teuerdank*, auf die später einzugehen ist. Strozzi führt vor Augen, welches Hindernis eine Inthronisierung für einen Heroisierungsprozess darstellen kann, und die folgenden Analysen sollen näher beleuchten, wie Cimbriaco in der Königswahl den Menschen und künftigen Helden Maximilian herausstellt – vor allem auch durch Kontrast zur Sakralität Friedrichs.

2.2.2 Die *Encomiastica*: Sakralität des Vaters versus Heldentum des Sohnes

Es wird sich im Folgenden zeigen, dass Cimbriaco Maximilians Sakralität zugunsten seines Heldentums reduziert und zwar speziell durch die Figur von Friedrich. Während der Kaiser von Beginn des Epos an bereits als vergöttlicht erscheint und Maximilian nie diese Stufe an Sakralität erreichen kann, muss er ‚nur‘ ein Held bleiben. Vor Friedrich als fester sakraler Konstante lässt sich Maximilians Heldentum besonders unproblematisch entwickeln.[42]

Während Friedrich von Anfang an als vergöttlicht auftritt (und stets den Titel „Caesar" trägt),[43] stellt Cimbriaco gleich im Proömium klar, dass Maximilian durch ihn und sein Gedicht erst göttliche Ehren erhalten werde (1, 34–36): „Maximiliane mihi decus admirabile et orbi, | [...] | cui nunc divinos resonant mea carmina honores".[44] Indes finden sich auch zarte Tendenzen einer Sakralisierung Maximilians, welche jedoch stets einer mehrstufigen Strategie der Heroisierung untergeordnet bleiben. Denn Cimbriaco lenkt bei der Königswahl

---

42 Schaffenrath: Großepos, S. 117 hat deutlich gemacht, dass die zweite Fassung deutlich nivellierter auf Friedrich und auf Maximilian fokussiere und andere wichtige Persönlichkeiten zurückträten, „sodass die beiden Protagonisten des Epos, Friedrich und Maximilian, fast konkurrenzlos präsent und sichtbar sind."

43 Durch den Titel allein wird bereits eine Linie zur Sakralität der römischen Kaiser gezogen. Dass die Auffassung einer bestimmten Heiligkeit von Herrschern bis auf die römische Kaiserzeit zurückgeht, beispielsweise die Heilkraft des Titus Flavius Vespasianus, die er mit seiner Kaiserkrönung erworben hat (Sueton, Vesp. 7, 4–6), demonstriert Franz-Rainer Erkens: Sakral legitimierte Herrschaft im Wechsel der Zeiten und Räume. Versuch eines Überblicks. In: Die Sakralität von Herrschaft. Herrschaftslegitimierung im Wechsel der Zeiten und Räume. Hg. von Franz-Rainer Erkens. Berlin 2002, S. 7–32, hier S. 11–12, 14–16.

44 [‚Maximilian, der Du für mich und die Welt eine bewundernswerte Zierde bist, dem nun mein Gesang göttliche Ehren ertönen lässt.‘]

den Fokus weg von der göttlichen Erwählung hin zu einer heroischen Rolle und der damit verbundenen *agency*, die vor allem durch intertextuelle Verweise als Hohlform konstruiert wird.

Die Ausgangssituation des Epos stellt sich wie folgt dar: Beinahe überall in Europa, wie Cimbriaco in den Versen 1, 63–112 – eingebettet in eine Rede Friedrichs – ausführt,[45] herrscht Bedrängnis, Gefahr oder Krieg. Noch größere Bedrohung komme jedoch von außen, von den Türken. Der neue König wird die Rolle des *miles Christianus* ausfüllen müssen, das Ziel seines Handelns wird die Bezwingung der Türken sein (1, 119–121; 2, 57–64). An dieser Stelle geht Cimbriaco auf die Frage nach der Theodizee ein und stellt diese allgemeine Kriegs- und Gefahrenzeit als unmittelbar von Gott und zu dem Zweck auferlegt dar, dass der neue König diese bewältigen könne (1, 134b–140):

> Esto mihi credere magnum
> sic statuisse Deum, cui sunt haec omnia curae,
> ut regnaturus discat sperare triumphos
> expertus toties prorumpere victor in hostes.
> Sidereum quondam regem sic bella Gigantum
> tentavere Iovem, posset quo dignus haberi
> caelorum imperio partis ex hoste trophaeis
> victorique suo serviret regia mundi.[46]

Kontrastiv zur *Borsias*, worin Borso göttliche Ehren von Beginn an garantiert sind, muss Maximilian sich ihrer erst für würdig erweisen. Auch hat die göttliche Sendung Borsos in den *Encomiastica* keine Entsprechung. Jupiter schickt

---

45 Zur Problematik, wer genau von diesen Gefahren spricht, s. Schaffenrath: Großepos, S. 114–115.

46 [‚Glaube mir nur, dass der große Gott, der sich um all dies kümmert, es so beschlossen hat, damit der, der regieren wird, lerne, auf den Triumph zu hoffen – er, der so oft bereits die Erfahrung gemacht hat, siegreich gegen die Feinde loszubrechen. So haben die Gigantenkriege Jupiter, den himmlischen König, einst geprüft, damit man ihn dadurch anhand der vom Feind errungenen Siegeszeichen der Himmelsherrschaft für würdig erachten konnte und der königliche Hof im Himmel seinem Sieger gehorchte.‘] Mit *mundus* lässt sich sowohl die Erde oder ein Teil von ihr (man denke an Vespuccis Mundus-Novus-Brief), sowie der Himmel als auch der ganze Kosmos bezeichnen. An dieser Stelle ist „mundus" auf den Himmel bezogen, die Rede ist von Jupiter und der ‚Herrschaft im Himmel'; ein Beispiel für einen solchen Sinn findet sich in Martin Waldseemüllers *Globus mundi*, wo die Wendung „declaratio mundi et totius orbis terrarum" (Martin Waldseemüller: Der *Globus mundi* Martin Waldseemüllers aus dem Jahre 1509. Text – Übersetzung – Kommentar. Hg. von Martin Lehmann. Freiburg i. Brsg. 2016 [Paradeigmata 35], S. 16) unter dem „mundus" gerade den Himmel, die Planeten, die Fixsternsphäre etc. meint; näher hierzu ebd., S. 173. Für diesen Hinweis danke ich Martin Lehmann (Freiburg i. Brsg.).

nicht den großen Heilsbringer, sondern die Gefahren: „ut regnaturus discat sperare triumphos". Es ist ohne göttliche Hilfe der Mensch Maximilian, der ganz aus sich heraus diese Taten vollbringen muss – wie auch der Göttervater seinen Status erst erwerben musste. Solche Taten können dann von einer Verehrergemeinschaft als heroisch anerkannt werden und sind erinnerbar. Diese Klärung der Theodizee dient bereits der Vorbereitung eines göttlichen Flammenzeichens, das zwar Maximilian als einen Auserwählten präsentiert, aber vor diesem Hintergrund die implizierte göttliche Sendung reduziert und den Blick auf die anstehenden Herausforderungen und die Großtaten des künftigen Königs lenkt.

Cimbriaco intensiviert diese künftige Leistung, indem er mithilfe des Gleichnisses zu Jupiter die Herausforderung als für einem Menschen kaum zu bewältigen darstellt, wobei ihre Außergewöhnlichkeit besonders auch durch die Seltenheit der Anwendung eines solchen Gleichnisses unterstrichen wird. Gleichnisse mit dem Göttervater waren den homerischen Epen fremd[47] und unter den lateinischen Epen der Antike sehr selten.[48] Vor allem scheint eine Stelle vor der Schlacht bei Pharsalos in Lukans *Bellum civile* Cimbriaco inspiriert zu haben (Bellum civile 7, 144–150),[49] wo die Mühen der Menschen zwar als nur selten mit denen der Götter vergleichbar erscheinen, aber an jenen Tagen der Kriegsvorbereitungen das irdische Geschehen tatsächlich an das zur Zeit der Gigantenkämpfe erinnert haben soll.

---

47 Hermann Fränkel: Die homerischen Gleichnisse, Göttingen 1921, S. 96–97. Fränkel nennt Gleichnisse, die Helden an Klugheit mit Zeus vergleichen; weitere Göttervergleiche richten sich zudem auf die Schönheit; irdische Kampfkraft wird in den homerischen Epen nicht mit der des Göttervaters verglichen. Zur Verwendung der Gleichnisse bei Homer s. Patzer, S. 118–130.139–151.

48 Antike Stellen, auf die Cimbriacos Gigantengleichnisse rekurrieren, nennt Samek, S. 89–91. Weniger selten indes erscheint der Kaiser als Jupiter in der Panegyrik des Martial und Statius, stellenweise auch bereits bei Horaz und Ovid; für einen Überblick hierzu s. Franz Sauter: Der römische Kaiserkult bei Martial und Statius. Stuttgart, Berlin 1934 (Tübinger Beiträge zur Altertumswissenschaft 21), S. 54–78.

49 „si liceat superis hominum conferre labores, | non aliter Phlegra rabidos tollente gigantas | Martius incaluit Siculis incudibus ensis | et rubuit flammis iterum Neptunia cuspis | spiculaque extenso Paean Pythone recoxit, | Pallas Gorgoneos diffudit in aegida crines, | Pallenaea Iovi mutavit fulmina Cyclops." [‚Wenn es statthaft ist, Mühen von Menschen und Göttern zu vergleichen, so war es wie in jenen Tagen, als sich in Phlegra die Giganten rebellisch erhoben; von neuem glühte damals Ares' Schwert auf dem Amboß unter dem Ätna auf und rötete Poseidons Dreizack sich im Feuer, damals schmolz Apollon nach Erlegung des Pythondrachens seine Pfeile wieder spitz, strich Athena Gorgas Haare über die Aigis auseinander, schmiedeten Kyklopen Zeus' Blitze für die Kämpfe von Pallene scharf.'] (Übers. aus Lukan: Bellum civile. Der Bürgerkrieg. Hg. von Wilhelm Ehlers. 2. Auflage. München 1978, S. 301).

Dieser Bezug wird im Folgenden aufrechterhalten: Angesichts der vielen aufgelisteten Gefahren betet der Kaiser zu Jupiter (=Gott)[50] um einen Nachfolger und Friedensbringer (1, 153–155). Nachdem der Erzähler ohne weitere Ausführungen kurz festgehalten hat, dass Jupiter Friedrich erhört, wechselt der Blick auf die Geschehnisse im Himmel, die die anschließende Versammlung der Kurfürsten überhöhen sollen: Winter nämlich werde es und die Himmelsbewohner kämen bei Jupiter zusammen, um ihm Bericht von den vergangenen Geschehnissen abzulegen. Anschließend wendet sich der Blick zurück auf das weltliche Geschehen, „Maximus hic Caesar solito de more vocavit | concilium" (1, 170–171a).[51] Das Adjektiv „[m]aximus" steht in Juxtaposition zu „tonantis" am Ende des vorausgehenden Verses (1, 169). Beides sind Attribute Jupiters, sodass Friedrichs Einberufung der Versammlung mit der des Jupiter, aber auch Friedrich selbst mit Jupiter in Bezug gesetzt wird.

Die Installation des irdischen Raumes in Anlehnung an den göttlichen wird mit Beginn des zweiten Buches unmittelbar fortgesetzt. Maximilian wird zweimal als Sohn des vergöttlichten Friedrich angesprochen (2, 2.9). Zusätzlich wird auf mehreren Ebenen ein Glanz inszeniert: Zum einen geht die Sonne auf („Expectata dies [...] | [...] Eois surgebat equis"; 2, 1–3a),[52] der Tag ist noch glücklicher („laetior"; 2, 3) als der, an dem Friedrich Kaiser wurde. Ein solcher Glanz wird von Heinzer u.a. als Beispiel außeralltäglicher Qualitäten genannt, die im Schnitt der „Symbolsprachen des Heroischen, des Sakralen und der Macht"[53] lägen.[54] Der Tag lachte („ridebatque dies"; 2, 8), selbst das Licht sei glücklich („laeto lumine"; 2, 7), wobei „laeto" eine Wiederholung aus dem letzten Vers des ersten Buches darstellt und dort Jupiter beigeschrieben wird (1, 295), als die Atmosphäre im Chor der Kirche mit Jupiters Gastmahl nach dessen Sieg über die Giganten verglichen wurde (1, 293–295). Dieses Glück, das der Tag der Welt bringt, deutet somit bereits Maximilians Sieg über all die bevorstehenden Gefahren an.

---

50 In den *Encomiastica* findet sich eine hybride Vermischung von Christentum und antik-paganem Götterapparat. Aus den Gebeten und dem christlichen Hintergrund geht hervor, dass Jupiter hier explizit der christliche Gott sein soll und die Götter, so der lateinische Wortlaut, den christlichen Himmelsbewohner entsprechen. Da der christliche Gott aber auch an dieser Stelle explizit „Tonan[s]" (1, 169) genannt wird und die anschließende Flammenerscheinung essenziell auf die Intertextualität zu Vergils *Aeneis* angewiesen ist, wird im Verlauf dieser Studie – im Bewusstsein der christlichen Konnotation – von Jupiter und den Göttern gesprochen.
51 [‚Der größte Kaiser berief in gewohnter Weise ein Konvent ein.']
52 [‚Der erwartete Tag stieg mit den Pferden der Morgenröte auf.']; Eos bezeichnet auch den Osten, das Morgenland.
53 Heinzer u.a., S. 11.
54 Ebd., S. 11–12.

Weiter ausgeformt wird die Strahlkraft, indem Friedrich sich bei Sonne auf einen Thron aus Elfenbein setzt („sedem Caesar conscendit eburnam"; 2, 13): Im Leser entsteht durch die Sonne und den weißen Stuhl das Bild einer Friedrich umgebenden göttlichen Aureole,[55] ein Eindruck, der durch ein goldumwobenes Gewand samt einer mit Edelsteinen besetzten Krone (2, 14–15) auch intradiegetisch einen unmittelbaren Effekt auf die Beteiligten hat: Alle werden still und aufmerksam, warten gebannt (2, 16). Die starke Sakralisierung des Vaters ähnelt der des Borso in Strozzis *Borsias*. Man nimmt Friedrich als eine übergeordnete, übermenschliche Instanz wahr, betont durch das mehrfache *divus*. Eventuell wollte Cimbriaco eine solche Parallelisierung intertextuell auch gelesen wissen. Denn wie Friedrich auf seinen elfenbeinernen Thron steigt, so stieg auch Borso, für den im Anschluss an seine Verdienste ein Tempel errichtet wurde, gottgleich auf einen elfenbeinernen Thron darin (Borsias 5, 21–26) – dies wiederum eine Vergilreminiszenz.[56]

Erst zu diesem Zeitpunkt ist von Maximilian die Rede und auch wird nur kurz sein Waffengeschick und seine Weisheit gelobt (2, 18).[57] Somit erscheint er an dieser Stelle durch den starken Kontrast zur Attraktionskraft seines Vaters kaum sakral. Nachdem auch Maximilian eingetreten ist und sich gesetzt hat, hält Friedrich eine Rede über die Anforderungen an seinen Nachfolger, die er durch ein Gebet zu Gott beschließt. Daraufhin erscheint folgendes Götterzeichen (2, 75–83):

Vix ea fatus erat, caelo cum flamma sereno
arsit et in medium visa est descendere longis
tractibus ac rutilos circum depascere crines,
Maximiliane, tuos, qualis caelestis Iulo
lambebat crines quondam sacer ignis et ora.
Ostentis stupuere omnes trepidique ferebant
auxilium, sacram conati exstinguere flammam,
cum subito ex oculis tenues sacer ignis in auras
innocuus fugit visum fumosque relinquens.[58]

---

55 Dass Elfenbein mit dem Göttlichen assoziiert war, betont Plinius, nat. 36, 5.

56 In georg. 2, 10–48 imaginiert Vergil einen Tempel für Augustus. Zur Darstellung in der *Borsias* s. Peters: Mythologie, S. 271–274.

57 „praestans sapienti pectore et armis" [‚herausragend in seinem weisen Herzen und den Waffen'].

58 [‚Kaum hatte er dies gesagt, als im heiteren Himmel eine Flamme entbrannte und man sah, wie sie mitten auf einer langen Bahn herabstieg und Deine gelben Haare ringsum versengte, Maximilian – so wie einst dem Iulus ein himmlisches, heiliges Feuer Haar und Mund beleckte. Alle waren wie betäubt ob des Gesehenen und leisteten ängstlich Hilfe, indem sie versuchten, die heilige Flamme zu löschen, als plötzlich das heilige Feuer sich aus ihren Augen in die zarten Lüfte erhob, ohne eine Verletzung zuzufügen ihrem Blick entfloh und Rauch zurückließ.']

Das prominente Vorbild für dieses Götterzeichen ist die Flammenerscheinung an Iulus' Kopf in Aen. 2, 679–686.[59] Bei dem „omen" (2, 98) in den *Encomiastica* handelt es sich wie bei jenem prestigeträchtigen Aufruf zum Verlassen Trojas um eine Flamme, die die Schläfen umgibt, aber keinen Schaden zufügt. Auch die vergebliche Hilfe der Anwesenden wurde übernommen. Dabei finden sich jedoch zugleich Ansätze einer Fortbildung, durch die Cimbriaco seinen Helden gegen den der *Aeneis* als einen besseren abzuheben versucht: Erstens fügt Cimbriaco hinzu, die Flammenerscheinung habe sich bei heiterem Himmel ereignet, ein bedeutsamer Umstand der antiken Deutung von Götterzeichen, der Auspikation bzw. Auguration. Der Blitz war immer ein Zeichen, das direkt von Jupiter kam und „als höchste[s] und entscheidendste[s] aller göttlichen Zeichen" angesehen wurde.[60] Um aber einen Blitz als günstig zu anzusehen, musste dieser bei heiterem Himmel erschienen sein.[61] Mit dieser Präzisierung deutet Cimbriaco nachdrücklich auf Jupiter als Urheber des Zeichens hin. Zugleich wird der Effekt des Glanzes, den die Lichterscheinung erzeugt, gesteigert, wenn von Maximilians ‚goldgelbem Haar' („rutilos [...] crines"; 2, 77) die Rede ist. Dem Leuchten von Friedrichs Thron und dessen Insignien wird nun das Leuchten Maximilians beigestellt. Wo beim Einzug in die Kirche noch der ganze Fokus auf Friedrich lag und Maximilian ohne große Worte hinter ihm zog, wirken beide in dieser Situation auf derselben Ebene (2, 99–100a): „Certatimque patri tantum gratantur honorem | nec minus Aeneadum regi."[62]

Cimbriaco ist nicht der Erste, der sich des Potenzials dieses Auspiziums für panegyrische Werke bewusst wurde. Zur sakralen Aufladung von Herrschaft sowie ihrer Legitimation, zugleich in Verbindung mit einer Heroisierung bedienten sich auch zwei vorausgehende Epen des Quattrocento dieses Motivs,

---

59 „Talia vociferans gemitu tectum omne replebat, | cum subitum dictuque oritur mirabile monstrum. | namque manus inter maestorumque ora parentum | ecce levis summo de vertice visus Iuli | fundere lumen apex, tactuque innoxia mollis | lambere flamma comas et circum tempora pasci. | nos pavidi trepidare metu crinemque flagrantem | excutere et sanctos restinguere fontibus ignis." [‚So rief laut sie, das ganze Haus mit der Klage erfüllend, als es ein Vorzeichen plötzlich gab, nur ein Wunder zu nennen. Denn vor den Augen und zwischen den Händen der traurigen Eltern, schau, da sah von Iulus' Scheitel man oben ein zartes Flämmchen ein Licht verströmen, ihn, ohne zu schaden, berühren, züngeln ums weiche Haar und sich fortfressen rings um die Schläfen. Wir, umherrennend, wollten, zitternd vor Angst, an dem Haar die Flammen ersticken und löschen mit Wasser das heilige Feuer.'] (Übers. aus Vergil: Aeneis, hg. von Holzberg, S. 133).

60 Theodor Mommsen: Römisches Staatsrecht. Bd. 1. Leipzig 1887, S. 79.

61 Ebd., 80, insb. Anm. 2.

62 [‚Um die Wette eifernd erweisen sie dem Vater und nicht weniger dem König der Äneaden so viel Ehre.']

die zugleich den intertextuellen Wettstreit der Dichtung um ihre Helden aufzeigen: Zu nennen ist zuerst die *Sphortias* des Francesco Filelfo (1398–1481). Das unvollendet gebliebene Epos sollte in elf Büchern Francesco Sforzas Weg zur Übernahme der Herrschaft von Mailand (1450) besingen.[63] Gleich im ersten Buch des Epos erscheint dem *condottiere* die Göttin Pallas im Traum und verkündet ihm, dass er Herr von Mailand werde. Nach ihrer Epiphanie ereignet sich Folgendes (Sphortias 1, 170–175):

> Hic stupet et, partes animum dum versat in omnis,
> caelesti de parte supra caput ignea lampas
> fulminis excussi tonitru sociata frementi
> pervolat in Venetos late Senonumque nepotes,
> luce die media prosternens cuncta fragore
> flammarumque vice, et se magna condit in urbe.[64]

Dieses Zeichen kommt unmittelbar von Jupiter. Der Göttervater selbst sprach zuvor von der schicksalsbestimmten Herrschaft Sforzas über Mailand, wozu er in das weltliche Geschehen eingreift (Sphortias 1, 65–68). Das Auspizium, das eigentlich nur eine göttliche Zustimmung ausdrückt, verleiht durch den vergilischen Präfiguranten Sforzas Herrschaft nicht nur Legitimation, sondern weist ebenfalls dessen zukünftiges Handeln als Erfüllung der vergilischen Jupiterprophetie aus.[65]

Ähnliches ereignet sich in der *Amyris* des Gianmario Filelfo (1426–1480), einem Epos, das wohl als Geschenk für Sultan Mehemmed II. Fātih (gest. 1481) gedacht war und das Filelfo für einen Freund namens Othman Lillo Ferducci angefertigt habe, der damit am Hof des Sultans vorstellig werden wollte.[66] Das

---

63 Filelfo hat sein Epos jedoch nie fertiggestellt und so werden nur die Ereignisse bis 1448 erzählt. Eine ausführliche Beschreibung des Inhalts des Epos ist zu finden in Francesco Filelfo: *Sphortias*. In: Francesco Filelfo and Francesco Sforza. Critical Edition of Filelfo's *Sphortias*, *De Genuensium deditione*, *Opera parentalis*, and his Polemical Exchange with Galeotto Marzio. Hg. von Jeroen De Keyser. Hildesheim u.a. 2015 (Noctes Neolatinae 22), S. 3–220, hier S. xxxiii–xliii.

64 [‚Dieser [sc. Sforza] staunt und während er seine Aufmerksamkeit in alle Richtungen wendet, schwebt vom Himmel herab über sein Haupt eine lodernde Flamme, begleitet vom tosenden Donner eines zuckenden Blitzes. Sie schwebt weit unter die Venezianer und die Nachfahren der Senonen, leuchtend und flammenähnlich wirft sie mitten am Tag alles zu Boden und verschwindet in der großen Stadt.‘]

65 Dennis Pulina: Auspizien im neulateinischen Epos – ein antikes Rechtsinstitut als Mittel frühneuzeitlicher Herrscherpanegyrik. In: Neulateinisches Jahrbuch 22 (2020), S. 217–233, hier S. 232. Hieraus auch die folgenden Ausführungen zur *Amyris*.

66 Zum Entstehungskontext und Inhalt ausführlich die Einleitung zur Edition Gian Mario Filelfo: *Amyris*. Hg. von Aldo Manetti. Bologna 1978 (Letteratura italiana e comparata 10), S. 5–37.

Epos schildert Leben und Taten des Eroberers von Konstantinopel. Noch in Mehemmeds Kindheitstagen sei Folgendes geschehen (Amyris 1, 17–29):

> Namque ubi liquisset nondum cunabula, visa
> flamma fuit cinxisse caput; miratur alumna,
> ancillaeque instant flagrantem exstinguere. Sed res
> fatiferi ostensura viri memorabile signum
> prosequitur commissa sibi celsasque per aedis
> labitur et Pursae complectitur amphitheatrum.
> Concurrunt proceres quaeruntque quid inclita flammis
> regia tam diris urbsque undique tota cremetur.
> Denique conspiciunt purum super aethera ferri
> hunc ignem, nec obesse urbi, nec gentibus ullis,
> nec domui regis. Portenta ea sola fuisse,
> ex quibus infantis Mahometti gloria cerni
> posset et egregium decus et virtutis imago.[67]

Gianmario Filelfo konstruiert in der *Amyris* eine Ahnenreihe des Sultans, die bis auf Priamos zurückgeht. Die Trojaner seien dessen Vorfahren,[68] was dank eines etymologischen Spiels mit *Turci* und *Teucri* möglich wird (Amyris 1, 757–761).[69]

---

67 [‚Denn als Mehemmed noch nicht lange aus der Wiege heraus war, sah man eine Flamme, wie sie seinen Kopf umgab. Eine Amme wunderte sich und die Mägde beeilten sich, die Flamme zu löschen. Aber dieser Vorfall, der ein erinnerungswürdiges Zeichen für den Mann gab, der zum Töten bereit war, loderte weiter so, wie ihr bestimmt war, schwebt durch das hohe Haus hinaus und umfasst das Amphitheater Bursas [d. i. eine antike Stadt in der heutigen Westtürkei]. Die Oberschicht der Stadt kam zusammen und suchte nach dem Grund, warum der erhabene Herrscherpalast und die ganze Stadt überall von so unheilvollen Flammen versengt wurden. Dann sahen sie, dass dieses Feuer, rein wie es war, sich hoch in die Lüfte erhob und die Stadt nicht mehr bedrängte, auch keine der Familien und auch nicht das Haus des Königs. Diese Vorzeichen seien die einzigen gewesen, aus denen man den Ruhm, die erhabene Zierde und eine Vorstellung von der Tugend des jungen Mehemmed wahrnehmen konnte.‘]

68 Beispielsweise in Amyris 1, 264–265a: „Prospice Troiani quondam sacra culmina regni, | unde tibi genus est" [‚Schau Dir die einst gottgewollte Größe des Trojanerreiches an, wo Deine Familie ihre Wurzeln hat‘].

69 „Quam pulchrum est splendere armis, regesque ducesque | illos Marte sequi, sunt quorum nomina nostris | scripta voluminibus! Nam nostra ea puto, Latina | quae sibi lingua facit, siquidem res ampla Quirini | venit ab Aenea patrum genitore meorum." [‚Wie schön ist es, in Waffen gerüstet zu glänzen und den Königen und Anführern im Kampf nachzufolgen, deren Namen in unseren Büchern stehen! Ich meine nämlich, dass diese Namen, welche die lateinische Sprache an sich gerissen hat, die Unsrigen sind, da ja das weite Reich des Quirinus von Aeneas herkommt, dem Vater meiner Väter.‘]

Auch hier wird deutlich, dass diese Flammenerscheinung[70] gerade die Herrschaft über die ganze Welt (infolge der bereits vollzogenen Eroberung Konstantinopels) vorausdeutet, wie sie schon Augustus in der Nachfolge des Aeneas bestimmt war.[71] Dies wird schicksalhaft in das Wesen Mehemmeds hinein verlegt. Filelfo rezipiert dabei jedoch nicht nur die *Aeneis,* sondern positioniert sich auch gegenüber dem Epos seines Vaters. Wo in der *Sphortias* die Flamme sich vom Kopf mitten unter die Einwohner bewegt, entsteht in der *Amyris* eine so große Flamme, dass sie das ganze Amphitheater Bursas umspannt. In diesem intertextuell aufgerufenen Wettstreit geht es nur sekundär um die eigentliche Größe des Feuers; vielmehr überhöht sie im Rückschluss auch die Größe und Auserwähltheit des Helden, der das Zeichen empfängt.

Cimbriaco nutzt die genannten Implikationen einer solchen Flammenerscheinung, fügt jedoch noch eine darauffolgende, zweite Erscheinung an, ebenfalls in der Nachfolge Vergils (wo Anchises aus Zweifel um ein bestätigendes Zeichen bittet), womöglich aber auch aus Opposition zur *Amyris.* Denn wegen des Rauches, welchen die Flamme entwickelt hat, ist Friedrich unsicher und erbittet

---

70 Bei aller Bekanntheit und Bedeutsamkeit des vergilischen Modells darf man nicht die weiteren Implikationen übersehen, die eine solche Flamme in christlichem und muslimischem Kontext besaß und besitzt. Zum einen lässt sie an den Heiligen Geist denken, der den Jüngern fremde Sprachen einhaucht (Apg 2, 2–4). Eine literarische Umsetzung findet diese Vorstellung in der *Descriptio taerrae sanctae* des Johann von Würzburg (entstanden ca. 1165), wo der Autor von einer Malerei und einer Inschrift an einer Kirche auf dem Ölberg berichtet (Johann von Würzburg: Descriptio Sanctae Terrae. In: Patrologia Latina. Hg. von Jacques-Paul Migne. Bd. 155. Paris 1854, Sp. 1053–1090, hier Sp. 1083C): „Nam ibi duodenarius apostolorum numerus cum ipsorum imaginibus, Spiritu sancto in forma ignearum linguarum ad capita singulorum descendente, per similitudinem picturae continetur, cum hac epigraphe: Factus est repente de caelo sonus, etc." [‚Denn dort sind die zwölf Apostel mit ihren Bildnissen dargestellt, während der Heilige Geist in der Form von flammenden Zungen auf die Köpfe der einzelnen herabsteigt (ihre Abbildungen ähneln sich) mit dieser Inschrift: Es entstand plötzlich vom Himmel her ein Brausen etc.']. Im Islam gibt es zum anderen die Tradition, den Propheten Muhammad mit einer Flammenaureole darzustellen (s. bspw. Christiane Gruber: Between logos (*kalima*) and light (*nur*): Representations of the Prophet Muhammad in Islamic Painting. In: Muqarnas 26 (2009), S. 229–262).

71 So heißt es in der Rede des Anchises (Aen. 6, 792–797): „Augustus Caesar, divi genus, aurea condet | saecula qui rursus Latio regnata per arva | Saturno quondam, super et Garamantas et Indos | proferet imperium (iacet extra sidera tellus, | extra anni solisque vias, ubi caelifer Atlas | axem umero torquet stellis ardentibus aptum)." [‚Caesar Augustus, Sohn eines Gottes, der goldene Zeiten wieder für Latiums Land begründen wird, wo einst Saturnus herrschte, und ausdehnen wird das Imperium über die Inder und Garamanten hinaus – dies Land liegt außerhalb unsrer Sterne, der Bahn von Sonne und Jahr, wo Atlas auf seinen Schultern den Himmel dreht, der erstrahlt von funkelnden Sternen.'] (Übers. aus Vergil: Aeneis, hg. von Holzberg, S. 339).

eine Bestätigung: Daraufhin erscheint ein zweites, noch helleres Licht hoch am Himmel, das eine Krone zeigt und sich dann erneut um Maximilians Haar legt (2, 94–96) – ein Zusatz gegenüber der *forma antiquior* der *Encomiastica*. Um Maximilian im Epos eine größere Bedeutung beizumessen, hat Cimbriaco sich vielleicht als Reaktion auf *Sphortias* oder *Amyris* um eine *amplificatio* mithilfe eines zweiten Flammenzeichens entschieden. Zugleich ist die Kronenform auch Teil der Legitimationsstrategie, da Maximilian realiter nicht vom Papst gekrönt wurde und diese Feuerkrone an dessen statt den göttlichen Willen offenbart (was bei den italienischen Vorläufern ebenfalls fehlt).[72]

In seiner Darstellung transformiert Cimbriaco die christliche Messe des Wahlaktes ,Veni creator spiritus',[73] in der der Heilige Geist angerufen wird, in ein episches Auspizium. Während in Wirklichkeit im Anschluss an diese Messe unter Ausschluss Maximilians in einem Nebenchor der Kirche die Wahl stattfand, ist er im Epos bereits in diesem Moment des Auspiziums (und zum ersten Mal so genannt) *rex Aeneadum*, römisch-deutscher König.[74] Ein formeller Wahlakt wird episch nicht beschrieben, es heißt nur, die Kurfürsten nehmen das Zeichen an (2, 98) und huldigen ihrem König, den sie im Gehorsam vor Gott gewählt haben (2, 168b–169a).[75]

Diese Unmittelbarkeit illustriert das mächtige Legitimationspotenzial der Lichterscheinung. Iulus wird zum Präfiguranten für Maximilian erhoben, Letzterer wird damit nicht nur in einer trojanischen Dynastie verortet und so zum Nachfahren des Aeneas und legitimen römischen Herrscher,[76] vielmehr wird er die prophezeiten Taten der glorreichen Nachkommen (Aen. 1, 286–196) unwei-

---

72 In der *Sphortias* ereignet sich im Anschluss an eine Rede Sforzas noch ein Schwanenprodigium (Sphortias 1, 244–254).

73 Wolf, S. 112.

74 Aufgrund der Retrospektive des Werkes betitelt Cimbriaco Maximilian von Beginn des Epos an ,König' (*rex*) genannt (etwa gleich in 1, 6 und 1, 12), aber noch ohne den Zusatz *Aeneadum*. Einzig im *argumentum* zu Buch 2 heißt es dann bereits zum Inhalt: „Fit rex Aeneadum potens avorum | longo stemmate Maximilianus." [,Der mächtige Maximilian, einer langen Ahnenreihe entstammend, wird König der Äneaden.']

75 „quem caelum, divinaque iura secuti | legimus Ausoniae regem." [,den wir, den himmlischen Plan und das göttliche Recht befolgend zum König Italiens ausgewählt haben.']. Eventuell versucht Cimbriaco mit dieser Wendung einen potenziellen Makel an der Wahl Maximilians zum König zu beheben. Bei einer Königswahl mussten die Kurfürsten entsprechend der Goldenen Bulle ihre Unbestechlichkeit und ihr eigenes Ermessen bei der Wahl eidlich kundtun. Gerade dieser Passus des Wahleides wurde bei Maximilians Wahl weggelassen, denn Friedrich hatte mit Kurfürsten im Voraus verhandelt und Zuwendungen getätigt (Wolf, S. 113). Vielleicht hat Cimbriaco diese Begebenheit zum Anlass genommen, um zu unterstreichen, dass die Fürsten bei Ihrer Wahl einzig Gott gehorchen.

76 Samek, S. 143.

gerlich erfüllen. Durch den Rahmen des Reichstages, die Bitte um einen würdigen Herrscher, der die drängenden Konflikte bewältigen und Frieden bringen kann, sowie durch die Auspizien wird Maximilian vorausdeutend ein Heldenstatus zugesprochen, der nicht hinterfragbar ist. Er füllt die heroische Nachfolge nicht nur des vergilischen Helden, sondern auch des Augustus aus, auf den die *Aeneis* zuläuft.[77] Cimbriaco nutzt die doppelte Ausrichtung des Epos auf Friedrich und Maximilian, um das Verhältnis Aeneas-Iulus aufzunehmen und ihm eine neue Wendung zu geben: Maximilian, der Sohn, ist nicht mehr die glorreiche Zukunft, sondern bildet bereits die Gegenwart.

Es sei noch bemerkt, dass in der *Borsias* Agostino den Mitgliedern des Gremiums der Savi schlicht verkündet, dass Iris erschienen und der Wille der Göttin zu befolgen sei. Von einem aktiven Auswählen ist nicht die Rede, die Ernennung Borsos erfolgt gänzlich aus dessen Sakralität heraus. Maximilians Krönung aber bleibt trotz allem eine menschliche Wahl.[78] In den *Encomiastica* betonen Gratulationsworte und Wünsche der Reichsfürsten die anstehenden Bewährungen (2, 169b–171a): „Firmet data conditor orbis | numina. Maiores titulos tibi fama per aevum | orditur.“[79] Während es für Leserinnen und Leser keinen Zweifel mehr an den künftigen Taten Maximilians geben kann, bringen textintern die guten Wünsche und die Gratulationen zum Ausdruck, dass vor den Kurfürsten immer noch ein Mensch steht und die zukünftige Größe eben doch erst noch erworben werden muss. Die Ausblicke werden an eine lange Protasis (2, 175–184) gebunden, beginnend mit „si venies, quo tendis iter“.[80] Dieses von Maximilians Seite aktive Ausrichten seines Weges entspricht der teleologischen Fixierung des Epos an den Türkenfeldzug, die Heldentat, nicht aber die sakrale Herrschaft. Die Prägnanz des Heldentums wird in den anschließenden Worten der Kurfürsten unterstrichen, die in dem neuen König einen Achill, einen Hector, einen Jason oder Theseus zu sehen glauben und die deren Größe vor allem an ihrem kriegerischen Erfolg festmachen. Die Rede ist vom siegreichen Jason und der Stärke des Theseus; Maximilian habe selbst bereits dreizehn Siege errungen (2, 217b–221).[81]

---

77 Hierzu ausführlich Binder.

78 In der *Borsias* handelt es sich um schlichten Befehlsgehorsam (Borsias 2, 541b–543): „simul undique cives | atque magistratus coeunt, quibus ordine cuncta | pandit, et imperio properant parere deorum.“ [‚Sogleich kommen von überall Bürger und Beamte zusammen, denen er alles der Reihe nach erzählt, und sie gehorchen eilends dem Befehl der Götter.‘]

79 [‚Möge der, der die Welt erschaffen hat, den bekundeten Willen festigen. Dein Ruf lässt Dir für die Ewigkeit größere Ehrentitel zuteilwerden.‘]

80 [‚Wenn Du dorthin gelangst, wonach Du Deinen Weg ausrichtest.‘]

81 „Tu tanti nominis heres | ingrederis regnum, quantus Peleus Achilles | aut tros Hector erat, quantus, qui vectus ab Istro, | Aesonides rediit post tanta pericula victor, | aut de Creteis

Diese Zuschreibung muss fürs Erste genügen; dass an dieser Stelle nicht näher auf die Heldentaten eingegangen wird, hat seinen Grund zum einen darin, dass das Epos nach wie vor auch eine Panegyrik auf Friedrich III. ist und die Leistungen des Vaters nicht Gefahr laufen dürfen, abgeschwächt zu werden. Vor allem aber wird sich Cimbriaco bemühen, im zweiten Teil des Epos Maximilians große Schmach der Gefangennahme als episches Heldentum zu inszenieren und sein Aushalten und Durchhalten explizit als ein noch besseres Heldentum als das kriegerische zu postulieren (3, 20–21). Für dieses Unterfangen wäre es ungünstig gewesen, direkt zuvor aktive kriegerische Heldentaten ins Zentrum der Erzählung zu rücken. Die Gefangenschaft könnte ein zu großes Maß an – um es mit Popitz zu sagen –[82] ‚Verletzungsoffenheit' demonstrieren und die Hoffnung auf die glorreichen Taten schmälern.

2.3 Heroisierung des Opfers – die Darstellung der Gefangenschaft in Brügge 1488

Ebenso wie die antiken Epen besitzen auch die frühneuzeitlichen eine Affinität zur Darstellung von Gewalthandeln, welches eine wichtige Anerkennungsressource darstellt. Insbesondere in agonalen Situationen muss eine heroische Figur ihre *agency* unter Beweis stellen und so von einer Verehrergemeinschaft Anerkennung finden. Wo es Gewalt gibt, gibt es aber auch Opfer. Auch sie können heroisiert werden, sei es beispielsweise, dass sie einen Heldentod gestorben sind, dass sie als Märtyrer gefallen sind, sei es aber auch, dass sie zu Mittätern werden, dass man ihre toten Körper ästhetisiert o. Ä. Indes kennt das lateinische Epos in agonalen Auseinandersetzungen nur ebenbürtige Helden und der Tod des Unterlegenen bewahrt in der Regel den erworbenen Heldenstatus, man denke an Vergils „ingens Turnus" (Aen. 12, 927) oder an Pompeius' Himmelfahrt in Lukans *Bellum civile* (9, 1–18). Eine besonders schmachvolle Unterlegenheit,

---

Theseus fortissimus oris. | Et iam terdecies consertis fortiter armis, | terdecies fracto remeasti victor ab hoste | raptas exuvias inimicaque signa reportans." [‚Du trittst als Erbe eines so großen Namens die Herrschaft an, einer Größe, wie Achill sie hatte oder der Trojaner Hector oder Jason, der, aufgebrochen von der Donau, als Sieger nach so vielen Gefahren zurückkehrte, oder Theseus, der tapferste, von Kretas Strand. Und Du kamst bereits dreizehn Mal als Sieger vom gebrochenen Feind zurück, dreizehn Mal hattest Du tapfer die Waffen angelegt, und brachtest mit Dir die geraubten Rüstungen und die Feldzeichen des Feindes.']
82 Popitz, S. 44.

die mithilfe des Götterapparates und eines verhinderten Heldentodes getilgt wird, ist Alfons' Scheitern in Basinios *Hesperis*.[83]

Maximilians Gefangenschaft, von der im dritten bis fünften Buch der *Encomiastica* erzählt wird, macht ihn augenscheinlich zum handlungsunfähigen und verletzungsoffenen Opfer. Dennoch gelingt es Cimbriaco, daraus ein Heldennarrativ zu entwerfen. Die Basis hierfür legt Cimbriaco gleich zu Beginn des Epos. Grund für die Königswahl sei das Alter Friedrichs; die drängenden Gefahren auf dem Kontinent und von außen seien aber nicht aus sich heraus entstanden, sondern göttlicher Plan zur Bewährung des Nachfolgers.[84] Vor diesem Hintergrund konstruiert der Dichter die Gefangenschaft als genau solch eine Bewährungsprobe, deren Herausforderung im Warten liegt.[85] Mit Webers Handlungsbegriff[86] kann auch Warten als „innerliches Tun"[87] verstanden werden, sofern es sich um ein intentionales Durchhalten handelt, und so als Tat heroisierbar werden.[88]

Nachdem Fortuna überall Freude und Ehrerbietungen gegenüber dem neuen König vernommen hat, ruft sie ihre Schwester Invidia aus der Unterwelt herauf, und mit ihr den Livor (Neid), den Dolor (Schmerz) und die Alterni Metus (die wechselvollen Ängste) als Begleiter. Sie stachelt die Brügger Bürger dazu an, Maximilian gefangen zu nehmen, und verspricht ihnen dafür ewigen Ruhm.[89] Damit macht der Dichter die Gefangennahme zu durch göttliche Mächte auferleg-

---

83 S. Pulina: Violence, S. 255–256. Hierbei handelt es sich um eine Rezeption von Aen. 10, 665–688.

84 S. S. 84–85.

85 Zur Begriffsbestimmung von Warten, Aushalten, Durchhalten und Abwarten s. Isabell Oberle, Dennis Pulina: Heldenhaftes Warten. Eine Figuration des Heroischen von der Antike bis in die Moderne. In: Heldenhaftes Warten in der Literatur. Eine Figuration des Heroischen von der Antike bis in die Moderne. Hg. von Isabell Oberle, Dennis Pulina. Baden-Baden 2020 (Paradeigmata 59), S. 9–22.

86 S. S. 45.

87 Weber: Wirtschaft, S. 1. So sehen es im Anschluss daran Oberle/Pulina, S. 11: „Die Herausforderung beim Warten ist innerer Natur, sodass sich die heroische Bewährung in eine Bewährung gegen sich selbst verwandelt."

88 Ebd. Zum heroischen Durchhalten s. weiter Nicolas Detering: Heroischer Fatalismus. Denkfiguren des ‚Durchhaltens' von Nietzsche bis Seghers. In: Literaturwissenschaftliches Jahrbuch. Neue Folge 60 (2019), S. 317–338 sowie Claudia Müller, Isabell Oberle: Durchhalten. In: Compendium heroicum. Hg. von Ronald G. Asch u.a. Freiburg i. Brsg. 12.02.2020. DOI: 10.6094/heroicum/dud1.1.20200212 (letzter Zugriff 02.07.2021).

89 Es handelt sich hierbei um ein Motiv, das Cimbriaco aus Claudians In Rufinum 1, 25–73 entnommen hat. Dort gerät Allecto aufgrund des umfassenden Friedens auf der Erde in Zorn und versucht, diesen mit ihren Schwestern und weiteren Unterweltsmächten zu boykottieren. Zum Einfluss Claudians auf die lateinische Epik im Quattrocento s. Döpp.

ten *labores*, welche in drei Schritten auf die Heroisierung ausgerichtet werden: Erstens wird bereits in den Paratexten die Gefangenschaft Maximilians als Heldentat ausgewiesen und dem Leserkreis somit eine Vorprägung aufgelastet, zweitens werden epische Vorläufer für heldenhaftes Warten aufgeführt, drittens wird das Aushalten mit hoher, heroischer Moralität verknüpft und das Affizierungspotenzial Maximilians hierin maximiert. Unter diese Moralität fällt vor allem, dass Maximilian trotz seiner Qualen am Ende den Brüggern vergibt und damit Aeneas überragt, der Turnus nicht vergeben konnte.

2.3.1 Die Paratexte und das Warten als Tat

Auch wenn die Paratexte[90] in den gedruckten Ausgaben, die posthum erschienen sind, nicht auf Cimbriaco zurückgehen, sind sie dennoch Teil der Lektüre. Bereits im Druck Venedig 1504 findet sich ein Widmungsbrief des Herausgebers Johannes Camers, welcher an Maximilian gerichtet ist und bereits im ersten Satz den Bezug von Tat und Heldentum verdeutlicht (Encomiastica, Bl. [a i]ᵛ):

> Quaerebam cupide ab litterarum bonarum professoribus, invictissime Caesar, an quispiam ex iis, qui heroum gesta memoriae tradunt, acta vel tua, vel genitoris tui, memoratu digna, hac nostra tempestate conscripserit. Sic nempe fortium virorum fama viget in posteris.[91]

Hier wird der Gegenstand der Erzählung als ,Taten von Helden' ausgewiesen, diejenigen Maximilians wie Friedrichs, welche beiden das Attribut ,tapfer' einbringen. Albert Schirrmeister betont die Möglichkeit, in der Widmungsvorrede nicht nur den Adressaten zu loben, sondern auch das Verständnis einer Schrift zu beeinflussen, und spricht von „Kontextsicherung".[92] Die Art der Beigaben, die Form, vielleicht ihr Fehlen, sind keine zufälligen Erscheinungen, sondern vielfach bewusst von den Autoren selbst – in diesem Fall allerdings

---

90 Neben dem an dieser Stelle besprochenen Widmungsbrief und einem Tetrastichon (Druck Straßburg 1512, Titelbl.) ist dem Epos überdies ein in 18 phalacäischen Hendekasyllaben verfasstes Gedicht vorangestellt, das *Cimbriaci Poetae protrepticon ad libellum* (Bl. aiiʳ) – ein Gedicht an das Buch selbst mit Hinweisen, wen es sich als Patron suchen solle. Zudem wird jedes Buch von einem Hexastichon eingeleitet (ebd.).
91 [,Begierig ersuchte ich die Lehrer der klassischen Literatur, unbesiegbarster Kaiser, darum, ob jemand von denen, die die Taten der Helden überliefern, entweder Deine Taten oder die Deines Vaters, welche der Erinnerung würdig sind, in dieser, unserer Zeit niederschreiben könnte. Auf diese Weise nämlich blüht der Ruf der tapferen Männer bei der Nachwelt.']
92 Schirrmeister: Triumph, S. 150.

von Camers – beeinflusst.[93] In den *Encomiastica* ist diese Kontextsicherung besonders relevant, da das Publikum hierdurch das Warten Maximilians von Beginn an als Tat wahrnimmt und Maximilian als aktiv Handelnden. Hierdurch wird vermieden, dass fälschlicherweise die einzige Heldentat in den Befreiungsbestrebungen Friedrichs gesehen werden und man Cimbriacos Strategie zur Heroisierung eventuell als Komik oder Ironie betrachten könnte.

Dieselbe Betonung der Tat findet sich zudem in einem Tetrastichon auf dem Titelblatt, welches mit dem Namen des Autors *Paliurus* (ital. Paliuro) überschrieben ist, sich jedoch erst im Druck Straßburg 1512 findet:

> Fortia gesta volens cognoscere Maximiliani
>   nec non Foederici Caesaris acta sacri,
> fulgida Cimbriaci pellustret carmina vatis,
>   cui fudit divam flavus Apollo chelym.[94]

Einen trennscharfen Unterschied zwischen *acta* und *gesta* auszumachen, scheint letztlich nicht möglich[95] und ist für die hier angesprochene Fragestellung auch unerheblich. Entscheidend ist, dass derjenige, der die *Encomiastica* lesen wird, von Taten und explizit von „fortia gesta" Maximilians lesen wird. Damit kann einzig das Warten gemeint sein. Auch das Adjektiv *fortis* verweist hierauf, denn es bezieht sich nicht nur auf körperliche Kraft und Gewaltmächtigkeit, sondern insbesondere auf die „Standhaftigkeit im Aushalten".[96] Damit zeigen die Paratexte die Bedeutung von aktivem Tun für die Heldenverehrung in der Frühen Neuzeit auf und illustrieren zudem, dass auch die Gefangenschaft nur als Tat Eingang ins Epos finden kann.

2.3.2 Maximilians Habitus beim Warten

Die in Camers Brief angesprochene Erinnerung an Maximilian aufgrund seiner Heldentaten wird von Cimbriaco direkt zu Beginn des dritten Buches wachgeru-

---

93 Dies zeigen die ausführlichen Fallbeispiele Schirrmeisters (ebd., *passim*), lesenswert insb. ebd., S. 167–168.

94 [‚Wer die tapferen Taten Maximilians und dabei noch die Taten des geheiligten Kaisers Friedrich erfahren will, der möge die schillernden Gesänge des Dichters Cimbriaco durchstreifen, dem der goldgelbe Apoll die göttliche Lyra einverleibt hat.']

95 Der TLL sieht keinen Unterschied. Ramshorn sieht in den *gesta* „Thaten, die in Rücksicht auf Amt und Pflicht ausgeführt werden, besonders Kriegsthaten", wohingegen *acta* insbesondere „politische Taten eines Mannes" seien (Ludwig Ramshorn: Lateinische Synonymik. Nach Gardin-Dumesnil's Synonymes latins. Tl. 1. Leipzig 1831, S. 428).

96 Oskar Hey: fortis. In: Thesaurus Linguae Latinae 6.1, Sp. 1145–1166, hier Sp. 1164.

fen und weiter qualifiziert. Gegenstand der Erzählung seien zwar insgesamt ‚traurige Taten' („tristia [...] | facta"; 3, 8–9 sowie erneut in 3, 16), an die man sich immer erinnern werde (3, 17), allerdings erhalte Maximilian durch diese einen festen Platz im kollektiven Gedächtnis; die Art der Erinnerung an den König wird nicht dem Urteil des Lesers bzw. der Leserin überlassen (3, 18–26):

> Si quondam ante rogos auditur flebile carmen,
> et iuvat exhaustos olim meminisse labores
> illustrisque magis per summa pericula virtus
> redditur ac profert victurum in saecula nomen.
> Si non errasset, minus esset notus Ulysses.
> Noscitur Aeneas Troianis exsul ab oris,
> dum maris et terrae patitur bellique furores.
> Notior ad Troiam saevus dum pugnat Achilles,
> quam dum semiferi cantat Chironis in antro.[97]

Im Gedächtnis der Menschen blieben somit nach Maximilians Tod vor allem dessen „labores" präsent, womit Cimbriaco für das passive Dulden dasselbe Wort in Anspruch nimmt, mit dem er im ersten Buch die kriegerischen Herausforderungen Friedrichs bezeichnet hat („belli labores"; 1, 47). Nicht nur, dass die Gefangenschaft somit mit kriegerischen Erfolgen vergleichbar wird, der Ruhm des Duldens soll nach Cimbriacos Meinung noch schwerer wiegen („illustrisque magis") und damit Maximilians bereits bekannte kriegerische Tugendhaftigkeit weiter aufwerten. Dass der junge König bereits Erfolge im Krieg verzeichnen konnte, wurde im ersten Buch erwähnt (1, 127): „Expertus toties prorumpere victor in hostes" (1, 127).[98] Indem dieses „toties victor" im dritten Buch dann zweimal für Maximilian wiederholt wird (3, 80.138), zementiert Cimbriaco sein Urteil, dass das Erdulden größere Helden forme, als diejenigen, die

---

97 [‚Wenn man einst vor dem Grab das beweinenswerte Lied hört, bereitet es sowohl Freude, sich an die einst überstandenen Mühen zu erinnern, zugleich wird durch die größten Gefahren eine glänzendere Tugendhaftigkeit dargestellt und der zum Sieg bestimmte Name in die Ewigkeit erhoben. Wenn Odysseus nicht umhergeirrt wäre, wäre er weniger bekannt. Aeneas kennt man als Flüchtling von den trojanischen Gestaden, während er das Wüten von Meer, Erde und Krieg erträgt. Bekannter ist Achill, wenn er wild vor Troja kämpft, als wenn er in der Höhle des halbwilden Chiron singt.'] Chiron war der Erzieher der Achill, der eine Höhle am Fuße des Pelion bewohnt haben soll. Dass Achill singt, findet sich bereits in Il. 9, 185–191, später ebenfalls in der *Achilleis* des Statius, dort gerade in der Erziehung unter Chiron (Achilleis 1, 188–194). Grethlein hat gesehen, dass Achill in der *Ilias* als einziger Held allein singt, wo sonst öfter die Rede von kollektivem Gesang ist (Jonas Grethlein: Das Geschichtsbild der Ilias. Eine Untersuchung aus phänomenologischer und narratologischer Perspektive. Göttingen 2006 [Hypomnemata 163], S. 141).

98 [‚er, der so oft bereits die Erfahrung gemacht hat, siegreich gegen die Feinde loszubrechen'].

,nur' siegen (3, 27–29): „Sic tuus insignis post tanta pericula natus | maior erit, quam si concessae tempora vitae | egisset sortem numquam perpessus ini- quam.",[99] wendet sich Cimbriaco an Friedrich. Zum Beweis nennt Cimbriaco drei antike Figuren, deren Heldenstatus gerade vom Dulden geprägt sei: Dass das Umherirren des Odysseus, der sich nie von seinem Plan des *nóstos*, der Heimkehr, abbringen ließ,[100] als Vergleichspunkt herangezogen wird, fügt sich in Cimbriacos Behauptung. Der Dichter greift allerdings auch auf Achill und Ae- neas zurück, womit er von der traditionellen Instrumentalisierung dieser Figu- ren abweicht. Nicht Achills Zorn und sein kriegerischer Erfolg werden betont, sondern – in Analogie zu Odysseus – dessen Fernsein von seiner Heimat. Die- sen Aspekt stellt der Dichter auf für Aeneas heraus, der als „exsul" bezeichnet wird. Die paradigmatischen Mühen von Vergils Held, „dum conderet urbem | inferretque deos Latio" (Aen. 1, 5b –6a),[101] dessen Irrungen zur See und göttli- che Verpflichtung hätte die Heroik eines Dulders hinlänglich betont. Cimbriaco aber will die Abwesenheit von der Heimat gesehen wissen,[102] das erzwungene Fernbleiben und das Aushalten-Müssen dieser Flucht, ganz wie sich Aeneas Dido gegenüber vorstellt (Aen. 3, 10–12): „Litora cum patriae lacrimans portus- que relinquo | et campos ubi Troia fuit. Feror exsul in altum | cum sociis natoque penatibus et magnis dis".[103] Das Fernsein ist für Achill und Aeneas Schicksal. Bei Aeneas wird ganz deutlich, dass er gezwungen wird, „feror". Die aufgerufenen Figuren führen vor Augen, dass nicht nur kriegerische Erfolge Helden ausma- chen, sondern dass man auch die Fremde aushalten und auf die Rückkehr war- ten können muss.

Der Aufruf rein mythischer Figuren erzeugt dabei einen Kontrast Maximili- ans zu seinem Vater Friedrich. Denn bei der späteren Darstellung der Belage- rung Brügges durch das Reichsheer im beginnenden vierten Buch wird Friedrich mit den realgeschichtlichen Personen Hannibal und Scipio d. Ä. verglichen (4, 9–10.12–13). Cimbriaco stellt dem mythischen Heroentum der Vorzeit die

---

99 [,Auf diese Weise wird Dein beispielloser Sohn nach so großen Gefahren größer sein, als wenn er, ohne jemals ein ungerechtes Schicksal erlitten zu haben, die Zeit des ihm zugestan- denen Lebens verbracht hätte.']

100 Zum Heldentum des wartenden Odysseus s. Bagordo; Zimmermann.

101 [,bis die Stadt er gründete und die Götter nach Latium brachte'] (Übers. aus Vergil: Aen., hg. von Holzberg, S. 43).

102 Genau genommen befindet sich Aeneas auf der Rückkehr in die eigentliche Heimat seiner Vorfahren. Aeneas' Ahnherr Dardanus nämlich stamme aus dem in Italien gelegenen Cory- thus, so heißt es in Aen. 7, 205–211.

103 [,so verlasse ich weinend die Strände der Heimat, die Häfen und die Gefilde, wo Troia stand. Aufs Meer als Verbannter fahr ich mit Freunden und Sohn und Penaten, mächtigen Göt- tern'] (Übers. aus Vergil: Aeneis, hg. von Holzberg, S. 143).

Heldentaten der Zeitgeschichte gegenüber und wertet damit Maximilians Leistung auf.

Dieser Perspektivwechsel weg vom kriegerischen Erfolg hin zur Unerschrockenheit in der Fremde wird durch ein ungewöhnliches Löwengleichnis gestützt. Der Löwe ist im Epos traditionell Objekt von Gleichnissen, die die Unerschrockenheit und die besondere Handlungsmacht einer Figur mit tierisch anmutenden körperlichen Fähigkeiten illustrieren sollen.[104] Bei Cimbriaco aber wird der kriegerische Maximilian („[b]elliger"; 3, 62) auf seiner Reise in den Niederlanden mit einem umherstreifenden gätulischen Löwen verglichen, der ohne Vater furchtlos das Gebiet wilder Tiere durchquert und keinen Hinterhalt fürchtet (3, 68–70). Der Löwe wird nicht mehr gerühmt wegen seiner körperlichen Stärke, sondern wegen seiner Geisteskraft, wie er sei Maximilian ‚vorzüglich an Mut' („praestans animi"; 3, 71).

Diese geistige Stärke, die Furchtlosigkeit des Königs (3, 84.86), wird vom Dichter weiter überhöht, indem er das Schicksal von Maximilians Begleitern ausführt (3, 142–144): „Praeterea [Brugas] comites regis violasse nefandis | vulneribus, quosdam raptos in vincula saeva | confecisse fame aut ferro secuisse bipenni"[105] Abgesehen von vielerlei grausamer Gewalt ist somit der Tod die sichtbare, potenziell äußerste Gefahr für Maximilian, welcher aber notfalls bereit ist zu sterben (3, 169–173). Diese Bereitschaft zu einem heroischen Tod, die Maximilian noch mehr Anerkennung verschaffen würde (3, 171b–172a),[106] übernimmt Cimbriaco ebenfalls den etablierten epischen Kriegsnarrativen: Für die Helden der homerischen Epen ist der Tod im Krieg der einzige Weg zum *kléos*, auch wenn die ersehnte Unsterblichkeit durch den Tod in diesen Epen nicht näher erzählt wird.[107] Achill jedenfalls

---

104 Eine Zusammenstellung von Passagen antiker Epen, die ein Löwengleichnis aufweisen, liefert Samek, S. 75 Anm. 111–114. Ders. bemerkt ebd., S. 75, es diene im römischen Epos „beinahe immer zur Verdeutlichung der Kampfeswut und Mordgier". Zu Löwengleichnissen in lateinischen Epen s. zudem Robert B. Steele: The Similes in Latin Epic Poetry. In: Transactions and Proceedings of the American Philological Association 49 (1918), S. 83–100.

105 [‚dass außerdem die Brügger die Gefährten des Königs mit unsagbaren Wunden verletzt haben und einige, in grausame Fesseln gesteckt, an Hunger haben sterben lassen oder mit der Doppelaxt enthauptet haben'].

106 „Siquidem per vulnera leti | quod venit, plus laudis habet" [‚Wenn durch Wunden irgendeine Art von Tod eintritt, verdient er mehr Anerkennung.']

107 Gregory Nagy: The Epic Hero. In: A Companion to Ancient Epic. Hg. von John M. Foley. Malden u.a. 2005, S. 71–89, hier S. 81 weist darauf hin, dass in der Aithiopis Achill nach seinem Tod die Untersteblichkeit erlangt.

zieht mit dem Bewusstsein in den Kampf, dass er sterben wird.[108] Ruhm durch einen heldenhaften Tod können auch die Figuren der *Aeneis* erhalten. Paradigmatisch betont Pallas, als er gegen Turnus antritt (Aen. 10, 449–450): „aut spoliis ego iam raptis laudabor opimis | aut leto insigni: sorti pater aequus utrique est."[109] An Aussagen wie diesen mangelt es in den antiken Epen nicht und auch in denen der Frühen Neuzeit ist der Heldentod noch ein Kriegerideal: So fragt sich beispielsweise der epische Alfons V. von Aragón in Basinios *Hesperis* wissend um die unvermeidbare Niederlage gegen Sigismondo Malatesta, aber noch mit der Möglichkeit zur Flucht (Hesperis 3, 423–424): „Hanc animam exhalare libens crudelibus optem | suppliciis?"[110]

Cimbriaco verlegt die Heroik von der äußeren kriegerischen Tat in den Habitus, die innere Einstellung Maximilians gegenüber dem Warten. Mit der Bereitschaft zum Sterben schreibt Cimbriaco Maximilian auch während dieses Ausgeliefertseins vollkommene *agency* zu. Denn Maximilian besitzt die äußerste Gewaltmacht, wodurch die Verletzungsmacht des Gegners relativiert wird.[111] Nicht nur mittels der Leiden der Gefährten illustriert Cimbriaco Maximilians gefahrvolle Situation, sondern auch durch eine Lobrede auf Mitglieder des Herrscherhauses. Eingebettet darin findet sich eine Präteritio der Sorgen, die sich Maximilians Mutter Eleonore machen müsste, wäre sie nicht bereits verstorben (3, 190–196); das Publikum schaut wie Eleonore vom Himmel aus auf Maximilians Leiden.

---

108 Aktiv hat er sich für dieses Schicksal entschieden, das seiner Mutter Thetis prophezeit wurde (Il. 9, 410–416): „μήτηρ γάρ τέ μέ φησι θεὰ Θέτις ἀργυρόπεζα | διχθαδίας κῆρας φερέμεν θανάτοιο τέλος δέ· εἰ μέν κ' αὖθι μένων Τρώων πόλιν ἀμφιμάχωμαι, | ὤλετο μέν μοι νόστος, ἀτὰρ κλέος ἄφθιτον ἔσται· | εἰ δέ κεν οἴκαδ' ἵκωμι φίλην ἐς πατρίδα γαῖαν, | ὤλετό μοι κλέος ἐσθλόν, ἐπὶ δηρὸν δέ μοι αἰὼν | ἔσσεται, οὐδέ κέ μ' ὦκα τέλος θανάτοιο κιχείη." [,Meine göttliche Mutter, die silberfüßige Thetis, sagt, mich führe zum Tod ein zwiefach strebendes Schicksal: Wenn ich hier noch bliebe und weiterkämpfte um Troja, hin sei die Heimkehr dann, doch blühe mir ewiger Nachruhm. Aber kehr' ich zurück zum teuren Lande der Väter, dann verwelke mein herrlicher Ruhm, doch lang sei des Lebens Dauer, und nicht so bald ereile das Los mich des Todes.'] (Übers. aus Homer: Ilias, hg. von Rupé, S. 299.301).
109 [,Ruhm erringe ich bald durch Erbeutung der Rüstung des Feldherrn oder bedeutenden Tod: Mein Vater ist beidem gewachsen.'] (Übers. aus Vergil: Aen., hg. von Holzberg, S. 527). Anders hingegen bei Turnus, dessen Tod wenig Heroisches birgt. Seine Handlungsmacht wird auf ein Minimum reduziert (Aen. 12, 916–918) und letztlich bettelt er um sein Leben. Stahl hebt heraus, dass Turnus – im Gegensatz zu Aeneas – ,verbittert' sei (Hans-Peter Stahl: Poetry Underpinning Power. Virgil's Aeneid: The Epic for Emperor Augustus. A Recovery Study. Swansea 2016, S. 105 Anm. 150), und vor allem „unwilling to die the hero's death" (ebd., S. 84).
110 [,Sollte ich mir nicht gerne wünschen, unter grausamen Wunden mein Leben auszuhauchen?']
111 Popitz, S. 59.

Maximilians Habitus während der Gefangenschaft wird noch in einem weiteren Punkt heroisch aufgeladen. Maximilian legt eine besondere Selbstlosigkeit an den Tag sowie ein hohes Maß an Verantwortungsbewusstsein. Denn seine Sorgen gelten nicht ihm selbst – er beklagt sich nicht (3, 161) –, sondern seinen Gefährten. Nicht einmal Odysseus habe so um diejenigen seiner Leute geweint, die den durch Circe prophezeiten Gefahren oder dem Zyklopen zum Opfer fielen (3, 149–151). Achill habe nicht in diesem Maße um Patroklos getrauert (3, 153–154a), Kadmos nicht in solchem Leid seine Freunde gesucht (3, 154b–157) und Aeneas nicht seine Gefährten an der Küste Karthagos (3, 157–159). Letztere benennt Cimbriaco namentlich: Orontes, Amykos und Gyas. Die Nennung der Namen dürfte den Leser leichter an die entsprechende Vergilstelle erinnert haben und damit auch an Aeneas' Schmerz in jener Situation (Aen. 1, 220–222). Silke Anzinger bemerkt, Aeneas traure nicht um ein Kollektiv, sondern um jeden Einzelnen,[112] und dass ihn dies gerade von Odysseus abhebe, „der keinem seiner Gefährten so nahesteht";[113] Maximilian übertrifft damit beide.

Ein letzter Aspekt des Heldentums betrifft den Verzicht auf Vergeltung. Maximilian vergibt den Brüggern, sieht einerseits die Schuld bei Fortuna und erkennt andererseits die aufrichtige Reue seiner Peiniger an. Die Strafbarkeit der Gefangennahme hatte Cimbriaco noch zu Beginn des Epos nachdrücklich betont (1, 14b–15): „nec facta silebo | Brugarum plus quam crudeli morte luenda".[114] Umso bedeutsamer, dass Maximilian nicht affektuell reagiert und auch nicht dem Zorn verfällt, der aufgrund der Ehrverletzung durchaus gerecht wäre.[115] Darin positioniert sich Cimbriaco gegen das traditionelle kriegerische Heldenideal. Während es im angesprochenen Gleichnis über den gätulischen Löwen noch hieß, dieser würde entsprechend dem tierischen Charakter in Zorn entbrennen, wenn man ihn gefangen nähme („exaestuat ira"; 3, 74), weiß Maximilian diesen zu bändigen. Wo solche Zornesausbrüche bei einem Löwen in den gängigen lateinischen Epen die *agency* des verglichenen Helden herausheben, aktualisiert Cimbriaco diese Vorstellung, indem er Maximilian genauso stark wie einen Löwen zeichnet, dies aber an die christliche Ethik seiner Zeit anpasst. Eine solche Mildtätigkeit ist im zeitgenössischen Epos besonders präsent, etwa bei der Belagerung Piombinos durch Francesco Sforza in Filelfos *Sphortias* oder der Scho-

---

112 Silke Anzinger: Schweigen im römischen Epos. Berlin 2007, S. 37. Diese fügt ebd., Anm. 104 an, dass die einzelnen Namen beim Wiederfinden der Gefährten erneut genannt werden.

113 Ebd., S. 37.

114 [‚Und ich werde die Taten der Brügger nicht verschweigen, welche durch mehr als einen grausamen Tod zu büßen sind.']

115 Zum *bellum iustum* s. S. 6.

nung der Einwohner von Volterra in Naldis *Volaterrais*.[116] Zudem bedient Cimbriaco den habsburgischen Topos der *clementia Austriaca*, die die Milde als eine dem Haus Habsburg inkorporierte Tugend beansprucht. Nach Kenntnis von Veronika Pokorny war es als erstes Maximilian, der sie für seine Familie als eine erbliche Tugend in Anspruch genommen hat.[117]

Im Anschluss an die Vergebung zieht Maximilian aus der Stadt aus. Diese Szene bildet einen Höhepunkt der vorgenommenen Heroisierung. In ihr ist aus der Nebenfigur, die hinter Friedrich in die Frankfurter Bartholomäuskirche eingezogen war, bereits ein Held geworden, dessen Außergewöhnlichkeit nicht mehr nur in den Taten, sondern auch in seiner Person sichtbar wird:[118] Beim Auszug trägt Maximilian eine in der Morgensonne golden-glänzende Rüstung. In elf Versen malt Cimbriaco die Attraktionskraft des Königs aus (5, 37–48), eine schmuckvoll-leuchtende Erscheinung, von der zuvor – trotz aller vorausgehenden kriegerischen Erfolge – nicht die Rede war. Die Verse 5, 45–48 verdeutlichen diese Entwicklung, indem Cimbriaco die Flammenerscheinung im Kaiserdom perpetuiert:

> Colla flagellabant rutilantes lactea crines,
> quos etiam molli lambebat circulus auro.
> Sicque deo similis faciem rex inclitus armis
> instatum conscendit equum phalerisque decorum.[119]

Während Maximilians Leuchten und Strahlkraft im zweiten Buch noch rein von außen entstand, das Licht sich vom Himmel herab auf ihn senkte, entsteht das Leuchten Maximilians, der Glanz des Helden, nach seiner Gefangenschaft aus ihm selbst heraus. Niemand muss mehr von außen auf ihn zeigen, jeder kann die Exzeptionalität des Königs mit eigenen Augen wahrnehmen. Bezeichnenderweise fehlt diese Auszugsszene in der *forma antiquior* der *Encomiastica*.

---

116 Zum ethisch handelnden Kriegshelden in den Epen des Quattrocento s. Pulina: Violence.
117 Pokorny, S. 318.
118 Während die kriegerischen Leistungen Maximilians auch bereits bei dessen Einzug in Frankfurt von Cimbriaco gelobt wurden (2, 19–35), wurde auf einen solchen Glanz völlig verzichtet; dieser wurde rein Friedrich zugesprochen. Dass der Dichter eine Referenz zwischen Einzug und Auszug gesehen wissen wollte, zeigt textuelle Parallele, nämlich „comitum stipante caterva" (1, 23) sowie dieselbe Wendung in 5, 54.
119 [‚Um den weißen Hals wehten die glänzenden Haare, die noch ein Reif aus geschmeidigem Gold umrankte. So bestieg der ruhmreiche König, in seinem Gesicht einem Gott ähnlich, das mit Waffen behängte und durch Schmuck anmutige Pferd.']

2.3.3 Odysseus und Hercules als Vorläufer von Maximilians Heldentum

Etablierte heroische Figuren dienen vielfach zur Bewertung von epischen Taten. Damit wird nicht nur ein Orientierungspunkt für die Bedeutsamkeit oder Größe eines Geschehens geschaffen – dies wiederum nicht selten als Basis für eine weitere Überhöhung –, vielmehr wird Neues im Gedächtnis besonders verankert, indem es zu Bekanntem in Relation gesetzt wird. In Bezug auf Maximilians Gefangenschaft greift Cimbriaco besonders auf Odysseus und Hercules zurück. Auch wenn beide für ganz unterschiedliches Heldentum bekannt sind, verbinden sie doch einige Gemeinsamkeiten.

Odysseus wird sowohl explizit als Vorläufer von Maximilians Leiden in der Fremde und seinem Verantwortungsbewusstsein aufgerufen, implizit aber auch bei der Rückkehr zu Friedrich, wo der Kaiser solche Freude empfunden habe wie einst Laertes, als Odysseus nach seiner Irrfahrt heimkehrte (5, 80–81). Auch wenn die Qualitäten des homerischen Helden maßgeblich in dessen Einfallsreichtum und Listigkeit liegen, bemerkt Whitman doch zurecht eine innere und äußerliche Anpassungsfähigkeit gegenüber den Gefahren von außen, die sog. *tlemosýne*, ‚Duldsamkeit‘.[120] Hinzu kommt die Weltgewandtheit des Helden durch dessen viele Reisen, dessen Erfahrung wie Neugier.[121] Odysseus eignet sich somit nicht nur hinsichtlich des unbeirrbaren Aus- und Durchhaltens als Referenzpunkt, sondern harmoniert auch mit dem jungen König, der einst die Christenheit wird verteidigen müssen. In diesen Eigenschaften hebt sich Odysseus besonders von Achill ab, dessen „Unbedingtheit" sich in einer „Welt begrenzten Umkreises" verwirklicht,[122] sodass er nicht nur hinsichtlich der Geistesstärke das traditionelle Kriegerideal ergänzt, sondern auch hinsichtlich des Wirkungsgebietes. Auch die christlichen Aspekte von Maximilians Heldentum kann Odysseus bedienen, dessen Mythos im Christentum vornehmlich in drei Aspekten allegorisch fortgewirkt hat:

---

120 Whitman, S. 175.

121 Hubert Schrade: Götter und Menschen Homers. Stuttgart 1952, S. 258. Ders. resümiert ebd.: „Er teilt Schläge aus und er duldet sie. Er weiß, was Haben und Verlieren ist, Gewinn und Sehnen, wohin Unberatenheit führt und was das Denken vermag. [...] Er ist in Fernen gewesen, die noch kein Mensch vor ihm betreten hat, auf Inseln wie Paradiese, und selbst mit den Schatten im lichtlosen Reich des Hades hat er gesprochen. Er hat die ganze Gewalt des Götterzornes erfahren (1, 68 ff.), doch keinem sind die Götter auch so sichtlich mit ihrer Liebe entgegengekommen (3, 221) [...]. Er aber hat Mensch und sterblich bleiben wollen, weil er den Zorn der Götter gegen den gefürchtet hat, der sich vermißt, wie sie zu sein. Es hat ihn zu Gattin und Heimat gezogen. [...] Wie die Heimat auch in den Fernen seinem Denken nicht entschwindet, so bleibt Odysseus auch als Bettler und Sklave der königliche Herr, der er ist."

122 Ebd., S. 258.

Wir sprechen darum zuerst von der ‚Seefahrt des Lebens', dem herrlichen, aber todesgefährlichen Wagnis der Christen. Dann von der ‚Versuchung der Sirenen', die den heimkehrenden Menschen ins Verderben locken. Und endlich von dem ‚Mastbaum des Kreuzes', an den sich der ewige Odysseus anbindet, um so wissend dem Tod zu begegnen, aber gebunden zu einer Freiheit, die ihm ein siegreiches Ankommen im Hafen der ewigen Ruhe sichert.[123]

Nebst dieser christlichen Allegorese, die bereits bei den Kirchenvätern in der Spätantike entstand, bemerkt Margalit Finkelberg ganz generell, dass Odysseus eine Anleitung des Lebens gebe, entgegen der iliadischen Helden und ihrer Anleitung zum Sterben.[124]

Während Odysseus sich vor allem gut in das konkrete Narrativ Cimbriacos fügt, ist die Figur des Hercules in der Maximilianspanegyrik insgesamt sehr breit rezipiert worden.[125] Der griechische Heroe dient auch in christlicher Zeit als Krieger- wie Herrscherpräfigurant.[126] Bereits die antiken Kaiser nahmen sich ihn zum Vorbild[127] und suchten nach der ‚echten Herculesnachfolge',[128] wie De-

---

123 Hugo Rahner: Griechische Mythen in christlicher Deutung. Freiburg i. Brsg. u.a. 1984 (Herder Spektrum 4152), S. 291. Er fügt ebd., S. 293–294 hinzu, dass das „meerfahrende Schiff […] das Symbol des Lebens" sei und die Seefahrt des Odysseus gerade die „todesgefährliche und zugleich in den Hafen der Heimat führende Seefahrt des Lebens verkörpert". Zu den Sirenen bemerkt er ebd., S. 300 weiter, dass Odysseus ihre Gefahr klar erkennt, obwohl sie „himmlische und höllische Wesen in einem" sind, woran sich die Fahrt des Menschen „zwischen Tod und Leben" in besonderer Weise illustrieren lasse. Zum Mastbaum schließlich erklärt Rahner ebd., besonders S. 315–319, dass die christliche Bildwelt, z.B. Schiff und Steuer, gerade durch den Mythos des Odysseus angeregt worden sei.
124 Finkelberg, S. 10.
125 Näher hierzu Braungart.
126 Zu Hercules als heroischem Modell in christlicher Zeit s. Karl G. Galinsky: The Herakles Theme. The Adaptations of the Hero in Literature from Homer to the Twentieth Century. Oxford 1972, S. 185–230 sowie Henrike M. Zilling: Jesus als Held. Odysseus und Herakles als Vorbilder christlicher Heldentypologie. Paderborn u.a. 2011; speziell zu Hercules in der Frühen Neuzeit s. Berger. Bereits in der Antike suchten sich Herrscher und Feldherrn im Krieg ein „göttliches Vorbild", wie Derichs einleitend zu seiner umfangreichen Studie deutlich macht (Wilhelm Derichs: Herakles. Vorbild des Herrschers in der Antike. Diss. Köln 1950, S. 1). Über das Verhältnis des römischen Herrschers und Hercules s. eingehend ebd., S. 26–118; einen Überblick speziell zur Herculesfigur in der Panegyrik des Martial und Statius gibt Sauter, S. 78–85.
127 Im antiken Rom nennt Derichs von denjenigen Göttern, die hierfür herangezogen wurden, insbesondere Jupiter, Hercules, Sol und Mars, wobei er ebd. gleichzeitig die Prominenz des Hercules herausstellt. Signifikant trete Hercules als Herrscherideal unter Trajan in Erscheinung und bleibe eine der Gottheiten, „mit denen die Herrscher besondere Beziehungen pflegen" (ebd., S. 49). Unter Augustus noch waren andere Gottheiten wie Merkur, Mars und Apoll vorrangig in Anspruch genommen worden (ebd., S. 40).
128 Ebd., S. 3, wobei diese Art der Aneignung des Hercules als „zu verwirklichen höchste Aufgabe der Politik und des Herrscherlebens" bezeichnet wird. Ders. identifiziert ebd., S. 3 fünf

richs sie nennt. Es sind dabei in erster Linie die vielen Mühen, die sein Nach-
wirken geprägt haben, er gilt als unbesiegbar, als Hercules Victor oder Hercules Invictus,[129] mit dem eng der friedenstiftende Hercules, der sog. Pacifer, in
Verbindung steht.[130]

Es sind nicht nur die vielen Arbeiten, die von seiner Stärke, seinem Heldenmut und seinem Durchhaltevermögen zeugen, sondern vor allem seine aktive
Entscheidung für die Tugend und gegen das Laster, wie die Prodikos-Fabel erzählt, der Mythos vom „Hercules am Scheideweg",[131] der an Maximilians Hof
besonders präsent war.[132] Demnach sollen dem jungen Hercules zwei Frauen,
die Areté und die Eudaimonía (die auch Kakía genannt wurde), erschienen
sein, um ihn über den rechten Lebensweg zu belehren: Die eine bot ihm ein
lustvolles Leben ohne jede Entbehrung, die andere ein mühevolles auf dem
Weg der Tugend, das aber letztlich zu Ruhm und Ehre führe: Hercules ent-

---

Formen der Relation zwischen Hercules und einem Herrscher, erstens die Genealogie, zweitens Hercules-Aretalogien, drittens patronale Vorstellungen, d.h. Hercules in seiner Funktion
als Schutzgott, viertens die echte Herculesnachfolge, fünftens Imitation durch äußere Angleichung ohne innere Bindung.

129 Ebd., S. 119.

130 Ebd., S. 120. Ders. führt ebd., S. 121 weiter aus: „Wie Pax zu Victoria, so tritt Hercules Pacifer zum Invictus. Es ist daher ohne Weiteres verständlich, daß sich der römische Kaiser, dessen Aufgabe es ist, orbem pacare, diesen Pacifer zum Vorbild nimmt, dessen Schöpfer wir mit
großer Wahrscheinlichkeit in Seneca erblicken dürfen."

131 Der Mythos geht auf den griechischen Sophisten Prodikos von Keos zurück, überliefert ist
er in Xenophon, mem. 2, 1, 21–34; zu Adaptation und Rezeption des Mythos s. Erwin Panofsky:
Hercules am Scheidewege und andere antike Bildstoffe in der neueren Kunst. Leipzig, Berlin
1930 (Studien der Bibliothek Warburg 18); Bruno Snell: Die Entdeckung des Geistes. Studien
zur Entstehung des europäischen Denkens bei den Griechen. 7. Auflage Göttingen 1993,
S. 224–230; Zilling, S. 136–139. Eingang ins lateinische Epos fand er in Silius' *Punica* (15, 18–
128), wo Scipio sich in der Herculesnachfolge für die Virtus und gegen die Voluptas entscheidet; eingehend hierzu Jochen Schultheiß: Philosophie des Willens und Erzählstruktur: Die
Scheidewegszene in den Punica des Silius Italicus. In: Götter und menschliche Willensfreiheit.
Von Lucan bis Silius Italicus. Hg. von Thomas Baier. München 2012 (Zetemata 142), S. 255–274;
zur Bedeutung von Hercules in den *Punica* s. allgemeiner Edward L. Bassett: Hercules and the
hero of the Punica. In: The Classical Tradition. Literary and Historical Studies in Honor of
Harry Caplan. Hg. von Luitpold Wallach. Ithaca, New York 1966, S. 258–273.

132 Das Motiv wird in einer Reihe prominenter Schriften in Maximilians Umfeld rezipiert, man
denke an Jakob Lochers lateinische Übertragung von Brants Narrenschiff, die *Stultifera navis*
aus dem Jahr 1497 (Basel: Johann Bergmann), in dem Locher ein letztes Kapitel *Concertatio
Virtutis cum Voluptate* [‚Wettkampf zwischen Tugend und Lust'] einfügte. Erinnert sei auch an
den Dialog *Virtus et Voluptas* [‚Tugend und Lust'] des Johannes Pinicianus (Augsburg: Othmar
1512) oder Josef Grünpecks 1497 aufgeführtes Huldigungsspiel *Virtus et Fallacicaptrix* [‚Tugend
und Fallacicaptrix'].

schied sich für Letzteres. Seine Relevanz speziell für das Epos gewinnt er aus Vergils *Aeneis*, wo er als Präfigurant des Aeneas auftritt.[133] In diesem Kontext ist weiterhin bedeutsam, dass er als Musterbeispiel für den Menschen gilt, der zum Gott werden kann.[134] Indem er dann Mensch und Gott in einem ist und die beiden Wesen nicht voneinander trennbar sind,[135] verkörpert er besonders die für Heroisierungen erforderliche Nähe und Distanz zum Rezipienten.[136] Nicht zuletzt aber auch diesem Wesen geschuldet erscheint Hercules in der Frühen Neuzeit als Präfigurant Christi.[137] Er repräsentiert ebenso „kraft seines Verhaltens und der damit verbundenen Verkörperung einer Idee des gottgefälligen Kampfes gegen die Laster"[138] den *miles Christianus*, die Idealform des Soldaten Gottes. Neben dieser thematischen Eignung zur Heroisierung bemerkt Braungart, dass der Hercules-Mythos an den italienischen Fürstenhöfen sowie am burgundischen Hof besonders populär war und mutmaßt, dass Maximilian kompetitiv „aus dynastischen wie ‚imperialen' Gründen" für sich den Mythos adaptiert wissen wollte.[139]

Speziell in Bezug auf das heldenhafte Warten stehen Odysseus und Hercules sehr nah beieinander. Beide können eine Lebensanleitung im Umgang mit

---

133 Binder, S. 141–142. Er nennt ebd., S. 145 als Punkte der Angleichung im achten Buch der *Aeneis* das symbolische Löwenfell, die Nachkommenschaft von Jupiter her, den Auftritt als Rächer sowie das Dulden der Mühen.
134 Klaus Möller: Götterattribute in ihrer Anwendung auf Augustus. Eine Studie über die indirekte Erhöhung des ersten Princeps in der Dichtung seiner Zeit. Idstein 1985 (Wissenschaftliche Schriften im Wissenschaftlichen Verlag Dr. Schulz-Kirchner 9, 101), S. 7. So heißt es in Horaz, c. 3, 3, 9–12: „Hac arte Pollux et vagus Hercules | enisus arcis attigit igneas, | quos inter Augustus recumbens | purpureo bibet ore nectar" [‚So geartet haben sich Pollux und der ruhelose Herkules emporgerungen und kamen zu den flammenden Palästen. Zwischen ihnen wird Augustus ruhen und mit purpurrotem Mund den Nektar trinken.'] (Übers. aus Horaz: Oden und Epoden. Hg. und übers. von Gerhard Fink. Düsseldorf, Zürich 2002, S. 139).
135 Zilling, S. 31.
136 „Die Schicksale von Achill und Odysseus, von Verginia und Lukrezia, aber weitgehend auch die des Herakles und des christlichen Helden Jesus, sind keine Schicksale eines weit entfernten Gottes, sondern eines bestimmten Menschen, der Bewunderung heischt, weil er zugleich Göttliches verkörpert." (Zilling, S. 25).
137 Braungart, S. 80 sieht den Beginn dieser Denkfigur im vierzehnten Jahrhundert und führt als Bezugspunkte zwischen Hercules und Christus die rettenden, Heil bringenden Mühen eines selbstlosen Kämpfers, den vorübergehenden Abstieg in die Unterwelt sowie die Himmelfahrt auf.
138 Andreas Wang: Der ›Miles Christianus‹ im 16. und 17. Jahrhundert und seine mittelalterliche Tradition. Ein Beitrag zum Verhältnis von sprachlicher und graphischer Bildlichkeit. Bern, Frankfurt a. M. 1975 (Mikrokosmos 1), S. 207.
139 Braungart, S. 82.

Mühen und Leid geben.[140] Hercules' besonderes Aushalten von *labores*, reflektiert in den speziell für ihn benutzen Worten *áethlos/âthlos*,[141] wird bereits in den homerischen Epen herausgestellt. Neben Odysseus wird dieses Attribut nur Hercules regelmäßig beigegeben,[142] außerdem gleichen sie sich hinsichtlich des Essens, des Bogens und des Attributs *polýtlas*.[143] In Hercules' Worten zu Odysseus in der Unterwelt „διογενὲς Λαερτιάδη, πολυμήχαν' Ὀδυσσεῦ, | ἆ δειλ', ἦ τινὰ καὶ σὺ κακὸν μόρον ἡγηλάζεις, | ὅν περ ἐγὼν ὀχέεσκον ὑπ' αὐγὰς ἠελίοιο" (Od. 11, 617–619)[144] verdeutliche das „καὶ σὺ", so Finkelberg, dass Odysseus und Hercules sich durch dasselbe Heldentum auszeichneten.[145] Darüber hinaus repräsentieren beide auch ein wertrationales Handeln.[146]

Der Hercules-Bezug wird in den *Encomiastica* immer wieder angebracht, ist allerdings nicht besonders prominent herausgearbeitet. Nach der Krönungszeremonie sprechen die Kurfürsten zu Maximilian, die Welt ruhe nun auf seinen Schultern, wie Hercules einst dem ermatteten Atlas die Weltkugel abgenommen habe (2, 185–186). Zu Beginn des dritten Buches wendet sich der Dichter vor der Erzählung der Gefangenschaft an Maximilian und bekundet, dieser würde seine Herrschaft als kein Geringerer als Hercules antreten (3, 41). Während im Verlauf der Gefangenschaft dieser Bezugspunkt zurücktritt, nimmt Cimbriaco ihn auf-

---

140 Finkelberg, S. 10 zu Hercules: „True, life is full of toil and suffering, but man should be able not only to endure but also to transform this toil and suffering into a supreme achievement. ‚To make of this suffering a glorious life' – these words of the deified Heracles of Sophocles, addressed to his friend Philoctetes when the latter is sunk in the agony of despair, sum up everything the heroic life is about."

141 Ebd., S. 3.

142 Ebd., S. 4.

143 Ebd.

144 [‚Göttersproß! du findiger Sohn des Laërtes, Odysseus, Unglücksmann, auch du trägst wahrlich ein bitteres Schicksal, so, wie ich es schleppte droben im Lichte der Sonne'] (Übers. aus Homer: Odyssee. Übertragen von Anton Weiher mit Urtext, Anhang und Registern. Einführung von A. Heubeck. 14. Auflage. Berlin 2013, S. 321).

145 Finkelberg, S. 4–5.

146 Zilling, S. 139, insb. Anm. 108–109, wobei sie hinsichtlich Hercules' Wohltätertum und dessen Vorbildhaftigkeit verweist auf Epiktet, Dissertationes 2, 16, 42–46 sowie auf Seneca, benef. 1, 13, 3, außerdem auf Cicero, nat. 2, 62; off. 3, 25; fin. 2, 118; Tusc. 1, 32; rep. 6, 16. In Sophokles' *Trachinierinnen* und im *Philoctet* handele Hercules zum Wohle ganz Griechenlands (Finkelberg, S. 6). Nachdem er zu Penelope zurückgekehrt ist, spricht er davon, dass noch weitere „Arbeiten" vor ihnen lägen (Od. 23, 248–259), als Teil von dessen „civilizing mission" (Finkelberg, S. 8). Besonders für die Stoa, die seit den Drucken von Senecas Schriften in der zweiten Hälfte des fünfzehnten Jahrhunderts wieder besondere Beachtung fand, ist auch Odysseus fruchtbar gewesen. Rahner, S. 288 bemerkt mit Bezug auf Seneca, De constantia sapientis 2, dass Odysseus „für Seneca das Vorbild aller [war], die das Wagnis der Lebensfahrt meistern".

fälligerweise in den Worten der Brügger im Anschluss an die Schonung wieder auf (4, 228–229): „Ac tua venturi memorabunt facta nepotes, | qualia sunt magni Alcidae."[147] Obwohl Odysseus prominent als Identifikationsfigur für den König in der Fremde aufgerufen wird, wird abschließend der Hercules-Mythos als Erinnerungsort für das Durchlittene postuliert, sodass Hercules für beide Ereignisse – Krönung wie Gefangenschaft – als zentrale Identifikationsfigur erscheint. Dieser unerwartete Perspektivwechsel dürften dem Hauptproblem des Epos geschuldet sein, dass ein Held besungen wird, der keine Heldentat im traditionellen Sinn vollbracht hat.[148] Die „facta", von denen die Brügger sprechen, verweisen durch den Hercules-Bezug gerade nicht auf die Schonung der Bürger – denn dafür eignet sich der vielfach auch transgressiv konnotierte Hercules nicht –, sondern es geht um das, was Maximilian durchgemacht hat. Der Hercules-Bezug intensiviert den Aspekt der Tat – was mit Odysseus nicht gelänge –, verweist auf die glorreichen zwölf Mühen und die sogenannten *párerga*, die Nebentaten. Damit wird ein Rückbezug hergestellt zu 3, 19, „iuvat exhaustos olim meminisse labores", wo Cimbriaco schon festgehalten hat, dass die ‚Mühen' erinnert werden sollen. Indes hat Galinsky angemerkt, dass auch in der *Aeneis* Hercules am stärksten mittels des Wortes *labor* als Präfigurant des Aeneas gezeichnet werde.[149] Man wird auch zwei für eine Herrscherheroisierung augenscheinliche Makel im Odysseus-Mythos bedenken müssen. „He [*sc.* Odysseus] suffers what others cannot",[150] konstatiert Kohen und meint damit das Aufgeben der eigenen heroischen Identität. Indem Odysseus seinen Namen nicht preisgibt oder gar als Bettler auftritt, verneint er aktiv seinen Ruhm und gibt damit sein Heldentum auf – ein markantes Alleinstellungsmerkmal im Trojamythos.[151]

---

147 [‚Und die Enkel, die kommen werden, werden sich an Deine Taten erinnern, die so sind wie die des großen Hercules.']

148 Die effektive Heroisierung, die Cimbriaco erarbeitet hat, muss angesichts des Makels, den man in der Gefangenschaft für Maximilians Leben empfunden hat, deutlich gewürdigt werden. Eine Spur dieser Problematik lässt sich im dritten Buch der *Encomiastica* wahrnehmen. Als der Dichter Maximilian ein langes Leben wünscht, spricht er von dessen großen Triumphen und fügt gleich dahinter an (3, 207–208): „licet fueris captivus et olim | te flerint populi" [‚Magst Du auch einst gefangen gewesen sein und die Völker um Dich geweint haben']. Die Gefangenschaft scheint in den Augen der Zeitgenossen eben doch weniger als heroisch denn als Makel wahrgenommen worden zu sein.

149 Galinsky: Herakles, S. 137.

150 Kohen, S. 46.

151 Ebd. Ders. zitiert dabei William B. Stanford: The Ulysses Theme. A Study in the Adaptability of a Traditional Hero. Oxford 1954, S. 74: „Ajax or Achilles would never have been willing to undergo some of Odysseus' experiences – his three adventures in beggar's disguise, for instance, and his ignominious escape from the clope's cave by hanging under a ram's belly".

Auch wenn der Held dies nicht immer durchhält, dürfte diese Form der Selbst-
leugnung ein Aspekt sein, den Cimbriaco in der Erinnerung der „nepotes" in
jedem Fall wird vermieden haben wollen. Auch in der Gefangenschaft schließlich
ist Maximilian nicht bereit zu Zugeständnissen (jedenfalls in der epischen Erzählung). Darüber hinaus sagt Athena am Strand von Ithaka zu Odysseus, Lug und
Trug seien zur zweiten Natur des Helden geworden (Od. 13, 291–299).[152] Er ist
damit auch ein gebrochener Held, stets vorsichtig und misstrauisch.[153] Bernhard
Zimmermann stellt klar, dass Odysseus sein Selbstwertgefühl verloren hat und es
erst am Hof der Phäaken allmählich wiedergewinnen kann.[154] Auch dieser Teil
des Odysseus-Mythos ist mit der Maximilianspanegyrik unvereinbar.

---

152 Ausführlich hierzu Zimmermann, S. 44–45.
153 Ebd., S. 43–48.
154 Ebd., S. 47.

3 Giovanni Michele Nagonio, *Pronostichon de futuro imperio propagando* (1493/1494) – Maximilian als Held der Krise Roms

Eines der Kernthemen von Maximilians politischer Propaganda war in den Augen Hollegers „die Idee des Imperiums und seiner Erneuerung (Renovatio Imperii) als edelste Aufgabe der deutschen Nation",[1] gemeint ist die Rückgewinnung der einstigen Größe des Römischen Reiches, ein Gedanke, der die deutschen Kaiser seit Otto III. dem Großen (980–1002, Ks. ab 996) antrieb.[2] Wiesflecker sah Maximilian in diese Idee „hineingesteigert".[3] Ebenso bestimmend war „die Rückgewinnung und Verteidigung der Reichsrechte in Italien (Restauratio Imperii)",[4] wobei beides in der epischen Maximilianspanegyrik in eins fließt. Denn die umfassende Größe und Macht des einstigen Römischen Reiches ist in der epischen Tradition immer mit Rom verknüpft geblieben und kann allein von dort ihren Ausgang nehmen. Obgleich dieser Erneuerungsgedanke ein zweifelsfrei hohes Anerkennungs- und Legitimationspotenzial bietet, wird er innerhalb des epischen Diskurses um Maximilian nur in einem Werk zur zentralen Heldentat erhoben, nämlich im *Pronostichon*[5] des Giovanni Michele Nagonio (ca. 1450–ca. 1510).[6] Ursache hierfür dürfte sein, dass eine sol-

---

1 Hollegger: Erwachen, S. 226.
2 Zur Genese dieser Idee bei Otto III. s. eingehend Mathilde Uhlirz: Das Werden des Gedankens der ‚Renovatio Imperii Romanorum' bei Otto III. In: I problemi comuni dell'Europa postcarolingia. Spoleto 1955 (Settimane di studio del Centro italiano di studi sull'alto medioevo 2), S. 201–219.
3 Wiesflecker: Kaiser Maximilian I., Bd. 2, S. 84.
4 Hollegger: Erwachen, S. 226.
5 Textgrundlage für die vorliegende Studie ist die Handschrift Giovanni Michele Nagonio: Ad divum Cesarem Maximilianum semper augustum Romanorum regem serenissimum pronostichon de futuro imperio propagando [...]. In: Wien, Österreichische Nationalbibliothek, Cod. 12750, fol. 5ʳ–51ᵛ.; eine Beschreibung der Handschrift ist zu finden in Gwynne: Poets and Princes, S. 443–446.
6 Das Wissen über die Biografie des Giovanni Michele Nagonio ist sehr begrenzt; grundlegend zu Leben und Werk des Dichters ist Gwynne: Poets and Princes. Ungewiss ist bereits der richtige Name des Humanisten: Er wird teils Magonius, teils Vagonnius, Pangonius oder Nagomotini genannt (ebd., S. 15). Geboren wurde er in Suardi; möglicherweise war er Schüler des Pomponius Laetus, in den 1480er-Jahren dürfte er in Rom Teil von dessen Kreis gewesen sein (ebd., S. 16–31). Er war ein wandernder Dichter, zog über Jahre durch Europa und widmete Herrschern seiner Zeit panegyrische Dichtung. Dass die Dichterkrönung auf das Jahr 1489 zu datieren sei, wie es bei Lancetti heißt (Vincenzo Lancetti: Memorie intorno ai poeti laureati d'ogni tempo d'ogni nazione. Mailand 1839, S. 219), dafür fehlt jeder Beleg (Gwynne: Poets

https://doi.org/10.1515/9783110742497-003

che Erneuerung in historisch-panegyrischen Epen den Platz des Telos einnehmen müsste, welches jedoch – außer bei Nagonio – durch den Sieg über die
Türken und damit durch die Bewältigung der drängendsten Gefahr der Zeit besetzt
ist. Aufgrund des Ausmaßes dieser Bedrohung von außen scheint ein Türkenfeldzug eine unmittelbare und weiterreichende Heldenverehrung zu versprechen, weil
das Publikum – jedenfalls im deutschen Sprachraum – in der Notlage empfängli-
cher für einen solchen Retter ist als für einen Regenten im fernen Rom. Nicht nur,
dass der Feldzug Maximilians großer Lebensplan war,[7] der Schutz des Christentums war seine kaiserliche Pflicht. Die Wahl zum König war bereits in den *Encomiastica* genau hierauf ausgerichtet. Explizit wurde dort Maximilians Funktion als
Statthalter Christi („Christi[ ] vicarius"; 1, 58) postuliert und die Verteidigung
gegen die Türken bei Friedrichs Suche nach einem Nachfolger als deren Hauptauf-
gabe zementiert.

Nagonio jedoch kann sich ein anderes Narrativ schaffen, ein fiktional-prot-
reptisches, weil der Entstehungskontext ein anderer ist. Das *Pronostichon*, verfasst wohl gegen Ende des Jahres 1493, als Geschenk dem König dann etwa ein
Jahr später überreicht –[8] war eine Auftragsarbeit von Papst Alexander VI. und
sollte Maximilian zu einem Romzug auffordern. Auf diese Weise wollte sich der
Papst vor dem französischen König schützen, dessen Einfall in Italien bevor-

---

and Princes, S. 16). Das Manuskript für Maximilian war zugleich die Basis für eine Reihe an
Adaptationen desselben Narrativs für andere europäische Regenten. Mutmaßlich im Jahr 1496
zog es den Dichter beispielsweise an den Hof Heinrichs VII. (Francis Wormald: An Italian Poet
at the Court of Henry VII. In: Journal of the Warburg and Courtauld Institutes 14.1/2 (1951),
S. 118–119, hier S. 118), um den englischen König mithilfe eines auf ihn umgeschriebenen Epos
zu einem Bündnis gegen Karl VIII. zu bewegen (Gwynne: Poets and Princes, S. 29). Zu den vielen
weiteren Epen, etwa auf Ludwig XII. von Frankreich, Wladislav von Ungarn und Papst Julius II.
s. ebenfalls Gwynne: Poets and Princes. Nach seiner Wanderschaft dürfte Nagonio um 1500
nach Italien zurückgekehrt sein. Dass er kurz nach 1509 gestorben sein muss, folgert Gwynne
ebd., S. 20 aus dem Fehlen weiterer datierbarer Werke nach diesem Jahr.

7 Zum Kreuzzugsgedanken speziell in der Literatur zu Maximilians Zeit s. Claudia Wiener: Die
Kreuzzüge in der Literatur zur Zeit Maximilians I. In: Das Mittelalter des Historismus. Formen
und Funktionen in Literatur und Kunst, Film und Technik. Hg. von Mathias Herweg, Stefan
Keppler-Tasaki. Würzburg 2015 (Rezeptionskulturen in Literatur- und Mediengeschichte 3),
S. 65–90.

8 Gwynne: Poets and Princes, S. 83. Ders. geht ebd., S. 60 von einem mündlichen Vortrag der
Gedichte vor Maximilian aus, zumindest in Teilen, verbunden mit der Überreichung der
Prachthandschrift als Geschenk. Gleichzeitig hält er ebd., S. 61 fest, dass sie nicht für eine breitere Veröffentlichung vorgesehen gewesen seien und fügt ebd. hinzu: „Its diffusion in print
would have had little significance outside the context in which his manuscripts had been ori-
ginally presented."

stand. Zu diesem Zweck entwirft der Dichter die Wiederherstellung der einstigen Blüte des Römischen Reiches als Telos, das nur durch Maximilian und nur von Rom aus verwirklicht werden kann; Maximilian erscheint als schicksalsbestimmter Friedensbringer. Dafür verlegt Nagonio das Narrativ in die Zukunft und das epische Telos in dessen Gegenwart. Von diesem prophetischen Element des ganzen Werkes zeugt bereits der Titel.[9]

Diese Intention des Epos hat unmittelbare Konsequenzen für die Heldenbehauptung. Denn der Zug nach Rom und die Übernahme der Herrschaft bieten keine agonalen und außeralltäglichen Herausforderungen und können aus sich heraus keinen Helden schaffen. Um dieses Defizit zu beheben, integriert Nagonio einerseits den Romzug in den vergilischen Schicksalsplan, sodass Maximilian als der durch Jupiter versprochene Nachfahre des Aeneas erscheint, dessen (künftige) Großtaten durch die des Aeneas beglaubigt sind. Andererseits schafft Nagonio in seinem Narrativ eine Krise Roms und die Situation eines Umbruchs, wodurch signalisiert wird, dass die Zeit für einen Helden gekommen ist, und so eine heroische Hohlform gegossen wird. Indem die Herausforderung maximiert und die Bestimmung Maximilians als Retter unzweifelhaft wird, verlagert sich der Heldenstatus von der Tat weg hin in das Wesen Maximilians.

3.1 Inhalt des Epos

Buch 1: Anruf an die Musen und Sternbilder des Zodiak samt Verkündung des Themas, die Herrschaftsübernahme Roms durch Maximilian (1, 1–149). Die Handlung beginnt mit der Zusammenkunft der Himmelsbewohner bei Jupiter (1, 150–160). Venus fragt ihren Vater nach der Bedeutung seltsamer Vorzeichen und wähnt ein Zeitalter des Friedens gekommen (1, 161–210). In seiner Antwort bestätigt Jupiter, dass das Schicksal sich nun erfülle, Maximilian Rom wiederaufrichte und dessen Herrschaft noch vergrößere (1, 211–297). Er entsendet Mars zu den Römern, um ihnen ihr Los zu offenbaren: Sie mögen nach Neapel gehen, von der Cumäischen Sibylle den Namen des ihnen prophezeiten Friedensbringers erfragen und diesem dann die Herrschaft antragen (1, 298–332). Noch am Abend erreicht Mars Rom, begleitet von Helice und Romulus,[10] und überblickt die Stadt, bis es Nacht wird (1, 333–392). Am kommenden Tag zeigt sich der Gott den Röm-

---

9 Ders. sieht ebd., S. 63 im Titel außerdem eine Bezugnahme auf astrologische Voraussagen und damit verbunden die Implikation eines zukünftigen Katasterismos des Protagonisten.
10 Romulus ist an dieser Stelle umso bedeutsamer, da er nicht nur der institutionalisierte Ahnherr der Römer ist, sondern in Ovid, fast. 3, 72 als „Vater des ewigen Rom" bezeichnet wird und sein Name somit mit der Ewigkeit der Stadt assoziiert ist.

ern, verkündet angesichts der drängenden Gefahren die bevorstehende *renovatio imperii* und fordert die Bürger auf, die Sibylle aufzusuchen (1, 393–548). Die Menge wählt sich Gentil Virginio Orsini als Anführer (1, 549–586).[11] Die Gesandtschaft wird vorgestellt, bringt Opfer für die Götter dar und entzündet Weihrauch (1, 587–647). Daraufhin erscheint Venus in Begleitung des Remus und bekräftigt den Auftrag des Mars (1, 648–657), woraufhin sich zwei Taubenauspizien ereignen (1, 658–673). Nach weiteren Opfern ruft Orsini die Gesandtschaft zum Aufbruch auf (1, 674–702). Als sie zur Höhle der Sibylle gelangen, opfern sie Schafe und betreten dann die Behausung (1, 703–827a). Als sie vor sie treten, fragt Sibylle nach deren Begehren. Orsini erklärt ihr den göttlichen Auftrag und bittet die Seherin, ihnen das Schicksal Roms und die Pläne des französischen Königs sowie der italienischen Fürsten zu zeigen, wobei er den Zustand der Stadt beklagt (1, 827b–868). Sibylle weigert sich, worauf Orsini sie bekniet, wenigstens Namen und Taten des großen Cäsars vorauszusagen. Sibylle entgegnet, er solle sich die Zukunft selbst ansehen, und begleitet ihn in die Unterwelt (1, 869–894). Zuerst sehen sie einige Frauen, anschließend folgen bereits verstorbene Männer, allen voran Maximilians Vater Friedrich III. (1, 895–971). Sie verlassen die Schatten und gehen zu den elysischen Feldern, wo sie die Zukunft schauen können: Zunächst sehen sie Maximilians Söhne Franz und Philipp, dann den König selbst (1, 972–1048). Die Gesandtschaft verlässt die Höhle und zieht nach Neapel, wo sie feierlich von dessen König begrüßt wird (1, 1049–1127). Dort erscheint Mars erneut und übergibt Orsini einen Schild für Maximilian. Mit der Rückreise nach Rom (1, 1128–1134) schließt das erste Buch.

---

11 Hierbei handelt es sich um Gentil Virginio Orsini d'Aragona (ca. 1445–1497), Herzog von Bracciano. Zu dessen Leben ausführlich Stefania Camilli: Orsini d'Aragona, Gentil Virginio. In: Dizionario Biografico degli Italiani. Bd. 79. Rom 2013, S. 721–729. Zu den Beziehungen Nagonios zu den Orsini s. Paul Gwynne: The Poets and the Prince: Silius Italicus, Johannes Michael Nagonius and Gentil Virginio Orsini, Lord of Bracciano. In: Building Family Identity. The Orsini Castle of Bracciano from Fiefdom to Duchy (1470–1698). Hg. von Paolo Alei, Max Grossmann. Oxford u.a. 2019 (Court Cultures of the Middle Ages and Renaissance 5), S. 143–159. Um Rom gegen die Truppen Karls VIII. von Frankreich zu schützen, hat Alexander VI. aufgrund ihrer Befestigungen nördlich der Stadt den Orsini die Verteidigung Roms übertragen (ebd., S. 149). Zu den Beziehungen der Orsini zu Alexander VI. s. Franca Allegrezza: Alessandro VI e le famiglie romane di antica nobilità: gli Orsini. In: Roma di fronte all'Europa al tempo di Alessandro VI. Hg. von Myriam Chiabò u.a. Bd. 1. Rom 2001, S. 331–344. Gentil Virginio Orsini war bereits im Dienst von Papst Sixtus VI. gestanden und hatte etwa in der Schlacht von Campomorto 1482 gegen Neapel gekämpft (Camilli, S. 723). Nach anfänglichen Auseinandersertzungen mit dessen Nachfolger Innozenz VIII. erhielt Orsini etwa 1492 den Auftrag, die Küsten der Abruzzen gegen die Türken zu bewachen (ebd., S. 726). Unter Alexander VI. hatte Orsini insbesondere die Aufgabe, im April und Mai 1494 ein Bündnis zwischen Alexander VI. und Alfons V. von Neapel zu festigen (ebd., S. 726–727).

Buch 2: Maximilian zieht gen Rom. Nachdem der Erzähler die Stadt angesichts der Leistungen und der Verehrung des Königs in dessen Heimat aufgefordert hat, ihm die gebührende Ehre zu erbieten, wird der Einzug über die *via Flaminia*[12] beschrieben (2, 1–107). Aus der Menge ertönen Begrüßungsworte und die Römer bereiten Maximilian ein Gastmahl (2, 108–326). Auf Bitte des Königs begeben sich die Stadtväter mit ihm auf einen Stadtrundgang vom Palazzo San Marco über das Kapitol und den Aventin zur zerfallenen Ara Maxima (2, 327–348). An der antiken Kultstätte erscheint ihnen Hercules, der seine eigene Bedeutungslosigkeit und die Vernachlässigung seines Kultes beklagt (2, 349–390). Nach der Epiphanie bekennt Maximilian seine Trauer über den Zustand der Kultstätte und verspricht mit der Erneuerung der Ara zugleich die des Herculeskultes (2, 391–471). Daraufhin erscheint Hercules erneut und fordert ihn auf, es seinen Mühen gleich zu tun (2, 472–506). Abschließend ziehen Maximilian und sein Gefolge zur Jagd in ein Waldstück (2, 507–564),[13] woraufhin Orsini dem König auf dem Rückweg den Schild des Mars übergibt (2, 565–611). Es folgt ein Epilog des Nagonio (2, 612–630).

3.2 Die *renovatio Romae*, die Translatio Imperii und der Diskurs um Maximilians Genealogie

Um Maximilian nach Rom zu holen, zeigt Nagonio einerseits auf, dass das verwahrloste und bedrohte Rom und damit ebenso die einstige Größe des Römischen Reiches ohne Maximilian nicht zu neuer Blüte finden könne. Andererseits führt er dem deutschen König auch vor Augen, dass dessen eigene Herrschaft und besonders die künftige Erinnerung an ihn substanziell von dieser Blüte und damit unmittelbar von der Stadt Rom abhängt.

Bei diesem Ansatz, wonach das Römische Reich nur durch Hilfe von außen, speziell durch den römisch-deutschen König in seiner Verantwortung gegenüber

---

12 Auch sein Vater Friedrich III. war im Jahr 1468 auf der Via Flaminia nach Rom zur Krönung eingezogen (Gwynne: Poets and Princes, S. 90).

13 Diese kurze Episode scheint nicht nur Maximilians Leidenschaft geschuldet zu sein, vielmehr verbindet die Jagd ihn noch einmal zusätzlich mit der Linie der Sforza. So ist bekannt, dass der im Epos ebenfalls herausgehobene Galeazzo Maria Sforza 1472 für den Großen Saal des Castello di Porta Giovia in Mailand einen Freskenzyklus in Auftrag gab, „bei dem er selbst dargestellt sein wollte, wie er im Wald mit dem Schwert zu Pferde einen Hirsch fängt, wobei zudem 27 namentlich aufgeführte Jagdgenossen porträtiert werden sollten." (Harald Wolter-von dem Knesebeck: Bildliche Darstellungen der Jagd zwischen Antike und Mittelalter als Teil der Erinnerungskultur und Repräsentation von Eliten. In: Die Jagd der Eliten in den Erinnerungskulturen von der Antike bis in die Frühe Neuzeit. Hg. von Wolfram Martini. Göttingen 2000 [Formen der Erinnerung 3], S. 39–78, hier S. 72).

Reichsitalien, wiedererstarken und vor allem zu beständigem Frieden geführt werden kann, knüpft Nagonio an eine humanistische Tradition an, die gute 200 Jahre vor ihm ihren Anfang genommen hat. Seit dem dreizehnten Jahrhundert und dem Ende der Stauferherrschaft nämlich schwand der Einfluss deutscher Kaiser auf Reichsitalien.[14] Die Gebiete dort waren in viele kleine, de facto autonom regierende Herrschaftsbereiche zerfallen,[15] sie haben die rechtliche Souveränität, wie der bedeutende Jurist Bartolo de Sassoferrato Mitte des vierzehnten Jahrhunderts urteilt (Commentaria II, 3, 28, 5), usurpiert.[16] Ihre souveränen Ansprüche setzten die Gebiete, insbesondere die seit dem dreizehnten Jahrhundert entstandenen Signorien mit kriegerischen Mitteln durch, gegeneinander und gegen das Reichsoberhaupt. Hinzu kam das schwache deutsche Königtum in der Zeit des Interregnums und das geringe Interesse der folgenden Kaiser an Italien, bis erst Heinrich VII. für seine Kaiserkrönung 1312 wieder nach Italien zog. In dieser Zeit allerdings entsteht allmählich der Humanismus. Alexander Lee hat dargelegt, wie mit der Hinwendung zum Studium der antiken Quellen gleichermaßen die Sehnsucht nach einem befriedeten und geeinten Italien wuchs.[17] Einige Akteure versuchten, die Herrschaft und Macht des Kaisers wieder starkzumachen und philosophisch und rechtstheoretisch zu legitimieren. Es entstand ein Erneuerungsgedanke, wonach „die römische Vergangenheit die ideale Zeit [bedeute], nach der man sich immer wieder zurücksehnt und deren ‚Erneuerung' erhofft, gefordert, erstrebt wird".[18] Die Idee der *renovatio Romae* wurde dabei besonders prominent von Petrarca formuliert,[19] und zwar in einer Zeit, als in Rom Streit

---

14 Ausführlich Fritz Trautz: Die Reichsgewalt in Italien im Spätmittelalter. In: Heidelberger Jahrbücher 7 (1963), S. 45–81.

15 Roland Pauler: Die deutschen Könige und Italien im 14. Jahrhundert. Von Heinrich VII. bis Karl IV. Darmstadt 1997, S. 20–27. Zu den Territorien knapp Trautz, S. 53–54. Dieser führt ebd., S. 24 aus, dass die Autonomie der italienischen Gebiete bereits in der Karolingerzeit begonnen habe und aufgrund der Ferne zum deutschen Souverän weiter anwuchs.

16 Bartolo de Sassoferrato: Bartoli, Interpretum Iuris Civilis Coryphaei, In Duodecim Libros Codicis, Commentaria [...]. Basel: Froben 1562, S. 141: „Scitis quod civitates Italiae communiter non habent merum imperium, sed usurpaverunt." [‚Ihr wisst, dass die Bürgerschaften Italiens gemeinhin nicht die oberste Strafgewalt haben, sondern sie usurpiert haben.'].

17 Näher Pauler, S. 37–39; Alexander Lee: Humanism and Empire. The Imperial Ideal in Fourteenth-Century Italy. Oxford 2018, S. 3–6.

18 Percy E. Schramm: Kaiser, Rom und Renovatio. Studien und Texte zur Geschichte des römischen Erneuerungsgedankens vom Ende des karolingischen Reiches bis zum Investiturstreit. 3. Auflage. Darmstadt 1962, S. 4.

19 Programmatisch für die Erneuerung des einstigen Reiches ausgehend von einer neuen Blüte Roms steht Petrarcas *Canzone* 53, worin der Dichter heraushebt, dass die Mauern der Stadt nach wie vor den alten Glanz in sich trügen und an die Helden der Antike erinnerten (Canzone 53, 29–31): „L'antiche mura ch'anchor teme et ama | et trema 'l mondo, quando si

zwischen den Colonna und den Orsini herrschte, Venezianer und Genuesen sich wegen Handelswegen am Bosporus bekriegten und nach der Ermordung des Herrn von Padua dessen Nachfolger auf Seite der Venezianer in diesen Kampf einsteigen wollten.[20] Petrarca, dem es nicht nur um eine Erneuerung der *litterae* ging, sondern auch von Stadt und Herrschaft,[21] klagt, dass das anmutige Italien zerfleischt werde („formosum corpus Italie lacerari", Familiares 11, 8, 29). Gleichzeitig sah er die einzige Möglichkeit zur Rettung Italiens in Karl IV. (1316–1378), der seit 1346 römisch-deutscher König war und an den er sich in einem Brief vom 24. Februar 1351 persönlich wandte (Familiares 10, 1). Er bekundet die Hoffnung der Italiener auf Karls Schutz und Schirm und ruft zum unverzüglichen Zug nach Rom auf – was Karls Pflicht sei.[22] Darin lässt er das personifizierte Rom auftreten und sein Hilfegesuch äußern (Familiares 10, 1, 14–27). Karl sei der, der ein neues Goldenes Zeitalter bringen solle.[23] Für

---

rimembra | del tempo andato e 'n dietro si rivolve." Hennigfeld weist auf das Verb „rimembra" hin, dessen Bestandteil „membra" gerade die Motivik ,Teile eines Körpers' mitenthalte, wodurch die Ruine eine Verkörperung der Vergangenheit darstelle (Ursula Hennigfeld: Auferstanden aus Ruinen? Europäische Gründungsmythen in petrarkistischen Sonetten. In: Der Petrarkismus – ein europäischer Gründungsmythos. Hg. von Michael Bernsen, Bernhard Huss. Göttingen 2011 [Gründungsmythen Europas in Literatur, Musik und Kunst 4], S. 129–146, hier S. 134). Petrarca stellt sich die Freude der Scipionen, des Brutus oder Fabricius vor, wenn sie wüssten, dass ihr Rom zu neuer Blüte gelangen würde (Canz. 53, 37–41): „O grandi Scipïoni, o fedel Bruto, | quanto v'aggrada, s'egli è anchor venuto | romor là giú del ben locato officio! | Come cre' che Fabritio | si faccia lieto, udendo la novella!" Auch wenn er Fabricius sagen lässt, sein Rom würde noch schöner werden („Et dice: Roma mia sarà anchor bella."; Canz. 53, 42), und damit den Gedanken einer Verbesserung bekundet, den man auch in Nagonios *Pronostichon* sehen kann, wird deutlich, dass die Größe Roms nicht ohne seine antike Vergangenheit und deren Helden neu denkbar ist.

20 Näher Lee, S. 99.

21 Franz J. Worstbrock: Das geschichtliche Selbstverständnis des deutschen Humanismus. In: Historizität in Sprach- und Literaturwissenschaft. Vorträge und Berichte der Stuttgarter Germanistentagung 1972. Hg. von Walter Müller-Seidel. München 1974, S. 499–519, hier S. 510.

22 Einen ebensolchen brieflichen Aufruf verfasste der römische Volkstribun Cola di Rienzo (1313–1354) nach seiner Flucht aus Rom nach Prag und der Gefangennahme durch Karl IV. In Briefen versuchte di Rienzo Karl zu einem Romzug zu bewegen, und zwar, indem er seine einst kritische Haltung gegenüber dem Kaisertum radikal änderte. Er erkennt die Translatio Imperii an, propagiert seine Vorstellung Roms als *caput mundi* und erinnert Karl IV. an dessen Pflichten, für Frieden und den Schutz der Christenheit auf Erden zu sorgen, „cui orbis reformacio competit" (Briefwechsel des Cola di Rienzo 50, 409). Diese „reformacio" aber müsse ihren Ausgang von Rom nehmen, da Rom das Zentrum des Reiches sei und vor allem der Ort der Kaiserkrönungen; ausführlich hierzu Monika B. Juhar: Der Romgedanke bei Cola di Rienzo. Diss. Kiel 1977, S. 124.

23 So heißt es in Familiares 10, 1, 10: „miro quidem Dei favore nunc primum in te nobis post tot saecula mos patrius et Augustus noster est redditus." [,Dank einem wunderbaren Gunster-

Petrarca ist Karl eine Messias-Figur.[24] Dass die Humanisten ihre Hoffnung auf eine Befriedung Italiens in eine neue Blüte Roms legten, liegt einerseits darin, dass die einzelnen Herrschaftsgebiete sehr stark an ihren eigenen Interessen hafteten und diese kriegerisch durchzusetzen versuchten, dass man andererseits aus der Antike die Lehre zog, dass Italien stark war, solange von Rom aus tugendhafte Männer regierten.[25] Erst als Rom selbst zum Objekt der Kämpfe adeliger Familien um die Herrschaft wurde, habe auch der Untergang des Reiches seinen Lauf genommen.[26] Umgekehrt zogen sie den Schluss, dass die moralische Erneuerung Roms auch dem alten Römischen Reich zu neuer Blüte verhelfen könne;[27] von Rom aus könne ein neues goldenes Zeitalter erwachsen.[28] Dass die Stärke des einstigen Reiches wiederum an der Einigung und Einheit Italiens lag, konnte man allenthalben den antiken Quellen entnehmen,[29] paradigmatisch Vergils *laudes Italiae* (georg. 2, 136–176). Obwohl Karl IV. sich in Rom zum Kaiser krönen ließ, verblassten die Hoffnungen auf die Erneuerung Roms und die des Imperiums bald, denn Karl bemühte sich nicht um die Einigung, sondern war mit der Kaiserkrönung und einem finanziellen Vorteil aus seinem Romzug zufrieden.[30] Auch seine Nachfolger konnten die Erwartungen der italienischen Humanisten nicht erfüllen[31] und so

---

weise Gottes sind uns nach so manchen Jahrhunderten erstmals in Dir unser vaterländisches Brauchtum und unser Augustus zurückgeschenkt.'] (Übers. aus Francesco Petrarca: Familiaria. Bücher der Vertraulichkeiten. 2 Bde. Hg. von Berthe Widmer. Berlin, New York 2009, Bd. 1, S. 518). Mitte Oktober 1354, während sich Karl auf dem Weg nach Rom befindet, schreibt Petrarca erneut an diesen (Familiares 19, 1, 3) und wiederholt darin die Worte des Anchises aus Vergil, Aen. 6, 687–688: „infinita mecum acies, quin ipsa nostrum omnium publica mater Italia, et Italie caput Roma, tibi obvie altis vocibus virgilianum illud exclamant: Venisti tandem tuaque expectata parenti | Vicit iter durum pietas." [,Eine ungeheure Menge ist bei mir, und wahrlich auch die uns allen gemeinsame Mutter Italien und das Haupt Italiens, Rom! Sie gehen Dir entgegen und rufen mit lauter Stimme Dir jene Verse Vergils zu: „Endlich bist Du nun da, und wie es die Mutter erhoffte, | Siegte auf mühsamem Pfad Deine Liebe ...""'] (Übers. aus Petrarca: Familiari, hg. von Widmer, Bd. 2, S. 318).
24 Charles C. Bayley: Petrarch, Charles IV, and the ‚Renovatio Imperii'. In: Speculum 17.3 (1942), S. 323–341, S. 324.
25 Lee, S. 106.
26 Ebd.
27 Ebd., S. 107.113.
28 Ebd., S. 91.
29 Näher ebd., S. 97–98.
30 Trautz, S. 62–63.
31 Ausführlich Lee, S. 141–181.

sieht Lee das wohl 1402[32] von Leonardo Bruni verfasste Gedicht *Carmen de adventu imperatoris*[33] als Ende der humanistischen Bestrebungen.[34] Darin wird Rom aufgefordert, sich gegen einen nicht namentlich genannten nahenden Kaiser bzw. römisch-deutschen König (verglichen mit Hannibal, Xerxes und Pyrrhus) zur Wehr zu setzen. Die Generation nach Petrarca richtete sich weniger an der Erneuerung der Stadt, als vielmehr an der der *litterae*, *artes* und *studia* aus, auf die „kulturelle[ ] Wiedergeburt" und die damit einhergehende „kulturelle Herrschaft".[35] Nagonio jedoch knüpft an die alte, pro-kaiserliche Propaganda an, um dieselben Hoffnungen, wie Petrarca sie in Bezug auf Karl IV. hatte, in Maximilian zu legen.

Die Idee der Wiedergeburt der Antike in Italien nach dem Verfall im Mittelalter steht jedoch quer zur damals herrschenden deutschen Geschichtsauffassung, in deren Tradition sich auch Maximilian sah, zur Idee der Translatio Imperii.[36] Der alttestamentlichen Lehre von den vier Weltreichen entsprechend löse das eine Reich ein anderes ab, bis nach vier solchen „der Gott des Himmels ein Reich errichten [wird], das in Ewigkeit nicht untergeht; dieses Reich wird er keinem anderen Volk überlassen. Es wird alle jene Reiche zermalmen und endgültig vernichten; es selbst aber wird in alle Ewigkeit bestehen".[37] Dem Dogma dieser Bibelstelle entsprechend war mit Karl dem Großen die einstige Größe Roms auf die Franken übergegangen und mit Otto dem Großen auf die Deutschen.[38] Denn das vierte Weltreich war bereits das Römische Reich und dies müsse im Heiligen Römischen Reich Deutscher Nation bis zum Jüngsten Tag und der Ankunft des Antichristen Bestand haben, was eine immense Legitima-

---

32 James Haskins: The Latin Poetry of Leonardo Bruni. In: Humanistica Lovaniensia 39 (1990), S. 1–39, hier S. 3 folgt in seiner Ansicht, das Gedicht sei um 1397/1398 entstanden, Hans Baron: The Crisis of the Early Italian Renaissance. Civic Humanism and Republican Liberty in an Age of Classicism and Tyranny. Bd. 2. Princeton 1955, S. 576. Dabei folgert Haskins, der letzte Sohn Karl IV., Wenzel von Luxemburg, sei als der angesprochene Feind zu vermuten. Lee, S. 179 hingegen stellt überzeugend dar, dass das Gedicht im Jahr 1402 entstanden sein muss, als der dann amtierende römisch-deutsche König Ruprecht von der Pfalz seinen Romzug unternahm.
33 Ediert ist das Gedicht in Haskins, S. 5–6.
34 Lee, S. 181.
35 Worstbrock: Selbstverständnis, S. 511.
36 Ebd., S. 511–512. Zur Translatio Imperii grundlegend Werner Goez: Translatio Imperii. Ein Beitrag zur Geschichte des Geschichtsdenkens und der politischen Theorien im Mittelalter und in der frühen Neuzeit. Tübingen 1958.
37 Dan 2, 44 (Einheitsübersetzung).
38 Utz Schliesky: Souveränität und Legitimität von Herrschaftsgewalt. Die Weiterentwicklung von Begriffen der Staatslehre und des Staatsrechts im europäischen Mehrebenensystem. Tübingen 2004 (Jus Publicum 112), S. 191.

tion für die deutschen Herrscher bedeutete[39] und den Anspruch der italienischen Humanisten auf eine Wiedergeburt der Antike in Italien negiert.[40] Am prominentesten ragt die Darstellung des Conrad Celtis in seiner *Germania generalis* (Wien: Johann Winterburger, zw. 1498 u. 1500) hervor, die die Größe der Deutschen aufzeigen sollte. Seine unvollendete *Germania illustrata* sollte „seiner antiklerikalen und antiitalienischen Zeitkritik Ausdruck geben".[41] In seinem Epigramm 2, 46 mit dem Titel *Ad Romam, dum illam intraret*[42] bringt Celtis die Eindrücke seines eigenen Rombesuches zum Ausdruck: Ganz pessimistisch fragt er – in Anlehnung an die mittelalterliche Tradition –,[43] was vom einstmaligen Rom übrig geblieben ist, und konstatiert die Gefräßigkeit der Zeit und die Unbeständigkeit der Dinge (1–4).[44] Im selben Duktus geschrieben ist Epigramm 3, 40 (*De puella Romae reperta*),[45] das ein auferstandenes römisches Mädchen zeigt und dessen Klage beim Anblick der einstigen Heimat darstellt (3, 40, 3–8):

> Non veteres video Romano more Quirites,
>   iustitia insignes nec pietate viros.
> Sed tantum magnas tristi cum mente ruinas
>   conspicio, veterum iam monumenta virum.
> Si mihi post centum rursus revideberis annos,
>   nomen Romanum vix superesse reor.[46]

Keineswegs stellt der Erzhumanist eine Ausnahme dar, vielmehr erscheinen die deutschen Humanisten in Maximilians Zeit überhaupt in einem solchen „ge-

---

39 Ebd., S. 193.
40 Passim in Conrad Celtis: Die ‚Germania generalis' des Conrad Celtis. Studien mit Edition, Übersetzung und Kommentar. Hg. von Gernot Michael Müller. Tübingen 2001, S. 430–433.
41 Müller: Rinascimento, S. 24.
42 Text und Übersetzung in Conrad Celtis: Selections from Conrad Celtis 1459–1508. Hg. von Leonard Forster. Cambridge 1948, S. 34–35.
43 Man denke hierbei an Bernhard von Cluny, *De contemptu mundi* oder die *Carmina* 36 und 38 des Hildebert von Lavardin; für diesen Hinweis danke ich Martin M. Bauer (Innsbruck).
44 „Quid superest, o Roma, tuae nisi fama ruinae, | de tot consulibus Caesaribus simul? | Tempus edax sic cuncta vorat nilque exstat in orbe | perpetuum, virtus scriptaque sola manent." [‚Was ist übriggeblieben, Rom, außer der Ruf Deiner Überreste, was von so vielen Konsuln und zugleich so vielen Kaisern? Die gefräßige Zeit verschlingt alles und nichts Beständiges existiert auf der Welt, einzig Tugendhaftigkeit und das, was geschrieben steht, bleibt.']
45 Text und Übersetzung in Celtis: Selections, hg. von Forster, S. 34–35.
46 [‚Ich sehe keinen von den alten Quiriten in römischer Sitte und keine Männer, die in ihrer Gerechtigkeit und in ihrem Respekt vor den Göttern herausragen. Aber im Gegenteil, ich sehe mit traurigem Gemüt die großen Ruinen, die noch Denkmäler der Männer aus früherer Zeit sind. Wenn Du einhundert weitere Jahre später mir unter die Augen kommen wirst, denke ich, dass der Name ‚Rom' kaum noch übrig sein wird.']

meinsame[n] nationalbewusste[n] Affront gegen die kulturelle Dominanz Roms"
verbunden.[47] In den zwei Jahrzehnten nach Nagonios Epos wird diese Italienpo-
lemik besonders prominent durch Ulrich von Hutten (1488–1523) weitergeführt.[48]
Italien gefährde die reinen Sitten der Deutschen[49] und in Rom könne es ohnehin
keine Helden mehr geben.[50] Im Gegenzug hierzu etabliert Hutten 1529 dann in
seinem *Arminius* den Cherusker als deutschen Helden vom selben Rang eines
Alexander, Scipio und Hannibal.[51] Arminius' Sieg in der Varusschlacht und dessen von Tacitus beschriebene kriegerische Tapferkeit[52] hätten die Deutschen ererbt und könnten sie nun den Italienern entgegenhalten.

---

47 Achim Aurnhammer: Vom Humanisten zum „Trotzromanisten". Huttens poetische Rom-Polemik. In: Das alte Rom und die neue Zeit: Varianten des Rom-Mythos zwischen Petrarca und
dem Barock. Hg. von Martin Disselkamp. Tübingen 2006, S. 153–169, hier S. 155. Ähnlich formuliert Fidel Rädle: Ulrichs von Hutten lateinischer Kampf gegen Rom. In: Rom und das Reich vor
der Reformation. Hg. von Nikolaus Staubach. Frankfurt a. M. u.a. 2004 (Tradition – Reform –
Innovation 7), S. 289–302, hier S. 291. Dieser spricht ebd., S. 292 von Italien als „tonangebende[r]
und normsetzende[r] Kulturmacht, die einerseits durch den legitim ererbten Besitz der Antike und
andererseits durch Renaissance und Humanismus eine schwer zu bestreitende Priorität und Dominanz beanspruchen konnte".
48 Zu Huttens Rom-Polemik s. Jacques Ridé: Un chevalier humaniste allemand contre l'or de
Rome: Ulrich von Hutten. In: L'or au temps de la Renaissance: Du mythe à l'économie. Hg. von
Marie-Thérèse Jones-Davies. Paris 1978, S. 115–123: Rädle: Kampf; Aurnhammer: Rom-Polemik.
49 So Huttens Darstellung in seiner Abhandlung *Quod Germania nec virtutibus nec ducibus ab
primoribus degeneravit. Heroicum* aus dem Jahr 1511.
50 Ad Crotum Rubianum de statu Romano 15–20 (Brief aus dem Jahr 1514): „Romanas, neque
enim Romanos: omnia luxu | omniaque obscoenis plena libidinibus: | Atque haec post Curios,
Pompeios atque Metellos | (O mores atque o tempora!) Roma tulit. | Desine velle sacram impri-
mis, Crote, visere Romam: | Romanum invenies hic, ubi Roma, nihil." [‚Römerinnen erblick'
ich, nicht Römer mehr; alles von Luxus, | Alles von schändlicher Lust über und über erfüllt. |
Solch' ein Geschlecht hat Rom, o Zeiten, o Sitten, nach jenen | Kurius, Pompejus, und den
Metellus erzeugt! | Darum laß ab von dem Wunsch, das heilige Rom zu besuchen, | Denn in
dem heiligen Rom triffst Du die Römer nicht mehr.'] (Übers. aus Ernst Münch: Aus Ulrich von
Hutten's Jugendgedichten. In: Aletheia 1 [1830], S. 87–94, hier S. 93).
51 „In ihm glaubte er [*sc.* Hutten] das Ideal des politischen Menschen gefunden zu haben, das
seiner eigenen Natur gemäß war: Mut, Tapferkeit und Willenskraft, die auch in widrigen Ver-
hältnissen nicht versagt, da sie nicht auf die Wandelbarkeit der Umstände, sondern auf die Fes-
tigkeit der Gesinnung gegründet ist." (Hajo Holborn: Ulrich von Hutten. Göttingen 1969, S. 69).
Zu Huttens Umgang mit Arminius näher Hans-Gert Roloff: Der Arminius des Ulrich von Hutten.
In: Arminius und die Varusschlacht. Geschichte – Mythos – Literatur. Hg. von Rainer Wiegels,
Winfried Woesler. 3. Auflage. Paderborn u.a. 2003, S. 211–238. Zur Bedeutung des Tacitus für
das deutsche Nationalbewusstsein in Abgrenzung zu den Italienern s. Herfried Münkler: Nation
als politische Idee im frühneuzeitlichen Europa. In: Nation und Literatur im Europa der Frühen
Neuzeit. Hg. von Klaus Garber. Tübingen 1989 (Frühe Neuzeit 1), S. 56–86, hier S. 71–77.
52 Tacitus, ann. 2, 88, 2.

Maximilian nun schöpft seine Legitimation zum einen aus der Wahl durch die Kurfürsten, zum anderen aus der Translatio Imperii, aber in hohem Maße auch aus seiner Genealogie.[53] In Maximilians Zeit bedingt die Abstammung die herrschaftlichen Vorrechte und Privilegien,[54] zudem hatten die Leistungen der Ahnen im Geblüt Bestand und wirkten in den Nachkommen weiter,[55] gesteigert durch eine Geblütsheiligkeit, wenn es wie in Maximilians Fall nach Mennels Recherchen im Haus Habsburg 123 Heilige gab.[56] Die Ahnen waren in ihrer Erinnerung wesentlicher Teil der Identität;[57] sie beglaubigen die göttliche Gnade in Maximilian.[58] Die Vergangenheit hat dabei einen starken religiösen und moralischen Gegenwartsbezug.[59] Ziel der Erinnerung war immer auch die *imitatio*, was zu einer *resurrectio* im Nachfahren werden kann.[60] Die Vorfahren beglaubigen, so Hauck, *„Die sondern gnaden, mit denen seine Majestät von got an zweifel ... begabt ist".*[61] In jedem Fall aber legitimiert die Genealogie die Herrschaftsan-

---

53 Berns, S. 657. Zur Bedeutung von Geblüt und Genealogie im Mittelalter ausführlich Karl Schmid: Geblüt. Herrschaft. Geschlechterbewusstsein. Grundfragen zum Verständnis des Adels im Mittelalter. Hg. von Dieter Mertens, Thomas Zotz. Sigmaringen 1998 (Vorträge und Forschungen 44); Beate Kellner: Ursprung und Kontinuität. Studien zum genealogischen Wissen im Mittelalter. München 2004.

54 Schmid: Geblüt, S. 18; Kellner: Ursprung, S. 15.29–31; Martin Wrede: Ohne Furcht und Tadel – für König und Vaterland. Frühneuzeitlicher Hochadel zwischen Familienehre, Ritterideal und Fürstendienst. Ostfildern 2012 (Beihefte der Francia 75), S. 19.

55 Schmid: Geblüt, S. 18; Wrede, S. 19; Linda Elisa Webers: Genealogische Herrschaftslegitimierung in Text und Bild. Die ‚Fürstliche Chronik' Jakob Mennels und ihr Ort im *gedechtnus*-Werk Maximilians I. Diss. Dresden 2014, S. 22–23.

56 Tanja Reinhardt: Die habsburgischen Heiligen des Jakob Mennel. Diss. Freiburg i. Brsg. 2002, S. 146. Neben dieser Studie zu den habsburgischen Heiligen in Mennels Arbeiten lohnt sich ebenfalls ein Blick in Elisabeth Kovács: Die Heiligen und heiligen Könige der frühen Habsburger (1273–1519). In: Laienfrömmigkeit im späten Mittelalter. Formen, Funktionen, politisch-soziale Zusammenhänge. Hg. von Klaus Schreiner. München 1992 (Schriften des Historischen Kollegs, Kolloquien 20), S. 93–126. Allgemeiner zur Geblütsheiligkeit mittelalterlicher Herrscher Karl Hauck: Geblütsheiligkeit. In: Liber Floridus. Mittellateinische Studien. Paul Lehmann zum 65. Geburtstag am 13. Juli 1949 gewidmet von Freunden, Kollegen und Schülern. Hg. von Bernhard Bischoff, Suso Brechter. St. Ottilien 1950, S. 187–240, hier S. 214–221.

57 Wrede, S. 20.

58 Hauck, S. 221 mit Bezug auf das Vorwort von Mennels Chronik (Wien, ÖNB, Cod. 3072*, fol. 4^r).

59 Hauck, S. 219. So heißt es im Vorwort zu Mennels Chronik (Wien, ÖNB, Cod. 3072*, fol. 4^v): „Das unser aller wirdigste mutter, die heylig Christenlich kirch, in den götlichen emtern mit singen vnnd lesen auch durch verkundung des gotzworts hystorias vnser voreltter (vmb desswillen das wir dardurch gebessert werden) für sich nympt, das auch alle gaistlich vnd welthlichs gesetzt darauss entspringen vnnd das ain yeder vernünfftiger mensch sich selbst vnd ander dadurch von laster zu tugenden laitten mag".

60 Hauck, S. 221.

61 Ebd. mit Verweis auf das Vorwort von Mennels Chronik (Wien, ÖNB, Cod 3072*, fol. 4^r).

sprüche; „nur über sie", so Alphons Lhotsky, „– d.h. über Brabant, Lothringen und alles, was sich der Nachfolgeschaft nach Karl dem Großen unbestritten rühmte – war es möglich, ganz Europa in Beziehung zum Hause Habsburg zu bringen".[62]

Im Falle Maximilians allerdings gab es nicht die eine Genealogie, sondern vielmehr einen Diskurs mit einer Pluralität[63] an teils sehr verschiedenen Vorstellungen und dieser Diskurs ist insbesondere für die epische Inszenierung der Herrschaftsansprüche auf Rom von besonderer Relevanz. Bis zu Maximilians Zeit waren Theorien über die Abstammung der Habsburger von den Römern über die Zähringer und Babenberger vorherrschend gewesen.[64] Noch Heinrich von Gundelfingen (zw. 1440 u. 1445–1490) konstruierte Maximilians Abstammung über die Familie der Pierleoni von Julius Cäsar.[65] Entsprechend der sogenannten Trinubium-Legende[66] wurde an anderer Stelle Maximilians Abstammung sogar auf den zweiten Ehemann der Heiligen Anna, Kleophas, zurückgeführt.[67]

---

62 Alphons Lhotsky: Apis Colonna. Fabeln und Theorien über die Abkunft der Habsburger. Ein Exkurs zur Cronica Austrie des Thomas Ebendorfer. In: Mitteilungen des Instituts für Österreichische Geschichtsforschung 55 (1944), S. 171–245, S. 210.

63 Einen Überblick über den Diskurs um die Abstammung der Habsburger liefern Beate Kellner, Linda Webers: Genealogische Entwürfe am Hof Kaiser Maximilians I. (am Beispiel von Jakob Mennels *Fürstlicher Chronik*). In: Zeitschrift für Literaturwissenschaft und Linguistik 147 (2007), S. 122–149; Kellner: Ursprung. Grundlegend ist nach wie vor Lhotsky.

64 Webers, S. 44–45 verortet den Umschwung zur Herkunft von den Römern in Zeit der Krönung Rudolfs I. 1273 und vermutet, dass Babenberger und Zähringer keine genealogische Verbindung zu einem „altehrwürdigen Königsgeschlecht" (ebd., S. 45) zuließen.

65 Wien, ÖNB, Codex Vindobonensis Palatinus 516, fol. 30^{r-v} (abgedruckt in Lhotsky, S. 195, Anm. 81). Bereits Albrecht von Bonstetten hat versucht, den Habsburgern trojanische Wurzeln nachzuweisen und zwar durch eine Linie über die Scipionen zu Aeneas; näher hierzu Regine Schweers: Albrecht von Bonstetten und die vorländische Historiographie zwischen Burgunder- und Schwabenkriegen. Münster 2005 (Studien und Texte zum Mittelalter und zur frühen Neuzeit 6), S. 150–154.

66 Hierzu grundlegend Beda Kleinschmidt: Das Trinubium (Dreiheirat) der hl. Anna in Legende, Liturgie und Geschichte. In: Theologie und Glaube 20.2 (1928), S. 332–344; Angelika Dörfler-Dierken: Die Verehrung der heiligen Anna in Spätmittelalter und früher Neuzeit. Göttingen 1992 (Forschungen zur Kirchen- und Dogmengeschichte 50).

67 Diese Abstammung wurde in zwei Kunstwerken behauptet. Erstens auf dem sogenannten Torgauer Altar, einem von Lucas Cranach d. Ä. gemalten Triptychon. Auf der Mitteltafel (Frankfurt, Städelmuseum, Inv.-Nr. 1398, 120,0 x 99,0 x min. 0,5 cm, Mischtechnik auf Lindenholz) sind Joseph, Maria, Anna und Jesus darstellt, sowie im Hintergrund die drei Männer Annas, wobei Kleophas die Züge Maximilians trägt, s. hierzu Matthias Müller: Die Heilige Sippe als dynastisches Rollenspiel. Familiäre Repräsentation in Bildkonzepten des Spätmittelalters und der beginnenden Frühen Neuzeit. In: Die Familie in der Gesellschaft des Mittelalters. Hg. von Karl-Heinz Spieß. Ostfildern 2009 (Vorträge und Forschungen 71), S. 17–49, hier

Die bedeutendste Untersuchung über die Abstammung Maximilians legte in Maximilians Auftrag im Jahr 1518 der kaiserliche Hofhistoriograf Jakob Mennel (ca. 1460– vor 9. Januar 1525) vor. In seinem *Fürstliche chronick, kayser maximilians geburtspiegel genant*[68] wird der Ursprung der Habsburger nicht auf die Römer – und explizit nicht auf Aeneas –, sondern über die Merowinger und die Franken auf die Trojaner zurückgeführt.[69] Mennel belegt, dass Maximilian „in agnatischer Deszendenz von Troja, das als Ursprung allen alten und wahren Adels galt, ja sogar von Trojas Königen abstammte[ ]".[70] Einerseits konnte sich Maximilian damit zu denjenigen Familien, die ihren Ursprung über die Römer und Aeneas in Troja suchten, nicht nur als ebenbürtig erweisen, sondern eine noch direktere und damit edlere Abstammungslinie vorweisen –[71] Aeneas nämlich entstammte nur einer Nebenlinie des trojanischen Königshauses, abstammend von Assarakos, dem zweitgeborenen Sohn des

---

S. 26–27. Zweitens findet sich diese Abstammung auf einem Porträt Maximilians und seiner Familie von Bernhard Strigel aus der Zeit nach 1515 (Wien, Kunsthistorisches Museum, Inv.-Nr. Gemäldegalerie 832, 72,8 x 60,4 cm, Lindenholz). Darauf findet man über Maximilian eine Beschriftung des Kaisers als „Cleophas", hierzu näher Heather K. S. Madar: History Made Visible: Visible Strategies in the Memorial Project of Maximilian I. Diss. Berkeley 2003, S. 198. Zur Annenschriftstellerei bei den deutschen Humanisten in Maximilians Zeit eingehend Dörfler-Dierken, S. 165–203.

68 Hierzu ausführlich Dieter Mertens: Geschichte und Dynastie – zu Methode und Ziel der ‚Fürstlichen Chronik' Jakob Mennels. In: Historiographie am Oberrhein im späten Mittelalter und in der Frühen Neuzeit. Hg. von Kurt Andermann. Sigmaringen 1988 (Oberrheinische Studien 7), S. 121–153; Reinhardt; Kellner/Webers; Webers.

69 Den Ursprung der trojanischen Abstammungstheorie sieht Lhotsky, S. 209–210 in Brabant und bemerkt, dass bereits Karl IV. eine solche Genealogie für sich proklamierte. Die Abstammung führt Mennel weiter auf Noah zurück, genauer gesagt auf dessen Sohn Japhet, dessen Nachkommen nach Europa gelangt seien. Dabei entsteht eine Lücke zwischen Japhets Nachkommen und Dardanus, die nicht von Mennel geschlossen wird, wohl aber, wie Webers, S. 88 beobachtet hat, von Johannes Stabius, wie ein Gutachten der Wiener theologischen Fakultät zeigt (*Continuata procerum series*). Von Priamos kommt Mennel über Hector auf Francio, Hectors Sohn, der Troja verlassen habe und nach Pannonien (das Gebiet an der heutigen Grenze zwischen Österreich und Ungarn) gegangen sei. Zu solchen mittelalterlichen Rückführungen von Genealogien auf die graue Vorzeit oder den Mythos s. Kellner: Ursprung, S. 108–110; zu mittelalterlichen Abstammungsvorstellungen von den Trojanern ebd., S. 131–294.

70 Mertens: Geschichte, S. 141. S. auch Webers, S. 81.

71 Denn Mennel verfolgt Aeneas' Linie bis zu Julius Cäsar, wobei diese Linie Brüche hat, einerseits bei Romulus, der keine Erben hinterließ, andererseits nach Ende des Königstums, worauf gewählte Herrscher folgten (ausführlich Webers, S. 90–91). Hierbei wird eine genealogische Linie nur über das gemeinsame Amt gezogen und nicht über agnatische Abstammung.

Tros. Vor allem aber verfolgte Maximilian das Ziel, einen legitimen Anspruch auf das Herzogtum Burgund zu belegen, was nach dem Tod seiner ersten Frau Maria besonders nottat.[72] Durch Mennels Genealogie konnte Maximilian beweisen, dass er und die burgundischen Herzöge dieselbe Abstammung haben;[73] sie belegt, dass durch die Heirat Maximilians und Marias „eine uralte Beziehung Habsburgs zu Burgund wiederhergestellt" wurde,[74] ganz abgesehen davon, dass Maximilian in der Abstammung so auch dem französischen Königshaus ebenbürtig war, „dem Hauptkonkurrenten um die Würde trojanischen Adels und Alters",[75] und gleichzeitig den Römern.[76]

Beate Kellner hat dargestellt, dass das christliche Mittelalter für die Konstruktion von Genealogien noch auf Figuren der polytheistischen Mythologie zurückgriff, und betont, dass Exklusivität des Spitzenahns, Dauer und Kontinuität über die christlichen Gebote gesetzt wurden.[77] Indem nun allerdings Maximilian sich nicht auf Aeneas, sondern auf Hector zurückführt, geht die Halbgöttlichkeit des Aeneas für die Legitimation der eigenen Herrschaft verloren. Maximilians Humanisten bewältigen dieses Manko, indem sie durch die 123 Heiligen in der Sipp-, Mag- und Schwägerschaft sowie die Rückführung auf Noah eine Geblütsheiligkeit herstellen, ebenfalls ein gängiges mittelalterliches Muster.[78] Vor den Thesen Webers bedeutet dies, dass in der Genealogie somit die Kategorien der traditionalen und charismatischen Herrschaft ineinanderfließen,[79] wobei die Gründerfiguren gerade das Charisma beisteuern und dieses Charisma in den Nachfahren weiter besteht.[80]

---

72 Mertens: Geschichte, S. 137–138; Webers, S. 47–48.

73 So identifiziert Mennel die Abstammung Maximilians von dem Merowingergrafen Ottbert, einem Nachfahren wiederum eines gewissen Theodpert, wohl des Merowingerkönigs Theudebert II. (585–ca. 612), der auch über die Herrschaftsgebiete Burgunds regierte; s. näher Kellner/Webers, S. 137–144.

74 Mertens: Geschichte, S. 137; ähnlich formuliert von Kellner/Webers, S. 143.

75 Mertens: Geschichte, S. 145. Abgesehen davon ist auch zu beachten, dass die Abstammung von römischen Familien wie von den Colonna zu unerwünschten Verwandtschaftsverhältnissen geführt hätte, etwa bei dem Tiroler Geschlecht derer von Völs, s. Schweers, S. 152.

76 Celtis: Germania, hg. von Müller, S. 338.

77 Kellner: Ursprung, S. 111.

78 Ebd., S. 112.

79 Ebd., S. 112–113.

80 Ebd., S. 113.

3.3 Zeit des Umbruchs – Zeit für Helden. Maximilian als Vollender des Vergil'schen Geschichtstelos

In seinem Musenanruf gibt Nagonio einen Überblick über all die Großtaten, die Maximilian erwarten lässt, die Expansion der Herrschaft bis zu den Indern und sogar die Bemächtigung des Himmels („invictos premit inde deos quis fortior ausis"; 1, 11).[81] Um diese künftigen Heldentaten zu behaupten und zu beglaubigen, bedient sich Nagonio desselben prophetischen Instrumentariums, das Vergil zur Vorausdeutung des Telos genutzt hat – Jupiterprophetie, Heldenschau und Schildbeschreibung – und bildet es auf Maximilian hin fort.

3.3.1 Zeit des Umbruchs – Jupiterprophetie und Schildbeschreibung

Für Koselleck ist ‚Krise' „Ausdruck einer neuen Zeiterfahrung, Faktor und Indikator eines epochalen Umbruchs".[82] Gerade in Krisenzeiten kann ein Held durch sein Eingreifen eine entscheidende Wende einleiten;[83] Jakob Willis nennt sie „Heldenzeiten par excellence".[84]

Während Nagonios Epos realiter durch die Bedrohung des französischen Königs veranlasst wird, wird textintern der ruinöse Zustand der Stadt Rom, die verfallenen Bauten sowie die labile Erinnerung an die Helden und mythischen Figuren der Antike als Krise aufgebaut. Der Eintritt in ein Goldenes Zeitalter wird von Beginn an mit der Erneuerung der Stadt in ihren Bauwerken, ihren glorreichen Helden und ihrer Bedeutung als Zentrum des Reiches verknüpft. Damit platziert Nagonio seine Erzählung in einem Rahmen ähnlich dem der Werke Vergils, die vom Übergang von Bürgerkrieg zur *Pax Augusta* geprägt sind.[85] Die *Bucolica*, in denen Hirten die politische Situation beklagen, dokumentieren gerade das Elend des Jahres 43 v. Chr. angesichts der Landenteignungen.[86] Die Situation wird besonders prominent in den Worten der Figur des Moeris

---

81 [‚Wer wird tapferer in seinen Wagnissen die unbesiegbaren Götter unterwerfen?']
82 Reinhart Koselleck: Krise. In: Geschichtliche Grundbegriffe. Historisches Lexikon zur politisch-sozialen Sprache in Deutschland. Bd. 3. Hg. von Otto Brunner u.a. Stuttgart 1982, S. 617–650, hier S. 617.
83 Willis, S. 70–71.
84 Ebd., S. 71.
85 Ausführlich hierzu Eckard Lefèvre: Cicero und Vergil als literarische Zeugen des Übergangs vom Bürgerkrieg zur Pax Augusta. Von den *Orationes Philippicae* zur *Aeneis*. In: Latein und Griechisch in Baden-Württemberg 35 (2007), S. 32–45.
86 Ebd., S. 40.

deutlich: „nunc victi, tristes, quoniam fors omnia versat" (Vergil, ecl. 9, 5).[87] Die Überwindung der Krise und die anschließende Ruhe würden den Dichtern von Octavian gestiftet, heißt es dort weiter.[88] Ein ähnliches Bild vermittelt das erste Buch der *Georgica*, „Vergils erschütterndste Klage über die heillosen politischen Zustände":[89]

> Die Zeit ist ihm aus den Angeln, er lebt in einem *saeculum eversum*, Recht und Unrecht sind vertauscht (*fas versum atque nefas*), Sicheln werden zu Schwertern geschlagen (*curvae rigidum falces conflantur in ensem*), der gottlose Krieg wütet auf dem ganzen Erdkreis (*saevit toto Mars impius orbe*).[90]

Die Ausgangssituation des *Pronostichon* wird ähnlich angelegt: Initial herrscht überall Krieg („Iam Mars saevus adest validos volet ire per enses | ac Bellona furens."; 1, 435–436a):[91] Hinzu kommt, dass Rom seine Macht verloren hat („perpessa malis ac mersa profundis | sedibus"; 1, 192b–193a).[92] Angesichts dessen bestätigt Jupiter selbst die Rückkehr des Goldenen Zeitalters, worauf Rom lange warten musste (1, 218b–226):

>   caelum ecce fatigant
> astra meum speciesque premens opus omne recessit
> inque* novas. Tanto subsedit pondere tellus.
> Et Phaeton celsa sedem sibi reddidit arce
> lunares et equi loca nunc tenuere superna.
> Par erit omnis honor donec se fata resolvant,
> quae primum data sceptra tuo sunt illa Quirino.
> Iam rediere dies quos dudum Roma moratur.[93]
>
> ⸻
> * inde *ms.*

---

87 [‚Jetzt als Unterlegene und traurig, [...] weil der Zufall alles verdreht'] (Übers. aus Vergil: Hirtengedichte, Bucolica. Landwirtschaft, Georgica. Hg. und übers. von Niklas Holzberg. Berlin, Boston 2016, S. 101).

88 Lefèvre, S. 40 mit weiteren Belegstellen.

89 Ders. ebd. in Bezug auf georg. 1, 498–514.

90 Lefèvre, S. 40–41.

91 [‚Schon ist der wilde Krieg präsent und die wütende Bellona will durch die starken Schwerter hindurch wandeln.']

92 [‚[Rom,] das Unheil duldsam ertragen musste und in bodenlose Tiefe gestürzt wurde.']

93 [‚Sieh, die Sterne halten meinen Himmel ingang: Das drückende All trennte sich zu neuer Gestalt. Unter solch großem Gewicht senkte sich die Erde. Und Phaeton hat sich einen Platz in der erhabenen Burg zurückgegeben. Und die Rosse der Luna haben nun ihren Ort im Himmel erreicht. Bis zum Ende der Zeit wird keiner an Ehre zurückstehen, jene Herrschaft, welche anfangs gegeben wurde, gehört Deinem Quirinus. Die Tage sind zurückgekehrt, auf die Rom so lange wartet.'] (Die Übersetzung ist um der Deutlichkeit des intertextuellen Bezuges willen angelehnt an die Übersetzung Ovid: Fasti. Festkalender Roms. Hg. von Wolfgang Gerlach. München 1960, S. 255.)

Jupiters Rede nimmt damit die Worte der Polyhymnia aus Ovid, fast. 5, 11–18 auf, worin sie eine genau solche Szenerie nach dem Ende des Chaos ausmalt: Himmel und Erde trennten sich, die Sonne mit den Rossen der Luna stieg an den Himmel, Himmel und Erde standen an Ehre nicht zurück.[94]

Mit Maximilians Erscheinen in Rom wird es zu Anfang des zweiten Buches dann heißen, das Goldene Zeitalter habe begonnen (2, 22b–33). Dass an dessen Ankunft eine neue Zeiterfahrung, wie Koselleck sagen würde, geknüpft ist, betont Nagonio von Beginn an und schließt sein Epos auch damit: Eine seltsame und einzigartige Eintracht nämlich herrsche unter den Göttern (1, 150.159–160.179–181), weshalb Venus überhaupt erst ihren Vater fragt, ob die Zeit für die einstmals prophezeite ,wohltuende Ruhe' („alma quies"; 1, 189), gekommen sei. Zuvor hat bereits der Erzähler eine nie da gewesene Eintracht („concordes animos"; 1,160) bemerkt. Diese mehrfache Verwendung des Wortfeldes von ,concordia' sowie Venus' Rede von der „alma quies" und den „tranquillaque signa" (1, 179) entstammt nicht Vergils Entwurf des Goldenen Zeitalters, sondern erinnert an Augustinus' Definition des himmlischen Friedens (civ. 19, 13),[95] den gerade Eintracht und Ordnung im Kosmos prägen. Diese Ordnung wird von Nagonio einerseits durch die feste Ordnung der gesamten Milchstraße, des Zodiaks und der Pole suggeriert (1, 150–153a), andererseits im geordneten Aufbruch der Himmelsbewohner zum Palast Jupiters (1, 153b–155a) und beides wird unmittelbar auf die Eintracht bezogen („dum fuit [...] concordia"; 1, 150).[96] Zugleich wird in

---

94 Bei Ovid heißt es (fast. 5, 11–18): „post chaos ut primum data sunt tria corpora mundo | inque novas species omne recessit opus, | pondere terra suo subsedit et aequora traxit: | at caelum levitas in loca summa tulit; | sol quoque cum stellis nulla gravitate retentus | et vos, Lunares, exsiluistis, equi. | sed neque terra diu caelo, nec cetera Phoebo | sidera cedebant: par erat omnis honos." [,Als nach dem Chaos die Welt geteilt war in drei Elemente, als sich zu neuer Gestalt trennte das ewige All, senkte durch eignes Gewicht sich die Erde, mit ihr die Gewässer, aber der Himmel stieg leicht in den Äther hinan. Mit den Sternen zugleich zog, ledig der Schwere, die Sonne eilends empor, von euch, Rosse der Luna, gefolgt. Aber für lange Zeit kam die Erde dem Himmel, die Sterne Phöbus noch gleich, und es stand keiner an Ehre zurück.'] (Übersetzung aus Ovid: Fasti, hg. von Gerlach, S. 255).

95 „[P]ax caelestis civitatis ordinatissima et concordissima societas fruendi Deo et invicem in Deo, pax omnium rerum tranquillitas ordinis. Ordo est parium dispariumque rerum sua cuique loca tribuens dispositio." [,Der Friede der himmlischen Staates ist die bis ins letzte geordnete und völlig einträchtige Gemeinschaft des Gottgenusses und des gegenseitigen Genusses in Gott. Der Friede für alle Dinge ist die Ruhe der Ordnung. Ordnung ist die Verteilung der gleichen und ungleichen Dinge, die jedem seinen Platz zuweist.'] (Übers. aus Augustinus: Der Gottesstaat. De civitate Dei. 2 Bde. Hg. von Carl J. Perl. Paderborn u.a. 1979, Bd. 2, S. 473.475).

96 Die gesamte Passage lautet wie folgt (1, 150–155): „Dum fuit astriferis concordia tanta figuris | et plaga lucentis dum stabat lactea caeli | Zodiaci contenta domo dextroque rotatu | mansit uterque polus, tunc omnes rite parabant | ire gradu simili." [,Während unter den sterntragen-

dieser Formulierung des geordneten Zodiak das wichtigste Vorbild für Nagonio sichtbar, Claudians Darstellung des Balancestifters Stilicho, durch den der Zodiak seine Bahn behielt (De consulatu Stilichonis 1, 145).[97] Auch Claudian beschrieb, wie unter Stilicho auf der ganzen Welt Ruhe einkehrt (ebd. 1, 148–169) und die Menschen den Herrscherwechsel gar nicht bemerkten (ebd. 1, 149–150).

Bei Nagonio nun spricht Venus, dass mit der Einkehr des neuen Zeitalters das Wiedererstarken der ‚Macht Roms' (1, 190) sowie die *renovatio Romae* (1, 193–196) verbunden sind. Wahrnehmbar sei der Umbruch auch auf der Erde, zurückgekehrt seien bereits die Tribunen, die „Curules", die für Festspiele zuständigen Beamten (d.s. die kurulischen Ädiln), die „alta[e] secures", die ‚die hohe Regierungsgewalt' (d.s. die Rutenbündel der Liktoren), die „purpurea[e] toga[e]", ‚die purpurfarbenen Togen' (d.i. die feierliche Kleidung von Triumphatoren) und die „longa[ ] consulis alba[ ]", ‚die lange Amtsrobe des Konsuls' (1, 205–208). Diese besondere Eintracht wird in der Schildbeschreibung, die das Ende des Epos bildet, wieder aufgenommen: Bei dessen Übergabe beglaubigt Orsini gegenüber Maximilian die kundgetane Prophezeiung der zukünftigen Herrschaft mit den Worten „cecinit concordia divum" (2, 580).[98] Der Schild zeigt in Gold ziseliert Maximilian, wie er über den gesamten Erdkreis blickt. Mit ihm erhält Maximilian auch einen nicht weiter beschriebenen Helm, beides wird als ‚schicksalsbestimmte Geschenke' („fatalia dona"; 2, 596) bezeichnet.

Jupiter entgegnet nicht nur, dass dieses Zeitalter anbricht, sondern er bestimmt auch die ersehnte Erlöserfigur, Maximilian, und spricht in Anlehnung an

---

den Bildern eine so große Eintracht war und die milchige Gegend des leuchtenden Himmels im Haus des Zodiak festgehalten stand und jeder der Pole in seiner rechtsdrehenden Bewegung blieb, da bereiteten sich alle in gehöriger Weise vor, im Gleichschritt loszuziehen.']

97 Claudian intensiviert dabei einen Topos, der sich bereits in der Panegyrik auf Nero und Domitian findet, dass nämlich die Herrschaft des Kaisers Einfluss auf die Umwelt, angefangen bei der Tierwelt hin Himmel habe; näher zu dieser kosmischen Dimension Cordes, S. 175–189.

98 In der Übergabe des Schildes ist indes nicht nur die *Aeneis* als Vorbild zu sehen, sondern auch der Schild als Waffe des *miles Christianus* gegenüber dem Teufel. Wang, S. 65 verweist hierzu auf Eph 6, 16: „Vor allem greift zum Schild des Glaubens! Mit ihm könnt ihr alle feurigen Geschosse des Bösen auslöschen." (Einheitsübersetzung). Im Schild ist zudem die Aufgabe des christlichen Ritters definiert, der Schutz der Kirche (Wang, S. 67). Dabei muss man beachten, dass die Waffen auch eine allegorische Bedeutung hinsichtlich der *militia Christiana* haben: „Christus vermag durch seine Göttlichkeit selbst die Marterwerkzeuge in Instrumente des Heils umzuwandeln. Der Mensch, durch den Sündenfall gezeichnet und erst durch Christus überhaupt mit der Möglichkeit zur Erlangung des Heils versehen und ermutigt, kann nur mit göttlicher Hilfe, in diesem Fall nur mit der von Gott verliehenen Waffenrüstung, keineswegs aber allein, das Heil erkämpfen." (ebd., S. 106).

seine einstigen Worte „nascetur pulchro Troianus origine Caesar" (Aen. 1, 286)[99] wie folgt (1, 235b–239):

> nascetur origine regum
> Maximianus[100] avum pulchris quo clarior armis
> non erit alter eques. Sceptris huic Romula nomen
> contribuet tam magna domus super aequore terris
> facta potens, cognata deis et proxima caelo.[101]

In dieser Prophezeiung zeigt sich das Kerncharakteristikum von Maximilians Heldentum: Seine eigene Größe, eigene Taten, eigene Nähe zu den Göttern werden in Relation zur Größe Roms gestellt: Nur das blühende Rom kann Maximilian ein „nomen" geben und damit Erinnerung für ihn stiften.[102] Das Kompositum „contribuet" verdeutlicht durch das Präfix „con-" diesen Zusammenhang. Andererseits kann auch umgekehrt Rom nicht ohne Maximilian groß sein, sondern wird durch ihn dazu gemacht („facta").[103] Die auf Augustus hin entworfene He-

---

99 [‚Dann wird aus vornehmem Stamm geboren der troische Caesar'] (Übers. aus Vergil: Aeneis, hg. von Holzberg, S. 61).

100 Die Form entstammt der metrischen Unvereinbarkeit des Namens mit dem Hexameter, s. Gwynne: Poets and Princes, S. 87–88, insb. 87, Anm. 36.

101 [‚Aus dem Geschlecht königlicher Ahnen wird Maximilian geboren werden. Es wird keinen zweiten Ritter geben, der heller strahlt in seinen schönen Waffen als er: Diesem wird das so große Haus des Romulus mit der Herrschaft einen Namen verleihen, das über das Meer hinweg zu Macht gelangt sein wird, verwandt mit den Göttern und dem Himmel am nächsten.']

102 Das Wort „nomen" ist in diesem Kontext besonders bedeutungsschwanger: Im sechsten Buch der *Aeneis* zeigt Anchises seinem Sohn die Schatten derjenigen, die kommen werden, und spricht (Aen. 6, 758–759): „illustris animas nostrumque in nomen ituras, | expediam dictis et te tua fata docebo" [‚edle Seelen, bestimmt, einst unseren Namen zu tragen, werde ich dir erläutern und so deine Fata dir kundtun'] (Übers. aus Vergil: Aeneis, hg. von Holzberg, S. 337).

103 Diese Verknüpfung Maximilians mit Rom vor allem hinsichtlich der kriegerischen Größe wird später an einem mythologischen Spiel Nagonios besonders deutlich werden. Als Mars zu den Römern aufbricht, um sie zur Sibylle zu schicken, begleiten ihn Helice („Parrhasia[ ] com[es]"; 1, 382) und Romulus, die als dessen Kinder bezeichnet werden (1, 343.384). Nagonio fasst Helice hier entsprechend dem Kommentar des Servius *Commentarii in Vergili Georgica* (ad 1, 67) sowie den *Commentariorum in Aratum reliquiae* (Commentariorum in Aratum reliquiae. Hg. von Ernst Maass. Berlin 1889, S. 181–182) auf, wonach sie als Kallisto identifiziert wurde, die nach Ovids Metamorphosen in eine Bärin verwandelt und als Sternbild an den Himmel gesetzt wurde (Ovid, met. 2, 470–506). Als Sternbild des Großen Bären repräsentiert Helice den Nordhimmel und verweist damit auf Maximilian. Entgegen dem gängigen Mythos, wonach Kallisto als Tochter des arkadischen Königs Lykaon erscheint (Katharina Waldner: Kallisto. In: Der Neue Pauly. Hg. von Hubert Cancik, Helmut Schneider. Bd. 6. Stuttgart, Weimar 1999, S. 205), modifiziert Nagonio den Mythos zugunsten der panegyrischen Intention des Werkes. Denn auf diese Weise wird Maximilian als Bruder der Stadt Rom repräsentiert, diese wiederum durch Romulus verkörpert.

roik in der *Aeneis* wird somit auf Maximilian übertragen, unterstrichen durch Jupiters Aussage, er wolle seine einstige Prophezeiung nicht noch einmal ganz erzählen (1, 291–292).

Dabei überhöht Nagonio Maximilian über Augustus, indem Jupiter Maximilian auch Siege im Morgenland – die bereits im Musenanruf angesprochen wurden (1, 9–10) – zuschreibt („Et spoliis Aurora virum decorabit opimis | occiduisque simul donis ornabit onustum"; 1, 244–245),[104] während in der *Aeneis* Iulus nur solche im Abendland prophezeit werden (Aen. 1, 289). Indem der Dichter Maximilians Achtung mit der der Götter gleichsetzt („fama certabit Olympo"; 1, 241) und ankündigt, man werde Maximilian mit Gelübden verehren („votis venerabitur iste"; 1, 243), wird einerseits Aeneas' von den Sternen begrenzter Ruhm (Aen. 1, 287) übertroffen, andererseits stellt Nagonio eine kultgleiche Verehrung („venerabitur") in Aussicht, wo Vergil ‚nur' von einer Anrufung sprach (Aen. 1, 290): „vocabitur hic quoque votis".[105] Dass Maximilian den Janustempel schließen und bewachen (1, 248–249), die *Furores*, das personifizierte Wüten, darin einschließen, den Mars zähmen und die Kriegsgöttin Bellona in tausend Ketten legen werde (1, 250–253a), ist ebenfalls eine geschickte Replik auf die Beschreibung des künftigen Friedenszustandes aus Aen. 1, 291–296.[106] Die Bedrängnis durch den Kriegsgott und die Kriegsgöttin ist indes bereits groß (1, 435) und dass die Römer zur Sibylle ziehen müssen, verdeutlicht, dass sie aus ihren eigenen Reihen niemanden (mehr) zu bieten haben, der sich diesen Gefahren entgegenstellen könnte. Maximilians Taten allerdings versprechen nicht nur, groß zu werden, sondern auch Ordnung zu stiften. Ausgehend von der bei Vergil prophezeiten Einrichtung von Normen (Aen. 1, 293) formuliert auch Nagonios Jupiter, Recht und Gesetz würden durch Maximilian wieder verbindlich werden (1, 279b–280).

Während die Prophetie sehr umfassend ausfällt, ist die Schildbeschreibung kurz gehalten. In Gold ziseliert ist darauf Maximilian zu sehen, wie er den ganzen Erdkreis überblickt (2, 604), aber auch sein Sohn Philipp I. der Schöne, des-

---

104 [‚Und Aurora wird den Mann mit der Kriegsbeute zieren und schmücken, wobei er zugleich mit Geschenken aus dem Abendland beladen ist.']
105 [‚zu ihm auch wird betend man rufen'] (Übers. aus Vergil: Aeneis, hg. von Holzberg, S. 61).
106 Dort heißt es: „Aspera tum positis mitescent saecula bellis; | cana Fides et Vesta, Remo cum fratre Quirinus | iura dabunt; dirae ferro et compagibus artis | claudentur belli portae; Furor impius intus | saeva sedens super arma et centum vinctus aenis | post tergum nodis fremet horridus ore cruento" [‚Grimmige Zeitläufte werden, wenn aus sind die Kriege, dann friedlich; Fides, die graue, und Vesta, Quirinus mit Remus, dem Bruder, schaffen dann Recht; die Pforten des Krieges, die grausigen, werden dicht mit Klammern aus Eisen versperrt; drin sitzt der verruchte Furor auf grausamen Waffen, mit hundert ehernen Knoten rücklings gefesselt, und brüllt entsetzlich mit blutigem Maule.'] (Übers. aus Vergil: Aeneis, ed. Holzberg, S. 61).

sen schönes Antlitz (2, 605) und seine väterliche Rüstung (2, 606) benannt werden. Dass diese Schildbeschreibung derart reduziert ist und vor allem Philipp in den Vordergrund stellt, der bislang keine Rolle im Epos spielte, dürfte der Untermauerung von Maximilians allumfassender Herrschaft geschuldet sein. Denn im Jahr 1496 wurde er mit Johanna von Kastilien aus dem Haus Trastámara vermählt, sodass er 1504 König von Kastilien wurde. Das ist bereits ein bedeutender Schritt zur prophezeiten Herrschaftsausdehnung der Habsburger, die mit den Valois und gerade den Trastámara um die Vorherrschaft in Europa kämpften. Während in der *Aeneis* die gut 100 Verse umfassende Schildbeschreibung der Vorausschau über die römische Geschichte bis auf Augustus' Sieg bei Actium dient, illustriert die radikale Reduktion bei Nagonio auf dreieinhalb Verse, dass die glorreiche Zeit nicht mehr weit in der Zukunft liegt und das Telos sich bereits in Maximilian verwirklicht.

Während Jupiterprophetie und Schildbeschreibung anzeigen, dass mit Maximilian das Goldene Zeitalter beginnt und so die heroische Hohlform des großen Friedensbringers konstruiert wird, weiß Nagonio aber auch, dass er das Manko der fehlenden Heldentat beheben muss. In einem Geleitgedicht der Handschrift für Maximilian heißt es an den Kaiser (Wien, Österreichische Nationalbibliothek, Cod. 12750, fol. 1$^\mathrm{v}$): „Caesar bellipotens hunc nostrum sume libellum | Martis honorati qui tua gesta canit."[107] Die Leserschaft des Epos musste einen Eindruck bekommen, zu welchen Taten Maximilian imstande war. Nagonio bedient sich hierzu dreier Heldenkataloge, die durch die Auflistung glorreicher Persönlichkeiten samt ihrer Taten einen klaren Blick auf die tatsächliche Handlungsmacht Maximilians eröffnen sollen.

3.3.2 Heldenkataloge zur Illustration von Maximilians Potenzial

Die Heldenkataloge bieten nicht nur die Möglichkeit, einen genaueren Eindruck von Maximilians Potenzial zu erhalten, sondern ergänzen die eingeleitete Heroisierung in dem sehr tragenden Punkt der Grenzziehung. Da der König nicht agonal mit Figuren im Epos interagiert, muss auch diese in der Bezugnahme auf Vorläufer entwickelt werden. Nagonio setzt gleich drei solcher Kataloge ein, einen kurzen noch im Proömium, einen innerhalb der Rede des Mars an die

---

107 [‚Kriegerischer Kaiser, nimm dieses, unser Buch, das Deine Taten im ehrenvollen Krieg besingt.'] (Maximilian war zu diesem Zeitpunkt noch nicht Kaiser, die Anrede ist allerdings Teil des protreptischen Programms, wonach Maximilian zur Kaiserkrönung nach Rom ziehen sollte.)

Römer mit einem Blick auf antike Helden und einen weiteren bei der Nekyia in Cumae mit dem Schwerpunkt auf zeitgenössische Helden.

Die Funktionalisierung der Kataloge wird am deutlichsten, wenn zunächst der zweite näher betrachtet wird: Als der Kriegsgott die Römer auffordert, nach Cumae zu gehen und den Namen des Erneuerers in Erfahrung zu bringen, trägt er ihnen ebenfalls auf, den erwählten König herbeizuholen („electum accersite regem"; 1, 444). Das „electum" könnte einerseits darauf anspielen, dass Maximilians Wahl zum römisch-deutschen König unter der Zusicherung der Kurfürsten geschah, ihn gleichfalls zum Kaiser zu wählen,[108] andererseits deutet die explizite Erwähnung auch das problematische Legitimationsbedürfnis an, das aus der Bestimmung eines Deutschen – und keines Italieners – zum Nachfolger der Regenten Roms resultiert. Mit der Nennung Maximilians in einer Reihe römischer Helden werden dem König nicht nur heroische Fähigkeiten zugeschrieben, zugleich wird auch die nötige Legitimation gestiftet. Wie Mars zu Beginn seiner Auflistung festhält, stellt Maximilian sogar den Kulminationspunkt der anschließend genannten Römer dar (1, 468–470):

> Non tantum partos tellus iactavit honores
> nec tanta spe rexit avos quam tollet alumnos
> numen habens Caesar Phrygios et fortior hoste.[109]

Mars benennt die Römer als Schutzbefohlene Maximilians, wobei der König mit einer Formulierung exzeptionalisiert wird, die in der Heldenschau der *Aeneis* für den früh verstorbenen Marcellus gewählt wurde (Aen. 6, 875–877): „nec puer Iliaca quisquam de gente Latinos | in tantum spe tollet avos, nec Romula quondam | ullo se tantum tellus iactabit alumno."[110] Maximilian wird zu einer großen Figur stilisiert, wie sie die Götter in der Antike noch nicht zuließen, weil nach göttlichem Plan dessen Zeit erst jetzt gekommen sei.

Der Katalog listet folgende Personen auf: Publius Cornelius Scipio Africanus (Erfolge in Libyen), Publius Servilius Vatia (Unterwerfung der Isaurer), Quintus Caecilius Metellus Creticus (Eroberungen der Städte Knosos, Lyctum

---

108 Wolf, S. 115.117. Zudem galt der gewählte römische König als „herrschaftsberechtigter Kaiser" (Pauler, S. 20).

109 [‚Das Land hat sich nicht in dem Maße der erworbenen Ehren gerühmt und die Vorfahren nicht mit einer so großen Hoffnung aufgerichtet, wie Maximilian, der Göttlichkeit in sich trägt, tapferer ist als der Feind und die ihm zum Schutz anbefohlenen Trojaner aufrichten wird.'], wobei mit den Trojanern die aus Troja abstammenden Römer gemeint sind.

110 [‚Nie wird ein anderer Knabe vom ilischen Stamme zu solcher Hoffnung Latiums Ahnen erheben, und nicht wird so sehr sich irgendeines Zöglings das Land des Romulus rühmen'.] (Übers. aus Vergil: Aeneis, hg. von Holzberg, S. 345).

und Kydonia auf Creta), Quintus Caecilius Metellus Numidicus (Eroberungen in Numidien), Valerius Maximus Corvinus (Eroberung Messanas, Bezwingung Hierons II. von Syrakus), Publius Cornelius Scipio Africanus d. J. (Eroberung Numantias), Marcus Valerius Corvus (genannt auch Corvinus; Sieg mithilfe eines Raben, lat. *corvus*, im Zweikampf),[111] Publius Decius Mus (Sieg über die Etrusker), Marcus Curtius (freiwilliger Opfertod 362 v. Chr.), Horatius Cocles (Verteidigung Roms gegen die Etrusker), Marcus Furius Camillus (Sieg über die Gallier), Gaius Fabricius Luscinus (Sieg gegen Pyrrhus),[112] Lucius Postumius Albinus (Sieg gegen die Ligurer), Pompeius Magnus (Sieg gegen Tigranes), Tiberius Claudius Nero (Expeditionen am Rhein), Nero Claudius Drusus (Feldzüge gegen die Germanen). Den Abschluss bildet eine lange Klage des Mars über den Tod seines Sprosses, eines gewissen Paulus, ein Mitglied der Familie Orsini (1, 508). Bei diesem handelt es sich eventuell um den im Jahr 1486 im Alter von sieben Jahren verstorbenen Sohn des Paolo Orsini (1450–1503),[113] der im Dienst von Papst Alexander VI., dem Auftraggeber des *Pronostichon*, stand. Indem der verstorbene Junge von Mars als ‚mein Sohn' („nate meus"; 1, 515) angeredet wird, wird zudem der Familie der Orsini eine Abstammung von dem Kriegsgott zugeschrie-

---

111 Nagonio schreibt (1, 478b–480a): „Corvinus adempti | seu tulerit torquis titulos pennaque iuvante | alitis admissae." [‚Und Corvinus trug die Titel des geraubten Halsschmuckes und den eines herbeigeschickten Vogels, weil dessen Flug ihm half.']. Helden können nicht nur durch die unterworfenen Völker oder eroberten Städte und Länder Beinamen erhalten, sondern auch durch einzelne Gegenstände, die bei ihrer Heldentat relevant waren. Corvus erhielt seinen Beinamen durch einen Raben, der sich während eines Zweikampfes auf seinen Helm setzte (nach Livius, ab urbe condita 7, 26; s. näher Christian Müller: V. (Maximus) Corvus, M. In: Der Neue Pauly. Hg. von Hubert Cancik, Helmuth Schneider. Bd. 12/1. Stuttgart 2002, Sp. 2093). Allerdings unterliegt Nagonio hier dem Irrtum, Corvus hätte auch einen Beinamen durch einen geraubten Halsschmuck erhalten. Dabei missversteht die ihm zugrundeliegende Vorlage aus Ovids *Fasti* – auf die im Folgenden noch eingegangen wird –, wo es heißt (fast. 1, 601–602): „ex uno quidam celebres aut torquis adempti | aut corvi titulos auxiliaris habent." [‚Eine Tat nur gab manchem schon Ruhm; eine Kette des Gegners, oder ein Rabe, der half, brachte den Namen schon ein.'] (Übers. aus Ovid: Fasti, hg. von Gerlach, S. 49). Nach der geraubten Halskette seines gallischen Gegners wurde vielmehr Titus Manlius Imperiosus Torquatus benannt (Livius, ab urbe condita: 7, 10; s. näher Christian Müller: M. Imperiosus Torquatus, T. In: Der Neue Pauly. Hg. von Hubert Cancik, Helmuth Schneider. Bd. 7. Stuttgart, Weimar 1999, Sp. 825). **112** Im Text ist von dem die Rede, den die ‚epirotischen Banner' („Epirotica signa"; 1, 487) zum Helden gemacht haben. Dass Gaius Fabricius Luscinus gemeint ist, erscheint wahrscheinlich aufgrund der Nennung in der ersten Ode aus demselben Maximilian gewidmeten Manuskript, wo er innerhalb eines Heldenkataloges genannt wird, dessen Kulminationspunkt Maximilian ist (Ode 1, 7–8 in Wien, Österreichische Nationalbibliothek, Cod. 12750, fol. 52r): „Qualis et quantus fugiente Pyrrho | Fabriciusque" [‚in der Art und Größe wie Fabricius, als Pyrrhus floh']. **113** Gwynne: Poets and Princes, S. 169 Anm. 45.

ben. Gwynne bemerkt hierzu, dass in der gegenwärtigen Situation Roms, nämlich der Gefahr durch den französischen König, Orsini von Papst Alexander die Verteidigung Roms übertragen worden sei.[114] Indem nun auch diese Familie, die auf dieselbe Abstammung wie Romulus zurückblickt, ihren Hoffnungsträger verloren hat, scheint Rom aus sich heraus der Gefahr von außen nichts mehr entgegenzusetzen zu haben, sodass die Stadt ganz von Maximilian abhängig ist.

Nagonios Heldenkatalog vereint vier antike Vorlagen, am sichtbarsten ist die Aitiologie zum 13. Januar in Ovids *Fasti* (1, 587–616). Erinnert werde an diesem Festtag an die Rückgabe der außerordentlichen Vollmachten durch Octavian sowie die gleichzeitige Verleihung des Ehrentitels ‚Augustus'. Ovid beschreibt eine Galerie aus Wachsbildnissen römischer Helden im Jupitertempel und stellt fest, dass keinem dieser ein solcher Ehrentitel zuteilwurde (fast. 1, 591–592). Daraufhin zählt er einige Helden der römischen Geschichte samt ihrer Beinamen auf.[115] Ovid nennt Helden, die ihre Beinamen aufgrund geografischer Bezeichnungen erhalten haben, sowie diejenigen, deren Heldentaten ein besonderer Umstand auszeichnet, etwa den Torquatus, der seinem gallischen Gegner den Halsschmuck (lat. *torques*) abgenommen hat. Mit dieser Auflistung verfolgt der Dichter das Ziel zu demonstrieren, dass die Ehrentitel der heldenhaftesten Römer ‚nur' profane Titel seien, während Augustus einen sakralen Ehrentitel trage (fast. 1, 607–610).

> sed tamen humanis celebrantur honoribus omnes,
> hic socium summo cum Iove nomen habet,
> sancta vocant ‚augusta' patres, ‚augusta' vocantur
> templa sacerdotum rite dicata manu:[116]

Das entspricht dem Tenor von Nagonios Liste, der eingangs klarstellt, dass keine Gebiete auf der Erde je solche Ehrentitel gegeben hätten, wie der göttliche Maximilian („numen habens"; 1, 564) sie tragen wird. Augustus aber wird von Nagonio nicht erwähnt. Die Klage der Livia um ihren früh verstorbenen Drusus dient Nagonio zu einem nahtlosen Übergang zum ebenfalls jung verstorbenen

---

114 Ebd., S. 88–89.
115 Bei Ovid ist die Rede von Scipio d. Ä., Publius Servilius Vatia, Quintus Caecilius Metellus Creticus, Quintus Caecilius Metellus Numidicus, Valerius Maximus Corvinus, Scipio d. J., Nero Claudius Drusus, Titus Manlius, Marcus Valerius Corvus, Pompeius, Caesar, schließlich summarisch diejenigen Mitglieder der *gens Fabia*, die den Beinamen ‚Maximus' tragen.
116 [‚Während alle jedoch mit menschlichen Ehren man feiert, trägt er den Namen, der ihn gleichsetzt mit Jupiter selbst. Nennen augustus ja die Ahnen, was heilig sie hielten, nennen die Tempel auch so, wenn sie die Priester geweiht.'] (Übers. aus Ovid: Fasti, hg. von Gerlach, S. 49).

Paolo Orsini. Zu diesem Zweck lässt er ebenfalls die Mitglieder der *gens Fabia* fallen, die den Beinamen Maximus tragen, und mit denen Ovids Liste profaner Ehrentitel endet. Nagonio baut eine Brücke in seine Zeit und folgt damit der Anlage des gesamten Epos, dass das eigentlich von Jupiter versprochene Goldene Zeitalter mit Augustus gar nicht eingesetzt habe und auch nie dazu bestimmt war, unter ihm einzutreten. Erst Maximilian werde dieses Telos erfüllen.

Ovids Heldenliste wird von Nagonio im Anschluss an Camillus um Gaius Fabricius Luscinus, der durch seine unerbittlichen Friedensverhandlungen gegenüber Pyrrhus berühmt wurde,[117] sowie Lucius Postumius Albinus, der gegen die Ligurer kämpfte, ergänzt. Durch diese Modifikation erzeugt Nagonio eine weitere intertextuelle Referenz, die vor allem durch die Verschleierung des Luscinus hinter den im Text erwähnten „Epirotica signa" (1, 487) bedingt ist. Camillus, besagte epirotische Banner sowie die Ligurer, die Postumius besiegt, rufen Leserinnen und Lesern eine Passage aus dem ersten Buch von Silius' *Punica* ins Gedächtnis, das von der Eroberung Saguntus durch Hannibal handelt (Punica 1, 617–629).[118] Darin wird beim Eintreffen von Gesandten aus der spanischen Stadt in Rom die römische Curia beschrieben, wo die Waffen des Camillus, die Beute des Krieges gegen Pyrrhus – die „Epirotica signa" (Punica 1, 627) –, sowie ligurische Helmbügel ausgestellt sind. Eine explizite Anspielung auf diese Stelle unterstreichen die bei Nagonios Nekyia zu sehenden ‚zurückgebrachten Schilde' („parmaeque relatae"; 1, 489), die auch in der römischen Curia zu be-

---

117 Näher hierzu Karl-Ludwig Elvers: F. Luscinus, C. In: Der Neue Pauly. Hg. von Hubert Cancik, Helmuth Schneider. Bd. 4. Stuttgart, Weimar 1998, Sp. 382.

118 „In foribus sacris primoque in limine templi | captivi currus, belli decus, armaque rapta | pugnantum ducibus saevaeque in Marte secures, | perfossi clipei et servantia tela cruorem | claustraque portarum pendent: hic Punica bella, | Aegatis cernas fusaque per aequora classe | exactam ponto Libyen testantia rostra. | Hic galeae Senonum pensatique improbus auri | arbiter ensis inest, Gallisque ex arce fugatis | arma revertentis pompa gestata Camilli, | hic spolia Aeacidae, hic Epirotica signa | et Ligurum horrentes coni parmaeque relatae | Hispana de gente rudes Alpinaque gaesa." [‚An den geweihten Türen sind vorn an der Schwelle des Tempels Wagen, erbeutete Kriegszier, Rüstung der feindlichen Feldherrn, heimgebracht als Beute, und Äxte, die grausam im Kampf sind, Schilde, zerhauen, und Lanzen, an denen geronnenes Blut klebt, hangen dort und Stadttorriegel. Vom punischen Kriege sieht man Schiffsschnäbel zeugen, daß bei den Ägatischen Inseln Libyens Seemacht verging, übers Meer versprengt seine Flotte. Hier sind Semnonenhelme, das Schurkenschwert, Maß bei des Goldes Wägung, und Waffen, die im Triumphzug Camillus bei Heimkehr mitbrachte, als von der Burg er die Gallier hatte vertrieben, hier ääkidische Beute, hier epirotische Banner, rohe ligurische Helmbügel, kunstlose Schilde, man bracht sie von spanischen Völkern, und schweres Geschoß aus den Alpen" (Übers. aus Silius Italicus: Punica. Das Epos vom Zweiten Punischen Krieg. Lateinischer Text mit Einleitung, Übersetzung, kurzen Erläuterungen, Eigennamenverzeichnis und Nachwort von Hermann Rupprecht. Mitterfels 1991, Bd. 1, 37.39).

staunen seien (Punica 1, 628). Indem in Silius' Epos der Senat zusammentritt, die Versammlung der großen Männer Roms (Punica 1, 609–613a),[119] von deren Heldentaten gerade die Kriegsbeute Zeugnis ablegt, werden die aufgezählten Gegenstände zu einer Pars pro Toto für das römische Heldentum. Durch Nagonios intertextuelle Referenz wird einerseits Maximilians künftiges Heldentum nicht nur weiter glorifiziert, sondern explizit als römisches ausgewiesen. Andererseits wird auch eine Abgrenzung Außen versus Innen übertragen: Die Gegenstände in Silius' *Punica* repräsentieren die römische Stärke und werden dem vorausgehenden Sieg Hannibals über Sagunt entgegengestellt. Dieser Etappensieg Hannibals wird später als ‚ungerecht' („non aequa"; Punica 2, 699) klassifiziert werden. Nach der Einschätzung von Jochem Küppers stellt der Sieg im Narrativ des Epos vielmehr „de[n] erste[n] Schritt zu [Hannibals] Niederlage" dar.[120] Dessen unredliches Verhalten bringe zwar eingangs einen Erfolg, stehe aber von Beginn an kontrastiv zur Tugendhaftigkeit der Römer, die letztlich obsiegt.[121] Während der Deutsche Maximilian im *Pronostichon* eigentlich der Außenstehende ist, wird er durch den Katalog unter die Römer platziert und steht mit diesen gemeinsam den Feinden von außen gegenüber.

Als eine dritte Vorlage für Nagonios Katalog wäre zudem eine Liste aus Ciceros *Tusculanae Diputationes* denkbar, in der Cicero anhand von fünf und unzähliger weiterer, nichtgenannter Helden („innumerabilis alios"; Tusc. 1, 110) demonstriert, dass der persönliche Ruhm nicht mit dem Tod ende (Tusc. 1, 109):

> Sed profecto mors tum aequissimo animo oppetitur, cum suis se laudibus vita occidens consolari potest, nemo parum diu vixit, qui virtutis perfectae perfecto functus est munere. [...] quamquam enim sensus abierit, tamen suis et propriis bonis laudis et gloriae, quamvis non sentiant, mortui non carent, etsi enim nihil habet in se gloria cur expetatur, tamen virtutem tamquam umbra sequitur.[122]

---

119 „Concilium vocat augustum castaque beatos | paupertate patres ac nomina parta triumphis | consul et aequantem superos virtute senatum. Facta animosa viros et recti sacra cupido | attollunt." [‚Einberuft hohe Versammlung der Konsul, die Väter, die reich sind, weil sie in Lauterkeit darben, sich Namen durch Siege erwarben und als Senat in Festigkeit kraftvoll den Himmlischen gleichen, adelt doch mutvolle Tat sie und hehres Streben nach Rechtem'] (Übers. aus Silius: Punica, hg. von Rupprecht, Bd. 1, 37).

120 Jochem Küppers: *Tantarum causas irarum*. Untersuchungen zur einleitenden Bücherdyade der *Punica* des Silius Italicus. Berlin, New York 1986, S. 8.

121 Ebd. samt dem Resümee: „Es ist der zeitgenössische römische Leser des ausgehenden 1. Jhdt. n. Chr., dem eindrucksvoll vor Augen gestellt werden soll, wozu römische *virtus* fähig war, und dem somit ein Wertesystem ins Gedächtnis zurückgerufen wird, das für ihn und seine Umwelt gewiß keine tatsächliche, dafür aber um so mehr an ideeller Bedeutung haben kann."

122 [‚In Wahrheit aber begegnet man dann dem Tode am gleichmütigsten, wenn sich das untergehende Leben an seinen eigenen Leistungen trösten kann. Keiner hat zu kurz gelebt, der

Unter den fünf namentlich genannten Persönlichkeiten finden sich auch die beiden Scipionen, die den Beinamen Africanus tragen (Tusc. 1, 110). Cicero benennt diese explizit als Vorbilder, an deren Tun man sich ausrichten möge, um selbst erinnert zu werden (ebd.).[123] Man bedenke, dass sie nicht nur exzeptionell handelten, sondern insbesondere zu Roms Gunsten. In seinem Romzug und der Wiederaufrichtung Roms kann Maximilian folglich ein Held wie sie werden und auch selbst dauerhaft erinnerbar bleiben.

Nicht zuletzt könnte sich Nagonio von Claudian inspiriert haben lassen. Nagonio nämlich benennt in seinem Katalog nicht nur die Helden, sondern explizit gleichermaßen die unterlegenen Kontrahenten – weit ausführlicher, als Ovid das tat. Einen Teil dieser besiegten Feinde Roms erwähnt Claudian am Ende von dessen erstem Buch *De consulatu Stilichonis* (u.a. auch Tigranes, Pyrrhus, Perseus; De consulatu Stilichonis 1, 370–372). Claudian betont, dass das Wohlergehen Roms bei deren Angriffen auf dem Spiel stand (ebd. 1, 374),[124] sodass Nagonio durch diese Adaptation noch einmal die Relevanz Maximilians für die Stadt und sein Potenzial herausstellen konnte.

Maximilians Nachfolge römischer Helden wird bereits in einem sehr kurzen Heldenkatalog im Proömium (1, 55–60) angedeutet, als Nagonio nach der Eignung Maximilians für ein Epos fragt (1, 54): „Cur tibi Maeonio referam iam car-

---

die Pflicht vollkommener Tugend vollkommen erfüllt hat. [...] Mag auch die Empfindung verlorengehen, so entbehren die Toten doch nicht jener Güter des Lobes und des Ruhmes, die ihnen eigen sind und angehören, auch wenn sie es nicht spüren. Wenn auch der Ruhm nichts an sich hat, weshalb man ihn erstreben sollte, so folgt er doch der Tugend wie ihr Schatten.'] (Übers. aus Cicero: Gespräche in Tusculum. Tusculanae Disputationes. Mit ausführlichen Anmerkungen neu hg. von Olof Gigon. 7. Auflage. Düsseldorf, Zürich 1998, S. 103).

123 „quorum similitudinem aliquam qui arripuerit, non eam fama populari, sed vera bonorum laude metiens, fidenti animo, si ita res feret, gradietur ad mortem" [‚Hat man sich irgendeine Ähnlichkeit mit diesen angeeignet, und zwar nicht gemäß dem Gerede des Volkes, sondern dem wahren Lobe der Tüchtigen, so wird man mit zuversichtlicher Seele, wenn es so sein soll, zum Tode schreiten'] (Übers. aus Cicero: Gespräche, hg. von Gigon, S. 105).

124 Das Motiv der Mauern Roms in Claudians Epen wurde näher analysiert von Henriette Harich-Schwarzbauer: Die ‚Mauern' Roms in Claudians De bello Gildonico und De bello Getico – Diskurse der Angst in den Jahren 398–402. In: Der Fall Roms und seine Wiederauferstehungen in Antike und Mittelalter. Hg. von Henriette Harich-Schwarzbauer, Karla Pollmann. Berlin, Boston 2013 (Millennium-Studien zu Kultur und Geschichte des ersten Jahrtausends n. Chr. 40), S. 37–52. Diese resümiert ebd., S. 38–39, dass hinsichtlich damaliger Bedrohungen von außen (wie es bei Nagonio der Fall ist) der Blick auf vergangene Feinde, namentlich die Gallier und Hannibal, sowie die damit verbundenen Helden Roms, Scipio, Fabius Cunctator und Camillus, falle und diese „in seinen Gedichten als die exemplarischen Gestalten genannt [werden], die Ängste eindämmen und somit zu Rettern der Mauern Roms werden" (ebd., 39).

mine fasces?"[125] Das „iam" verdeutlicht, dass es eigentlich noch keine zu besingenden Heldentaten gebe. Der Dichter aber ist überzeugt, dass Maximilian in der Tradition seiner Familie steht, und will dessen Taten in einer Reihe mit denen glorreicher Römer besingen („pandam"; 1, 61), u.a. Pompeius, Cato (unklar, ob d. Ä. oder d. J.), Marius, Marcellus und Camillus (1, 55–60), um als letztes Glied der Liste Maximilians ‚Vorfahren' („avos"; 1, 61) summarisch zu nennen. Der Ruhm, der Latium durch Maximilian zuteilwerden würde, so konstatiert der Dichter, sei einem Äneaden gleich (1, 62).

Die Wirkung des von Mars vorgebrachten Katalogs beruht vornehmlich auf der Assoziierung von kriegerischen Erfolgen mit konkreten Orten, wodurch zunächst die Erinnerung an die Helden verstärkt wird. Denn nach Giesen sind für die Heldenerinnerung, d.h. die Perpetuierung ihrer Heroisierung, sog. *rituals of remembrance* nötig, wozu insbesondere auch die Orte der Taten gehören können.[126] Quintus Metellus, die erste Figur der Liste, wird mit seinen Taten auf Kreta charakterisiert und hierbei werden die damit verbundenen Städte der Insel genannt. Deshalb trug er den Beinamen Creticus. Die Heldentat kann durch das *cognomen* beständiger Teil der Identität werden. Ebenso ist das der Fall bei Quintus Caecilius Metellus, dem Numidicus, sowie bei Scipio dem Jüngeren, dem Numantius. Der Germania verdanke Brutus seinen Beinamen (1, 501) usw. Solche Beinamen prophezeit Mars auch für Maximilian (1, 459), nicht nur einen für eine Tat an einem Ort, sondern viele auf der ganzen Welt.[127] Die Heldenliste ist indes nicht rein deskriptiv gedacht, sondern in einem ideologischen Diskurs der Zeit positioniert: „Geschichte wird durch das Erinnern von Helden sinnhaft gestaltet und gemeinsam erfahrbar",[128] bemerkt Georg Feitscher und betont zugleich die Funktion der Heldenerinnerung hinsichtlich der „Legitimation von Norm- und Wertesystemen".[129] Die genannten Helden verkörpern den Gedanken römischer Größe durch Tugendhaftigkeit und glorreiche Taten und legitimieren den Anspruch Roms auf eine umfassende Herrschaft. Mithilfe der Kataloge

---

125 [‚Warum sollte ich Deine Ehren jetzt schon in einem homerischen Gedicht erzählen?']
126 Giesen: Triumph, S. 25–42. Greene, S. 16 sieht eine besondere Bedeutung in den Namen der Opfer, übertragen lässt sich seine Beobachtung aber genauso auf die Siegesorte: „It is always assumed that a man's action is knowable and is known, and is known to be his. [...] It is important that every combatant who is killed in the Iliad have a name, for the name is an index to the victor's accomplishments. A hero wears his victims' names like scalps, and his own name is aggrandized by theirs."
127 „totis petet cognomina terris" [‚auf der ganzen Erde wird er Beinamen erstreben'].
128 Georg Feitscher: Erinnerung und Gedächtnis. In: Compendium heroicum. Hg. von Ronald G. Asch u.a. Freiburg i. Brsg. 23.08.2018. DOI: 10.6094/heroicum/erinnerung (letzter Zugriff 10.11.2019).
129 Ebd.

nimmt Nagonio Stellung zu zeitgenössischen Diskursen um die Wiedergeburt der Antike in Italien versus die Vorstellung von der Translatio Imperii. Er versucht beide Ideologien miteinander zu verknüpfen, indem er zeigt, dass die einstige Größe bei dem deutschen Herrscher liege, diese aber nur an ihrem richtigen Platz, in Rom, zur vollen Blüte gelangen könne. Das Heldentum erscheint nur realisierbar, wenn Maximilian der Stadt ihre alte Bedeutung zurückgibt und ihren antiken Helden wieder einen Namen verleiht.[130]

Diesen Ansatz baut Nagonio in der Unterweltsschau weiter aus, wo sich der dritte Katalog findet und der Dichter den Gegenwartsbezug deutlicher reflektiert. Neben der *Aeneis*[131] gibt es für solche Nekyiai eine Reihe an epischen Vorbildern,[132] aus deren reichem Repertoire Nagonio schöpfen konnte. Im *Pronostichon* allerdings, anders etwa als bei Vergil oder Silius,[133] verwirklicht sich das Geschichtstelos im Jetzt, Maximilian ist Zukunft und Gegenwart.[134] Die Totenschau im *Pronostichon* setzt mit einer Reihe zunächst antiker, dann zeitgenössischer Frauen ein, die unter Bäumen stehen oder sitzen. Auffälligerweise sind die antiken Frauen insgesamt eher von Traurigkeit geprägt: Die ,Julia, die kein Glück bei

---

130 So prophezeit Nagonio im Proömium, dass unter Maximilians Herrschaft ,die togatragenden Väter einen Namen haben werden' („patribusque togatis | nomen erit"; 1, 72b–73a).

131 Dass die Worte von Nagonios Sibylle dabei dieselbe Geltung haben wie die der Vergil'schen, sollte wohl ihre einleitende Darstellung als „plena deo" (1, 828) suggerieren. Angeblich soll Vergil diese Formel für seine Sibylle verwendet haben, wie Seneca d. Ä. überliefert (suas. 3.5): „[Arellius Fuscus] aiebat se imitatum esse Vergilianum illud ,plena deo'" [,[Arellius Fuscus] sagte, er habe jene vergilische Wendung ,vom Gott erfüllt' nachgeahmt']. Einen Überblick über die Forschungsgeschichte sowie eine Erläuterung dieser Formel gibt Vergil: Aeneid 6. A Commentary. Hg. von Nicholas Horsfall. Berlin, Boston 2013, S. 627–629.

132 Neben der Unterweltsschau des elften Buches der *Odyssee* oder des sechsten Buches der *Aeneis* finden sich kürzere und längere derartige Passagen in Lukans *Bellum civile* (6, 333 –830), Silius' *Punica* (13, 381–895), Valerius Flaccus' *Argonautica* (1, 730–850) und Statius' *Thebais* (4, 406–645).

133 In beiden Epen reicht die Nekyia „weit über den eigentlichen Handlungsrahmen des Epos [hinaus]" (Stefanie Jahn: Der Troia-Mythos. Rezeption und Transformation in epischen Geschichtsdarstellungen der Antike. Köln u.a. 2007, S. 145). Anders verhielt es sich noch im elften Buch der *Odyssee*, wo Teiresias nur Auskunft über das unmittelbare zukünftige Geschehen gab. Jahn, S. 145 hält fest: „Dadurch wird ganz besonders deutlich gemacht, dass die epische Handlung [sc. der *Aeneis*] nicht in ihrem eigenen Handlungsabschluss ihren eigentlichen, handlungsmotivierenden Zweck hat, sondern in der römischen Geschichte und vor allem in deren Telos (der Pax Augusta), das den implizierten Handlungsabschluss der übergeordneten, gesamtgeschichtlichen Bedeutungsebene der *Aeneis* bildet."

134 In der Nekyia findet sich ein hybrides Zeitverhältnis, Maximilian wird laut Jupiterprophetie der sein, der erst geboren wird („nascetur"; 1, 235), bildet zugleich den Endpunkt der Schau in die Zukunft, tritt aber bereits als neuer Schwiegersohn Francesco Sforzas nach der Heirat mit Bianca 1494 auf.

der Geburt ihres Kindes hatte' („Iulia non felix partu"; 1, 900), ist die Gattin des Pompeius. Neben ihr steht Cornelia, die Gattin Cäsars und Mutter Iulias, außerdem ‚die anmutige Drusilla' („Drusilla decens"; 1, 901), die allerdings nicht Livia Drusilla (Augustus' dritte Ehefrau) ist, denn diese wird erst anschließend genannt: Traurig über den Tod ihres Drusus ist Livia und nicht minder traurig treten die Schatten der von Achill geraubten Chryseis und der von Theseus verstoßenen Hippolyte auf, außerdem Entoria, die Mutter des Janus, ‚die schönste der italischen Mütter' („pulcherrima matrum Italidum"; 1, 904–905) – anspielend auf das vergangene Goldene Zeitalter während Saturns und Janus' Herrschaft (Ovid, fast. 1, 233–254).

Indem der Blick dann aber auf die heiteren Frauen aus Maximilians Zeit gelenkt wird, konstruiert Nagonio einen Kontrast zwischen trauriger Vergangenheit und glücklicher Gegenwart: Geschaut wird zunächst die erste Frau von Alfons II. von Neapel, Ippolita Maria Sforza (1446–1484). Sie wird sehr ruhmreich hervorgehoben als ‚Schildmaid' („bellica virgo"; 1, 905), in ihrer Anmut der Juno gleich (1, 906). Es folgen Isabelle de Bourbon (1437–1465), die Mutter von Maximilians erster Frau Maria von Burgund, sowie anschließend Maximilians Mutter Eleonore von Portugal (1436–1467),[135] die bei Alkmene, der Mutter der Hercules steht – man beachte diese räumlich geschaffene Nähe von Maximilian und Hercules! Begleitet wird sie von drei Mägden. Nagonio nennt damit alle drei Dynastien, die in Maximilian zusammenlaufen – denn Maximilian heiratete 1493 Bianca Maria Sforza, Ippolitas Nichte.[136]

Die betrübten Frauen erinnern zwar an Vergils Heldenschau,[137] besonders aber an die traurigen Gestalten der Unterwelt, von denen der wiederauferstandene Soldat in Lukans *Bellum civile* berichtet (Bellum civile 6, 784b–785a): „tristis felicibus umbris | vultus erat".[138] Diese Trauer ist vornehmlich mit dem

---

135 Im Manuskript steht „dyonora" (1, 918). Sie wird jedoch eindeutig als „Caesaris [...] magni mater" [‚Mutter des großen Cäsars'] bezeichnet (1, 914).

136 Dabei ist anzumerken, dass zwischen Maximilian und Bianca Maria Sforza bereits ein Verwandtschaftsverhältnis vierten Grades bestand, so das Ergebnis einer Untersuchung von Albrecht von Bonstetten; näher hierzu Schweers, S. 155. Denn im Jahr 1356 hatte Leopold III. (aus dem Haus Habsburg) Viridis Visconti, die Herzogin von Mailand, geheiratet.

137 Die Frauen, auf die Vergils Aeneas trifft, sind von Liebeskummer geplagt, sie scheinen eher der Vorbereitung des Zusammentreffens mit Dido zu dienen (Aen. 6, 440–476). Über ihr Liebesleid heißt es (Aen. 6, 442–444): „hic quos durus amor crudeli tabe peredit | secreti celant calles et myrtea circum | silva tegit;" [‚All jene, die unglückliche Liebe in grausamer Krankheit verzehrte, bergen hier einsame Pfade, ein Wald von Myrten verdeckt sie.'] (Übers. aus Vergil: Aeneis, hg. von Holzberg, S. 317).

138 [‚Traurig waren die Gesichter seliger Geister'] (Übers. aus Lukan: Bellum civile, hg. von Ehlers, S. 289).

Tod anderer verbunden. Publius Cornelius Scipio Africanus d. Ä. etwa beweint seinen Nachfahren (Bellum civile 6, 788–789), Cato seinen Enkelsohn (Bellum civile 6, 790) – der Hauptgrund auch für die Trauer der Frauen im *Pronostichon*. Im Resümee des Soldaten bricht sich der grundtonartige Pessimismus Bahn, wenn es heißt, dass alle sterben werden (Bellum civile 6, 810–811).[139] Annette Baertschi sieht darin die Dekonstruktion alter Helden,[140] und auch Nagonio versucht, eine solche Dekonstruktion anklingen zu lassen, wenn auch mit einer anderen Intention: Der Dichter überhöht die Frauen aus seiner Zeit über die der Antike und zeigt damit an, dass eine neue, freudige Zeit angebrochen ist, deren Personen aber mindestens dieselbe Erhabenheit besitzen wie die einstigen. Dass er den Kontrast nicht mittels antiker Männer herstellt, dürfte den vorausgehenden Heldenkatalogen geschuldet sein, deren Wirkung er nicht gefährden will.

Dass Nagonio auch Silius' *Punica* für seine Nekyia verarbeitete, wird beim Übergang von den geschauten Frauen zu den Männern deutlich. Bei dem kaiserzeitlichen Dichter heißt es, der anbrechende Tag dränge, zu den Frauen überzugehen (Punica 13, 807b–808a), wohingegen Nagonio die Sibylle sagen lässt, dass das Tageslicht zur Schau der Männer dränge (1, 923b–924a).[141] Silius platziert seinen Frauenkatalog zwischen die Helden vergangener Zeiten und diejenigen Seelen, die die Vergessenheit trinken, also ihr Leben noch vor sich haben. Wie bei Nagonio entstammen die Frauen aus Silius' Katalog „dem rö-

---

139 „quem tumulum Nili, quem Thybridis alluat unda, | quaeritur et ducibus tantum de funere pugna est." [,Welches Grab der Nil, welches der Tiber an seinen Ufern sieht, nur das ist noch die Frage, und die Rivalen kämpfen einzig um ihre Begräbnisstätte.'] (Übersetzung aus Lukan: Bellum civile, hg. von Ehlers, S. 291).

140 „Angesichts der destruktiven Gewalt des Krieges, der sogar die unterirdische Welt aus den Fugen geraten lässt, rücken die Taten früherer Generationen – und zwar sowohl die ruhmvollen zur Erhebung und Nachahmung als auch die verwerflichen zur Abschreckung – in den Hintergrund. Es wird überflüssig, sich ihrer jetzt, wo das Ende desjenigen politischen Systems, dessen Werte sie widerspiegeln, unmittelbar bevorsteht, zu erinnern. Alles, was Lucan in dieser Situation noch zu tun übrigbleibt, ist daher, durch die Schilderung der verkehrten Verhältnisse im Hades anzuzeigen, welch ungeheuren Frevel der Bürgerkrieg darstellt." (Annette M. Baertschi: Nekyiai. Totenbeschwörung und Unterweltsbegegnung im neronisch-flavischen Epos. Diss. Berlin 2013, S. 124).

141 Silius schreibt in Punica 13, 807b–808: „Nam virgo admonuit tempus cognoscere manis | femineos, ne cunctantem lux alma vocaret." [,und die Sibylle mahnt, daß es Zeit sei, die Schatten von Frauen zu erfassen, bevor das Taglicht den Säumenden fortruft.'] (Übers. aus Silius: Punica, hg. von Rupprecht, Bd. 2, S. 135). Bei Nagonio lautet die entsprechende Stelle (1, 923b–924a): „lux alma renascit | his animis invisa tuis" [,Das nährende Licht, das diesen Seelen verhasst ist, erwacht wieder.'].

misch-historischen und nicht [...] dem griechisch-mythischen Bereich".[142] Die Rede ist dort von Carmentis, der Mutter Euanders, oder von heldenhaften Frauen wie der sagenhaften, für ihre Tugendhaftigkeit von Porsenna geachtete Cloelia,[143] deren maskulines Heldentum Sibylle nachdrücklich betont (Punica 13, 829b–830): „quales optabat habere | quondam Roma viros, contemptrix Cloelia sexus".[144]

An diesen heldenhaften Frauen wird die Gegensätzlichkeit traurige Vergangenheit versus freudige Gegenwart bei Nagonio noch stärker ausgearbeitet. Denn Nagonio nennt keine solchen positiv besetzten, heldenhaften Frauen der Antike, wie Silius es tut; er kennt nur traurige. Damit relativiert der Dichter zum Teil den Ruhm der Vergangenheit und lenkt den Blick weg von der Erinnerung hin auf die Größe der eigenen Zeit. Weithin deutlicher wird dies, wenn Nagonio Orsini erst die Frauen und dann die Männer schauen lässt, bei den Männern aber überhaupt nur noch gegenwärtige oder jüngst verstorbene aufzählt. „Their own time, Renaissance Romans thought, was the *plenitudo temporum*. In a repeated refrain they hailed their age as the dawn of the returning Golden Age",[145] hält Charles L. Stinger fest. Es handelt sich nicht nur um eine *renovatio*, vielmehr hat die eigene Zeit das Potenzial, die Antike zu übertreffen. Umso markanter ist Nagonios Heroinenkatalog vor der Folie eines ebensolchen der zeitgenössischen *Hesperis* der Basinio da Parma. Im neunten Buch führt Psycheia den Helden Sigismondo Malatesta in die Unterwelt. Bevor sie auf Helden der Vergangenheit und Sigismondos glorreichen Ahnen treffen, sehen sie in einem Wald Frauen des Mythos – die Rede ist von einem Wald der Trauer („tristis [...] silvas"; Hesperis 9, 135) –, die aufgrund ihrer ‚übersteigerten Liebe' („amor improbus"; Hesperis 9, 135) traurig oder wahnsinnig geworden sind und keine Ruhe finden, unter ihnen auch Laodamia und Dido (Hesperis 9, 107–142). Psyche könne kaum alle aufzählen, denen dieses Schicksal widerfahren sei (Hesperis 9, 132–134). Basinios Katalog zählt keine tapferen Frauen der Antike auf, aber zugleich auch keine aus dessen Gegenwart. Dennoch hat auch die Nekyia der *Hesperis* zum Ziel, Sigismondo als großen Retter Italiens und Erben der Römer zu zeigen. Vor diesem Hintergrund unterstreicht Nagonio nicht nur umso deutlicher die Größe der eigenen Zeit, sondern suggeriert zudem, dass diese

---

142 Baertschi, S. 143.

143 Über sie heißt es (Punica 13, 828): „quae Thybrim, quae fregit Lydia bella" [‚schwamm durch den Tiber, hinderte Krieg mit den Lydern'] (Übers. aus Silius: Punica, hg. von Rupprecht, Bd. 2, S. 137). Zu Cloelias Heldentat s. Livius, ab urbe condita 2, 13, 6–11.

144 „Solche Männer zu haben wünschte sich Rom, wie sie, die geringschätzte, daß sie ein Weib war." (Übers. aus Silius: Punica, hg. von Rupprecht, Bd. 2, S. 137).

145 Charles L. Stinger: The Renaissance in Rome. Bloomington 1985, S. 296.

Größe mit Maximilian zusammenhänge, in dem sich seine Linie (Eleonore) mit der der Sforza (Ippolita) verbindet.

Nachdem Orsini im *Pronostichon* unter den Frauen eigene Familienangehörige erblickt hat, lenkt Sibylle ihn zu den Männern (1, 924b–926). In der Ferne besuchen sie die Felder, die diejenigen aufnehmen, die sich durch ihre Kriegserfolge Anerkennung erworben haben. Nicht verwunderlich nimmt die Männerschau ihren Ausgang bei Maximilians 1493 verstorbenem Vater Friedrich III., dessen Kriegsruhm besonders betont wird. Anschließend folgt der ‚tapfere und harte' Francesco Sforza („fortis et asper"; 1, 931), dann Ottavio Maria Sforza (1458–1477), der Sohn Francesco und Bianca Maria Viscontis. Den mit Abstand umfassendsten Raum nimmt Galeazzo Maria Sforza (1444–1476),[146] Ottavios Bruder, ein, den Nagonio nach Vergil'scher Marcellus-Art hervorhebt:[147] Sibylle und Orsini sehen eine tugendhaft-charismatische, aber traurige Gestalt einherschreiten: viele Kriege habe er geführt, einen immensen Ruhm hierbei erworben, sogar die Götter hätten seinen Tod beweint (1, 934–943). Der Erzähler beklagt dessen zu frühen Tod (1, 946–947a) und betont, dass dieser die ‚Zierde Italiens' gewesen sei („decus Italiae"; 1, 947). In einem langen panegyrischen Abschnitt werden dessen große irdische Kriegstaten benannt, mit dem Hinweis, dass Galeazzo auch den Olymp habe erzittern lassen (1, 955) – wieder eine Reminiszenz an Vergils Marcellus. Mit Klugheit (1, 957) und Verstandeskraft (1, 960) habe er die ihm gestellten ‚Mühen' („labor[es]"; 1, 961) gemeistert.

Das lange Lob auf Galeazzo hat zum Ziel, Maximilians künftiges Handeln deutlicher vorausahnen zu lassen, da Maximilian ihm nachfolgenden werde (1, 963): „ipse gener [*sc.* Maximilianus] Latio succedet honori",[148] denn er habe die Würde der Ahnen seiner Frau gleichsam mitgeheiratet: „Imperio iam dignus avum" (1, 964).[149] Es folgen abschließend der Mailänder Teodoro Bossi (gest. 1449), der an der Ausrufung der Aurea Repubblica Ambrosiana beteiligt war und in Filfelfos *Sphortias* zum epischen Helden avancierte, dann Filippo Maria Visconti (1392–1447) mit dem Glanz der Schlange' („vipereo [...] splendore"; 1, 969), was auf die Schlange im Wappen der Stadt Mailand verweist, sowie ein gewisser Hermus (als „dux" betitelt; 1, 970), das wohl als Verkürzung von Guilhermus steht und auf Guglielmo VIII. Paleologo (1420–1483) deutet, den Marquis von Montferrat und Schwiegersohn Francesco Sforzas. Während der nachfolgende

---

146 Dass es sich bei dem im Text genannten „Galeas" (1, 944) um den Schwiegervater Maximilians handelt, stellt Nagonio in 1, 962 klar.

147 Zu Marcellus s. näher S. 181.

148 [‚Der Schwiegersohn selbst wird dessen Ruhm in Latium nachfolgen.']

149 [‚Er ist längst der Herrschaft der Ahnen würdig.']

„Althus" obskur bleibt, ist schließlich der Venezianer Ermolao Donà (auch Donato, gest. 1450) zu sehen, der einem epischen Leserkreis ebenfalls bereits aus Filelfos *Sphortias* bekannt war.

Orsini bittet anschließend um die Nennung des Namens, der ‚zu den Sternen aufsteigen werde' („venturum nomen ad astra"; 1, 1001), woraufhin zunächst Maximilians Sohn Franz zu sehen ist, dem ein grausames Schicksal, ein kurzes Leben, drohe (1, 1006–1007), der aber eigentlich zu Großem bestimmt sei (1, 1004). Maximilians Sohn starb bereits kurz nach der Geburt 1481; die Betonung des kurzen Lebens parallelisiert Franz nicht mehr nur mit dem jungen vergilischen Marcellus, sondern auch mit dem zuvor genannten Galeazzo Maria Sforza. Nach der Erwähnung Philipps des Schönen ist von Maximilian selbst die Rede: Marcellus, ein Mitglied der Gesandtschaft, zeigt auf Maximilian und sieht in ihm bereits die künftige Größe (1, 1015): „divum cognomina sumet".[150] Damit stellt Nagonio einen Bezug zu den Beinamen der römischen Feldherren her, von denen Mars gesprochen hat –[151] Maximilian allerdings werde keine irdischen Beinamen, sondern die der Götter tragen. Gleichwohl werde er die Eroberung von Gebieten auf der ganzen Welt verzeichnen können (1, 1024). Einen ‚zweiten Germanicus' werde man ihn nennen und unter dem Staunen Roms wird er den kapitolinischen Hügel erklimmen (1, 1029b–1030a).[152] Unter seiner Herrschaft werde Rom wieder das ‚Haupt der Welt' („caput imperii"; 1, 1041) sein. Wenn Maximilians Sohn einst ruhmvoll das Erbe des Vaters antreten werde, werde er ein glückliches Rom vorfinden, das frei von aller Bedrängnis und Herrin der Welt ist (1, 1035): „Aspiciet dominam resoluto pondere Romam".[153]

Damit endet die Prophetie und das ganze Schicksal Roms und Italiens wird in Maximilian gelegt. Denn obwohl Mars den Römern bereits prophezeit hatte, dass Latium sich die Welt untertan machen werde (1, 442), verlangte Orsini von Sibylle eigentlich mehr als nur den Namen des Hoffnungsträgers: Er wollte die Zukunft ganz Italiens schauen und sich der Vormachtstellung Roms vor den anderen Fürsten- und Herzogtümern Italiens vergewissern, zugleich Handeln und Absichten des französischen und spanischen Königs in Erfahrung bringen (1, 841–850). Die Heldenschau führt Orsini und dem Publikum des Epos vor Augen, dass alle drängenden Fragen in Maximilians schicksalsbestimmter Herrschaft beantwortet werden. Vor allem aber liefert die Schau der Frauen

---

150 [‚Beinamen der Götter wird er annehmen'].

151 S. S. 13.

152 „Caesar Germanicus alter | dicetur. Montemque Iovis mirante subibit | Roma." [‚Der Kaiser wird ein zweiter Germanicus genannt werden. Unter der Bewunderung Roms wird er auch den Berg Jupiters erklimmen.']

153 [‚Er wird Rom betrachten, die Herrin, nachdem all ihre Last weggenommen wurde.']

und der Männer aus der Gegenwart des Dichters den Beweis, dass Maximilian in der Reihe italienischer Dynastien, der Visconti und der Sforza stehe, und somit legitimerweise Herrschaftsrechte in Italien ausüben und Rom zu neuer Blüte führen darf und kann.[154]

Die drei Heldenkataloge geben den Erwartungen an Maximilian einen Rahmen, proklamieren seine *agency* und seine Tugendhaftigkeit als Gipfelpunkt der bedeutendsten Helden des antiken Römischen Reiches und illustrieren, dass seine Außergewöhnlichkeit für das ruinöse Rom der Zeit und die Konflikte in Italien die Rettung bedeutet. Die Wiedergeburt der Antike in Italien und die Translatio Imperii werden nicht nur durch Maximilians Romherrschaft miteinander verbunden, vielmehr dient zuletzt die Unterweltsschau als Beweis, dass Maximilian im göttlichen Weltenplan Teil der Dynastie der Sforza ist, ihr glorreiches Erbe antritt, sodass jeglicher Zweifel an der Berechtigung eines Fremden zur römischen Herrschaft genommen wird.

3.4 Die *renovatio Romae*

Die Wiederaufrichtung Roms ist die zweite Säule der im *Pronostichon* entworfenen Heroik und fußt primär auf der Erschwernis, die dieses Unterfangen mit

---

154 Eine solche Legitimation gegenüber Reichsitalien war, wie angesprochen, durchaus nötig. Das Anrecht Maximilians auf die Herrschaft in Rom war nicht unumstritten, man denke an das zitierte *Carmen de adventu imperatoris*. In Italien standen sich hierbei die Guelfen, die Anhänger des Papstes und Gegner des Kaisers, und die Ghibellinen, die Anhänger des Kaisers gegenüber. Einen Streit um die Titulatur ‚Kaiser' brach um die Jahrhundertwende der Bologneser Filippo Beroaldo d. Ä. (1453–1505) vom Zaun, als er Maximilian in seinem Apuleius-Kommentar als „imperator[ ] germanorum" bezeichnete (Filippo Beroaldo: Commentarii a Philippo Beroaldo conditi in Asinum Aureum Lucii Apuleii. Bologna: Faelli 1500, S. 143). Gegenüber seinem Schüler Thomas Wolff d. J. (1475–1509), bei dem sich ein kaiserlicher Rat beschwert habe, rechtfertigte sich Beroaldo, er habe sich an den Sachverhalt gehalten (Filippo Beroaldo: Responsio. In: Hic subnotata continentur [...] Philippi Beroaldi et Thomas Vuolphii Iunioris disceptatio/ de nomine imperatorio [...]. Straßburg: Prüs, Schürer 1505, Bl. [G 6]ʳ⁻ᵛ, hier Bl. [G 6]ʳ). Dass Maximilian zu diesem Zeitpunkt weder zum Kaiser gekrönt noch erwählt war, betont Marco Cavina: Imperator Romanorum Triplici Corona Coronatur. Studi sull'incoronazione imperiale nella scienza giuridica italiana fra tre et cinquecento. Mailand 1991 (Pubblicazioni della facoltà di Giurisprudenza 17), S. 161. Außerdem, so Beroaldo weiter, sei es ehrenhafter, ihn nicht einen „imperator[ ] [...] Romanorum" zu nennen, weil der römische Adel im fünfzehnten Jahrhundert verdorrt sei („nobilitas Romana decoxerit fece et quisquiliis superstitibus"; Responsio, Bl. [G 6]ʳ), während ‚Germanien in seinen Männern, seinem Reichtum und seiner Größe in schönster Blüte steht' („Germania vero sit viris, opibus, mangitudine florentissima"; ebd.). Zur Kaisertitulatur näher Cavina, S. 159–164.

sich bringt. Daher legt Nagonio besonderen Wert auf die repetitive Darstellung dieser Mühen: Venus spricht eingangs von den ‚heiligen Trümmern' („sacramque ruinam"; 1, 196), und den ‚eingestürzten Häusern' („collapsosque lares"; ebd.). In Jupiters Antwort wird der Schicksalsplan mit einer Sehnsucht der Stadt nach Wiederaufrichtung und Frieden verknüpft (1, 225–226): „Iam rediere dies, quos dudum Roma moratur, | tot miris oppressa modis et debilis regno."[155] Dieser Eindruck wird perpetuiert, als Mars sich aufmacht, die Römer zur Sibylle zu schicken, sich zu den „sacra[e] [...] ruina[e]" (1, 349) begibt und vor den Römern von den ‚eingefallenen Tempeln' („collapsaque templa"; 1, 454) spricht. Auch Maximilian selbst will im zweiten Buch die ‚Trümmer der Stadt' („urbisque ruinas"; 2, 334) sehen. Schon bei dessen Einzug in Rom sprach der Erzähler von den ‚verlassenen Denkmälern des Crassus' („Crassi monumenta diserti"; 2, 160) – das Vergessen des Helden selbst effektvoll durch eine Enallage betont – oder den ‚abgefallenen Stücken der heiligen Trümmer' („fragmenta ruinae | [...] collapsa sacrae"; 2, 181b–182). Besonders eindrücklich wird der innere Zustand Roms in der Schilderung des Virginio Orsini gegenüber der Sibylle dargestellt, der in personaler Erzählweise demonstriert, dass Latium sich aus eigenen Kräften nicht wiederaufrichten kann (1, 851b–863):

> Quid strati valeant sperare Quirites?
> Aspice opes fractas collisaque Pergama Romae.
> [...]
> [855] Invasere truces pulcherrima regna tyranni.
> Proterimur semper. Latium sua perdidit arma.
> [...]
> [860] Nulla viris floret lustris fugientibus aetas.
> Perpatimur miseras abrepta sorte ruinas.
> Reliquias habitamus avi. Delapsa feruntur
> undique regna patrum lato dominantia mundo.[156]

---

155 [‚Nun sind die Tage zurückgekehrt, worauf Rom, auf so viele Arten bedrängt und machtlos, schon so lange gewartet hat.'] (Der Text der Handschrift „debile regno" wurde zu „debilis regno" emendiert.)
156 [‚Worauf können die niedergeworfenen Römer noch hoffen? Schau Dir die gebrochene Pracht an, die zerstörte Burg Roms. [...] Wilde Gewaltherrscher sind in die glücklichsten Herrschaftsgebiete eingefallen. Immer werden wir mit Füßen getreten. Latium hat seine Waffen verloren. [...] Die Jahrfünfte sind flüchtig und es gibt kein blühendes Zeitalter für Helden. Wir ertragen beständig den elenden Untergang, seit uns das Glück genommen wurde. Die Überbleibsel unserer Ahnherren bewohnen wir. Überall wird von der zerfallenen Herrschaft der Väter berichtet, die einst weit und breit die Welt sich untertan machte.']

Das erste Buch des *Pronostichon* diente der messianisch-eschatologischen Prägung[157] des Erneuerungsgedankens, wie er bereits in Petrarcas Zeit prominent war. Nagonio legitimiert Maximilian darin nicht nur als schicksalsbestimmten Erneuerer eines ganzen Goldenen Zeitalters, sondern sieht den Auftrag bei den Römern, Maximilian herbeizuholen. Im zweiten Buch wird dieses Zeitalter ganz speziell an der Erneuerung Roms festgemacht. Diese Fixierung musste das Narrativ erhalten, weil es Nagonios Auftrag war, mithilfe des Epos Maximilian dorthin zu holen. Denn der Papstsitz war von dem französischen König bedroht. Andererseits kann Nagonio dabei an Maximilians eigene Pläne anknüpfen, dem die Bedeutung Italiens bewusst war, „da darauf Titel, Würde und Autorität des Reiches beruhten (Regesta Imperii 1993, Nr. 5205) und es mit Rom als alter Heimstatt seines Thrones (Regesta Imperii 1990, Nr. 1973) der Sitz des Reichstitels sei (Italia in qua titulus Imperii residet) (Regesta Imperii 1993, Nr. 5415)".[158] „Non volo Italia, que mea est, deveniat ad manus alienas",[159] soll Maximilian gesagt haben. Nagonio verzichtet auf eine Inszenierung der drohenden Gefahr, sondern setzt ganz darauf, dem König deutlich zu machen, welchen Einfluss – bei aller Verehrung Maximilians nördlich der Alpen – die Blüte der Stadt auf seine Herrschaft, aber gerade auch seine *gedechtnus* hat, konnte er auf einen baldigen Romzug hoffen. Auf einem Stadtrundgang lässt Nagonio Maximilian hierzu in ein Gespräch mit Hercules treten.

Mit dem Wiederaufbau der Ruinen aber erhebt Nagonio gleichzeitig den Kunstförderer Maximilian – und das ist tatsächlich eine große Lebensleistung des Kaisers – zum Helden.[160] Die Rückkehr des Goldenen Zeitalters meint zugleich die erneute Herrschaft des Apollo und somit eine Blüte von Kunst und Literatur.[161] Auch wenn bereits Stilicho als Förderer der Kunst und Wissenschaft gerühmt wurde (De consulatu Stilichonis 2, 124b–131a), erhebt Nagonio diesen Wesenszug in seinem Narrativ zu einem neuen Heldentypus.[162]

---

157 Zu verschiedenen Formen des Erneuerungsgedankens seit dem Mittelalter s. Schramm.
158 Manfred Hollegger: Maximilian I. (1459–1519) und seine Zeit. In: informationen zur deutschdidaktik 3 (2019), S. 17–28, hier S. 20.
159 So berichtet ohne Quellenangabe Wiesflecker: Kaiser Maximilian I., Bd. 2, S. 353.
160 Für diesen Gedanken gilt mein Dank Anna Schreurs-Morét (Freiburg i. Brsg.).
161 Stinger, S. 297.
162 Gwynne: Poets and Princes, S. 95 betont die Parallelität zu Augustus, der ebenfalls viele Kultstätten wiederherstellen ließ und verweist auf Sueton, Aug. 28, 3 und Cassius Dio 56, 30, 3. Dass man die Wiederaufrichtung in der Renaissance ganz besonders mit Augustus verbunden hat, bezeugt Bartholomeo Platina in seinen *Vitae pontificum* (Nürnberg 1481: Koberger) über Augustus (Bartholomeo Platina: Lives of the Popes. Bd. 1. Hg. von Anthony D'Elia. Harvard 2008, S. 10)): „Urbem Romam ita exornavit, ut gloriatus sit se urbem latericiam invenisse,

3.4.1 Maximilians Einzug in Rom und der Eintritt des Telos

Während das erste Buch ganz auf das prophetische Element ausgerichtet ist, erfüllt sich mit dem Einzug Maximilians in Rom zu Anfang des zweiten Buches bereits das Telos: Denn mit seiner Ankunft erlischt das Wüten der Kriegsgötter Mars und Bellona (2, 22b–26) und das römische Volk bewundert ihren Herrn („dominum"; 2, 37). Der Einzug ist das Bindeglied zwischen Prophezeiung und *renovatio*, dient somit als Übergang von Zukunft in Gegenwart. Gepaart ist dies mit einer erneuten Legitimation (2, 56b–60):

> Quamvis generatus in oris
> Ausoniis non Caesar adest, tamen inde recenset
> et genus et famam proavorum* certe parentum
> natalesque suos. Gemmato stemmata caelo
> longa probat seriemque domus deducit Olympo.[163]

---

* pravorum *ms.* (oa > a als Synizese aus metrischen Gründen)

Diesen Legitimationsansatz formt der Dichter weiter aus, indem er von einer kultischen Verehrung Maximilians in dessen Heimat berichtet. An vielen deutschen Altären würden Feuer für ihn brennen (2, 13–17), außerdem trage er eine gewisse Göttlichkeit in sich („numen habet"; 2, 13).[164] Damit suggeriert Nagonio, dass Maximilian bereits Heldentaten vollbracht und eine solche Verehrung dafür empfangen habe, dass ihm eine Sakralisierung zuteilwurde,[165] und zwar ohne Details hiervon nennen zu müssen. Dabei ergeht die Aufforderung an Rom, Maximilian dieselbe Verehrung entgegenzubringen (2, 20): „Iuvat similes indicere ritus."[166] Indem Nagonio auch konstatiert, Rom müsse ihm ‚Respekt'

---

marmoream relinquere." [‚Er hat Rom derart verschönert, dass er sich rühmte, eine Stadt aus Ziegel vorgefunden zu haben und eine aus Marmor zu verlassen.']

163 [‚Obwohl der anwesende Cäsar nicht in italischen Gefilden geboren wurde, blickt er gewiss dennoch auf sein Geschlecht, den guten Ruf seiner Ahnen und seine Geburt zurück. Er mustert einen langen Stammbaum mit doppelter himmlischer Abstammung und führt seine Ahnenreihe vom Olymp herab.'] Die doppelte himmlische Abstammung dürfte sich auf die Herkunft des Hauses Habsburg von Aeneas und damit Venus beziehen sowie auf den Ursprung der Sforza, der im Text bei Mars verortet wird: Ein Orsini wird von Mars als „nate meus" (1, 515) angeredet; s. S. 134.

164 Diese Sakralisierung wird zum Ende des Abschnittes erneut aufgegriffen, indem der Dichter anfügt (2, 20): „ambrosio iam dignus nectare Caesar" [‚der Kaiser, längst des ambrosischen Nektars würdig'].

165 Zu den Strategien der Verstetigung von Heldentum s. Sonderforschungsbereich 948: Heroisierung.

166 [‚Es beliebt uns, einen ähnlichen Kult zu errichten.']

(„pietas"; 2, 19) zollen,[167] fordert er den Kern von Aeneas' Heldentum von dessen Nachfahren, den Römern, ein und setzt Maximilian mit einer Gottheit gleich, die diese *pietas* empfängt.

Mit der Behauptung einer bereits eingetretenen Sakralisierung verknüpft Nagonio zudem eine Charismatisierung – eine ebenso gängige Strategie zur Verstetigung von Heldentum.[168] Denn bei Maximilians Einzug werden zum ersten Mal im Epos Maximilians Aussehen und Ausstrahlung näher beschrieben:[169] An seinem schneeweißen Hals hängen Kleinodien aus Gold, er trägt bunte Halsketten, Arm und Brust scheinen elfenbeinweiß, ihn kleidet ein purpurnes Gewand. Man könne sich nicht an ihm sattsehen (2, 93–94). Von allen Seiten schaut man auf Maximilian und bewundert ihn, man drängt gar mit Eifer danach (2, 98–99a). Nagonio spricht von ‚Ehre' („honos"; 2, 100), ‚Erhabenheit' („maiestas"; 2, 101) und ‚Redlichkeit' („probitasque"; ebd.), die ‚hervorleuchte' („lucet"; 2, 100). Die göttliche Abstammung sei für jedermann sichtbar („genus esse deorum"; 2, 102) – eine klare Parallele zu Didos Worten über Aeneas in Aen. 4, 12. Nagonio präsentiert Maximilian darüber hinaus als zweiten Aeneas, indem er ihn in der Form gleichnishaft beschreibt (2, 71–80), wie Vergil das bereits für Aeneas tat (Aen. 4, 143–146a).[170] Maximilian schreite einher, wie wenn Apoll das winterliche Lykien verlässt und nach Delos reist, die Musen ihn umgeben, auf Erden ihn gleichzeitig die blonden Völker im Norden sowie die Kreter verehren – die Völker des Nordens sind wohlgemerkt eine Hinzufügung des Nagonio –, wenn er über den Bergkamm des Kynthus schreitet und sein Antlitz strahlt. Das leuchtende Antlitz des Apoll (2, 79b–80a) wird für Maximilian noch einmal expliziert (2, 81b–82a): „tali aspice tantum | enitet ore decus". Durch diese Darstellung wird ein Referat über die stattgehabten Heldentaten Maximilians obsolet: Denn die zukünftigen Heldentaten sind durch Jupiter,

---

167 Die Aufforderung an die Römer, Maximilian zu verehren, ergeht bereits durch Mars in 1, 450–451.

168 Sonderforschungsbereich 948: Heroisierung.

169 Dass das Motiv eines *adventus* besonders zur panegyrischen Beschreibung des Erscheinungsbildes geeignet ist, hat Mause, S. 155 am Beispiel spätantiker Panegyriker konstatiert.

170 „Qualis ubi hibernam Lyciam Xanthique fluenta | deserit ac Delum maternam invisit Apollo | instauratque choros, mixtique altaria circum | Cretesque Dryopesque fremunt pictique Agathyrsi; | ipse iugis Cynthi graditur mollique fluentem | fronde premit crinem fingens atque implicat auro, | tela sonant umeris" [‚Gleich wie Apoll, wenn im Winter er Lykien verlässt und des Xanthus Strömung und Delos besucht, die Insel der Mutter, und Reigen wiederum aufleben lässt und dabei am Altare die Kreter lärmen mit Dryopern und Agathyrsen, bemalten Gestalten, wie wenn vom Kamm des Kynthus er schreitet, das wallende Haar mit weichem Laube bekränzt und einen Goldreif herumlegt, und an den Schultern die Waffen klirren'] (Übers. aus Vergil: Aeneis, hg. von Holzberg, S. 197).

die Sibylle und – wie sich beim Stadtrundgang zeigen wird – auch durch Hercules beglaubigt, die vergangenen Taten aber kann jedermann selbst erkennen, wenn er Maximilian anschaut.

3.4.2 Maximilians Stadtrundgang

Nach einem Abendessen im Palazzo di San Marco[171] kommt es zu einem Stadtrundgang, Maximilian selbst äußert den Wunsch, beides zu sehen: das alte Rom und seinen aktuellen Zustand als Ruine (2, 333–335a). Der Rundgang beginnt am Kapitol (2, 338b–341a):

> Olimque vident Iovis aurea tecta
> disiectam molemque iugi signumque Monetae.
> Hinc ad Aventinum migravit Romula collem
> pubes mixta duci.[172]

Während Nagonio Maximilian durch die Römerkataloge im ersten Buch bereits als Teil Roms ausgewiesen hat, separiert er ihn um des Effekts willen hier noch einmal als den Fremden, wie Aeneas ein Fremder war, als er von Euander durch die Stadt geführt wurde („Romula [...] pubes mixta duci"). Vom Aventin aus gehen sie zum Circus Maximus und dann zum Forum Boarium mit der Ara Maxima des Hercules.

Seine panegyrische Wirkung entfaltet der Stadtrundgang vor allem durch die zugrunde liegenden Prätexte. Bevor auf den Stadtrundgang von Aeneas und Euander näher eingegangen wird, ist darauf hinzuweisen, dass Nagonio in diesem Narrativ eine Parallele zu einem bedeutenden Karlsepos der Zeit schafft, der *Carlias* des Ugolino Verino, und dem darin erzählten Rombesuch Karls des Großen.[173] Das Epos wurde nie gedruckt, war in seiner Zeit aber sehr bekannt

---

171 Gwynne: Poets and Princes, S. 91–92.

172 [‚Sie sehen die einstmals goldenen Dächer Jupiters, die zerstörte Bausubstanz auf dem Berg und das Bildnis der Juno. Von dort aus ging die römische Truppe, vermischt mit dem König, zum Hügel Aventin.']

173 Zwar findet sich dieses Motiv in verschiedenen humanistischen Schriften, sie haben aber doch alle eine andere Intention. Auch Sigismondo Malatesta besucht im vierten Buch der *Hesperis* (4, 565–610) Rom und stellt angesichts des ruinösen Zustandes der Stadt fest, dass auch steinerne Denkmäler vergehen – aus dieser Passage stammt das Zitat, unter dem die Einleitung dieser Studie steht.

und bedeutend.[174] In der *Carlias* zieht Karl der Große nach der Eroberung Pavias im fünfzehnten Buch nach Rom, um sich von Papst Hadrian zum Kaiser krönen zu lassen (Carlias 15, 222–240).[175] Auch Maximilian kommt anlässlich der Kaiserkrönung nach Rom (2, 3): „sumat ut a nostro sacram pastore coronam".[176] Abgesehen von demselben thematischen Rahmen finden sich textuelle Anlehnungen an Verino: In den Begrüßungsworten an Maximilian in Rom heißt es bei Nagonio (2, 108–110a): „Maxime nunc Caesar salve qui tecta Quirini | intrasti armipotens et sancti ad limina Petri | pontificis pius accedis."[177] Diese Erwähnung der „limina Petri" sticht dahingehend ins Auge, dass die Figur des Papstes, des Petrus oder die Bedeutung Roms für die Christenheit im *Pronostichon* sonst nicht von Relevanz ist. Diese Identifikation als *miles Christianus* wird ansonsten nur einmal in den ‚Standarten des Papstes' („pontificis [...] vexilla"; 1, 448) angesprochen, die Maximilian tragen werde, wiederaufgenommen während der Nekyia (1, 1012b–1013): „vexilla tenebit | terrarum mundique vagi Latiique potentis."[178] Umso mehr verweist die spezielle Formulierung auf die Ankunft Karls des Großen in Rom, von der es in der *Carlias* heißt (Carlias 15, 222): „Inde ubi calviferi perventum ad limina Petri".[179] Ein weiterer intertextueller Bezug besteht in der Figur des Virginio Orsini, der zunächst die Gesandtschaft nach Neapel, dann Maximilian durch Rom führt. Denn auch in der *Carlias* sind es Vertreter dieser Familie, die Karl durch Rom führen. Darüber hinaus findet sich angesichts der Protreptik auch ein intentionaler Bezug zwischen den Epen, dass nämlich der Widmungsempfänger der *Carlias*, Karl VIII. von Frankreich, nach Jerusalem ziehen und die Muslime vertreiben möge.[180] Maximilian

---

174 In seiner verdienstvollen Ausgabe verweist Nikolaus Thurn diesbezüglich beispielhaft auf ein Epigramm Angelo Polzianos, worin der florentinische Humanist ganz allgemein feststellt, es gebe in seiner Zeit kein herausragenderes Epos (Verino: Carlias, hg. von Thurn, S. 15).

175 Zitiert wird nach der Edition Verino: Carlias, hg. von Thurn. Es gibt mehrere Fassungen der *Carlias*, die sich insbesondere in dem Rundgang durch Rom unterscheiden. Zu der Rom-Episode in den verschiedenen Fassungen s. Nikolaus Thurn: Kommentar zur Carlias des Ugolino Verino. München 2002, S. 720–731.

176 [‚damit er von unserem Hirten die heilige Krone in Empfang nehme'].

177 [‚Größter Caesar, sei gegrüßt, der Du die Dächer des Quirinus voll Waffengewalt betreten hast und fromm zu den Toren des heiligen Pontifex Petrus herantrittst.'] Stinger, S. 238 betont: „Rome, in a similar conflation of the sacred and the secular, was both the imperial capital, the setting for so many ancient triumphs, as it was also the ‚holy Latin' Jerusalem, which Christ had made the capital of the *respublica Christiana*."

178 [‚Er wird die Standarten halten, die der Erde und des umherirrenden Himmels und des mächtigen Latium.']

179 [‚daher, sobald man zu den Toren des schlüsseltragenden Petrus kam'].

180 Verino: Carlias, hg. von Thurn, S. 135.

hingen soll nach Rom ziehen, um Rom gerade vor den Valois zu schützen. Damit erscheint das *Pronostichon* als Gegenentwurf zur *Carlias* und die habsburgische Herrschaft wird gegen die der Valois behauptet und legitimiert.

Neben diesem Vorläufer liegt die entscheidende Präfiguration dennoch im Rundgang durch das künftige Rom, der im achten Buch der *Aeneis* geschildert wird und seinen Ausgang an der Ara Maxima nimmt, wo Euander die Sage von Hercules und Cacus erzählt. Euander erinnert an das Goldene Zeitalter, als Saturn regierte (Aen. 8, 319–327). Geprägt gewesen sei jene Zeit von Gesetzen, Frieden und Sicherheit, bis Kriegswut und die Habsucht Einzug hielten (Aen. 8, 327). Sie ziehen vorbei am Carmentisaltar[181] und am Carmentistor über das Kapitol, wo der Sage nach Jupiter wohnen sollte, sowie an den Ruinen einer Burg des Janus und einer des Saturn. Nagonios Rundgang dient der Präfiguration in der Wiederherstellung dieses Goldenen Zeitalters und zwar sowohl durch Aeneas als auch durch Hercules. Denn gerade in Aen. 8 wird bereits Vergils Held als zweiter Hercules hinsichtlich seiner *labores* konstituiert. Binder identifiziert als Kernpunkt dieser Präfiguration erstens den Saliergesang, den Aeneas hört und in dem Hercules' Mühen auf Juno zurückgeführt werden (Aen. 8, 291–293), zweitens Turnus als „unterweltliche und romfeindliche Gestalt" als Entsprechung zu den Gegnern des Hercules Invictus.[182] Vergil hat Aeneas stark an Hercules ausgerichtet,[183] Karl Galinsky spricht von „Aeneas' herculean self-awareness"[184] sowie von Aeneas als „true spiritual and heir of Herakles".[185] Für die Maximilianspanegyrik ist er besonders geeignet, weil er in seiner Figur nicht nur das Meistern übermenschlicher Mühen und das Durchhalten vereint, sondern auch den steten Weg der Tugendhaftigkeit und die wertrationale Orientierung seines Handelns. Durch ihn erscheint Maximilian einerseits als *laborans*, andererseits als *invictus*.[186] Eine besondere Rolle aber kommt der Wertrationalität von Hercules' Handeln zu, wie bereits Cicero sie bezeugt (Tusc. 1, 32):

---

181 Carmentis soll die Mutter des Euander gewesen sein; sie war eine alte römische Gottheit der Geburt und der Weissagung.
182 Binder, S. 143.146–147.
183 S. hierzu ausführlich Galinsky: Herakles, S. 132–138.
184 Ebd., S. 134.
185 Ebd., S. 138. Dabei steht Hercules auch in Bezug zu Augustus' Apotheose: Unter Bezugnahme auf Horaz' dritte Römerode konstatiert Galinsky, dass Augustus gerade deshalb vergöttlicht werden würde, weil er dieselben Qualitäten wie Hercules trage (Galinsky: Herakles, S. 139), und dies habe auch Vergil zeigen wollen (ebd., S. 138).
186 Hollegger: Erwachen, S. 228 sieht gerade in dieser thematischen Anlehnung an Hercules ein Kernmotiv der Propaganda Maximilians.

> Quae est melior igitur in hominum genere natura quam eorum, qui se natos ad homines iuvandos, tutandos, conservandos arbitrantur? Abiit ad deos Hercules: numquam abisset, nisi, cum inter homines esset, eam sibi viam munivisset.[187]

Der Rundgang zeigt somit nicht nur an, dass Maximilian den herkulischen *labores*, die er wie Aeneas auf sich nimmt, gewachsen ist (insbesondere, indem er wie Aeneas in Aen. 8 einen göttlichen Schild erhält), sondern dass sein Handeln dem Wohle des römischen Volkes, der Völker Italiens und der ganzen Christenheit dient. Gleichzeitig wird die Größe der Herrschaft gesteigert. Denn wo es in der *Aeneis* heißt, Augustus werde ein Reich haben, das größer sei als das, welches Hercules durchwandert hat (Aen. 6, 801–803), ist Maximilian, der auf dem Schild des Mars über den ganzen Erdkreis schaut (2, 604), ein Gipfelpunkt.

Dass von Maximilian die Wiederherstellung eines Goldenen Zeitalters erwartet wird, zeigt sich auch in einer strukturellen Entsprechung. Gegenüber der Vorlage bei Vergil erfolgt der Spaziergang im *Pronostichon* in umgekehrte Richtung, vom Kapitol zum Forum Boarium. Die Vertauschung von Ausgangs- und Zielpunkt wird durch eine geschickte Wortwahl Nagonios untermauert, wenn es heißt (2, 338): „Hinc abeunt olimque vident Iovis aurea tecta",[188] während bei Vergil steht (Aen. 8, 347–348): „hinc ad Tarpeiam sedem et capitolia ducit | aurea nunc, olim silvestribus horrida dumis" –[189] hier ist der Jupitertempel golden und war einst bäuerisch, bei Nagonio umgekehrt. Der Wandel des Friedens zum Krieg bei Vergil wird von Nagonio zu einem Wandel von Krieg zum Frieden transformiert.

3.4.3 Maximilian an der Ara Maxima und die Herculesnachfolge

Auf seinem Stadtrundgang kommt Maximilian zur Ara Maxima, wo sich eine Epiphanie des dort (einst) verehrten[190] Hercules ereignet. Auch diese Kultstätte jedoch ist verweist. Die Erzählung des *Pronostichon* geht davon aus, dass Hercules zu Maximilians Zeit in Rom keine Verehrung mehr erfährt: Als der König

---

187 [‚Welches sind nun die besten Exemplare des Menschengeschlechts? Nicht jene, die ihre Aufgabe im Helfen, Schützen und Bewahren der Menschen erblicken? Herakles ist zu den Göttern aufgestiegen. Das wäre niemals geschehen, wenn er sich nicht bei Lebzeiten diesen Weg gebahnt hätte'] (Übers. aus Cicero: Gespräche, hg. von Gigon, S. 37).

188 [‚Von dort gehen sie weg und sehen die einstmals goldenen Dächer des Jupitertempels.']

189 [‚Weiter führt er zum Sitz der Tarpeja ihn, aufs Kapitol, das, golden heutzutage, einst starrte vom Wildwuchs des Strauchwerks'] (Übers. aus Vergil: Aeneis, hg. von Holzberg, S. 421).

190 Über die antike Verehrung der Hercules an der Ara Maxima s. Galinsky: Herakles, S. 126–127. Der Sage nach wurde sie von König Euander gebaut oder von Hercules selbst. Der Heros war, von Spanien kommend, in der Gegend des zukünftigen Rom gewesen, um die gestohlenen Rinder des Geryon zurückzukommen.

und seine Begleiter dort erscheinen, sehen sie nur ‚zugrunde gerichtete Tempel‘ („prostrata[ ] templa“; 2, 347) sowie die ‚vernachlässigten Weihrauchschalen der Götter‘ („neglecta[ ] thura deorum“; 2, 348). Die Herculesnachfolge, die in epischen Narrativen immer schon Heldenstatus versprach, wird von Nagonio an die *renovatio* der Stadt gebunden, sodass beides einander bedingt. Nur in dem Maß kann Maximilian als ein zweiter Hercules gelten, in dem seine Verehrergemeinschaft die Taten des antiken Heros noch in Erinnerung hat und zu schätzen weiß.

Der Heros erscheint Maximilian in einer Gestalt, die sich erst als Wächter der Ara Maxima (2, 361) ausgibt und sich später als Hercules selbst (2, 365) vorstellt.[191] Er beklagt die Irrelevanz seiner selbst, die Vernachlässigung durch die Menschen und spricht, er sei der reiche Hercules gewesen („eram“; 2, 365). Zur Ara sei die Menge einst gekommen, habe Weihrauch entzündet und ihm Ehren erwiesen (2, 365–367). Seine Mühen aber hätten in dieser Welt ihre Bedeutsamkeit verloren (2, 368–369a): „heu periere mei salvo quos orbe labores | gessi mille potens.“[192] Wehklagend fragt er, was seine Tugend noch für einen Nutzen habe (2, 375–376). Gleichzeitig nennt er Maximilians Tugend nicht nur eine ‚der alten Art‘ („ab origina prisca“; 2, 378), sondern sieht in ihr sogar denselben Ursprung wie in seiner eigenen (2, 379b): „et in nostram seriem descendit avitam [*sc.* virtus]“.[193] Er beschwört Maximilians Bereitschaft zur Erneuerung Roms, gibt ihm – den Nagonio hier als ‚beispiellosen Iulus‘ („insign[is] Iulu[s]“; 2, 388) betitelt – einen Kuss und verschwindet.

Der König bekundet nicht nur sein Verständnis für die Sorgen des Heros um den Zustand Roms und die kultische Vernachlässigung, sondern zugleich seine eigene Trauer darum. Als Maximilian dann seine Unterstützung zusichert und Hercules verspricht, den ehemaligen Kult wiederherzustellen, fordert er zugleich von Hercules Unterstützung für sich und sein Geschlecht ein (2, 410–412). Dann werde Maximilian der erste sein, der in den Tempeln an Hercules’ Taten erinnern werde (4, 414–420). Der neue Hercules solle indes der Mittelpunkt des Reiches

---

191 Auch wenn sich Hercules vorgestellt hat, betont Nagonio um des epischen Motivs willen, dass Maximilian den Gott erkannt habe (2, 391–392) – man denke an Aeneas und Venus oder Diomedes und Aphrodite (s. auch S. 189). Die Fähigkeit, eine Gottheit zu erkennen, ist nicht nur exzeptionell, sondern versinnbildlicht eine Nähe zu den Göttern selbst. Das von Nagonio an dieser Stelle verwendete Verb *noscere* (2, 391) nutzte der Dichter bereits für die Leute, die beim Einzug Maximilians zusammendrängten, um den König zu sehen (2, 98–99a): „Certabant acies speciosam noscere formam | Caesaris.“ [‚Die Blicke kämpften darum, die ansehnliche Gestalt Maximilians zu schauen.‘].

192 [‚Ach, meine tausend Mühen sind vergangen, die ich mächtig in einer heilen Welt vollbracht habe.‘]

193 ‚[Und sie [*sc.* Maximilians Tugend] findet ihren Ursprung in meiner Ahnenreihe.‘]

werden (2, 425–426): „Externae exiliunt gentes celerantque remotis | partibus et currunt ad noti numinis aram".[194] Auf Maximilians Rede hin erscheint Hercules erneut und fordert Maximilian zur *imitatio* seiner Taten auf (2, 493): „Macte animis, Caesar, nostros imitare labores".[195] Er stellt dem König abschließend ewigen Ruhm wie seinen eigenen in Aussicht, bevor er verschwindet und die Herculesszene endet (2, 496–498.504–505):

> Sed si opus id fuerit Pisaeas ire per oras,
> fortibus aut ausis Libycas temptare palaestras,
> Isthmiacosque sinus et duram vincere mortem,
> [...]
> hortor iter durasque vias superare labore.
> Non datur emeritis nisi gloria, maxime Caesar.[196]

Um die Bedeutung dieser Epiphanie für das postulierte Heldentum Maximilians zu erfassen, sind zunächst die Implikationen aus der Intertextualität zur antiken Vorlage zu beachten. Denn das Motiv der Wiederaufrichtung eines Hercules-Denkmals entstammt dem ersten Gedicht aus Statius' drittem Buch *Silvae*, worin der Bau eines Tempels für Hercules durch Pollius Felix geschildert wird. Eine Entschuldigung für die Vernachlässigung des Heroen solle dieser sein: Beim Ausbruch eines Unwetters nämlich während eines Festes, so Statius' Erzählung, eilten alle Gäste in einen kleinen, alten Hercules-Tempel in der Nähe – es war der einzige erreichbare Unterschlupf. Für alle und alles aber war kein Platz. Da beklagte der Gott den Reichtum des Pollius im Vergleich zur Ärmlichkeit seiner Kultstätte und bat ihn, den Gastgeber, um die Errichtung eines würdigen Tempels. Pollius tat dies – und Hercules half dabei. Als der Alkide vom Erzähler um eine erneute Epiphanie anlässlich der Tempeleinweihung gebeten wird und erscheint, heißt es (silv. 3, 1, 89–90): „erubuit risitque deus dilectaque Polli | corda subit blandisque virum complectitur ulnis."[197]

---

194 [‚Auswärtige Völker treten hervor, eilen aus entlegenen Gebieten herbei und strömen zum Altar der bekannten Gottheit.']

195 [‚Glück auf Deinem Heldenmut, Maximilian, tue es meinen Mühen gleich!']

196 [‚Wenn es aber nötig sein sollte, durch pisäische Gegenden zu ziehen oder in tapferen Wagnissen libysche Ringkämpfe zu bestreiten [*sc.* wie den Kampf des Hercules gegen Antaeus], die Buchten des Isthmos und den harten Tod zu besiegen, [...] mahne ich, die Reise und die harten Wege unter Mühsal zu bewältigen. Nur denen, die sich verdient gemacht haben, wird Ruhm zuteil, o größter Caesar.']

197 [‚Es errötete der Gott: Er mußte schmunzeln und schmeichelte sich ein in das Herz des geliebten Pollius und umfaßte ihn liebevoll mit seinen Armen'] (Übers. aus Statius: Silvae. Übers. und erl. von Heinz Wissmüller. Neustadt/Aisch 1990, S. 72).

Diesen Prätext nutzt Nagonio zur Überhöhung Maximilians. Auch im *Prono-stichon* erscheint Hercules Maximilian ein zweites Mal, was in der Wortwahl an Statius angelehnt ist: „forma dei [visa est] dilecta subire | corda ducis" (2, 473b–474) sowie „risitque simul" (2, 475).[198] Und auch die oben zitierte Aufforderung zur *imitatio* folgt der Darstellung bei Statius, als der Dichter Hercules um die Epiphanie bittet und ihm Respekt zollt (silv. 3, 1, 154–259):

> Quin age et ipse libens proprii certaminis actus
> invicta dignare manu; seu nubila disco
> findere seu volucris Zephyros praecedere telo
> seu tibi dulce manu Libycas nodare palaestras,
> indulge sacris et, si tibi poma supersunt
> Hesperidum, gremio venerabilis ingere Pollae.[199]

Die Verse beschreiben die Verehrung des Gottes bei den Menschen. Wo sie allerdings einst an Hercules adressiert waren, lässt Nagonio Hercules diese Worte an Maximilian richten und so das Potenzial von Maximilians Handlungsmacht unmittelbar bezeugen. Hercules fordert Maximilian dazu auf, dieses Potenzial zu nutzen – „imitare" (2, 493) –, wobei Nagonio den entsprechenden Vers des Statius abändert, wo Hercules zu Pollius spricht (silv. 3, 1, 166): „macte animis opibusque meos imitate labores",[200] wohlgemerkt „imitate", nicht „imitare". Maximilians Heldentum steht noch nicht in der Herculesnachfolge, sondern kann erst dazu werden, wenn er Rom erneuert. Wozu Maximilian imstande ist, zeigt sich schließlich darin, wie Hercules beiden ein langes Leben wünscht: Während der Heros Pollius zusagt, den Spinnrocken der Parzen und damit das Leben des Pollius zu verlängern, weil Hercules den grausamen Tod bezwingen könne („duram scio vincere mortem"; silv. 3, 1, 172), wird Maximilian durch seine *imitatio* aus sich heraus den Tod zu überwinden wissen (2, 498).

Durch diese Szene werden die künftigen Heldentaten Maximilians, die dem Epos noch fehlen, auf die Herculesnachfolge verlagert. Das Besondere an Nagonios Inszenierung ist die Fixierung dieser Nachfolge an die Erneuerung des Her-

---

198 [‚die Gestalt des Gottes schien sich in das Herz des Königs einzuschmeicheln'], [‚und er lachte zugleich'].

199 [‚Wohlan, komme selbst und ehre die Wettkämpfe deines eigenen Festes mit deiner unbesiegbaren Hand, sei es, daß du mit deinem Diskus die Wolken spaltest oder den flüchtigen Zephyr mit deinem Pfeil überholst oder daß du, für dich angenehm, deine Arme in einem libyschen Ringkampf verknotest, zeige dich gnädig dem Opfer und, wenn du noch Äpfel der Hesperiden übrig hast, wirf sie der ehrbaren Polla in den Schoß.'] (Übers. aus Statius: Silvae, hg. von Wissmüller, S. 74).

200 [‚Heil Dir, der du mit deinem Geist und deinen Mitteln meine Arbeiten nachahmst'] (Übers. aus ebd., S. 74).

culeskultes. Ohne diesen kann es auch keinen *alter Hercules* geben. Indem Nagonio behauptet, der Herculeskult habe keine Verehrer mehr, negiert er auch die
Möglichkeit, zu einem Helden wie er zu werden. Der Heros selbst betont, seine
‚flammende Tugendhaftigkeit' habe keinen Nutzen mehr (2, 375–376). Wenn die
Figuren des Mythos im kulturellen Gedächtnis nicht mehr aufrufbar sind, werden
auch ihre Heldentaten profan und haben keine persönliche Relevanz für Leserinnen und Leser mehr, erzeugen somit keine Verehrung. Gleichzeitig aber beglaubigt
der Held die Exorbitanz von Maximilians Tugendhaftigkeit, aber auch die Außergewöhnlichkeit. Indem Maximilian dem vernachlässigten Hercules zu einer Verherrlichung verhilft, die auch in entlegensten Gebieten Verehrung bewirkt, stiftet
Maximilian gleichzeitig für sich selbst die Möglichkeit einer solchen umfassenden
Heldenverehrung.

Es bleibt abschließend zu bemerken, dass Statius nicht die einzige Vorlage
ist, die Nagonio für sein Motiv des wiederaufzubauenden Rom finden konnte.
In Maximilians Versprechen an der Ara Maxima fühlt sich das Publikum auch
an Cäsar erinnert, wie er in Lukans *Bellum civile* die Ruinen Trojas besuchte.
Dieser opferte den phrygischen Göttern, versprach gleichzeitig den Wiederaufbau Trojas, wenn ihm die Götter denn bei seinem Unternehmen hold wären
(Bellum civile 9, 995–999).[201] In Troja seien beinahe schon die Ruinen untergegangen, einzig habe sich eine Erhabenheit an diesem Ort erhalten, das ‚ehrwür-
dige Alter' („veneranda vetustas"; Bellum civile 9, 987). Lukan lässt Cäsar
sagen, die Verehrung, die einst die Götter in Troja erhielten, erhielten sie heute
in Rom (Bellum civile 9, 990–993a).[202] Für Maximilian liegt die Sache anders;
er kann keine Ansprüche an die Götter im verfallenen Rom stellen. Vielmehr
verspricht Hercules Maximilian Ruhm, sobald er denn den Wiederaufbau geleistet habe. Während Cäsar ‚nur' ein Geschenk machen will, muss Maximilian
sich in einer Heldentat bewähren. Der Wiederaufbau selbst ist eine herkulische

---

201 „Gentis Iuleae vestris clarissimus aris | dat pia tura nepos et vos in sede priore | rite vocat.
Date felices in cetera cursus, | restituam populos: Grata vice moenia reddent | Ausonidae Phry-
gibus Romanaque Pergama surgent." [‚Der ruhmreichste Nachfahr aus Julus' Stamm bringt
euren Altären fromme Weihrauchgaben dar und ruft euch feierlich auf eurer einstigen Heimstatt an. Gewährt mir nur für das, was noch zu tun bleibt, glücklichen Verlauf, und ich will
euch eine neue Gemeinde schaffen: zum Dank für eure Gunst werden Ausoniens Söhne Phry-
gern wieder Stadtmauern geben, und von Römerhand wird Troja auferstehen.'] (Übers. aus
Lukan: Bellum civile, hg. von Ehlers, S. 465).

202 „Di cinerum, Phrygias colitis quicumque ruinas, | Aeneaeque mei, quos nunc Lavinia
sedes | servat et Alba, lares, et quorum lucet in aris | ignis adhuc Phrygius." [‚All ihr Aschen-
geister, die ihr in Trojas Ruinen wohnt! Hausgötter meines Ahns Aeneas, die jetzt Laviniums
Heimstatt birgt und Alba, ihr, auf deren Altären bis heute Ilions Feuer leuchtet!'] (Übers. aus
Lukan: Bellum civile, hg. von Ehlers, S. 465).

Arbeit. Gleichzeitig wird in Nagonios Romentwurf vor der Folie Lukans noch deutlicher, dass Maximilians Herrschaft von der Stadt abhängt. Denn die Götter sind immer noch dort, nicht woanders. Sie sind offenbar, wie die Erscheinung des Hercules demonstriert, nicht mit der *translatio* in die deutschen Gebiete gekommen, gerade nicht wie Aeneas die trojanischen Götter einst nach Rom fortgebracht hatte.

4 Riccardo Bartolini, *Austrias* (1516) – Maximilian I. und die Heldengeneration seiner Zeit

Das umfangreichste und zugleich das einzige Epos, das Maximilian als einen Helden im Krieg zeigt, ist die zwölf Bücher umfassende *Austrias* des Riccardo Bartolini (ca. 1470–1529).[1] Erstmalig im Jahr 1516 bei Schürer in Straßburg ge-

---

1 Für eine ausführliche Darstellung von Bartolinis Leben s. Füssel: Bartholinus, S. 33–56 sowie Franz J. Worstbrock: Bartholinus, Riccardus. In: Deutscher Humanismus 1480–1520. Verfasserlexikon. Hg. von Franz J. Worstbrock. Bd. 1. Berlin 2008, S. 120–132; ein kurzer Überblick über Leben, Werk und Forschungsliteratur ist zu finden in Flood, Bd. 1, S. 125–128. Im Jahr 1504 kam Riccardo Bartolini zum ersten Mal an den Hof Maximilians. Er begleitete damals Mariano Bartolini (1465–1509), der wohl sein Onkel war (Füssel: Bartholinus, S. 34–35) und als Sondergesandter von Papst Julius II. nach Wien geschickt worden war, um mit Maximilian ein Bündnis gegen Venedig auszuhandeln. Zum Zeitpunkt dieser Entsendung war Maximilian bereits mit den Erbfolgestreitigkeiten zwischen Philipp von der Pfalz und Albrecht von Bayern-München beschäftigt, die bald darauf in den Landshuter Erbfolgekrieg mündeten. Da Mariano auch damit betraut war, diesen Erbfolgekonflikt abzuwenden, blieb er an Maximilians Hof und begleitete den König sogar in den Krieg. An dessen Seite nahm auch Riccardo am Kriegsgeschehen teil, der damals etwa 34 Jahre alt war; sein genaues Geburtsdatum ist unbekannt (Füssel: Bartholinus, S. 34 vermutet das Jahr 1470). Geboren war er in Perugia, wo er – wie in seinem Testament festgehalten – Theologie, Literatur und Rhetorik studiert hatte (Füssel: Bartholinus, S. 35 Anm. 19); anschließend bekleidete er kirchliche Ämter. Nach Ende des Erbfolgekrieges und Rückkehr aus Österreich 1506 ging er neben kirchlichen Tätigkeiten auch Lehrtätigkeiten nach: Er vertrat u.a. eine Zeitlang den Lehrstuhl seines ehemaligen Lehrers Francesco Maturanzio (1443–1518) an der Universität Perugia. Gleich nach seiner Heimkehr aber könnte er die Arbeit an der *Austrias* begonnen haben, da er bis zum Druck derselben 1516 von zehn Jahren Arbeit spricht (Riccardo Bartolini: Ad Divum Maximilianum Caesarem Augustum, Riccardi Bartholini, de bello Norico Austriados Libri duodecim. Straßburg: Schürer 1516, Bl. iii[r]; dieser Druck wird im Folgenden als Austrias 1516 zitiert). Diese Zeitspanne erinnert wohl nicht versehentlich an die Schaffensdauer, die Vergil für seine *Aeneis* benötigte (Florian Schaffenrath: Riccardo Bartolinis *Austrias* (1516) oder: Wie ein Herrscher zum Feldherrn gegen die Türken wird. In: Portraying the Prince in the Renaissance. The Humanist Depiction of Rulers in Historiographical and Biographical Texts. Hg. von Patrick Baker u.a. Berlin, Boston 2016 [Transformationen der Antike 44], S. 193–213, hier S. 196). Im Jahr 1513 trat er am Hof Maximilians in den Dienst des Kardinals Matthäus Lang. Nach Maximilians Tod kehrte er 1519 in seiner Heimat zurück und übernahm ganz den Lehrstuhl Maturanzios. Auch Bartolinis Todesdatum ist ungewiss, ins Jahr 1529 wird es datiert von Friedrich H. Schubert: Riccardo Bartolini. Eine Untersuchung zu seinen Werken über den Landshuter Erbfolgekrieg und den Augsburger Reichstag von 1518. In: Zeitschrift für bayerische Landesgeschichte 19 (1956), S. 95–127, hier S. 95. Zu seinem literarischen Werk s. Füssel: Bartholinus, S. 57–294. Einen auf das ganz Wesentliche reduzierten Überblick gibt Schubert: Bartolini, S. 97–99.

https://doi.org/10.1515/9783110742497-004

druckt, verhandelt das Werk die Geschehnisse des Landshuter Erbfolgekrieges 1504/1505 und entwirft dabei nicht nur den einen – wenn auch größten – Helden Maximilian, sondern ein ganzes Heldenkollektiv[2] an dessen Seite, nämlich die Herzöge Albrecht und Wilhelm von Bayern-München, den Schwäbischen Bund sowie Landgraf Wilhelm von Hessen. In vergilischer Manier, worauf bereits die Zwölfzahl der Bücher sowie die teleologische Ausrichtung des Geschehens auf einen Türkenfeldzug verweist,[3] zeichnet das Narrativ das komplexe Geschehen des Krieges mit einer Vielzahl an wirkmächtigen Personen und Kriegsschauplätzen nach und bettet dies in einen epischen Rahmen ein, bestehend aus einer Reihe typischer Bauformen wie Exkursen, Träumen, Götterzeichen und einer Nekyia. Bartolinis *Austrias* fand breite Anerkennung bei den Zeitgenossen,[4] sodass sie nicht nur fünfzehn Jahre später ein weiteres Mal gedruckt wurde (Straßburg 1531: Schott),[5] sondern zudem durch den Humanisten und kaiserlichen Rat Jakob Spiegel (1483–1547) einen umfangreichen Kommentar erhielt, wie er in den allermeisten Fällen nur antiken Epen zuteilwurde.

Der Entwurf der Maximiliansheroik in der *Austrias* ist aufgrund der vielen Akteure komplex, bietet aber durch diese auch die Möglichkeit, die Einzigartigkeit von Maximilians Heldentum darzustellen. Denn Helden figurieren, sie entstehen in Abgrenzungsprozessen zur Gemeinschaft, und indem im Narrativ des Landshuter Erbfolgekrieges nicht nur ein Querschnitt durch die irdische Gesell-

---

2 Unter einem Heldenkollektiv wird gemäß Gölz ein Zusammenschluss mehrerer individueller Helden verstanden (Olmo Gölz: Helden und Viele. Typologische Überlegungen zum kollektiven Sog des Heroischen. Implikationen aus der Analyse des revolutionären Iran. In: helden. heroes.héros. Special Issue 7 [2019], S. 7–20, hier S. 10). Umgekehrt ist unter einem heroischen Kollektiv eine Gruppe zu verstehen, die als Ganzes heroisiert wird (ebd., S. 12). Ein Beispiel für Letzteres wäre der Ruderachter.
3 Schaffenrath: Austrias, S. 200.
4 Eine Einschätzung von Bartolinis Ruhm und Nachruhm gibt mit entsprechenden Zeugnissen Schubert: Bartolini, S. 103–104; hierzu außerdem ein paar knappe Hinweise in Giovanni B. Vermiglioli: Bartolini, Riccardo. In: Biografia degli scrittori perugini e notizie delle opere loro. Bd. 1. Hg. von Giovanni B. Vermiglioli. Perugia 1828, S. 188–197, hier S. 189. In den Geleitworten des Druckes 1516 hebt Joachim Vadian die „dignitas" des Epos hervor (Bl. [iiii]ᵛ), spricht dabei mehrfach von Bartolinis „eruditio[ ] [...] multifaria", die sich auch auf die griechische Literatur erstrecke (ebd.). Füssel: Bartolinus, S. 155, insb. Anm. 43–44, erklärt, Bartolinis Ankündigung seines Epos in seinem *Idyllion* von 1513 sowie in seinem *Odeporicon* von 1515 habe für eine breite Nachfrage noch vor dem Druck gesorgt.
5 Riccardo Bartolini: Austriados Lib. XII. Maximiliano Augusto dicati Cum Scholiis Iacobi Spiegellij Selest. V. C. In: Guntheri Poetae clarissimi Ligurinus seu Opus de rebus gestis Imp. Caesaris Friderici I. Augusti lib. X. Austriados lib. XII Maximiliano Augusto dicati cum scholiis Iacobi Spiegellij. Straßburg: Schott 1531 (eigene Seitenzählung). Dieser Druck wird im Folgenden als Austrias 1531 zitiert.

schaft gegeben wird, sondern auch göttliche Figuren erscheinen, kann diese Abgrenzung besonders effektiv ausgestaltet werden. Dass Maximilian die gewöhnlichen Untertanen und Soldaten überragt, ist aufgrund seines Status von vornherein klar. Die Heroik wird vielmehr in einer dreifachen Grenzziehung entwickelt, indem erstens Maximilian mit einem starken, kriegerisch ebenbürtigen Gegner konfrontiert wird, dem er überlegen sein wird, zweitens göttliches Personal Partei ergreift, sich am Kriegsgeschehen beteiligt und Maximilian eine Verwundung dieser Figuren gelingt – der größtmögliche Triumph eines Menschen über eine Gottheit –, und drittens ein ganzen Heldenkollektiv an prestigeträchtigen Adeligen an Maximilians Seite auftritt, die jedoch alle in ihren spezifischen und außeralltäglichen Eigenschaften und Fähigkeiten letztlich hinter Maximilian zurückstehen. Wie Maximilians Heldentum somit vom Kontrast zu diesen drei Gruppen von Akteuren bestimmt wird und auf diese Weise eine weitestmögliche Exzeptionalität attestiert bekommt, soll in den folgenden Analysen eingehend dargestellt werden.

Anders als bei den übrigen in dieser Studie diskutierten Epen hat sich auch die Forschung bereits eingehender mit Bartolinis Werk befasst. Einen Überblick über den Inhalt, die leitenden Gestaltungsprinzipien, aber vor allem den Entstehungskontext – den Erbfolgekrieg, Bartolinis Leben und Wirken, den Hintergrund des Drucks und die spätere Kommentierung durch Jakob Spiegel – liefert Stephan Füssel.[6] Hinsichtlich der Tradition des lateinischen Epos weist er in seiner Inhaltsübersicht bereits auf einige intertextuelle Auffälligkeiten hin, insbesondere auf die Anlehnung des Proömiums an Statius' *Thebais*.[7] Letztere hat später Alberto Pavan eingehender untersucht, ebenfalls am Proömium,[8] aber auch speziell in einer Szene des zwölften Buches, die das Begräbnis gefallener Soldaten schildert.[9] Neben Statius' Epos lassen sich zwei weitere maßgebliche Vorlagen von Bartolinis Werk ausmachen: Vergils *Aeneis* und Lukans *Bellum civile*. Vor allem den strukturellen Einfluss dieser beiden Epen auf die *Austrias* hat Schaffenrath demonstriert: Als Kernelemente der Vergilimitation macht er

---

6 Füssel: Bartholinus. Eine ähnliche Arbeit, die – wenngleich ausführlicher – auf viele, allerdings lose Einzelaspekte in Analyse der einzelnen Bücher eingeht, hat Pfeifer vorgelegt: Michael Pfeifer: Die *Carlias* des Ugolino Verino und die *Austrias* des Riccardo Bartolini. Ein Vergleich zweier Heldengestalten: Karl der Große und Maximilian I. von Habsburg. Masterarbeit Graz 2015.

7 Füssel: Bartholinus, S. 169–170.

8 Alberto Pavan: Il trionfo all'antica di Massimiliano I imperatore. Il motivo del funerale epico e dei ludi funebri dal VI libro della *Tebaide* di Stazio al *Bellum Noricum* di Riccardo Bartolini. Imitazione letteraria ed esigenze di propaganda. In: Humanistica Lovaniensia 61 (2012), S. 247–277, hier S. 264–268.

9 Ebd., S. 268–274.

den Gesang des Enypeus im dritten Buch der *Austrias* als Fortbildung des Berichts des Aeneas gegenüber Dido aus, wie er im dritten Buch der *Aeneis* zu finden ist. Des Weiteren legt er die Entsprechungen der Götterversammlungen in den jeweiligen zehnten Büchern offen.[10] Schaffenrath geht auch auf wichtige thematische Anlehnungen ein: Hinsichtlich der *Aeneis* spiele neben der Übernahme der Konzepte des göttlichen Wirkens ebenso die intendierte Allegorese eine große Rolle, wie man sie für die *Aeneis* praktizierte.[11] Eine Lukanimitation liege derweil vor allem in der Ausgangssituation des Epos vor, dass es sich nämlich um einen innerstaatlichen Konflikt handele, bei dem die Herrschaft nicht geteilt werden könne.[12] Speziell nachgeahmt würden überdies einige Kataloge.[13] Die Lukanimitation hat zuvor bereits Elisabeth Klecker hinsichtlich der Geschehnisse bei Neuburg im fünften Buch des Epos eingehend analysiert,[14] wobei sie zu dem Schluss gelangt, Maximilians Heldentum fuße deutlich stärker auf der Vergil- und Homerimitation.[15] Neben diesen Arbeiten finden sich auch Analysen, die bereits bestimmte Aspekte der Heroisierung ansprechen: An erster Stelle ist hier Müllers *gedechtnus*-Studie zu nennen. Er gibt einen Überblick über die panegyrische Funktionalisierung traditioneller Bauelemente des Epos und bemerkt Maximilians Stilisierung zu einem antiken Heros.[16] Er unterstreicht den *sensus moralis* des Werkes, dass etwa Pallas in einer Auseinandersetzung mit dem Helden für die Weisheit stehe und Maximilian für die *virtus* selbst.[17] Dabei beschränkt sich Müller jedoch rein auf die panegyrische Intention und misst der Anlage des Epos wenig Bedeutung bei, sieht „keinen konsistenten Erzählzusammenhang"[18] und spricht ganz allgemein von „de[n] *laudes* Maximilians und der übrigen Fürsten"[19] als kittendem Rahmen für die „disparate[n] Versatzstücke".[20] Anlass für Müllers Urteil könnte Maximilians fehlende Präsenz in einigen Teilen des Narrativs gewesen sein. Denn die adeligen Mitstreiter erhal-

---

10 Schaffenrath: Austrias, S. 200.

11 Ebd., S. 201.

12 Ebd., S. 202.

13 Ebd., S. 203. Hierzu eingehender Elisabeth Klecker: Bella nullos habitura triumphos? Lucans Einfluß auf die Darstellung von Kriegen im Deutschen Reich. In: Die Wahrnehmung und Darstellung von Kriegen im Mittelalter und in der Frühen Neuzeit. Hg. von Horst Brunner. Wiesbaden 2000, S. 115–140.

14 Klecker: Bella, S. 136–139.

15 Ebd., S. 139.

16 Kapitel IV.6.c „*Austrias*" in Müller: Gedechtnus, S. 174–179.

17 Müller: Gedechtnus, S. 178–179.

18 Ebd., S. 179.

19 Ebd., S. 177.

20 Ebd., S. 178.

ten in einzelnen Büchern ausführliche Aristien, das sechste Buch etwa ist ganz auf Ulrich von Württemberg ausgerichtet. Müller jedoch beachtet das Heldenkollektiv in seiner Funktion für die Panegyrik und Heroisierung des Königs gar nicht. Er übersieht, dass Heldentum gerade in der *Austrias* durch Figuration entsteht, durch Mitwirkung und Abgrenzung innerhalb einer Gruppe. Dies soll in der vorgelegten Studie eingehender beleuchtet werden.

Für die Erschließung der *Austrias* sind drei wegweisende Arbeiten Kleckers erschienen, die die Heroik des Epos im intertextuellen Vergleich zur *Aeneis* herausarbeiten. Zunächst hat sie Form und Funktion der Homerimitation in einer Auseinandersetzung Maximilians mit dem Donauflussgott (4, 199–452), dem Aufgreifen eines Spähers (5, 468–585) sowie einem Kampf des Habsburgers gegen einen Bayern namens Oebalus und die Göttin Venus (4, 607–846) analysiert.[21] Das homerische Vorbild berücksichtigt Klecker überdies in ihrer Analyse des Kampfes von Kasimir von Brandenburg mit einer Amazone (10, 602–643);[22] Klecker untersucht hierbei nicht nur das Lob auf Kasimir und dessen Mildtätigkeit, als er die besiegte Amazone verschont, sondern auch die Auswirkung dieser Szene auf das Heldentum Maximilians;[23] sie deutet darin schon die heroisierende Funktion des Kollektivs an, die Müller noch übersehen hatte. In einer weiteren Arbeit geht sie auf die Rezeption der Seesturmszene der *Aeneis* ein (Aen. 1, 50–156).[24] Sie widmet sich speziell einem Unwetter, in das Maximilians Sohn Philipp gerät, aber auch erneut der Flussgottszene sowie Maximilians erstem Aufeinandertreffen mit seiner Schutzgöttin Venus und deren Rettung durch den Kaiser in der benannten Kampfszene mit Oebalus. Die Ergebnisse ihrer Studien werden Teil der folgenden Analysen sein und dort näher diskutiert.

Am Rande sei darauf hingewiesen, dass die *Austrias* – und im selben Zug der *Magnanimus* – auch von Alexander Kagerer berücksichtigt werden, der Maximilians herrscherliche Repräsentation sowie die habsburgische Begründung von Macht nicht nur für textuelle, sondern vor allem auch für visuelle Medien bzw. auch das Verhältnis von Text und Bild eingehend untersucht und seine Ergebnisse mit der Darstellung der Fugger kontrastiert.[25] Seine Ergebnisse zu

21 Elisabeth Klecker: Kaiser Maximilians Homer. In: Wiener Studien 107/108 (1994/1995), S. 613–637.
22 Elisabeth Klecker: Impius Aeneas – pius Maximilianus. In: Wiener Humanistische Blätter 37 (1995), S. 50–65.
23 Ebd., S. 60–63.
24 Elisabeth Klecker: Mit Vergil im Seesturm. Parodie und Panegyrik bei Riccardo Bartolini. In: ›Parodia‹ und Parodie. Aspekte intertextuellen Schreibens in der lateinischen Literatur der Frühen Neuzeit. Hg. von Reinhold Glei, Robert Seidel. Tübingen 2006 (Frühe Neuzeit 120), S. 321–344.
25 Kagerer.

den beiden für diese Studie relevanten Epen gehen indes kaum über die Erkenntnisse Müllers hinaus.[26]

4.1 Hintergrund und Inhalt des Epos

Am 1. Dezember 1503 starb Herzog Georg der Reiche von Bayern-Landshut, um dessen Erbe im sog. Landshuter Erbfolgekrieg[27] auf der einen Seite Herzog Albrecht IV. von Bayern-München und mit ihm Maximilian I. sowie auf der anderen Seite Elisabeth, die Tochter Herzog Georgs, sowie ihr Gemahl Ruprecht von der Pfalz kämpften.[28] Georg nämlich hatte keinen männlichen Erben und vermachte daher Niederbayern an seine Tochter und ihren zukünftigen Ehemann. Mit diesem Verhalten überging er seine Vettern, Albrecht und Wolfgang von Bayern-München, die als nächste Erben hätten eingesetzt werden müssen.[29] Denn einerseits gebot das Reichsrecht für ein Herzogtum einzig männliche Erbfolge,[30] andererseits liefen auch die Wittelsbacher Verträge Georgs Erbeinsetzung zuwider. Sie legten fest, dass „beim Aussterben eines Zweiges [d. i. durch fehlenden männlichen Erben] der bayerischen Wittelsbacher die Nachfolge des

---

26 Kagerers Kapitel zur *Austrias* bietet kaum mehr als eine Inhaltsbeschreibung. Die Ausführungen zu den Besonderheiten des *Magnanimus* im Vergleich zum *Teuerdank*, die ebenfalls wenig Neues liefern, hätten zudem davon profitiert, dass Kagerer von der Edition Riccardo Sbruglio: Magnanimus. Die lateinische Fassung des ‚Theuerdank' Kaiser Maximilians I. Hg. von Claudia Schubert, Christoph Schubert. Remchingen 2002 (Helfant Texte 12) Kenntnis genommen hätte.

27 Zu Hintergründen und Verlauf des Landshuter Erbfolgekrieges grundlegend Armin Gugau: Untersuchungen zum Landshuter Erbfolgekrieg von 1504/1505. Die Schäden und ihre Behebung. München 2015 (Geschichtswissenschaften 31). Ausführliche Darstellungen des Kriegsgeschehens enthalten auch Wiesflecker: Kaiser Maximilian I., Bd. 3, S. 164–198 sowie Waltraut Hruschka: König Maximilian der Erste und die bayerisch-pfälzischen Erbfolgehändel von 1503–1507. Diss. Graz 1961. Ein Überblick mit besonderer Beachtung auch der literarischen Zeugnisse der Zeit findet sich in Füssel: Bartholinus, S. 157–167; ebd., S. 157 weitere Angaben über tiefergehende, aber gleichzeitig ältere Literatur. Eine Darstellung mit reichlichem Bildmaterial liefert Peter Schmid: Landshuter Erbfolgekrieg. In: Von Kaisers Gnaden. 500 Jahre Pfalz-Neuburg. Katalog zur Bayerischen Landesausstellung 2005, Neuburg an der Donau. Hg. von Suzanne Bäumler u.a. Regensburg 2005 (Veröffentlichungen zur Bayerischen Geschichte und Kultur 50/2005), S. 75–105.

28 Zu den am Krieg Beteiligten s. Peter Schmid: Die Rolle des Landshuter Erbfolgekrieges in der Politik König Maximilians I. In: Von Wittelsbach zu Habsburg. Maximilian I. und der Übergang der Gerichte Kufstein, Rattenberg und Kitzbühel von Bayern an Tirol 1504–2004. Hg. von Christoph Haidacher, Richard Schober. Innsbruck 2005, S. 125–144.

29 Wiesflecker: Kaiser Maximilian I., Bd. 3, S. 164 sowie Füssel: Bartholinus, S. 157.

30 Gugau, S. 54.

anderen [d. i. Bayern-Münchens] eintreten sollte".[31] Maximilian I., damals König, informierte den niederbayerischen Herzog kurz vor dessen Tod über die Missbilligung und die Rechtswidrigkeit des Testaments.[32] Nach dem Tod belehnte Maximilian Albrecht und Wolfgang von Bayern-München vorerst mit dem niederbayerischen Erbe.[33] Mehrere folgende, an Ruprecht gewandte Vermittlungsversuche Maximilians scheiterten, beharrte der Pfälzer doch auf dem Testament.[34] Wiesflecker macht darauf aufmerksam, dass eine gütliche Einigung durchaus im Sinne Maximilians gewesen wäre, da er Ostern 1504 nach Rom ziehen wollte.[35] Gleichzeitig konnte Maximilian durch diesen Konflikt seine Macht gegenüber den Wittelsbachern, den Rivalen der Habsburger, demonstrieren[36] und nicht zuletzt seine Position gegenüber den Reichsfürsten festigen, einerseits weil sowohl Georg der Reiche sowie Albrecht von Bayern von ihm abhängig waren, andererseits weil man sich gemeinsam gegen die Pfälzer behaupten musste.[37] Hierbei ist festzuhalten, dass Maximilian durch einen beträchtlichen Anteil am Erbe vor allem auch einen territorialen Machtzuwachs gewann.[38]

Letztlich lehnte Ruprecht alle Angebote ab, auch einen Vergleich, wonach er die überwiegenden Gebiete nördlich der Donau hätte erhalten sollen sowie Neuburg an der Donau und Reichertshofen.[39] Noch bevor am 23. April 1504 auf dem Reichstag zu Augsburg das endgültige Urteil Maximilians verkündet werden sollte,[40] brach Ruprecht durch die Besetzung von Landshut und Burghausen am 17. April 1504 den Landfrieden und begann den Krieg.

Wie diese Ereignisse im Epos umgesetzt sind, wurde bereits mehrfach erschlossen.[41] Dennoch soll an dieser Stelle eine kurze Übersicht gegeben wer-

---

31 Ebd., S. 53.

32 Ebd., S. 56.

33 Ebd., S. 56.

34 Wiesflecker: Kaiser Maximilian I., Bd. 3, S. 168.

35 Ebd., S. 167. Schmid: Rolle, S. 137–143 bezweifelt allerdings, dass Maximilian andernfalls tatsächlich hätte nach Rom (und dann gegen die Türken) ziehen können, vor allem aufgrund der Verhältnisse in Italien.

36 Schmid: Erbfolgekrieg, S. 76. Zur Rivalität mit den Wittelsbachern ausführlich Schmid: Rolle, S. 126–131.

37 Näher Schmid: Rolle, S. 131–135.

38 Gugau, S. 57; Schmid: Erbfolgekrieg, S. 76.

39 Wiesflecker: Kaiser Maximilian I., Bd. 3, S. 171; Gugau, S. 58.

40 Gugau, S. 58.

41 Eine feingliedrige Zusammenfassung des Inhalts samt Versangaben findet sich in Pfeifer, S. 77–116, eine knappere Darstellung liefert Füssel: Bartolinus, S. 168–185, eine Kurzübersicht Schaffenrath: Austrias, S. 197–199. Darüber hinaus ist jedem der Bücher der *Austrias* ein *argumentum* vorangestellt. Die einzelnen Inhaltszusammenfassungen stammen jedoch, wie im

den, die die im Hinblick auf den Zweck dieser Untersuchung wesentlichen Elemente zur Orientierung festhält: Buch 1: Auf das Proömium, in dem der Kaiser als Inspirationsquelle angerufen wird, folgt zunächst die Schilderung von Maximilians Urteilsspruch in den Erbstreitigkeiten sowie von den diplomatischen Bemühungen des Königs zur Vermeidung eines Krieges. Sodann wird die Kriegsgöttin Bellona eingeführt, wie sie Zorn unter den Menschen sät. Ruprecht (in der *Austrias* latinisiert *Robertus*)[42] will sich der Entscheidung des Königs nicht beugen und sucht Rat bei seinem Vater Philipp. Dieser schickt ihn zwecks einer Prophezeiung über den Ausgang eines potenziellen Krieges zum Unterweltshain, der sich am Ufer des Rheins befinde. Pallas, angetrieben von Zorn gegen die Habsburger,[43] erscheint dem Pfälzer im Traum und fordert ihn auf, dem Rat seines Vaters Folge zu leisten. Heraufbeschwört aus der Unterwelt erscheinen Ruprecht einige Tote, woraufhin der Unterweltspriester ihm eine zweideutige Weissagung gibt, die Ruprecht als günstig für sich deutet. Buch 2: Maximilian und einige Begleiter brechen von Augsburg aus zur Jagd auf. Maximilian brilliert durch die Tötung eines gefährlichen Bären, der nach Aussage einiger Bauern deren Vieh vertreibe und bereits Menschen gerissen habe. Nach der Erlegung des Ungeheuers treffen Maximilian und sein Begleiter Lang auf die Göttin Diana in Gestalt einer Nymphe, die eine Prophezeiung verkündet, wonach der König Sieger des Erbfolgekrieges sein werde. Die Göttin war bereits in der Nacht vor der Jagd durch die Lüfte geschwebt und hatte gegenüber den Leserinnen und Lesern in einem inneren Monolog ihren Beistand für Maximilian im kommenden Krieg offenbart. Buch 3: Zurück in Augsburg tritt während eines abendlichen Gastmahls der Sänger Enypeus auf, der von den Türken und ihrer Geschichte singt, gipfelnd in der Eroberung Konstantinopels im Jahr 1453. Seinen Gesang beendet er mit einem Aufruf zum Türkenfeldzug. Maximilian sichert einen solchen zu, woraufhin sich ein zustimmendes Götterzeichen Jupiters ereignet. Buch 4: Die Darstellung der Kampfeshandlungen beginnt mit dem Vorrücken Maximilians auf Donauwörth. Der

---

Anschluss an das Epos angegeben wird (Austrias 1516, Bl. Bbiii[r]), nicht von Bartolini; ihr Verfasser wird nicht genannt.
42 Um die Darstellung verständlich und lesbar zu halten, werden – im Anschluss an die bisherige Forschung – die lateinischen Namen des Epos mit ihrem deutschen Äquivalent angegeben, also „Ruprecht" statt *Robertus*, „Georg von Rosenberg" statt *Georgius Rhodomantius* oder „Herzog von Württemberg" bzw. „Ulrich von Württemberg" statt *Virthymberzentius heros* etc. Für diejenigen Namen, von den nicht klar ist, ob sie fiktiv sind bzw. denen keine realgeschichtliche Person zugewiesen werden kann, wird die lateinische Bezeichnung beibehalten.
43 Grund hierfür sei, so Pallas, eine ins dreizehnte Jahrhundert zurückreichende Niederlage Ottokars von Böhmen (1232–1278), der der Göttin besonders am Herzen gelegen habe, da er sogar einen Tempel für sie errichtet hatte (1, 211–213). Besiegt hat diesen Ottokar der Habsburger Rudolf I. (1218–1291) in der Schlacht bei Dürnkrut (1278).

Flussgott Hister (Donau) jedoch tritt geeint mit seinen Nebenflüssen dem König entgegen, indem dessen Wassermassen auf Maximilian und dessen Männer niederstürzen. Als Jupiter dem Flussgott die Austrocknung durch Vulcanus androht, lässt Hister schließlich von seinem Widerstand ab. Aufgrund akuter Bedrängnis marschiert Maximilian dann zur Burg Ortenberg,[44] wo es zu einem Gefecht zwischen Maximilian und einem gewissen Oebalus kommt.[45] Aus Venus' Parteinahme und Beistand für Oebalus entbrennt ein Streit zwischen der Liebesgöttin und Diana, was sich zu einem Gefecht entwickelt. Maximilian gelingt nicht nur der Sieg über Oebalus, vielmehr kommt er selbst seiner Schutzgöttin zur Hilfe und kann diese retten. Buch 5: Landau wird durch Herzog Albrecht belagert. Nach der Flucht des Vorstehers der Stadt, Georg von Rosenberg, bemüht sich Albrecht, die Bürger durch zwei Gesandte zur Aufgabe zu bewegen. Ein Redner namens Polydamas jedoch schürt unter den Bewohnern der Stadt die wehrhafte Treue gegenüber Ruprecht. Gleichzeitig erobern der Pfalzgraf und Georg Wisbeck (*Byspeiches*) Braunau, weshalb Maximilian Albrecht zu Hilfe eilt, um Ruprecht vor Burghausen[46] anzugreifen. Im Verlauf dieser Schlacht kommt es zu einem Zweikampf zwischen Maximilian und Ruprecht, in dem der König die Überhand gewinnt. Pallas attackiert in ihrer Unterstützung für Ruprecht Diana. Maximilian jedoch gelingt es erneut, seine Schutzgottheit zu retten, Pallas dabei sogar zu verletzen und letztlich zu siegen. Ruprecht und seine Anhänger können fliehen. Buch 6: Nach ihrer Heilung mahnt Pallas den flüchtenden Ruprecht zur Tugend

---

44 Im Kreis Offenburg in der Ortenau, s. Max Wingenroth: Die Kunstdenkmäler des Kreises Offenburg. Tübingen 1908 (Die Kunstdenkmäler des Grossherzogtums Baden 7), S. 527–536.

45 Oebalus wird von Spiegel im Austrias 1531, S. 106 als fiktiv bezeichnet. Vor dem Hintergrund eines Königs von Sparta, der den Namen Oibalos getragen haben soll, deutet Füssel: Bartholinus, S. 201 diese Namenswahl zur Klassifizierung „eines besonders ernstzunehmende[n] Gegner[s] Maximilians". Sinnhafter allerdings erscheint, dass Bartolini an einer Figur der Aeneis anknüpft, an einen Krieger namens Oebalus, der in Aen. 7, 733–735a innerhalb eines Kataloges verschiedener, lateinischer Anführer genannt wird: „nec tu carminibus nostris indictus adibis, Oebale, quem generasse Telon Sebethide nympha | fertur" [‚Auch dein Name wird in meinem Gedicht nicht verschwiegen, Oebalus, den – so erzählt man – mit einer sebethischen Nymphe Telon zeugt'] (Übers. aus Vergil: Aeneis, hg. von Holzberg, S. 395). Der Name kann – vor allem auch durch den Bezug zur Nymphe – somit an einen einstigen Gegner des Aeneas erinnern. Reitz u.a, S. 681 bemerken zur Stelle aus der Aeneis, dass die Elemente des Kataloges in ihrem Umfang und der Darstellungsart variieren, dass der Katalog die größte Nachdrücklichkeit und persönliche Relevanz für den Erzähler jedoch bei der Nennung des Oebalus habe. Das Potenzial gerade dieses Gegners wird damit besonders herausgehoben.

46 Stadt in Oberbayern. Im April 1504 fiel sie an Ruprecht, der diese zum Hauptwaffenplatz machte. Von dort aus wurden dann auch Braunau und Wasserburg angegriffen, s. Johann G. B. Huber: Geschichte der Stadt Burghausen in Oberbayern, aus urkundlichen und anderen Quellen bearbeitet. Burghausen 1862, S. 128.

und zur Bereitschaft, für den Ruhm große Mühen auf sich zu nehmen; sie ent-
rückt ihn in den Himmel und lässt ihn von den Winden in sein Lager tragen. Das
Buch ist bestimmt von den Kriegstaten Ulrichs von Württemberg. Auf eine Traum-
erscheinung Jupiters hin trägt Maximilian dem Herzog die Befreiung des Klosters
Maulbronn von den Pfälzern auf. Nach dessen siegreicher Einnahme wendet sich
Ulrich gegen Bretten,[47] das er jedoch auf Bitten der Bürger verschont. Er zieht
weiter nach Besigheim,[48] das sich Ulrich letztlich auch ergeben muss. Buch 7:
Zentrale Figur dieses Buches ist Wilhelm von Hessen, der Kaub belagert.[49] Nachdem Wilhelm von der Belagerung zunächst durch ein Blitzzeichen Jupiters Abstand nehmen musste, schleicht er sich heimlich in die Stadt ein und kundschaftet
die gegnerische Flotte aus. Nach der Schilderung einer Aristie des Landgrafen, der
nächtlichen Tötung von 30 Spionen, wird von der erfolgreichen Verbrennung der
Flotte von Kaub erzählt. Die Kauber erhalten in der anschließenden Schlacht zwar
Unterstützung durch Ruprecht, unterliegen jedoch letztlich. Dennoch kann Wilhelm die Stadt ein weiteres Mal nicht einnehmen, weil erneut ein Blitz Jupiters ihn
davon abhält. Buch 8: Leukippe, die Amme Ruprechts, erzählt dessen Vater
Philipp von einem Traum: Pallas habe sie aufgesucht und sie zum Mond mitge-
nommen. In dieser Rückblende ist ein kosmografischer Exkurs eingebettet.
Die Erzählung der Mondfahrt enthält Informationen über die Gestirne und
ihre Bewegungen, insbesondere über die Erde, ihre Entstehung und ihre Geo-
grafie, abschließend mit einer Beschreibung Germaniens. Pallas und Leukippe seien schließlich zur Insel der Seligen gelangt und hätten dort die toten
Vorfahren Ruprechts und Maximilians geschaut. Daran anschließend habe
Pallas den Tod Ruprechts prophezeit und Leukippe sei aufgewacht. Buch 9:
Philipp von der Pfalz bittet Jupiter, den drohenden Tod seines Sohnes abzuwenden. Anschließend erfolgt ein prophetischer Exkurs[50] über die Gesche-
nisse des Jahres 1506, wo Maximilians Sohn Philipp auf der Seefahrt von den
Niederlanden nach Spanien in ein Unwetter gekommen ist.[51] Inzwischen rüsten
sich die Nürnberger Truppen zum Kampf. Ihr Anführer Ulrich Stromer (*Eurydamas Stromarus*)[52] kann einige von den Pfälzern besetzte Städte in der Umgebung

---

47 Bretten, in der *Austrias Praethenium* genannt, liegt etwas nördlich von Karlsruhe.
48 Besigheim, lateinisch *Pesychamum*, liegt etwas nördlich von Stuttgart.
49 Die Stadt befindet sich im oberen Mittelrheintal.
50 Anlass hierfür ist ein Lob des Dichters auf Maximilian mit dem Wunsch, die Götter mögen
den König und seine Nachfahren bewahren (9, 57), woraufhin der Dichter von den künftigen
Ereignissen um Philipps Tod berichtet.
51 Zu diesem Seesturm eingehend Klecker: Seesturm.
52 Füssel: Bartolinus, S. 179. Spiegel kommentiert, der Namenszusatz *Eurydamas* sei erfunden (Austrias 1531, S. 233).

für Maximilian zurückerobern, gleichzeitig aber misslingt ihm die Einnahme der Stadt Neumarkt. Den Abschluss des Buches bildet die Einberufung einer Götterversammlung durch den über die irdischen Entwicklungen besorgten Jupiter. Buch 10: Jupiter lässt Ruprechts Lebensfaden von den Parzen durchschneiden. Aus Trauer stirbt daraufhin auch dessen Frau Elisabeth, schließlich begeht sein Sohn Selbstmord. Es folgt die Entscheidungsschlacht bei Wenzenbach in der Oberpfalz. Die Pfälzer und Böhmen[53] werden von einem gewissen Agartes sowie der Amazone Pantho angeführt. Als Maximilians Heer die Oberhand gewinnt, bittet Pallas die Okeanide Doris, die Frau des Meeresgottes Nereus,[54] ein Unwetter aufziehen zu lassen, um das Heer Maximilians zum einstweiligen Rückzug zu zwingen. Damit hat sie nur so lange Erfolg, bis am nächsten Tag Apoll auf Dianas Bitten die Wolken der Doris vertreibt, sodass Maximilian der Sieg gelingt. Buch 11: Maximilian zieht feierlich in Regensburg ein. Dorthin kommen auch einige Frauen aus Prag, um die Leichname ihrer Angehörigen zur Bestattung zu erbitten. Maximilian hat Mitleid mit den Frauen und gestattet die Herausgabe. Auf Jupiters Geheiß erfolgt schließlich die Eroberung Kufsteins, das den Treueeid gegenüber Maximilian gebrochen habe. Buch 12: Maximilian zieht in Köln ein, schließt das Tor des Janustempels und Friedrich II., Ruprechts Bruder, erklärt den Frieden. Pallas gibt ihren Zorn auf die Habsburger auf. Das Epos schließt mit Leichenspielen zu Ehren der Gefallenen.

4.2 Epische Feindschaft – Maximilians Heroisierung durch Abgrenzung zu Ruprecht

Helden werden immer an der Größe ihrer Herausforderungen gemessen und schwache Kontrahenten machen keine großen Helden. Im Speziellen gilt für die Gattung des lateinischen Epos und die darin erzählten kriegerischen Auseinandersetzungen Burcks Resümee:

> Streben nach Sieg, Ehre und Ruhm [...], Freudigkeit im Angriff, Zähigkeit in der Verteidigung, Unnachgiebigkeit und Aufopferung bis zum Tode zeichnen die siegreichen Heldengestalten aus. Auch den Feinden werden diese „alten Römertugenden" nicht versagt; doch fallen hier oft Schatten auf das Bild der Kämpfer, da die Dichter sie aus Trotz, Über-

---

53 Ruprecht war mit den Böhmen verbündet. Herzog Georg der Reiche, Ruprechts Schwiegervater, war Schwager von König Waldislaw II. von Böhmen und Ungarn. Zudem heuerte Ruprecht böhmische Söldnerheere an, s. hierzu Uwe Tresp: Söldner aus Böhmen. Im Dienst deutscher Fürsten: Kriegsgeschäft und Heeresorganisation im 15. Jahrhundert. Paderborn 2004 (Krieg in der Geschichte 19), S. 72.
54 So der Kommentar Spiegels in Austrias 1531, S. 227 mit Verweis auf Vergil, ecl. 10, 5.

heblichkeit oder gar Raserei den Römern entgegentreten, zu unrühmlichen Listen greifen oder geschlossene Verträge brechen lassen.[55]

Wo ein Mensch auf eine Gottheit trifft, hat bereits die Verwundung des göttlichen Gegners ein herausragendes Anerkennungspotenzial. Wo aber ein Mensch auf einen Menschen trifft, stehen sich im lateinischen Epos traditionell in ihrem kriegerischen Geschick ebenbürtige Kontrahenten gegenüber, etwa Aeneas und Turnus[56] oder Scipio d. Ä. und Hannibal.[57] Kriegerisch auf Augenhöhe sind auch Caesar und Pompeius, mag es auch nie zu einem Zweikampf zwischen ihnen kommen.[58]

Wie bei den antiken Vorbildern musste auch in der *Austrias* Ruprecht zu einer wirkmächtigen Figur werden – ein Erfordernis, das den Dichter vor einige Herausforderungen stellte. Zum einen betrifft dies die Vielzahl der agierenden Personen, die es nicht gestattet, dass über das ganze Narrativ hinweg ein Held stets im Vordergrund agiert.[59] Große epische Helden aber müssen –

---

55 Erich Burck: Das römische Epos. Darmstadt 1979, S. 5.

56 Dass „die Größe des Aeneas nach einem ebenbürtigen Helden" verlangt, konstatiert Peter Schenk: Die Gestalt des Turnus in Vergils Aeneis. Königstein/Taunus 1984, S. 16–17. Zu beobachten ist dies etwa in Aen. 12, 716, wo die beiden Gegner mit Stieren verglichen werden, die sich im Kampf dann beide gegenseitig Wunden zufügen und die Hörner gegeneinander richten (Aen. 12, 720–721), und beide ihre Schilde entgegenhalten (Aen. 12, 724), sodass der Dichter resümiert (Aen. 12, 725–727): „Iuppiter ipse duas aequato examine lances | sustinet et fata imponit diversa duorum, | quem damnet labor et quo vergat pondere letum." [„Juppiter selbst justiert den Schalen der Waage das Zünglein, hält sie und legt hinein die verschiedenen Fata der beiden: Wen wird es treffen, durch wessen Gewicht wird das Todeslos sinken?'] (Übers. aus Vergil: Aeneis, hg. von Holzberg, S. 659).

57 Beim Zweikampf der beiden Helden im neunten Buch von Silius *Punica* heißt es – unter Rezeption der Aeneas-Turnus-Begegnung (Michael von Albrecht: Silius Italicus. Freiheit und Gebundenheit römischer Epik. Amsterdam 1964, S. 154) – wie folgt (Punica 9, 434–437): „Stabant educti diversis orbis in oris, | quantos non alios vidit concurrere tellus | Marte viri dextraque pares, sed cetera ductor | anteibat Latius, melior pietate fideque." [„Hergeführt standen sie da von verschiedenen Küsten der Erde, wie noch nie die Welt einen anderen Aufmarsch gesehen, Männer an Kraft und Tapferkeit gleich, doch sonst überlegen Latiums Führer, größer an Vaterlandsliebe und Treue.'] (Übers. aus Silius: Punica, hg. von Rupprecht, Bd. 1, S. 295).

58 Hierzu Annemarie Ambühl: Krieg und Bürgerkrieg bei Lucan und in der griechischen Literatur. Studien zur Rezeption der attischen Tragödie und der hellenistischen Dichtung im ‚Bellum civile'. Berlin u.a. 2015 (Beiträge zur Altertumskunde 225), S. 194.

59 Vor einem solchen Problem stand im ersten Jahrhundert n. Chr. besonders Silius Italicus, der in den *Punica* den Zweiten Punischen Krieg besang. Küppers, S. 12 hat festgehalten, dass aufgrund des komplexen Kriegsgeschehens und der vielen Helden Silius „zu keiner einheitlichen Konzeption des Gesamtgefüges" gelangen kann. Deshalb könne es auch nicht den einen Helden geben, der das gesamte Geschehen dominiere (ebd., Anm. 44).

eigentlich –[60] auch besonders präsent sein. Zum anderen starb Ruprecht noch während des Krieges, am 20. August des Jahres 1504, an Ruhr, also noch vor der im Epos so stilisierten Entscheidungsschlacht bei Wenzenbach im September desselben Jahres. Somit war Bartolini gezwungen, eine Gelegenheit für einen großen Zweikampf zu schaffen, aus dem allerdings auch beide Kontrahenten unversehrt wieder entrinnen mussten.

Das folgende Kapitel beleuchtet, wie Bartolini einen kriegerisch ebenbürtigen Gegner für Maximilian entwirft, dessen Wesen, Ideale und Handeln aber so kontrastreich zu Maximilian konfiguriert, dass er nicht nur als Gegenheld erscheint, sondern sich zu einem Antihelden entwickelt, der wiederum normativ Maximilians einzigartiges, vor allem christlich-ethisches Heldentum in Szene setzt. Hierfür räumt der Dichter den beiden Konkurrenten den nötigen Platz außerhalb des eigentlichen Kriegsnarrativs ein, nämlich ganz zu Beginn der Handlung, wo das ganze erste Buch darauf aus ist, Ruprecht vorzustellen, und das zweite dann, Maximilian einzuführen, um so nicht nur zu zeigen, dass diese die beiden großen Figuren des Epos sind, sondern auch von Beginn an eine Grenzziehung vorzunehmen. Diese epische Feindschaft wird schon bald darauf, im fünften Buch, ihren Höhepunkt finden, wo es zum Zweikampf kommt. Auch wenn aufgrund des frühen Todes von Ruprecht das Epos nur teilweise diese Auseinandersetzung bedienen kann, schöpft Bartolini die Figur des Ruprecht dennoch so aus, dass man keinen Zweifel an der Größe des Pfalzgrafen hegen kann und der Sieg im Erbfolgekrieg vor allem als Sieg über Ruprecht in Erinnerung bleibt.

4.2.1 Ruprechts Einführung und Nekyia

Ruprechts erstes Auftreten lässt keinen Zweifel daran, dass mit ihm ein epischer Held die Bühne betritt. Das erste Buch schildert den inneren Prozess des Pfälzers bis zur Kriegserklärung, legt dessen wesentliche Charakterzüge offen und vor allem die Beweggründe für seine Transgression. Ruprecht tritt zunächst als von Testaments wegen rechtmäßiger und dennoch von Maximilian bedräng-

---

60 Im Epos gilt das „Prinzip der ausführlichen Darstellung", wonach Ausführlichkeit der Darstellung und Bedeutung von Ereignissen in Relation stehen (René Nünlist, Irene De Jong: Homerische Poetik in Stichwörtern. In: Homers Ilias. Gesamtkommentar. Prolegomena. Hg. von Joachim Latacz. München, Leipzig 2000, S. 159–171, hier S. 167).

ter Herrscher auf. Aus seinem Empfinden von Gerechtigkeit heraus[61] lehnt er sich gegen die Obrigkeit auf. Erst im zweiten Buch wird er dann mit dem Handeln und vor allem den Werten Maximilians kontrastiert, sodass der Leser oder die Leserin erst allmählich erkennen kann, dass Ruprecht einem Heldenideal nacheifert, das den Anforderungen der Zeit – im Speziellen christlichen – nicht mehr gerecht wird.

Ruprechts Weg hin zur Kriegserklärung gliedert sich in zwei Teile: Zunächst werden die seelischen Sorgen beleuchtet, in einem inneren Monolog desselben sowie in einem Dialog mit seinem Vater und bei einer Epiphanie der Pallas. Anschließend kommt es zu einer Nekyia, die Schau der Toten im Unterweltshain, die Ruprecht auf den Rat seines Vaters und Weisung der Pallas unternimmt und die in einer Prophetie durch den Unterweltspriester gipfelt. Den Ausgang nimmt das Narrativ dabei von der Kriegsgöttin Bellona und den Furien, die die Machtgier der Menschen ausnutzen, um Raserei zu stiften und Krieg zu säen (1, 68–88). Ruprecht ist dafür durchaus sehr empfänglich; er beharrt auf seinem Recht und will dies notfalls mit Gewalt durchsetzen (1, 98b–103a).[62] Seine Gedanken offenbart der Pfälzer in einem inneren Monolog (1, 103b–111a):

> Prohibent me sistere regno.
> Iura quis haec sanxit? Num regi cedere dignum est,
> cuius connubio iunctam tenet ille sororem?
> Ergo caelestes superi, mortalia cordi
> si vestro aut hominum fandum sedet atque nefandum,
> respicite huc! Nec enim ignaris mendacia divis

---

61 Die Suche nach Gerechtigkeit ist ein Merkmal des vergilischen Heldentums. Schmidt: Achilleus, S. 28 sieht die Vorlage hierfür in der *Odyssee*, in der Odysseus den übermütigen Freiern entgegentreten will: „Odysseus selbst wird, so heißt es, ihrer ungerechten Gewalttätigkeit (*biai*) entgegentreten und sie zur Strafe ziehen (*apotiseai*), Od. 11, 116–118. Im entscheidenden Gespräch mit Penelope bekennt auch er sich zur Rechtlichkeit (*eudikie*) als der grundlegenden Herrscherpflicht." Bartolini lässt Ruprecht im ersten Buch der *Austrias* den Eindruck vermitteln, Erbe dieses epischen Ideals zu sein. Damit baut der Dichter nicht nur eine besondere Spannung auf, sondern fordert das Publikum auf, sich zu dem Helden zu positionieren und diese Positionierung dann im Verlauf des Narrativs – mit der Erkenntnis um Ruprechts Rechtsbruch – zu überdenken. Damit wird das Publikum auch zur Reflexion über Helden überhaupt gezwungen.

62 „Iam certa Robertus | bella movens animo curarum volvitur aestu. | Huc tandem atque illuc raptus, cupit ire per arma | hostilesque equitum turmas et frangere Marte | iudicium. ‚Nec velle suum pro lege tenebit | Austriades‘, inquit." [‚Ruprecht zieht in den bereits gewissen Krieg und wird im Geist von hitzigen Sorgen geplagt. Hin und her gerissen will er mit Waffengewalt vorgehen und die feindlichen Reitertruppen sowie das Urteil durch Krieg brechen. ‚Aber der Habsburger wird seinen Willen nicht anstelle von Recht und Ordnung bekommen‘, sagt er.']

astruimus. Propria cogor decedere terra.
Quis feret haec aut quae mundi tam barbara proles,
quis Scytha?[63]

Dies sind die ersten Emotionen, die zu den Erbfolgestreitigkeiten bei der Lektüre vermittelt werden. In 1, 34–42 wurde rein informativ erzählt, dass es um die „Norica tellus", also Gebiete in Bayern gehe, dass Maximilian darüber entschieden habe und der Pfälzer das Land abtreten müsse, das er zu Unrecht besäße. Das Publikum muss daher vorerst im Ungewissen verharren, inwiefern Ruprecht tatsächlich um sein Recht betrogen wurde oder nicht. Ruprechts Worte aber wirken besonders affizierend, sie fordern den Leserinnen und Leser zu einer Stellungnahme auf: Wenn Ruprecht voller Überzeugung seines Rechts zu den Göttern betet, dass diese ein Einsehen haben mögen, richtet er diese Bitte auch an das Publikum, der wie die Götter von außen auf das Geschehen blickt. Dass sogar ein Skythe angesichts dieser Grausamkeit Mitleid hätte, scheint zudem ein überspitzter Vorwurf an ein noch ungerührtes Publikum zu sein, weniger eine Klage.[64] In der sehr verallgemeinerten Darstellung, dass einem Menschen augenscheinlich ohne sein Verschulden sein Hab und Gut streitig gemacht wird, kann nicht nur Mitleid im Leser erregt werden, vielmehr kann dieser Monolog ihm auch einen gewissen Zuspruch für Ruprechts Agieren abringen – er erscheint als tragischer Held.[65]

---

63 [‚Man verbietet mir, auf meinem Grund und Boden zu herrschen. Wer hat dieses Recht gegeben? Ist es meiner würdig, dem König nachzugeben, dessen Schwester jener zur Frau hat? Also ihr Götter im Himmel, wenn Irdisches oder Recht und Unrecht der Menschen Euch am Herzen liegen, schaut Euch dies an! Ich behaupte nämlich gegenüber den Göttern, falls sie darüber nicht Bescheid wissen, keine Lügen. Ich werde gezwungen, mein eigenes Land zu verlassen. Wer wird dies ertragen? Oder welches noch so wilde Volk, welcher Skythe?'] Die Schwester Maximilians, von der hier die Rede ist, ist Kunigunde von Österreich (1465–1520), die mit Albrecht von Bayern-München, dem die Erblande rechtmäßig zustünden, verheiratet ist. Ruprecht wirft Maximilian somit Befangenheit zugunsten von Albrecht vor.

64 Die Erwähnung der Skythen spielt auf die klimatischen Bedingungen von deren Lebensumfeld an, wobei die äußere Kälte metaphorisch auf eine innere Kälte verweist. Eine ausführliche Studie zur Darstellung der Skythen in der lateinischen Literatur der Antike liegt vor in Andreas Gerstacker u.a. (Hg.): Skythen in der lateinischen Literatur. Eine Quellensammlung. Berlin u.a. 2015 (Beiträge zur Altertumskunde 334). Für die Zeit der Republik ergibt sich „ein Bild von Skythien als einem kalten, ungastlichen und weit entfernten Land mit riesigen, öden Steppen, in dem Nomaden wohnen" (ebd., S. 7). Überwiegend, auch in der augusteischen Zeit, zeigt sich ein analoges Bild von dessen Bewohnern. Eine besondere Rolle spielen die Skythen in der Exildichtung Ovids, weil er sie selbst erlebt hat. Die eisigen Herzen der Skythen beschreibt Ovid in trist. 1, 8, 37–44.

65 Scholz Williams merkt an, dass die Figur Ruprecht in hohem Maße die Spannung konstituiert: „Am Ende stellen wir fest, dass die ferne Figur, die unser Epos zum Leben erweckt, weni-

Ruprecht will das Recht Maximilians nicht gelten lassen (1, 102–103) und mit Waffengewalt (1, 100) vorgehen. Auch wenn der Erzähler deutlich macht, dass Ruprecht von Machthunger geprägt ist (1, 84–85), agiert der Pfälzer doch aus der Überzeugung, man habe sein Recht verletzt. Die Besorgnis wird im nachfolgenden Gespräch mit dem ebenfalls bedrückten (1, 119) Vater Philipp weiter ausgemalt. Ruprecht schaut kummervoll in die Zukunft, ist zugleich entschlossen, sich nur mit Gewalt vertreiben zu lassen – was die Götter allerdings abwenden mögen (1, 120–121). Emotional aufgeladen wird die Rede, indem Ruprecht erneut bekennt, er werde von seinem geliebten Grund und Boden vertrieben („caris [...] ab oris"; 1, 121), und zwar gewaltvoll („vi pellar"; ebd.), die Vaterlandsliebe im folgenden Vers gleich nochmals betont („regni [...] amor"; 1, 122). Indes klingt abermals auch die Entschlossenheit zum Krieg an, die Rede ist vom ‚kämpferischen Germanien' („pugnax Germania"; 1, 123) und den ‚wilden Hainen' („vastis [...] lucis"; ebd.). Die Völker dieses Landstrichs würden ‚hervorstützen' („ruunt"; 1, 124) und seien ‚wild im Krieg' („Mavorte furentes"; ebd.). Von seinem Vater, der die Habsburger fürchtet (1, 139), erhält er abschließend den Rat, an den Rhein zum Unterweltshain zu ziehen, um sich eine Prophezeiung über das Geschick der kommenden Auseinandersetzungen geben zu lassen.

Die Szene festigt den Eindruck, dass Maximilian ins Reich eindringe und die Schuld an allem Übel tragen; nur ganz subtil suggeriert Bartolini eine Schuld auf der Seite der Pfälzer durch die Juxtaposition „belli pater" bei der Anrede Philipps (1, 119). In seiner Transgression, das Urteil Maximilians durch Gewalt beugen zu wollen, erscheint Ruprecht als Held, assoziiert mit bedeutenden Figuren der Antike wie Achill oder Hercules.[66] Diese angedeutete Heldenhaftigkeit wird in der nachfolgenden Szene um das Element der Exzeptionalität erweitert, indem er mit Pallas Athene eine Schutzgöttin an seiner Seite hat. Diese erscheint ihm plötzlich des Nachts, als Ruprecht ob des kommenden Krieges wach liegt („atroque furebat anhelans | Marte animus, mirum dictu, pug-

---

ger Maximilian, als Robert/Ruprecht ist. Ihm gehört das Interesse zumindest des modernen Lesers, sein Schicksal, so wie es Bartolini darstellt, entbehrt nicht des Dramas und der Tragik. Seine Geschichte gibt dem Epos die erzählerische Spannung." (Gerhild Scholz Williams: Vergil in Wien: Bartholinis Austriados Libri XII und Jakob Spiegels Kommentar. In: Acta Conventus Neo-Latini Guelpherbytani. Proceedings of the Sixth International Congress of Neo-Latin Studies. Hg. von Stella P. Revard, Mario A. Di Cesare. Binghamton, New York 1988 [Medieval & Renaissance Texts & Studies 53], S. 171–180, hier S. 179).

66 S. S. 65–66. In den Helden der europäischen Literaturgeschichte hat von See Transgressionen als Teil ihres Faszinosums ausgewiesen (Klaus von See: Was ist Heldendichtung? In: Europäische Heldendichtung. Hg. von Klaus von See. Darmstadt 1978 (Wege der Forschung 500), S. 1–38, hier S. 37–38).

namque ciebat"; 1, 197b–198).[67] Den ‚größten Anführer der Böhmen' („Boiorum maxime ductor"; 1, 201)[68] nennt sie ihn und tadelt zugleich, dass er untätig herumliege, ‚pflichtvergessen' („rerumque oblite tuarum"; 1, 200). Sie fordert ihn auf, dem Rat seines Vaters zu folgen, sich zu waschen und dann als ‚reiner' („purus"; 1, 206) zum Unterweltshain zu gehen. Ruprechts Aufbegehren erscheint in diesem Kontext als seine Herrscherpflicht.[69] Damit konnotiert Bartolini die Transgression Ruprechts nicht mit einer Ruhmesgier, sondern mit einem wertrationalen Handeln für das Volk. Dass Pallas Ruprecht aus eigenem Hass auf die Habsburger Maximilian anstachelt, wie Bartolini dann ausführt (1, 207–268), kann dem Handeln des Pfälzers nicht angelastet werden.

Eine Schutzgottheit zu besitzen, ist selbst für einen epischen Helden außergewöhnlich. Während etwa den Trojanern Apoll beistand[70] und an Aeneas' Seite die Göttin Venus kämpfte, hatten die bedeutenden epischen Helden in der Frühen Neuzeit vor Maximilian, Sigismondo Maltesta in der *Hesperis*, Francesco Sforza in der *Sphortias* oder Federico da Montelfelto in der *Volaterrais* keine spezifische Schutzgottheit. Sehr wohl sind sie Teil des göttlichen Planes, Jupiter selbst ist auf ihrer Seite, allerdings gibt es keine Gottheit, die an ihrer Seite im Kampf auftritt, sie beschützt, rettet oder Fürsprache vor den anderen Göttern hält. Ruprecht aber individuiert nicht nur durch diese besondere Nähe zum Göttlichen, vielmehr impliziert die Göttin Pallas zudem, dass Ruprecht über besondere Klugheit verfügt: In *De re militari* (Verona: Giovanni da Verona 1472), einem der bedeutendsten Traktate der Zeit über das Kriegswesen, stellt Roberto Valturio heraus, Pallas betone als Unterstützerin eines Kriegers allegorisch dessen *prudentia*.[71]

Ruprecht befolgt Pallas' Aufforderung und macht sich auf zum Unterweltshain, der am Rhein gelegen ist, vermutlich bei Koblenz.[72] Diese Reise wird von Bartolini zunächst durch eine Rüstungsszene vorbereitet, die die Attraktionskraft des Helden illustriert und somit dessen Exzeptionalität weiter steigert (1, 274–276a): „Ense latus munit, clipeum arripit, unde videres | Phalsgraphidum genus et proavos et fortia bello | pectora".[73] Die Rüstung wirkt als Manifest der edlen Abstam-

---

67 [‚Sein Geist tobte lechzend angesichts des unheilbringenden Krieges – seltsam ist es, das in Worte zu fassen – und er rief zur Schlacht'].
68 S. Anm. 53 auf S. 170.
69 Ähnliches findet sich auch in den Worten von seinem Vater Philipp, der Sorge hat, ob Ruprecht das Reich werde beschützen können (1, 137).
70 Zur Hilfe der Götter für die homerischen Helden s. Patzer, S. 160–163.
71 Dies bemerkt Peters: Mythologie, S. 151 mit Verweis auf Valturio, De re militari, Bl. 64ʳ.
72 Dort mündet die Mosel in den Rhein, worauf 1, 410 anspielen dürfte.
73 [‚Er legt sein Schwert um die Seite und greift zum Schild, woran man das Geschlecht der Pfalzgrafen, die Vorväter und das im Krieg tapfere Gemüt hätte erkennen können'].

mung des Pfälzers. Mithilfe eines potenziellen Konjunktivs der Vergangenheit spricht Bartolini den Leserkreis an, der die Rüstung nicht sehen konnte, aber unzweifelhaft genau die benannten heroischen Qualitäten darin hätte erkennen können. Markant ist auch die Formulierung hinsichtlich der Ahnen, die nicht ohne Grund an Aeneas' Worte gegenüber Euander erinnert (Aen. 8, 150b–151a): „sunt nobis fortia bello | pectora".[74] Damit folgt Bartolini konsequent seiner Linie, einen Helden zu präsentieren, der augenscheinlich sogar der Haupteld sein könnte. Die Reminiszenz an Aeneas nämlich findet sich nicht nur in der genannten Intertextualität, sondern auch in der nachfolgenden Totenschau, wo gleich zweimal von den bevorstehenden ‚Mühen' die Rede ist („laborem" in 1, 337; „labores" in 1, 519) – was das programmatische „tot adire labores" aus dem Aeneisproömium wiederaufnimmt (Aen. 1, 10).[75] Dass es in diesem Zusammenhang Ruprecht ist, der eine Weissagung des Unterweltspriesters erhalten soll, verstärkt diesen Eindruck.

Die Szene wechselt an den Unterweltshain. Zweifellos ist Füssels Aussage zuzustimmen, dass die folgende Totenschau an Vergils *Aeneis* angelehnt ist,[76] allerdings findet sie ebenfalls eine Vorlage bei Statius[77] und zudem bei wiederum dessen Vorlage[78] Lukan. Im Unterweltshain nämlich kommen des Nachts die Schatten an die Oberwelt, sofern sie heraufbeschworen werden; es handelt sich somit um eine Nekromantie. Ruprecht will um den Ausgang des Konfliktes wissen und spricht zum Priester des Haines (1, 330b–331): „tu bella mihi tantum effer ad auras | ventura et casus (nam tu potes) ede futuros".[79] Ein solches Begehren hatte auch Eteocles in der *Thebais*, der Tiresias angesichts der drohenden Gefahr um Rat bat (Theb. 4, 369–377); nicht anders vor ihm bei Sextus Pompeius im *Bellum civile* (6, 423–434). Ruprecht wird jedoch in positiver Weise von Eteocles und Pompeius abgegrenzt, da jene verzagt sind (Theb. 4, 408; Bellum civile 6, 419–420), der Pfälzer aber bereit ist, trotz eines bevorste-

---

74 [‚Unsre Herzen sind tapfer im Kriege'] (Übers. aus Vergil: Aeneis, hg. von Holzberg, S. 409).

75 Genauer heißt es in Aen. 1, 7–11: „Musa, mihi causas memora, quo numine laeso | quidve dolens regina deum tot volvere casus | insignem pietate virum, tot adire labores | impulerit. Tantaene animis caelestibus irae?" [‚Muse, sag mir die Gründe: In welchem göttlichen Wollen war sie verletzt, was schmerzte der Götter Königin, dass in so viel Unglück sie trieb den Mann, ein Vorbild an Ehrfurcht, so viel Mühsal? Ist Zorn so heftig in himmlischen Herzen?'] (Übers. aus Vergil: Aeneis, hg. von Holzberg, 43).

76 Füssel: Bartholinus, S. 171–172.

77 Pfeifer, S. 77, Anm. 207.

78 Baertschi, S. 12–13.177.

79 [‚Bringe mir nur die kommenden Kriege ans Licht und verkünde die künftigen Geschehnisse (denn Du hast die Fähigkeit hierzu).']

henden ‚gewaltigen Krieges' („[b]ellum ingens"; 1, 327) sein Recht notfalls mit Waffeneinsatz durchzusetzen. Der Hain an sich sowie der Unterweltsprieser vermögen dabei nicht, Ruprecht Angst zu machen, obwohl die Szenerie schauderhaft erscheint (1, 291b–293): „Tremere omnia visa repente | atque imo mugire solum gemitusque per auras | audiri et tristes compleri murmure locos."[80] Es ist zudem von den ‚schauerlichen Heiligtümern' („horrida [...] penetralia"; 1, 299), sowie dem ‚schauerlichen Seher' („vates | [...] horridus"; 1, 311–312) die Rede. Dem steht Ruprecht jedoch heldenmütig gegenüber (1, 298): „Is tamen et gressu impavidus nemus intrat opacum".[81] Seine Furchtlosigkeit wird in 1, 363 perpetuiert, wo der Unterweltspriester den ‚Unerschrockenen' („impavidu[s]") anspricht. Auch damit lässt Bartolini Ruprecht die antiken Vorläufer übertreffen: Pompeius war vor Erichtho noch ‚ängstlich' („pavid[u]s"; Bellum civile 6, 657) genannt worden und auch Eteocles hatte Angst vor Tiresias (Theb. 4, 490b–491a): „solum timor obruit ingens | Oedipodioniden".[82] Gerade keine Angst verspürt bei Statius der Priester, denn in ihm wirke ein Gott, Apoll (Theb. 4, 489b–490a). In jedem Fall wird deutlich, dass die Unerschrockenheit in besonderem Maße außergewöhnlich ist, wobei man zudem nicht vergessen darf, dass Ruprecht, wie er auch gegenüber dem Priester betont (1, 322), auf göttliches Geheiß gekommen ist. So sehr aber die bisherige Inszenierung Ruprechts Rolle heroisch auflädt, so deutlich wird mit der Assoziierung zum *Bellum civile* und zur *Thebais* ein erster Anlass zum Zweifel gegeben. Denn auch wenn der Pfälzer sich siegesgewiss zeigt („mecumque omnis Germania pugnat"; 1, 328),[83] suggerieren die Anlehnungen an Eteocles und Pompeius doch, dass auch Ruprecht am Ende verlieren wird.

Es kommt zur Totenschau: Nach den üblichen Opferriten kann Ruprecht einige Tote schauen, wobei er zunächst seinen Schwiegervater antrifft, Herzog Georg den Reichen, dessen Testament die Ursache für den Landshuter Erbfolgekrieg war. Die antike Folie dieser Begegnung, das Aufeinandertreffen von Aeneas mit seinem Vater in Aen. 6, 679–686, nutzt Bartolini allerdings gerade für einen weiteren Anhalt, dass Ruprecht – wie Eteocles und Pompeius – nicht der strahlende Sieger sein wird: Denn dem grünenden Tal, in dem Anchises sich aufhielt und in dem sich die Seelen zur Wiedergeburt bereit machten, steht der traurige

---

80 [‚Alles Gesehene erzitterte plötzlich und aus der Tiefe dröhnte der Boden, auch konnte man Seufzer durch die Luft hören und die traurigen Haine füllten sich mit Gemurmel'].

81 [‚Dieser aber betritt den dunklen Hain auch in seinem Gang unerschrocken'].

82 [‚nur Oedipus' Sohn ist von mächtigem Schrecken | niedergedrückt'] (Übers. aus Statius: Lied von Theben, deutsch von A. Imhof. Erster Theil: Erstes bis sechstes Buch. Ilmenau, Leipzig 1885, S. 85).

83 [‚ganz Germanien kämpft an meiner Seite'].

dunkle Hain der *Austrias* gegenüber. Den geläuterten[84] Seelen vor Aeneas' Augen – der glorreichen Zukunft Roms – entsprechen in der *Austrias* die Schatten, die widerwillig an die Oberwelt gerufen werden (1, 507–508). Sie sind noch nicht bereit für die Wiedergeburt, haben somit noch nicht ihre Strafen gebüßt (1, 527b–530).

Die Situation erinnert vielmehr noch an Lukan, wo die Hexe Erichtho ebenfalls wählen konnte, wen sie an die Oberwelt ruft (Bellum civile 6, 633), und zugleich – wie bei Statius – der Einsatz von Magie zum Zwecke der Zukunftsschau infrage gestellt wird. Georg nämlich rät Ruprecht davon ab (1, 516b–517a): „Furor est secreta movere | fatorum".[85] Die Sentenz, die er Ruprecht mitgibt, dass nämlich ‚das Schicksal unbeweglich bleibt' („Fata immota manent."; 1, 521), erinnert an die Aussage Erichthos, der große Schicksalsplan bleibe unverändert.[86] Dadurch wird nicht nur impliziert, dass sich die Gefahr für Ruprecht nicht abwenden lässt, sondern – wie aber erst im weiteren Verlauf der Erzählung deutlich wird – vielmehr wird gerade auch Maximilians unabänderlicher Triumph unterstrichen. Denn diese Formulierung hat auch Jupiter gegenüber Venus gebraucht, um ihr zu versichern, dass Aeneas' Schicksal feststehe (Aen. 1, 256–257). Wenn Maximilian im zweiten Buch von der Prophetie der Thespis hören wird,[87] versteht das Publikum, dass Maximilian Aeneas' wahrer Nachfolger ist.

Nachdem Georg Ruprecht von magischen Zukunftsdeutungen abgeraten hat, teilt er die sich offenbarenden Gestalten in zwei Gruppen ein: Ehrenhafte und Schlechte („rectosque malosque"; 1, 526). Damit verfährt Bartolini wie Lukan und nicht wie Vergil. Dieser schildert die glorreiche Zukunft, jener aber teilt seine Toten ebenfalls in Redliche und Verbrecher ein, wobei Erstere vorwiegend traurig erscheinen, Letztere aber gerade freudig. In dieser Anlehnung an Lukan und indem Georg zudem die Machtgier der Figuren unterstreicht,[88]

---

84 So spricht Anchises in Aen. 6, 743–751.

85 [‚Es ist Wahnsinn, die Geheimnisse des Schicksals hervorzubringen.']

86 Es heißt in Lukan, Bellum civile 6, 611–615a: „At simul a prima descendit origine mundi | causarum series atque omnia fata laborant, | si quicquam mutare velis, unoque sub ictu | stat genus humanum, tum Thessala turba fatemur | plus Fortuna potest." [‚Sobald jedoch die Kette der Zusammenhänge vom Anbeginn der Welt herkommt, sobald eine jede Bestimmung leidet, wenn man irgendetwas ändern will, und an einem Einzelschlag das Los der Menschheit hängt, dann hat – wir Zauberinnen geben es alle zu – Fortuna Oberhand.'] (Übers. aus Lukan: Bellum civile, hg. von Ehlers, S. 279).

87 S. S. 193.

88 Georg konstatiert (1, 557b–560): „Romanaque cerne | agmina, quae numquam satiata cupidine regni | arma per Eoas gentes tremefactaque rubri | litora perque Arabum vetitos duxere recessus." [‚Schau Dir die Schar Römer an, die in ihrer Gier nach Macht niemals gesättigt wurden und die die Waffen bis zu den Völkern im Orient, bis zu den Küsten am Roten Meer, die

die sogleich an den beiden vorbeiziehen werden, wird immer deutlicher, dass die augenscheinlichen Größen, die Ruprecht schaut, ambivalent sind. Zwar haben sie große Taten vollbracht, vor allem jedoch gewaltvolle und transgressive, sodass sie in der idealisierten frühneuzeitlichen, von christlichen Werten geprägten Welt schließlich keine Helden mehr sein können.

Die Figuren, die sich den beiden dann zeigen, entstammen sowohl der griechisch-römischen, als auch der germanischen Mythologie und Geschichte. Gewaltaffine wie Sulla, Marius und Drusus werden genannt, dazu schlicht auch heldenhafte Kämpfer wie Marcus Antonius Orator, der auf Sullas Seite stand, oder Marcus Aurelius Scaurus, der von den Kimbern gefangen genommen und getötet wurde.[89] Der Grundton der Darstellung ist gewaltvoll und düster; von Grausamkeit ist die Rede, von Wildheit, Waffen und Blut.[90] Römische beziehungsweise christliche Wertbegriffe fallen nicht, Tugenden sind auf das gewaltvoll-kriegerische reduziert. Damit knüpft Bartolini nicht nur erneut an die traurigen Gestalten in Lukans Bürgerkriegsepos an, sondern vor allem an die Schatten des Statius, die „mit erlittenen und begangenen Grausamkeiten, mit Tod, Trauer, Wildheit, Hartherzigkeiten und anderen negativen Wesensmerkmalen verbunden" sind.[91] Besonders markant wirkt dieser gewaltvoll-düstere Grundtenor allerdings im Kontrast zu Vergils Heldenschau im sechsten Buch der *Aeneis*, wo die Stimmung aufgrund des zukünftigen Ruhms „von Anfang an freudig"[92] ist; „Hoffnung in vollem Sinne ist der Grundzug der Rede [des Anchises an Aeneas]".[93] Die ruhmreiche Nachkommenschaft im schicksalsbestimmten Italien sollte dort Aeneas selbst vor Augen geführt werden. Er sollte der Vater der ‚Nachfahren aus dem italischen Geschlecht' („Itala de gente nepotes"; Aen. 6, 757) sein, der vorbeiziehenden Seelen, die ‚in unserem Namen',

---

durch sie zu zittern begannen, durch die bislang unzugänglichen Winkel der Araber gar trugen.']

89 Zu den genannten Helden und ihrem Kontext s. den Kommentar von Jakob Spiegel (Austrias 1531, S. 28–33).

90 Genauer fallen folgende Formulierungen: „crudelior" [‚grausamer'] (1, 562), „sanguine campum | foedavit" [‚mit Blut hat er das Feld entstellt'] (1, 563–564), „truculentior" [‚wilder'] (1, 566), „cruent[u]s" [‚blutig'] (1, 568), „acer in armis" [‚durchdringend mit seinen Waffen'] (1, 571), „regna horrida" [‚die entsetzlichen Herrschaftsgebiete'] (1, 576), „madefact[i] sanguine camp[i]" [‚die mit Blut getränkten Felder'] (1, 578), „spumantes multo foedavit sanguine ripas" [‚er hat die schäumenden Ufer mit viel Blut entstellt'] (1, 581).

91 Sabine Grebe: Die vergilische Heldenschau. Tradition und Fortwirken. Frankfurt a.M. u.a. 1989 (Studien zur klassischen Philologie 47), S. 111.

92 Michael von Albrecht: Vergils Geschichtsauffassung in der „Heldenschau". In: Wiener Studien 80/NF 1 (1967), S. 156–182, hier S. 159.

93 Ebd.

wie Anchises sagt, ‚aufgehen werden' („illustris animas nostrumque in nomen ituras"; Aen. 6, 758).[94]

An solchen Anklängen fehlt es in der *Austrias* ganz. Figuren der Zukunft erscheinen nicht, alles ist Vergangenheit. Damit können Leserinnen und Leser einerseits den Eindruck gewinnen, dass es auch für Ruprecht keine Zukunft gibt und er am Ende verliert und auch verlieren muss. In der Charakterisierung der römischen Schatten durch Georg als ‚Scharen, die in ihrer Gier nach Macht niemals gesättigt wurden' („numquam satiata cupidine regni"; 1, 558) wird Ruprecht mit einem Ideal assoziiert, das dem christlichen *bellum iustum* widerspricht.[95] Andererseits stellen die gezeigten Figuren normativ dar, dass es Zeit für ein neues Heldentum ist.

Auf zwei Figuren wird in diesem Katalog besonderer Wert gelegt. Während eine Reihe einzelner Figuren nur rudimentär in ein oder zwei Versen beschrieben wird, findet sich einerseits zu Quinctilius Varus, dem Verlierer der Varusschlacht, andererseits zum Germanengott Tuisto[96] ein längerer Exkurs. Dass jeweils eine explizite Frage Ruprechts Anlass für die beiden ausführlicheren Beschreibungen ist, stellt einen strukturellen Bezug zur Heldenschau der *Aeneis* her. Denn dort hebt Vergil eine Figur besonders heraus, indem er Aeneas Anchises nach ihr fragen lässt (Aen. 6, 860–866): Bezeichnenderweise handelt es sich dort um den Neffen des Augustus, den jüngeren Marcellus. Ihm werde kein langes Leben vergönnt sein, so Anchises, weil er den Göttern zu mächtig würde (Aen. 6, 869–871). Zugeschrieben werden ihm Respekt vor den Göttern, Treue nach alter Art und eine im Krieg unbesiegte Hand (Aen. 6, 878–879), heroische Eigenschaften, die auch einen Kriegshelden ausmachen, ihn aber vor allem in einer moralisch-ethischen Dimension zeigen.[97] Wie Aeneas von Marcellus' Trauer Kenntnis nimmt (Aen. 6,

---

94 [‚edle Seelen, bestimmt, einst unseren Namen zu tragen'] (Übers. aus Vergil: Aeneis, hg. von Holzberg, S. 337).

95 Bereits Augustinus, Contra Faustum 22, 74 hat deutlich gemacht, dass Begierden als Auslöser für Krieg nie gerecht sein können.

96 Tuisto wurde von Tacitus als eine von den Germanen verehrte Gottheit benannt (Germ. 2, 2): „Celebrant carminibus antiquis, quod unum apud illos memoriae et annalium genus est, Tuistonem deum terra editum. Ei filium Mannum originem gentis conditoremque [...] assignant." [‚In alten Liedern – das ist die einzige Art ihrer mündlichen und schriftlichen Überlieferung – feiern die Germanen den Gott Tuisto, einen Sohn der Erde. Ihm schreiben sie einen Sohn Mannus zu; diesen preisen sie als den Stammvater und Begründer ihres Volkes.'] (Übers. aus Tacitus: Germania. In: Die Germania des Tacitus und die wichtigsten antiken Schriftsteller über Deutschland. Hg. von Herbert Ronge. 4. Auflage. München 1944, S. 14–81, hier S. 17).

97 In der *Austrias* erhält Ruprecht später genau einen solchen Tod. Er ist dem Göttervater zu mächtig und deshalb wird Jupiter dessen Lebensfaden vorzeitig durchschneiden lassen.

866), entdeckt Ruprecht eine ‚Gestalt, die mit ihrem Gesicht unter den Schatten die traurigste ist' („maestissima vultu | umbrarum effigies"; 1, 585b–586a) und die weint (1, 587). Es handelt sich um Quinctilius Varus, der sich im Jahr 9 n. Chr. bei der Niederlage gegen Arminius das Leben nahm. Just neben diesem erscheint dessen ehemaliger Gegner Arminius selbst; zu ihm bemerkt Georg (1, 599b–600a): „Is numquam devictus, at anceps | saepe fuit pugna".[98] Mag er auch der Sieger sein, sein Kampf sei ‚zweischneidig' gewesen. Entscheidend hierbei ist, dass Bartolini konstatiert, ein Bruch der Verträge („foederibus fractis"; 1, 591) vonseiten der Cherusker habe zur Auseinandersetzung mit Rom geführt. Mag also auch Arminius gewonnen haben, war der Vertragsbruch dennoch ein Verfehlen seinerseits und stellt, so hat bereits Jakob Spiegel zu dieser Stelle bemerkt, ein zutiefst unchristliches Verhalten dar.[99] Bartolini unterstreicht somit, dass Gewalt nur im Rahmen eines *bellum iustum* ausgeübt werden dürfe. Es sind deshalb beide Figuren, Quincilius Varus und Arminius, die Ruprechts baldiges Scheitern illustrieren. Selbst wenn er gewänne, wäre sein Sieg nicht rechtens, da er der Obrigkeit nicht folgt und keine *iusta causa* vorbringen kann. Dass Arminius an dieser Stelle unter die Orientierungsfiguren Ruprechts gereiht wird, hat jedoch noch weiterreichende Implikationen.

In Maximilians Zeit sahen sich die Italiener den Deutschen in ihrer glorreichen Geschichte und ihren Ahnen überlegen; den Deutschen fehlte es indes an Figuren, die das italienische Erbe aufwiegen konnten. Arminius nun war eine genau solche Persönlichkeit, die substanziell zum Erwachsen eines deutschen Nationalbewusstseins beitrug, der ‚Befreier Germaniens' („liberator [...] Germaniae"; Tacitus, ann. 2, 88, 2). Im Jahr 1425 erhält Poggio Bracciolini (1380–1459), dem die Auffindung einer ganzen Reihe antiker Werke zu verdanken ist, die Nachricht von einer Handschrift in der Abtei Hersfeld, in der die *Germania*, der *Agricola* und der *Dialogus de oratoribus* des Tacitus enthalten seien.[100] Der heute verschollene Codex wird 1455 nach Rom gebracht und erstmals 1470 bei de Spira in Venedig gedruckt (weiterer Druck Nürnberg: Creusner 1473). Anfang des sechszehnten Jahrhunderts fand Gianangelo Arcimboldi im Kloster Corvey dann auch Tacitus' *Annales* im sog. Codex Mediceus I, in denen sich die Arminius-Passagen befinden, die bei den deutschen Humanisten im Anschluss eine breite Rezeption fanden.[101] Auch wenn

---

98 [‚Dieser wurde nie besiegt, aber der Kampf war oft nicht eindeutig'].

99 Austrias 1531, S. 30.

100 Näher hierzu Egert Pöhlmann: Codex Hersfeldensis und Codex Aesians. Zu Tacitus' Agricola. In: Würzburger Jahrbücher 27 (2003), S. 153–160, hier S. 153–154.

101 Zur Wiederentdeckung dieses Codex s. Franz Römer: Kritischer Problem- und Forschungsbericht zur Überlieferung der taciteischen Schriften. In: Aufstieg und Niedergang der römischen Welt. Hg. von Wolfang Haase, Hildegard Temporini. Bd. II 33.3. Berlin, New York 1991,

die Annales erstmals 1515 in Rom gedruckt wurden, hatte Bartolini offensichtlich Einblick in den Text erhalten; er scheint sich ab 1508 in Rom befinden zu haben.[102]

Vor dem vergilischen Prätext stehen sich somit die Niederlage des Varus bzw. der ruchlose Sieg des Arminius als Identifikationsangebot für Ruprecht auf der einen Seite und die potenzielle Heldenhaftigkeit des Marcellus auf der anderen Seite gegenüber. Damit unterstreicht Bartolini, dass Ruprecht entweder verlieren wird oder, falls er doch siegen sollte, dieser Sieg unrechtmäßig ist. Bartolini allerdings setzt den Cherusker nicht zum Lob auf die Deutschen ein. Vielmehr versteht er Maximilian als Erben des Römischen Reiches und der vergilischen Prophetie, gegen den es niemandem gestattet sein kann sich zu erheben.

Dass Ruprecht am Ende scheitern muss, wird nicht nur in einigen weiteren Figuren wie Germanicus[103] deutlich, der sich an Varus und Arminius anschließt, vielmehr illustriert die Rahmung der ganzen Liste an Römern diese Aussichtslosigkeit. Denn sie beginnt mit den „duo [...] Crassi". Spiegel kommentiert, es handele sich um Vater und Sohn und meint damit Publius Licinius (gest. 87 v. Chr.) und Marcus Licinius (115/114–53 v. Chr.),[104] Letzterer erlitt eine herbe Niederlage

---

S. 2299–2339, hier S. 2301. Darüber hinaus ließ sich nachweisen, dass Boccaccio die *Annales* kannte (hierzu eingehend Ricarda Müller: Boccaccios Tacitus. Rekonstruktion einer Humanistenhandschrift. In: Rheinisches Museum für Philologie NF 136.2 [1993], S. 164–180) und zwar aus dem Codex Mediceus II, allerdings enthielt dieser nur die Bücher 11–15, sodass Bartolini seine Informationen dem Fund in Corvey verdanken muss. Die Geschehnisse um Arminius werden zudem in den *Historiae* des Velleius Paterculus erzählt, allerdings wurde diese Schrift erst 1515 von Beatus Rhenanus entdeckt und 1520 (Basel: Froben) erstmals gedruckt. Neben einer kurzen Erwähnung in Florus, Epitome Rerum Romanarum 4, 2 (=2, 13) findet sich eine ausführlichere Darstellung der Ereignisse in Cassius Dio 56, 18,1–24,5.

102 Hierzu Römer: Forschungsbericht, S. 2301.

103 Germanicus unternahm ab 14 n. Chr. Feldzüge gegen die Germanen und hat ebenfalls gegen Arminius gekämpft. Auch er sei oft unterlegen, aber dennoch behielten die Geschichtsbücher seinen Namen in Erinnerung, bemerkt Georg in der *Austrias* (1, 600b–602): „quantum, Germanice, cladum | perpessus fueris, quoties nec abiveris aequo | Marte, tui servant bellum memorabile fasti" [‚Und sooft Du, Germanicus, Niederlagen erlitten hast, sooft Du mit ungleichem Kriegsglück von dannen gezogen bist, bewahren Deine Chroniken den Krieg doch in Erinnerung.']. Die Erwähnung des Germanicus an dieser Stelle kann nur als Kontrast zu Arminius gedacht sein, der auch Germanicus besiegt hat. Georg scheint Ruprecht darstellen zu wollen, dass auch Verlierer – solange sie nur recht und lauter handeln – dennoch zu Helden werden können – ein Rat, von seinem Plan der Gewalt abzurücken.

104 Spiegel schreibt in Austrias 1531, S. 28, es handele sich um Vater und Sohn, wobei der Vater Selbstmord begangen habe und der Sohn von Soldaten getötet worden sei. Die Stelle scheint eine Anspielung auf Cicero, Sest. 48 zu sein, wo es heißt: „in qua civitate ipse meminissem patrem huius M. Crassi, fortissimum virum, ne videret victorem vivus inimicum, eadem sibi manu vitam exhausisse qua mortem saepe hostibus obtulisset." [‚es [*sc*. das Ge-

in Schlacht bei Carrhae 53 v. Chr., Ersterer soll sich das Leben aus Trauer um den Tod einer seiner Söhne genommen haben – und endet mit Varus, Arminius und Germanicus – umrahmt werden die Helden somit von Repräsentanten bedeutender Niederlagen der Römer.[105]

Anschließend folgt eine Reihe griechischer und gallischer Männer, um dann erneut eine Figur einzuführen, auf die Ruprecht ob dessen Grimm aufmerksam wird, nämlich den Germanengott Tuisto. Während Tacitus ihn den Stammvater der Germanen nennt (Germ. 2, 2), bettet Bartolini ihn in die römisch-griechische Mythologie ein; er lässt ihn als Bruder der Titanen Koios, Kreios, Hyperion und Iapetos erscheinen. Diese vier standen in der Titanomachie, dem Kampf der Titanen gegen Zeus, auf der Seite des Kronos. Tuisto aber habe sich von seinen Brüdern abgewandt – und sich damit gerade nicht am Kampf gegen den Göttervater beteiligt. Aufgrund dieser Abwendung wird der Gott in der *Austrias* als ,besonders rechtschaffen' bezeichnet („pius imprimis"; 1, 627).[106] Tuisto erscheint damit als mahnendes Vorbild für Ruprecht, nicht gegen die Obrigkeit, d.i. Maximilian, aufzubegehren. Dass es gleichsam Ruprechts Pflicht sei, von seinem Begehren Abstand zunehmen, wird dadurch unterstrichen, dass er gewissermaßen Tuistos Erbe antreten will. Denn der Gott wird nicht nur in der Tacitusnachfolge als Stammvater der Germanen bezeichnet (1, 621–622), sondern sei nach seiner Flucht gerade in das Gebiet gekommen, um das Ruprecht nun kämpfe („nostris deus appulit oris"; 1, 630).

Entgegen all dieser verdeckten Warnungen wird Ruprecht durch die Heldenschau siegesgewiss; einen beträchtlichen Anteil hieran hat nicht nur die Ambivalenz der geschauten Helden selbst, sondern vor allem die Prophetie, die

---

meinwesen] hat schließlich den Vater des hier anwesenden M. Crassus, einen Mann von größter Furchtlosigkeit, hervorgebracht, der, wie ich mich selbst erinnere, um nicht unversehrt dem siegreichen Widersacher ins Auge blicken zu müssen, mit derselben Hand seinem Leben ein Ende setzte, mit der er oft den Feinden den Tod gebracht hatte.'] (Übers. aus Cicero: Pro Sestio oratio. In: Cicero: Die politischen Reden. Bd. 2. Hg., übers. und erl. von Manfred Fuhrmann. München 1993. S. 110–285.638–660, hier S. 165). Der benannte Vater ist Publius Licinius Crassus (Konsul 97 v. Chr.), der sich nach dem Sieg von Cinna und Marius das Leben genommen habe (Cicero: Pro Sestio oratio, hg. von Fuhrmann, S. 651).

105 Velleius Paterculus geht sogar soweit, in seinen *Historiae* über die Varusschlacht zu urteilen, dass die Römer seit Marcus Licinius Crassus keine solche Niederlage mehr erlitten hätten (Hist. 119, 1): „atrocissima calamita[s], qua nulla post Crassi in Parthis damnum in externis gentibus grauior Romanis fuit" [,das blutigste Verderben, verglichen hierzu gab es nach der Niederlage von Crassus bei den Parthern kein schlimmeres für die Römer bei den auswärtigen Völkern']. Auch wenn Bartolini Velleius' Werk noch nicht kannte, legt Velleius Zeugnis ab, dass Crassus und Varus besonders gut als Repräsentanten römischer Niederlagen in Erinnerung geblieben sind.

106 So kommentiert auch Spiegel in Austrias 1931, S. 32.

er vom Seher erhält. Dieser sieht einen sehr blutigen Krieg, allerdings bleibt unausgesprochen, wer genau siegen werde (1, 682): „Nam te victurum promittunt numina regem."[107] Ob der König über Ruprecht siegt oder umgekehrt, ist nicht ersichtlich. Diese äquivoke Aussage findet ihre Vorlage in Ennius' *Annales*, wo König Pyrrhus vom Orakel von Delphi die gleiche Antwort erhält:[108] „Aio te Aeacida Romanos vincere posse".[109] Diese Zweideutigkeit setzt die vorausgegangene Warnung Georgs um, dass man die Zukunft nie genau vorhersehen könne. Sie ist zudem erneut an Lukan und Statius angelehnt: Bei Lukan wartet Sextus gespannt auf die Prophezeiung des Verstorbenen, der aber, da er zu früh wiederbelebt wurde, nicht alles hat wahrnehmen können (Bellum civile 6, 777–778). Das kommende Schicksal wird im *Bellum civile* nicht durch die expliziten Worte als vielmehr durch das Wesen der berichteten Figuren offenbart: Dadurch, dass die senatorische Seite weint und klagt, die andere aber jubelt, werde deutlich, so Baertschi, dass Cäsar gewinnen wird.[110] In der *Thebais* soll Laius die Zukunft offenbaren, dieser aber kann nicht alles Zukünftige sagen (Theb. 4, 636–637a): „dicam equidem, quo me Lachesis, quo torva Megaera | usque sinunt."[111] Und letztlich fehlt es auch für Eteocles an einer präzisen Prophetie, er kennt das Schicksal nach der Weissagung nach wie vor nicht (außer dass Theben siegen werde).[112]

Nach dem Verlassen des Haines denkt Ruprecht über die Worte des Sehers nach (1, 721), hegt aber von Anfang an keinen Zweifel an Gültigkeit der Prophetie in dem Sinne, wie er sie für sich deutet (1, 715b–716): „firmumque ratumque | sit, quodcumque sacri referunt oracula vatis",[113] ein erfüllbarer Optativ, vielleicht gar ein Iussiv. Was der Seher gesagt hat, möge unumstößlich sein – man erinnere sich an das „fata immota manent".[114] Im Verlauf seiner Überlegungen nutzt Ruprecht dann nicht mehr den Konjunktiv, sondern das Futur (1, 722–723): „‚Bellorum finem felix dabit exitus', inquit, | ‚hostilisque acies nostris superabitur

---

107 [‚Der göttliche Wille verspricht nämlich, dass Du den König besiegen wirst'], oder [‚Der göttliche Wille verspricht nämlich, dass der König dich besiegen wird'].
108 Scholz Williams, S. 175 mit Verweis auf Ennius, ann. 6, 179 Vahlen (nach Cic., div. 56, 116).
109 [‚Ich sage, dass Du, Nachkomme des Aiakos, die Römer besiegen kannst'], oder [‚Ich sage, dass die Römer Dich, den Nachkommen des Aiakos, besiegen können'].
110 Baertschi, S. 162.
111 [‚will ich sie künden [*sc.* die kommende Trübsal], soweit es nur immer die finstre Megaera | oder die Parze erlaubt'] (Übers. aus Statius: Lied von Theben, hg. von Imhof, S. 89).
112 David Vessey: Statius and the Thebaid. Cambridge 1973, S. 257; Grebe, S. 112; Baertschi, S. 181–182.
113 [‚Wovon auch immer die Prophezeiungen des heiligen Priesters künden, es möge unerschütterlich und gültig sein.']
114 S. S. 179.

armis."[115] Sein Vertrauen zieht Ruprecht zudem aus der Aufforderung des Priesters, der Pfälzer möge seinem Schicksal umso brennender nachgehen (1, 680): „Te quocumque trahet fortuna, ardentior ito".[116]

Noch in diesen letzten Worten des Priesters spiegelt sich die Ambivalenz der gesamten Nekyia wider und ein Scheitern Ruprechts deutet sich an. Vor dem Hintergrund der intertextuellen Bezüge muss die Inanspruchnahme der *fortuna* zunächst nicht überraschen. In der *Aeneis* ist sie das Geschick, das den wiedergeborenen Seelen bevorsteht.[117] Bei Lukan wird sie den Ausgang des Krieges bestimmen:[118] Sie hat die Oberhand über den Weltenplan (Bellum civile 6, 615). In der römischen Literatur findet sie sich als Pendant zur griechischen Tyche, der mächtigsten der Morien.[119] Sie teilt blind Glück und Unglück aus.[120] Die antike Literatur entwirft vor allem ein negatives Bild von ihr, stellt ihre Unstetigkeit durch das sich drehende Rad oder eine Kugel dar, während man in bildlichen Darstellungen auch die günstigen Symbole des Ruders oder des Füllhorns findet.[121] Das Konzept der Fortuna als einer Gottheit, die dem Manschen mal Glück, mal Unglück bringt, passt jedoch nicht zur christlichen Vorstellung des einen, allmächtigen Gottes und der göttlichen Vorsehung.[122] Besonders prägend für das Mittelalter wurde die Darstellung der Fortuna in Boethius' *Consolatio Philosophiae*, worin Sie einzig das Rad als Attribut behält und „bloße Allegorie für die Unbeständigkeit und Nichtigkeit alles irdischen Glücks" ist.[123] Sie wird bei Boethius zur Dienerin der *Providentia Dei*, die den Blick der Menschen weg vom Diesseits lenken soll hin „auf jenes eindeutig klare, unverrückbare, ewige Heil im jenseitigen Leben".[124] Besonders prägend, aber immer noch stark an

---

115 [„Ein glücklicher Ausgang wird das Ende des Krieges einläuten,', sagt er,„die feindliche Mannschaft wird durch meine Waffen übertroffen werden."]

116 [„Wohin auch immer das Schicksal Dich zieht, geh umso wackerer'].

117 Es heißt in Aen. 6, 683, Anchises mustere „fataque fortunasque" der künftigen Männer.

118 Sextus spricht zu Erichtho (Bellum civile 6, 592b–593a): „ut certum liceat mihi noscere finem | quem belli fortuna paret" [„daß mir vergönnt sei, mit Gewißheit zu erfahren, welchen Ausgang uns das Kriegsgeschehen bereithält'] (Übers. aus Lukan: Bellum civile, hg. von Ehlers, S. 277).

119 Fritz Graf: Fortuna. In: Der Neue Pauly. Hg. von Hubert Cancik, Helmuth Schneider. Bd. 4. Stuttgart, Weimar 1998, Sp. 598–602, hier Sp. 600.

120 Ebd., Sp. 601.

121 Ebd.

122 Alfred Doren: Fortuna im Mittelalter und in der Renaissance. In: Vorträge der Bibliothek Warburg. Bd. 2.1. Hg. von Fritz Saxl. Leipzig, Berlin 1924, S. 71–144, hier S. 75; Willy Sanders: Glück. Zur Herkunft und Bedeutungsentwicklung eines mittelalterlichen Schicksalsbegriffs. Köln, Graz 1965 (Niederdeutsche Studien 13), S. 14.

123 Sanders, S. 15.

124 Doren, S. 83.

Boethius verhaftet,[125] erwies sich für die Renaissance[126] Petrarcas *De remediis ut-riusque fortunae*, wo er vom „bellum (quamque perpetuum) quod cum Fortuna gerimus" spricht (Praef. ad Azionem).[127] In der Renaissance aber häufen sich Diskurse um die Unabhängigkeit der Fortuna. Bei Dante erhält sie bereits wieder Flügel,[128] bei Poggio Bracciolini ist der Fortuna alles Irdische untertan und sie verteilt unabhängig von Gott ihr Glück und Unglück,[129] bei Ulrich von Hutten bekundet sie in dessen Dialog *Fortuna* ([Mainz]: [Scheffer] 1520), sie sei von Jupiter geblendet und schütte deshalb Glück und Unglück blind aus.[130] Wenngleich sich auch unter Maximilians Humanisten noch das Bild der Fortuna als Teil der göttlichen Providentia findet,[131] so meint die Fortuna, die der Priester der Unterweltshains in der *Austrias* anspricht, zweifellos das unstete, vom göttlichen Walten unabhängige und irdische Glück, das Ruprecht in seiner Gier nach Macht versuchen will. So sehr in der Gattung Epos die Fortuna als eine Glücksgöttin in Erscheinung getreten ist, so sehr haftet an ihr auch in der *Austrias* dieses mittelalterliche Erbe des Wechselspieles des Schicksals, das Auf und Ab des Lebens abseits des christlichen Heiles. Pointiert bringt Boethius in den Worten der Fortuna zum Ausdruck, was auch Ruprecht sich denken mag (Consolatio Philosophiae 2, 9–10): „rotam volubili orbe versamus [...]. Ascende, si placet, sed ea

---

125 Ebd., S. 107.

126 Zur Fortuna in der Renaissance Klaus Heitmann: Fortuna und Virtus. Eine Studie zu Petrarcas Lebensweisheit. Köln, Graz 1958 (Studi Italiani 1); Doren, S. 98–137.

127 [‚was ist das doch für ein Krieg (ein ewiger sogar!), den wir gegen Fortuna führen'] (Übers. aus Francesco Petrarca: Heilmittel gegen Glück und Unglück. De remediis utriusque fortunae. Hg. von Rudolf Schottlaender, Eckhard Keßler. München 1988, S. 47).

128 Näher Doren, S. 98–100.

129 Näher ebd., S. 111–112.

130 Als Fortuna erklärt, warum Jupiter sie geblendet hat (damit sie nämlich nicht die guten Menschen durch ihre Gaben verderbe), fragt Hutten sie, wie sie ihr Glück verteilt. Fortuna antwortet (Ulrich von Hutten: Fortuna. In: Hulderichi Hutteni Eq[itis] Germ[ani] Dialogi. Fortuna. Febris prima. Febris secunda. Trias Romana. Inspicientes. [Mainz]: [Scheffer] 1520, Bll. Aii^r–[Cvi]^r, hier Bl. [A iii]^v): „Quod libet, tibi dico enim nullam habere me factorum meorum usquam rationem, neque illud perpendere quid mereatur quisque, sed dispergere passim hoc e cornu, quod copiae vocant, ut in quem boni aliquid ceciderit, is ditescat, cui nihil obvenerit, necessario egeat." [‚Was Dir Freude macht! Ich sage dir nämlich, ich handle nie aus vernünftigen Gründen, noch hängt es davon ab, was ein jeder verdient, sondern ich spende ohne Unterschied aus meinem Horn, das man das Füllhorn nennt. Auf wen etwas Gutes fällt, der wird reich, und wer leer ausgeht, bleibt notwendigerweise arm.'] (Übers. aus Ulrich von Hutten: Fortuna. In: Ulrich von Hutten: Die Schule des Tyrannen. Lateinische Schriften. Hg. von Martin Treu. Leipzig 1991, S. 26–54, hier S. 30).

131 So etwa in einem Holzschnitt Albrecht Dürers, der sich im *Narrenschyff* von Sebastian Brant von 1494 findet (Sebastian Brant: Daß Narrenschyff ad Narragoniam. Basel: von Olpe 1494, Bl. [f6]^v). Dort dreht Gottes Hand selbst am Rad der Fortuna.

lege, uti ne cum ludicri mei ratio poscet descendere iniuriam putes".[132] Dass Ruprecht auf diese Weise nicht zum Sieg gelangen kann, wird immer deutlicher. Ganz im Gegenteil: Die Fortuna steht dem beständigen Glück im Weg. In den allegorischen Kämpfen Maximilians gegen Venus und Pallas wird Maximilian später demonstrieren, dass er die Fortuna mithilfe der *virtus* besiegen kann.[133]

4.2.2 Maximilians heldenhafter Bärenkampf und sein Aufeinandertreffen mit Diana

Die Einführung Maximilians wird von Bartolini indes mithilfe einer individuellen Heldentat durchgeführt – vielleicht in Anlehnung daran, dass Aeneas' erste Tat bei Vergil eine Hirschjagd war (Aen. 1, 184–194). Maximilian gelingt die Tötung eines Bären.[134] Wesentlich dabei ist nicht nur, dass Maximilian eine außergewöhnliche Bedrohung meistert, sondern dass er als einziger handelt; keine Figur neben ihm erhält im zweiten Buch eine Aristie.

Bartolini betont von Beginn an, dass es sich bei Maximilians erstem Auftritt nicht um ein gewöhnliches Jagdabenteuer handelt. Vielmehr stellt der Bär eine immense Bedrohung für die Untertanen dar. Der Kampf wird zu einem epischen Zweikampf („pugna[ ]"; 2, 305) stilisiert mit einem – so erscheint es – Maximilian

---

132 [‚wir drehen das Rad in kreisendem Schwunge […]. Steige aufwärts, wenn es dir gefällt, aber unter der Bedingung, daß du es nicht für ein Unrecht hältst, herabzusteigen, wenn es die Regel meines Spiels fordert.'] (Übers. aus Boethius: Trost der Philosophie. Consolatio philosophiae. Hg. und übers. von Ernst Gegenschatz, Olof Gigon. 6. Auflage. Düsseldorf, Zürich 2002, S. 49).

133 Müller: Gedechtnus, S. 362 Anm. 25. Zur Bezwingung der Fortuna durch die *virtus* s. grundlegend Heitmann, S. 69–81. In den *Encomiastica* wird die Fortuna explizit als eine Macht dargestellt, die sich Maximilians Herrschaft aus Neid in den Weg stellt und nach der Königskrönung die Brügger Bürger zur Gefangennahme Maximilians anstiftet (Encomiastica 3, 1–8). Dass für einen epischen Helden die *virtus* der alleinige Leitgedanke sein muss, hat Vergil Anchises postulieren lassen, der seinem Sohn Aeneas riet (Aen. 12, 435–436a): „Disce puer virtutem ex me verumque laborem, | fortunam ex aliis." [‚Sohn, lern männliche Haltung von mir und wirkliche Mühsal, Glück von anderen.'] (Übers. aus Vergil: Aeneis, hg. von Holzberg, S. 641). Götz hat deutlich gemacht, dass der vergilische *labor* gerade in seinem Ziel heroisch ist, ein neues Troja zu gründen; eine solche „vernünftige, sinnvolle Mühe" sei der *verus labor*, den Aeneas seinem Sohn als Maxime präsentiert (12, 435–436) (Peter Götz: Römisches bei Cicero und Vergil. Untersuchung von römischen Zügen und Bezügen in Ciceros De Re Publica und Vergils Aeneis. Diss. Freiburg i. Brsg. 1972, S. 238).

134 Eine Übersetzung der Passage findet sich in Cornelia Emperer: Kaiser Maximilian I. als *Hercules Germanicus*. Eine Analyse des Bärenkampfes im 2. Buch der *Austrias* Riccardo Bartolinis. Diplomarbeit Wien 2016, S. 30–35. Für eine Kopie der Diplomarbeit danke ich Elisabeth Klecker (Wien).

weit überlegenen Gegner.[135] Denn der Bär ist ein Nachfahre der Echidna: Unter ihren Nachkommen befinden sich insbesondere einige Ungeheuer, gegen die auch Hercules kämpfen musste und auf die Bartolini explizit hinweist (2, 248–279), nämlich die lernäische Hydra, den zweiköpfigen Orthus und den dreileibigen Geryon.[136] Durch diesen Urahn des Tieres, aber auch indem der Bär in einer Höhle haust,[137] wird der Kampf besonders mit dem des Hercules gegen den feuerspeienden[138] Riesen Cacus (Aen. 8, 194–267) assoziiert. Darüber hinaus erinnert die Passage an den Kampf des Hercules gegen ein Seeungeheuer (Valerius Flaccus, Argonautica 2, 497–549), Jasons Bändigung von Stieren (ebd., 7, 559–606) sowie die Tötung einer Schlange durch Capaneus (Statius, Theb. 5, 505–582).[139]

Die Überlegenheit des Bären offenbart sich bereits beim ersten Anblick: Der König ist zwar gut gerüstet (deutlich geworden bei der Auszugsszene aus Augsburg),[140] jedoch wird dies bei der ersten Sichtung des Bären nur noch summarisch erwähnt, indem Maximilian – wenngleich mit Betonung seiner Attraktionskraft – ‚stattlich mit Schwert und Bogen' („ense decorus et arcu"; 2, 227) auftritt. Damit das Publikum die Gefahr für Maximilian besonders wirklichkeitsnah erleben kann,[141] illustriert Bartolini lebhaft das Zittern der Erde beim Herannahen des Bären von einer Bergspitze aus: Als würden thessalische Gesänge Hekate, die

---

135 Dass diese Erlegung den Rang einer echten Kriegsleistung hat, wird deutlich, als Maximilian dem Bären seine „spoli[a]" (2, 343) – was immer das in diesem Fall sein mag – abnimmt, wie es im Krieg üblich war. Denn zur Monomachie in den homerischen Epen gehörte die Ab- und Inbesitznahme der Rüstung des Gegners (Patzer, S. 172–174).

136 Eine genaue Darstellung der Genealogie des Bären findet sich in Emperer, S. 50–53.

137 Emperer, S. 41. Man vergleiche Aen. 8, 193.223–224 und Austrias 2, 219–222.331–332.

138 Diese Fähigkeit hat er von seinem Vater Vulcanus.

139 Die beiden Passagen bei Valerius Flaccus wiederum nehmen klar Bezug auf die Hercules-Cacus-Erzählung bei Vergil, s. hierzu Hubert Stadler: Hercules' Kampf mit dem Seeungeheuer (Argonautica 2, 497–549). In: *Ratis omnia vincet*. Untersuchungen zu den Argonautica des Valerius Flaccus. Hg. von Matthias Korn, Hans J. Tschiedel. Hildesheim u.a. 1991 (Spudasmata 48), S. 190. Einen Überblick über antike Kämpfe gegen Ungeheuer und ihre Rezeption in der *Austrias* gibt Emperer, S. 38–48. Wichtige intertextuelle Parallelen liefert sie zum Hercules-Cacus-Kampf in der *Aeneis*, dem Kampf von Cadmus gegen den Drachen in Ovid, met. 3, 28–98 sowie zur benannten Erlegung einer Schlange durch Capaneus bei Statius. Letztere Passage ist dahingehend besonders relevant, als Capaneus damit die Tötung des jungen Opheltes durch die Schlange rächt – in der *Austrias* ist es gerade ein Hirte namens Opheltes, der Maximilian um Hilfe bittet und die Tötung von Angehörigen durch den Bären beklagt. Emperer, S. 43–44.46 sieht außerdem eine Anlehnung an die Metamorphose der Kallisto bei Ovid, met. 2, 401–507 sowie an die Erzählung des von Phoebus geschaffenen Ungeheuers in Statius, Theb. 1, 557–668.

140 S. hierzu Kapitel 4.4.2.

141 Die effektvolle Wirkung dieser Verse auf Leserinnen und Leser hebt Spiegel heraus, indem er mit Bezug auf Rhet. Her. 4, 54, 68 kommentiert (Austrias 1531, S. 95): „Monstrum infandum. Demonstratio color rhetoricus, cum ita verbis res exprimitur, ut ante oculos esse vi-

griechische Göttin der Magie und Nekromantie, heraufbeschwören und die ganze Unterwelt in Bewegung setzen, oder die Zyklopen des Ätna in ihre Höhle zurückkehren und dadurch ein Beben verursachen (2, 230b–236). Das Ungeheuer wird bildhaft vor Augen geführt (2, 241–244):

> Horrendum visu monstrum, cui lumina torvo
> intus opaca micant capiti, gliscitque per ora
> infrendens rabies, vastisque e faucibus extra
> eructat spumas et inanem polluit auram.[142]

Das „horrendum visu monstrum" erinnert an Polyphem in Aen. 4, 181 („monstrum horrendum"). Indem außerdem die Ausmaße des Tieres angegeben werden – groß wie ein Berg der Rücken, eichenhoch die Schenkel, Zähne mit einer Größe von drei Ellen, sichelgroße Klauen (2, 245–247) – amplifiziert Bartolini noch den Schrecken des Cacus, gegen den Hercules gekämpft hat und von dessen ‚massigem Leib' in Aen. 8, 199 die Rede war („magna [...] mole"), sowie die Gefahr des bereits angesprochenen Seeungeheuers von ‚raumgreifender Fülle' in Argonautica 2, 514 („spatiosa volumina").

Mit Einsetzen des Gefechtes intensiviert Bartolini die Parallelisierung zu den Kämpfen des Hercules. Das erstmalige Erscheinen des Monsters vor Maximilians Augen vergleicht er direkt mit dem griechischen Heros, als dieser zum ersten Mal den nemäischen Löwen sah (2, 295–297). Eine Parallele besteht weiterhin darin, dass der Bär vor Maximilian halbverdaute menschliche Glieder ausspeit (2, 307), während auch an der Höhle des Cacus Leichen lagen und es nach Verwesung roch.[143] All das macht Maximilian keine Angst (2, 309).

Während die Bestie ihrem Instinkt folgt, zornentbrannt, überlegt Maximilian besonnen, wie er das Tier zu töten vermag (2, 302–304): „Perlustratque oculis, qua parte haud irrita dextra | vulnus agat, sic Caesar erat, sic horrida monstro | effigies fervetque oculis ardentibus ira."[144] Verglichen wird die Kon-

---

deatur." [‚Ein unsägliches Ungeheuer. Eine *demonstratio* ist eine rhetorische Färbung, wenn eine Sache so mit Worten ausgedrückt wird, dass sie vor den eigenen Augen scheint.']

142 [‚Das Monster, dem die dunklen Augen drinnen in seinem finsteren Kopf leuchten, ist schrecklich anzusehen, an seinem Maul entbrennt die knirschende Tollwut, aus seinem entsetzlichen Rachen wirft es Schaum aus und verunreinigt die leere Luft.']

143 Emperer, S. 41 mit Bezug auf Aen. 8, 195b–197: „Semperque recenti | caede tepebat humus, foribusque adfixa superbis | ora virum tristi pendebant pallida tabo." [‚Der Boden war ständig von frischem Mordblut warm; dort hingen, an protzige Pfosten geheftet, bleiche Schädel von Männern in grauenvoller Verwesung.'] (Übers. aus Vergil: Aeneis, hg. von Holzberg, S. 413).

144 [‚Mit seinen Augen schaut er sich genau an, von welcher Seite er mit einer erfolgreichen Rechten eine Wunde zufügen könnte, so stand Maximilian dort, so war das Ungeheuer schrecklich anzuschauen und sein Zorn wallte in den brennenden Augen.']

zentration des Königs dabei mit Apoll, wie jener mit gezielten Strahlen einen Python tötete (2, 310b–311).[145] Mit der ersten Verletzung wird das Tier noch zorniger; der Dichter spricht von ‚Zorn‘ („ira"; 2, 316), ‚flammender Wut‘ („furor igneus"; 2, 319), ‚größerer Raserei‘ („rabies maior"; 2, 320). Maximilian bleibt furchtlos (2, 323) und bedrängt den Bären weiter, wobei er ‚wild‘ („ferus"; 2, 327) genannt wird. Damit wird die *agency* des Helden mit der des Tieres gleichgesetzt, da dieses Attribut bereits bei der ersten Beschreibung des Ungeheuers durch die Bauern verwendet wurde (2, 190). Schließlich gelingt es Maximilian, dessen Kopf in zwei Teile zu teilen, woraufhin das Tier stirbt.

Auch wenn Bartolini eine Vergleichbarkeit zum Kampf des Hercules gegen Cacus andeutet (unterstrichen noch einmal dadurch, dass das tote Tier in der Hölle andere Ungeheuer wie Orthos wiedersehen wird; 2, 341–342), wird beim Angriff sprachlich vor allem an die Aristie des Turnus gegen Pandaros, Bitias' Bruder, im neunten Buch der *Aeneis* erinnert: Wie Maximilian sagt „'At non hoc telum [...]', | rex ait, ‚effugies'" (2, 333–334a), so sprach auch Turnus „'At non hoc telum [...] | effugies'" (Aen. 9, 747–748a).[146] In der *Austrias* heißt es weiter „altumque insurgit in ensem" (2, 334),[147] und ebenso in Aen. 9, 749: „sublatum alte consurgit in ensem".[148] Wie Bartolini Maximilians Stich in die Stirn des Bären mit den Worten „mediam ferit inter tempora frontem" (2, 335)[149] beschreibt, so erzählte auch Vergil von Turnus' Hieb (Aen. 9, 750): „et mediam ferro gemina inter tempora frontem".[150] Noch beim Zubodengehen des Tieres findet sich ein intertextueller Bezug: In der *Austrias* heißt es „vasto tremuit sub pondere tellus" (2, 338),[151] angelehnt an „ingenti concussa est pondere tellus" (Aen. 9, 752)[152] beim Aufprall des Feindes am Boden. Einerseits festigt diese Parallele den Eindruck, dass es sich um einen echten epischen Zweikampf handelte, andererseits wird Maximilians Sieg dahingehend überhöht, dass Turnus noch auf Junos Hilfe angewiesen war, die den Speer das Pandaros ablenkte

---

145 „veluti cum Delius ardens | prostravit calidis luteum Pythona sagittis" [‚wie als Apoll brennend mit feurigen Pfeilen den schlammigen Python erlegt hat'].
146 [‚Du aber wirst der Waffe nicht entgehen'] (Übers. aus Vergil: Aeneis, hg. von Holzberg, S. 493).
147 [‚er erhebt das Schwert in die Höhe'].
148 [‚erhebt das Schwert und reckt sich zum Schlag in die Höhe'] (Übers. aus Vergil: Aeneis, hg. von Holzberg, S. 493).
149 [‚er trifft mitten in die Stirn zwischen die Schläfen'].
150 [‚spaltet mit der Klinge die Stirn mitten zwischen den Schläfen'] (Übers. aus Vergil: Aeneis, hg. von Holzberg, S. 493).
151 [‚die Erde bebte unter dem ungeheuren Gewicht'].
152 [‚vom Riesengewicht wird die Erde erschüttert'] (Übers. aus Vergil: Aeneis, hg. von Holzberg, S. 493).

(Aen. 9, 743–746), Maximilian hingegen – gegen einen vermeintlich stärkeren Gegner – keiner Unterstützung bedurfte.

Nach der Tötung des Bären treffen Maximilian und Matthäus Lang auf Diana (2, 343–478), welche ihr göttliches Aussehen in Form einer Waldnymphe verbirgt, wie sich in Vergils *Aeneis* Venus ihrem Sohn in Gestalt einer Jägerin zeigte. Maximilian erkennt in Diana aber unmittelbar eine Göttin („[te] auguror esse deam"; 2, 356).[153] Bereits durch die Wortwahl *augurari* überhöht Bartolini Maximilian, denn es verweist auf die antike Praktik des *augurium*, der Deutung des himmlischen Willens, wovon Venus gegenüber Aeneas noch meinte, sie hätte sie von ihren Eltern gelernt (Aen. 1, 392). In vertauschter Rolle ist es nun Maximilian, der in der Lage ist, Göttliches zu erkennen, was ihm bereits eine besondere Außeralltäglichkeit verleiht.[154] Indes erkennt auch Diana eine göttliche Abstammung in Maximilian, ausgehend von dessen Gesicht und Statur (2, 365b–367a).[155] Die Göttlichkeit beider ist für beide sichtbar (2, 355.366).

Der König stellt sich sodann in einer Rede Diana vor. Diese gliedert sich in drei Teile, erstens die Darstellung seines Standes und seiner Abkunft (2, 368–371), anschließend die Darlegung der Gründe für seine Lage und Langs Aufenthalt im Wald (2, 372–377), zuletzt die Forderung von Beistand an die Götter im Kampf gegen Ruprecht, was er zugleich als Lohn für die Erlegung des Bären einfordert (2, 378–385). Gleich zu Beginn bestätigt er zunächst Dianas Eindruck, dass er von vornehmem Geblüt sei (2, 368–369): „Ille ego sum Caesar magno de sanguine cretus | Austriadum."[156] Diese Formulierung greift eine Weissagung auf, von der Pallas gehört hat und auf der sich unter anderem ihr Zorn gegen die Habsburger gründet (1, 246–248a): „Quippe etiam Austriadum venturam a sanguine magno | progeniem audierat, quae Bosphoron et Garamantas | signa ultra ferret."[157] Mit diesen ersten Worten Maximilians wird nicht nur die Schick-

---

153 [‚Ich erkenne, dass Du eine Göttin bist.'] Maximilian erkennt zwar die Göttin vor sich, doch, worauf Klecker: Seesturm, S. 330 bereits hingewiesen hat, sieht er in ihr nicht Diana, sondern erkennt nur das Göttliche hinter der Nymphe.

154 S. auch Anm. 237.

155 „nam te genus esse deorum | credidi, ut aspexi vultus et fortia bello | pectora" [‚Ich dachte nämlich, dass Du ein göttliches Geschlecht repräsentierst, sobald ich Deinen Blick und Deine im Krieg kraftvolle Brust erblickte.']. In der Wortwahl sieht Klecker: Seesturm, S. 330 zurecht eine Parallele zu Didos Urteil über Aeneas in Aen. 4, 11–12: „Quem sese ore ferens, quam forti pectore et armis! | Credo equidem, nec vana fides, genus esse deorum." [‚Wie er auftritt, welch großen Mut er doch zeigt, welche Kampfkraft! Ja, ich glaub, und kein leerer Wahn ist's, er stammt von den Göttern.'] (Übers. aus Vergil: Aeneis, hg. von Holzberg, S. 189).

156 [‚Ich bin jener Cäsar und entstamme dem hohen Geblüt der Austriaden.']

157 [‚Sie hatte ja auch gehört, dass ein Nachkomme aus dem hohen Geblüt der Austriaden kommen werde, der die Siegeszeichen jenseits des Bosporus und der Garamanten tragen

salsbestimmtheit von Maximilians Herrschaft deutlich, vielmehr klären sich auch die Verhältnisse, dass nämlich analog zu Juno–Aeneas eine Feindschaft Pallas–Maximilian das epische Narrativ prägen wird. Indem Maximilian dann mit den Worten „pugnaxque mihi Germania servit" (2, 369)[158] seinen Machtbereich umreißt, wird der Herrschaftsanspruch Ruprechts infrage gestellt, der noch besonders betont hat, dass er die „pugnax Germania" (1, 123) hinter sich wisse. Im dritten Teil seiner Rede kommt Maximilian schließlich auf den erlegten Bären zu sprechen. Auch den Göttern sei dieses verbrecherische Tier verhasst gewesen (2, 377), weshalb er von ihnen einen Lohn einfordere. Ruprechts Inszenierung gerät weiter ins Wanken, als Maximilian die Bärenjagd als eine ‚so große Mühe' („tantus | [...] labor"; 2, 381b–382a) betitelt und auch hierin an Aeneas' Heldentum anknüpft, wie es im ersten Buch noch Ruprecht für sich proklamierte. Diana bezeugt, dass es sich tatsächlich um eine göttlich auferlegte Bewährungsprobe gehandelt habe, indem sie eine Prophezeiung der Seherin Thespis[159] wiedergibt (2, 393–394a): „multa super bello dixit semperque canebat | te fore victorem".[160] Damit erscheint Maximilians Heldentat weiter in der Nachfolge des Aeneas, der auf Junos Groll hin Mühen bewältigen musste. Diana referiert die weitere Weissagung der Thespis und kündet nicht nur von Maximilians Sieg im Erbfolgekrieg, sondern bezeugt noch einmal, dass ‚das gesamte Schicksal unbeweglich festeht und seinen Lauf behält' („perstant immota suumque | fata tenent cursum"; 2, 407b–408a) und dass Maximilian ‚nach vollbrachten Mühen' („post [...] victos[ ] labores"; 2, 409) nach Italien ziehen, das Römische Reich erneuern und für seine Leistungen wie Jupiter auf dem Kapitol göttliche Ehren empfangen werde (2, 408b–413).[161] Im Anschluss an diese Prophetie hat Maximilian Gelegenheit, seine Sicht auf den Erbfolgekrieg vorzutragen und darzulegen, dass Albrecht von Abstammungs wegen das Recht auf Georgs Erbe habe (2, 424–471a). Ruprecht habe indes überhaupt keinen An-

---

würde.'] Bei den Garamanten handelte es sich um ein Volk im heutigen südlichen Libyen. Von der glorreichen Zukunft Maximilians hat auch Bellona gehört (1, 246–249).

158 [‚Mir gehorcht das kriegerische Germanien'].

159 Diese Seherin kennt die antike Literatur nicht; Spiegel (Austrias 1531, S. 51) identifiziert sie als die antike Seherin Manto, die Tochter des Tiresias.

160 [‚Sie sagte viel über den Krieg und sang immer, dass Du der Sieger sein werdest'].

161 „Nam te post tanta tuorum | funera, post curas domitas victosque labores | excipiet gremio victorem Oenotria tellus, | Romanas acies, populos, Latiumque videbis | armipotens et iura dabis gentemque togatam | restitues et eris sacra quoque Iuppiter arce." [‚Denn nach einem so großen Sterben Deiner Leute, nach den bezwungenen Sorgen und den bewältigten Mühen wird Dich Italien als Sieger in seinem Schoß aufnehmen und Du wirst tapfer die römischen Schlachtreihen sehen, die Völker und Latium. Du wirst Recht erlassen, das togatragende Volk erneuern und auch auf der heiligen Burg Jupiter sein.']

spruch auf dieses Land. Maximilian legt dar, dass er um eine friedliche Lösung bemüht gewesen sei, bis Ruprecht zu den Waffen gegriffen habe – entgegen jedem Recht („fas omne abrumpit"; 2, 460).

Im Anschluss entschwindet Diana; der Rest des zweiten Buches zeigt Maximilian, wie er ein Denkmal für seine Tat aufstellt und mit seinen Gefährten zurück nach Augsburg zieht, um dort ein feierliches Gastmahl zu geben.

4.2.3 Implikationen und Konsequenzen der ersten Eindrücke von Ruprecht und Maximilian

Die unterschiedliche Einführung der beiden Kontrahenten hat unterschiedliche Konsequenzen für ihren Heldenstatus im Verlauf des Narrativs. Nach der Lektüre des zweiten Buches ist jedem Leser und jeder Leserin klar, dass Ruprecht widerrechtlich ein Land in Anspruch nimmt, das Albrecht zusteht. Die gewaltvolle Usurpation erscheint gemäß den Worten Dianas nicht mehr nur als rechtliches Vergehen, sondern auch als Frevel gegen den göttlichen Schicksalsplan. In diesem neuen Licht ist Ruprechts Transgression unsittlich und unrecht. Sein Verlangen nach den Erblanden resultiert nicht aus angestammtem Anspruch, sondern aus der Herrschaftsgier, die sich nicht mit weniger begnügen will (denn Maximilian hatte ihm das Land anteilig angeboten, was Ruprecht jedoch ablehnte; 2, 457–458). Die geschauten Toten erweisen sich dementsprechend als exemplarisch für ein gewaltaffines Heldentum. Wer ihnen nachfolgt, auch das wurde deutlich, wird verlieren. Die beiden ganz unterschiedlichen Einführungen Ruprechts und Maximilians aber haben weitreichende Konsequenzen für die Heldenbehauptung. Bartolini hat versucht, mithilfe der ersten Eindrücke, die bewusst so umfangreich und unterschiedlich gestaltet wurden, die Wahrnehmung dieser Figuren für das folgende Kriegsnarrativ zu prägen. Er war sich einer Wirkweise bewusst, die die Literaturwissenschaft seit gut 40 Jahren als sog. *primacy effect* kennt,[162] eine Erkenntnis aus der Sozialpsychologie.[163] Darunter versteht man die Prägnanz der ersten Vorstellung einer Figur gegenüber der Leserschaft, die in maßgeblicher Weise die Wahrnehmung dieser Figur über

---

[162] Grundlegend hierzu Meir Sternberg: Expositional Modes and Temporal Ordering in Fiction. Baltimore, London 1978; Menakhem Perry: Literary Dynamics: How the Order of a Text Creates Its Meanings. In: Poetics Today 1.1–2 (1979), S. 35–36 u. 311–361.

[163] Alexander S. Luchins: Primacy-Recency in Impression Formation. In: The Order of Presentation in Persuasion. Hg. von Carl I. Hovland u.a. New Haven 1957, S. 33–61; Norman H. Anderson, Alfred A. Barrios: Primacy Effects in Personality Impression Formation. In: The Journal of Abnormal and Social Psychology 63.2 (1961), S. 346–350.

den gesamten Text hinweg prägt,[164] da Leserinnen und Leser „schon zu einem frühen Zeitpunkt [*sc.* der Erzählung] eine Vorstellung der ganzen Figur [...] bilden".[165]

Für die beiden Gegner in der *Austrias* gestaltet Bartolini den ersten Eindruck ganz unterschiedlich: Im Kern besteht die Darstellung darin, dass Ruprecht nur als Glied einer Reihe gewaltvoller Helden präsentiert wird (und damit die Zugehörigkeit zu einer Kategorie[166] ‚gewaltvolle resp. sieglose Helden' konstituiert wird), Maximilian aber individuell mit einer Tat in Erscheinung tritt. In der Sozialpsychologie hat man ausgehend von empirischen Studien verschiedene Modelle der Informationsverarbeitung entwickelt, wobei Bartolinis Vorgehen den Ansatz Marilynn Brewers widerspiegelt. Diese hat in den 80er Jahren postuliert, dass die Verarbeitung des ersten Eindrucks maßgeblich in zwei Arten geschieht, dass nämlich anhand der Eigenschaften einer Person diese entweder zu einer Kategorie zugeordnet (*category-based*) und dann anhand der Merkmale dieser Kategorie wahrgenommen werde oder – im anderen Fall – die Wahrnehmung in hohem Maße an der Person selbst verhaftet bleibe (*person-based*).[167] Die scharfe Trennung zwischen den beiden Formen der Eindrucksbildung wird dem komplexen Narrativ des Epos jedoch nicht ganz gerecht, da auch Ruprecht bereits durch den Beistand der Göttin Pallas auch individuelle Züge trägt und Maximilian indes bei der Jagd intertextuell an die erste Heldentat des Aeneas, eine Hirschjagd, sowie die Taten weiterer Helden erinnert. Brewers Modell wurde in diesem entscheidenden Punkt von Susan Fiske und Steven Neuberg modifiziert, indem auch sie die Bildung eines ersten Eindrucks als Er-

---

164 Indes kann der *primacy effect* auch gehemmt werden, wenn etwa zugleich Zweifel am ersten Eindruck aufkommen; näher hierzu: Alexander S. Luchins: Experimental Attempts to Minimize the Impact of First Impressions. In: The Order of Presentation in Persuasion. Hg. von Carl I. Hovland u.a. New Haven 1957, S. 62–65. Gleichzeitig kann auch das Ende einer Erzählung einen wichtigen Anteil an der Wahrnehmung einer Figur haben, was als *recency effect* bezeichnet wird.

165 Herbert Grabes: Wie aus Sätzen Personen werden ... In: Poetica 10 (1978), S. 405–428, hier S. 415.

166 Unter einer Kategorie versteht diese Studie „[d]ie Tendenz, Objekte (einschließlich Menschen) aufgrund gemeinsamer charakteristischer Merkmale in diskrete Gruppen einzuteilen" (Louise Pendry: Soziale Kognition. In: Sozialpsychologie. Hg. von Wolfgang Stroebe u.a. 6. Auflage. Berlin, Heidelberg 2014, S. 107–140, hier S. 111).

167 Marilynn B. Brewer: A Dual Process Model of Impression Formation. In: Advances in Social Congition 1 (1988), S. 1–36. Brewer, S. 22 betont hinsichtlich des Unterschieds zwischen einer *category-based* und einer *person-based representation*, dass bei Letzterer das Individuum das Zentrum der Informationsorganisation sei und somit auch die Zugehörigkeit zu Kategorien eine individuelle Eigenschaft darstelle. Dementgegen seien bei der *category-based cognition* die Informationen über das Individuum mit der Kategorie verknüpft.

gebnis eines Prozesses aus Kategorisierung und Individualisierung postulieren, nicht jedoch scharf getrennt und damit disjunkt, sondern als ein Kontinuum, dessen beiden Randpunkte gerade die Extremformen der reinen Kategorisierung bzw. Personalisierung sind.[168] In der *Austrias* wird Ruprecht vorwiegend durch Kategorisierung vorgestellt: Der Eindruck wird dabei nicht durch verbale oder non-verbale Informationen vermittelt, die eigentlich für die Eindrucksbildung von besonderer Relevanz wären. In dem Wissen, dass Ruprecht eine Schlüsselfigur des Epos ist, und ohne bereits ein Bild von dieser Person erhalten zu haben, obliegt es den Leserinnen und Lesern, aus dem Katalog Informationen über den Pfälzer zu sammeln. Die Imagination von Ruprechts Wesen kann das Publikum aber nur durch die gelisteten Figuren aus der Erinnerung an die antike Geschichte und die Helden der antiken Epen heraus gewinnen,[169] die Ruprecht als sein persönliches Schicksal annimmt und zu deren Heldentum er sich bekennt. Hierzu dienen die exemplarischen Charaktere.[170] Eindrucksbildung durch eine solche Kategorisierung werde, so postulieren Fiske und Neuberg, zudem gefördert, wenn es dem Empfänger – im vorliegenden Fall der Leserschaft – leichtfällt, die betreffenden Attribute einer Person einer Kategorie zuzuordnen.[171] Dies ist in der *Austrias* vor allem durch die Intertextualität gegeben, denn die geschauten Figuren lassen sich durch die Kenntnis der Nekyiai bei Lukan und Statius leicht zu einer Kategorie negativer Helden zusammenfassen. Zusätzlich leitet der Erzähler in Richtung dieser Kategorisierung,[172] wenn er berichtet, wie unmittelbar zuvor Bellona und die Furien Machtgier und Gewaltbereitschaft bei den Pfälzern gesät haben (1, 84b–86a). Die entsprechende Bereitschaft zu Transgressionen wird in Ruprechts Monolog sowie beim Aufeinandertreffen mit Philipp und Pallas sichtbar.

Die kategoriebasierte Einführung Ruprechts hat eine zweifache Auswirkung. Zum einen bleibt der Pfälzer für das gesamte Epos der Held, welcher er

---

168 Susan T. Fiske, Steven L. Neuberg: A Continuum of Impression Formation, from Category-Based to Individuation Processes: Influences of Information and Motivation on Attention and Interpretation. In: Advances in Experimental Social Psychology 23 (1990), S. 1–74.

169 Zur Kategorisierung dienen all diejenigen Informationen, „that possess temporal primacy, have physical manifestations, are contextually novel, are chronically or acutely accessible in memory, or are related in particular ways to a perceiver's mood [...]." (Fiske/Neuberg, S. 10).

170 Zur Kategorisierung durch Exemplare s. Susan T. Fiske, Shelley E. Taylor: Social Cognition. From Brains to Culture. 2. Auflage. Los Angeles u.a. 2013, S. 110–114.

171 Fiske/Neuberg, S. 2.

172 Fiske/Neuberg, S. 3 sprechen von einem *motivating agent*: „The motivating agent may be a third party to the interaction [...]. Perceivers can be pushed toward the categorizing or individuating ends of the continuum, under circumstances in which they would ordinarily do otherwise, depending on the motivations resulting from a particular interdependence structure".

zum Ende des ersten Buches ist. Denn von einer einmal vorgenommenen Kategorisierung kann man sich kaum mehr lösen. Ist eine Person erst einer Kategorie zugeordnet, führen weitere Informationen über sie höchstens zur Einstufung in eine neue Unterkategorie.[173] Jegliche Heldentat Ruprechts kann somit kaum zu einer Individuierung führen. Egal wie heldenhaft Ruprecht tatsächlich im Verlauf des Narrativs erscheint (etwa auch in den Zweikämpfen), er bleibt die Galionsfigur eines Heldenmodells, das ausgedient hat. Die zweite Konsequenz entspringt der Gegenüberstellung der kategoriebasierten Einführung Ruprechts und der individual-attributgesteuerten Maximilians. Bartolini nämlich führt kontrastiv zu Ruprecht Maximilian durch eine Aristie ein. Dabei tritt der König ganz individuell in Erscheinung, erhält eine Reihe an heroischen Qualitäten und aufgrund allein dieser Attribute erhalten Leserinnen und Leser ein Bild vom Helden Maximilian, der aus sich heraus glänzt und für sich steht; er ist nicht wie andere. Nicht nur, dass damit der eine ,neue' Held gegen die vielen ,von früher' steht, vielmehr hat Bartolini hiermit die Möglichkeit, Maximilians Heldentum im weiteren Verlauf kontinuierlich auszugestalten (z.B. in der Attraktionskraft oder Wertrationalität des Handelns), während Ruprecht dem ihm verliehenen Klischee nicht mehr entweichen kann. Mit dieser Grundlage kann dann der Krieg beginnen, zu dem sich Maximilian auch noch während des zweiten Buches entschließt (2, 530–534), und die Glanztaten des Heldenkollektivs laufen nicht Gefahr, den Heldenstatus Maximilians zu untergraben. Die beiden Hauptgegner sind durch den Platz, den ihre Einführung einnimmt, die Referenz zu antiken Helden, insbesondere Aeneas, bzw. die herkulische Tat als solche ausgewiesen und durch ihre Schutzgottheiten von den Helden an ihrer Seite separiert, wobei Maximilian durch den Schicksalsplan in besonderem Maße exzeptionalisiert ist.

4.2.4 Maximilians Zweikampf mit Ruprecht

Mit dieser Anlage der epischen Feindschaft tritt Ruprecht zunächst in den Hintergrund des Geschehens, bis es im fünften Buch zu einem Zweikampf zwischen ihm und Maximilian kommt. In der Zwischenzeit musste sich der König im vierten Buch in zwei Aristien bewähren, erstens in einem Kampf gegen den Donauflussgott, zweitens gegenüber einem Bayern namens Oebalus, wobei sich dieses Gefecht zu einem Zweikampf gegen Venus entspinn.

---

173 Sobald eine Person einmal zu einer Kategorie zugeordnet wurde, werden nach den Studien Brewers nachfolgende Eindrücke leichter in dieselbe Kategorie einbettet, als dass man die ursprüngliche Kategorisierung überdenken würde (Brewer, S. 18).

Aufgrund von Ruprechts frühem Tod musste Bartolini den epischen Zweikampf der Hauptgegner, fester Bestandteil epischer Konvention,[174] bereits ins
fünfte Buch legen. Vor Burghausen wollen Albrecht und Maximilian Ruprecht
angreifen. Im Morgengrauen zieht der Bayer mit seinen Münchener Truppen voraus, Maximilian folgt. Daraufhin bereitet sich auch Ruprecht auf die Kampf-
handlungen vor. Nur summarisch wird in knapp 30 Versen vom allgemeinen
Kriegsgeschehen und tapferen Kampf der Anhänger Maximilians berichtet, bis Ruprechts und Maximilians Zweikampf statthat, abgesetzt durch eine neue Zeitan-
gabe („lux alma polo fulgebat ab alto"; 5, 694)[175] und einen Musenanruf (5, 699).
Unmittelbar vor der Auseinandersetzung betont der Erzähler, dass sich zwei Gegner gegenüberstehen, die – wie im Epos üblich – in ihrer körperlichen *agency* ein-
ander ebenbürtig sind (5, 701b–704a): „paulumque moratus uterque | alterius
spectare artus et fortia bello | pectora fulmineosque oculos vultusque minaces | mi-
rari."[176] Beide blicken einander ins Gesicht, man wird sich der Kräfte des Gegners
voll und ganz bewusst und tritt dann in den Kampf ein. Die Verbalisierung durch
einen *infinitivus historicus* erzeugt die Illusion eines langen, intensiven Anschau-
ens. Unter der Bedingung dieser Agonalität wird der Kampf zu einer Herausforderung für Maximilian, die ein hohes Anerkennungspotenzial bietet. Dass Ruprecht
nach seinem Tod divinisiert wird, wird nachträglich seine Valenz noch einmal unterstreichen. Zudem ist von vornherein klar, dass Ruprecht bereit ist, notfalls zu
sterben. Als er hört, dass Maximilian gegen ihn zieht, bekennt er (5, 464–465):
„Quicquid id est, laetor, nam vel victoria belli | vel letum dabitur, decus est ut-
rumque sub armis."[177] Dass Maximilian überhaupt vor Ort ist, liegt zudem daran,
dass Albrecht in Bayern sich gegen Ruprecht nicht behaupten kann, im Gegenteil
ist dem ‚mutigen Ruprecht' noch die Einnahme Braunaus gelungen. Maximilian ist in Sorge darum: „metuens animosi tela Roberti" (5, 379). Damit wird
ein würdiger Gegner inszeniert. Zur Erhöhung der *agency* nutzt Bartolini
zwei Vergleiche der beiden, erstens mit *Auster*, dem Südwind, und *Boreas*,
dem Nordwind, die einander entgegenwehen (5, 704–707), zweitens mit Stieren (5, 707–708) – auch Aeneas und Turnus wurden in ihrem finalen Zweikampf mit Stieren verglichen (Aen. 12, 716).[178]

---

174 Klecker: Homer, S. 629.
175 [‚das erquickende Licht strahlte hoch am Himmel'].
176 [‚Nur wenig zögernd betrachtet jeder von beiden die Glieder und die Brust des anderen,
tapfer im Krieg, und bewundert die blitzenden Augen und die bedrohlichen Gesichtszüge'].
177 [‚Wie auch immer das ausgeht, ich freue mich, denn entweder wird mir der Sieg im Krieg
gegeben oder der Tod, beides ist im Krieg eine Zierde.']
178 Pfeifer, S. 95 (Anm. 275).

Abseits der körperlichen Stärke, des Kampfesmutes und der Unerschrockenheit nimmt der Dichter allerdings sehr wohl eine Abgrenzung vor, jedoch nicht direkt zu Beginn des Kampfes, sondern im Vorfeld dessen, noch vor dem Musenanruf. Als er die Kontrahenten benennt, „Caesar adest insignis equo, contra horridus ense | instat Phalsgraphides." (5, 697–698a),[179] sitzt Maximilian erhaben auf seinem Pferd, Ruprecht jedoch wird als ‚grob' und ‚schmucklos' hingestellt, nur mit seinem Schwert – was keine Aussage über das Kriegertum macht, allerdings Maximilian durch den Kontrast von Oben und Unten eine zusätzliche Erhabenheit attribuiert. Wie sich später herausstellt, ist Ruprecht sehr wohl auch beritten,[180] was Bartolini an dieser Stelle aber noch bewusst verschweigt. Diese raumnarratologische Inszenierung von Erhabenheit wird durch die Anrufung der Wassernymphen, der Libetriden (5, 699), als Musen unterstützt. Sie verkörpern das folgende Blutbad, das der Erzähler kurz zuvor explizit voraussagt (5, 696): „gravi renovantur proelia caede".[181] Damit wird ein starker Bezug zu den Blutbädern hergestellt, die die geschauten Toten im ersten Buch zu verantworten haben, und damit zu Ruprecht.[182] Das Unten, der Boden, blutgetränkt, wird mit Ruprecht assoziiert, der scheinbar darauf steht, während das Oben, und damit Maximilian, zugleich mit der Strahlkraft der Sonne verbunden wird, die mittlerweile hoch am Himmel steht (5, 694–695).

Dass Maximilian letztlich überlegen sein wird, bleibt im nun folgenden Gefecht nicht lange unklar: Der König schwenkt sein Schwert wie einen Blitz („effulminat"; 5, 709). Dass Maximilian ‚die tödliche Waffe schwingt' („telum fatale coruscans"; 5, 711), ist in seiner Formulierung ebenfalls eine bedeutungsschwangere Entlehnung aus dem Zweikampf Aeneas-Turnus (Aen. 12, 919): „Cunctanti telum Aeneas fatale coruscat".[183] Da das Epos den historischen Begebenheiten folgen muss, ist allerdings auch klar, dass Ruprecht an dieser Stelle nicht wie Turnus sterben kann: So wird der Pfälzer zunächst von einem Speer am Arm getroffen, bleibt aber weiterhin wehrhaft. Er scheint seine Verletzungen gar nicht zu spüren, sondern schlicht irgendwann nur augenscheinlich zu bemerken („arma Robertus | ut foedata videt"; 5, 713–714).[184] In diesem Licht gibt

---

179 [‚Der Cäsar ist hier, erhaben auf seinem Pferd, ihm gegenüber drängt der Pfalzgraf, schauderhaft mit seinem Schwert.']

180 In 5, 721 ist derweil von den Pferden beider Kontrahenten die Rede.

181 [‚erneut gibt es Schlachten mit schwerem Blutvergießen'].

182 So z.B. „sanguine campum | foedavit" [‚mit Blut hat er das Feld entstellt'] (1, 563b–564a), „madefactos sanguine campos" [‚die mit Blut getränkten Felder'] (1, 578), „spumantes multo foedavit sanguine ripas" [‚er tränkte die schäumenden Ufer mit viel Blut'] (1, 581).

183 [‚Gegen den Zaudernden schwingt Aeneas die tödliche Waffe.'] (Übers. aus Vergil: Aeneis, hg. von Holzberg, S. 671).

184 [‚sobald Ruprecht die blutbespritzen Waffen sieht']; s. auch Anm. 235.

auch die paradoxe Formulierung vorausgehender Wunden „vitabat adacta Robertus | vulnera" (5, 710–711)[185] Sinn. Die Wunden schwächen den Pfälzer nicht, sondern lösen in ihm einen noch größeren Kampfgeist aus (5, 717) – wie bei dem Bären, der nach der ersten zugefügten Verletzung noch wilder wurde.[186] Seine Tapferkeit ist sich der Gefahr bewusst („conscia virtus"; 5, 716) und ‚donnert entsetzlich gegen den Feind' („horrendumque intonat hosti"; 5, 718). Auch hierbei wird er mit Turnus parallelisiert, dessen „conscia virtus" (Aen. 12, 668) bezeugt wurde. Das Waffengebaren Ruprechts entspricht sogar dem des Aeneas gegen den Rutulerkönig („horrendumque intonat armis"; Aen. 12, 700).[187] Die Stärke des Pfälzers wird dabei lautmalerisch durch die Laute s, r und t lebhaft inszeniert, man kann das Zischen des Schwertes und das Donnern des Pfälzers bei der Lektüre hören.

Auffällig ist, dass die Körperlichkeit, in der doch beide einander ebenbürtig sind, im Verlauf des Kampfes reduziert wird. Abgesehen von dem initialen Sich-Anschauen werden die Körper der Kontrahenten nicht zur Darstellung des Gewaltaktes verwendet. Einzig Ruprechts Verwundung wird kurz thematisiert. Herausgehoben wird vielmehr der Bewegungsaspekt, das vernehmbare Kämpfen, das Schlagen der Schwerter, die hörbare Bewegung der Pferde. Die Fokussierung auf den Klang des Kämpfens und das Aufblitzen der Waffen[188] erzeugt die Illusion eines schnellen, unüberschaubaren Kampfes. Dementgegen würde eine ästhetische Ausformulierung der körperlichen Gewalt mit klarer Beschreibung der Gesten durch die verlängerte Erzählzeit in Kontrast zu einer sehr kurzen erzählten Zeit zu einer slow-motion dieser Szene führen, welche der Heroisierung Maximilians keinen Dienst täte. Denn dass der Held gewaltmächtig ist, ist bereits nach der Erlegung des Bären klar. Es bleibt jedoch zu zeigen, dass der Held schnell agieren kann, kühn und tapfer ist. Gerade dies vermindert Maximilians Verletzungsoffenheit, was durch die Reduktion der Körperlichkeit und der Erzählung von Ruprechts Verwundung untermauert wird. Auf der Basis des Körpers kann entsprechend der Ebenbürtigkeit der Kontrahenten auch kaum eine Überhöhung Maximilians vorgenommen werden.

Auf dem Höhepunkt der Spannung wechselt das Geschehen auf die Götterebene, wo Diana und Pallas gegenseitig Vorwürfe erheben und anschließend

---

185 [‚Ruprecht mied die zugefügten Wunden'].
186 S. S. 191.
187 [‚er [...] lässt [...] entsetzlich die Waffen erdröhnen'] (Übers. aus Vergil: Aeneis, hg. von Holzberg, S. 657).
188 „sonoro" [‚klingend'] (5, 717), „intonat" [‚er donnert'] (5, 718), „obtusique enses" [‚die dumpf klingenden Schwerter'] (5, 720), „refractae" [‚geborsten'] (5, 720), „emicat" [‚es blitzt hervor'] (5, 720), „nitidis bullis" [‚mit glänzenden Knöpfen'] (5, 722).

selbst in den irdischen Kampf eintreten (5, 723).[189] Dabei entspinnt sich ein Kampf zwischen Maximilian und Pallas. Wie dieser im Detail vonstatten geht, soll im nächsten Kapitel näher betrachtet werden, weil damit weniger die Konkurrenz zu Ruprecht verhandelt wird, als vielmehr ein allegorischer Sieg über die Liebe und allgemein die Affekte. Als es Maximilian schließlich gelingt, Pallas an der Hand zu verwunden, lässt Jupiter Merkur den Göttinnen den Abzug befehlen (5, 784–788) und legt eine Wolke auf das Schlachtfeld, währenddessen Ruprecht flieht – nicht aus der Schlacht, aber aus dem Zweikampf, der hiermit sein Ende findet. In dieser Auflösung des Zweikampfes hat sich Bartolini von Silius' *Punica* inspirieren lassen, wo das Aufeinandertreffen zwischen Hannibal und Scipio d. Ä. während der Schlacht von Cannae ebenfalls nicht mit dem Tod einer der beiden Parteien enden konnte.[190] Silius ließ Jupiter in die Schlacht eingreifen, indem er Iris erst der Pallas auf Hannibals Seite den Abzug befehlen ließ (Punica 9, 470–478) und anschließend dem Mars, der auf Scipios Seite kämpfte (Punica 9, 551–552).[191] Bevor Pallas abzog, hatte sie Hannibal mittels einer Wolke aus dem Zweikampf entrückt und ihn an einen Platz abseits der Schlacht gesetzt, von dem aus er von neuem in das Kampfgeschehen eintreten musste (Punica 9, 484–485.556–558).

Dass Ruprecht unterliegen würde, wurde bereits im Vorfeld des Kampfes suggeriert. Denn nachdem Ruprechts Anhänger Polydamas die Einwohner Neuburgs zur Treue gegenüber dem Pfälzer bewogen hatte, ereignete sich ein *omen*. Eine Krähe sagte das Schicksal voraus (5, 234). Bezeichnenderweise spricht die Krähe das „fatum[ ]" (5, 234) aus, wo sieben Verse zuvor der Erzähler am Ende von Polydamas' Rede kommentierte (5, 226–227a): „Exclamat tunc vulgus hebes, sequiturque malorum | quod dederat fortuna caput".[192] Hier wird bereits deutlich, dass die Pfälzer das Kriegsglück versuchen und scheitern werden, da die Krähe das göttliche *fatum* offenbart.[193] Ganz unverschleiert sagt sie zu Polydamas, er werde

---

189 In der *Aeneis* untersagte Jupiter den Göttern eine Parteinahme an den Kämpfen (Aen. 10, 6–15).
190 Karl-Heinz Niemann: Die Darstellung der römischen Niederlagen in den Punica des Silius Italicus. Bonn 1975 (Habelts Dissertationsdrucke. Klassische Philologie 20), S. 199 Anm. 1 hat darauf aufmerksam gemacht, dass bei einem historischen Epos gerade die Aktionen der größten Feldherrn zu Problemen in der epischen Umsetzung führen können. Denn die Tradition des Epos kann zu substanziellen Widersprüchen zur historischen Wahrheit führen. Abweichungen könne man vielmehr nur bei den Auseinandersetzungen kleinerer Helden riskieren.
191 Bereits bei der Schlacht am Trasimenischen See ließ Silius eine Auseinandersetzung zwischen Hannibal und Flaminius enden, indem sich ein Erdbeben ereignete (Punica 5, 607–626).
192 [‚Das stumpfsinnige Volk schreit nun auf und folgt der Quelle der Übel, die Fortuna gegeben hatte.']
193 Zur Unstetigkeit der Fortuna s. S. 186.

von dem sicheren Gesetz der Götter überwältigt werden („superabere certa | lege deum"; 5, 235b–236a). Damit nicht genug, auch eine alte Frau kündet vom nahenden Tod Ruprechts (5, 266–267). Polydamas aber hat keine Zweifel daran, dass die Pfälzer siegen werden. Der Erzähler bemerkte bereits, dass die Pfälzer nicht in der Lage seien, von ihrer Raserei abzulassen (5, 154).

Auch ohne dass Maximilian einen Sieg errungen hat, hat er die Grenzen menschlicher Handlungsmacht überwunden, indem er Pallas verwunden konnte. Er hat sogar seine eigene Schutzgöttin Diana gegen Pallas verteidigt. So unbedeutend diese Schlacht im historischen Landshuter Erbfolgekrieg war, so wenig fällt sie an sich für die Abfolge der Ereignisse im Epos ins Gewicht. Auf die Schlacht wird nicht hingefiebert, sie hat auch keine Konsequenzen. Diese Irrelevanz aber kann Bartolini nutzen, um die Details des Schlachtgeschehens zu verschweigen. Kein weiterer Held muss in dieser Schlacht herausragen; einzig Maximilian und Ruprecht fechten ihren epischen Zweikampf aus.

Eines Kommentars bedarf allerdings noch dessen Ende. Bartolini scheint sich bewusst gewesen zu sein, dass die Flucht Ruprechts und dessen Abhängigkeit vom Eingreifen der Pallas einen Makel für Maximilian bedeuten konnte, mag Ruprechts Stärke auch noch so oft herausgehoben worden sein. Denn eine feige Flucht kann einer Figur ihren Heldenmut absprechen, sodass in diesem Fall Maximilians Sieg keine ebenso große Würdigung erhalten könnte, als hätte der König jemanden bezwungen, der bis zum Schluss durchgehalten hat und den Heldentod gestorben ist. Aus diesem Grund wird vor allem bei Ruprechts Tod im zehnten Buch noch einmal dessen Bravour verhandelt werden, allerdings bemüht sich Bartolini bereits bei dessen ‚strauchelnder' Flucht („labens"; 5, 795) darum, keinen Zweifel an dessen Tapferkeit aufkommen zu lassen. Erstens entschärft er das Attribut „labens", indem er weiter ausführt, dass der Pfälzer nicht zu schwach zum Kampf sei, sondern nur zu schwach für Maximilian. Denn als Polydamas ihn zum Weiterkämpfen anstachelt und dies in einem Gefecht mit Albrechts Bruder Wolfgang endet, kommt Ruprechts Stärke erneut zum Ausdruck; er kann mit Wolfgang mithalten (5, 835–836): „Volphgangus per castra volat, nec segnior illo | ingenti campos replebat caede Robertus."[194] Zweitens ertönt nach der anfänglichen Wiederaufnahme des Kampfes eine Stimme vom Himmel, die Ruprecht zum Abzug auffordert (5, 856): „Heu! Fuge fortunam belli!" –[195] man beachte, dass hier markant von der *fortuna* die Rede ist. Durch diesen göttlichen Befehl erscheint die

---

194 [‚Wolfgang kämpft sich wie ein Wind durch das Lager und nicht langsamer als jener füllte Ruprecht die Felder mit immens viel Blut an.']
195 [‚Wehe! Meide das Kriegslos.'] Durch dieses göttliche *monstrum* wird Maximilian endgültig zum Sieger, doch wurde er bereits in 5, 838 vom Erzähler als „iam victor Caesar" [‚längst siegreicher Kaiser'] bezeichnet.

Flucht nicht als Manko des Heldenmutes, sondern als Gehorsam gegenüber dem Willen der Götter. Der Erzähler betont die Entschlossenheit und den Kampfgeist von Ruprecht und seinen Männern: Sie hätten den Willen gehabt, im Kampf zu sterben (5, 861b–863).[196] Drittens fordert die göttliche Stimme Ruprecht nur für den Augenblick zum Rückzug auf. Im selben Zug stellt sie ihm bereits das Kriegsglück in einer kommenden Schlacht in Aussicht (5, 857): „teque ipsum ventura ad fata reserva!"[197] Viertens vergisst Bartolini nicht zu erwähnen, dass der Pfalzgraf und seine Männer sich auch ihren Fluchtweg erst erkämpfen mussten, da sie umzingelt waren (5, 876); auch die Flucht hielt somit noch eine kriegerische Bewährung bereit. Letztendlich bleibt das Bild eines respektablen Gegners bestehen, der bis zum Tod gekämpft hätte, hätten nicht die Götter im befohlen abzulassen.

Anschließend wird auch Ruprechts Umgang mit der Niederlage intertextuell gewürdigt. Zu Beginn des sechsten Buches, nachdem Pallas ihre Wunde von Chiron hat versorgen lassen, sieht sie Ruprecht auf der Flucht, stürzt sich wie ein Komet (6, 38–39) auf die Erde und stellt ihn zur Rede. Bezeichnenderweise ist Ruprecht nicht in der Lage, sie zu erkennen (6, 42); sie muss sich ihm erst zu erkennen geben. Sie mahnt ihn, er solle seinen Schmerz ablegen (6, 49–50) und unerschrocken wieder in den Kampf ziehen (6, 48–49). Der Weg zum Ruhm sei beschwerlich. Größte Freude aber werde es bedeuten, am Gipfel angekommen zu sein (6, 55–56). In einer Wolke trägt sie ihn zurück, denn Ruprecht sieht ihre Mahnung unmittelbar ein und befolgt ohne Furcht oder Zögern ihre Weisung (6, 71–72). Ganz anders haben sich schon andere epische Helden nach einer Niederlage verhalten. Man denke hierbei zunächst an Turnus, der sich in der *Aeneis* dreimal das Leben nehmen will, nachdem Juno ihm mithilfe eines Trugbildes aus einer Schlacht entrückt hat, um ihn zu beschützen (Aen. 10, 606–665). Turnus folgt dem Trugbild des Aeneas auf ein Schiff, das sodann in

---

196 „omnes, | qui secum voluere mori Martisque peracti | aeternam sibi qui laudem peperere sub armis." [‚alle, die mit ihm sterben wollten und sich unter den Waffen des bestrittenen Krieges ewigen Ruhm geholt haben'].

197 [‚Spare Dich selbst für das kommende Schicksal auf!']. Ein solcher Rat zur Flucht für den Moment samt dem Ausblick auf eine siegreiche Zukunft findet sich bereits im achten Buch der *Ilias*, als Nestor Diomedes belehrt, man müsse erkennen, wann man verloren hat, und die Hoffnung auf zukünftig von den Göttern gewährte Siege bewahren (Il. 8, 139–143a): „Τυδεΐδη ἄγε δ' αὖτε φόβον δ' ἔχε μώνυχας ἵππους. | ἦ οὐ γιγνώσκεις ὅ τοι ἐκ Διὸς οὐχ ἕπετ' ἀλκή; | νῦν μὲν γὰρ τούτῳ Κρονίδης Ζεὺς κῦδος ὀπάζει | σήμερον· ὕστερον αὖτε καὶ ἡμῖν, αἴ κ' ἐθέλῃσι, | δώσει." [‚Auf, Diomedes, wende zur Flucht die stampfenden Rosse! Siehest du nicht, daß Zeus dir keine Hilfe mehr bietet? Jetzt für heute ja schenkt Kronion jenem das Kriegsglück, morgen wieder gewährt er es uns auch, wenn's ihm genehm ist!'] (Übers. aus Homer: Ilias. Hg. von Hans Rupé. 2. Auflage. München 1961, S. 255).

See sticht. Dass es den Anschein hat, er sei aus dem Kampf geflohen, ist für ihn kaum zu ertragen. Dreimal will er sich das Leben nehmen, dreimal gelingt es Juno, ihn davon abzuhalten (Aen. 10, 666–688) – zugleich muss sie ihn auch dreimal abhalten, ins Meer zu springen und zurückzuschwimmen. Ganz anders legt Bartolini die Szene an, Ruprecht flieht – und das bereits nur auf Geheiß einer göttlichen Stimme – und Pallas trägt ihn mit ihren Winden nicht fort, sondern zurück. Auch kämpft er unerschrocken und denkt zu keiner Zeit darüber nach, sich zu töten. Bedenkt man, dass in der *Hesperis* das Basinio der Hauptgegner Alfons V. von Aragón sich ebenfalls in Anlehnung an die Turnusstelle nach seiner Niederlage dreimal töten will (Hesperis 4, 1–11), zeichnet es Ruprecht im Besonderen aus, nie an seinem künftigen Sieg zu zweifeln.

4.2.5 Maximilians Schicksalsbestimmtheit und Ruprechts Katasterismos

Eine letzte Sanktion von Ruprechts Heldentum findet sich zu Beginn des zehnten Buches, als der Göttervater beschließt, dessen Leben vorzeitig zu beenden. Vor der Götterversammlung bekundet Jupiter, dass das Schicksal einen „puer insignis" (10, 20) vorsehe, der von Rom aus herrschen werde, genauer ein „Caesar Germanicus" (10, 22). Ruprecht jedoch verhindere Maximilians Herrschaft. Am Ende zwar werde Maximilian siegen, aber Ruprecht vermag es nicht nur, dies auf lange Sicht hinauszuzögern (10, 26–30), vielmehr spricht der Göttervater, dass, solange Ruprecht lebe, es überhaupt zu keinem Frieden kommen werde („numquam pax bello fieret"; 10, 32). Insbesondere aber müsse Maximilian gegen die Türken ziehen und dürfe nicht weiter aufgehalten werden (10, 26–31).[198] Jupiter bestätigt Ruprechts Stärke; er spricht vom ‚im Krieg großen Ruprecht' („magnum [...] Marte Robertum"; 10, 38) und seinem ‚Kampfesmut' („pugnaces animos"; 10, 40). Entgegen dem Goldenen Zeitalter unter Maximilian restituiere Ruprecht das Chaos: „ergo innexa chaos repetant elementa" (10, 34);[199] der Tag vergehe, die Sonne weiche von ihrer Bahn ab (10, 34–35). Damit greift Jupiter die Weissagung der alten Frau auf, die bereits gewarnt hat, dass das Chaos zurückkehre, und bezeugt für Ruprecht eine so große *agency*, dass er den Lauf des Schicksalsplanes umzukehren vermag. Damit erscheint er nicht mehr nur als Gegenheld, sondern als Antiheld. Aus diesem Grund müsse Ruprechts

---

198 Dieses Motiv findet sich bereits in der *Hesperis* des Basinio. Im zwölften Buch spricht Jupiter, er favorisiere Sigismondo gar nicht vor Alfons, allerdings müsse der Krieg ein Ende haben, damit Sigismondo gegen die Türken ziehen könne (Hesperis 12, 322–327; ebenso die Antwort der Juno in 12, 329–333).
199 [‚also erneuern die unverbundenen Elemente das Chaos'].

Leben ein Ende finden, und zwar vor seiner Zeit. Dreimal ist davon die Rede, dass er verfrüht stirbt: „ante diem" (10, 41.53.70). Damit wird in besonderer Weise noch einmal auf den jüngeren Marcellus angespielt, der zu früh starb, weil er den Göttern zu mächtig geworden war. Pallas beugt sich widerwillig Jupiters Entschluss, aber verlangt einen Katasterismos ihres Schützlings: „sed saltem mundi da maxime rector | huic iter ad superos atque inter magna relatum | sidera fac numen".[200] Hierin willigt auch Diana ein (10, 94).

Als Ruprecht bemerkt, dass das Schicksal sein Leben beendet, bekennt er, keine Angst vor dem Tod zu haben, dass er aber sehr wohl Zeit und Ort bedaure (10, 174–178). Hätte er wenigstens sein Leben im Krieg gelassen, so sein Wunsch (ebd.). Nach dem Tod geleitet Merkur ihn in den Himmel, was den Erzähler zu einer letzten Würdigung der Tapferkeit Ruprechts ansetzen lässt, wenn er sagt, Ruprecht sei an dem Ort, „ubi terrestres animae, quas ferrea virtus | et labor et pietas et rerum victa cupido | extulit ad caelum, ventura in saecula vivunt" (10, 196–198).[201] Dass Ruprecht als ‚pius' bezeichnet wird, was auch schon im Traum der Leukippe zu hören war (8, 720.722), weist darauf hin, dass er immer respektvoll gegenüber den Göttern war. Sein Heldentum hat keinen Makel, aber es hat auch keinen Platz in dieser christlichen Zeit. Vor Jupiter hatte Pallas noch ein letztes Mal Ruprecht in Schutz genommen, weil er nur sein Erbe verteidigt habe. Jupiter widerspricht dem nicht, sondern bekräftigt nur, dass Maximilians Herrschaft vorgesehen sei, und so hat Scholz Williams recht, wenn sie Ruprecht als eine tragische Figur sieht.[202] Aber genau eine solche tragische Figur, die letztlich sterben muss, weil sie zu stark ist, verhilft Bartolini, Maximilians Heldentum zu einer besonderen Größe zu führen. Mithilfe Ruprechts führt der Dichter seinem Publikum auch vor Augen, dass Maximilians allumfassender Herrschaft nichts im Wege steht und zwar genau in der Gegenwart des Textes, dass nämlich mit Maximilian das goldene Zeitalter nicht irgendwann, sondern unmittelbar anbrechen soll.

4.3 Maximilians allegorische Kämpfe

Maximilian trifft im Epos nicht nur auf irdische Gegner, sondern auch auf göttliche. Gleich nach Kriegsbeginn stellt sich der Donauflussgott dem König entgegen,

---

200 [‚aber, größter Lenker des Kosmos, eröffne diesem wenigstens den Weg zu den Himmlischen und mach aus ihm einen Gott, unter die großen Sterne gesellt'].
201 [‚wo die irdischen Seelen, die ihre eiserne Tugendhaftigkeit, ihre Mühe, ihr Respekt vor den Göttern und die besiegte Begierde nach Herrschaft zum Himmel erhoben hat, für die kommenden Zeitalter leben'].
202 Scholz Williams, S. 179.

als dieser gegen Donauwörth zieht. Den Kampf gegen die Donau, der in der Tradition des Flusskampfes wie dem Achills gegen Skamander (Il. 21, 1–382), dem Scipios gegen den Flussgott der Trebia (Silius, Punica 4, 570–689) sowie dem des Hippomedon gegen den Ismenos (Statius, Theb. 9, 476–521) steht, hat bereits Klecker eingehend untersucht.[203] Aufgrund ihrer Erkenntnisse und da in dieser Arbeit nicht der Platz zur Verfügung steht, jeden Auftritt Maximilians zu beleuchten, bzw. es auch nicht nottut, um die Heroisierungsstrategien offenzulegen, sei auf eine erneute Besprechung der Passage verzichtet. Zusammenfassend lässt sich sagen, dass sie nicht so sehr dazu dient, Maximilians Handlungsmacht zu demonstrieren – denn am Ende muss Jupiter der Donau mit der Austrocknung drohen lassen –, als vielmehr dazu, die Furchtlosigkeit, den Heldenmut sowie die Bereitschaft zum Heldentod und vor allem die Nähe zu den Göttern weiter zu illustrieren.[204] Der Flusskampf ist außerdem heroisch, weil Maximilian damit in die Nachfolge großer epischer Helden tritt.[205] Eine solche Auseinandersetzung lässt sich allerdings nur durch Jupiter lösen. Maximilian kann nicht allein gegen den Fluss gewinnen, weil er ihn nicht verwunden kann. Es ist vielmehr die Tatsache selbst, dass es nämlich überhaupt zu einem solchen Kampf kommt, die Maximilian heroisiert, sowie der immense Heldenmut, sich unerschrocken den Wassermassen zu stellen.[206]

Essenziell für die Heroisierung aber sind zwei Kämpfe mit Göttinnen, die Maximilians Heldentum in seiner Außeralltäglichkeit näher konfigurieren und die Handlungsmacht über das menschlich Erfahrbare erweitern. Maximilian

---

203 Klecker: Homer, S. 616–620.

204 S. auch Anm. 397 auf S. 226.

205 Just im Jahr 1508, während der Abfassungszeit der *Austrias*, ist bei Aldo in Venedig der *Basilikòs Lógos* Menanders erstmals gedruckt worden, der bereits die spätantiken Panegyriker geprägt hat. Darin erinnert Menander an Achills Kampf gegen Skamander und schlägt vor, zur Rühmung einer kriegerischen Leistung einen Fluss zu Wort kommen zu lassen, exemplifiziert anhand der Donau; Menander schreibt (Abhandlungen zur Rhetorik 2, 1, 25): οἷον κἀμοὶ δοκεῖν, εἰ ποιητικὸς ἦν ὁ Ἴστρος, ὥσπερ ὁ ποταμὸς ἐκεῖνος ὁ ποιητικὸς Σκάμανδρος, εἶπεν ἄν, ἐξ ἐμέθεν γ' ἐλάσας πεδίον κάτα μέρμερα ῥέζε · | πλήθει γὰρ δή μοι νεκύων ἐρατεινὰ ῥέεθρα, | οὐδέ τι πῃ δύναμαι προχέειν ῥόον' καὶ τὰ τοιαῦτα. [„Es scheint mir, dass der Fluss Istros (Donau), wenn er hätte sprechen können, ein Dichter gewesen wäre und wie der Skamandros im Epos gesprochen hätte: Treib sie aus meinem Bette doch wenigstens, wüte am Lande! Schon überfüllt sind mir von Toten die lieblichen Wasser, und ich vermag mich nicht in das leuchtende Meer zu ergießen,' und so weiter.] (Übers. aus Menander Rhetor: Abhandlungen zur Rhetorik. Übers., eingel. und erl. von Kai Brodersen. Stuttgart 2019 [Bibliothek der griechischen Literatur 88], S. 119).

206 Menander Rhetor hat für die Kaiserrede postuliert, dass bei den Kriegsleistungen der Mut zuerst dargestellt werden solle, denn einen Kaiser lobe der Mut mehr als andere Qualitäten (Abhandlungen zur Rhetorik 2, 1, 19).

wird damit nur zum Paradebeispiel von Bowras Definition der Heldentat als „weitestmögliche Verwirklichung einer vollkommeneren Menschennatur".[207] Denn er handelt immer noch aus seinen körperlichen Fähigkeiten heraus, aber kann etwas demonstrieren, was für einen Menschen gewöhnlich in ihm nicht mehr sichtbar ist. Es ist dieses Göttliche, das Maximilian in sich trägt, was Diana beim ersten Zusammentreffen mit Maximilian auffällt und was nur ihr als Göttin auffallen kann. Die Taten rücken ihn in eine mythische Sphäre und schützen seine Erinnerung durch diese besondere Art der Sakralisierung vor der Wiederholbarkeit. Die beiden Gegnerinnen, die Bartolini hierfür wählt, Pallas und Venus, demonstrieren allegorisch den Sieg über die göttliche Weisheit und die Lust bzw. die Affekte. Maximilian siegt damit im *agôn de caractère musculaire* wie im *agôn de caractère cérébral*,[208] um es mit den Worten des Soziologen Roger Caillois zu sagen, körperlich wie geistig. Bartolini transformiert geistige Herausforderungen in körperliche Auseinandersetzungen und zeigt damit ganz plastisch die innere Stärke auf, die sonst nur in Adjektiven wie ‚unerschrocken' oder ‚standhaft' beinahe beiläufig fallen. Gleichzeitig nobilitiert Bartolini diese Eigenschaften, indem er die inneren Triumphe als noch seltener und im Kampf noch exorbitanter präsentiert als tatsächlich körperliche, nach außen wirkende und sichtbare Stärke. Im Folgenden soll den beiden Kämpfen gegen Venus und Pallas, ihrer Ausgestaltung und ihren Implikationen nachgegangen werden.

4.3.1 Maximilians Kampf gegen die Venus und die Frage nach der Vereinbarkeit von Liebe und Heldentum

Nach dem Kampf gegen den Hister kommt es zu einem Zweikampf zwischen Maximilian und einem gewissen Oebalus. Dieser bildet dabei nur den – angesichts der weiteren kriegerischen Erfolge des Königs unwesentlichen – Rahmen für die eigentliche Intention dieser Szene: die Frage nach Vereinbarkeit von Liebe und Heldentum. Neben Maximilians Sieg über Venus, Oebalus' Unterstützerin, ist dabei besonders die Lebensgeschichte des Oebalus von Bedeutung, die Bartolini zugunsten von Maximilians Heroisierung breit darlegt.

Oebalus ist ein tapferer Krieger, pauschal wird er als bester der Bayern ausgewiesen. Nie habe seine Familie einen im Waffengeschick tapfereren Mann

---

207 Bowra, S. 4.
208 Roger Caillois: Les jeux et les hommes (Le masque et le vertige). 7. Auflage. Paris 1958, S. 31.

hervorgebracht (4, 617–619). Auch der Erzähler staunt über dessen Stärke und Kampfeslust (4, 620). Auch wenn erste Zweifel am maskulin geprägten Kriegertum laut werden, als der Erzähler bemerkt, Oebalus trage die Gesichtszüge der Phoebe (4, 642–643), muss sich der Bayer in jedem Fall nicht als Held erproben, er ist bereits einer. Zwischen ihm und Maximilian kommt es zum Zweikampf. Oebalus gelingt es, den Habsburger an der Spitze von dessen Helmbusch zu treffen (4, 645–646); daraufhin will er Maximilians Gegenwehr entfliehen. Als dann der König ihn bedrängt und ihn beinahe fassen kann, werden beide in die Lüfte entrückt und finden sich in einem Garten wieder, der ringsum von Felsen aus Tuffstein umgeben ist und durch den ein Flüsschen fließt. Der kriegerische Kontext ist genommen, beide gehen aufeinander zu und beginnen ein Gespräch. Maximilian fragt den Bayern zunächst nach seiner Herkunft, da ihn dessen kriegerischen Fähigkeiten in Staunen versetzen (4, 665b–667a): „O fortissima proles | mirabar, quae tu ense ferox in Marte gerebas, | qua patria, quibus altus avis".[209] Damit bietet sich Oebalus die Gelegenheit zur Vorstellung. Er erwähnt zunächst seine spartanische Abkunft (4, 672–674) – was sein Kriegertum markant unterstreicht –, kommt dann aber kontrastiv auf die Geschichte seines Liebesleides zu sprechen: Der bayerische Jüngling sei, so schildert er, als Kind von seinem Vater im Wald versteckt worden und unter Nymphen aufgewachsen (4, 686–688). Insbesondere habe er deren Kleidung getragen, sodass er sich selbst mehr als eine von ihnen denn als Mann vorgekommen sei (4, 687–691). Auf diese Weise habe sein Vater ihn schützen wollen, denn ein Orakelspruch hätte seinen Tod im Krieg verheißen (4, 685–686). Irgendwann aber habe er sich in Lyriopaea verliebt, die schönste unter den Nymphen – eine gegenseitige Liebe, die sie im Geheimen in einer Höhle auslebten (4, 697–698). Sobald die anderen Nymphen aber von dem ‚süßen Verbrechen‘ erfuhren („dulcia furta"; 4, 700), hätten sie Lyriopaea töten wollen. Aus ‚Scham‘ („pudor"; 4, 711 sowie „taedet"; 4, 713), habe diese die Götter um eine Metamorphose gebeten (4, 708–710): „Promerui, mutate precor me in saxa meumque | infandum caput, aut flagranti fulmine ad umbras | ipse adigat pater."[210] Daraufhin seien ihre Füße zu Stein geworden, die Beine zu Wasser, die Haare zu Schlamm, die weinenden Augen zu einer Quellader und sie somit zu einer Quelle (4, 714–719). Sie habe es verdient, sagt sie. Für sie wird damit die Metamorphose zur Sühne, jedoch auch gleichzeitig zur Rettung vor

---

209 [‚Tapferster Sprößling, ich wunderte mich über das, was Du im Krieg wild mit Deinem Schwert vollbrachtest, und darüber, aus welcher Heimat Du bist, von welchen Vorfahren Deine Erhabenheit herrührt.']
210 [‚Ich habe es verdient und bitte Euch, verwandelt mich und meinen unsäglichen Kopf in Felsgestein oder vielmehr möge der Göttervater selbst mich mit einem brennenden Blitz zu den Schatten treiben.']

den Berg- und Talnymphen, die sie verfolgen. Oebalus reagiert wie folgt auf die Nachricht von Lyriopaeas ‚Tod' (4, 720–723):

> Ilicet ut casum audivi, compendia lustro
> arripioque fugam patriamque patremque reviso
> calcantem et laetus per avitos deferor agros.
> Hic nympham exutus cingor fulgentibus armis.[211]

Aus Trauer sei Oebalus zum Vater zurückgekehrt und nun entschlossen in den Kampf gezogen; anders habe er seinen Geist nicht zügeln können (4, 725).

Klecker hat sich mit der homerischen Intertextualität dieser Passage beschäftigt. Sie bemerkt die Anlehnung an die Erzählung von Achill und Deidamia[212] und beurteilt Oebalus' Liebe zur Nymphe als „wenig heldenhaft".[213] Mit einem Blick auf die Schilderung des Zweikampfes zwischen Aeneas und Achill, wo sich ebenfalls einer der Gegner, Achill, vorstellt (Il. 20, 199–258), erkennt Klecker hinsichtlich der Heroik zudem eine Verschiebung der Machtverhältnisse zugunsten der Trojaner, da Maximilian in trojanischer Genealogie als neuer Aeneas erscheine, wohingegen ihm nur ein „Zerrbild des besten Helden der Achäer entgegentritt".[214]

Dieses Urteil wird der Figur des Oebalus und ihrer Funktion allerdings nicht gerecht. Den Prätext, den Bartolini hier mitgelesen haben will, ist Statius' *Achilleis*, dessen Thema gerade diese Liebe ist[215] und die Klecker nicht berücksichtigt. Es ist die Figur des stazischen Achilles, die Bartolini transponiert, um so den Bayern nicht nur heldenhaft erscheinen zu lassen, sondern als heldenhafter als den Achäer. Denn im Gegensatz zu Oebalus, der auf Geheiß des Vaters zu den Nymphen gegeben wurde, willigte Achill letztlich voller Eifer in den Plan seiner Mutter ein („volen[s]"; Ach. 1, 325),[216] weil er bereits in Deidamia

---

211 [‚Sobald ich davon erfuhr, nahm ich den kürzesten Weg und ergriff die Flucht, besuchte mein Heimatland und meinen Vater, der mich dafür beschimpfte; fröhlich aber ließ ich mich durch das angestammte Land führen. Dort, frei von der Nymphe, umgürtete ich mich mit glänzenden Waffen.']

212 Klecker: Homer, S. 628.

213 Ebd., S. 627.

214 Ebd., S. 628–629.

215 Inwiefern die Liebe zwischen Achill und Deidamia Gegenstand der Darstellung des epischen Kyklos war, insbesondere der *Ilias parva* und der *Cypria*, ist umstritten, s. Gregor Bitto: Vergimus in senium. Statius' *Achilleis* als Alterswerk. Göttingen 2016, S. 125.

216 Statius, Ach. 1, 323–326a: „Mulcetur laetumque rubet visusque protervos | obliquat vestesque manu leviore repellit. | Aspicit ambiguum genetrix cogique volentem | iniecitque sinus." [‚Sanft wird er, froh errötend die kecken Blicke er wendet seitwärts und weist zurück die Kleider mit schwächerer Hand schon. Unschlüssig sieht ihn die Mutter, daß gern er sich ließe be-

verliebt war und in Thetis' Plan die beste Möglichkeit zur Annäherung sah. Oebalus ist keineswegs ein Zerrbild, vielmehr erscheint er heroischer als Achill, da sein Fernbleiben vom Krieg, den ‚wilden Waffen' („saev[a] [...] arm[a]"; 4, 684), ohne eigenes Zutun erzwungen wird. Des Weiteren wird Achill ungeduldig, als Deidamia nicht auf seine Annäherungen eingeht. Er fühlt seine Zeit vergeudet, wo er seine Blüte, seine Jugend, nicht zum Krieg nutzen kann:[217] „Te marem [...] nec amore probabis?" (Ach. 1, 639),[218] fragt sich Achill selbst, um im Anschluss seine Geliebte zu vergewaltigen. Oebalus hingegen ist eine gegenseitige Liebe eingegangen – wenngleich auch diese verboten war. Als Lyriopaea ihm durch die Metamorphose genommen wurde, entschied er sich, zu seinem Vater zurückzukehren und in den Kampf zu ziehen (4, 723): „Hic nympham exutus cingor fulgentibus armis."[219] Wirksam durch Chiasmus und Juxtaposition von „exutus" und „cingor" kontrastiert Bartolini Liebe und Heldentum als zwei disjunkte Lebenskonzepte. Sobald die Liebe unmöglich wurde, zieht Oebalus in den Krieg. In dieser Situation tritt der absolute, bislang verhinderte Kampfeswille des Bayern hervor:[220] Er bezeichnet sich selbst als ‚gierig nach Krieg' („avidus belli"; 4, 724). Dass sein Heldentum in ihm immer veranlagt war, zeigt bereits der Orakelspruch, der das Schicksal verkündete und vor dem sich der Vater so sehr fürchtete (4, 685–686a): „Horrida nam Druidum bello me oracla ferebant | olim occasurum".[221] Das Schicksal hat Oebalus gerade den

---

zwingen, hüllt ihn in Faltenwurf'] (Übers. aus Statius: Achilleis. Das Lied von Achilles. Text mit Einleitung, Übersetzung, kurzen Erläuterungen, Eigennamenverzeichnis und Nachwort von Hermann Rupprecht, Mitterfels 1984, S. 17.19).

217 Ach. 1, 624b–639: „‚Quonam timidae commenta parentis | usque feres? Primumque imbelli carcere perdes | florem animi? Non tela licet Mavortia dextra, | non trepidas agitare feras. [...] Quin etiam dilectae virginis ignem | aequaevamque facem captus noctesque diesque | dissimulas. Quonam usque premes urentia pectus | vulnera teque marem (pudet heu!) nec amore probabis?'" [„Wie lange denn drückt dich der ängstlichen Mutter Einfall? Verdirbst du die erste Blüte der Mannheit gefangen friedlich? Sind nicht Waffen des Mars der Rechten gestattet, nicht die Jagd auf scheues Getier? [...] Ja sogar zum erwählten Mädchen das Feuer der Liebe, Glut für die Gleichalte, daß du bei Tage und Nächten ergriffen, läßt du nicht merken. Was hehlst du die herzverbrennende Wunde lang noch? – Oh Schande! – Was magst du nicht liebend als Mann dich erweisen?"] (Übers. aus Statius: Achilleis, hg. von Rupprecht, S. 31).

218 [‚Was magst du nicht liebend als Mann dich erweisen?'] (Übers. aus ebd., S. 31).

219 [‚Dort rüste ich mich mit den strahlenden Waffen, nachdem ich die Nymphe abgelegt habe.']

220 Die Liebesbeziehung erinnert ebenso an die des Aeneas zu Dido. Auch hierbei erscheint Oebalus als besserer Held, da er aus eigenem Entschluss unmittelbar zu seinem Pflichten zurückkehrt, ohne dass ihn jemand ermahnen muss.

221 [‚Die entsetzlichen Orakelsprüche der Druiden sagten nämlich, dass ich einst im Krieg sterben werde.']

Heldentod im Krieg prophezeit, für den sich einst auch Achill gegenüber seiner Mutter entschieden hatte (Il. 9, 410–416). Obwohl der Vater, der die Position von Thetis in der *Achilleis* einnimmt, auch nach der Rückkehr seines Sohnes einen Kriegseinsatz zu verhindern versucht (4, 739b–742), ist Oebalus zum Kampf entschlossen und willigt somit in den unweigerlichen Tod – wohl aber einen Heldentod – ein. Oebalus erscheint nicht nur hinsichtlich dieses Entschlusses als heroisch, vielmehr lässt der Hintergrund seines Handelns auch eine immense *agency* vermuten. Denn die tiefe Trauer wird in kriegerische Stärke transformiert wie einst Achill nach dem Tod des Patroklos unbändigen Zorn gegen Hector entwickelte (Il. 18, 79–126).[222]

Dennoch wird das Heldentum des Oebalus von Maximilian übertroffen; diese Überhöhung wird durch ein anschließendes Gespräch zwischen Venus und Diana im Himmel vorbereitet. Diana schilt Venus in ihrer Eigenschaft als Liebesgöttin, sie sei für den Tod ihrer geliebten Nymphe verantwortlich. Sie führe Krieg mit ihrer Liebe (4, 756b–758a): „Quin agmen Amorum | Cypri vehis tecum et saevis armata sagittis | bella paras."[223] Gleichzeitig warnt sie Venus davor, auch List gegen ihren Schützling Maximilian zu ersinnen, wobei sie keine Zweifel hegt, dass dieser, anders als Oebalus, dafür nicht empfänglich wäre (4, 760–761).[224] Venus hingegen wirft Diana vor, sie stelle sich auf Maximilians Seite und damit gegen die göttliche Weisheit, Pallas, die Schutzgöttin Ruprechts;[225] sie verspüre Angst, dass in der Welt bald nicht mehr die ‚Weisheit der Götter' („deorum | [...] sapientia; 4, 773) herrschen werde – die Bedeutung dieses Vorwurfs der Venus wird von Bartolini in einem Dialog zwischen Diana und Pallas während des Kampfes zwischen Maximilian und Ruprecht weiter entsponnen.[226]

---

222 Durch die Metamorphose gelingt es Bartolini, Oebalus in eine tiefe Trauer durch *de facto* den Tod seiner Geliebten zu stürzen, ohne jemanden sterben zu lassen. Denn die Selbsttötung, und das ist die Intention der Nymphe, ließ sich in der Frühen Neuzeit nicht mit dem christlichen Wertesystem vereinbaren.

223 [‚Ja Du hast auf Zypern ein Heer von Amores bei Dir und bereitest mit wilden Pfeilen bewaffnete Kriege.']

224 Spiegel kommentiert hierzu, Bartolini wolle darstellen, wie Maximilians Geist völlig frei von Lust sei und sich von keinen Verlockungen verderben lasse (Austrias 1531, S. 109). Im Druck 1516 ist außerdem *in margine* angegeben, dass dieses Gespräch Maximilians Geist als den ‚unbescholtensten' („integerrimu[s]") und ‚keuschen' („castu[s]") darstelle (Bl. [I ii]ᵛ).

225 Spiegel erklärt hierzu (Austrias 1531, S. 110), Pallas sei nach Hesiod aus dem Kopf Jupiters entsprungen und verkörpere deshalb die göttliche Weisheit.

226 S. Kapitel 4.3.2, insb. S. 215. Dort wird auch auf den genauen Vorwurf der Venus eingegangen.

Der Dialog zeigt, dass Venus gefährlich ist – sie selbst ist kriegerisch und hat eine eigene Truppe –,[227] zu starker Liebe erregen kann und das Leben bedroht, wenn die Liebe nicht ausgelebt werden kann; das sah man schon bei Dido. Indem Diana zudem bekennt, dass auch sie bereits den Waffen der Venus unterlegen ist (4, 762–763), wird Maximilian auch über seine Schutzgöttin überhöht.

Die Erzählung wechselt zurück zum irdischen Kampfgeschehen. Die beiden Kontrahenten stürzen aufeinander zu, wobei der Erzähler nochmals betont, dass sich zwei ebenbürtige Gegner gegenüberstehen.[228] Oebalus attackiert den König hart (4, 796–800), wobei Venus ihn unterstützt. Die Verfassung des Bayern ist respektabel, die Rede ist von seinen gerüsteten Armen, mit denen er die Waffen schwingt, er ist ‚bedrängend‘ („urgens"; 4, 797), ‚schmerzunempfindlich‘ („impatiens"; 4, 798) und ‚bedrohlich‘ („minax"; ebd.). Maximilians zunächst abwartende Haltung wird mit gätulischen Löwinnen verglichen, die den Ruf haben, Waffen zunächst zu meiden (4, 801–803). Erst als Oebalus weiter angreift und Maximilian verwundet wird, setzt sich der König zur Wehr. Maximilian kann seinen Zorn kontrollieren, bis dieser sich beim Anblick seiner Wunden in Gewalt umsetzt (4, 807–809). Als Maximilian Oebalus tödlich verwunden kann, schickt Venus ihre *Amores* gegen den Habsburger sowie Schwäne, die ihr heiligen Tiere. An diesem Punkt greift auch Diana in das Geschehen ein; Venus gelingt es, Dianas Angriff abzuwehren, sie selbst anzugreifen und zu verwunden. Daraufhin allerdings verwundet Maximilian Venus, wie Diomedes Aphrodite[229] oder Hercules Hera einst in seinem Kampf mit Geryon an der Brust verwundet hatte.[230] Die Liebesgöttin entschwindet in den Himmel und lässt sich von Jupiter trösten. Eine Schar Nymphen kann so Diana retten und damit hat letztlich Maximilian das Verdienst der Rettung seiner Schutzgöttin. Einerseits dient dies der Überhöhung, andererseits hat Klecker die Alternativlosigkeit dieser Auflösung deutlich gemacht, dass nämlich in christlicher Zeit Maximilian nur durch Gott (=Jupiter), aber nicht durch eine pagane Gottheit gerettet werden dürfe.[231]

---

227 Klecker: Homer, S. 625.

228 „non segnior ibat | Oebalus" ([‚Oebalus schritt nicht langsamer‘]; 4, 781b–782a), „aureaque ambobus sublimi in vertice fulget | Cassida" ([‚beiden leuchtet auf ihrem erhabenen Haupt ein goldener Helm‘]; 4, 784–785a), „Ambo acres animis, armis fulgentibus ambo | insignes ineunt pugnam" ([‚Beide beginnen den Kampf, rauh in ihrem Gemüt, beide ausgezeichnet mit ihren schillernden Waffen.‘]; 4, 788–789a).

229 In Il. 5, 302–343 greift Aphrodite aufgrund der Verletzung des Aeneas in das Kampfgeschehen ein, will ihren Sohn retten, wird dabei aber von Diomedes selbst verfolgt und verwundet.

230 Il. 5, 392–394.

231 Klecker: Seesturm, S. 330.

Anschließend wendet sich Maximilian Oebalus zu, der im Sterben liegt. Der Bayer bekennt, er könne sich keinen würdigeren Tod vorstellen als diesen, und bittet gleichzeitig den König um die Verbrennung seines Leichnams (4, 876–880), einen Akt der „pietas", wie Oebalus sagt (4, 883). Damit will er verhindern, dass wilde Tiere seinen leblosen Körper zerfressen. Maximilian kommt der Bitte nach, er lässt den Leichnam im Fluss waschen, ihn mit Öl salben und rituell auf dem Scheiterhaufen verbrennen (4, 919–921). Abschließend errichtet er ein Grabmal für seinen Konkurrenten.

An Oebalus' Leben führt Bartolini modellhaft der Unvereinbarkeit von Liebe und Heldentum vor. Im Kampf selbst ist der Bayer nicht mehr als ein Mittel, um ein Gefecht mit Venus zu ermöglichen. Mit dem Sieg über sie demonstriert Maximilian die Bedeutung der Affektkontrolle für einen wahren (und vor allem christlichen)[232] Helden. Die Göttin verdeutlicht zugleich, dass die Liebe insbesondere, aber Affekte überhaupt, zuweilen eine übermenschliche Herausforderung darstellen, deren vollkommene Bewältigung seltenst gelingt.

4.3.2 Maximilians Kampf gegen Ruprecht und Pallas

Neben der Liebe lässt Bartolini Maximilian noch in ein weiteres allegorisches Gefecht gehen, mit Pallas, der göttlichen Weisheit. Sie steht im bereits besprochenen Zweikampf zwischen Maximilian und Ruprecht dem Pfälzer zur Seite. Auf dem Höhepunkt der Spannung wird kurz das parallele Geschehen auf Götterebene eingeblendet: Als Pallas für ihren Schützling eintreten will, schilt Diana sie und bezeichnet ihr Tun als Verbrechen, das keine Auswirkungen auf das Schicksal haben kann: „at fata manent immota" (5, 727) –[233] man erinnere sich hier an die Worte Georgs im Unterweltshain.[234] Zugleich wird das „telum fatale" als schicksalsgewollt bezeugt.[235] Beide schauen sich aus der Ferne den Kampf weiter an.

---

232 Im Anschluss an den Kampf gegen den Donauflussgott wird Maximilian durch Diana den Kriegsgeschehnissen entrückt und kann eine Liebesnacht mit seiner Frau verbringen (4, 453–480); die eheliche Liebe ist also sehr wohl auch für einen Kriegshelden legitim. Pfeifer, S. 91 Anm. 261 bemerkt die intertextuellen Referenzen an Paris und Helena (Il. 3, 379–448) sowie Zeus und Hera (Il. 14, 281–353).

233 [‚aber das Schicksal bleibt unbeweglich'].

234 S. S. 10.

235 Denn *fatalis* meint nicht nur ‚tödlich', sondern auch ‚schicksalsbestimmt'. Dass beide Bedeutungen schon in der Vorlage bei Vergil (Aen. 12, 919) vorhanden sind, hat Tarrant dargestellt (Vergil: Aeneid Book XII. Hg. von Richard Tarrant. Cambridge 2012, S. 328).

Als Maximilian droht, Ruprecht vom Pferd zu stoßen, greift Pallas schließlich Maximilian mit einer Lanze an (5, 747–752):

> Tunc dea corripuit hastam indignata trabalem,
> qua domat heroas coetumque irata deorum.
> Hac igitur regem aggreditur vastaque tremebat
> voce solum atque imae resonabant murmure valles.
> Non aliter caelo ventis luctantibus intra
> humenteis nubes miranda tonitrua clamant.[236]

Pallas' Handeln begleitet ein Tosen wie der Klang von Donnern. Die Dominanz in dieser Situation wird mit einem Mal von Maximilian weg auf die Göttin der Gegenseite verlagert, indem ihre Lanze als so mächtig inszeniert wird, Götter und Heroen zu zähmen (5, 748). Der Vergleich mit Winden und Wolken bewirkt eine Darstellung der Göttin als Naturgewalt, der ein Mensch nur unterliegen kann – und Maximilian wäre bereits dem Fluss Donau unterlegen, wenn Jupiter nicht eingegriffen hätte.[237] ‚Maximilian staunt' („adstupet Austriades"; 5, 753) und erkennt daraufhin ganz von selbst die Göttin.[238] Pallas drückt den König mit ihrer Lanze nieder, sodass dieser unter dem Gewicht stöhnt. Für den Helden besteht in dieser Situation Lebensgefahr („arma [...] | letifera"; 5, 760–761), weshalb Diana einschreitet, selbst ‚einen wundenbringenden Wurfspieß' („vulnificumque [...] iaculum"; 5, 763) schwingt und Pallas damit abwehrt. Diese aber stürzt sich auf Diana und wirft sie zu Boden. Um nun Diana zu retten, greift Maximilian Pallas an, versetzt ihr einen Schlag und verwundet sie am Handgelenk. Der Göttin fällt ihre Lanze aus der Hand, sie entbrennt daraufhin noch weiter in Zorn (5, 781), woraufhin Merkur erscheint und den Göttinnen den Befehl Jupiters zum Abzug übermittelt. Der Göttervater lässt eine Wolke hinabsinken, die die Sicht nimmt und so den Kampf unterbricht.

Nicht nur, dass Pallas Maximilian mit ihrer Lanze nichts anhaben konnte, dem König gelingt erneut die Verletzung einer Göttin, dieses Mal der des Kamp-

---

236 [‚Dann ergriff die Göttin empört ihre balkenartige Lanze, mit der sie im Zorn die Heroen und die Gemeinschaft der Götter bezwingt. Mit ihr greift sie also den König an, der Boden zittert durch ihre entsetzliche Stimme. Die tiefsten Täler geben ein Murren wieder. Nicht anders ertönen die wundersamen Donner im Himmel, wenn die feuchten Winde in den Wolken miteinander kämpfen.']

237 Zu Maximilians Bittgebet an Jupiter s. Klecker: Homer, S. 617.

238 Pfeifer, S. 95 bemerkt vor der Folie der homerischen Diomedes-Aristie (Il. 5, 127–128) die Tatsache, dass Diomedes noch Athenas bedurfte, um Götter erkennen zu können. Selbstbewusst spricht Maximilian in 5, 754: „Pugnandum est iterum superis" [‚Erneut muss ich mit den Göttern kämpfen']. Das „iterum" bezieht sich auf Maximilians Kampf gegen Venus beim Zweikampf mit Oebalus.

fes und der Künste. Pallas beschützte schon Odysseus und die Trojaner gegen die Griechen und nun siegt Maximilian über sie, was einen immensen Zuspruch an *agency* bedeutet. Klecker geht den homerischen Reminiszenzen dieser Stelle auf den Grund und legt dar, dass Maximilian die Rolle des Diomedes und gleichzeitig die von dessen Helferin Pallas einnehme, während die Niederlage der bartolinischen Pallas eher an das Unterliegen des homerischen Ares gegen Athene erinnere.[239] Hiervor hatte Diana Ruprechts Helferin noch gewarnt.[240]

Die Auseinandersetzung mit Pallas ist ein Höhepunkt des Epos. Von besonderer Prägnanz ist dabei auch eine Metaebene, auf die Bartolini selbst hinweist: In einem Brief an Gianfrancesco Pico della Mirandola (1469–1533), welcher dem Dichter die Verwendung des heidnischen Götterapparates vorgeworfen hatte, erklärt sich der Autor (Austrias 1516, Bl. [vii]ᵛ):

> Nimirum quia Caesarem et prudentia et bello (utraeque enim asseclae imperatoriae celsitudinis sunt) ceteris principibus praestitisse manifestum est. Suaque ipsius prudentia aliorum sapientiam ita superavit, quod in pugna contra Palladem et a me fictum est, et ipse suis in libris indigena sermone compositis ostendit, ut omnibus in rebus a se gestis victoriam fuerit consecutus.[241]

Indem Pallas allegorisch für die Weisheit steht, erscheint Maximilian als ihr Überwinder der göttlichen Weisheit selbst näher zu sein. Diese Implikation bereitete Bartolini bereits im Kampf Maximilians gegen die Venus vor. Venus griff Maximilian nicht an, weil sie eine persönliche Feindschaft gegen ihn hege wie

---

239 Klecker: Homer, S. 632. Sie verweist auf Spiegels Kommentar (Austrias 1531, S. 136): „Cum enim Mars et Pallas in contentionem venissent, Pallas percussit pugno Martem qui percussus in terram cecidit, ut est apud Homerum." [‚Nachdem nämlich Mars und Pallas in Streit geraten waren, schlug Pallas Mars mit der Faust, der getroffen zu Boden fiel, wie es bei Homer steht.'] Als Bezug identifiziert Klecker ebd. zwei Stellen, die Spiegel hier vermischt: Il. 21, 403–406, wo Athene Ares mithilfe eines Steines bezwingt, und Il. 21, 424–425, wo Athene Aphrodite mit einem Schlag gegen deren Brust besiegt.
240 Klecker: Homer, S. 630 mit Bezug auf Austrias 5, 731–733: „‚Nec rere hunc Martem, quem coelo asperrima Pallas | vicisti et magnum stravisti verbere numen | descendisse polo', sic Delia." [„‚Glaube nicht, dass dieser ein Mars ist, den du, Pallas, so stark du auch sein magst, im Himmel besiegt hast, und den Du, den großen Gott, mit einem Schlag aus dem Himmel hast herabsteigen lassen', sprach Diana.'].
241 [‚Zweifellos ist offensichtlich, dass Maximilian sowohl an Klugheit als auch an Kriegsgeschick (beides nämlich hat Anteil an der kaiserlichen Erhabenheit) den anderen Fürsten überlegen war. Durch seine eigene Klugheit hat er die Weisheit anderer so übertroffen, dass er auch von mir im Kampf gegen Pallas so dargestellt wurde und auch selbst in seinen Büchern, die er auf Deutsch geschrieben hat, zeigt, dass er in allen seinen Taten den Sieg errungen hat.']

Pallas,[242] sondern weil er die göttliche Weisheit (repräsentiert durch die Figur der Pallas) nicht nur bedrohe, sondern sie bereits außer Kraft gesetzt habe (4, 772b–773): „iam nulla deorum | (pro scelus) astrifero regnat sapientia caelo".[243] Die Liebesgöttin wirft Diana vor, sie stehe gerade nicht auf der Seite der göttlichen Weisheit und des Göttervaters, sondern auf der Seite eines Menschen (4, 771–772). Der Vorwurf der Venus lautet explizit (4, 784): „Namque tuo superata Iove est".[244] Das Possessivpronomen nennt eindeutig einen Diana eigenen Jupiter, Maximilian nämlich, ein Mensch, dessen göttliche Weisheit auf der Erde herrsche. Angesichts des Umstands aber, dass Dianas Schirm über Maximilian gerade von Jupiter aufgetragen ist (2, 117b–121a), untermauert dieser Vorwurf nur noch einmal die gott- und schicksalsgewollte Herrschaft des Habsburgers.

4.4 Die vielen Helden der *Austrias* – Grenzgeschehen zwischen Maximilian und einer ganzen Heldengeneration

In den bislang betrachteten Auseinandersetzungen war das Heldentum Maximilians durch den Sieg über einen Kontrahenten bestimmt. Dabei zeigten sich bereits Ansätze einer Hierarchisierung der Helden: Maximilian ist ein besserer Held als Oebalus, weil Letzterer seine Leidenschaften nicht zu zügeln weiß, Ruprecht kann nicht gegen Maximilian standhalten, wohl aber noch gegen Wolfgang von Bayern-München. Es gibt größere und kleinere Helden, deren Status gegeneinander gewichtet wird. Das Resultat hiervon sind Grenzziehungen, Distinktionen zugunsten einer Heldenhierarchisierung. Solche Grenzziehungen fungieren in der *Austrias* als wesentliche Komponente der Heroisierung Maximilians, nicht nur auf einer ‚horizontalen' Ebene gegenüber einem Kontrahenten, sondern auch auf einer ‚vertikalen' gegenüber den Anhängern Maximilians. Die vielen Helden der *Austrias* werden bereits im Proömium angezeigt, wenngleich die Individuation eines Einzelhelden angedeutet ist (1, 1–2): „Caesareas acies, Arctoaque regna, ducesque | magnanimos canimus fontemque binominis Istri."[245] Dabei erscheinen

---

242 Die Göttin erscheint dabei als unparteiische Anklägerin. Pfeifer, S. 94, Anm. 270 sagt zurecht, dass Venus nicht generell auf der Seite des Oebalus stehe, sondern nur aus besagten Gründen sich gegen Maximilian stelle.

243 [‚Schon herrscht die göttliche Weisheit am sternentragenden Himmel nicht mehr (was für ein Verbrechen!).']

244 [‚Denn sie [*sc.* die Weisheit der Götter] ist von Deinem Jupiter [*sc.* Maximilian] überwältigt worden.']

245 [‚Ich besinge die kaiserlichen Schlachten, die Herrschaftsgebiete in Bayern, die hochherzigen Fürsten und die Quelle der Donau.']

die Figuren nicht immer an Maximilians Seite und ihre Erfolge werden nicht nur mit denen Maximilians in einer Darstellung verwoben, vielmehr treten einzelne Herrscher sogar als Haupthelden ganzer Bücher in Erscheinung: Ulrich von Württemberg ist der große Held des sechsten Buches, Wilhelm von Hessen der des siebten. Auch Albrecht von Bayern-München vollbringt glorreiche Taten, von denen Bartolini ebenso eindrucksvoll wie ausführlich erzählt. Der Dichter muss dafür Sorge tragen, dass Maximilian gegenüber diesen Helden abgegrenzt wird und dieser Abgrenzungsprozess bei der Lektüre erkennbar wird. Denn auch für Maximilian gilt, was Philip Hardie für das antike Epos festgehalten hat: „The epic hero is one who claims for himself, and for himself alone, a superlative".[246]

Das folgende Kapitel soll die Grenzen zu Maximilians Anhängern ausleuchten. Diese Kontrastierungen werden gerade dort fassbar, wo die Helden gemeinsam auftreten. Zwei Passagen sollen exemplarisch der Analyse dienen, zum einen der Auszug der Helden aus Augsburg im zweiten Buch der *Austrias*, zum anderen die Aristien der einzelnen Mitstreiter in Katalogform während der Entscheidungsschlacht bei Wenzenbach. Hieran soll das spezifisch Heroische Maximilians greifbar gemacht werden, das ihn auszeichnet und andere nicht.

4.4.1 Die vielen *heroes* der *Austrias* – eine kleine Geschichte des Wortes *heros*

Während das Wort *heros* in den *Encomiastica* und im *Pronostichon* keine Anwendung fand, fällt es in der *Austrias* sehr häufig, ganze 77 Mal. Es wird als Signalwort gebraucht, das zu einer ersten Abgrenzung der Figuren führt. Indes ist das Bedeutungsspektrum dieses für das lateinische Epos bedeutsamen Wortes sowie dessen Entwicklung von der Antike bis in die Frühe Neuzeit bislang nicht näher analysiert worden. Versucht man zu klären, was es für Dichter wie Bartolini bedeutete, trifft man auf ganz disparate Ansichten. Über epische Helden hält der Wiener Humanist und Astronom Georg von Peuerbach (1423–1461) in seiner Dichtungslehre fest: „Nam heroes appellantur viri propter sapientiam et fortitudinem suam caelo digni."[247] Somit folgt er der Definition des Isidor von Sevilla (orig. 1, 39, 9), die er hier zitiert. Während seiner Meinung nach das Wort *heros* also die Taten tapferer

---

246 Philip Hardie: The Epic Successors of Virgil. A Study in the Dynamics of a Tradition. Cambridge 1993, S. 3.
247 Georg von Peuerbach: Positio sive determinatio de arte oratoria sive poetica. In: Die Frühzeit des Humanismus und der Renaissance in Deutschland. Hg. von Hans Rupprich. Leipzig 1938 (Deutsche Literatur 8, 1), S. 197–210, hier S. 199.

Männer bezeichne, sieht Peuerbachs Zeitgenosse, der italienische Dichter Jacopo Sannazaro das anders: Dass er in seinem Bibelepos *De partu virginis* Jesu Vater Joseph als *heros* bezeichne, begründet er damit, dass dieser aufgrund seiner Abstammung ein edler Mann sei,[248] was aber keineswegs zu Heldentum in Relation steht. Die diffuse Bedeutungsvielfalt des Wortes lässt sich nicht weiter einordnen, wenn man es nicht in seiner Geschichte, begonnen bei den homerischen Epen nachverfolgt. Nur so wird man auch beurteilen können, was Bartolini unter einem *heros* verstanden wissen wollte.

Bevor in Homers Werken die Wiege des epischen *heros* gesucht wird, ist es unerlässlich, für eine solche Begriffsgeschichte zunächst den Eintrag des TLL zurate zu ziehen, der die Bedeutung des Wortes wie folgt auffächert:[249]

I.   i. q. vir fortis, egregius, magnis virtutibus praecellens [‚dasselbe wie ein tapferer, ausgezeichneter, durch große Tugenden herausragender Mann‘]

     A.   sensu originario i. q. bellator, vir strenuus antiquitatis, praecipue aetatis Homericae [‚im eigentlichen Sinn dasselbe wie Krieger, ein wackerer Mann der Vorzeit, besonders aus der homerischen Zeit‘]

         1.   personae agentes in epicis [...] carminibus [‚handelnde Personen in Epen‘]

         2.   generaliter [‚verallgemeinert‘]

     B.   transfertur vox ad viros fortitudine, sapientia, magnitudine animi antiquis similibus [‚Das Wort wird übertragen auf Männer, die hinsichtlich ihrer Tapferkeit, Weisheit, Hochherzigkeit den Menschen der Vorzeit ähnlich sind‘]

II.   i. q. mortuus super humanam naturam elatus [‚dasselbe wie ein Toter, der über die menschliche Natur erhoben wurde‘]

---

248 In einem Brief an Antonio Seripando schreibt Sannazaro (Jacopo Sannazaro: Opere volgari. Hg. von Alfredo Mauro. Bari 1961 [Scrittori d'Italia 220], S. 384–385): „li antiqui si gloriavano esser figli de li Dii e si chiamavano eroi. In summa volea dire grande omo, come oggi noi dicemo il S.r tale. E se quelli loro Dei non avemo noi, possemo dire, o più tosto usurpare, eroi a li fligli e descendenti de' grandi uomini. Chi fu più grande che David, re e profeta? Se fusse stato greco, saria dio o eroe. Ioseph fu di quella stirpe; però lo ho detto heros; non che io ignore come lo dico. La necessità di non dire sempre pater, genitor, senex, senior, custos, coniux, mi ha constretto a questo." [‚Die Alten rühmten sich, Söhne der Götter zu sein, und nannten sich *heroes*. Im Großen und Ganzen bezeichntete das einen großen Mann, wie wir heute einen solchen Mann nennen. Und wenn wir ihre Götter nicht haben, können wir *heroes* zu den Söhnen und Nachkommen großer Männer sagen, oder uns das vielmehr anmaßen. Wer war größer als David, König und Prophet? Wenn er ein Grieche gewesen wäre, wäre er ein Gott oder ein *heros* gewesen. Ioseph stammte aus diesem Haus; darum habe ich ihn *heros* genannt; nicht, daß ich nicht wüßte, wie ich ihn anreden sollte. Die Notwendigkeit, nicht immer *pater, genitor, senex, senior, custos, coniux* zu sagen, hat mich dazu gezwungen.‘]

249 Hildegart Kornhardt: heros. In: Thesaurus Linguae Latinae 6.3, Sp. 2661–2664. (Hervorh. d. Orig. wurden getilgt).

III.   i. q. daemones, manes, lares, semidei, numina aeria sim. [‚dasselbe wie Dämonen, Manen, Laren, Halbgötter und ähnliche Luftgötter']

IV.   in inscriptionibus [‚in Inschriften']

Punkt I macht deutlich, dass das Wort im eigentlichen Sinne pauschal für die Krieger aus einer früheren Zeit gebraucht wurde, vor allem für die, die in den homerischen Epen agieren. Später übertrug man den Begriff auf Personen, die in ihrem Handeln oder ihrer Haltung jenen Figuren der Vorzeit ähnelten. Von beiden abzugrenzen sind unter Punkt II die Heroen, also Menschen, denen aufgrund eines besonderen Verdienstes nach ihrem Tod eine kultische Verehrung zuteilwurde. Davon scheidet der TLL in Punkt III wiederum die Verwendung für Geister und Götter, darunter auch Halbgötter, außerdem in Punkt IV die Verwendung als Ehrentitel in Inschriften. Die Punkte II und IV lassen sich von vornherein vernachlässigen, da erstens der Heroenstatus von Heldentum unabhängig war[250] und zweitens inschriftliche Ehrentitel für diese Studie nicht von Belang sind. Punkt III liefert indes bereits den Grund für Sannazaros Verwendung des *heros*, dass die Bezeichnung Halbgöttern rein aufgrund ihrer Abstammung abseits von heldenhaftem Handeln zugesprochen wurde.

Für die semantischen Überlegungen zum Wort *heros* ist es von großem Vorteil, dass jüngst Horn in seiner Studie zum Heldentum in Homers Epen auch die Verwendung des Wortes *heros* untersucht hat.[251] Er nimmt für die *Ilias* eine genaue Zuordnung derjenigen Personen vor, die mit diesem Epitheton versehen oder durch *heros* alleinstehend als „eigenständiger Beschreibung"[252] repräsentiert werden. Dabei gelangt er zu der Erkenntnis, dass einige wichtige Kämpfer das Attribut nicht erhalten, etwa Hector, weniger prominente Kämpfer hingegen schon.[253] Ebenso resümiert er für den Plural des Wortes eine Verwendung als „indifferentem Kollektivbegriff".[254] Damit bestätigt Horn vorausgehende Studien der Altertumswissenschaften. Zu nennen ist an dieser Stelle der Beitrag von Hans van Wees, der im *heros* nicht von vornherein eine bemerkenswerte Tugendhaftig-

---

250 Himmelmann diskutiert die These, dass „Held und Heros [...] wesensmäßig nichts miteinander zu tun [haben]" (Nikolaus Himmelmann: Helden und Heroen. In: Helden wie sie. Übermensch – Vorbild – Kultfigur in der griechischen Antike. Hg. von Marion Meyer, Ralf von den Hoff. Freiburg i. Brsg. 2010 [Paradeigmata 13], S. 29–38, hier S. 29). Der Archäologe stellt ebd., S. 32 heraus, dass ein Heros „nicht verehrt [wird], weil er im Leben ein Tugendheld war, sondern weil er ein mächtiger Totengeist, ein gegenwärtiges Numen ist".

251 Horn, S. insb. 10–30.

252 Ebd., S. 14.

253 Ebd., S. 14–15.

254 Ebd., S. 15.

keit oder Ähnliches sieht.[255] Wenn der Begriff für Heroen Anwendung finde, dann sei das einzige Kriterium die kultische Verehrung nach dem Tod.[256] Für die Verwendung im Epos verweist van Wees auf Hesiods Ausführungen über die *heroes* als viertem Menschengeschlecht:[257] In seinen *Erga* nämlich verlegt Hesiod die Zeit, von der die homerischen Epen erzählen, in die desjenigen Menschengeschlechts, das zwischen ehernem und eisernem existiert habe.[258] Diesen speziellen Menschen spricht Hesiod *per se* gewisse Fähigkeiten zu, die den heute lebenden Menschen abgingen (ähnlich in Il. 20, 285a–287b).[259] Van Wees' Einschätzung, dass Homer gerade wie Hesiod die *heroes* schlicht pauschal als eine ganze Menschengeneration meint, ist überaus plausibel.[260] Zudem konstatiert Himmelmann, dass den Griechen ein Wort „für säkulares, ethisch begründetes Heldentum" fehlte.[261]

Blickt man im Anschluss an die homerischen Epen auf die lateinischen, kommt man allen voran bei Vergils *Aeneis* zu demselben Befund: Neunmal wird Aeneas als *heros* bezeichnet.[262] Neben ihm steht das Wort bei Acestes (1, 196), Helenus (3, 345), Entellus (5, 389.453.459), Misenus (6, 169, zusammen mit dem Attribut „fortissimus"), Musaeus (6, 672), Euander (8, 464) und Turnus (12, 723.902). Eine Systematik darin zu untersuchen, wurde bislang nicht unternom-

---

255 Hans van Wees: Status Warriors. War, Violence, and Society in Homer and History. Amsterdam 1992, S. 7. Er widerspricht damit Martin West, der in den homerischen Epen im Wort *heros* die Bedeutung ‚Kämpfer' und zwar abseits einer kultischen Sphäre sieht: „Nowhere in epic is there any hint of a religious significance, a connection with cult after death. [...] This contrasts with the situation in later Greek literature, where a ἥρως is someone who has died and is honoured in death by religious observances" (Hesiod: Works and Days. Hg. von Martin L. West. Oxford 1978, S. 370). Es gelingt West allerdings nicht, den Begriff genauer zu fassen, für *Ilias* und *Odyssee* schließlich nimmt er eine Dichotomie an. In der *Ilias* bezeichne *heros* den jungen Krieger überhaupt, in der *Odyssee* später finde der Begriff Verwendung „for almost anyone respectable who played a part in the narrative" (ebd., S. 373).

256 Van Wees, S. 7.

257 Ebd.

258 Ebd., S. 8 mit Verweis auf Hesiod, Erga 157–160. Dieselbe Erklärung für die Verwendung des Wortes für die Menschen in den homerischen Epen gibt Fritz Graf: Heroenkult. In: Der Neue Pauly. Hg. von Hubert Cancik, Helmuth Schneider. Bd. 5. Stuttgart, Weimar 1998. Sp. 476–480, hier Sp. 477.

259 „ὃ δὲ χερμάδιον λάβε χειρὶ | Αἰνείας, μέγα ἔργον, ὃ οὐ δύο γ' ἄνδρε φέροιεν, | οἶοι νῦν βροτοί εἰσ'" [‚Aineias ergriff einen Stein mit den Händen, schwer, ein mächtiges Stück, daß nicht zwei Männer ihn trügen unter den Sterblichen heute.'] (Übers. aus Homer: Ilias, hg. von Rupé, S. 695).

260 Van Wees, S. 8.

261 Himmelmann, S. 37. Ders. ebd. weiter: „Der Begriff davon konnte vielmehr nur durch eine Anzahl einzelner konkreter Eigenschaften vergegenwärtigt werden".

262 In 4, 447 sowie in 5, 289 und 6, 103 steht *heros* absolut, in 6, 451, 8, 530, 10, 584 und 10, 886 sowie in 12, 502 tritt er mit dem Attribut *Troius* auf, außerdem in 8, 18 mit *Laomedontius* und in 6, 192 mit *maximus*.

men. Auch wenn etwa Fratantuono und Smith beim Auftreten des Wortes – leider ohne weitere Argumentation – ein „striking pattern" vermuten,[263] erscheint es unwahrscheinlich, dass hier das Konzept von Heldentat oder Tugendliebe mitgedacht ist. James Henry beispielsweise bemerkt zur Acestes-Stelle (Aen. 1, 195–197),[264] „neither was there either nobleness or heroism in the presentation of a few jars of wine".[265] Nicholas Horsfall betont hinsichtlich Misenus (Aen. 6, 169), das dortige „fortissimus heros" sei „suited to the transitory exaltation of secondary figures",[266] aber eben ohne einen tieferen Bezug zum Heroischen. Es erscheint vielmehr als ein punktueller Verweis auf ihr Wesen als Menschen einer besonderen Frühzeit zu sein. Manche dieser Figuren treten nur einmal kurz auf, bei den meisten von ihnen liegt keine exzeptionelle Heldentat vor. Eine kontinuierliche Attribuierung erfolgt für Aeneas, wobei allerdings Henry zurecht etwa bei Aen. 6, 192 Anstoß an einer Parallelisierung von *heros* und Held nimmt, wenn Aeneas in dem Moment als *heros* zwei Tauben sieht, die sich auf einen Baum setzen.[267] Aeneas erfährt durch die wiederholte Benennung als *heros* augenscheinlich nicht mehr als eine Perpetuierung seiner göttlichen Abstammung bzw. Zugehörigkeit zum Heroengeschlecht – beide Konnotationen sind nicht voneinander trennbar. Sicher findet hierdurch sekundär auch die Zuschreibung einer Exzeptionalität statt, die notwendig für Heldentum ist, aber das heldenhafte Handeln wird durch den Begriff allein nicht vermittelt. Das Vergil'sche *heros* scheint entsprechend Punkt I.A des TLL nicht mehr zu meinen als das homerische und keinen Heldenstatus zu behaupten – ein Eindruck, der sich beim Blick auf nachfolgende Epen erhärtet. In Lukans *Bellum civile* fällt der Begriff für einen Menschen nie.[268] Dies ist insofern nicht verwunderlich, als dass das histo-

---

263 Vergil: Aeneid 5. Text, translation and commentary. Hg. von Lee M. Fratantuono, Alden Smith. Leiden 2015, S. 346. Ebd. kommentieren dies. zu Aen. 5, 289: „heros is an appropriate term whose occurrences in the narrative appear in deliberate sequences as part of the poet's unfolding commentary on the nature of hero".

264 „vina bonus quae deinde cadis onerarat Acestes | litore Trinacrio dederatque abeuntibus heros | dividit, et dictis maerentia pectora mulcet." [‚Auch den Wein, den der tapfre Akestes reichlich in Krüge füllte als Abschiedsgabe, der Held, an Trinakrias Strande, teilt er zu und spricht zu den Trauernden tröstende Worte'] (Übers. aus Vergil: Aeneis, hg. von Holzberg, S. 55).

265 James Henry: Aeneidea, or critical, exegetical, and aesthetical remarks on the Aeneis. Bd. 1. London 1873, S. 490.

266 Vergil: Aeneid 6, hg. von Horsfall, S. 178.

267 Henry, S. 490. Er wertet ebd. das Wort *heros* schlicht als Lückenfüller.

268 Einzig ist einmal von „heroa[e] […] turres" die Rede (Bellum civile 9, 955), womit jedoch „sowohl der Turm des Hero als auch die *turris delubrum Protesilai* […] bei Elaious" gemeint war (Claudia Wick: M. Annaeus Lucanus, *Bellum Civile*, Liber IX. Kommentar. München, Leipzig 2004 [Beiträge zur Altertumskunde 202], S. 409). Die *Thebais* des Statius wiederum enthält das Wort 25-

rische Epos nur von zeitgenössischen Figuren erzählt, die nicht in der mythischen Zeit des Heroengeschlechtes leben. Auch wenn der TLL angibt, man habe das Wort *heros* als Auszeichnung auf Menschen übertragen, die jenen mythischen ähnlich gewesen seien, verzichtet Lukan hierauf strikt. Dasselbe gilt für Silius, der in seinen *Punica* das Wort nie für einen der Krieger des punischen Krieges gebraucht, wohl aber für Figuren des Mythos.[269] Um einen Helden zu konstituieren, scheint dieses Wort in antiken Epen somit nicht gebraucht worden zu sein, es bedurfte stets spezifischer Attribute, seien es agonale wie ‚tapferster‘ (*fortissimus*), religiöse wie ‚fromm/respektvoll‘ (*pius*) oder Ähnliches.

Wie das Wort abseits des Epos gebraucht wurde, wenn etwa Cicero Cato als „heros ille noster" (Att. 1, 17) bezeichnet, müssen andere Studien untersuchen. Augenscheinlich handelt es sich um Ehrentitel; von See erkennt hierin schlicht die Bedeutung „Ehrenmann", jemand, dem nach dem Tod aufgrund seines Verdienstes göttliche Ehren zuteilwurden.[270] Auch Krebs verweist auf eine bildliche Verwendung des Wortes für ausgezeichnete Menschen, aber auch er betont deutlich – was sich mit der eben vorgebrachten Epenanalyse deckt –, dass auch unter den lateinischen Autoren der *heros* den Menschen der mythischen Vorzeit bezeichne bzw. Menschen, die an diese erinnern, aber nicht, was wir heute unter Helden verstehen.[271] Das entspricht dem TLL Punkt I.B., der Übertragung auf vormalige Menschen.[272]

---

mal, nutzt es jedoch nur für Figuren des Ersten Thebanischen Krieges, einem Inventar aus dem Thebanischen Sagenkreises also, ebenfalls zurückgehend auf eine mythische Vorzeit.

269 Es steht als „fortissimus heros" [‚der tapferste‘] (13, 38) mit Bezug auf Diomedes an einer Stelle, wo Dasius von seinen Vorfahren erzählt, als „Tirynthius heros" [‚der tirynthische‘] (8, 217) mit Bezug auf Fabius, den legendären Ahnherrn der *gens Fabia*, der der Sage nach Sohn des Hercules und der Vinduna, der Tochter Euanders, gewesen sein soll. Einmal steht „magn[i] hero[es]" [‚große‘] (15, 276) auch auf Heroen aus den Epen Homers bezogen, sowie „hero[es]" (13, 799) ebenfalls mit Verweis auf Persönlichkeiten der Vergangenheit, auf die Scipio während seiner Unterweltsfahrt trifft, und schließlich „hero[es]" (11, 450), unter ihnen explizit Achilles genannt, mit Bezug auf das Heroenzeitalter aus Homers Epen.

270 Von See, S. 1.

271 „*Heroicus, heroisch*, hat nie die gewöhnliche Bedeut. *sehr tapfer, muthvoll*, sondern hält den griechischen Begriff eines *Heros* der Mythenzeit fest. Daher sind *heroica tempora* und *heroicae aetates* bei Cicero nicht, was wir *Heldenzeiten* nennen, d.h. Zeiten, in welchen nur Heldenthaten verrichtet wurden, sondern Zeiten, in welchen alle grosse und vorzügliche [sic!] Männer *Heroen* hiessen, *die Zeiten der Vorwelt*. [...] Auch unser gewöhnliches *Held*, d.h. *tapferer, muthvoller Mann*, heisst nicht *heros*, sondern *vir fortissimus*, wiewohl *heros* einigemal bildlich von ausgezeichneten Männern, wissenschaftlichen und politischen Heroen, gebraucht wird, z.B. [...] *heros ille noster* Cato" (Johann P. Krebs: Antibarbarus der Lateinischen Sprache. Frankfurt a. M. 1843, S. 383).

272 Auch der TLL führt in I.B.1 (6.3.2663.52–53) Ciceros „heros ille noster Cato" auf, aber zudem (ebd., 57–59) *rep.* 3, 8, 12: „Illorum fuit heroum [iustitiam] [...] in illo solio [...] conlocare." [‚Es wäre die Aufgabe jener Geistesgrößen (Platon und Aristoteles) gewesen, [die Ge-

Wie sich dieser antike Gebrauch im Mittelalter weiterentwickelt halt, soll erneut zunächst ein Blick ins Lexikon klären. Das Mittellateinische Wörterbuch belegt, dass neben ‚Halbgott' und ‚Held' i.S.v. ‚tapferer Krieger' generell jeder „*vir egregius, nobilis* – ausgezeichneter Mann, Edler, ‚Herr'"[273] als *heros* bezeichnet werden konnte, insbesondere jeder „*dominus, senior* – Herr, Gebieter".[274] Darin wird einerseits deutlich, dass es zur Bezeichnung einer Anrede zu einer Interferenz zwischen den Wörtern *(h)erus* für „Herr" und *heros* gekommen sein dürfte, wobei insbesondere das griechische *heros* als episches Wort im *genus grande* das ‚profane' Wort *herus* aus stilistischen Gründen ersetzt haben könnte.[275] Andererseits bezeichnet es nach wie vor den Halbgott, aber offensichtlich auch stärker den zeitgenössischen tapferen Menschen. Dies bestätigt ein Blick auf die Dichtungslehre des Beda Venerabilis (672/673–735), der bei seiner Definition des Metrums Hexameter (d. i. Heroicum) auch auf den Inhalt der Werke Bezug nimmt, die in diesem Metrum verfasst sind und von den *heroes* als „vir[i] fort[es]" spricht.[276] Ebenso heißt es später in den *Expositiones in ierarchiam coelestem* des Johannes Scottus Eriugena (9. Jhdt.), dass die Hexameterdichter die Taten tapferer Männer („heo[es]") besingen und loben wollen.[277]

---

rechtigkeit] [...] auf ihren göttlichen Thron zu setzen'] (Übers. aus Cicero: Der Staat. De re publica. Hg. und übers. von Rainer Nickel. Mannheim 2010, S. 227). Platon und Aristoteles kann man kaum als Helden sehen, vielmehr erinnert ihre Geistesgröße an die halbgöttlicher Menschen einer früheren Zeit. Richtigerweise übersetzt Nickel „Geistesgrößen" und korrigiert damit die Übersetzung aus Cicero: Der Staat. Hg. und übers. von Karl Büchner. 5. Auflage. München 1993S. 181: „Sache jener Helden wäre es gewesen".

273 Mechthild Pörnbacher: heros. In: Mittellateinisches Wörterbuch. Bd. 4. Lieferung 7. München 2013, Sp. 998–1000, hier Sp. 999.

274 Ebd. Benutzt wird das Wort auch für Adelige und Herrscher überhaupt (ebd.).

275 Peter Stotz: Handbuch zur lateinischen Sprache des Mittelalters. Bd. 2. München 2000 (Handbuch der Altertumswissenschaft 2, 5), S. 177.

276 Genauer heißt es (De arte metrica 10): „Metrum dactylicum exametrum, quod et heroicum vocatur, eo quod hoc maxime heroum, hoc est, virorum fortium, facta canerentur, ceteris omnibus pulchrius celsiusque est" [‚Das Metrum des daktylischen Hexameter, der dadurch auch ‚heroicum' genannt wird, weil durch dieses am meisten die Taten der *heroes*, d.i. der tapferen Männer, besungen werden, ist schöner und erhabener als all die übrigen.']

277 Die Passage lautet wie folgt (Cap. 2, lin. 141–151): „quemadmodum ars poetica, per fictas fabulas allegoricasque similitudines, moralem doctrinam seu physicam componunt ad humanorum animorum exercitationem – hoc enim proprium est heroïcorum poetarum, qui virorum fortium facta et mores figurate laudant – ita theologia, veluti quaedam poetria, sanctam scripturam fictis imaginationibus ad consultum nostri animi [...] conformat." [‚Wie die Dichtung durch fiktive Erzählungen und allegorische Gleichnisse eine moralische oder physische Lehre verfasst, um den menschlichen Geist zu ertüchtigen – das ist nämlich die Eigenheit der Dichter von Hexametern, die die Taten tapferer Männer und ihre Sitten bildhaft loben –, so passt die Theologie wie eine gewisse Dichtung durch fiktive Gedankenbilder die Heilige Schrift an die

Mittelalterliche Epen finden ganz unterschiedlichen Zugang zu dieser Bedeutungsvielfalt. Im Waltharius-Epos wird Walther, aber auch sein Gegner Gunther als *heros* bezeichnet. Auch der Ritter Ruodlieb wird im gleichnamigen Epos so betitelt. Schließlich weist auch die *Alexandreis* des Walter von Châtillon ihren Helden als *heros* aus, aber auch nur ihn und stets mit der Ergänzung ‚kriegerisch' (*Mavortius* bzw. *Martius*). Das Wort an sich scheint hierbei noch nicht das Kriegerisch-Heldenhafte einzuschließen, sondern primär nur auf die Alexandernachfolge zu verweisen, gewiss entsprechend den aristotelischen Tugenden und in christlichem Auftrag. Erst letztes macht ihn dann zu dem gesuchten, echten Helden. Im sogenannten Karlsepos *Karolus Magnus et Leo papa* fällt das Wort zum ersten Mal in einer langen Liste panegyrischer Attribute.[278] Während an dieser Stelle nicht erkennbar ist, ob es sich um den Herrn, den Herrscher, einen Helden oder Heroen handelt, bleibt es auch bei der zweiten Nennung in einer Liste von Kaisertitulaturen schwammig (92–94a).[279] Auch an der zweiten Stelle, eingebettet zwischen „pater optimus" und „Augustus" ist noch nicht klar, ob es wirklich einen Helden bezeichnen soll. Im weiteren Verlauf aber wird es deutlicher, wenn Karl explizit im Jagdkontext als „heros" bezeichnet wird (149) bzw. ebenso sein Vater Pippin als ‚kriegerischer, mutiger *heros*, sehr tapfer im Umgang mit den Waffen' („bellipotens, animosus heros, fortissimus armis"; 202) zur Jagd aufbricht. Hier leuchtet der kriegerisch erfolgreiche Held hervor, was sich bei der weiteren Lektüre bestä-

---

Einsicht unseres Geistes an [...].'] Bereits Dronke hat das „componunt" der Edition von Barbet zu „componit" emendiert (Peter Dronke: The Medieval Poet And His World. Rom 1984 [Storia e Letteratura 164], S. 40 Anm. 2).

278 Es heißt in 59b–66: „Hunc olim terris promisit origo | Tam clarum ingenios, meritis quam clarus opimis | fulget in orbe potens, prudens gnarusque, modestus, | inluster, facilis, doctus, bonus, aptus, honestus, | mitis, praecipuus, iustus, pius, inclitus heros, | rex rector, venerandus apex, augustus opimus, | arbiter insignis, iudex, miserator egenum, | pacificus, largus, solers hilarisque, venustus." [‚Schon von Anfang an ist er durch seine Abkunft der Erde versprochen worden als der so herrlich Begabte, wie er nun herrlich durch reiche Verdienste auf dieser Welt glänzt als: machtvoll, klug und verständig, maßvoll, herausragend, umgänglich, gelehrt, gütig, fähig, moralisch integer, milde, vortrefflich, gerecht, christlich fromm, ein herrlicher Held, ein Lenker und Herrscher, ein verehrungswürdiger Fürst, ein machtvoller Kaiser, ein ausgezeichneter Anwalt der Gerechtigkeit, als Richter ein barmherziger Helfer der Schwachen, friedfertig, freigebig, patent, von heiterem Wesen und von gewinnender, charmanter Erscheinung'] (Übers. aus Fidel Rädle: Tugenden, Verdienste, Ordnungen. Zum Herrscherlob in der karolingischen Dichtung. In: Am Vorabend der Kaiserkrönung. Das Epos „Karolus Magnus et Leo papa" und der Papstbesuch in Paderborn 799. Hg. von Peter Godman u.a. Berlin 2002, S. 9–18, hier S. 10).

279 „caput orbis, amor populique decusque, | Europae venerandus apex, pater optimus, heros, | Augustus" [‚Haupt der Welt, Liebe und Schmuck auch des Volkes, die ehrwürdige Spitze Europas, der beste Vater, ein *heros*, Augustus.'].

tigt. Im Anschluss an die Erlegung eines Ebers, bei der Karl schneller als ein Vogel (295) auf das wilde Tier zurast und es tötet, wird „heros" (306) ihn deutlich als Helden klassifizieren (306). Wenn gegen Ende des Epos Karl dann als ‚frommer König' („rex pius"; 463) zu seinem Volk spricht und beim Aufruf zum Kriegszug vom Dichter ‚ehrwürdiger heros' („venerabilis heros"; 464) genannt wird man ebenfalls in ihm den Kriegshelden sehen sollen. Dass zu Beginn des Epos das Wort auch im Kontext eines kultischen Heros gelesen werden kann, ist vermutlich ein bewusstes Spiel des Dichters mit dem Bedeutungsspektrum.

Einen ganz anderen Weg beschritt Gunther von Pairis in seinem *Ligurinus*, worin die ersten Regierungsjahre Friedrich Barbarossas besungen werden – ein Epos, das von Celtis erstmals im Druck herausgegeben wurde (Augsburg: Oeglin 1507) und das von den Humanisten seiner Zeit insbesondere zur Legitimation von Maximilians Politik herangezogen wurde.[280] Darin fällt das Wort *heros* überhaupt nicht. Vielmehr werden präzisere Aussagen über Stellung und Heldentum Barbarossas verwendet, dass er etwa ein ‚unbesiegbarer König' sei („rex invictissimus"; 2, 279. „invict[us] princ[ep]s"; 2, 358). Sein Kriegertum findet sich ausgedrückt als ‚starker Herrscher' („validus princeps"; 4, 402) oder schlicht im Wort ‚Krieger' („bellator"; 2, 425) etc. Denkbar wäre, dass Gunther auf den Gebrauch von *heros* verzichtet hat, weil es aufgrund der Breite an Bedeutungen an Signalwirkung und Aussagekraft eingebüßt hat, da man es für jeden edlen Mann und jeden Herrn nutzte. Möglich wäre auch, dass Gunther ihn von den Helden antiker und gerade auch anderer mittelalterlicher Epen abgrenzen wollte, indem er ihm gerade nicht diesen Titel zuschreiben wollte und ihn dadurch nicht wie einen *heros* vergangener Zeiten, sondern wie einen neuen Helden präsentieren wollte.

Am Übergang von Spätmittelalter zu Früher Neuzeit werden diese unterschiedlichen Zugänge zum Erbe des antiken *heros* noch deutlicher. Die ersten gedruckten Lexika offenbaren, dass das Wort eine Prägung erhalten hat, die dem heutigen Gebrauch sehr nahesteht.[281] Das *Dictionarium Latinum* (Reggio d'Emilia: o. Dr. 1502) des italienischen Humanisten Ambrogio Calepino (ca. 1440–1509) führt nebst der Darstellung der Wortetymologie, die Augustinus gibt (nämlich die Bezwingung der Hera),[282] für ‚Heros' folgende Begriffsbestimmung an (Bl. [K2]ᵛ):

---

280 Näher hierzu Wiener: Kreuzzüge. Abseits des Expansionsgedankens kann das Epos aufgrund des zornigen und unnachgiebigen Charakters Barbarossas kaum als Vorlage für die Panegyrik dienen. S. eingehender S. 250–251.
281 Dass *heros* im Neulatein – im Vergleich zum Latein des Mittelalters – deutlich die Semantik des Heroischen samt einer Heldentat hat, lässt sich analog für das Deutsche feststellen, jedoch etwas früher bereits: Von See, S. 2 konstatiert, dass das Althochdeutsche kein Wort für einen Helden gekannt habe, erst das Mittelhochdeutsche.
282 S. später S. 319–320.

„heros vir divinus est semideus generosus et ab amore virtutis: cuius causa pericula et labores supra mortales elevatus eligit."[283] Das lateinisch-deutsche *Gemma Gemmarum* (Köln: o. Dr. 1507) schreibt unter diesem Lemma (S. 118): „eyn edell here. baro vel vir fortis et potens vel sapiens. et proprie dicebantur heroes qui olim ob sua merita deificabantur sicut Hercules. Inde heros id est dominus".[284] Übermenschliche Fähigkeiten, ein Zeugnis von Göttlichkeit, gepaart zugleich mit Tugendliebe, so die Auskunft der Lexika. Wirft man im Anschluss daran allerdings einen Blick auf prominente Epen der Zeit an, muss man feststellen, dass die Begriffe weiterhin unscharf bleiben und von einem Schlagwort für Heldentum keine Rede sein kann. In der *Hesperis* des Basinio erscheint das Wort *heros* in 74 Versen. Wenn von Sigismondo Malatesta die Rede ist, wird sein zweiter Vorname in 42 Fällen zu „Pandulphius heros" (einmal „Pandulphiades heros" in Hesperis 12, 281) verbunden. Des Weiteren wird er als „Martius heros" (4, 436)[285] sowie als „maximus heros" (5, 301.7, 259), „inclitus heros" (1, 440), „fortissimus heros" (11, 150) und „heroum fortissim[us]" (8, 29)[286] tituliert. Sein Gegner Alfons wird als „Taraconius heros" (1, 15.583; 2, 157), einmal auch als „heros | [...] Alphonsus" (3, 82b–83a) angesprochen, zwei weitere Male erhält er das Attribut „maximus" (5, 19; 6, 360). Neben diesen beiden werden auch Heroen der antiken Epen wie Aeneas oder Hercules als *heros* bezeichnet, weitere historische Figuren des Epos jedoch nie. Zu bemerken ist freilich, dass in zwei Fällen das Kriegerkollektiv im Gesamten die Bezeichnung *heroes* erhält (3, 414; 12, 413). Die Exklusivität des Wortes für die beiden Kontrahenten in der Regel ohne die Beifügung von weiteren Attributen deutet auf eine intendierte Exzeptionalisierung der Haupthelden und eine hinreichende Verknüpfung des Wortes mit dem Heroischen hin, ganz in dem Sinne, wie die Wörterbücher es anzeigen.

---

283 [‚Der Held ist ein göttlicher Mann und ein Halbgott, edel durch seine Tugendliebe. Aus diesem Grund wählt er Gefahren und Mühen aus, über die Sterblichen erhaben.'].

284 [‚ein edler Mann, ein Adeliger oder ein tapferer und mächtiger oder weiser Mann. Und insbesondere werden diejenigen *heroes* genannt, die einst wegen ihrer Verdienste vergöttlicht wurden wie Hercules'].

285 Das Attribut *Martius* wird auf die Konstruktion des göttlichen Ursprungs hin, der Verwandtschaft über Romulus mit Mars, welche in Jupiters Rede an ihn zu Beginn des dritten Buches (Hesperis 3, 11) deutlich wird, schlicht als „vom Kriegsgott abstammender Kämpfer" zu lesen sein.

286 Dieses „heroum fortissime" findet sich in einem Kontext, wo Psyche ihn einen Spross der Götter nennt („namque deum te | esse genus fateor" [‚denn ich sage, dass Du aus göttlichem Geschlecht bist']; Hesperis 8, 29–30). Hier sind tatsächlich Heroen mythischer Vorzeit gemeint, wobei Sigismondo diese gerade darin übertrifft, dass er bereits in jungen Jahren eine Vielzahl heroischer Eigenschaften in sich vereint.

Auch die *Borsias* des Tito Strozzi gebraucht das Wort 16-mal für ihren Protagonisten. Hierbei ist allerdings zu bedenken, dass das Epos, wie gezeigt, keinen Helden präsentiert, sondern einen stark sakral aufgeladenen Herrscher. Borso wird in fünf Fällen rein als *heros* bezeichnet, zudem viermal zusammen mit dem Adjektiv *maximus* (3, 280.435; 6, 223; 10, 48) sowie dreimal mit *optimus* (3, 170; 4, 25.289).[287] In vier Fällen wird er zudem als *Rugerius heros* (3, 348; 4, 130; 7, 564) umschrieben, eine genealogische Titulatur in Bezug auf Ruggiero, den Ahnherrn des Hauses d'Este. Da Borso kein Kriegsheld ist, fehlt es auch an entsprechenden Attributen wie *Martius, fortissimus* o. Ä. Dass das Wort hierbei ein Etikett für einen vergöttlichten Heros darstellt, der kultgleich verehrt wird,[288] respektive es sich um einen Ehrentitel handelt, der dem Stand entsprechend zugeschrieben wird, erscheint auch bei Beachtung der sonstigen Nennungen stimmig. Auch Agostino Villa, der ferraresische Giudice dei Savi („Villaius heros"; 2, 532), sowie Ludovico Gonzaga, der Markgraf von Mantua („Gonzagius heros"; 5, 251) erhalten diese Bezeichnung und treten ebenfalls nicht kriegerisch in Erscheinung. Einzig in Carlo Malatesta, der im agonalen Kontext der Schlacht bei Zagonara des Jahres 1424 als „maximus heros" (9, 316) und „heros" (9, 515) bezeichnet wird, könnte man einen ‚Helden' vermuten. Im Gesamtbild allerdings muss man doch davon ausgehen, dass Strozzi das Wort im Kontext der mythischen Heroen der Vorzeit entsprechend der Verwendung in den antiken Epen gelesen wissen wollte. So werden insbesondere Figuren aus dem karolingischen Sagenzyklus, als solche bezeichnet (8, 590). Wie die herausragenden Adeligen singulär ebenfalls diese Titulatur erhalten, so werden letztlich auch die adeligen Teilnehmer an einem Gastmahl Filippo Viscontis als „hero[es]" bezeichnet (9, 556), am folgenden Tag bei einer Heiligen Messe (10, 25) erneut so angesprochen. Dass Borso vielmals diesen Titel erhält, andere nur einmal oder gar nicht, dient dem Dichter bereits zur radikalen Überhöhung seines Protagonisten.

Im Wissen um diese Varianz der Wortbedeutung kann nun der Blick auf die *Austrias* mit den 77 Nennungen fallen. Bereits vorab ist dabei festzustellen, dass *heros* nie für Maximilian gebraucht wird und dieser stattdessen in 183 Fällen als „Caesar" angeredet wird.

Für den Singular des Wortes ergibt sich folgender Befund: Es wird für die adligen Krieger an Maximilians Seite eingesetzt, genauso aber auch für seinen Gegner Ruprecht. In 17 Fällen heißt der Pfälzer schlicht *heros*, z.T. singulär (1, 195.315.389.446.617; 5, 847; 6, 83; 7, 511), darüber hinaus in Ergänzung durch die Geographica *Phalsgraphides* (7, 508; 10, 166) oder *Boicus* (1, 320.586.706), ver-

---

287 Die aufgeführten Adjektive sind nicht konkret situationsbezogen.
288 So erhält Borso auch seinen eigenen Tempel (Borsias 5, 21–26).

einzelt durch kriegerische Attribute („Mavortius"; 1, 432. „fortissimus"; 6, 87. „magnus"; 7, 507) und einmal in Bezug auf seine Schutzgottheit mit dem Genetivattribut „Tritonidis" (6,43). Ruprecht ist dabei die einzige Figur des gegnerischen Lagers, dem diese Bezeichnung zukommt. Herausragende Kämpfer wie Oebalus oder Agartes, der die Pfälzer Seite in der Entscheidungsschlacht anführt, erhalten die Bezeichnung nicht. Nur einmal wird das Kriegerkollektiv an Ruprechts Seite als „hero[es]" bezeichnet, allerdings erst, als dessen erbeutete Rüstungen als Trophäen in Maximilians Triumphzug gezeigt werden (12, 70). Letzteres spricht zwar den Gegnern Heldentum zu, dieses fällt jedoch unmittelbar auf Maximilian und seine Truppen zurück, deren Sieg die erbeuteten Waffen repräsentieren – ein Kunstgriff zur Heroisierung, dessen sich bereits Basinio in seiner *Hesperis* bedient hat.[289] Vor allem der Verzicht auf die Attribuierung an Oebalus und Agartes suggeriert, dass Bartolini bereits auf dieser lexikalischen Ebene eine erste Grenzziehung vornimmt.

Unter den Figuren an Maximilians Seite wird in sieben Fällen Ulrich von Württemberg *Virthymberzentius heros* genannt (1, 67; 2, 150; 4, 100; 5, 42.172; 12, 32.230) und erhält als *heros* darüber hinaus die Attribute „Decius" (6, 277),[290] „magnanim[us]" (6, 152), „magn[us]" (6, 257.669) und „fortissimus" (6, 87); absolut erscheint die Bezeichnung an sechs Stellen (6, 107.183.262.337.556.665). Der *heros* Wilhelm von Hessen erhält neben dem Geographicum „Hassius" (4, 154) die Attribute „magnanim[us]" (7, 245.328), „imperterritus" (7, 302) sowie „atrox" (7, 357); eigenständig *heros* wird er in vier Fällen genannt (7, 186.302.367.534). In geringerem Ausmaß erhalten Erik von Braunschweig (genannt „Hericonius heros" in 4, 562.639, „Saxonius heros" in 11, 650 und schlicht *heros* in 11, 620), Fritz von Zollern („heros Zornensius" in 2, 168; „Zornius heros", 5, 83. 10, 882; „Atralbius heros"[291] in 11, 530, sowie nur *heros* in 11, 575), der Graf von Sonnenberg (als „Suneburgius heros" in 7, 409.424),[292] Kasimir von Brandenburg (*heros* in 10, 615), Albrecht von Bayern-München („Martius heros"; 5, 671) und Erzherzog Siegmund

---

289 Hierzu Pulina: Violence, S. 252.

290 Der Grund hierfür liegt in der von Bartolini konstruierten Abstammung des Herzogs von dem römischen Geschlecht der Decier (Austrias 1531, S. 144).

291 Spiegel kommentiert wie folgt (Austrias 1531, S. 312): „In argumento huius libri scribitur hanc orationem habitam fuisse a comite Zornio: quare hic Atralbium pro illius nomine immutatum esse puto. Et fortasse, ut poeta est ingeniosus, ad eius insignia respexit, quae alba nigraque sunt." [„In der Zusammenfassung dieses Buches steht geschrieben, dass diese Rede von seinem Begleiter Fritz von Zollern gehalten wurde: Daher meine ich, dass hier Atralbius für dessen Namen eingetauscht wurde. Und so einfallsreich, wie der Dichter ist, hat er vielleicht dessen Wappen beachtet, welches weiß und schwarz ist'].

292 Nach Spiegel handelt es sich um den Anführer von Albrechts Truppen (Austrias 1531, S. 177).

von Tirol („Tyroleius heros"; 4, 86) diese Bezeichnung. Als *heros* werden außerdem Anchises (4, 834), Perseus (1, 228), Hercules (7, 135) sowie Tydeus (12, 437) tituliert.

Im Plural bezeichnet das Wort einerseits Heroen der mythischen Vorzeit,[293] andererseits kollektiv die Herrschenden: Zweimal ist von den „Boiugen[i] hero[es]" die Rede (1, 41; 2, 440). Gemeint sind keine tapferen Krieger: In 1, 41 ist der Erbfolgekrieg noch nicht ausgebrochen, es ist just die Rede von den pfälzischen Herzögen und ihrer Gier nach Macht (1, 40–42).[294] Ebenso ist die Stelle 2, 440 eingebettet in einen Abriss der Geschichte Bayerns. In 10, 488b–489a ist die Rede von Tisiphone, die vormals durch die „urbes | Phalsgraphidum heroum" und nun, vor der Entscheidungsschlacht, in die Lager der Böhmen zieht. Auch hier sind die ‚Städte der Herren von der Pfalz' gemeint, wo Tisiphone die Gier nach Macht gesät hat. Anders verhält es sich bei den „Austriad[es] hero[es]" in 12, 185. Damit bezeichnet Bartolini die im Krieg gefallenen Soldaten Maximilians, zu deren Ehren Leichenspiele veranstaltet werden sollen und die der Dichter abschließend zu ‚Helden' zu erheben sucht; gleichzeitig kann es auch die Zuweisung von Ehren meinen, wie Heroen sie empfangen haben. Neben den Stellen, an denen als *heroes* kollektiv von Maximilians Gefährten die Rede ist, die auch individuell *heros* heißen (2, 490; 3, 707; 5,87; 11, 328.332.384.395; 12, 287), wird der Habsburger selbst einmal als Abkömmling von Heroen bezeichnet (10, 87), was auf die Heroen der mythischen Vorzeit, speziell auf die Abstammung von Aeneas anzuspielen scheint.

Bartolini bedient sich des *heros* einerseits, um die Anhänger Maximilians ‚nach unten' von der Masse sowie von den Gegnern abzugrenzen. Zwar sind die betitelten Figuren im Epos auch heldenhaft, allerdings scheint das Wort insgesamt betrachtet doch weniger diese Konnotation des Heroischen zu bedienen, weil nach wie vor auf den Krieg fokussierende Adjektive wie *fortissimus*, *imperterritus*, *Mavortius* etc. oder als Genetivattribut „belli" (5, 87) nötig sind. Bartolini nutzt das *heros* vielmehr zu einer sozialen Distinktion der verschiedenen am Narrativ teilhabenden Figuren und Gruppen. Ob der „heros Zornensius" der ‚Herr von Zollern' oder der ‚zollersche Held' ist, wird irrelevant, wenn Bartolini

---

293 In 5, 748 heißt es von Pallas' Lanze „qua domat heroas coetumque irata deorum" [‚mit der sie in ihrem Zorn die Heroen und die Versammlung der Götter bezwingt']. Ebenfalls finden sich die mythischen *heroes* in 8, 696, als Leukippe auf dem Mond die Seligen schauen kann, wo explizit ein Unterschied zwischen „heroasque patresque magnanimosque duces" [‚den Heroen, den Vätern und den hochherzigen Fürsten'] gemacht wird.
294 „Vigiles exemplo it rumor ad aures | Boiugenum heroum, gliscitque insana cupido | regnandi, saevitque animis gens aspera bello." [‚Das Gerücht dringt schnell zu den aufmerksamen Ohren der böhmischen Herren, es erglimmt die wahnsinnige Gier nach Herrschaft und in ihren Herzen tobt das Volk, das so hart ist im Krieg.']

damit vor allem zur Schau stellt, dass der eine ein *heros* ist und der andere nicht. Andererseits – und das ist vielleicht der gewichtigere Beweggrund – mythifiziert Bartolini damit den Landshuter Erbfolgekrieg und die geschichtsteleologische Inszenierung von Maximilians Herrschaft in der Nachfolge des Aeneas. Denn die breite und stark repetitive Anwendung für Maximilians Gefolgschaft, für große und kleine Helden, soll suggerieren, dass wie in den homerischen Epen die Zeit einer ganzen Heldengeneration angebrochen ist, freilich nur auf Habsburgerseite. Bartolini sucht nicht nach einer spezifischen, lexikalischen Bedeutung des *heros*, sondern nutzt es als epischen Topos.

4.4.2 Der Auszug aus Augsburg – die erste Vorstellung des Heldenkollektivs

Die Abgrenzung Maximilians von seinem Kollektiv und des Kollektivs wiederum von der Masse wird von Bartolini unmittelbar bei der ersten Erscheinung Maximilians noch vor der famosen Bärenerlegung eingeleitet, nämlich beim Auszug zur Jagd aus Augsburg. Nicht nacheinander verlassen die Helden die Reichsstadt, vielmehr warten sie vor den Toren des Palastes auf ihren König und zwar in erster Reihe, ‚ganz vorne an der Türschwelle' („primo[ ] in limine"; 2, 137). Dabei wird räumlich das Heldenkollektiv von weiteren Zuschauern abgegrenzt. Der Erzähler beginnt mit der Beschreibung der Wartenden. ‚Von einer großen Schar umgeben' („circumdatus agmine magno"; 2, 140) leuchtet Albrecht von Bayern-München hervor („emicat"; 2, 141). Auf ihn schaut man als Ersten („primus"; 2, 140) noch ‚vor allen anderen' („ante alios"; 2, 140) – der Erzähler nimmt somit auch eine Abgrenzung innerhalb der Helden vor. Die Darstellung ist dabei besonders lebendig, weil Bartolini neben dem visuellen Element, dem Leuchten („emicat"; 2, 141 sowie „dignusque videri"; 2, 142), Albrecht auch auditiv in Erscheinung treten lässt, nämlich durch den Klang seiner Waffen und seiner Rüstung (2, 141b–142a): „vastisque sonantia gestat | tela humeris".[295] Der Glanz des Helden ist Teil seiner Attraktionskraft, das Klingen der Waffen symbolisiert dessen *agency*. Diese Ekphrasis ermöglicht eine Immersion von Leserinnen und Lesern und dient der Erzeugung von Verehrung.

Anschließend an Albrecht wird Wilhelm von Hessen eingeführt. Auch er zeichnet sich durch einen Glanz aus, der einerseits von seinen Waffen, andererseits von seinem Pferd und dessen goldenen Sporen stammt („aeripedem [...] calcaribus aureis"; 2, 145 sowie „nitidoque [...] ferro"; 2, 146). Pferde waren immer fester Be-

---

295 [‚er schwingt seine klingenden Waffen mit seinen ungeheuren Armen']

standteil epischer Kriegsnarrative;[296] eine enge Relation zwischen Helden und Pferden hat Ryan Platte in der *Ilias* beobachtet und spricht von beiden als „essential figures of martial excellence".[297] Sie leisten den Helden nicht nur Unterstützung im Krieg, sondern dienen auch der Charakterisierung ihrer Reiter, insbesondere durch Pferdegleichnisse; mit Hector erhält ein Held sogar das Epitheton *hippodamos*.[298] Für die Maximiliansepik erweisen sich Pferde als besonders dienlich, weil sie gleichzeitig fester Bestandteil ritterlicher Darstellungen waren und Implikationen über das Wesen ihres Reiters gaben;[299] die erhabene Position des Reiters etwa verweist auf dessen Exzeptionalität, die Kontrolle über das Pferd manifestiert die *agency* eines Helden.[300] Man muss sich außerdem vergegenwärtigen, dass in Aen. 11, 486–497[301] gerade Turnus ein Pferdegleichnis erhalten hat, wodurch Turnus' jugendliche Stärke und sein Heldenmut unterstrichen

---

296 Die Bedeutung der Pferde für die Darstellungen und die Helden der *Ilias* wird analysiert von Ryan Platte: Equine Poetics. Washington 2017 (Hellenic Studies Series 74), S. 36–67.

297 Platte, S. 36. Sie können zudem – wie ihre Reiter – eine gewisse Göttlichkeit repräsentieren, hierzu näher ebd., S. 38.

298 Achim Aurnhammer u.a.: Pferd. In: Compendium heroicum. Hg. von Ronald G. Asch u.a. Freiburg i. Brsg. 08.06.2020 (Version 1.1). DOI: 10.6094/heroicum/pd1.1.20200608 (letzter Zugriff 02.07.2021).

299 Ein Bezug von Reiterhaltung und Charakter des Reiters wird eingehend diskutiert in Beate Ackermann-Arlt: Das Pferd und seine epische Funktion im mittelhochdeutschen ‚Prosa-Lancelot'. Berlin, New York 1990 (Arbeiten zur Frühmittelalterforschung 19), S. 231–245. Insbesondere arbeitet sie die essenzielle Bedeutung des Pferdes für einen Ritter und echtes Rittertum heraus (Kapitel II „Der Nutz- und Prestigewert des Pferdes" auf den Seiten 98–131, bes. 98–101 sowie Anm. 1). Durch das Pferd werde das Bestehen von *âventiuren* erst möglich (ebd., S. 98). Hervorzuheben ist der Bezug von Haltung im Sattel auf „den Charakter, die seelische Befindlichkeit und die epische Situation" (ebd., S. 237), dass insbesondere eine vorbildliche Haltung auf einen ehrbaren Charakter schließen lasse sowie dass die Haltung „unverfälschter Ausdruck der Gemütsbewegung" sei (ebd., S. 238). Die Verbindung von Heldentum und Beherrschung eines Pferdes wird auch im *Magnanimus* deutlich, beispielsweise in 33, 61b–63, wo Infoelix bemerkt: „Quis in omnibus heros | inveniatur [...] terris, qui fortior acri | aut insidat equo cursus aut concitet aequos?" [‚Was für einen Helden könnte man irgendwo auf der Welt finden, der tapferer auf dem wilden Pferd sitzen oder es zu einem ihm gleichen Lauf antreiben könnte?'].

300 Aurnhammer u.a.

301 Der Wortlaut ist in Aen. 11, 492–497: „Qualis ubi abruptis fugit praesepia vinclis | tandem liber equus, campoque potitus aperto | aut ille in pastus armentaque tendit equarum | aut adsuetus aquae perfundi flumine noto | emicat arrectisque fremit cervicibus alte | luxurians, luduntque iubae per colla, per armos." [‚So zerreißt seine Stricke und stürzt hinweg von der Krippe, endlich frei, ein Hengst, und hat er gewonnen das offne Feld, so strebt er der Weide zu und den Herden der Stuten, oder, gewohnt, im vertrauten Strome des Wassers zu baden, springt er empor und wiehert mit aufgerichtetem Nacken übermütig; es spielt um Hals und Bug seine Mähne.'] (Übers. aus Vergil: Aeneis, hg. von Holzberg, S. 587).

wurde.[302] Die ganze Wildheit des Turnus wird an einem Pferd illustriert, das ohne Zügel frei ist und sich keiner Kontrolle unterwerfen will. In der *Austrias* betont der Erzähler als *epitheton ornans* Wilhelms Schnelligkeit zu Pferd (2, 147): „rapidos praevertitur aemulus Austros",[303] was direkt mit dessen Kriegertum verbunden wird, indem Wilhelm im selben Satz das Attribut ‚kriegerisch' erhält („Mavors"; 2, 148).

Das Motiv des Pferdes und dessen Rückwirkung auf den Heldenstatus seines Reiters entfaltet Bartolini weiter bei Ulrich von Württemberg, der im Anschluss präsentiert wird und einen ähnlichen Status wie Wilhelm besitzt, indem er ‚nicht langsamer als dieser' reitet („segnior haud illo"; 2, 150). Ulrich wird in seiner Erhabenheit als Reiter auf einem wilden Pferd geschildert; die Wildheit des Tieres (und damit die Schwierigkeit seiner Bezähmung) wird durch die schäumenden, wolfsähnlichen Zähne des Tieres unterstrichen (2, 151) sowie dass es im schnellen Lauf Staubwolken erzeugt (2, 152). Auch Ulrich strahlt, wobei dieser Glanz jedoch ganz durch den des Pferdes bedingt ist: Es ist von dessen goldener Spange die Rede („fibula [...] | aurea"; 2, 153b–154a); außerdem bindet Ulrich dessen Haar mit einem Goldreif zusammen (2, 154–155).

Den nachfolgenden vier Figuren, Erik von Braunschweig, Wilhelm II. von Jülich-Berg, Kasimir von Brandenburg und Fritz von Zollern, kommen nur kürzere Beschreibungen zu. Dies passt insofern zu den nachfolgenden Geschehnissen, als die drei genannten Helden Albrecht, Ulrich und Wilhelm von Hessen mit dem meisten Platz bei dieser erstmaligen Vorstellung auch im Verlauf des Narrativs am meisten Platz für ihre Heldentaten erhalten, nämlich jeweils fast ein ganzes Buch (5.–7.). Die weiteren Helden individuieren nicht sehr stark, einzig Kasimir erhält noch eine, wenngleich im Umfang deutlich kürzere Aristie. Nicht nur hinsichtlich der Verszahl, auch in den spezifischen Wesenszügen differenziert Bartolini die folgend genannten Helden von den ersteren, indem er mehr auf deren Genealogie eingeht und die individuelle Attraktionskraft bzw. die ihres Harnischs oder Pferdes hintanstellt: Der Erzähler betont kurz die große Tugendhaftigkeit Eriks, die an die Taten seiner Vorfahren erinnern lässt (2, 159–160). Anschließend wird Herzog Wilhelm II. von Jülich-Berg eingeführt – eine obskure Figur, die von Bartolini nicht beim Namen genannt wird und im weiteren Verlauf des Epos keine Rolle mehr spielt: Er glänzt durch eine Ahnenreihe, die auf Julius Cäsar zurückgehe.[304] Es

---

302 Hierzu sowie zur Vorlage in der *Ilias* näher Ursula Gärtner, Karen Blaschka: Similes and comparisons in the epic tradition. In: Structures of Epic Poetry. Bd. 1. Hg. von Christiane Reitz, Simone Finkmann. Berlin, Boston 2019, S. 727–772, hier S. 735–736.747–748.

303 [‚wetteifernd eilt er den schnellen Südwinden voraus'].

304 In 2, 163–164 heißt es: „Nec te Iuliaci imperium populumque regentem | praeteriisse sinam divinae prolis alumne." [‚Ich will nicht zulassen, dass Du, der Herrschaft und Volk Jü-

folgt die Darstellung Kasimirs von Brandenburg, welcher ebenfalls mit Verweis auf den glorreichen Vater eingeführt wird („sequiturque parentem"; 2, 165). Indem Bartolini bei ihm zusätzlich die purpurnen Wangen betont,[305] die vor allem Jugendlichkeit und Lebenskraft suggerieren,[306] hebt er gerade ihn sichtlich von Erik und Wilhelm ab und impliziert damit bereits, dass Kasimir später noch besonders in Erscheinung treten wird; er wird die Amazone Pantho besiegen. Im Gegensatz zu Kasimir fällt der nachfolgend genannte Fritz von Zollern nicht durch sein farbiges, lebhaftes Antlitz auf, sondern ‚nur' durch bemalte Waffen (2, 168–169) – was an sich nicht abwertend ist,[307] nur im direkten Kontrast zu den purpurnen Wangen Kasimirs als Abstufung erscheint, weil die Farbe der rein äußeren Rüstung der inneren Blüte Kasimirs kontrastiv gegenübersteht.

Den Abschluss der Liste bildet Matthäus Lang, der als Begleiter Maximilians in der Nachfolge von Aeneas' Gefährten Achates steht und eine vorrangige Stellung unter Maximilians Gefährten einnimmt (2, 173–176):

> Hic nitet ante alios forma pulcherrimus omnes.
> Non secus humentes vel cum nox ingerit umbras,
> vel surgens Aurora diem lucemque reducit,
> Lucifer astrorum splendens super eminet ignes.[308]

In diesen Worten wird die Einführung Albrechts noch einmal aufgenommen. Das „nitet" entspricht dem „emicat", außerdem wird auch hier die Vorrangstellung durch „ante alios" betont. Neben der herausgehobenen Platzierung am Ende des

---

lichs lenkt, ohne ein Wort vorbeigezogen bist, Spross einer göttlichen Nachkommenschaft.']. Im Text spricht der Erzähler, er wolle Wilhelm nicht übergehen, und tut es eigentlich doch, indem er bei diesem als Einzigem den Namen nicht erwähnt. Dass das „Iuliaci" für ‚Jülich' die Abstammung von Julius Cäsar anzeigt, kommentiert Spiegel (Austrias 1531, S. 93).

305 So heißt es (2, 165): „purpureae nigra lanugine malae | tinguntur" [‚seine purpurnen Wangen werden von dunklem Bartflaum verfärbt'].

306 Die Farbe Purpur ist im Übrigen die Farbe der Gewänder der homerischen Helden, s. Heinke Stulz: Die Farbe Purpur im frühen Griechentum. Beobachtet in der Literatur und in der bildenden Kunst. Stuttgart 1990 (Beiträge zur Altertumskunde 6).

307 Zu den Waffen wird nichts weiter gesagt, als dass sie bemalt sind. Die Auszeichnung erhalten sie vielmehr dadurch, dass Bartolini hinzufügt, solche Waffen habe schon Orion gebraucht bei der Jagd in den Wäldern Arkadiens (2, 169–170). Damit spielt Bartolini wohl auf Aen. 12, 281 an, wo den Arkadiern bemalte Waffen zugeschrieben werden. Der Dichter versucht damit, die Waffen zu exzeptionalisieren, will aber nicht auf ihren Glanz eingehen, sondern der Farbe von Kasimirs Wangen die farbige Rüstung analog entgegenstellen.

308 [‚Dieser strahlt noch vor allen anderen am schönsten in seiner Gestalt. Nicht anders überragt der leuchtende Morgenstern die Feuer der Sterne, wenn die Nacht die feuchten Schatten wirft oder die aufsteigende Morgenröte den Tag und das Licht zurückbringt.']

Kataloges ist als Alleinstellungsmerkmal von Langs überragender Schönheit im Superlativ die Rede,[309] intensiviert durch einen Vergleich mit dem Morgenstern.

Damit endet die Darstellung der Gefährten. Bartolini führt an den ausziehenden Helden erste Kategorien der Grenzziehung ein, indem er in seiner Beschreibung ihre Waffen, ihre Pferde, ihren Glanz, ihre Abstammung, den Umfang der Darstellung, aber auch ihre Präsenz variiert, indem sie besonders leuchten oder laut sind. Wer dies liest, kann sich wie einer der Zuschauer beim Auszug fühlen, was narratologisch gerade dadurch unterstützt wird, dass der Erzähler plötzlich bei Wilhelm in der ersten Person Singular spricht und die Illusion erweckt, er sähe den Helden an sich vorbeiziehen. Diese Lebhaftigkeit führt die Wartenden vor Augen, Leserinnen und Leser sehen die einen mehr, die anderen weniger, die einen höher, die anderen niederer, bei den einen schaut man auf ihr Gesicht, bei den anderen (wo die Strahlkraft des Gesichts vielleicht nicht ausreicht) auf die Waffen und in manchen kann man gar nur die Vorfahren sehen. Damit wird deutlich gemacht, dass es unter den Gefährten größere (Albrecht, Ulrich, Wilhelm von Hessen) und kleinere Helden (Erik, Fritz, Wilhelm von Jülich-Berg, Kasimir) gibt. Matthäus Lang wird indes weniger aufgrund eines besonders herausragenden Auftretens im Epos bei der Einführung besonders gewürdigt, als vielmehr, weil Bartolini in dessen Diensten stand.

Man ist geneigt, die genannten Männer bereits an diesem Punkt der Lektüre als ,Helden' anzusprechen, obwohl sie ein notwendiges Kriterium des Heroischen nicht erfüllt haben: Sie haben noch keine Heldentat vollbracht. Allerdings treten sie wie solche auf. Rudolf Steiner fragt nach Heldenposen und postuliert, man könne einen Helden an seinem Namen oder seinen Eigenschaften erkennen, an die man sich aus „Heldengesängen" heraus erinnere, „nicht unbedingt aber, weil sich sein Auftritt und seine Präsenz im Nu als solche offenbaren.[310] Die Qualitäten der von Bartolini vorgeführten Helden sind allerdings stereotypisch, zumal im lateinischen Epos. Das Publikum weiß, dass solche Figuren Helden sind, und dann nämlich kann auch der reine Auftritt einer wenig bekannten Person bereits Züge des Heroischen tragen.

Vor der Folie des wartenden Kollektivs nun lässt Bartolini Maximilian auftreten. Dass die Erzählung im Anschluss an die Darstellung Langs auf eine andere Ebene wechselt bzw. die Beschreibung der Menge der Wartenden abgeschlossen ist, wird kenntlich gemacht, indem noch einmal entsprechend dem Anfang (2, 137–138) wiederholt wird: „regem exspectabant" (2, 181). Dann tritt Maximilian auf. Über ihn erfuhr man nur zu Beginn des zweiten Buches in aller

---

309 Die Schönheit wiederum steht in Relation zum Kriegertum des Helden, wie bereits Patzer, S. 166–167 konstatierte: „Das homerische männliche Schönheitsideal verweist überdies eindeutig auf kriegerische Tüchtigkeiten, denn zu ihm gehört unabdingbar Körpergröße und ,breite Schultern', durch die z.B. in der ,Teichoskopie' Agamemnon den beobachteten Troern auffällt."
310 Reinhard Steiner: Heldenposen. In: Merkur 63.9/10 (2009), S. 925–933, hier S. 925–926.

Kürze, dass er sich Sorgen um die Auswirkungen eines Krieges mache (2, 14–15)[311] und deshalb Gesandte zu Ruprecht geschickt habe, um Frieden zu stiften (2, 20). Während die längst vorgeführten Helden durch ihre Attribute heroisiert werden, verhält es sich bei Maximilian anders – auch dies eine deutliche Grenzziehung: Er ist es gerade, der tatsächlich aus sich heraus ‚im Nu‘ die Präsenz eines Helden bei den Betrachtern erzeugt: „egreditur" (2, 182) – Maximilian „tritt heraus". Sein Auszug wird verglichen mit dem des ägyptischen Gottes Ammon. Mit ihm bedient sich Bartolini einer Gottheit, die genauso mächtig ist wie Jupiter, aber eben nicht Jupiter bzw. der christliche Gott ist – bei Lukan wird Ammon als der Jupiter der Garamanten dargestellt (Bellum civile 9, 511–513). Das stärkste Mittel der Überhöhung, das Bartolini zur Verfügung steht und das er hier unmittelbar anwendet, ist die Sakralisierung, wodurch er alle bislang erwähnten Helden überragt. Das „egreditur" am Versanfang bildet durch die ausgedrückte Mobilität zudem einen starken Kontrast zu der statischen Darstellung der wartenden Helden: Maximilian ist der, der auf sich warten lassen kann, so wie Achill einst auf sich warten ließ. Der Erzähler beschreibt dessen Auftritt wie folgt (2, 184b–185):

> Sedet ille altum vultusque verendos
> exerit et viso gaudentque paventque Tonante,
> aut cum caelicolis curru spectandus eburno
> offertur sacraque novos ciet Elide ludos.[312]

Hier wird nun explizit ein Vergleich mit Jupiter aufgemacht: Die Menge freut sich und verspürt gleichzeitig Angst, als hätte sie Jupiter gesehen, wie er auf seinem ehernen Wagen sitzt. Neben dieser Erhabenheit über die anderen wird Maximilian auch eine unmittelbare Verehrung zugesprochen, durch seine „vultus verend[i]", sein Charisma. Freude und Schaudern entsteht aus der Schau von Maximilians Wesen, nicht durch seine Rüstung, nicht durch sein Pferd, nicht durch einen Glanz und nicht durch Abstammung. Die Zuschauer werden dazu gezwungen, ihn anzuschauen („spectandus"). Visuelles („viso") und auch Auditives („Tonante") wirkt dabei ineinander. Es ist kein Zufall, dass Bartolini an dieser Stelle von Jupiter als Tonans spricht. Der Dichter steigert damit den äußeren Klang von Waffen und Pferd, wie er ihn bei Albrecht und Wilhelm von Hessen beschrieben hat, und verlagert ihn ins Innere des Helden. Auch das Vi-

---

311 „magnanimus Caesar curis ingentibus acris | principium evolvens belli cladesque futuras" [‚Der hochherzige Maximilian bedenkt mit immensen Sorgen den Beginn eines heftigen Krieges und das künftige Blutbad.‘].

312 [‚Jener sitzt erhaben, zeigt seine ehrwürdigen Gesichtszüge. Sie freuen sich und haben Angst, als hätten sie Jupiter gesehen, gerade wenn sich der Sehenswerte auf seinem ehernen Wagen den Himmelsbewohnern zeigt und im geheiligten Elis neue Spiele eröffnet.‘]

suelle ist gesteigert, es ist von keinem glänzenden Metall oder einem rosigen Gesicht die Rede: Maximilian strahlt aus sich heraus. Wo die Helden an seiner Seite auf Attribute angewiesen sind, zeugt Maximilian von einem Charisma, das weltliche Gegenstände nicht zur Verehrung benötigt.

Damit wird nicht nur Maximilian von seinen Mitstreitern abgegrenzt, vielmehr wird in der gesamten Einführung auch die Seite des Königs gegen die Seite der Gegner abgegrenzt. Betrachtet man diese Liste im Ganzen, wird deutlich, dass die beherrschende Komponente der Glanz ist, begonnen bei den strahlenden Sporen am Pferd Albrechts bis zu Lang, dessen Gestalt eine solche Strahlkraft besitzt wie der Morgenstern und die aufgehende Morgenröte (2, 175–176), gipfelnd in der Gestalt Maximilians. Sie stehen damit kontrastiv zu den Figuren der Unterweltsschau im ersten Buch, in deren Nachfolge sich Ruprecht präsentiert. Direkt als Ruprecht zum Hain kam, hieß es, man höre Seufzen und Gemurmel, das die traurigen Haine („tristes lucos"; 1, 293) erfülle. Es ist die Rede vom ‚dunklen Wald' („nemus [...] opacum"; 1, 297). Die Helligkeit, das Strahlen von Maximilians Gefährten und ihm, findet einzig ihre Parallele im lebendig roten Blut, das die Toten zu Lebzeiten vergossen haben. Für die aufziehenden Schatten gebraucht Bartolini zwar mehrmals das Wort *cruentus*, das das geflossene und geronnene, dunkle Blut bezeichnet (1, 468.564–566.577–581). Dementgegen ist jedoch auch von *sanguis* die Rede, dem frischen, lebendigen Blut, und dies ist das einzige, was in der Schattenwelt strahlt: Die Toten selbst sind matt, haben keine glänzenden Waffen (mehr – denn es sind auch einige Verlierer darunter); das Epos erzählt vom Schmerz der Toten und ihrer Trauer, die man an ihrem Gesichtsausdruck erkennen kann (1, 569.574–575). Georg selbst lenkt den Blick des Publikums auf ihre Gesichter (1, 569–570): „At qui se maestis ostendunt vultibus, ac te | aversis spectant oculis lumenque recondunt."[313] Auch hierzu kontrastiert Bartolini die Helden an Maximilians Seite mit Nachdruck, indem er bei der ersten genannten Person, Albrecht, den heiteren, kraftvollen Gesichtsausdruck betont („alacter vultu"; 2, 142). Das besondere Strahlen, das gerade bei Lang als letztem Glied des Kataloges erneut herausgehoben wird, wird auch bei Albrecht angedeutet. Dessen klingende Waffen nämlich erinnern intertextuell an die Waffen des Lichtgottes Apoll, der als Gleichnis für Aeneas' Auszug zur Jagd aufgerufen wurde (Aen. 4, 149). Die Referenz auf diese Stelle wird hergestellt, indem Vergil anschließt, dass ‚ebenso kraftvoll Aeneas schritt' („haud illo segnior ibat | Aeneas"; Aen. 4, 149b–150),[314] nur,

---

313 [‚Aber sie, die sich mit traurigen Mienen zeigen und Dich mit abgewandten Augen betrachten, verbergen ihr Licht.']
314 Übers. aus Vergil: Aeneis, hg. von Holzberg, S. 197.

dass der, der in der *Austrias* nicht weniger langsam einherschreitet, Ulrich ist. Eine Entsprechung des Waffenklanges findet sich in der Nekyia übrigens ebenfalls nicht, die Toten schreiten anscheinend lautlos vorbei, was Georg nahelegt, der Ruprecht mehrfach zum Hinsehen auffordert,[315] nie aber zum Hinhören.

Albrecht steht in einem zweiten Punkt auch Ruprecht selbst kontrastiv gegenüber. Denn ebenso wie Albrechts Glanz, Waffen und Pferd erwähnt werden, hebt der Erzähler auch seine Sorgen hervor: Der Bayer nämlich ist sich der Auswirkungen seines Handelns bewusst (2, 143–144): „Hic curam ingentem premit et sub pectore versat | venturum excidium populis caedesque cruentas.“[316] Er sorgt sich um den aus dem Krieg resultierenden Schaden für die Menschen, nicht nur für seine Leute, sondern für alle. Das ist bei Ruprecht keineswegs der Fall, seine Sorge, die betont wurde (1, 99), gilt einzig seiner Herrschaft. Auch seinen Vater Philipp, der sich um den Krieg sorgt (1, 119), kümmert nur die Herrschaft, wie er selbst bekundet (1, 137): „Nunc regni cura est animo“.[317] Albrecht erscheint somit als jemand, der den Krieg eingeht, weil es ein gerechter Krieg ist, der aber die Gewalt würde vermeiden wollen.

4.4.3 Die Entscheidungsschlacht bei Wenzenbach

In Austrias 10, 513–925 wird die Schlacht bei Wenzenbach[318] geschildert. Nachdem die böhmischen und pfälzischen Truppen von Sulzbach, das sie seit Ende August 1504 belagerten, aus Furcht vor Maximilians Heer am 6. September 1504 abgezogen waren, traf ein 3000 Mann starker Teil dieser Truppen am 12. September bei Wenzenbach auf Maximilians Heer.[319]

---

315 „alio deflecte aciem“ [‚wende Deinen Blick in die andere Richtung‘] (1, 567), „iam specta“ [‚schau schon‘] (1, 580); „aspice ut“ [‚sieh an, wie‘] (1, 617), „Nunc geminas huc flecte acies.“ [‚Wende Deine Augen nun hierhin.‘] (1, 661), „aspice nunc Dryadas“ [‚schau nun die Dryaden an‘] (1, 665).

316 [‚Dieser verbirgt die ungeheure Sorge, dass den Völkern Verwüstung bevorstehe und blutiger Tod, und wälzt sie in seinem Herzen.‘]

317 [‚In meinem Geist nun hegt sich die Sorge um die Herrschaft‘].

318 Zum abweichenden Geographicum „Wenzenberg“ s. Regesta imperii XIV. Ausgewählte Regesten des Kaiserreiches unter Maximilian I. 1493–1519. Bd. 4. Tl. 1, bearb. von Hermann Wiesflecker u.a. Wien u.a. 2002, Nr. 19141, 4: „KM hat am 12. September morgens 8 Uhr in dem Mensepach (Wenzenbach) 3.000 Böhmen verfolgt und gestellt, welche in den Ländern Hg Albrechts [...] größten Schaden angerichtet hatten; er hat sie in einer Wagenburg auf einem Berg (Wenzenberg) geschlagen“.

319 Gugau, S. 70–71, nach dessen Angaben ebd. die Schlacht 1600 Böhmen das Leben kostete und 650 weitere in Gefangenschaft gerieten.

Viele von Maximilians Mitstreitern haben bereits epische Großtaten vollbracht, doch die sog. Entscheidungsschlacht[320] vereinigt sie und bietet Bartolini abschließend die Gelegenheit, in der kollektiven Heldentat Abstufungen des Heroischen zu schaffen. Sie hat dennoch nicht die Funktion eines Fluchtpunktes des Narrativs, da einerseits Ruprecht vorzeitig verstorben ist, andererseits erst die Eroberung Kufsteins von Jupiter als Ende des Krieges bezeichnet wird (11, 254–255). Dass der große Kampf gegen Ruprecht allerdings schon vorüber ist, bietet die Möglichkeit, dass auch die Helden an Maximilians Seite noch einmal breiteren Raum für ihre Taten erhalten und Bartolini so die Abgrenzung zu diesen, die er beim Auszug in Augsburg eingeleitet hat, noch einmal auffächern und ausbauen kann, ohne dabei Gefahr zu laufen, die Heroisierung gegenüber Ruprecht zu vernachlässigen oder zu verwässern.

Wie bei der Teichoskopie im zweiten Buch bildet Maximilian einen Rahmen um die Darstellung des Heldenkollektivs, an dessen Anfang Bartolini – noch vor Anrufung der Musen – eine Rüstungsszene Maximilians setzt (10, 427–436a):

Interea Caesar fulgentibus emicat armis
fortior ante alios, nec non sibi protinus aereo
praemunit perone pedes et more vetusto[321]
auratis suras ocreis affibulat altas.
Ingentesque artus et vivida pectora munit
thorace aerisono et chalybum septemplice crusta
induit arma, caput textura contegit aurea.
Postmodo vulnificum circum latus alligat ensem
formatum Styriis incudibus, unde magistri
bellum aptum effigiant chalybem.[322]

---

320 Realiter handelte es sich bei dieser Schlacht nicht um eine Entscheidungsschlacht, „mit der Niederlage des böhmischen Heeres wurde die pfälzische Partei jedoch in die Defensive gedrängt" (Gugau, S. 71), was letztlich wohl den Pfälzern den Sieg kostete (ebd.). Insofern hat die Schlacht durchaus einen entscheidenden Charakter. Die nachfolgende Eroberung Kufsteins im 11. Buch der *Austrias* ergibt sich im Text überides nicht unmittelbar aus den Erbstreitigkeiten heraus; sie wird später von Jupiter aufgetragen. Der Göttervater macht Maximilian darauf aufmerksam, dass der Krieg noch nicht ganz zu Ende ist („victricia nondum | signa vehas" [‚Du trägst noch nicht die Siegeszeichen'], 11, 316b–317a).
321 In der Hinzufügung „more vetusto" – Maximilian handele, wie es hergebracht ist – kommt der genealogische Aspekt zum Ausdruck, der Maximilian als „heroum prole[s]" (10, 87) ausweist. Indes findet sich in der Edition Spiegels an dieser Stelle „more venusto" [‚in anmutiger Weise'], was die Ästhetik unterstreicht.
322 [‚In der Zwischenzeit erstrahlt Maximilian mit seiner glänzenden Rüstung als ein den übrigen in seiner Stärke Überlegener, er befestigt sogleich die erzenen Stiefel an seinen Füßen und bringt nach alter Sitte den goldenen Beinharnisch an seinen hohen Waden an. Er schützt seine breiten Arme und seine kräftige Brust mit einem erztönenden Panzer, ergreift die Waffen, die aus sieben-

In keiner Schlacht wurde bislang ein derart ausführliches Bild von Maximilians Erscheinung gegeben,[323] noch hat irgendeiner seiner Gefährten solche Waffen tragen können.[324] Die ausführliche Darstellung der Rüstung verfolgt mehrere Ziele: Zum einen demonstriert sie zweifelsfrei die Exzeptionalität Maximilians, die durch seine Rüstung für jedermann sichtbar wird. Der Pleonasmus „fulgentibus emicat" unterstreicht dies. Der Detailreichtum trägt zur Lebhaftigkeit der Szene bei. Bei der Lektüre wird das Anlegen der Rüstung von unten nach oben – von den Füßen zum Kopf – miterlebbar. Durch die Beschreibung der Einzelteile, Stiefel, Beinharnisch, Brustpanzer, Armschutz und Helm wird der Körper des Helden nachgezeichnet. Diese Körperlichkeit entwickelt Bartolini für keinen der anderen Helden und bildet damit einen Kontrast zur Darstellung beim Auszug aus Augsburg, wo einzig das innere Charisma des Königs beschrieben und auf sein Äußeres zugunsten der Abgrenzung verzichtet wurde. Denn angesichts der Waffen seiner Gefährten hätte Maximilian schon beim Auszug der Jagd einer solch imposanten Rüstung bedurft, was sich im Kontext der Jagd unpassend dargestellt hätte und sich an dieser Stelle in sinngebender Weise nachholen lässt.

Derartige Szenen sind ein wichtiger Baustein lateinischer Epen.[325] Walter Arend hat für die homerischen Rüstungsszenen ein festes Schema nachgewiesen: Ankündigungsvers – Beinschienen – Panzer – Schwert – Schild – Helm – Speer – Lanze.[326] Angesichts des Entscheidungscharakters der Schlacht sind die Parallelen zum Kampf Aeneas gegen Turnus bzw. die Abweichungen von dieser Vorlage besonders interessant zu beobachten. Nicht nur, dass Vergil nie den ganzen Harnisch beschreibt,[327] gerade die Rüstung des Aeneas vor dem Entscheidungskampf tritt, wie Werner Kühn überzeugend gezeigt hat, stark hinter die in-

---

schichtigem Stahl bestehen und bindet goldenen Stoff um sein Haupt. Danach legt er das wundenbringende Schwert um seine Hüfte, das auf steirischem Amboss geschmiedet wurde. Dort schaffen die Meister einen Stahl, der für den Krieg geeignet ist.']

323 Der Glanz seiner Waffen indes wurde mehrfach thematisiert, jedoch nur kurz, z.B. in 4, 784–785 und 5, 431–432.

324 Glänzende Waffen haben die meisten Charaktere der *Austrias*, so Fritz von Zollern (2, 168–169), Oebalus (4, 723), Ruprecht (5, 546).

325 Zu den Rüstungsszenen bei Homer ist nach wie vor unentbehrlich Walter Arend: Die typischen Scenen bei Homer. Berlin 1933 (Problemata 7), S. 92–98; zu den vergilischen Rüstungsszenen und deren Unterschieden zu den homerischen s. Werner Kühn: Rüstungsszenen bei Homer und Vergil. In: Gymnasium 64 (1957), S. 28–59.

326 Arend, S. 93 sowie Tafel 6/Schema 10.

327 Kühn, S. 30.

nere Verfassung des Helden zurück.[328] Es kommt Vergil, der Rüstungsszenen stets an die Dramaturgie anpasst,[329] in dieser Situation vor allem auf Gemüt und Gedanken des Aeneas an, auf dessen hehres Ziel und dessen *pietas.*[330]

Maximilians ausführliches Ankleiden hat ein anderes Vorbild: die Rüstung des Achill in Il. 19, 365–383. Nicht nur, dass Bartolini ausführlich die einzelnen Komponenten des Harnischs nennt und sie durch Beiworte und teils ihre Provenienz präzisiert,[331] das Augenmerk liegt vor allem auf deren Glanz. Während bei Aeneas' Rüstung kein Wort über ihren Glanz fällt,[332] wird Achills Schild mit dem weit sichtbaren Licht des Mondes verglichen sowie dem Feuer eines Leuchtturmes;[333] der Glanz sei bis in den Himmel sichtbar.[334] Außerdem strahlten auch der Helm und die goldenen Haare.[335] Indem Bartolini auf die Darstellung Achills abhebt, geht er das Risiko ein, dass man in Maximilian einen zweiten Turnus sehen könnte –

---

328 Es heißt in Aen. 12, 430–440: „Ille avidus pugnae suras incluserat auro | hinc atque hinc oditque moras hastamque coruscat. | Postquam habilis lateri clipeus loricaque tergo est, | Ascanium fusis circum complectitur armis | summaque per galeam delibans oscula fatur: | ,Disce, puer, virtutem ex me verumque laborem, | fortunam ex aliis. Nunc te mea dextera bello | defensum dabit et magna inter praemia ducet. | Tu facito, mox cum matura adoleverit aetas, | sis memor et te animo repetentem exempla tuorum | et pater Aeneas et avunculus excitet Hector.'" [,Kampfbegierig schon hatte mit Gold er die Waden umschlossen, links und rechts, und er hasst, was ihn aufhält, und schwingt seine Lanze. Schon sitzt gut an der Seite der Schild, auf dem Rücken der Panzer; da umarmt er in voller Rüstung Askanius, gibt ihm durch das Visier einen Kuss zum Abschied, dieses ihm sagend: ,Sohn, lern männliche Haltung von mir und wirkliche Mühsal, Glück von anderen. Jetzt wird dich im Kampf meine Rechte schützen und dann dich hin zu großen Belohnungen führen. Du aber, wenn du bald schon erreichst das Erwachsenenalter, denk dran, und vergegenwärtigst du dir das Beispiel der Deinen, dann sei Vater Aeneas dein Ansporn und Hektor, dein Onkel."] (Übers. aus Vergil: Aeneis, hg. von Holzberg, S. 641).
329 Kühn, S. 30.
330 Ebd., S. 38–39.
331 Kühn, S. 31 bemerkt, dass die Angabe der Waffenherkunft typisch homerisch sei; hierzu Marina Coray: Book XIX. Boston, Berlin 2016 (Homer's Iliad. The Basel Commentary), S. 167.369–371.
332 Kühn, S. 38.
333 Il. 19, 374b–377a: „τοῦ δ' ἀπάνευθε σέλας γένετ' ἠΰτε μήνης. | ὡς δ' ὅτ' ἄν ἐκ πόντοιο σέλας ναύτῃσι φανήῃ | καιομένοιο πυρός, τό τε καίεται ὑψόθ' ὄρεσφι | σταθμῷ ἐν οἰοπόλῳ." [,der leuchtete weit hinaus mit dem Glanze des Mondes. So, wie draußen im Meer der Glanz des brennenden Feuers Segelnden Schiffern erscheint – hoch auf den Bergen entzündet, brennt es im einsamen Hof'] (Übers. aus Homer: Ilias, hg. von Rupé, S. 675.677).
334 Il. 19, 379–380a: „ὡς ἀπ' Ἀχιλλῆος σάκεος σέλας αἰθέρ' ἵκανε | καλοῦ δαιδαλέου ·" [,Also stieg von dem schöngeschmiedeten Schild des Achilleus auf zum Äther der Glanz.'] (Übers. aus Homer: Ilias, hg. von Rupé, S. 677).
335 Il. 19, 381b–383a: „ἣ δ' ἀστὴρ ὡς ἀπέλαμπεν | ἵππουρις τρυφάλεια, περισσείοντο δ' ἔθειραι | χρύσεαι." [,Nun hob er den Helm in die Höhe, stülpte den wuchtigen über den Kopf, und

denn Vergil hat den Zorn des Achill, auf dessen Darstellung diese Rüstungsszene folgt, bei der Darstellung des Turnus rezipiert.[336] Dennoch gibt es mehrere Gründe, weshalb Bartolini sich der Achilldarstellung bedient. Erstens der unverstellte Blick auf die Ausmaße von Maximilians Kampfeskraft durch Vergleich zu Achill. Einer Leserin oder einem Leser ist längst klar geworden, dass Maximilian seine Affekte kontrollieren kann, dass er aber – wenn es nötig ist – auch in wilden Zorn entbrennen kann, um seine ganze Aktionsmacht abzurufen.[337] Maximilian muss und kann mit aller Gewalt auf die Transgressionen der Pfälzer, ihre ‚brennende Lust zum Krieg‘ („ardens certandi [...] cupido"; 10, 426), die jeder von ihnen hat (ebd.), als *iusta causa* reagieren. Verstärkt wird diese Komponente des gerechten Krieges noch, indem Maximilian in einer Rede an seine Leute unmittelbar vor der Rüstungsszene die Pfälzer als gottloses Volk dargestellt hat (10, 352.390). Der zweite, weitaus bedeutendere Grund ist aber die Ausweitung von Maximilians Sakralität und die damit verbundene Abgrenzung gegenüber dem Heldenkollektiv. Marina Coray hat kommentiert, dass bereits die Heraushebung von Achills Glanz ihn vor allem von seinen Mitstreitern abheben sollte.[338] Der Glanz, den Maximilians Rüstung nach außen sichtbar macht, ist wesentlicher Bestandteil der Heroisierung, die Lichtmetaphorik, ein „Standardrepertoire der Rhetorik der Faszination",[339] lässt die Leserschaft das Charisma vor Augen sehen,[340] denn sie kann es nicht in der Anwesenheit spüren. Er überbrückt, so Brigitte Weingart, „den Zwischenraum zwischen Fasziniertem und

---

gleich einem Sterne, strahlte der buschige Helm, von den goldenen Haaren umflattert.‘] (Übers. aus Homer: Ilias, hg. von Rupé, S. 677).

336 Achills Rüstungsszene schließt an die mehrfache Erwähnung von Achills Zorn in diesem Moment an und dieser Zorn manifestiert sich auch im Glanz in den Augen des Helden (Übers. aus Homer: Ilias, hg. von Rupé, S. 675): „ὃ δ' ἄρα Τρωσὶν μενεαίνων" [‚voll Grimm auf die Troer"; Il. 19, 367), „τὼ δέ οἱ ὄσσε | λαμπέσθην ὡς εἴ τε πυρὸς σέλας" [‚wie loderndes Feuer brannten die Augen ihm hell‘; Il. 19, 365b–366), „τοῦ καὶ ὀδόντων μὲν καναχὴ πέλε" [‚dessen Zähnen ein Knirschen entfuhr‘; Il. 19, 365). Schmitt-Neuerburg hat hervorgehoben, dass dieser Zorn von Vergil gerade in der Rüstung des Turnus aufgenommen wurde (Tilman Schmitt-Neuerburg: Vergils Äneis und die antike Homerexegese. Berlin, New York 1999 [Untersuchungen zur antiken Literatur und Geschichte 56], S. 329).

337 Eingehender zum Zorn Maximilians in dieser Studie Kapitel 4.4.4. Dass echte Helden in der Lage sein müssen, ihre Affekte und insbesondere den Zorn kontrollieren zu können, ist bereits in den lateinischen Epen des Quattrocento zu finden, s. Pulina: Violence.

338 Coray, S. 168 mit dortigem Verweis auf weitere Forschungsliteratur.

339 Brigitte Weingart: Faszinationsanalyse. In: Der Stoff, an dem wir hängen. Faszination und Selektion von Material in den Kulturwissenschaften. Hg. von Gerald Echterhoff, Michael Eggers. Würzburg 2002, S. 19–30, hier S. 25.

340 Weingart sieht ebd. die Lichtmetaphorik als Versuch, „die Erfahrung von Transzendenz zu beschreiben".

Faszinosum [...] und [stellt] eine Berührung her".[341] In der Faszination gingen Nähe und Distanz ineinander.[342] In diesem Fall führt das zu einer größeren Aufmerksamkeit für Maximilian als zu anderen Helden.

Im Anschluss an die Exponierung Maximilians werden die Gefährten präsentiert, wie sie ihre Heere versammeln. Zwei Figuren werden dabei besonders herausgehoben: Zum einen in sieben Versen Kasimir, dessen schönes Antlitz genannt wird und der einen ehern schimmernden Bogen sowie ithyräische Pfeile besitzt.[343] Verglichen wird Kasimir mit Apoll, der den Python mit seinen Pfeilen tötete.[344] Die ausführliche Heraushebung dient der Vorbereitung des Kampfes gegen die Amazone Pantho. Ebenso wie der Brandenburger wird Matthäus Lang herausgehoben, der später nach Maximilian die meisten Gegner besiegen wird. Der epische Lang wird als gelehrsamer Schüler dargestellt, als Adept Maximilians (10, 484b–485).[345] Lang und der König werden dabei mit Achilles und Phoenix verglichen (10, 486–488), neben Chiron der zweite Lehrer Achills.[346] Dass Lang Einblick in die Lehre seines großen Meisters („doct[us]"; 10, 484) hat, hebt ihn von anderen Gefährten ab, abgesehen davon, dass eine besondere Nähe zwischen den beiden postuliert wird.

Mit Beginn der Schlacht folgt ein weiterer Katalog, im Verlauf dessen Maximilian sowie die Krieger auf seiner Seite Aristien erfahren und der wie folgt gegliedert ist: Maximilian (10, 557–577) – Erik (10, 578–593) – Lang (10, 594–601) – Kasimir (10, 602–643) – Maximilian (10, 644–671). Die Ausrichtung liegt dabei ganz auf der *agency* der Helden: Als „ipse volans passimque furens" (10, 561)[347] tötet Maximilian eine Reihe an Kriegern: Melager, Lycus, Dorchans, Lacides, Lycetes, Thearcus. Die dahinterstehende umfassende Aktionsmacht Maximilians illustriert Bartolini mithilfe eines Gleichnisses (10, 571–577):

> Non aliter Caesar medio furit agmine victor,
> quam si Peliaco saturos in monte bimembres

---

341 Ebd.

342 Weingart verweist ebd., S. 24 auf Maurice Blanchot: Die wesentliche Einsamkeit. Berlin 1959, S. 44: „Wer fasziniert ist, sieht das, was er sieht, nicht im eigentlichen Sinn des Wortes, sondern es berührt ihn in einer unmittelbaren Nähe, es ergreift ihn und nimmt ihn in Beschlag, obgleich es ihn völlig distanziert sein läßt."

343 Ituräa war der Name für eine Landschaft im Norden des heutigen Palästinas. Von den berühmten Pfeilen der Ituräer ist im siebten Buch von Lukans *Bellum civile* die Rede (7, 230).

344 Hiervon schreibt Ovid, met. 1, 438.460.

345 „sequitur vestigia magni | Caesaris et docti subit aemulus acta magistri" [‚Er folgt den Spuren des großen Maximilian und handelt in Nachahmung seines gelehrten Meisters'].

346 Zu den Lehrern Achills in der *Ilias* s. Christopher J. Mackie: Achilles' teachers: Chiron and Phoenix in the *Iliad*. In: Greece&Rome 44 (1997), S. 1–10.

347 [‚er fegt über das Feld und wütet weit und breit'].

Hylaeumque* Pholumque et vulsas Monycon ornos
iactantem Alcides dextra detruderet umbris.
Vel cum terrigenas flammis Saturnius atris
invasit, summoque exhorruit aegide coelo,
rumpens Bistonios rapido cum fulmine montes.[348]

———

*Nylaeum *ms.*

Hercules' Kampf gegen die Kentauren und Jupiters Kampf gegen die Giganten
symbolisieren nicht nur die *agency* Maximilians, sondern auch die Agonalität
der Szene: Es handelt sich um starke Gegner und vor allem um mehrere. Für
diese Darstellung gibt es zwei Vorbilder, einerseits wird beim Herculesfest im
achten Buch der *Aeneis* von dessen Taten und insbesondere der Bezwingung
von Hylaeus und Pholus gesungen (Aen. 8, 293b–295),[349] andererseits findet
sich die Verknüpfung von Hylaeus mit den Kämpfen gegen die Giganten in
Horaz, c. 2, 12, 5b–12, wo Hercules gleichnishaft als Vorbild für Augustus' Triumph „als Retter und Friedensbringer"[350] aufgerufen wird. Bartolini steigert
dies, indem er hinsichtlich Horaz nicht mehr Hercules aufruft, sondern für die
Gigantomachie Jupiter als Referenz präsentiert.

Dieses Wüten nimmt Bartolini bei einem erneuten Blick auf Maximilian
zum Abschluss des Kataloges erneut auf, wieder eingeleitet damit, dass er über
das Schlachtfeld ‚hinwegfegt' („ipse volat"; 10, 654). Der Erzähler berichtet von
der riesigen Anzahl der durch Maximilian Gefallenen (10, 657) – ein im Epos
immer schon bedeutender Marker des Heroischen.[351] Die Amplifizierung der
Opferzahl unterstreicht der Erzähler durch die Nennung weiterer Opfer: Pallas,
Pylleus, Agontes, Rhodamas und Phileuros. Neben den Getöteten verbrennen,
so heißt es, zwischen Scheiterhaufen auch diejenigen, die noch leben, aber am

---

348 [‚Nicht anders wütet der Kaiser – der Sieger – mitten unter den Kriegern, als wenn Hercules
auf dem Pelion die doppelgliedrigen Zentauren Hylaeus, Pholus und Monycon, der mit entrisse-
nen Eschen warf, mit seiner Rechten in die Schattenwelt hinabgestoßen hat. Oder als Jupiter mit
seinen dunklen Flammen die Giganten angriff und ganz oben im Himmel mit seinem Schild
Schrecken verbreitete und die thrakischen Berge mit seinem schnellen Blitz zersprengte.']
349 „tu nubigenas, invicte, bimembris | Hylaeumque Pholumque manu, tu Cresia mactas |
prodigia et vastum Nemeae sub rupe leonem"' [‚Du, unschlagbar, erschlägst die wolkengebor-
nen Doppelgestalten, Hylaeus und Pholus mit eigener Hand, das Untier in Kreta, den furchtba-
ren Löwen bei Nemeas Felsen.'] (Übers. aus Vergil: Aeneis, hg. von Holzberg, S. 419).
350 Binder, S. 148.
351 Dass die Anzahl der besiegten Feinde, bestenfalls samt ihrer Namen, bereits für den homerischen Helden von Bedeutung war, bemerkt Claire Stocks: Simply the best? Epic aristeia.
In: Structures of Epic Poetry. Bd. 2.1 Hg. von Christiane Reitz, Simone Finkmann. Berlin, Boston 2019, S. 42 mit Verweis auf Vanessa B. Gorman: Lucan's Epic *Aristeia* and the Hero of the
Bellum Civile. In: The Classical Journal 96.3 (2001), S. 263–290, hier S. 265.

Boden liegen, woraufhin weitere Unterlegene aufgeführt werden: Praenestes, Gelon, Aglauron, Laomes, Argiletus, Lepas, Phidenus. Maximilian ,schwingt das todbringende Schwert' („telum fatale coruscans"; 10, 665) in Anlehnung an Aeneas gegen Turnus in Aen. 12, 919.[352] Die Stärke der Gegner präsentiert Bartolini mithilfe von Beiwörtern: Lycetes wurde zuvor ,groß' („magnu[s]"; 10, 565) genannt, Phylleus ,wild' („ferox"; 10, 658), Agontes ,tapfer' („fortis"; 10, 658), Argiletus ,Pferdebezwinger' („equorum | praedomitor"; 10, 668–669).

Eingebettet in diese Umrahmung werden die Taten des Kollektivs erzählt: Als Erster wird Erik von Braunschweig beim Angriff auf Eudaemon mit einem bengalischen Tiger verglichen (10, 587). Eine Aufwertung erhält dieser Vergleich, indem sich Parallelen zum Kampf Maximilians gegen Oebalus finden, wobei der Habsburger dort ebenfalls wie ein solcher Tiger erschien (4, 629) und an dessen Wüten kurz zuvor („ipse volans passimque furens"; 10, 561)[353] auch das Verb „furebat" (10, 579) für das Wüten Eriks erinnert. Indes kann Erik nicht mit Maximilian mithalten, denn ihm fehlen die Attraktionskraft und vor allem die Wiederholbarkeit seiner Taten, wofür Maximilian zuvor gerühmt wurde. Anschließend wird Lang wie Maximilian durch eine Reihe an Getöteten heroisiert (10, 595–601), der Anzahl nach aber weniger. Auf Lang entfallen zudem weniger Verse als auf Erik, Lang wurde dafür im vorherigen Heldenkatalog als ,mutiger als die anderen' („animosior ante alios"; 10, 481) bezeichnet und im vorhergehenden Katalog ausführlicher dargestellt. In der Aristie Kasimirs findet der Katalog seinen Höhepunkt. Dieser kämpft gegen die Amazone Pantho.[354] Der Brandenburger zerstört ihren siebenschichtigen Schild und verletzt die Amazone an der Brust (10, 616–619).[355] Pantho ist kampfunfähig und wehrlos (10, 623–625), sie bittet den

---

352 Diese Formulierung findet sich auch im Kampf gegen Ruprecht (5, 711), s. S. 199.

353 S. Anm. 347.

354 Klecker: pius Maximilianus, S. 51–52 beleuchtet die Tradition einer Heldenjungfrau im lateinischen Epos von ihrem griechischen Ausgangspunkt, der von Achill bezwungenen Penthesilea in der nicht erhaltenen *Aithiopis*, über Vergils Camilla bis zur Einführung in das historische Epos durch Silius Italicus mit der Abyte auf Seiten Hannibals. Zum Hintergrund einer auf böhmischer Seite kämpfenden Amazone s. ebd. 53, insb. Anm. 14–16.

355 Klecker weist auf die Möglichkeit hin, dass die Darstellung Panthos auf dem Streitwagen auf Turnus Bezug nehmen soll, „dem bei Vergil bis auf wenige Ausnahmen der königliche Kampf auf dem Streitwagen vorbehalten ist" (Klecker: pius Maximilianus, S. 55 Anm. 21 mit Verweis auf Küppers, S. 145). Klecker macht ebd., S. 58 einige weitere Elemente der Aristiedarstellung aus, die einen deutlichen Bezug zur Schlussszene der *Aeneis* nahelegen: das Durchdringen des siebenschichtigen Schildes, die Erklärung der Niederlage vor Zeugen sowie die Bitte um ihr Leben. Sie vergleicht ebd. Austrias 10, 616–617 mit Aen. 12, 924–925, Austrias 10, 632–634 mit Aen. 12, 936–937.

Helden um Schonung ihres Lebens. Abgesehen davon, dass der Held ohnehin eine gewisse Strahlkraft besitzt – sein Fell hat er mit goldenem Reifen zusammengebunden (10, 608) – schmeichelt Pantho ihm, indem sie ihn als vorzüglicher als alle jungen Männer der Gegend bezeichnet und sein Gesicht, genauer seinen gottesgleichen Hals und seine strahlenden Augen, hervorhebt (10, 627–628.630–632). Dann argumentiert die Kriegerin, eine getötete Frau würde ihrem Bezwinger nicht viel Ruhm einbringen (10, 629) – was als gutes Argument erscheint, wo noch in 10, 537 der Erzähler betont hat, alle würden durch ihr Streben nach Ruhm angetrieben. Tatsächlich verschont Kasimir sie, besiegt von der Milde – und übertrifft dabei Aeneas, der Turnus nicht schonen konnte, obwohl auch Aeneas seine Augen hin und her wendend („volvens oculos"; Aen. 12, 939) zögerte, wie auch Kasimirs Hin- und Herüberlegen an seinen Augenbewegungen sichtbar wird: „volutans | hinc atque inde oculos" (10, 635b–636a).[356] Kasimir hingegen ist zugänglicher für die Bitten, er ist ‚zweifelnd' („dubius stetit"; 10, 636), wo Aeneas noch eher unberührt – ‚hart' – blieb („stetit acer"; Aen. 12, 938). Klecker sieht Kasimirs Tat als „pittoreske[s] Detail" an und stellt das Heroisierungspotenzial dieser Auseinandersetzung infrage, vor allem indem die Gegnerin „farblos" erscheine.[357] Eine Amazone aber zu besiegen, stellt den Sieger in eine Reihe mit Achill oder Hercules, dazu noch wird Kasimirs Aristie in 41 Versen geschildert – zum Vergleich: Eriks in 15 Versen, Langs in nur 5. Das epische „Prinzip der ausführlichen Darstellung" meint, dass Ausführlichkeit der Darstellung und Bedeutung des Ereignisses in Relation stehen.[358] Allerdings könnte der Leserkreis dabei leicht Gefahr laufen, Kasimirs Heldentum zu überschätzen und Maximilians Überlegenheit kurzzeitig zu vergessen. Dass beide Parteien die Bedeutung der eigentlichen Heldentat negieren, scheint dem entgegenzuwirken. Pantho selbst spricht (10, 629): „Parvaque de nostra dabitur tibi gloria morte".[359] Kasimir erwidert die Richtigkeit dieser Aussage, indem er ihr das Kriegertum abspricht (10, 640–641): „Nam tua membra magis Venerem quam classica Martis | signa decent."[360] Sie sei überhaupt nie eine würdige Gegnerin gewesen.

Kasimir gelingt somit die Bezwingung einer Amazone, aber eben ‚nur' einer Frau, wie Bartolini deutlich macht. Matthäus Lang tötet eine Reihe an Gegnern, aber deutlich weniger als Maximilian, und Erik wütet wie ein bengalischer Tiger, aber glanzlos und ohne dass das genaue Ausmaß bezeichnet würde. Alle drei be-

---

356 [‚hierhin und dorthin windet er daraufhin seine Augen']; Klecker: pius Maximilianus, S. 58.
357 Ebd., S. 56.
358 Nünlist/De Jong, S. 167.
359 [‚Durch unseren Tod wird Dir nur ein kleiner Ruhm zuteilwerden.']
360 [‚Denn Deine Glieder geziemen sich mehr der Liebe als der Kriegszeichen.']

sitzen damit achilleische Qualitäten, keiner von ihnen aber kann und soll Maximilian übertreffen. Um den Kontrast zu Erik zu wahren, wird Maximilian in dieser Szene gerade nicht mehr als ein solcher Tiger beschrieben, sondern mit Hercules, der die Zentauren besiegt, und gar Jupiter bei der Gigantomachie verglichen. Die Entscheidungsschlacht demonstriert, dass ein exzeptionelles Kollektiv an Maximilians Seite kämpft, das aber in seinen spezifisch heldischen Fähigkeiten immer noch hinter seinem König zurücksteht.

Während in den vorigen Schlachten bei Offenburg und Neuburg gegen Oebalus respektive Ruprecht die irdische Handlung auf dem Höhepunkt des Geschehens in eine Monomachie gegen eine Gottheit überführt und dem Heldentum so eine besondere Außeralltäglichkeit zugesprochen wurde, greift auch mitten in diesem Gefecht Pallas in das Geschehen ein, allerdings nur vom Himmel aus und nicht mehr im Zweikampf. Der Göttin Doris gesteht sie ihre Machtlosigkeit gegenüber Maximilian ein (10, 723–724): „Omnia tentavi, ne sic impune dolorem | ille meum hauriret et temneret arma deorum.“[361] Sie weiß, dass Maximilian am Ende gewinnen wird, und bittet als letzten Ausweg um ein Unwetter (10, 735). Dieses zieht auf, aber Maximilian hält zunächst – entgegen seinen Gefolgsleuten – stand (10, 779): „nequiquam exterritus undis“.[362] Nun wiederum greift Diana ein, bittet ihren Bruder Apoll, die Wolken zu vertreiben. Die Schlacht beginnt von Neuem, bis Pallas aus Zorn, dass ihre List durchkreuzt wurde, einen Speer auf die Erde schleudert, schneller als ein Blitz. Die Erde erzittert, sogar die Unterwelt. Maximilian aber durchschaut sie, bleibt standhaft, während viele die Flucht ergreifen. Er bedrängt die Flügel der Böhmen weiter und zwar ebenfalls ‚ganz wie ein unheilbringender Blitz‘ („atri instar fulminis“; 10, 913) – eine Parallele zu Aeneas, als dieser mit seinem Speer Turnus das Knie verletzt (Aen. 12, 923). Es gelingt Maximilian schließlich, den Anführer der Böhmen, Agartes, zu töten.

Das Geschoss der Pallas sorgt ein letztes Mal dafür, den Fokus einzig auf Maximilian und seinen Gegner Agartes zu verlagern, indem viele fliehen und so nur die Standhaftesten auf dem Feld zurückbleiben. Es ist das letzte einer Reihe von Beispielen im zehnten Buch, wie gerade die Masse dazu dient, den einzelnen herauszuheben, der besser kämpft, stärker ist und größeren Mut beweist. Schlechtriemen nennt die *heroic agency* einen „effect of multifarious processes in which many participants are involved“.[363] Diese Prozesse spielen sich in einem relationalen Gefüge ab. Maximilians Anhänger vollbringen Helden-

---

361 [‚Alles habe ich versucht, damit jener nicht auf diese Weise ungestraft mir Schmerz bringe und die Waffen der Götter verachte.‘]

362 [‚vergeblich von den Wellen in Schrecken versetzt‘.]

363 Tobias Schlechtriemen: The Hero and a Thousand Actors. On the Constitution of Heroic Agency. In: helden.heroes.héros 4.1 (2016), S. 17–32, hier S. 17.

taten und diese werden anhand von Glanz, Rüstung, Waffen, aber auch narrativ durch Gleichnisse oder den Umfang ihrer Beschreibung hierarchisch sortiert. Der König hingegen repräsentiert diese Fähigkeit nicht nur in einer irdischen Vollkommenheit, sondern kann sein Heldentum noch dazu auf einer göttlichen Ebene unter Beweis stellen und erhält neben seiner inneren Geistesgröße und seinem Charisma sowie neben der äußeren Stärke, Gewandtheit und Kontrolle seines Körpers eine Sakralität, von der das Kollektiv um ihn von Beginn an ausgeschlossen ist. Bei denjenigen Handlungen, in denen göttliches Walten stattfindet, können die Figuren des Heldenkollektivs nicht bestehen: Wenn das Gewitter der Doris aufzieht, flieht die Menge, Maximilian aber führt noch standhafter den Kampf fort (10, 779b–780), bis er irgendwann doch aufgeben muss, gezwungenermaßen („cogitur"; 10, 784). Nicht anders verhält es sich, als die Erde durch Pallas' Geschoss erzittert und Maximilian sogar das göttliche Walten durschaut. Indem beide Male antithetisch der Angst der Masse die Unerschrockenheit des Helden gegenübergestellt wird, der ‚aber' im Kampf besteht: „at Caesar" (10, 779) sowie „at rex" (10, 912), wird auch das finale Bestehen gegen die Göttin klar als eine Qualität formuliert, die Maximilian eignet und ihn exponiert, und zwar gerade dadurch, dass das Kollektiv ihrer nicht teilhaftig ist.

4.4.4 *iusta ira* – Wie transgressiv darf ein Held ‚noch' sein?

Die Grenzziehung zwischen Maximilian und seinen Gefährten ist nicht auf die kriegerische *agency* beschränkt, sondern wird von Bartolini auch für die geistige Größe der Helden angewandt. Denn in Abgrenzung zu den Figuren der Gegenseite muss Maximilian ein ethisches Heldentum unter Beweis stellen, das von christlichen Prinzipien geprägt ist. Die Sorgen, die sich Maximilian und Albrecht um das kommende Kriegsgeschehen im zweiten Buch machten, deuteten dies bereits an, ganz abgesehen von Maximilians diplomatischen Versuchen. Aber auch während des Krieges ergänzt die geistige Größe stets die körperliche. Wie sehr Maximilian auch in diesem Punkt heldenhaft ist, vermittelt Bartolini erneut mittels des Kollektivs. Zwei Motive sind hierbei besonders vordergründig, einerseits – aufgrund der Transgressivität der Pfälzer, des Erfordernisses des gerechten Krieges, aber vor allem aufgrund der epischen Vorläufer – der Zorn (*ira*), andererseits vor allem aufgrund der besonderen Vereinnahmung dieser Tugend durch die Habsburger die Mildtätigkeit (*clementia*). Wie Bartolini diese besonders präsenten, geistigen Komponenten im Handeln der Figuren in der *Austrias* nutzt, um Maximilians als einen besonders christlichen Helden zu zeigen, soll im Folgenden betrachtet werden, zuerst hinsichtlich des Zornes.

Gleich zu Beginn des Epos wird dargestellt, dass überall im Kriegsgebiet der von Bellona gesäte Grimm wüte (1, 71), keineswegs aber auf die Pfälzer begrenzt. In kriegerischen Auseinandersetzungen legt auch Maximilian einen immensen Zorn an den Tag. Deutlich sichtbar wird dies schon im ersten Kampf gegen einen Menschen, Oebalus, wo es über den König heißt, ‚er rauscht mit heftigem Zorn' („violenta perfremit ira"; 4, 809), ‚wütet' („furit Austriades"; 4, 843), ‚tobt noch' („Caesar adhuc fervens"; 4, 866). Zorn war immer ein besonderer Bestandteil epischen Heldentums, der Zorn des Achill ist Programm der *Ilias* und auch Aeneas entwickelt nicht minder diesen gewaltvollen Affekt. Er wird zum Standardrepertoire, oft unterstützt durch ein Gleichnis zu wilden Tieren, sodass das Rationale und das Zögernde aus dem Blick geraten und der Fokus ganz auf der Aktionsmacht des Helden ruht. Zudem war gerade dieser Affekt zu allen Zeiten Teil des Faszinosums eines Helden:

> Daher ist das, was am Helden vor allem fasziniert, die exorbitante Demonstration eben dieser Selbstmächtigkeit: seine Ungebundenheit, seine Unvernünftigkeit und Regelwidrigkeit. [...] Nachahmenswerte, moralische Tugenden sind dem Helden zwar durchaus nicht fremd, [...] aber diese moralische Vorbildhaftigkeit ist nicht das eigentlich „Heldische" am Helden.[364]

Auch wenn der Zorn in der *Austrias* ein sehr präsentes Phänomen ist (allein das Wort *ira* fällt 80-mal, etliche weitere Male Wörter aus dessen Sachfeld wie *furor* oder *rabies*), stellt sich die Frage, inwiefern er in der *Austrias* tatsächlich Anteil an der Heroisierung hat. Denn zornige Transgressionen oder Exzesse passen nicht in das christliche Wertebild, wo Gewalt ein rechtes Maß kennen muss.

Neben dem Dogma des gerechten Krieges ist primär für das Ende des fünfzehnten Jahrhunderts und das beginnende sechzehnte ein wachsender Einfluss der Schriften Senecas bei den Humanisten festzustellen; die *editio princeps* der *Opera moralia* und der Briefe erschien 1475 (Neapel: Moravus).[365] Im gleichen Zug, wie die Humanisten ihr Interesse antik-paganen Schriften zuteilwerden ließen, sank der Einfluss mittelalterlich-religiöser Idealvorstellungen eines Fürsten.[366] Im Speziellen gilt diese Feststellung für Senecas *De clementia*, „a humanist answer to a changing society, in which a military revolution, the Reforma-

---

364 Von See, S. 37–38.
365 Weitere Ausgaben aus den Jahren 1478, 1480, 1492, 1496 und 1503 listet Violet Soen: Challenges to Clemency: Seneca, Lipsius and the Dutch Revolt. In: Acta Conventus Neo-Latini Upsaliensis. Proceeding of the Fourteenth International Congress of Neo-Latin Studies (Uppsala 2009). Bd. 1. Hg. von Astrid Steiner-Weber u.a. Leiden, Boston 2012, S. 1039–1048, hier S. 1040.
366 Seneca: De clementia. Edited with translation and commentary by Susanna Braund. Oxford 2009, S. 78.

tion and ensuing civil wars shook its foundations".[367] Übermäßiger Zorn – wie er im Epos zu finden ist – erscheint bei Seneca als Eigenschaft gerade eines schlechten Regenten (clem. 1, 5, 6): „Non decet regem saeva nec inexorabilis ira, non multum enim supra eum eminet, cui se irascendo exaequat".[368] In seinem Werk *De ira* gibt der Philosoph zudem Anleitungen zur Abwendung dieses Affekts. Denn durch ihn werde die Seelenruhe behindert.[369] Seneca hebt dessen zerstörerische Kraft hervor (ira 1, 1, 2), die den Menschen in einen Wahn verfallen lasse und ihn den wilden Tieren gleichmache (ira 2, 31, 6) – ein Aspekt, der gerade in den Tiergleichnissen der antiken Epen mehr als sichtbar ist. Tugendhafte Menschen aber vollführten keine Taten, die aus Emotionen entsprängen; für Seneca ist Zorn beherrschbar (ira 2, 3, 4). Ausgangspunkt dieser Überlegungen, die einen negativen Affekt zeigen, war derweil die Definition des Aristoteles (rhet. 1378a31–33): „Ἔστω δὴ ὀργὴ ὄρεξις μετὰ λύπης τιμωρίας φαινομένης διὰ φαινομένην ὀλιγωρίαν τῶν εἰς αὐτὸν ἢ τῶν αὐτοῦ, τοῦ ὀλιγωρεῖν μὴ προσήκοντος."[370] Der Grieche entwickelte noch kein negatives Bild des Zornes, vielmehr stellt er dar, „daß jeder Mensch natürlicherweise und legitim mit Zorn [...] auf eine öffentliche Kränkung reagiert".[371]

Trotz des Einflusses antiker, speziell stoischer Diskurse für frühneuzeitliche Herrscherdarstellungen durchziehen die Maximilianepen auch die christlichen Reflexionen des Mittelalters, das den Affekt vor allem als Sünde einschätzte. In der Geschichtsschreibung sowie in Urkunden finden sich dementsprechend

---

367 Soen, S. 1039.

368 [‚Nicht ziemt sich für einen König wilder und unerbittlicher Zorn. Nicht viel nämlich ragt er über den hinaus, dem er sich mit seinem Zürnen gleichmacht.'] (Übers. aus Seneca: De clementia. Über die Güte. Hg. von Karl Büchner. Stuttgart 1970, S. 19.21).

369 „To set off an action through assent to an impression which doesn't present us with what we are going to do, but simply propels us into some direction, is, on Stoic premises, clearly unwise. The wise man's lack of precipitancy in assenting to impressions might partly be described by saying that he would never assent to an impression which will set off an impulse, while not presenting a specific course of action." (Kaja M. Vogt: Anger, Present Injustice and Future Revenge in Seneca's De ira. In: Seeing Seneca whole. Perspectives on Philosophy, Poetry and Politics. Hg. von Katharina Volk, Gareth D. Williams. Leiden, Boston 2006 [Columbia Studies in the Classical Tradition 28], S. 57–74, hier S. 73).

370 [‚Es soll also Zorn ein mit Schmerz verbundenes Streben nach einer vermeintlichen Vergeltung sein für eine vermeintliche Herabsetzung einem selbst oder einem der Seinigen gegenüber von solchen, denen eine Herabsetzung nicht zusteht.'] (Übers. aus Aristoteles: Rhetorik, hg. von Rapp, S. 73).

371 Christine Walde, Helmut Hühn: Zorn. In: Historisches Wörterbuch der Philosophie. Hg. von Joachim Ritter u.a. Bd. 12. Basel 2004, Sp. 1382–1390, hier Sp. 1383.

kaum zornmütige Herrscher.[372] Von der Karolingerzeit bis ins zwölfte Jahrhundert wurden diese vor allem als gütig und milde dargestellt, was Gerd Althoff als Effekt des wachsenden Einflusses der Kirche sieht.[373] Im zwölften Jahrhundert jedoch sei dann das Motiv der *ira iusta* aufgekommen, „anger in the battle for just and right".[374] Am Beispiel Otto von Freisings[375] und Rahewins,[376] dem Biografen Friedrich Barbarossas, zeigt Althoff, wie stark der Zorn wieder zur Darstellung eines guten Herrschers gereichen kann.[377] Er steht dabei stets im Kontext einer christlichen Aktionsmacht und des gerechten Krieges. Ein Paradebeispiel hierfür ist der *Ligurinus*, der den Italienzug Barbarossas preist. In ihm erscheint der Staufer von Beginn an unnachgiebig und hartherzig, sodass das Epos bei aller Glorifizierung der deutschen Herrschaft und der damit verbundenen Expansionsabsichten nicht für die Maximiliansepik dienlich war.[378]

---

372 Gerd Althoff: Ira Regis: Prolegomena to a History of Royal Anger. In: Anger's Past: The Social Uses of an Emotion in the Middle Ages. Hg. von Barbara H. Rosenwein. Ithaka/NJ 1998, S. 59–74, hier S. 60.

373 Ebd., S. 65–67. Althoff fügt ebd., S. 67 hinzu, dass man sich des Zornes gerade für die Darstellung eines ungerechten Herrschers bediente.

374 Ebd., S. 70.

375 Otto (ca. 1112–1158), Bischof von Freising, war ein bedeutender Geschichtsschreiber.

376 Rahewin (gest. 1177) war ein Schreiber Ottos von Freising.

377 Althoff, S. 70–73.

378 Dafür lassen sich zwei tragende Grüne benennen. Erstens besitzt das Werk keinen überflüssigen Schmuck. Diesbezüglich schreibt Gunther (Ligurinus 1, 129–137, zitiert nach Gunther von Pairis: Ligurinus. Hg. von Erwin Assmann. Hannover 1987 [Monumenta Germaniae Historica 63]): „At nos, si quid erit pulchrum minus eximiumque | vel quod ad egregios non multum Caesaris actus | pertineat, veri nihil adiectura decoris | sponte relinquentes, tantum potiora secuti | de multis modicam nitemur cudere summam | claudendumque manu forma breviore libellum | ad demulcendas conflare legentibus aures | ac velut e pleno decerptis floribus orto | principe digna suo breviter compingere serta." [,Wir aber werden, wenn etwas weniger herrlich und groß ist oder kaum auf die Ruhmestaten des Kaisers Bezug nimmt, das von uns aus verschweigen, was wirklichem Glanz nichts hinzufügt, stets das Wichtigste nur erwähnen und immer bemüht sein, maßvoll aus solch einer Vielfalt die Summe schließlich zu ziehen und dies Büchlein, das leicht eine Hand dank seiner gedrängten Form umfaßt, den Lesern zum Ohrenschmaus zu gestalten oder, kurzgesagt, Blumen, die gleichsam im üppigen Garten ausgewählt sind, zum Kranz, des Fürsten würdig, zu winden.'] (Übers. aus Gunther von Pairis: Ligurinus. Ein Lied auf den Kaiser Friedrich Barbarossa. Aus dem Lateinischen übersetzt und erläutert von Gerhard Streckenbach. Mit einer Einführung von Walter Berschin. Sigmaringendorf 1995, S. 21). Vor diesem Hintergrund verläuft dann auch ganz schmucklos die Königswahl Friedrich Barbarossas durch die Kurfürsten. Diese setzten sich zusammen und beraten, bis ein namentlich nicht Genannter eine flammende Rede für Maximilian hält (1, 216–360). Im Anschluss ist die Krönung sachlich und knapp zusammengefasst (1, 435–449). Die *Encomiastica* des Cimbriaco machen hieran besonders deutlich, dass der panegyrische Anspruch von Maxi-

Thomas von Aquin hat den Affekt mit dem christlichen Ethos zu vereinigen gesucht. Für ihn ist Zorn diejenige „Emotion, die im zornmütigen Strebevermögen bei einem anwesenden Übel hervorgebracht wird".[379] Der Mensch aber besitze die Möglichkeit, sie mit seiner Vernunft zu kontrollieren.[380] Wie Aristoteles und entgegen den Stoikern sieht Thomas im Zorn nicht *per se* eine negative Emotion. Vielmehr befähige ein kontrollierter Zorn den Menschen, ein schwieriges Unterfangen einzugehen und zu meistern (Summa Theologiae 2, 2 q. 158 a. 8 ad 2). Voraussetzung hierfür jedoch sei der vernunftgemäße Gebrauch (Summa Theolo-

---

milians Humanisten ein ganz anderer war. Der zweite wichtigste Grund liegt im Charakter Friedrichs, der der epischen Stilisierung Maximilians fremd ist. Der *clementia Austriaca* steht Friedrichs Unnachgiebigkeit entgegen, die gleich im Anschluss an die Krönung von Gunther illustriert wird: Ein Lehnsmann habe Friedrich gekränkt und sei ihm nie mehr vor Augen getreten, bis nun der neue König vor das Volk tritt. Dort wirft sich der Namenlose vor ihm auf den Boden, umgreift Friedrichs Füße und bittet unter Tränen um Gnade. Alle haben Mitleid, ‚fordern Schonung und Nachsicht für diesen niedergebeugten Vasallen' („orant, | parcat et afflicto velit indulgere clienti"; 1, 464b–465). Friedrich allerdings kontrolliert sein sittliches Empfinden („pietate repressa"; 1, 476). Gunther nennt es die ‚Liebe zum strengen Recht' („stricti iuris amore"; 1, 470). Sentenzenhaft bekundet der Dichter, dass in dieser Härte eine wichtige Herrschertugend begründet liege (1, 478b–480): „Plus saepe nocet patientia regis | quam rigor: Ille nocet paucis, haec incitat omnes, | dum se ferre suos sperant impune reatus." [‚Oft schadet weit mehr als Strafe die Langmut des Königs: Jene schädigt wenige nur, doch diese verleitet alle, solange sie hoffen, trotz Schuld doch straflos zu bleiben.'] (Übers. aus Gunther: Ligurinus, hg. von Streckenbach, S. 31). Im zweiten Buch wird die Belagerung Tortonas geschildert, wo Friedrichs grenzenloser Zorn skizziert wird, der zwar als gerecht behauptet wird, aber nicht dem Bild zusammenpasst, das von Maximilian entstehen soll (2, 476–481): „Tunc vero, ut iustam sese collegit in iram | regia nobilitas et tandem saeva coactus | venit in arma furor, non iam servare laborat | ingratos veniamve ultro spernentibus offert. | Iam toties revocasse pudet monituque salubri | invitasse reos ad dulcia foedera cives." [Jetzt aber, als sich der edle König zu ehrlichem Ingrimm aufrafft, als unvermeidlich die Wut zum blutigen Kampfe führt, versagt er für immer den dankvergessenen Städtern Schonung, will Gnade nicht mehr den Ehrfurchtlosen gewähren. Scham erfüllt ihn, so oft die Schuldigen zu sich beschieden, auch im guten ein Freundschaftsbündnis gefordert zu haben.'] (Gunther: Ligurinus, hg. von Streckenbach, S. 54). Maximilian schont die Brügger und schont auch die Einwohner Kufsteins. Nicht nur, jegliche Milde auszuschließen, sondern auch diplomatische Bemühungen zu bereuen, passt nicht ins epische Bild des Habsburgers.

379 Martin Pickavé: Thomas von Aquin: Emotionen als Leidenschaften der Seele. In: Handbuch Klassische Emotionstheorien. Von Platon bis Wittgenstein. Hg. von Hilge Landweer, Ursula Renz. Berlin, Boston 2012, S. 185–204, hier S. 198. Für eine präzise Einordnung des Zornes in das thomistische Verständnis von Emotionen, was in seiner Tiefe für die hier angebotenen Untersuchungen im Wesentlichen unbedeutend ist, s. ebd., S. 195–199. Unter dem zornmütigen Strebevermögen (*appetitus irascibilis*) versteht Thomas im Gegensatz zu dem begehrenden Strebevermögen (*appetitus concupiscibilis*) dasjenige Streben, das zur Abwehr eines Übels dient – in diesem Fall, auf Aristoteles aufbauend, der verletzten Ehre.
380 Ebd.

giae 2, 2 q. 158 a. 1 co.): „Si autem aliquis irascatur secundum rationem rectam, tunc irasci est laudabile."[381]

Aufbauend auf diese thomistische Sichtweise kann Bartolini in seinem Epos – wie auch die unmittelbar vorausgehenden Ependichter des Quattrocento –[382] sehr wohl den epischen Zorn mit einem christlicher Herrscher- und Heldenbild harmonisieren. Dass überhaupt jede Aktion Maximilians durch ein *bellum iustum* legitimiert ist, zeigt sich noch vor Beginn der Kriegshandlungen, als zum Ende des Festmahls in Augsburg der Sänger Enypeus Maximilian und seine Gäste zum Türkenfeldzug aufruft und der König antwortet, man müsse zunächst die eigene Heimat in einem gerechten Krieg verteidigen (3, 832b–833a): „non extra quaerere regna | nunc opus, at iusto patriam defendere Marte."[383] Maximilian also hegt gerade keine Expansionsgedanken (wie im Kleinen Ruprecht), sondern setzt sein Gewaltmonopol zur Sicherung des Friedens in seinem Reich ein. Der Krieg ist der letzte Weg, weil Ruprecht trotz der Bemühungen Maximilians (2, 20–22) keine Einsicht zeigt, zugleich aber ist er göttlich legitimiert. Diese Legitimation entsteht einerseits durch das explizite Wirken des Götterapparates, wie beispielsweise im sechsten Buch Jupiter Maximilian im Traum mit der Aufforderung erscheint, den christlichen Kirchen zu Hilfe zu kommen, die von dem Pfälzer mit seinen ‚verbrecherischen Waffen' belagert würden (6, 217b–219a), oder im elften Buch die Eroberung Kufsteins befiehlt.[384] Andererseits erscheinen die Pfälzer selbst als Häretiker:[385] Einen ersten Anhalt hierzu liefert die Schau des Tuisto im Unterweltshain, von dem Georg sagt, ‚er ist ein Gott für

---

381 [‚Wird aber einer zornig entsprechend der rechten Vernunft, dann ist das Zornigwerden etwas Lobenswertes.']; Übers. aus Thomas von Aquin: Masshaltung (2. Teil). II-II 151–170. Kommentiert von Josef Groner. Graz u.a. 1993 (Die deutsche Thomas-Ausgabe, Summa theologica 22), S. 165.

382 S. Pulina: Violence.

383 [‚Es ist aktuell nicht vonnöten, auswärtige Herrschaftsgebiete zu erstreben, wohl aber das Vaterland in einem gerechten Krieg zu verteidigen.']

384 Auch wenn der Krieg insgesamt als *bellum iustum* erscheint, verspürte Bartolini offenbar für gewisse Handlungen einen besonderen Legitimationsdruck, sodass er Gott selbst hier und da den Auftrag für das Agieren Maximilians oder seiner Gefährten geben ließ und damit auf eine Besonderheit in Augustinus' Definition des *bellum iustum* zurückgreift, wonach Krieg inbesondere gerecht sei, wenn Gott ihn befehle (Augustinus, Quaestiones in Heptateuchum 6, 10).

385 Denn die Pfälzer waren, wie in Anm. 53 auf S. 173 angesprochen, mit den Böhmen verbündet, die überwiegend Hussiten waren. Die Identifizierung der Gegner des Landshuter Erbfolgekrieges als Häretiker ist ein gängiges Motiv der Zeit gewesen. Es findet sich beispielsweise in einem allegorischen Gedicht über den Erbfolgekrieg, in dem die beteiligen Parteien in Tieren verarbeitet sind (Carmen allegoricum sub forma animalium inimicos domus Austriacae flagellans: Wien, Österreichische Nationalbibliothek, Cod. 2831**). Dort heißt es (fol. 5ʳ): „So werden die thyer hûnd genenndt | Die ketzer sind vom glawben trenndt | Vnd vsgeschlossen von der

die Heiden gewesen' („numenque fuisse gentibus ignaris"; 1, 632b–633).[386] Bei der Entscheidungsschlacht bei Wenzenbach wird die Seite der Pfälzer dann eingangs gar nicht beim Namen genannt, sondern schlicht umschreiben als ‚ein Volk, das Gott nicht kennt und das aufgrund ihrer gottlosen Religion ausgemerzt werden muss' („gens incerta Dei et cultu tollenda profano"; 10, 323).

In diesem Rahmen kann Bartolini Maximilians Zorn entwerfen, der ein signifikanter Bestandteil denn *agency* und somit der Heroik ist. Wiederum am Ende des dritten Buches kurz vor Beginn des Krieges fragt Maximilian, wer in diesem Fall den Zorn mäßigen könnte („quis temperet iras"; 3, 732). Für die Bewältigung der anstehenden Herausforderungen fordert er dann von seinen Leuten Zornesmut ein und wirft ihnen geistige Trägheit vor (3, 748–749). Tatsächlich entflammt in seinen Männern dann die gewünschte ‚Leidenschaft' (3, 776): „Dixerat inque animos pugnae spirarat amorem".[387] Dass diese Leidenschaft gerade im Zorn besteht, zeigt sich unmittelbar zu Beginn des vierten Buches und der Kriegshandlungen, eingeleitet mit „Dum gliscit sic ira animis" (4, 1).[388]

Bevor der Zorn Maximilians näher beleuchtet wird, soll zunächst der seiner Mitstreiter sondiert werden, denn auch hinsichtlich der geistigen Heroisierung ist festzustellen, dass Maximilian vor allem in Abgrenzung zu seinen Mitstreitern überhöht wird. Zunächst jedoch ist festzustellen, dass nicht jeder der ‚kleinen' Helden explizit zornig genannt wird. Zwei Figuren sollen exemplarisch herausgegriffen werden: Wilhelm von Bayern-München und Ulrich von Württemberg, deren Aristien vom Zorn geprägt sind und bei denen Bartolini ganz unterschiedliche Zugänge zu diesem ambigen Affekt findet.

Bei der Eroberung Kaubs im siebten Buch schleicht sich Wilhelm in die Stadt ein, um den Hafen auszukundschaften. Die Eroberung der Stadt war ihm zuvor durch einen Blitzschlag Jupiters versagt geblieben, was ihn umtreibt (7, 199–201). Ihn bewegen Sorgen und Zorn (7, 204b–206a).[389] Auf der Rückkehr von seiner Expedition bezwingt er ein Späherkollektiv, wobei Zorn und *agency*

---

schar | Der kirchen das ist offenbar." Die Handschrift wird momentan von Dennis Wegener (Wien) ediert, dem auch der Hinweis auf diesen Text zu verdanken ist.

386 Scholz Williams, S. 175 sieht das Nichtchristliche bereits in Ruprechts Versuch, die Zukunft zu erfahren. Dieser stehe damit Maximilian gegenüber, der stets schlicht gottgehorsam seine Pflicht erfülle.

387 [‚Das hatte er gesprochen und eine Leidenschaft zum Kampf in ihre Gemüter hineingeblasen.']

388 [‚während so in ihren Gemütern der Zorn entflammt'].

389 „Curaeque iraeque coquebant | ingentes animos, quo pacto invadere muros | possit agit secum." [‚Sorgen und Wut kochten in seinem ungeheuren Gemüt. Auf welche Weise er in die Stadtmauern eindringen könnte, überlegt er sich.']

des Helden einander bedingen (7, 331–332): „impatiensque irae furit et ramalia quassans | uno treis animas ictu sub Tartara misit".[390] Der Zorn setzt eine Kraftreserve frei, was durch einen Vergleich zum epirotischen Eber auf der Jagd verstärkt wird, der die Ceraunischen Felsen[391] durchstreift (7, 366): „protinus irarum frendens retinacula solvit".[392] Krischer betont, dass eine Aristie durch ein Gleichnis dahingehend ergänzt werden kann, dass „gewisse Element[e] der Aristie durch die Zuordnung eines Gleichnistypus ausgezeichnet werden".[393] Im konkreten Fall wird somit gerade die Gewalt des Zornes als substanzieller Bestandteil der Heldentat ausgewiesen; die *agency* wird auf den tierischen Zorn reduziert.

Dieses Bild wird bei Wilhelms anschließendem Sieg gegen die Kaub'sche Flotte perpetuiert. Als Wilhelm diese in Brand setzen will, erreicht die Einwohner der Stadt eine Hilfsflotte von Philipp, Ruprechts Vater. Wilhelm ermahnt seine ängstlichen Soldaten, rüstet sich und zieht in den Kampf. In der entsprechenden Szene heißt es (7, 543–547a):

> Dixit et aversus cunctis se subtrahit, inde
> loricas auro intextas nitidoque orichalco
> induit, et tortos contexit casside crines.
> Fert vibrans hastile manu, sic percitus ira
> armatum ruit ad litus.[394]

Das „sic" bezeichnet den gerüsteten Helden, der in der Hand seine Waffe schwingt. Der Zorn wird damit nicht etwa an grimmigen Gesichtszügen sichtbar, sondern an der Art, wie er dasteht und die Waffe bewegt, was den Affekt als Teil der kriegerischen *agency* zeigt. Wie im Gleichnis der epirotische Eber setzt auch Wilhelm final seinen Zorn frei, ‚wirft die Zügel des Zornes von sich' („irarum effundit habenas"; 7, 668) und siegt (7, 675–676a). Am Ende fliehen die Feinde bei dessen Anblick („ducis aspectu"; 7, 675), wie er Fackeln und Steine wird, aber gerade auch wieder die ungeheure Waffe schwingt („teloque coruscans | immani"; 7, 669–670). Der Zorn hat damit substanziellen Anteil am

---

390 [‚Außerstande, seinen Zorn auszuhalten, wütet er, und beim Fuchteln mit dem Geäst schickt er auf einmal drei Seelen in den Tartarus hinab.']
391 Die Ceraunischen Felsen sind für ihre Gewitter bekannt.
392 [‚Sogleich löst er knirschend die Klammern des Zornes.']
393 Krischer, S. 18.
394 [‚So sprach er, wandte sich von allen ab und entfernte sich. Daraufhin legt er sich seinen aus Gold und strahlendem Messing legierten Brustpanzer an und überzieht seine zusammengebundenen Haare mit seinem Helm. Schwingend trägt er seine Lanze in der Hand. So von Zorn erregt stürzt er zur Bewaffnung an die Küste.']

Sieg, der erst eintritt, als der Erzähler explizit sagt, dass Wilhelm seinem Zorn freien Lauf lasse. Er ist Zeichen maximierter Handlungsmacht.

Vor diesem Hintergrund aber kann Zorn auch zur Heroisierung dienen, wenn er verschwiegen wird. Dies zeigt sich an Ulrich, der im sechsten Buch seine Truppen jenseits der Enz führt, Angst und Schrecken verbreitet und den – anfangs noch – ein Zorn wie der eines gangetischen Tigers umtreibt (6, 104b–106): „Quatit illa solum camposque superba | balantum pecus et latis magalia saeptis | circuit insidiasque altae praedestinat irae."[395] Als es dann allerdings am Kloster Maulbronn zur Schlacht kommt, ist zwar die Rede davon, dass Bellona überall Zorn sät (6, 313) und dass im Getümmel mit der Wut die ‚Liebe zum Kampf' wachse (6, 354). Beim Zweikampf zwischen Ulrich und Lausus ist jedoch von Ulrichs Zorn keine Rede mehr, von dem des Gegners allerdings schon, der augenscheinlich all seine Kraft daraus zieht (6, 421.423) und zusätzlich mit einem wütenden Bären verglichen wird (6, 415–418). Dass der Zorn eine maximale Handlungsmacht demonstriert, lässt sich somit auch umgekehrt ausnutzen: Lausus muss all seine Kraft aufwenden, Ulrich kann ihn jedoch bezwingen, ohne seinen Zorn freizulassen, was wiederum Ulrich eine besondere Stärke zuschreibt. Dass der Dichter Ulrichs Zorn ‚erhaben' nennt („alta[ ] ira[ ]") soll vermutlich unterstreichen, dass er kontrollierbar ist.

Der Affekt ist somit stets kontextbezogen zu beurteilen. Aus den benannten Szenen lässt sich jedoch grundsätzlich festhalten, dass Zorn und *agency* in Relation stehen und dass die Kontrollierbarkeit anhand der Figuren und ihrer Erfolge verhandelt wird.

Auch Maximilian wird mehrfach anhand seines Zornes heroisiert. Wie Bartolini dabei verfährt, sei zunächst anhand des Kampfes gegen den Donauflussgott demonstriert. In einem Gleichnis heißt es über Maximilians Zorn (4, 406–410):

> At rex armipotens auro electroque refulgens
> pergere in adversas undas nec parcere cursu.
> Non secus Oceano fertur Neptunus in amplo
> iratus pontumque secat, cum litora torquet
> fluctibus et late vicinas territat urbes.[396]

---

395 [‚Jener [sc. der Tiger] bringt erhaben Boden und Felder zum Beben, umzingelt Schafe und Hütten mit weitläufiger Umzäunung und kündet von den künftigen Anschlägen seines erhabenen Zornes.']
396 [‚Aber der waffenmächtige König, der in Gold und Bernstein erstrahlt, steuert auf die entgegenkommenden Fluten zu und weicht von seinem Lauf nicht ab. Nicht anders wird Neptun auf dem hohen Meer zornig getrieben und schneidet [sc. mit seinem Dreizack] das Meer, wenn er die Küsten mit den Fluten plagt und weit die Anrainerstädte in Schrecken versetzt.']

Maximilians Heroisierung kommt diese Darstellung vor allem vor der Folie des Kampfes des Achill gegen Skamander zugute.[397] Auch der troische Flussgott war zornig (Il. 21, 212.305); er rief sogar seinen Bruder, den Flussgott Simois, gegen Achill zu Hilfe (Il. 21, 307–308). Hier zeigt sich ein erstes Moment der Steigerung: Maximilian muss sich ebenfalls nicht nur gegen die Donau, sondern auch ihre 60 in der *Austrias* aufgezählten Nebenflüsse behaupten.[398] Nicht nur, dass Maximilian sich dabei ohne die Ermutigung und Unterstützung gegen die Donau stellt, die Achill durch Athene erfuhr (Il. 21, 304), vielmehr wird Maximilians heroischer Kampf gegen den Flussgott überhaupt erst ausgestaltet,[399] untermauert durch das zitierte Gleichnis, was in der Vorlage ebenfalls keine Entsprechung hat: Achills expliziter Kampf gegen Skamander ist in der *Ilias* nicht Gegenstand der Erzählung. Sobald der homerische Held nach der ersten Ermutigung durch Athene und Poseidon in den Kampf stürzt, ersucht unmittelbar Hera Hephaistos um Hilfe, der mit seinem Feuer dann den Fluss trockenlegt. Bartolini hat allerdings nicht nur diese Lücke dahingehend zu nutzen gewusst, dass er seinem Helden weitere *agency* zuschreiben konnte, vielmehr hat er Maximilians Handeln in einen ganz anderen Kontext gestellt: Der Habsburger durfte einen gerechten Zorn entwickeln, weil sich die Donau gegen ihn stellt und Donauwörth, die Feinde, unterstützt. Maximilian wird damit gerade auch im Aspekt des Zornes zu einem besseren Helden als Achill. In der *Ilias* nämlich war es umgekehrt: Achill erregte den gerechten Zorn des Skamander, sei es, dass er ihm unterstellte, er könnte den Trojanern, obwohl sie ihm opferten, nicht beistehen (Il. 21, 130–136), was er später nochmal deutlicher wiederholte (Il. 21, 192–199), sei es, dass er das Flussbett mit Leichen füllte (Il. 21, 212–220). Auch Skamanders Aufforderung, vom Fluss abzulassen und nicht weiter dessen Aufgaben zu gefährden, kam Achill nicht nach. In dieser Blas-

---

[397] Dass Maximilian letztlich nur mit Jupiters Hilfe gegen die Donau ankommt, ist nicht deheroisierend gedacht; denn die Szene muss vor der Folie der Monomachie des Achill gegen Skamander gelesen werden. Krischer, S. 23–24.27 hat bemerkt, dass das Schema der homerischen Aristie in dieser Szene eigentlich die Verwundung Achills vorsehe, der Held jedoch von Hephaistos gerettet wird. Diese Abweichung diene, so Krischer ebd., S. 27 weiter, „der Steigerung, denn die Gefährdung durch den Flußgott hebt den Helden weit hinaus über alle anderen, die durch einen menschlichen Gegner in Gefahr geraten".

[398] Klecker: Homer, S. 618.

[399] Klecker: Homer, S. 619 hat gesehen, dass Maximilians Unerschrockenheit und Waffengewalt gegen den Fluss auch Aeneas in dessen Ohnmacht in der Unwetterszene im ersten Buch der *Aeneis* überbietet.

phemie und dem Widerstand konnte der Fluss zurecht zornig werden.[400] Gerade vor der Folie von Achills Zorn wird normativ ein Heldentypus vorgestellt, der stets in gerechtem Zorn handelt. Zudem wird Maximilian mit einer Gottheit verglichen, was bei Wilhelm und Ulrich nicht der Fall war.

Eine Situation wie bei Ulrich, wo der Zorn als Kontrastmittel zum Gegner fungiert, findet sich auch bei Maximilian: Im Kampf gegen Ruprecht werden die beiden Gegner zu Beginn ihres Zweikampfes als gleichermaßen zornig dargestellt (5, 699b–701a).[401] Während anschließend Ruprecht ‚im Wüten des Zornes glüht' („aestuat irarum furiis"; 5, 716), wird Maximilian nur ‚brennend' („arden[s]"; 5, 717) genannt. Das weltliche Geschehen aber wird bei der Überleitung der Erzählung zur Götterebene, zum Gespräch zwischen Pallas und Diana, durch die Worte „dum furit ira animis" (5, 723)[402] ausgeblendet. Zornig greift Pallas anschließend in das weltliche Geschehen ein, und gerade am Zorn erkennt Maximilian dann auch die göttliche Gegnerin: „nosco iram glaucosque oculos atque horrida tela" (5, 755).[403] Der Zorn wird in der Fokalisierung durch Maximilian zu einem Charakteristikum der Gegenseite. Als das Kampfgeschehen nach dem Götterdialog seinen Fortgang findet, wird Pallas' *ira* mehrfach explizit genannt –[404] Ruprecht tritt im Geschehen nicht mehr hervor. Von Maximilians Zorn ist indes nicht mehr die Rede. Obwohl zweimal – bei Beginn und Verlassen des Kampfgeschehens – Zorn auf beiden Seiten beobachtet wird, entwickelt Maximilian im eigentlichen Kampf keinen Zorn, sondern nur – wie mehrfach betont wird – die Gegenpartei, die aber am Ende dennoch unterliegt. Der Zorn dient offenbar der Abgrenzung und der Heroisierung, indem einerseits Maximilian seine volle Handlungsmacht gar nicht abzurufen braucht, andererseits der gegnerische Zorn erneut unkontrolliert erscheint. Während Pallas bis zuletzt

---

400 Zur Deutung von Skamanders Zorn durch die antiken Kommentatoren, ob dieser durch die Blasphemie, das Wüten im Fluss oder das Ziehen von Toten in den Fluss ausgelöst werden, s. Grethlein, S. 132–133, Anm. 292.

401 „ira furorque | immanisque subit rabies votumque cruoris | ingentes animos" [‚Zorn, Wüten, ungeheure Wildheit und das Verlangen nach Blut befällt die beiden gewaltigen Gemüter'].

402 [‚während in ihren Gemütern der Zorn wütet'].

403 [‚Ich erkenne den Zorn, die bläulichen Augen und die entsetzlichen Speere.']

404 In 5, 725b–726 spricht Diana zu Pallas: „Numquam ne repostum | irarum cumulum linques, Tritonia virgo?" [‚Wirst Du nie das Übermaß Deines Zornes ablegen und verlassen, Pallas?']. In 5, 748 wird Pallas' Lanze beschrieben: „qua domat heroas coetumque irata deorum" [‚mit der sie im Zorn die Heroen und die Gemeinschaft der Götter bezwingt']. In 5, 781 heißt es: „atque alta Tritogenia uritur ira" [‚und die erhabene Tritonide brennt in ihrem Zorn']. Damit knüpft Bartolini an den epischen Zorn einer gegnerischen Gottheit an wie der des Poseidon in der *Odyssee* und der Junos in der *Aeneis*.

ihren Zorn nicht ablegen kann, kann auch Ruprecht am Ende der Schlacht im fünften Buch noch nicht seine Niederlage erkennen: Sein Mitstreiter Georg sieht die Ausweglosigkeit der Lage und will Ruprecht dazu bewegen abzulassen. Ruprecht aber weigert sich ‚entbrannt im Kriegswüten und ungestüm in seinem Tatendrang' („accensus Martis rabie et praeturbidus aestu"; 5, 848). Dieses Gemüt wird mit dem Zorn („ira") eines armenischen Tigers verglichen, der reinen, nicht zu bändigenden Wildheit (5, 852–853).

Es steht außer Frage, dass beide zornig sind, wie bei Beginn des Kampfgeschehens und beim kurzzeitigen Verlassen zweimal Zorn auf beiden Seiten postuliert wird – ein Kompromiss sicher auch an den epischen Topos der Ebenbürtigkeit –, aber Maximilian hält dann seinen Zorn kontrolliert, verwirklicht ihn nicht, sodass ein starker Kontrast zu Ruprecht und Pallas entsteht, aber auch zu traditionell epischem Heldentum. Denn Achills berserkerhafter Zorn hat das Bild des epischen Helden nachhaltig geprägt, und man darf nicht übersehen, dass im entscheidenden Augenblick, als Aeneas das Wehrgehenk des Pallas an Turnus entdeckt und ihn daraufhin tötet, es heißt (Aen. 12, 946b–947a): „furiis accensus et ira | terribilis".[405] Weil man in einem solchen Kampf zwei zornige Helden erwartet, fällt umso mehr ins Gewicht, dass Maximilian an der entscheidenden Stelle beherrscht bleibt. Berserkerhafter Zorn, eine *iniusta ira*, verhilft nicht zum Sieg, sondern führt zur Niederlage: Im zehnten Buch zu Beginn der Entscheidungsschlacht bei Wenzenbach kann der Gegner seines Affekts nicht Herr werden (10, 550–551a): „Creverat hinc trucibus violentior ira Boemis | vincendi".[406]

Wie Maximilian die Gewalt meidet, meidet er auch den Zorn. Im Zweikampf gegen Oebalus hält er seinen Zorn zunächst zurück („nec fundit habenas | rex primo irarum"; 4, 806b–807a).[407] Als Vergleichspunkt dient ein gätulischer Löwe, von dem man sagt, ein solcher würde zunächst den Kampf vermeiden (4, 801a–805).[408] Während übrigens im Kampf gegen den Flussgott ein göttliches Gleichnis für die Ebenbürtigkeit nötig ist, genügt an dieser Stelle ein tierisches. Erst mit der Verwundung durch Oebalus ruft Maximilian seinen Zorn ab (4, 807b–809), mithilfe dessen er schließlich siegt. Während der Dichter

---

405 [‚lodernd vor Wut und im Zorne schrecklich'] (Übers. aus Vergil: Aeneis, hg. von Holzberg, S. 673).

406 [‚Von da an war den Böhmen ein ziemlich gewaltvoller Siegeszorn gewachsen.']

407 [‚und der König löst zunächst die Zügel des Zornes nicht'].

408 „veluti Getulas arma leaenas | principio vitare ferunt et temnere fraudem | hostilem, at postquam violentior ingruit hastis | venator, fulvasque iubas et colla sub auram | tollere et immenso deferri in tela furore." [‚wie man sagt, dass die gätulischen Löwinnen zu Beginn einen Schaden des Gegners vermieden und verachteten, dass aber, nachdem der Jäger sie gewaltvoller mit Lanzen attackiert hat, sie ihre goldgelbe Mähne und ihren Hals ans Tageslicht brächten und in riesiger Wut sich in die Waffen hineinstürzten.']

bei Wilhelm noch das Tigergleichnis gerade zur Intensivierung des Zornesausbruchs nutzte, dient ein ähnliches ihm hier, um Maximilians Zurückhaltung zu demonstrieren.

Die Affektkontrolle wurde nicht nur allegorisch in Maximilians Sieg gegen Venus deutlich, sondern zeigt sich besonders zu Ende des vierten Buches, wo Maximilian nach seinem Sieg die Stadt Offenburg schont. Verglichen wird er dabei mit Äolus, dem Windgott, wie dieser die Winde bändigt (4, 900–906a).[409] Der König erscheint nicht nur selbst als kontrolliert, sondern fungiert als Balancestifter, als Korrektiv für diejenigen, die selbst ihre Affekte nicht kontrollieren können. Exemplifiziert wird dies darüber hinaus bei der letzten kriegerischen Tat der *Austrias*, der Eroberung Kufsteins. Ein gewisser Nereus bittet Matthäus Lang, bei Maximilian für die Schonung der Stadt zu plädieren (11, 684): „Demulce Austriaden iramque inflecte praecando."[410] – ein gerechter Zorn indes, weil Jupiter diesen Zorn gegen die Stadt hegt. Lang überbringt die Bitte und Maximilian stimmt unmittelbar zu. Der König zieht durch die Stadt und besänftigt den Zorn der anderen, die nicht in der Lage sind, ihre Maßlosigkeit einzusehen: „mulcetque animos et temperat iras"; 11, 696).[411] Eine solche Zügelung findet sich auch im zwölften Buch, wo im Zuge der Leichenspiele zu Ehren der Gefallenen Maximilian den Zorn zweier in Streit geratener Kontrahenten beizulegen vermag (12, 439–440).

Die genannten Stellen zeigen zunächst, dass Zorn eine Auszeichnung und Teil des Heroischen ist, denn nicht jede Figur entwickelt Zorn. Er demonstriert, dass entsprechend der thomistischen Lehre durch ihn die maximale *agency* abgerufen und die gesamte Stärke erschöpft wird. Klassifiziert wird er dabei zudem durch Gleichnisse, vor allem zu Tieren, bei Maximilian auch zu Gottheiten. Bartolini zeigt an diesem Affekt musterhaft auf, dass Heldentum eine Figuration darstellt. An der Kategorie der *iusta ira*, an den Gleichnissen und vor allem an der Kontrollierbarkeit des Zornes wird Maximilians Seite von der

---

409 „Sicanio at postquam profert caput Aeolus antro, | seditione vacant et bella incepta relinquunt | iratique fremunt vecte et duro obice clausi | atria concutiunt resonantibus ardua saxis. | Sic Caesar, sic miles erat, sic Martius horror | placatur." [‚Aber sobald Aeolus sein Haupt aus der Sikanischen Höhle emporgestreckt hat, enthalten sich die Winde ihres Aufstandes und lassen die begonnenen Kriege zurück. Zornig zischen sie am Riegel und erschüttern – eingeschlossen durch ein hartes Hindernis – die steilen Hallen und die Felsen ertönen. So stand Caesar dar, so sein Soldat, so wurde der kriegerische Schrecken besänftigt.'] Umso aussagekräftiger ist dieses Gleichnis zudem, wenn man bedenkt, dass in den *Encomiastica* 1, 130–134 das Kriegswüten auf dem Kontinent dem Erzähler so vorkommt, als hätte Äolus alle Winde freigelassen.
410 [‚Besänftige den Österreicher und beuge durch Bitten seinen Zorn.']
411 [‚Und er beruhigt die Gemüter und mäßigt den Zorn.']

Transgressivität und Unkontrolliertheit der Gegner abgehoben. Für Maximilian selbst nutzt Bartolini den Zorn nicht nur zur Maximierung seiner Stärke, sondern paradoxerweise vielfach, um eigentlich dessen Beherrschtheit darzustellen. Dass Maximilian schließlich – als einziger – in der Lage ist, auch den Zorn anderer zu bändigen, entwickelt auch dieses Moment auf einer sakralen Ebene weiter, indem er mit dem Windgott verglichen wird, der die Stürme zähmt.

4.4.5 Die geistige Größe und die *clementia* der Helden

Bereits im Quattrocento werden epische Helden in ihrer geistigen Größe – und das meint vor allem eine ethische – gezeigt und daran auch gemessen; Gewalthandeln tritt hinter die Lebensprinzipien zurück, die ein Christenmensch repräsentieren muss. Dass innere Stärke und eine hohe Moralität einen fundamentalen Platz in Bartolinis Entwurf einer Heldengeneration beanspruchen, wird in den ersten beiden Versen des Epos zementiert (1, 1–2a): „Caesareas acies Arctoaque regna ducesque | magnanimos canimus".[412] Bezeichnenderweise wird 30 Verse später die erste Erwähnung Maximilians mit dem Attribut „magnanim[us]" begonnen (1, 34), ebenso wie dessen erster Auftritt im zweiten Buch mit „magnanimus Caesar" (2, 14), wo Maximilian gerade nicht sofort zum Krieg schreitet, sondern erst Gesandte zu Ruprecht schickt, um den Krieg zu verhindern. Wie die Darstellung Maximilians mit dem Epitheton *magnanimus* beginnt, so bildet sie einen Ringschluss mit Maximilians triumphalem Einzug im Köln im zwölften Buch, wo wieder vom „magnanimus Caesar" (12, 7) die Rede ist.

Bartolini wählt damit ein programmatisches Attribut, das vor allem hinsichtlich der antiken Vorstellung von dieser Tugend einen Balancestifter anzeigt: „Fortes igitur et magnanimi sunt habendi non qui faciunt, sed qui propulsant iniuriam", schreibt Cicero (off. 1, 65).[413] Die *magnanimitas* ist ein „Herrscherideal [...], das in sich die Gebiete der *clementia*, der *fortitudo* und der *constantia* mit allen Hintergründen und Nuancen umfaßt".[414] Sie stellt einen Leitbegriff der stoischen Ethik dar und bezeichnet gerade das wissentliche Standhalten gegen-

---

412 [,Ich besinge die kaiserlichen Schlachten, die Herrschaftsgebiete in Bayern und die hochherzigen Fürsten'].

413 [,Als tapfer und großgesinnt haben nicht die zu gelten, die Unrecht tun, sondern die es abwehren'] (Übers. aus Seneca: De clementia, hg. von Büchner, S. 57).

414 Ulrich Knoche: Magnitudo animi. Untersuchungen zur Entstehung und Entwicklung eines römischen Wertgedankens (Philologus, Supplementbd. 27, Heft 3). Leipzig 1935, S. 72. Zur *magnitudo animi* im römischen Wertesystem s. ebd.

über dem Schicksal.[415] Nach Cicero umfasse sie zudem die Ablehnung weltlicher Dinge (off. 1, 23, 80) und für ihn stellt sie die ideale Tugend eines Staatsmannes dar.[416]

Bereits in der Spätantike wird die *magnanimitas* von den Panegyrikern für einen idealen Herrscher eingefordert. Ulrike Asche hat die Bedeutung der Herrschaft über den *orbis terrarum* in den *Panegyrici Latini* näher untersucht und die Pflichten des Herrschers für das Innere des Reiches, aber auch den gesamten Erdkreis näher beleuchtet. Unter diesen Pflichten findet sich in enger Verbindung zur Hochherzigkeit auch die *clementia*, bei den spätantiken Panegyrikern nicht mehr nur eine Tugend, sondern ein politisches Prinzip.[417] Ihre Bedeutsamkeit habe sie, so Asche, neben der Theorie des Menander über die Kaiserrede (Abhandlungen zur Rhetorik 2, 1, 28), der bei der Darstellung der kriegerischen Erfolge auch die Darstellung der Mildtätigkeit fordert, aus Vergils „parcere subiectis" sowie der *clementia Caesaris* erhalten.[418] In der Nachfolge Cäsars „bezeichnet [sie] fortan eine der wichtigsten Eigenschaften, die der absolute Herrscher seinen Untertanen erweisen konnte".[419]

In ihrer stoischen Zentrierung um die Seelenruhe lässt sich die Hochherzigkeit im Mittelalter gut mit den christlichen Prinzipien verbinden;[420] Sie wird zu einer vielfach aufgerufenen christlichen Herrschertugend.[421] Mit dem Rückgriff der Scholastiker auf Aristoteles jedoch rückt das mit ihr verbundene Streben nach großen Taten und der damit verbundenen Ehre[422] wieder in den Vordergrund, was zunächst einen Gegensatz zur christlichen Demut bedeutete.[423] Thomas von Aquin

---

415 Rudolf Rieks, Anton Weische: Hochherzigkeit. In: Historisches Wörterbuch der Philosophie. Hg. von Joachim Ritter u.a. Bd. 3. Darmstadt 1974, Sp. 1147–1149, hier Sp. 1148, wo es ebd. heißt: „So hat Chrysipp die H. als die Tugend definiert, die uns den Dingen überlegen macht, die Guten und Bösen zustoßen können [...]. Bei Panaitios werden die beiden Tugenden H. und Tapferkeit gleichgesetzt".

416 Götz, S. 123.

417 Ulrike Asche: Roms Weltherrschaftsidee und Außenpolitik in der Spätantike im Spiegel der Panegyrici Latini. Bonn 1983 (Habelts Dissertationsdrucke. Alte Geschichte 16), S. 130–138.

418 Ebd., S. 130.

419 Ebd.

420 Bernd Roling: Heroische Askese und aristokratische Inszenierung. Überlegungen zur Tugend der magnanimitas in der Philosophie des Mittelalters und der Renaissance. In: Frühmittelalterliche Studien 45.1 (2012), S. 349–370, hier S. 352–357.

421 Ebd., S. 352 mit Verweis auf René-Antoine Gauthier: Magnanimité. L'idéal de la grandeur dans la philosophie païenne et dans la théologie chrétienne. Paris 1951, S. 251–257.

422 Aristoteles, eth. Nic. 1123b.

423 Eingehend hierzu Roling, S. 359–364.

entwickelt dann eine *magnanimitas*-Lehre, deren Grundsatz die Ausrichtung jeglichen weltlichen Handelns auf die Ehre durch Gott ist.[424] Die Hochherzigkeit zeichne denjenigen Fürsten aus, „der die Ehren als Handlungsaufruf begreift, doch sie auf Gott zurückbezieht".[425] Das von Aristoteles geforderte[426] Selbstvertrauen des Menschen hierbei, die *fiducia*, fällt mit der *magnanimitas* zusammen[427] und entsteht rein durch die Hoffnung auf Gott.[428]

In der *Austrias* wird die Hochherzigkeit, die eine Reihe an Tugenden umfasst und kontrolliert, an sich zwar mehrfach für die Helden proklamiert und besonders auf Maximilian hin ausgerichtet, vor allem aber manifestiert sie sich in einer speziellen Tugend, die die Habsburger für sich beanspruchten,[429] in der Mildtätigkeit (*clementia*). Die Mildtätigkeit kann als Repräsentantin für die *magnanimitas* dem epischen Zorn entgegengestellt werden. Die Hochherzigkeit nämlich sah bereits Seneca als Gegenspielerin des Zornes, da ein hochherziger

---

424 Zu diesem Gottesbezug ebd., S. 362–363.

425 Ebd., S. 354.

426 Aristoteles, eth. Nic. 1123b.

427 Gerhard Krüger: Die Herkunft des philosophischen Selbstbewußtseins. In: Logos 22 (1933), S. 225–272, hier S. 264–265.

428 „Die christliche Rezeption des Begriffs der magnanimitas bei Thomas von Aquin begreift die ‚fiducia', das sicher hoffende Selbstvertrauen im stoischen Sinne, mit Cicero als ‚pars fortitudinis'. Der Mensch wird aber hier immer in Abhängigkeit von der göttlichen Gnade gesehen. Erst aus ihr kann er neues Selbstvertrauen schöpfen: Die Tugend der magnanimitas – unter dieser lateinischen Bezeichnung begegnet der Begriff von Thomas bis Descartes – ist gegen Zweifel und Exzesse geschützt, solange der Mensch sich selbst als Geschöpf Gottes versteht." (Richard Baum, Sebastian Neumeister: Hochherzigkeit. In: Historisches Wörterbuch der Philosophie. Hg. von Joachim Ritter. Bd. 3. Darmstadt 1974, Sp. 1149–1150, hier Sp. 1149; Herv. d. Orig. wurden getilgt).

429 Näher Pokorny. Bereits in seiner Erziehung wird Maximilian mit dieser idealen Herrschertugend in Berührung gekommen sein. So sandte im Jahr 1472 der Italiener Domenico de' Domenichi (1425–1479) zu pädagogischem Zweck einen Prinzenspiegel an Maximilian (Hubert Jedin: Ein Prinzenspiegel für den jungen Maximilian I. In: Archiv für Kulturgeschichte 43 [1961], S. 52–61, hier S. 55. Ediert ist dieser ebd., S. 56–61). Unter Pius II. war der Theologe 1463 als Nuntius an den Hof Friedrichs III. gekommen. Jedin spricht ebd., S. 53 von freundschaftlichen Beziehungen des Italieners zum Kaiser und sieht in gerade diesem Vertrauensverhältnis den Anlass des Briefes begründet (ebd., S. 53). In den Hinweisen zur Erziehung des jungen Maximilian wird ausführlich Friedrichs große Mildtätigkeit gerühmt, die der Kaiser auch gegenüber Feinden habe walten lassen; er wird zum Vorbild für Maximilian stilisiert. Zweifelsohne aber hat diese Milde immer zwei Seiten (Pokorny, S. 318): „In panegyrischen Werken seiner Zeit wird seine Milde gelobt, aber von zeitgenössischen Kritikern wird sie bereits getadelt und als Tatenlosigkeit und Schwäche hingestellt." Die Milde jedenfalls und die im weiteren Verlauf von Domenichis Brief angesprochenen Tugenden wie etwa *sanctimonia* und *religio* sind eingebettet in einem auffallend starken Appell an ein „dynastisches Bewusstsein" (Jedin, S. 55).

Geist sich nicht von Ehrverletzungen berühren lasse und somit frei sei von Zorn.[430] Wie sich zeigen wird, lässt Bartolini die *clementia* diesen Aspekt vornehmlich verkörpern. Dass gerade Senecas *De clementia* die Vorstellungen von dieser Tugend in Maximilians Zeit prägte, macht sie noch darüber hinaus besonders für eine epische Heroisierung geeignet. Seneca zufolge stellt zeigt sie den Herrscher als einen Verteter Gottes (clem. 1, 19, 8): „nec alio animo rectorem suum intuetur [sc. civitas] quam si di immortales potestatem visendi sui faciant intueamur venerantes colentesque".[431] In der Mildtätigkeit könne man den Göttern besonders nahekommen (clem. 1, 19, 9).[432] Damit unterstützt sie nicht nur die Außeralltäglichkeit eines Helden, sondern korreliert hierbei eng mit der mittelalterlichen Idee vom Herrscher als *vicarius Dei* und *imago Dei*, womit Soen überhaupt den besonderen Einfluss dieses Dialoges in der Frühen Neuzeit erklärt.[433]

Wie den Zorn, so nutzt Bartolini auch die Mildtätigkeit zu einer Grenzziehung und darüber wiederum zur Heroisierung Maximilians. Aufseiten Ruprechts findet sich keine Milde, nur Maximilian und seine Anhänger lassen sich von ihr leiten. Hierbei wird sie wiederum Ausgangspunkt einer Hierarchisierung, die die Mitstreiter Maximilians zu den ‚kleinen' Helden macht und Maximilians zu dem einen ‚großen'. Im Folgenden soll zunächst die *clementia* der Gefährten betrachtet werden. Ihre erste Erwähnung findet sich im sechsten Buch (6, 439–553) bei

---

430 Seneca, clem. 1, 5, 5–6: „magni autem animi est proprium, placidum esse tranquillumque et iniurias offensionesque superne despicere. [...] Non decet regem saeva et inexorabilis ira." [‚Es ist aber einem hohen Sinn eigentümlich, friedlich und ruhig zu sein und Unrecht und Beleidigungen von oben herab zu verachten. [...] Nicht ziemt sich für einen König wilder und unerbittlicher Zorn.'] (Übers. aus Seneca: De clementia, hg. von Büchner, S. 19).

431 [‚Und sie schaut ihren Staatslenker in keiner anderen Gesinnung an, als wir die unsterblichen Götter, wenn sie nur die Gelegenheit gäben, sie zu sehen, betend und verehrend anschauen würden.'] (Übers. aus Seneca: De clementia, hg. von Büchner, S. 57).

432 „Non proximum illis locum tenet is qui se ex deorum natura gerit, beneficus ac largus et in melius potens? Hoc adfectare, hoc imitari decet, maximum ita haberi ut optimus simul habeare." [‚Hat nicht der den ihnen nächsten Rang inne, der sich nach dem Wesen der Götter wohltätig, freigebig und zum Besseren mächtig zeigt? Das zu erstreben ziemt sich, dies nachzuahmen, so als der Größte zu gelten, daß du zugleich als der Beste giltst.'] (Übers. aus Seneca: De clementia, hg. von Büchner, S. 57).

433 Soen, S. 1040. Aufbauend auf der Gottesebenbildlichkeit nach Gen 1, 26–27 nimmt das Christentum den wesentlichen Ursprung dieser Ansicht im sog. *Ambrosiaster*, einem Kommentar zu den Paulusbriefen aus dem vierten Jahrhundert, der diese Symbiose aus heidnisch-hellenistischen Königsvorstellungen und der alttestamentlichen Vorstellung herstellt, die „für das mittelalterliche Herrscherverständnis richtungsweisend sein sollte" (Andreas Kosuch: Abbild und Stellvertreter Gottes. Der König in herrschaftstheoretischen Schriften des späten Mittelalters. Köln u.a. 2011 [Passauer historische Forschungen 17], S. 94).

der Belagerung der Stadt Bretten (lat. *Praethenium*).[434] Als Ludwig, Ruprechts Bruder, Kenntnis erlangt, dass der wenig solide Stadtwall den Geschossen von Ulrichs Waffen nicht standzuhalten vermag, macht er sich nach Bretten auf, erbittet zunächst von den Göttern Hilfe, unterliegt jedoch letztlich und muss Ulrich um Schonung bitten. Ludwig argumentiert nicht nur mit dem Unverschulden der Einwohner von Bretten (6, 483–485), sondern vor allem hebt er auf den für den Herzog ungeschmälerten Ruhm ab, die Stadt besiegt zu haben (6, 500–502). Außerdem habe Jupiter Größeres für ihn vorgesehen (6, 503–504). Er appelliert dabei an Ulrichs Milde, die der Herzog nach Ludwigs Worten im Krieg immer walten lasse (6, 474), und mahnt, die Tugendhaftigkeit würde dem Ruhm genügen (6, 478–480).[435] Indem Ludwig hinzufügt, dass es gerade die *pietas* sei, die den Herzog auszeichne (6, 480), wird an den Zweikampf Aeneas-Turnus erinnert, wo gerade auch die *pietas*, allerdings gegenüber dem Vater des Turnus (Aen. 12, 932–934), den Helden zur Schonung bewegen sollte. Eine solche sollte auch Ulrich aufbringen: „per genium Manesque umbrasque tuorum" (6, 481).[436] Die Schonung wird zugleich als Anteil der heldenhaften Tat behauptet (6, 504b–508):

> Verum si tanta gerendi
> bella avidus nescitque pati aut succumbere virtus,
> hostiles per agros, Rhenique per aspera saevi
> litora confertasque acies, incendia, mortes
> verte illuc urbes et iura reposce duello.[437]

Es wird normativ postuliert, dass die Tugend eine Grenze kennen müsse. Ein wahrer Held solle auch imstande sein zu unterliegen oder zu erleiden, und in diesem Fall auf weitere Gewalt zu verzichten. Denn überall entlang des Rheins sehe man schon das Unheil, das der Krieg bringe. Er appelliert an die Mäßigung

---

434 Eine ausführliche Darstellung der historischen Begebenheiten findet sich in Alfons Schäfer: Geschichte der Stadt Bretten von den Anfängen bis zur Zerstörung im Jahre 1689. Bretten 1977 (Oberrheinische Studien 4), S. 199–209.

435 „Quippe tua ad superos tantum nec gesta, nec ardens | ferretur virtus, nisi te caelestibus astris | insereret pietas operumque exacta paterent." [‚Freilich würden weder Deine Taten noch Deine brennende Tugend allein Dich zu den Göttern tragen, wenn nicht Deine *pietas* Dich unter die himmlischen Sterne versetzen würde und die Proben Deiner Werke offenkundig wären.']

436 [‚bei Deiner Schutzgottheit, den Manen und den Toten unter den Deinen'].

437 [‚Wenn Du aber die Begierde verspürst, so große Kriege zu führen, und die Tugend nicht vermag, zu erleiden oder zu unterliegen, schau Dich um zu den feindlichen Feldern, schau über die rauen Küsten des wütenden Rheins, wirf einen Blick über die ausgehobenen Scharen, die Brände, das Töten und fordere das Recht durch Krieg.']

und zwar diejenige *temperantia animi*, die bei Seneca die *clementia* ist.[438] Hierin wiederum spiegelt sich die Seelenruhe der *magnanimitas* des Helden, die auch die Fähigkeit meint, Ungerechtigkeit ertragen zu können.[439] Moralität wird dem Kriegertum übergeordnet.

Tatsächlich wird Ulrich durch seine *clementia* beschwichtigt, ein Vorgang, der mithilfe eines Tiervergleiches (6, 516–522) dargestellt wird. Es wird auf den nistenden Eisvogel bzw. die halkyonischen Tage angespielt: Aristoteles erklärt in hist. 542b, dass zur Zeit der Sonnenwende ein kurzer Abschnitt heiteren Wetters und somit Windstille eintrete, während derer der Eisvogel niste und seine Jungen ausbrüte. Der Eisvogel selbst scheint die Winde zu bändigen. Damit steht er einerseits für die *clementia*, die Ulrich bändigt („clementia mulcet"; 6, 516), andererseits erinnert die Windbezähmung an den Vergleich von Maximilian mit dem Windgott (4, 900–906a). Mit ‚beruhigtem Herzen' („sedato pectore"; 6, 523), verteidigt Ulrich die Rechtmäßigkeit seines Handelns. Er nennt seinen Angriff nicht verwunderlich (6, 525), habe doch Philipp die Herrschaft an sich gerissen (6, 526). Indem er gleichzeitig den Appell Ludwigs an die Geringfügigkeit der Unterwerfung Brettens entkräftet, hebt er sich weiter von dem Vorwurf der Kriegs und Ruhmesgier ab und somit gerade von Ruprecht und dessen im Unterweltshain geschauten Vorbildern. Ulrich will keinen Triumph, nur sein Recht (6, 530b–532a),[440] was später ähnlich auch bei Maximilian begegnen wird.[441] Abgesehen davon, dass Ulrichs Angriff durch die Götter gebil-

---

438 Seneca, clem. 2, 3, 1–2: „Clementia est temperantia animi in potestate ulciscendi vel lenitas superioris adversus inferiorem in constituendis poenis. Plura proponere tutius est, ne una finitio parum rem comprehendat et, ut ita dicam, formula excidat; itaque dici potest et inclinatio animi ad lenitatem in poena exigenda." [‚Güte ist Mäßigung der Leidenschaft in der Macht, sich zu rächen, oder die Sanftheit des Überlegenen gegen den Niederen in der Bestimmung der Buße. Mehreres vorzuschlagen ist sicherer, damit nicht eine Begrenzung der Sache zu wenig umfaßt und sozusagen, weil nicht die Prozeßformel erfüllend, verworfen wird: daher kann man sie auch eine Neigung der Seele zur Sanftheit im Fordern von Buße nennen.'] (Übers. aus Seneca: De clementia, hg. von Büchner, S. 77).
439 Traute Adam: Clementia Principis. Der Einfluß hellenistischer Fürstenspiegel auf den Versuch einer rechtlichen Fundierung des Principates durch Seneca. Stuttgart 1970 (Kieler Historische Studien 11), S. 32 mit einer Reihe an Belegstellen.
440 „Neque enim mihi quaero triumphos, | antiquas repeto sedes et avita tueri | iura volo imperii." [‚Ich erstrebe nämlich keinen Triumph, ich hole mir den von alters her zustehenden Grund und Boden zurück und will das ererbte Recht auf die Herrschaft schützen.']
441 Das Motiv, dass der Feldherr nicht auf Siegesruhm bedacht ist, findet sich für Maximilian im 10. Buch: Er stellt vor der Schlacht bei Wenzenbach seinen Soldaten im Fall des Sieges Ruhm in Aussicht (10, 399–400): „Vestra erit haec laus, atque ego tantum nomine Caesar | dicar, et in regni contentus parte quiescam." [‚Dieser Ruhm wird Euch gehören und ich werde

ligt wurde, deutlichgemacht in einem *omen* (6, 150–153),[442] unterstreicht die Schonung noch einmal, dass sein Handeln nicht transgressiv, nicht normbrechend ist, sondern stabilisierend und dadurch heroisch. Dieses Verhalten führt zur Bezeichnung des Helden als „magnanim[us] hero[s]" (6, 152), eine Vorausdeutung des Geschehens und ein unverstellter Blick auf das, was den echten Helden an dieser Stelle auszeichnen soll.

Auch Kasimir von Brandenburg lässt während der Entscheidungsschlacht eine besondere Milde walten. An seinem Auftritt werden die konkurrierenden Motive von epischem Zorn und stoischer, aber vor allem christlicher Mildtätigkeit besonders anschaulich vorgeführt. Kasimir besiegt in 10, 602–643 die Amazone Pantho. In der Rede an ihren Besieger argumentiert sie wie Ludwig vor Ulrich mit der Geringfügigkeit ihres Todes hinsichtlich etwaigen Ruhmes und schützt gerade ihre Weiblichkeit vor. Auch sie bittet Kasimir bei seinem Genius, jedoch auch bei seiner Schönheit (10, 630–632a): „Per genium nunc oro tuum, per candida colla, | quae praefers aequanda deis, oculosque micantes | sidera bina poli."[443] Sein Antlitz zu betonen, ist nicht nur Schmeichelei, sondern offenbart die Überzeugung, dass innere Tugendhaftigkeit nach Außen in der Gestalt des Helden sichtbar sei. Kasimir reagiert wie folgt (10, 635b–637): „Ille suos acer torvusque volutans | hinc atque inde oculos, dubius stetit, effera tandem | corda domat vicitque feram clementia mentem."[444] Die Bewegungen Kasimirs, die zuckenden Augen und der schwankende Stand zeigen die innere Zerrissenheit des Helden. Er kämpft mit sich selbst, was die Schonung selbst nicht nur als eine moralische, sondern auch eine agonale Heldentat ausweist. Der Sieg der *clementia* wird gleichsam als ein Sieg der Zivilisation inszeniert, Kasimirs Herz wird „effera" genannt, sein Gemüt „fera[ ]". Beides meint ‚roh'

---

nur dem Namen nach *Caesar* genannt und werde zufrieden im Teil meines Königreichs ruhen.']

442 Die Bedeutung der Götter und ihrer Zustimmung im *omen* wird zwei weitere Male von Ulrich betont („deus annuit"; 6, 532 sowie „divum mandata"; 6, 534). Dem fügt er hinzu, Maximilian und die Gefahr hinsichtlich der Nachbarposition seines Reiches seien die treibenden Kräfte seines Handelns (6, 534–537). Bartolini legt großen Wert auf die Legitimation dieser Eroberung als *bellum iustum*, eben nicht nur des Landshuter Erbfolgekrieges im Ganzen, sondern auch dieser einzelnen kleinen Schlacht.

443 [‚Bei Deinem Schutzgeist bitte ich Dich nun, bei Deinem weißen Hals, den Du gottgleich emporstreckst, und bei Deinen Augen, die wie die beiden Polarsterne leuchten.']

444 [‚Jener wendet seine Augen schneidend und scharf hierhin und dorthin, steht schwankend, schließlich zähmte die Milde sein verwildertes Herz und besiegte seinen wilden Vorsatz.']

i.S.v. ‚verwildert'.[445] Das antike Heldenideal individueller Taten zum individuellen Ruhm und vor allem dessen Mittel werden in christlicher Zeit, in der Helden Verantwortung tragen, infrage gestellt.

Klecker macht deutlich, die epische Tradition hätte den Tod der Amazone erfordert,[446] und konstatiert, „[d]ie Überwindung der Amazone, die Kasimir in eine Reihe mit antiken Heroen wie Herakles, Theseus und Achill stellt, wird übertroffen von einem größeren, einem inneren Sieg".[447] Das Potenzial dieses inneren Sieges unterstreicht Klecker durch einen Verweis auf Cicero (Marcell. 8):[448]

> Animum vincere, iracundiam cohibere, victo temperare, adversarium nobilitate, ingenio, virtute praestantem non modo extollere iacentem sed etiam amplificare eius pristinam dignitatem, haec qui faciat, non ego eum cum summis viris comparo, sed simillimum deo iudico.[449]

Diese Exorbitanz aber des inneren Sieges wird ganz besonders an Maximilian deutlich. Dass er Kufstein schont und den Zorn seiner Mitstreiter dabei beschwichtigt, wurde bereits angesprochen.[450] In den Vordergrund des Geschehens aber tritt die *clementia* des Königs im elften Buch nach Abschluss aller Kriegshandlungen. Dort nämlich gewährt er bittenden Frauen aus Prag die Herausgabe der Leichname ihrer Männer. An dieser Stelle hebt Bartolini die Verknüpfung der Mildtätigkeit mit der Ebenbürtigkeit eines Menschen zu den Göttern hervor, die im *vicarius-Dei*-Motiv sowie bei Seneca angesprochen ist. Hierbei wird auch in der Mildtätigkeit eine Sakralität Maximilians behauptet, die den übrigen Helden abgeht.

Die Anführerin der Prager Frauen, Ocypetis, nennt Maximilian in ihrer Bittrede (11, 90–123) nicht nur einen ‚Sproß der Götter' („deum suboles"; 11, 90), sondern bezeichnet ihn als ‚geheiligten Sproß' („sancta"; ebd.), was in christlicher Zeit

---

445 Das Adjektiv *efferus* hat dabei nur die übertragene und moralische Bedeutung (Daniela Galli: Valerii Flacci Argonautica I. Commento. Berlin, New York 2007 [Beiträge zur Altertumskunde 243], S. 401). Sie weist ebd. darüber hinaus auf die Charakterisierung Didos als „effera" in Aen. 4, 642 hin.
446 Klecker: pius Maximilianus, S. 57.
447 Ebd., S. 59.
448 Ebd., S. 59 Anm. 32.
449 [‚Doch sich selbst zu überwinden, seinen Zorn zu bändigen, einen Besiegten zu schonen, einen Widersacher, der sich durch Adel, Klugheit und Tüchtigkeit auszeichnet, nicht nur von seinem Sturze aufzuheben, sondern gar mit einem höheren Rang zu beschenken, als er je besessen hat: wer das fertigbringt, den stelle ich mit den größten Männern auf eine Stufe, oder vielmehr, ich erkläre ihn für geradezu göttergleich.'] (Übers. aus Cicero: Pro M. Marcello oratio. In: Ders: Die Prozessreden. Hg., übers. und erl. von Manfred Fuhrmann. Bd. 2. Zürich, Düsseldorf 1997, S. 648–667, hier S. 655).
450 S. S. 259.

deutlich mehr meint als noch in der Antike ‚tugendhaft'. Das „sancta deum suboles" sticht nebst der für sich selbst sprechenden Exzeptionalisierung Maximilians vor allem durch die Anlehnung an Vergils „cara deum suboles, magnum Iovis incrementum" (ecl. 4, 49)[451] heraus, wo der messianische *puer* prophezeit wird. An Vergils Formulierung knüpfte bereits Martial an, wenn er den Sohn Domitians mit der Formulierung ‚wahrer Spross der Götter' („vera deum suboles"; Martial, Epigramme 6, 3) als Nachfahren des Iulus preist. Wo Nina Mindt Martials Formulierung bereits als „flavische Korrektur und Überbietung der augusteischen Vorlage" bezeichnet,[452] wird deutlich, dass Bartolinis *sanctus* gleich beide antike Vorlagen zu übertreffen sucht. Im selben Zug nennt Ocypetis Maximilian den ‚mildtätigsten der Könige Österreichs' („clementissime regum | Austriadum"; 11, 90b–91a), womit die Sakralität an diese Tugend rückgebunden wird. Zugleich greift die Behauptung nicht nur für Maximilian, vielmehr wird gleichsam nachträglich die heroische Qualität der *clementia* auch den Vorfahren zugeschrieben, die Maximilian allerdings überragt (10, 91).

Die Herausgabe der Leichname, so die Pragerinnen, sei ein Beweis für Maximilians Milde („si qua tuos umquam tetigit clementia sensus"; 11, 96).[453] Sie appellieren an den König, die Toten nicht zur Beute wilder Tiere werden zu lassen. So grausam sei nicht einmal ein Volk wie die Skythen (11, 106b–109).[454] Maximilians Handeln stellt nicht nur ein paradigmatisches Beispiel für einen Akt der *pietas* dar, wie er bereits in der römischen Antike und auch in den römischen Epen zu finden ist,[455] der Dichter lässt Maximilian damit vielmehr eine Grenze für gewaltvolles Handeln demonstrieren. Denn Gewalt ist über den Tod hinaus steigerbar, wie Popitz bemerkt hat, indem auch über den Leichnam verfügt werden kann.[456] Der christlichen Ethik aber, dem *bellum iustum* sowie dem *ius in bello* entspricht dies nicht, wie Ocypetis auch anschließend bemerkt (11, 121–122a): „Saevire ulterius defuncta in corpora tantum | dedecet imperium".[457] Zwar hat Maximilian am gefallenen Oebalus bereits bewiesen, dass er respekt-

---

451 [‚teures Götterkind, Jupiters mächtiger Nachwuchs'] (Übers. aus Vergil: Hirtengedichte, hg. von Holzberg, S. 69).

452 Nina Mindt: Martials ‚epigrammatischer Kanon'. München 2013 (Zetemata 146), S. 88.

453 [‚Wenn irgendeine Milde jemals Deine Sinne berührt hat'].

454 Man erinnere sich, dass Ruprecht einst an die Götter (und den Leserkreis) appelliert hat, ihm Verständnis entgegenzubringen und nicht so grausam wie die Skythen zu sein, s. S. 174.

455 Hierzu ausführlich Dirk Preuß: Begriffsanalytische und philosophiegeschichtliche Perspektiven auf pietas und Pietät. In: Facetten der Pietät. Hg. von Dirk Preuß u.a. München 2015 (ta ethika 15), S. 19–140, hier S. 33–36.

456 Popitz, S. 53–54.

457 [‚Übermäßig gegen die toten Körper zu wüten, ziemt sich nicht einer so großen Herrschaft'].

voll mit Toten umgeht, mit dem Auftritt der Ocypetis aber bietet sich Bartolini die Gelegenheit, diesen wichtigen Charakterzug eines christlichen Herrschers noch einmal abschließend hervorzuheben. Maximilian gibt nicht nur die Leichname heraus, er tröstet die Frauen noch, indem er die Leistungen ihrer verstorbenen Angehörigen als Heldentod anerkennt (11, 126a–127): „occubuere viri, quae gloria maior | supremam egregiis vitam quam claudere factis?"[458] Bedenkt man, dass Maximilian auch durch die Gefallenen eine Ehrverletzung erlitten hat, ist eine solche Art der Würdigung samt der Herausgabe der Toten umso beachtlicher und auch in der Panegyrik nicht alternativlos.[459]

Die Spezifika von Maximilians Milde werden erneut vor der Folie der Mitstreiter deutlich, wenn man die strukturellen Merkmale der drei besprochenen Szenen vergleicht (Tab. 1):

Tab. 1: Bedeutung der *clementia* für die Siege Ulrichs und Kasimirs.

	Ulrich	Kasimir
Sieg nicht dem Ruhm zuträglich	6, 500b–502 „Sed tu, dux inclite, quantum | laudis habes vicisse urbem, quae semper inermis | exstitit et multos pacem servavit in annos?"[460]	10, 629 „Parva de nostra dabitur tibi gloria morte."[461]

---

458 [‚Die Männer sind im Krieg gestorben, welch größeren Ruhm gibt es, als das Ende des Lebens mit herausragenden Taten zu beschließen?']

459 Sigismondo Malatesta etwa hat in der *Hesperis* den gefangen genommenen Iphitus nicht geschont, sondern in Ketten abgeführt und ihm nur erklärt, die Gewalt gegen ihn sei nicht auf ihn persönlich gerichtet, sondern auf seinen Dienstherrn Alfons V. von Aragón (hierzu ausführlich Pulina: Violence, S. 256–257). So spricht Sigismondo zu Iphitus (Hesperis 6, 31–32): „Nec vobis haec est iniuria debita; verum | Alphonso, atque animis regnantum semper avaris." [‚Dieses Unrecht ist nicht Euch geschuldet, sondern Alphons und denjenigen gierigen Herzen der Herrschenden.']. Sigismondo schont Iphitus damit nur seelisch, indem er ihn tröstet, beharrt aber auf seinem Kriegsrecht. Auch Bartolini hätte sich mit Maximilians seelischem Trost für die Pragerinnen begnügen können. Die Bestattung der Leichname wäre episch sicher unumgänglich gewesen, durch die Herausgabe aber maximiert Bartolini noch einmal die innere Stärke Maximilians, indem er ihn gar keinen Zorn hegen lässt.

460 [‚Aber du, berühmter Herzog, wie viel Lob gebührt Dir, eine Stadt besiegt zu haben, welche immer waffenlos war und viele Jahre lang den Frieden bewahrte?']

461 [‚Durch unseren Tod wird Dir nur ein kleiner Ruhm zuteilwerden.']

Tab. 1 (fortgesetzt)

	Ulrich	Kasimir
Appell an Genius oder Manen	6, 841 „per genium Manesque umbrasque tuorum"[462]	10, 630 „per genium nunc oro tuum"[463]
Wildheit	10, 516 „fera corda"[464]	10, 636b–637 „effera […] | corda"[465]
Sieger wird von der Milde besiegt	10, 516–517a „Placantur fera corda virum, clementia mulcet | pectora"[466]	10, 637 „vicitque feram clementia mentem"[467]

Der erste Punkt dieser Tabelle trifft in ähnlicher Weise auf Maximilian wie auf Kasimir und Ulrich zu. Ocypetis betont, dass weitere Gewalt keinen Ruhm bringe, diesem sogar abträglich wäre (11, 121–122). Maximilian hat zudem vor seinen Leuten deutlich gemacht, dass er gar keinen Ruhm verlange (10, 399–400): „Vestra erit haec laus atque ego tantum nomine Caesar | dicar et in regni contentus parte quiescam."[468] Ein solches Motiv findet sich bereits in der *Sphortias* des Francesco Filelfo sowie in Basinios *Hesperis*. In ersterem Epos verkündet Francesco Sforza bei der Einnahme Piombinos seine Genügsamkeit mit dem Triumph, ohne dass er einer Beute bedürfe (Sphortias 1, 332–233): „Nam mihi vel satis est quod praesim; cetera vobis | esse volo."[469] In letzterem betont Sigis-

---

462 [‚bei Deiner Schutzgottheit, den Manen und den Schatten der Deinen'].
463 [‚Bei Deinem Schutzgeist bitte ich Dich nun'].
464 [‚das wilde Herz'].
465 [‚das wilde Herz'].
466 [‚Die wilden Herzen der Männer werden beruhigt, die Milde besänftigt ihre Brust.']
467 [‚und die Milde besiegte das wilde Gemüt'].
468 [‚Dieser Ruhm wird Eurer sein, mich wird man nur den Kaiser nennen und ich werde zufrieden im Teilgebiet meiner Herrschaft innehalten.'] Ein antikes Vorbild für einen solchen Verzicht auf Ehrungen finden sich zudem in Statius' *Silvae*, wo die Bescheidenheit Domitians illustriert wird, indem er sich nicht feierlich anrufen lässt (silv. 1, 6, 81–84): „Tollunt innumeras ad astra voces | Saturnalia principis sonantes, | et dulci dominum favore clamant: | hoc solum vetuit licere Caesar." [‚Zum Himmel erheben sich unzählige Stimmen und preisen die Saturnalien des Prinzeps und mit freudiger Zuneigung rufen sie ihren Herrn. Das allein hatte der Kaiser sich verbeten.'] (Übers. aus Statius: Silvae, hg. von Wissmüller, S. 38).
469 [‚Denn mir genügt es auch nur, dass ich der Sieger bin; das Übrige soll Euch gehören.']

mondo Malatesta nach seinem ersten Sieg gegen Alfons V. von Aragón gegenüber den Gefangenen (Hesperis 6, 28b–29a): „Non hic mea gloria, campo | quo victor fueram sed eo."[470] Bartolini überhöht Maximilian jedoch dahingehend, dass der römisch-deutsche König explizit mit dem Titel ‚Caesar' zufrieden ist, was nicht nur die Überlegenheit und den Sieg an sich meint – wie bei Sforza oder Malatesta –, sondern die Würde seines Amtes und die damit einhergehenden Verpflichtungen einschließt, die Ordnung im Reich wiederherzustellen. Der Sieg wird somit wertrational konnotiert und darin übertrifft Maximilian ethisch Ulrich und Kasimir.

Die drei weiteren Punkte verstärken den Gegensatz zu den Mitstreitern, indem sie bei Maximilian keine Entsprechung haben. Es gibt keinen Appell der Frauen an irgendwen außer Maximilian selbst („clementissime regum"; 10, 91), der in seiner *clementia* über allen stehe. Damit wird Maximilians Entscheidung ein Höchstmaß an Autonomie zugesprochen, während Kasimir und Ulrich in Respekt vor ihren Ahnen urteilen sollen. Auch erhält Maximilian kein Attribut, das eine tierische Wildheit ausdrücken würde. Die immerwährende vernunftgemäße Kontrolle des Zornes und der Affekte wird Maximilian damit noch einmal beglaubigt. Aus diesem Grund wird er auch nicht durch die *clementia* ‚besiegt', da Maximilians Herz durch keine unkontrollierte Macht eingenommen ist. Während in Kasimirs und Ulrichs Schonung die Milde wie von außen auf sie einzuwirken scheint, kommt die Tugend bei Maximilian ganz aus ihm selbst heraus. Er bricht sogar in Tränen aus („permotus lacrimis"; 11, 125), was keiner der anderen Helden tut. Maximilians Mildtätigkeit bewegt Ocypetis derart, dass sie Jupiter um Maximilians Vergöttlichung bittet (11, 143–144), sodass auch die Reaktion auf die Schonung bei Maximilian singulär ist.

Diese Inszenierung Maximilians als besonders mildtätigem Herrscher böte, so könnte man meinen, Bartolini die Gelegenheit, die Auseinandersetzungen um Herzog Georgs Erbe – entgegen der vergilischen Vorlage – nicht mit einem Gewaltakt, sondern mit einem Akt der Hochherzigkeit enden zu lassen. Die historische Realität ließ dies indes nicht zu. Der Hauptmann Kufsteins, Hans von Pienzenau, hat seine Treue zu Maximilian gebrochen, indem er sich und die Stadt auf die Seite der Pfälzer geschlagen hat. Dafür wurden Pienzenau sowie eine Reihe an Mitstreitern hingerichtet. Bartolini verarbeitete diese Vergeltung, indem er das Geschehen um Kufstein von Beginn an ganz in die Verantwortung Jupiters gestellt hat, der die Eroberung nicht nur befal (11, 315–320), sondern selbst in Zorn (11, 381–383) an Maximilians Seite kämpfte (11, 383.660–679).

---

470 [‚Nicht hier liegt mein Ruhm [sc. in den Gefangenen und der Beute], sondern auf dem Schlachtfeld, wo ich Sieger gewesen war.']

Während Maximilian bereitwillig die Bevölkerung Kunsteins schont, büßen Pienzenau und seine Gefährten nicht Maximilians, sondern den göttlichen Zorn.

Bartolini hat so gut es ging versucht, diese Tötung nicht der habsburgischen Seite anzulasten und die Darstellungen einer neuen, ethisch handelnden Heldengeneration nicht zu gefährden. Wie die kriegerischen Handlungen die vielen Helden individuell auszeichnen und damit Maximilians vollumfängliche Handlungsmacht – gleich der des Jupiter oder des Hercules – offenlegen, so war es dem Dichter nicht minder wichtig, dem Ausmaß von Maximilians innerer Stärke und seinem besonnenen Wesen dieselbe Aufmerksamkeit zu verleihen. Anhand von Zorn und Mildtätigkeit individuiert nicht nur eine Reihe an Figuren selbst zu Helden, vielmehr komponiert der Dichter einen jeden ihrer Auftritte stets so, dass sie nie nur sich selbst, sondern immer Maximilian noch heroischer erscheinen lassen. Ohne die Vielen wäre Maximilian ein Held wie andere geblieben.

5 Riccardo Sbruglio, *Magnanimus* (ca. 1517–1519) – die epische Heroisierung des Ritters Teuerdank

Der in 74 Episoden gegliederte *Magnanimus* stellt hinsichtlich seiner Struktur[1] und seines Narrativs, der ritterlichen Brautfahrt des gleichnamigen Protagonisten, unter den Epen der Zeit und speziell auch denen auf Maximilian eine Ausnahmeerscheinung dar. Es handelt sich um die unvollendete[2] lateinische Version des deutschen Ritterepos *Teuerdank* (dieser gedruckt erstmals in Nürnberg [Augsburg]: Schönsperger d. Ä. 1517),[3] einer verschlüsselten Erzählung von Begebenheiten aus dem Leben Maximilians, der in der Figur des Teuerdank repräsentiert ist. Den Auftrag zur Umarbeitung in ein lateinisches Heldenepos erhielt der Dichter Riccardo Sbruglio[4] wohl von Maximi-

---

1 Eine solche episodale Struktur ist der antiken Heldenepik fremd. Sie erzählte vielmehr einen durchgängigen Handlungsstrang, verwoben mit Pro- und Analepsen. In der christlichen Epik der Spätantike lockerte sich dies. Unter den lateinischen Epen des vierten bis sechsten Jahrhunderts hat Kirsch die Heraushebung einzelner Vorgänge ausmacht, „die Erzählphase, die Einzelszene treten hervor und sind mit den anderen Phasen und Szenen nur noch locker verbunden" (Wolfgang Kirsch: Strukturwandel im lateinischen Epos des 4.–6. Jhs. In: Philologus 123 (1979), S. 38–53, hier S. 40). Ursächlich hierfür sieht Kirsch vor allem die Struktur der Bibel und ihre „Reihung von Erzählungen, deren Gemeinsames einzig in der Angehörigkeit ihrer Helden zum selben Volk und in ihrer Beziehung zum selben Gott bestand" (ebd., S. 43). Die bedeutenden Vorläufer des Quattrocento hingegen orientieren sich vor allem an der Struktur des klassischen Epos.
2 Die Neidelhard-Episoden sowie die Geschehnisse am Hof Ernreichs fehlen.
3 Diesem Druck folgt die Faksimileausgabe Maximilian I.: Theuerdank. 1517. Mit einem Nachwort von Horst Appuhn, Dortmund 1979. Nach ihr wird der *Teuerdank* in dieser Studie unter Angabe der Seitenzahl zitiert.
4 Eine Übersicht zu Biographie und Werken Sbruglios, lateinisch Richardus Sbrulius Foroiulianus (d.h. aus dem Friaul stammend), ist zu finden in Sbruglio: Magnanimus, hg. von Schubert/Schubert, S. vi–xlii, sowie in Albert Schirrmeister: Sbrulius, Richardus in: Deutscher Humanismus 1480–1520. Verfasserlexikon. Hg. von Franz J. Worstbrock. Bd. 2. Berlin, Boston 2013, Sp. 802–819; Elisabeth Klecker: Sbruglio, Sbru/olius, Riccardo Foroiulianus. In: Killy Literaturlexikon. Hg. von Wilhelm Kühlmann. Bd. 10. Berlin, Boston 2011, Sp. 217–218; Flood, Bd. 4, S. 1811–1814; Claudia Knapp: Das Heldenleben Kaiser Maximilians im humanistischen Gewande eines Carmen heroicum Vergilianum. Diplomarbeit Wien 1994, S. 10–12; Conradin Bonorand: Joachim Vadian und der Humanismus im Bereich des Erzbistums Salzburg. St. Gallen 1980 (Vadian-Studien. Untersuchungen und Texte 10), S. 198–199. Er wurde etwa 1480 in Cividale in den Ritterstand geboren und lebte bis nach 1525. Für das Studium ging er zunächst nach Bologna. Nach Abschluss und Erlangung des Doktorgrades begleitete er seinen Studienfreund Christoph Scheurl nach Wittenberg, an dessen Universität er von 1507–1513 lehrte.

https://doi.org/10.1515/9783110742497-005

lian selbst.[5] Auch wenn Müller bemerkt, im Gewand eines antikisierten Helden werde Maximilian „Gegenstand des Interesses für eine gebildete Hofgesellschaft, die sich mit jenen ritterlich-sportlichen Repräsentationsformen [*sc.* des *Teuerdank*] nur noch unter Vorbehalt identifiziert",[6] so blieb dem Dichter für diese Transformation nur ein enger Spielraum und auch der lateinische Magnanimus bleibt der Ritter, der er im deutschen Epos war. Einzig seine Taten werden an den Gattungsdiskurs des lateinischen Epos angepasst und so neu kontextualisiert,[7] um ihn die Nachfolge antiker Helden antreten zu lassen.

Magnanimus verfolgt dasselbe Ziel und erlebt in denselben Episoden im Großen und Ganzen dieselben Abenteuer wie Teuerdank. Unter die wesentlichen Veränderungen aber fallen, so Müller, die Ersetzung von Formeln und Wendungen aus der hochmittelalterlichen Epik, die Latinisierung der Namen, der Aufruf von antiken Helden und ihrer Taten, die Sinngebung mithilfe von Sentenzen, schließlich die Einfügung typischer Exkurse, etwa mythologischer oder topographischer.[8] Claudia und Christoph Schubert, denen das Verdienst einer Edition gebührt,[9] erwähnen hinsichtlich der Modifikationen im Lateinischen noch die Konstruktion eines epischen Tageslaufes sowie die Amplifikation der Monologe der Hauptleute.[10] Die Edition baut auf der Diplomarbeit von Claudia Knapp (heute Schubert) auf, die vor allem die Vergilimitation in den Blick nahm und das Proömium, die Seesturmbeschreibungen und die Gleichnisse näher beleuchtete.[11] Auch Christoph Schubert hat speziell am 30. Kapitel Aspekte der Umarbeitung demonstriert, erneut mit besonderem Interesse am Bezug zu Vergil.[12] All diese Untersuchungen allerdings sind zu punktuell, nehmen das Narrativ nicht als Ganzes wahr und können so die vielschichtige Modi-

---

Immatrikulation und Lehrtätigkeiten sind für einige weitere Universitäten nachweisbar, u.a. Leipzig, Frankfurt/O., Köln und Ingolstadt. 1518 erscheint er als *poeta laureatus*; seit 1517/1518 ist seine Mitarbeit am Ruhmeswerk Maximilians nachweisbar; seine Arbeit am habsburgischen Hof endet mit Maximilians Tod.

5 So berichtet Johannes Stabius, näher hierzu Samuel Steinherz: Ein Bericht über die Werke Maximilians I. In: Mitteilungen des Instituts für Österreichische Geschichtsforschung 27 (1906), S. 152–155, S. 154.

6 Müller: Gedechtnus, S. 171.

7 Schubert/Schubert sprechen vom „Deutungshorizont, den die klassisch-lateinische Epik anbot" (Sbruglio: Magnanimus, hg. von Schubert/Schubert, S. xxi).

8 Müller: Gedechtnus, S. 159–160.

9 Sbruglio: Magnanimus, hg. von Schubert/Schubert (zitiert unter Anpassung der Orthografie an das klassische Latein).

10 Ebd., S. xxiii–xxiv.

11 Knapp.

12 Christoph Schubert: Il Teuerdank de l'imperatore Massimiliano I, trasformato in un carmen heroicum virgiliano. In: Studi Umanistici Piceni XXII (2002), S. 169–179.

fikationsstrategie Sbruglios nicht erfassen, die sich gerade nur wenig an den einzelnen Abenteuern ablesen lässt, sondern vielmehr am Rahmen des Narrativs, an der Motivation des Protagonisten und der Harmonisierung und Inbezugsetzung der einzelnen Abenteuer untereinander. Für die Ausgestaltung des Heldentums des Protagonisten soll dies im vorliegenden Kapitel nachgeholt werden, falsche Schlüsse bisheriger Arbeiten sollen korrigiert werden.

Ausgangspunkt dieses Unternehmens muss der deutsche *Teuerdank* sein. Denn die Lückenhaftigkeit der bisherigen Forschung zum *Magnanimus* liegt zum Teil darin begründet, dass es noch keine klare Vorstellung darüber gibt, inwiefern der Ritter Teuerdank überhaupt als Held anzusehen ist oder ein solcher sein soll. Zunächst werden daher die Stellungnahmen einschlägiger Arbeiten zur Heroik des *Teuerdank* kollationiert und bewertet. Darauf aufbauend wird bei der Untersuchung des lateinischen Epos der veränderte Handlungsrahmen abzustecken sein. Zu betrachten ist dabei erstens Magnanimus' Motivation in einem relationalen Gefüge von Pflichterfüllung, Abenteuerlust und Liebe sowie zweitens, inwiefern die Handlung in den Rahmen einer *militia Christiana* eingespannt wird und auf ein Telos zuläuft. Erst zum Schluss soll auf die Ausgestaltung der Heldentaten eingegangen werden, die am wenigsten Veränderung erfährt.

5.1 Das Rittertum Teuerdanks und die Frage nach der Heroik

Die einzelnen Abenteuer Teuerdanks umfassen diverse Jagden, aber auch das Überstehen von Krankheiten, Unfällen zu Lande und zu Wasser oder bedrohliche Feuer. Während diese Situationen durchaus gefährlich sind und Teuerdank überwiegend als aktiv Handelnder in Erscheinung tritt,[13] stellt sich gleichwohl die Frage, ob ihre Bewältigung als heroisch anzusehen ist. Müller hat mit Recht auf die fehlende Außergewöhnlichkeit der Aventiuren hingewiesen, spricht von einer „Wirklichkeit [...], die weder zur Gegenwelt dämonisiert noch wie in historischer Heldenepik zu heroisch-bedeutsamen Situationen stilisiert ist".[14] Peter Strohschneider gelangt zu derselben Einschätzung und führt exemplarisch das erste Abenteuer an, eine Hirschjagd, die im Vergleich zu den Artusromanen „nichts Märchenhaftes, nichts Ungeheures"[15] beinhalte; auch er stellt die Au-

---

13 Jan-Dirk Müller: Funktionswandel ritterlicher Epik am Ausgang des Mittelalters. In: Gesellschaftliche Sinnangebote mittelalterlicher Literatur. Hg. von Gert Kaiser. München 1980 (Forschungen zur Geschichte der älteren deutschen Literatur 1), S. 11–35, hier S. 23.
14 Müller: Gedechtnus, S. 115; ähnlich bereits Müller: Funktionswandel, S. 24.
15 Peter Strohschneider: Ritterromantische Versepik im ausgehenden Mittelalter. Studien zu einer funktionsgeschichtlichen Textinterpretation der ‚Mörin' Hermanns von Sachsenheim

ßergewöhnlichkeit infrage.[16] In manchen Episoden aber wird man überhaupt nach der Tat an sich suchen müssen, wenn etwa in Kapitel 57 zufällig eine Büchse nicht in der Hand Teuerdanks, sondern in der seines Dieners explodiert und eine ebensolche in Kapitel 50 Teuerdank zufällig verfehlt. Oft werden die Gefahren nicht unmittelbar durch die Hauptleute verursacht, vielmehr bringen sie den Ritter dazu, sich Naturgefahren oder wilden Tieren auszusetzen. In Fürwittig, Unfallo und Neidelhart sieht Strohschneider keine respektablen Gegner.[17] Darüber hinaus ist auch die Motivation der einzelnen Abenteuer nicht sozial angelegt.[18] Vielmehr will sich der junge Teuerdank einerseits durch seine Taten der Liebe der Königin versichern, andererseits erproben, was er aus Büchern gelernt hat.[19]

Würde man tatsächlich in Teuerdank einen epischen Helden suchen, müsste man ihm zugestehen, dass er sich, wie auch immer die Abenteuer zustande kommen, wieder und wieder bewährt und sich durch seine Geschicklichkeit im Umgang mit Waffen, seine körperlich-physischen sowie geistigen Fähigkeiten, insbesondere seine Besonnenheit, in Gefahrensituationen zu Land und zu Wasser auszeichnet. Zwar bemerkt auch Horst Wenzel, dass die Abenteuer verglichen mit denen der späthöfischen Epik nahezu unbedeutend erscheinen, erkennt aber dennoch an, dass sie sich durch eine besondere Wirklichkeitsnähe auszeichneten und zwar gerade aufgrund des Fehlens von etwaigen Drachen oder Riesen.[20] Zugleich betont er die Gefährlichkeit und Unberechenbarkeit der Geschehnisse.[21] Ein etwaiger Mangel an sozialer Bedeutsamkeit der Handlungen in den einzelnen

---

sowie zu Ulrich Fuetrers ‚Persibein' und Maximilians ‚Theuerdanck'. Frankfurt a. M. 1986 (Mikrokosmos 14), S. 394.

16 Ebd.

17 Ebd., S. 401.

18 Ebd., S. 399.401. Ders. bemerkt ebd., S. 399, dass der „Dienst am Mitmenschen" essenzieller Bestandteil höfischer Ritterlichkeit war, wie es sich beispielsweise im Erec zeige. Zudem fehle dem *Teuerdank* auch die vorausgehende Krise, die die Möglichkeit zur Heldentat gestiftet hätte, wie ders. ebd., S. 377 konstatiert: „[H]öfisch-ritterliche Aventiurefahrt ist als soziale Notwendigkeit bestimmt, ihr geht eine Krise der Artusgesellschaft voraus, die im schuldhaften Versagen oder einer Fehlleistung des Protagonisten eindrucksvoll gegenwärtig sein kann und nur durch dessen ritterliche Tat zu überwinden ist."

19 „Das ich wol bewern mag | Das so Ich aus den Cronicken | Gelernt hab vnnd historien" (S. 35) sowie „Vnnd wie Er wolt auf die fart | Gewinnen die Künigin zart | Durch ritterlich tat vnnd eer" (S. 38).

20 Horst Wenzel: Höfische Geschichte. Literarische Tradition und Gegenwartsdeutung in den volkssprachigen Chroniken des hohen und späten Mittelalters. Berlin u.a. 1980 (Beiträge zur Älteren Deutschen Literaturgeschichte 5), S. 309.

21 Ebd., S. 309–310.

Episoden wird schließlich durch das Telos der gesamten Erzählung kompensiert, die Verteidigung der Christenheit und die Vergrößerung von Gottes Ehre.

Indes stellen zwei strukturelle Elemente des Narrativs tatsächlich ein wesentliches Problem für die Heldenbehauptung des Protagonisten dar: Zum einen fehlt jede Form der Grenzziehung, der Abhebung des Teuerdank von einem echten Gegenhelden, bedingt durch eine besondere Agonalität, oder der Masse, die Exzeptionalität anzeigen könnte. Eine solche Grenzziehung kann man höchstens darin sehen, dass es sich um ein Heldenbuch handeln soll.[22] Strohschneider hat prinzi-

---

22 Im Vorwort des *Teuerdank* schreibt Pfinzing, dieser sei „in form maß und weis der heldenpŭcher" (3) verfasst. Unter dem Begriff „Heldenbuch" versteht man „einzelne arturische oder heroische Werke als auch Sammlungen beider Gattungen" (Ulrich Seelbach: Späthöfische Literatur und ihre Rezeption im späten Mittelalter: Studien zum Publikum des ‚Helmbrecht' von Wernher von Gartenaere. Berlin 1987 [Philologische Studien und Quellen 115], S. 100), insbesondere auch Ritterromane und sog. Spielmannsepik in Handschriften oder Drucken (Marie-Sophie Masse: Frühe Neuzeit und Mittelalter zwischen Alterität und Kontinuität. Memoria und translatio im Ambraser Heldenbuch. In: Das Mittelalter des Historismus. Formen und Funktionen in Literatur und Kunst, Film und Technik. Hg. von Mathias Herweg, Stefan Keppler-Tasaki. Würzburg 2015 [Rezeptionskulturen in Literatur- und Mediengeschichte 3], S. 43–63, hier S. 45). In diese Gattung fällt auch das *Ambraser Heldenbuch*, das zwischen 1504 und 1516 von Hans Ried im Auftrag Kaiser Maximilians angefertigt wurde. Hierzu, insbesondere zu dessen ‚Sitz im Leben' sowie den Vorlagen und der Entstehungsreihenfolge s. Martin Schubert: Maximilian und das Ambraser Heldenbuch. Konzeption und Kontingenz im kaiserlichen Buchprojekt. In: Maximilians Welt. Kaiser Maximilian I. im Spannungsfeld zwischen Innovation und Tradition. Hg. von Johannes Helmrath u.a. Göttingen 2018 (Berliner Mittelalter- und Frühneuzeitforschung 22), S. 103–118. Das Heldenbuch enthält auf 237 Folia mittelalterliche Erzählungen, die Masse, S. 54 in vier Kategorien einteilt: fol. 1–50 „höfischer Teil" (u.a. Hartmanns *Erec*, Fragment aus Heinrichs *Mantel*), fol. 51–214: „heldenepischer Teil" (u.a. das *Nibelungenlied*, *Dietrichs Flucht*), fol. 215–233: „kleinepischer Teil" (u.a. Wernhers *Helmbrecht*, Strickers *Pfaffe Amis*); fol. 234–237: Anhang mit Fragment von Eschenbachs *Titurel* sowie einer deutschen Versübersetzung des *Briefes des Priesterkönigs Johannes*. Im höfischen Teil wird dabei nicht nur das Verhältnis von Rittertum und Liebe reflektiert, sondern allgemein werden höfische Werte und Normen diskutiert (Masse, S. 60). Seelbach, S. 107–108 schließt aus seinen Studien zu den Vorlagen, dass Maximilian sehr seltene, vielleicht nur noch in einem Exemplar vorhandene *historien* durch diese Sammlung erhalten wollte, gleichzeitig sieht er den Hintergrund dieser Sammlung in Maximilians nostalgischer Orientierung an vergangenen Traditionen und Werte, was auch die „genealogischen Spielereien" zeigten (ebd., S. 109). Strohschneider, S. 422 sieht hinter der Sammlung vor allem ein „historisches Interesse an den *heldenpŭchern*". Zu einem ähnlichen Urteil wie Strohschneider kommt Wenzel, S. 318: „[Maximilians] Absicht, den Glauben und die besonderen Verpflichtungen des christlichen Ritters wieder stärker zu konsolidieren, orientierte sich nicht so sehr an einer besseren Vergangenheit als an der vollkommeneren Verwirklichung der immer schon gültigen Ordnung. Auch die Sammlung alter *heldenpŭcher* ist in diesem Zusammenhang zu sehen und seinen historischen Forschungen direkt an die Seite zu stellen als Dokumentation der Vätertugenden."

piell recht, wenn er folgert, dass durch den von Pfinzing explizierten Gattungsbezug bei der Lektüre des *Teuerdank* Reminiszenzen an die Heldenbücher sowie deren Protagonisten wachgerufen würden und Teuerdank in deren Nachfolge trete.[23] Die Behauptung aber, das Ritterepos habe die Form und den Inhalt eines Heldenbuches, wird bei der Lektüre nicht gestützt. Denn einerseits erinnert der Rahmen nicht an etwa Parzival oder Erec, andererseits werden nicht einmal die Namen früherer Helden im *Teuerdank* genannt, wie es durch Vergleiche möglich gewesen wäre. Die Klassifikation erfolgt rein im Paratext, in der erzählten Welt spiegelt sie sich nicht wider. Die reine Einschreibung in die Gattung erscheint für den Aufruf von Vorläufern und Vorbildern nicht hinreichend. Müller verdeutlicht zudem, dass es im *Teuerdank* kaum typische Situationen an Bewährung gebe, wie man sie aus ritterlicher und heroischer Epik gekannt habe.[24] Damit verhält es sich genau wie mit der Klassifizierung der Episoden als Abenteuer. Sie werden nur dadurch zu solchen, dass „sie im Rahmen einer Abenteuerfahrt erzählt werden."[25] Das mit Abstand größte Hemmnis, um in Teuerdank einen Helden zu sehen, besteht allerdings in der vielfach wiederholten Bewältigung von Gefahren desselben Typs. Diese repetitive Aneinanderreihung führt unweigerlich zu einer Veralltäglichung. Müller macht darauf aufmerksam, dass die Repetition beweisen solle, „wie unerschrocken, kühn und umsichtig der Held alle Gefahren und Wechselfälle des Schicksals meisterte",[26] sieht aber parallel eine Austauschbarkeit und somit eine Abschwächung der Wirkung.[27] Mag der erworbene Heldenstatus des Protagonisten auch durch die Gegner in jeder Episode zunächst infrage gestellt und dann neu verhandelt werden – was tatsächlich zu einer Perpetuierung der Heroik führen kann –,[28] bleibt dennoch eine sukzessive Steigerung der Taten sowie eine Überbietung der vorherigen Erfolge aus, wodurch einer Veralltäglichung entge-

---

23 Strohschneider, S. 426–427.

24 „Allenfalls mögen noch eine Reihe der Kriegsabenteuer im Neidelhart-Teil dem zeitgenössischen Leser als Äquivalent zu den Kämpfen in der ritterlichen oder heroischen Epik erschienen sein. Für sich erzählt, würden [die Abenteuer des Teuerdank] kaum als Ritterabenteuer aufgefaßt werden", stellt Müller: Gedechtnus, S. 116 fest.

25 Strohschneider, S. 407. Dies wird noch unterstrichen durch die Bezuglosigkeit der einzelnen Episoden, dass mal Sommer, mal Winter herrscht, mal Teuerdank schon lange auf seiner Reise ist, mal erst seit kurzem; s. hierzu Ziegeler: Leser, S. 77.

26 Jan-Dirk Müller: ›Episches‹ Erzählen. Erzählformen früher volkssprachiger Schriftlichkeit. Berlin 2017 (Philologische Studien und Quellen 259), S. 398.

27 Müller: Funktionswandel, S. 23.

28 Eine solche Art Zyklus von Heroisierung und Deheroisierung wurde untersucht von Andreas Gelz: Deheroisierung. In: Compendium heroicum. Hg. von Ronald G. Asch u.a. Freiburg i. Brsg. 04.03.2019. DOI: 10.6094/heroicum/dehd1.0 (letzter Zugriff 10.11.2019).

gengewirkt würde.[29] Die Taten werden teils beliebig wiederholbar und verlieren ihre Außergewöhnlichkeit.

Solche augenscheinlichen Widersprüche allerdings entstehen rein aus der Erwartungshaltung, in *Teuerdank* einen Helden in der Tradition antiker und mittelalterlicher Vorläufer zu finden sowie einen heroischen Entwurf exzeptioneller und agonaler Heldentaten, mit denen ein Achill, ein Aeneas, ein Parzival oder ein Iwein aufwarten kann.[30] Dass der *Teuerdank* einen solchen Helden allerdings gar nicht zu vermitteln beabsichtigt, scheint bereits darin hervor, dass die Hauptleute, die gerade nicht als episch überformte Gegenhelden immense Herausforderungen generieren, sehr wohl aber so bedeutend sind, dass sie dem Epos seine Struktur verleihen. Sie stehen allegorisch für den Übermut, den Unfall und den Neid –[31] tägliche und allgegenwärtige Herausforderungen, die zwar – wie Müller zurecht sagt –[32] oft nicht so ganz mit der Ausgestaltung der Abenteuer übereinstimmen, aber eben doch belegen sollen, dass Teuerdank auf dem christlichen Lebensweg, zu dem er sich im zehnten Kapitel dreimal gegenüber dem Teufel bekennt,[33] standhaft, tugendhaft und mit Gottes Schutz voranschreitet. Grundsätzlich gilt für die Intention des Werkes, was Müller herausgearbeitet hat:

> Jedes Abenteuer setzt neu ein, erzählt einen weiteren erinnerungswürdigen Vorfall, der weder mit dem vorausgehenden noch dem folgenden in irgendeinem Zusammenhang steht. Die *gedechtnus* zerschneidet Leben und Regierung Maximilians in eine Folge von Einzelepisoden. Nicht ein Weg wird narrativ durchschritten; der Weg ist in Stationen zerlegt, an denen Rubriken im Katalog der Ehre abgearbeitet werden. Der Verzicht auf Kohä-

---

29 Ebd. sowie Sonderforschungsbereich 948: Heroisierung.

30 Während die Agonalität in gewissen Situationen vorhanden ist, entstünde die Exzeptionalität aus ihrer Seltenheit und wäre vor allem ein Resultat von Grenzziehung – beides fehlt im *Teuerdank*. In der erzählten Welt lassen sich die Taten, wie Strohschneider, S. 407 bemerkt, durchaus als außergewöhnlich ansehen, weil sie eigentlich nicht benötigt würden. Man könnte in der innerfiktionalen Logik auch einen Helden sehen, weil ein Telos aufgebaut wird, das Erreichen der Braut, das Teuerdank durch Bewährung meistert. Textextern allerdings haben diese Taten keine Exzeptionalität; das Publikum kann sie nicht dementsprechend würdigen und so auch im Protagonisten keinen Helden sehen.

31 So wurden die Figuren von Johannes Stabius gesehen, wie er in einem Schreiben an Karl V. mitteilt: Johannes Stabius: Bericht des Johannes Stabius über die Werke Kaiser Maximilians I. an Kaiser V., Augsburg, um 1519/20. In: Karl Giehlow: Dürers Entwürfe für das Triumphrelief Kaiser Maximilians I. im Louvre, eine Studie zur Entwicklungsgeschichte des Triumphzuges. In: Jahrbuch der Kunsthistorischen Sammlungen des Allerhöchsten Kaiserhauses 29 (1910/11), S. 14–84, hier S. 82–84. S. hierzu auch Müller: Gedechtnus S. 234.

32 Müller: Gedechtnus S. 326 Anm. 60.

33 So spricht er in Kapitel 10 u.a. (S. 44), „Das gottes lon ist allzeit mer | Dann auf dieser erd alle eer".

renz, der dem Text als ästhetischer Mangel vorgeworfen wurde, ist dem memorialen Gestus gerade förderlich. Ziel des Erzählens ist die *memoria* der Ehre.[34]

Und diese Ehre, von der Müller spricht, ist eine ritterliche. Der Teuerdank wirft einen unverstellten Blick auf das ‚echte' Leben Maximilians, verzichtet auf übertriebene Ausschmückungen und stellt dar, wie der Kaiser die Herausforderungen seines Lebens als Ritter und christlicher Herrscher pflichtbewusst und ehrenhaft meistert. Dieses historiographische Moment betont auch Strohschneider und hebt Pfinzings Ausführungen in der Dedikation hervor, wonach es sich bei den Geschehnissen um wahre Begebenheiten handele, die entweder Pfinzing selbst gesehen oder die ihm ein glaubhafter Zeuge zugetragen habe.[35] Müller bezeichnet das Werk als „Form vorhistoriographischer *gedechtnus*".[36] Unter diesem Blickwinkel habe man den *Teuerdank* auch anfangs gelesen, „nicht als Ritterepos, sondern als Katalog der Heldentaten Maximilians, dessen sich auch die zukünftige historische Forschung als Quelle bedient" –[37] und hier sollte vorsichtigerweise nur von ritterlichen Taten die Rede sein, damit gerade nicht unter dem Begriff ‚Heldentaten' falsche Assoziationen geweckt werden. Die *gedechtnus* zielt nicht auf einen exorbitanten Helden wie Parzival oder Hercules ab, sondern idealisiert die Figur des Teuerdank in drei differenten Rollen, erstens als Fürst, zweitens als Ritter, drittens – und das vorausweisend – als *miles Christianus*.[38] Im Text werden diese drei an sich differenten Rollen mit einander in der Figur des

---

34 Müller: Erzählen, S. 346–347.

35 Strohschneider, S. 423.

36 Müller: Gedechtnus, S. 95. Für das Mittelalter hebt Wolter-von dem Knesebeck, S. 41 die Jagd als „festliche Selbstdarstellung" heraus. Graf legt dar, dass gerade in Maximilians Zeit die Jagd besonderen Anteil an der Erinnerungskultur erhielt und das Jagd-Ereignisbild nicht mehr nur der Repräsentation diente, sondern den Ruhm des Jägers bewahren sollte (Klaus Graf: Jagd und Erinnerungskultur. Kommentar vom 15. 07. 2001 zur Besprechung von Wolfram Martin: Die Jagd der Eliten in den Erinnerungskulturen von der Antike bis in die Frühe Neuzeit. Göttingen 2000 auf H-Soz-Kult verfügbar unter https://www.hsozkult.de/publicationreview/id/reb-2548 [letzter Zugriff: 06.08.2020]). Zu Jagdmotiven auf mittelalterlichen und frühneuzeitlichen Tapisserien s. näher Birgit Franke: Jagd und landesherrliche Domäne. Bilder höfischer Repräsentation in Spätmittelalter und Früher Neuzeit. In: Die Jagd der Eliten in den Erinnerungskulturen von der Antike bis in die Frühe Neuzeit. Hg. von Wolfram Martini. Göttingen 2000 (Formen der Erinnerung 3), S. 189–218. Für das Burgund des fünfzehnten Jahrhunderts bemerkt diese ebd., S. 200, dass die Jagd ein fürstliches Leitbild repräsentierte und die textile Darstellung Anteil am kulturellen Gedächtnis verschaffen sollte. Somit sind auch hier Spuren des ‚burgundischen Erlebnisses' Maximilians, wie Hollegger: Herrscher und Mensch, S. 38 es nennt, zu finden.

37 Strohschenider, S. 423.

38 Ebd., S. 374. Ders. bemerkt ebd., S. 376, Teuerdank werde beim Aufbruch zu Ernreich vom Fürsten zum Ritter: „Aus dem politisch-dynastischen Zusammenhang einer geplanten Fürsten-

Teuerdank verknüpft,[39] wobei dieser sie zugleich vollumfänglich verkörpern kann. Es ist Maximilians ganz persönliche Sicht auf sein Leben, die Teuerdank repräsentiert und in dessen Zentrum die ritterliche Bewährung steht.[40] Teuerdank muss sein körperliches Geschick beweisen, seine Kraft, sein Durchhaltever-

---

hochzeit spinnt sich die Abenteuerfahrt als Bewährungsweg des Helden heraus, auf dem dieser Ehre, Dame und Land zu erwerben beabsichtigt [...]. Die Legitimität von Teuerdanks Dasein als Fürst wird überlagert von seinem Legitimationsversuch als Ritter, von dem Vorhaben, einer *reys [...] nach ern* (S. 40/26) durch *ritterlich tat vnnd eer die Künigin zart* erst noch zu gewinnen (S. 38/25), von der doch selbst die Initiative zur Heirat ausgegangen war." Zur besonderen Stellung der *militia Christiana* für Maximilian s. Kristina Rzehak: Literatur und politischer Umbruch. Die Selbstzeugnisse Baburs und Maximilians I. als Reaktionen auf die Abhängigkeiten und Gefährdungen ihrer Herrschaft. In: Dichter und Lenker. Die Literatur der Staatsmänner, Päpste und Despoten von der Frühen Neuzeit bis in die Gegenwart. Hg. von Patrick Ramponi, Saskia Wiedner. Tübingen 2014, S. 105–123. Diese vermutet ebd., S. 114 einen wesentlichen Einfluss der Vita des Heinrich Seuse auf den *Teuerdank*, die Maximilian auch nachweislich kannte. Von Bedeutung ist dabei die Tugend des Erduldens. Rzehak spricht von der Stilisierung von Seuses Leben als „geistliche Ritterschaft" (ebd.) und resümiert ebd.: „Mit dem Erdulden und dem Martyrium in der *Imitatio Christi* empfand sich der Leidende als gottesnah. In der literarischen Selbstdarstellung wird diese *Imitatio* sichtbar gemacht."

39 Dass Maximilian sie alle gleichermaßen erfüllt, muss der Text erst belegen, denn ein Fürst war nicht notwendigerweise ein Ritter (Thomas Menzel: Der Fürst als Feldherr. Militärisches Handeln und Selbstdarstellung zwischen 1470 und 1550. Dargestellt an ausgewählten Beispielen. Berlin 2003, S. 20), beide wiederum nicht *per se* für einen Kreuzzug auserwählt.

40 Kohnen hat den Versuch unternommen, in Pfinzings Redaktion die Konstruktion einer kritischen Metaebene nachzuweisen, die dem Publikum eine Reflexion über das oberflächliche Heldentum ermöglichen soll (Rabea Kohnen: Das mer gehoert zuo eim Ritter auserkorn – Überlegungen zum Theuerdank. In: Maximilians Ruhmeswerk. Künste und Wissenschaften im Umkreis Maximilians I. Hg. von Jan-Dirk Müller, Hans-Joachim Ziegeler. Berlin 2015 [Frühe Neuzeit 190], S. 269–294). In Kohnens Erklärungsversuchen für die scheinbaren Widersprüche des Werkes heißt es, unheroisch anmutende Passagen seien kein Makel, sondern böten einen „unverstellten Blick auf das faktische Leben" (Kohnen, S. 293 mit Bezug auf Markus Stock: Effekte des Authentischen? Selbstentwurf und Referenz in der Autobiographie Johanns von Soest (1504/05). In: Texttyp und Textproduktion in der deutschen Literatur des Mittelalters. Hg. von Elizabeth Andersen u.a. Berlin, New York 2005 [Trends in Medieval Philology 7], S. 267–283, hier S. 269). Sie nennt Pfinzings Redaktion ebd., S. 280 einen „zielstrebigen Abbau sozialer Bedeutsamkeit der *geferlichkeiten*". Sie hat völlig recht, dass in den Episoden alltägliches Leben und alltägliche Herausforderungen dargestellt werden. Dass Pfinzing aber eigenmächtig eine kritische Metaebene hätte konstruieren haben können, widerspricht auch den neuesten Erkenntnissen (etwa in Müller/Wegener) und scheint sich damit gegen die Grundintention des Werkes zu richten. Kohnens These fußt auf drei Argumenten, neben einem geringen Gefahrenpotenzial der einzelnen Abenteuer auch auf Ernreichs Kritik an einer angeblich defizienten Bewährung des Ritters, wozu in Anm. 52 auf S. 284 Stellung genommen wird, und schließlich auf einer Laktanzparaphrase im letzten Kapitel, die in Anm. 71 auf S. 287 zu widerlegen sein wird. An dieser Stelle ist auf Ersteres einzugehen, dass nämlich Pfinzing in der letzten Bearbeitung

mögen, seinen Umgang mit dem Pferd und mit Waffen – und für Maximilian war die Demonstration dieser Fähigkeiten auf der Jagd keineswegs profanen oder gar alltäglich, sondern Beweis einer Auserwähltheit.[41] Bereitschaft zum Kampf, Streben nach Ehre, Auszeichnung in Kampf, bei Turnieren und Festen, Verteidigung von Kirche und Christenheit samt Kampf gegen die Ungläubigen, das sind typologische Merkmale eines Ritters.[42] Nicht nur, dass Maximilian in ritterlichem Umfeld aufwuchs und nach ritterlichen Prinzipien und Lehren erzogen wurde, vielmehr trat er nach dem Tod Karls des Kühnen 1478 dessen Nachfolge als Souverän des Ordens vom Goldenen Vlies an. Die Ritter dieses Ordens, gegründet von Maria von Burgunds Großvater, Philipp III. dem Guten, mussten sich durch einen tadellosen Lebenswandel auszeichnen, das ideale Rittertum verkörpern und sich jährlich einer gegenseitigen Begutachtung hierauf unterziehen.[43] Die Bedeutung des Ordens für Maximilian lässt sich daran erkennen, dass er sich

---

einen Konkurrenten des Teuerdank getilgt habe (ebd.). In einem handschriftlichen Entwurf findet sich noch König Wunderer – der den König von Frankreich repräsentieren sollte – als Konkurrent in der Werbung um Ernreich; hierzu Hans-Joachim Ziegeler: Beobachtungen zur Entstehungsgeschichte von Kaiser Maximilians *Theuerdank*. In: Maximilians Ruhmeswerk. Künste und Wissenschaften im Umkreis Maximilians I. Hg. von Jan-Dirk Müller, Hans-Joachim Ziegeler. Berlin 2015 (Frühe Neuzeit 190), S. 211–254, hier S. 219, insb. Anm. 33 sowie Strohschneider, S. 404. Müller: Gedechtnus, S. 124 spricht ebenfalls davon, dass ein Entwurf des *Teuerdank* weitere Gegner vorsah. Zwar hat Kohnen Recht, dass dieser Abbau, wie Strohschneider, S. 379 bereits bemerkt hat, stattfindet, keineswegs aber hat das zur Konsequenz, dass man eine Kritik an den Taten annehmen müsse. Vielmehr wird durch das Tilgen des Rivalen erstens Teuerdank ganz ins Zentrum der Erzählung gerückt – denn es soll um seine *gedechtnus* gehen –, zweitens wird die Botschaft als Fürstenspiegel verstärkt: Teuerdank geht die Gefahren nicht ein, um einen Konkurrenten ganz im Sinne weltlicher Ehre zu überbieten, sondern rein für Gottes Ehre und die Bewährung zum Ritter. Der Schwerpunkt des Narrativs wird dadurch auf die ehrenvollen Absichten gelegt.

41 Dass die besonderen Erfolge in der Jagd nicht einfach aus gutem Training resultieren, sondern auch Zeugnis von Maximilians angeborener Außeralltäglichkeit ablegen sollen, wird in einer Passage im *Weißkunig* deutlich (1775, S. 88): „Ich nit gelaub, das kain Kunig nye gelebt hat, der ain solicher Jeger gewesen sey, vnd in kunfftig zeit, kain solicher Jeger dermassen nit sein werde, Dann Er ist kain Jeger aus gewonnhait, oder hoffart gewesen, Sonnder Er ist ain Jeger gewesen, aus seiner angebornn Natur, vnd kunigclichem gemuet".

42 Karl-Heinz Spieß: Idealisiertes Rittertum. Herzog Karl der Kühne von Burgund und Kaiser Maximilian I. In: Die Inszenierung der heroischen Monarchie. Frühneuzeitliches Königtum zwischen ritterlichem Erbe und militärischer Herausforderung. Hg. von Martin Wrede. München 2014, S. 57–75, hier S. 57, der zudem die Nächstenliebe gegenüber Frauen und Schwächeren sowie das Bewusstsein für die Zugehörigkeit zum eigenen Stand als *primus inter pares* aufführt, was allerdings im *Teuerdank* aufgrund einer fehlenden Masse bzw. ritterlicher Gefährten oder Konkurrenten nicht weiter ausgearbeitet werden konnte.

43 Näher Spieß: Rittertum, S. 60–63.

häufig mit der Ordenskette abbilden ließ – man denke an die Porträts Dürers.[44] Der *Teuerdank* illustriert indes nicht nur das Rittertum Maximilians, vielmehr zeigen die äußeren und inneren Herausforderungen der Abenteuer, dass der Protagonist auch vollumfänglich die Anforderungen erfüllen kann, die von Romreich sowie den Adeligen an dessen Hof an den neuen König gestellt werden, vor allem kriegerischen Schutz.[45] Teuerdank und damit Maximilian erscheint den Pflichten eines zeitgenössischen Herrschers gerecht werden zu können, „Schutz und Schirm der Christenheit, Wahrung des Rechts, Verfolgung der Ketzerei, Verteidigung der Witwen und Waisen und Sicherung des Friedens".[46] Dass die Herrschaft textintern vor allem am Schutz der Christenheit ausgerichtet wird,[47] bedient nicht nur die Kreuzzugspläne Maximilians, sondern auch die Kreuzzugsgedanken in den Prinzipien des Ordens vom Goldenen Vlies.[48] Strohschneider macht deutlich, dass die „ritterliche Bewährung des Helden [...] notwendige Voraussetzung für die Qualifikation zum Führer des Kreuzzuges" sei;[49] die *militia Christiana* ist substanzieller Bestandteil des Motivationszusammenhangs.[50]

Neben diesen körperlichen Fähigkeiten und Charaktereigenschaften, in denen Teuerdank Maximilian repräsentiert, spielt Gottes Schutz eine weitere zentrale Rolle im Werk. Strohschneider nennt es eine Auserwähltheit durch

---

44 Spieß: Rittertum, S. 63 bemerkt, dass gerade die Kette die Mitgliedschaft im Orden allgemein erkennen ließ und ihren Träger als „Verkörperung der ritterlichen Ideale" identifizierte.
45 Ausführlich hierzu Strohschneider, S. 375, insb. auch Anm. 4.
46 Wenzel, S. 316. Herrscherliche Fähigkeiten werden zuweilen speziell zu Themen der Abenteuer: Dass das Töten bedrohlicher Tiere Teil der Sicherung von Ordnung ist, hat Maximilians Erlegung des Bären in der *Austrias* gezeigt. Episoden auf See und die Reaktionen auf Krankheiten zeugen zudem von Besonnenheit. Kapitel 21, wo Teuerdank seinen Schuh an ein Schleifrad hält, mag man als Störung einer bestehenden Ordnung interpretieren (Strohschneider, S. 405 mit Bezug auf Müller: Funktionswandel, S. 25), in diesem „frühmoderne[n] Wissenstrieb" (Strohschneider, S. 405) aber kann man auch die Offenheit eines Herrschers für Neues sehen, worin hinsichtlich des Buchdrucks und des Holzschnittes tatsächlich ein immenses Verdienst Maximilians liegt.
47 Strohschneider, S. 379. Auch Müller: Gedechtnus, S. 128 hat den Bezug von Herrschaft und *militia Christiana* im *Teuerdank* angesprochen.
48 Gisela Sachse: Maximilian I. und seine Begegnung mit Burgund. In: Kaiser Maximilian I. Bewahrer und Reformer. Hg. von Georg Schmidt-von Rhein. Ramstein 2002, S. 232–250, hier S. 233.
49 Strohschneider, S. 380. Ganz deutlich macht das 118. Kapitel diese Ausrichtung, auf dessen Holzschnitt Teuerdank auf einem Schwerterkranz steht – ein gängiges frühneuzeitliches Symbol für den siegreichen Dienst an der Christenheit und an Gott (ebd.). Gleichzeitig bemerkt Strohschneider ebd., S. 381, dass dies im ganzen Werk immer wieder in Andeutungen zutage trete.
50 Strohschneider, S. 374–385.

Gott,[51] bei genauerem Hinsehen aber zeigt sich, dass der Ritter auch selbst seinen Anteil daran hat. Eine Konstante der dargestellten Abenteuer nämlich ist das persönliche Glück, das Teuerdank von Gott zugeteilt wird, das er aber durch seine Tugendhaftigkeit erstens erwirbt und zweitens stets verteidigen muss. Vor dem bösen Geist bekennt er sich in der Nachfolge Christi dreimal zu einem christlichen Lebensweg. Außerdem bezeugt bei Teuerdanks Aufenthalt an Ernreichs Hof die Königin selbst, dass er sich hinreichend bewährt hat, um das Kreuz zu tragen.[52] Noch dazu erscheint ihm in Kapitel 115 ein Engel, der ihn auffordert, dem Beschluss der Königin zu folgen und einen Kreuzzug zu führen (S. 545). Gottes beständiger Schutz wird auch in den Holzschnitten sichtbar, nämlich in der Figur des Ernhold, Teuerdanks treuem Begleiter. Während Müller in ihm vor allem einen Gewährsmann für die Taten des Ritters – und als dessen Herold auch seine personifizierte *Fama* – sieht,[53] macht Ziegeler hinsichtlich der Darstellung in den Holzschnitten, wo Ernhold stets mit einem Rad auf seinem Gewand gezeigt wird,[54] auf eine weitere Funktion der Figur aufmerksam: Er sieht in ihr die Personifizierung des „persönliche[n] Glück[s]" des Helden.[55] Es handele sich seiner Einschätzung nach

---

51 Strohschneider, S. 381.

52 In ihren Thesen zu einer kritischen Metaebene im Werk sieht Kohnen, S. 286 u.a. in Ernreichs Anmerkung, zu einem Ritter gehöre mehr als das, was Teuerdank bisher geleistet habe („Aber wie dem mir ist heint zů | Gefallen in der vergangnen nacht | Das Er Im solch not habe gemacht | Allein von wegen der welt eer | Nun wist Ir selber wol das mer | Gehört zů eim Ritter außerkorn"; S. 536), eine Kritik am Ritter und seinen Taten, weil dies eine „Andersartigkeit von *geferlicheiten* und heiligem Krieg betont", während Teuerdank bisher nur auf weltliche Ehre aus gewesen sei. Dies erscheint allerdings wenig plausibel, da es im Text anschließend heißt, dass der Kreuzzug nötig sei und Ernreich niemand Besseren und Geeigneteren wüsste als Teuerdank, er also gerade wegen seiner Taten nun zu diesem Kreuzzug imstande ist (S. 536–537): „Nun wais Ich khein auszůklauben, | Der zů solcher rays yetz baßdöcht | Oder dem mans beuelhen möcht | Dann allein disem Tewren Held | Der den Rom tregt yetz in der Welt | An zucht tugend vnnd der manheit | Vnnd aller annder geschickliheit | Neben Künig vnd andern allen" Kohnen lässt außer Acht, dass Strohschneider, S. 379 diese Problematik bereits angesprochen und gezeigt hat, dass Teuerdank sich „[d]en Streit *nach gottes eer*" immer vorgenommen hat. Dies wird zwar durch die Abenteuertaten (noch) nicht erreicht, aber das in ihnen belegte Rittertum ist Voraussetzung für den Kreuzzug; beides bedingt sich gegenseitig. Zudem stammt die Kenntnis, die die Königin zu dieser Aussage bewegt, rein aus den Verteidigungsreden der Hauptleute, denen sie offensichtlich aufgesessen ist. Somit könnte man die Situation so verstehen, dass die Hauptleute es direkt vor ihrem Tod schaffen, eine letzte Bewährungsprobe zu generieren, von der dann aber auch klar ist, dass Teuerdank diese wie alle anderen bestehen werde.

53 Müller: Gedechtnus, S. 220.

54 Ziegeler: Leser, S. 82 weist darauf hin, dass auch Teuerdank es zweimal trage (Kap. 11 und 25).

55 Ebd., S. 82.

jedoch nicht um die *rota fortunae*, ‚das Rad des Glücks‘.[56] Da Ernhold immer an Maximilians Seite steht, repräsentiere das Glücksrad eine *fortuna stabilis*, ein ‚beständiges Glück‘,[57] das von Gott komme.[58] Aus dieser durchaus überzeugenden Sicht demonstriert die Figur die göttliche Providenz in Teuerdanks Handeln. Die Tugendhaftigkeit stehe nicht der Fortuna gegenüber, vielmehr ist die von Teuerdank verkörpere *virtus* derart, dass sie „den Gefährdungen seiner *fortuna stabilis*, seines *Glücks*, entgegentrat und sie aufhob“.[59] Damit zeigt allerdings gerade das Glück den Zwiespalt auf, in dem die Handlung des Werkes platziert worden ist. Die Abenteuer müssen den Sieg Teuerdanks gegenüber den Herausforderungen und den Hauptleuten auf zwei Arten demonstrieren, die sich nur schlecht harmonisieren lassen. Teuerdank muss einerseits sich selbst bewähren, andererseits aber muss er auch den Schutz Gottes erhalten. Es muss somit Episoden geben, in denen der Held versagt und Gott ihn rettet. Sie konterkarieren nicht die Fähigkeiten des Ritters, sondern ergänzen sie – allerdings zu dem Preis, dass der Protagonist nicht als außergewöhnlicher Held in Erscheinung treten kann. Man muss immer bedenken, dass bei der Erstellung des *Teuerdank* nichts ohne Maximilians Prüfung und Einwilligung geschah, der Kaiser selbst die Anfertigung sehr penibel überwacht hat und vielfach auch marginal anmutende Korrekturen gefordert hat.[60] Das Bild, das der *Teuerdank* von Maximilian vermittelt, ist vom Kaiser genau so gewollt. Die

---

56 Müller: Gedechtnus, S. 129 hingegen nennt Teuerdank einen „*dominator fortunae*“, insbesondere in Bezug auf den Holzschnitt des letzten Kapitels. Ziegelers These aber ist aufgrund der konstanten Präsenz des treuen Ernhold, den Teuerdank explizit an seiner Seite haben möchte, und dem immer wieder betonten christlichen Lebenswandel und Schutz durch Gott wenig entgegenzuhalten. Dennoch würde es einer eigenen Studie bedürfen, die die genaue Bedeutung der Fortuna in Text und Bild (auch in Bezug zu anderen Teilen des Ruhmeswerkes) näher aufklärt. Zu berücksichtigen wäre hierbei insbesondere, dass im Holzschnitt des 101. Kapitels Fortuna auf einer Pferdeschabracke abgebildet ist, wie sie die Weltkugel unter ihren Füßen hat.
57 Ziegeler: Leser, S. 82. Er fügt ebd., S. 83 noch hinzu, dass das Glück nicht nur beständig, sondern auch speziell an Teuerdank gebunden sei. Hierzu resümiert er ebd.: „Glück als ‚(glücklichen) Zufall‘ gibt es folglich im ‚Teuerdank‘ nicht.“ Anders sieht das der Füssel, der in Maximilian den Bezwinger der Fortuna ausmacht, ausgehend von der Interpretation des Schwerterkranzes als Glücksrad (Stephan Füssel: Kaiser Maximilian und die Medien seiner Zeit. Der Theuerdank von 1517. Köln u.a. 2003, S. 38).
58 Ziegeler: Leser, S. 83 mit Verweis auf Kapitel 45 („Got dem Helden ein gelück gab“; S. 209) und aus Kapitel 71 („Aber got Im sein hilffe sanndt | Das der Gembs rüert ein stein im vall | Daruon Er zunechst uber Sy all | Aus fiel vnnd keinen menschen rurt, | Darbey man das groß gelück spurt, | So Tewrdannck het zü aller Zeit“; S. 321). S. außerdem Anm. 75 (ebd., S. 105) mit weiteren Belegstellen.
59 Ziegeler: Leser, S. 84.
60 Hierzu aktuell Müller/Wegener.

moderne Forschung darf sich nicht darauf konzentrieren, nach Widersprüchen zu suchen, die aus anderen Maßstäben der Heldenepik abgeleitet werden, sondern muss dasjenige Bild würdigen und erklären, das Maximilian offenkundig vermittelt wissen wollte.

In diesem Sinne kennt das Epos keinen Helden wie Achill, Hercules oder Parzival, aber jemanden, der zu einem solchen werden kann – erst aber als siegreicher Kreuzfahrer. Die *gedechtnus*, die das Werk garantieren soll, beschreibt und deutet eine Lebenswirklichkeit, die die Clavis als die Maximilians ausgibt und die die Leserinnen und Leser als die Maximilians bewahrt haben. Dass sie gerade nicht überformt ist und auch nicht geschönt, erlaubt es, dass sich jeder Mensch in der Figur des Ritters wiederfinden kann.[61] Teuerdank ist denen, die über ihn lesen, eben nicht so fern ist wie märchenhafte Drachentöter. Wenzel hebt die Bedeutung des Werkes als allgemeingültige moraldidaktische Biografie hervor: Er spricht von der Darstellung des Kampfes zwischen einem Menschen gegen die Versuchungen des Teufels – der wiederum die Hauptleute angestachelt hat –, „um eine Steigerung also des Fürsten Maximilian zum guten Menschen überhaupt" zu zeigen.[62] Wenzel sieht die Verschlüsselung als Technik, um eine allgemeine Lehre der Moral zu präsentieren.[63] Diesen Aspekt der Figur des Teufels und auch des Engels, der Teuerdank im 115. Kapitel mit der Aufforderung zum Kreuzzug erscheint, hebt auch Strohschneider hervor und bemerkt, dass die beiden Figuren Teuerdanks Handeln als Kontrolle der fleischlichen Begierde, als ritterliche Legitimation sowie als politisches Pflichtbewusstsein belegen.[64] Angesprochen aber ist jedermann, wie Schmid betont:

> Aus den verkehrten Lehren des bösen Geistes und den frommen Antworten Teuerdanks mochte der Leser auf das von ihm erwartete Verhalten schliessen: Anstatt unbedacht und überstürzt zu handeln, sollte er demnach die Tugenden der Voraussicht und Weisheit walten lassen. Weltlichem Treiben abgeneigt, sollte er sich das nahe Ende vor Augen halten.[65]

Illustriert wird diese Lehre dann gerade an der Vielzahl alltäglicher Herausforderungen, die mit dem Ziel der *imitatio* den Sitz im Leben der Leserinnen und Leser gewähren müssen. Unterstrichen wird diese didaktische Komponente

---

61 Es wäre überdies wünschenswert, dass in der Forschung neben Erinnerung und Lob sowie Legitimation der burgundischen Herrschaft Karls V. gerade die Funktion des *Teuerdank* als Fürstenspiegel ein größeres Gewicht einnähme (nämlich für den jungen Karl V.; Barbara Schmid: Schreiben für Status und Herrschaft. Deutsche Autobiographik in Spätmittelalter und früher Neuzeit. Zürich 2006, S. 170).

62 Wenzel, S. 314.

63 Ebd., S. 314.

64 Strohschneider, S. 382 in der Nachfolge von Müller: Gedechtnus, S. 126–127.

65 Schmid: Schreiben, S. 178.

zudem durch eine von Müller bemerkte Laktanzparaphrase im letzten Kapitel des *Teuerdank*:[66] In einem Epilog wird aus den Abenteuern des Ritters eine allgemeine Lehre für jeden Menschen im Umgang mit der „widerständigen Welt"[67] gezogen. Die intertextuelle Referenz hierzu findet sich im zweiten Kapitel von Laktanz' *De opificio dei* über die Ausstattung des Menschen mit der Vernunft als Alleinstellungsmerkmal gegenüber den Tieren;[68] durch sie wird der Mensch – so heißt es im *Teuerdank* (S. 560) – wirklich wehrhaft.[69] Müller sieht überzeugend die Überhöhung des Protagonisten durch die Betonung seiner *ratio*, wodurch – wie Teuerdank vollends demonstriert – auch die „unvollkommene natürliche Ausstattung kompensier[t]" wird.[70] Indem Teuerdank ‚nur' ein Mensch ist („Er ist ein mensch vnnd doch nit mer"; S. 562), ergeht ein Appell an alle Christen, sich mit seiner Vernunft als Geschenk Gottes allen Widrigkeiten entgegenzustellen.[71]

---

66 Müller: Gedechtnus, S. 129. Diese Paraphrase steht außer Zweifel, wo Müller ebd., S. 327 ebenfalls nachweist, dass Pfinzing im Besitz einer Ausgabe des Werkes war.
67 Ebd., S. 233.
68 Ebd., S. 327–328.
69 „Uns dagegen für ein genad | Das ein yeder mensch an Im hat | Vernunftt vnnd syndlichen verstandt | Daraus Er mag machen zůhandt | Gar leichtlichen Lytz [d. i. ‚Geschoß'] vnnd auch weer".
70 Ebd., S. 129. So hat auch Laktanz die Vernunft gedacht, s. Ulrich Volp: Die Würde des Menschen. Ein Beitrag zur Anthropologie in der Alten Kirche. Leiden, Boston 2006 (Supplements to Vigiliae Christianae 81), S. 216. Müller: Gedechtnus, S. 129 bemerkt weiter.: „In Teuerdanks Ritterfahrt demonstriere sich – so der Versuch, die unterschiedlichen Bedeutungsebenen im Bild zur Deckung zu bringen – letztlich die *dignitas hominis,* die Fähigkeit des Menschen, mit Hilfe seiner *ratio* seine unvollkommene natürliche Ausstattung nicht nur zu kompensieren, sondern seinen Platz an der Spitze der Schöpfung zu behaupten."
71 Anders hat dies Kohnen in ihren Überlegungen zu einer kritischen Metaebene gesehen. Sie setzt diese Paraphrase in Bezug zu Laktanz' Ausführungen über die Verwundbarkeit des Menschen, wonach dieser nur im Bewusstsein seiner eigenen Schwäche die Normen einer Gemeinschaft eingehe: Ein Held wie Teuerdank, der eine hohe autonome Handlungsmacht besitze, bedrohe im Umkehrschluss, so Kohnen, S. 276–277, die Gemeinschaft, weil er sich aufgrund seiner Stärke nicht als schutzbedürftig und verletzungsoffen sähe. Sie bezieht sich dabei auf Laktanz, opif. 5: „Sed quoniam imbecillis est, nec per se potest sine homine vivere, societatem appetit, ut vita communis et ornatior fiat et tutior." [‚Aber weil er sich nicht wehren und nicht durch sich alleine ohne einen Menschen leben kann, sucht er nach Gemeinschaft, damit das gemeinsame Leben sowohl schöner als auch sicherer wird.'] Tatsächlich kann man einen Bezug sehen, wenn man im *Teuerdank* (S. 560) „Das Er Sy habe beschaffen | Nackhet ploß on alle waffen" mit Laktanz' Worten vergleicht „Vides igitur omnem hominis rationem in eo vel maxime stare, quod nudus fragilisque nascitur, quod morbis afficitur, quod immatura morte multatur." [‚Du siehst also, dass die ganze Anlage des Menschen vor allem darin besteht, dass er nackt und verwundbar geboren wird, dass er von Krankheiten befallen werden kann und dass er mit einem frühen Tod bestraft wird.']. Kohnen, S. 276 betont richtigerweise, dass der Mensch mithilfe der Vernunft Einsicht in seine Schwäche hat. Sie versucht allerdings, an gängige Theorien (angefangen bei Hegel)

Mit dieser Ausrichtung des Werkes verzichtete Maximilian auf einen Heldenstatus, sicher aber im Bewusstsein, dass der Leserkreis – keine Eliten nämlich, sondern ein „nicht-gelehrtes Publikum"[72] gerade auch höherer Stände –[73] im Handeln
Teuerdanks eine Lehre von Beharrlichkeit, Ehrenhaftigkeit und Gottestreue finden
konnte, die damit Anleitung und Aufforderung zur *imitatio* sein sollte, was in besonderer Weise die Erinnerung an Teuerdank und Maximilian garantieren konnte.

5.2 *Aventiûren* versus *labores*: die bisherige Forschung zu Magnanimus' Dulden

Als maßgebliche Modifikation des *Magnanimus* gegenüber der Vorlage hat die
Forschung die Umformung der Abenteuer zu *labores* herausgearbeitet, wie Hercules und Aeneas sie bewältigen mussten. In ihnen werde, so Müller, eine innere Haltung vordergründig:[74] Im Kern gehe es um das Ertragen des Schicksals

---

anzuknüpfen, wonach ein Held nicht zivilisationsfähig sei. Jüngst hat das Reemtsma für die Die-
derichepik postuliert. Kohnen, S. 77 sieht in Teuerdanks Stärke vor der Folie des Laktanz ein „‚tier-
isches' Verhalten", weil er gerade durch zu große Stärke nicht mehr Teil einer Gemeinschaft sein
müsse. Dies widerspricht jedoch völlig dem Tenor des 118. Kapitels. Kohnen bedenkt nicht, dass
in *De opificio Dei* die Vernunft in erster Linie zur Gotteserkenntnis befähigt (Volp, S. 217). Mit dem
Gewinn der Wehrhaftigkeit aus der Vernunft zielt Laktanz darauf ab, „daß der Mensch zu *religio*
im Sinne des Dankes an seinen Schöpfer verpflichtet ist" (Volp, S. 215). Die Schwäche des Menschen ist bei Laktanz „gottgewollt" (Volp, S. 216). Teuerdank aber weiß von Beginn des Werkes an
um diese Schwäche und weiß auch, dass er seine Stärke der Gotteserkenntnis und seiner Ehrerbie-
tung vor Gott verdankt (S. 562): „Ich glaub got hab in annfang gewist | Das Er durch disen khüe-
nen Heldt | Wel würcken noch in diser welt | Vil Sach der Cristenheit zůgůt". Strohschneider,
S. 382 sieht gerade in Teuerdank selbst einen „Christusnachfolger". Das 118. Kapitel betont die
Stärke Teuerdanks, aber die Vernunft führt eben nicht nur, wie Kohnen, S. 276 meint, zur Einsicht
in die Schwäche, sondern dadurch erst zur Einsicht in Gottes Schöpfungsplan und die Notwendigkeit, diesem dafür zu danken. Teuerdank stellt keineswegs eine Gefahr für die Gemeinschaft dar,
die er letztlich im Kreuzzug verteidigen wird – wie er dem Engel zusichert. Die Laktanzparaphrase
ist eine Apostrophe mit der Aufforderung zur Ausrichtung menschlicher Taten auf den Glauben.
Wenn Kohnen davon spricht, das Heldentum untergrabe die Gemeinschaft (ebd., S. 277), dann
meint sie damit einen transgressiven, exzeptionellen Helden, der Teuerdank aber gar nicht ist
und, wie hier dargestellt wird, gar nicht sein sollte.

72 Müller: Gedechtnus, S. 20.
73 Müller macht ebd., S. 76 deutlich, dass die deutschen Werke des Ruhmeswerks gerade ein
Publikum avisierten, das nicht humanistisch geprägt ist, und Propaganda leisten sollte „bei
den Reichsständen, beim Adel, bei den bürgerlichen Ober- und Mittelschichten, vor allem
auch den fürstlichen *dienern* in Kammer und Regiment, die durch ihre praktischen Fähigkeiten
zu Rang und Einfluß gelangt waren". Dem schließt sich Rzehak, S. 108 an.
74 Müller: Gedechtnus, S. 163.

und nicht um eine aktive Handlung. In den *labores* sieht Müller für Magnanimus den „rauhen und steilen Weg der Tugend",[75] womit er auf die Entwicklung des Aeneas in Vergils Epos anspielt. Nicht anders sieht das Knapp[76] und auch Schubert/Schubert konstatieren, einzig Vergil konnte „als Modell dafür rezipiert werden [...], wie durch eine heroische Erzählung Ideologie und Herrscherpanegyrik (auf den Kaiser Augustus) zu transportieren sei".[77] Neben Anklängen an Aeneas hat Klecker für Magnanimus die Inszenierung als *alter Hercules* herausgehoben, wenngleich sie anmerkt, „die oft nur banalen Unfälle oder leichtsinnigen Unternehmen widersetzen sich einer Sinngebung als stoische Bewährung oder herkulische Taten zum Wohle der Menschheit".[78] Cuspinian überliefert derweil in seinem Werk *De Caesaribus atque imperatoribus Romanis* (Straßburg: Schürer 1540), einer Biografie der römischen Kaiser bis Maximilian, dass bereits im deutschen *Teuerdank* die Abenteuertaten als herkulisch gesehen werden sollten.[79]

Dass aus den *âventiuren labores* werden, der Held gegen göttliche Mächte bestehen muss und diese Darstellung an antike Erzählungen anknüpft,[80] ist unbestritten. Ebenso unbestritten ist, dass sie das Zentrum der Transposition des Ritterepos *Teuerdank* in das lateinische Heldenepos bilden. Die bisherige Forschung aber ließ sich zu stark von der Überzeugung leiten, dass Sbruglio in seiner Übertragung schlicht antikisierende Elemente eingefügt hätte, ohne das Narrativ daran anzupassen. Ursächlich hierfür scheint eine Überschätzung der tatsächlichen Bindung Sbruglios an die deutschsprachige Vorlage: Müller spricht von einem engen Spielraum und sieht in Sbruglios Bearbeitung nur eine Umakzentuierung.[81] Dabei zog man kaum in Betracht, dass auch Sbruglio – wie die anderen Ependichter Maximilians – etablierte Heldennarrative zur Überhöhung der eigenen Figuren weiterentwickelte. Vor diesem Hintergrund wurden immer wieder ausgewählte Passagen als Beleg zur Anpassung an antike Heldenmuster zitiert, die *labores* waren dabei leicht als diejenigen eines Aeneas und Hercules auszumachen, das Streben nach *virtus* erinnerte an die Prodikos-Fabel von Hercules am Scheideweg.[82] Entsprechend Hercules' Entscheidung gegen die Voluptas stünden im *Magnanimus* die Mühen des Helden der Lust des Teuerdank

---

75 Ebd., S. 163.
76 Knapp, S. 23.
77 Sbruglio: Magnanimus, hg. von Schubert/Schubert, S. xxii. Knapp, S. 67 bemerkt allgemein für den *Magnanimus*, dass der Held überwiegend mit Aeneas verglichen werde.
78 Klecker: Lateinische Epik, S. 90.
79 Johannes Cuspinian: De Caesaribus atque Imperatoribus Romanis opus insigne [...]. Straßburg: Schürer 1540, S. 725.
80 Müller: Gedechtnus, S. 163–166.
81 Ebd., S. 160.
82 S. S. 106.

auf Abenteuer gegenüber.[83] Überhaupt versuchte man zu zeigen, dass die *labores* an die Stelle des Strebens nach ritterlicher Ehre träten[84] und Magnanimus zum heroischen Dulder werde.[85] Im Vergleich zum *Teuerdank* konstatiert Müller, „daß Tat durch Haltung ersetzt wird".[86] Dieser Einschätzung eines reinen heldenhaften Duldens des Magnanimus folgt Knapp.[87] Sie betont, die Bewährungsproben seien dem Helden „von der Natur aufgezwungen".[88] Auch folgt sie Müller im diametralen Gegensatz von der herkulischen, lasterhaften *voluptas* und dem heroischen *labor*.[89] Dieser Fokus auf das Durchhaltevermögen dürfte nicht nur der starken Präsenz Vergils und des Herculesmythos geschuldet sein,[90] vielmehr scheint auch das Telos, der Kreuzzug, ausschlaggebend hierfür. Denn die damit einhergehende Darstellung des Helden als *miles Christianus* ist eng an ein Heldenideal geknüpft, bei dem „die ‚imitatio Christi' und die ‚passio' im Vordergrund stehen [und] [...] die konkrete Ausdrucksform der Tugend in der Hauptsache die ‚patientia' [ist]".[91] Bereits Ambrosius hat ausgehend vom ‚guten Soldaten Christi' („bonus miles Christi"; Commentarii in Epistulam ad Timotheum secundam 2) gemäß 2 Tim 2, 3 den aktiven Kriegsdienst vor allem im Ertragen ausgemacht, „ut hic laborans remuneretur in coelis".[92]

---

83 Müller: Gedechtnus, S. 234.

84 Knapp, S. 24.

85 So ebd., S. 23–24. Diese Ansicht wird wiederholt Sbruglio: Magnanimus, hg. von Schubert/ Schubert, S. xxiii.

86 Müller: Gedechtnus, S. 235.

87 Knapp, S. 23.

88 Ebd.

89 Knapp führt ebd., S. 24 mit Bezug auf die Stellen 10, 39b–47 sowie 22, 4–8 aus: „Da die moralphilosophische Tradition eine Ausdehnung der Bedrohung durch *utraque fortuna*, d.h. durch *adversitas* und *prosperitas* erfordert, muß Magnanimus nicht nur in der Disputation mit dem Teufel, wie im ‚Theuerdank' vorgebildet, sondern auch an anderen Stellen wiederholt der *voluptas*, die die *fortuna prospera* repräsentiert, abschwören." In 10, 39b–47 entgegnet Magnanimus dem Teufel, er werde die Gebote Gottes einhalten, wie es sich für einen ehrenhaften Menschen zieme. Der Teufel hatte Magnanimus geraten, die *voluptas* über die *virtus* zu stellen. Knapp liegt richtig, dass sich an dieser Stelle die herkulische Entscheidung für die Virtus widerspiegele, allerdings überprüft sie ihre Beobachtung nicht an den relevanten Stellen in den Abenteuern, wo Magnanimus selbst ein anderes Konzept von *voluptas* verkörpert; s. Kapitel 5.4.2. Inwiefern Knapp die Passage 22, 4–8 als Beleg für ihre Argumentation sieht, bleibt unklar.

90 Schubert/Schubert betonten, „als zweiter *Aeneas*, als schicksalsgeprüfter Held, der seine Siege über widrige Gewalten dem Wirken des *fatum* bzw. Gottes verdankt und dessen Hauptstärke Beharrungsvermögen ist, muß Magnanimus tendenziell ein passiver Held bleiben" (Sbruglio: Magnanimus, hg. von Schubert/Schubert, S. xxiii.)

91 Wang, S. 75.

92 [‚damit dieser für sein Leiden im Himmel seinen Lohn erhalte'] (Ambrosius, Commentarii in Epistulam ad Timotheum secundam 2). S. hierzu weiter Wang, S. 208.

Müller, Knapp und Schubert haben insofern recht, als es dieses passive Dulden gibt und es einen Bestandteil des Heldentums ausmacht, aber die Heroik des *Magnanimus* ist hierauf keineswegs beschränkt. Die Mühen illustrieren nicht nur Duldsamkeit. Schaut man genauer auf den Text, wird deutlich, dass das von Sbruglio entworfene Konzept des *labor* eine hybride Konstruktion ist, die zwischen Passivität, aber eben auch Aktivität oszilliert und damit den Tatendrang des jungen Teuerdank mit in das tradierte Narrativ des Dulders aufnimmt. Auch die *voluptas* erweist sich als äußert hybride. Sbruglio verwebt zwei differente Konzepte der Lust: einmal die herkulische, die den Gegenentwurf zur Virtus bildet; auf diese nehmen der Teufel und die *comites* Bezug. Wenn Magnanimus dann aber stets seine *voluptas* bejaht, präsentiert der Held eine höhere Lust als die, gegen die sich Hercules entschieden hatte, nämlich eine christliche, ehrenhafte.[93] Letztere ist keineswegs Teil eines lasterhaften Müßiganges, sondern vielmehr ein fester Bestandteil der aktiven Komponente eines heroischen *labor*.[94] Sie erweist sich als Antagonist zum *otium*, als Instanz, die Magnanimus dem Müßiggang, der Faulheit, trotzen lässt. In keinem Fall ist sie aufgezwungen und sie meint nicht Trägheit, wie Müller behauptet.[95]

Um das Konzept von Sbruglios *labor* auszuleuchten, sollen im Folgenden die verschiedenen Motivationsaspekte für Magnanimus' Handeln eingehend analysiert werden und die angesprochene Korrektur der Forschungsmeinung belegen. An erster Stelle steht hierfür eine Ausdifferenzierung der *labores* in passives Dulden und aktives Aufsuchen. Als Hauptimpuls für diese selbstmächtige Gefahrensuche erweist sich zunächst die Vermeidung von *otium*. Nach Ausführungen zur Funktion der *voluptas* in diesem Zusammenhang wird abschließend noch die Rolle der Liebe Erenricas sowie die Rahmung des Narrativs durch die *militia Christiana* zu klären sein.

5.3 Das passive Dulden

Magnanimus' *labores* stehen zu denen des Aeneas und Hercules in Relation. Dass sich wiederum in Vergils *Aeneis*, die maßgeblich für die lateinische Bearbeitung rezipiert wurde, Aeneas als Antitypus zu Hercules belegen lässt, wurde

---

93 S. Kapitel 5.4.2.
94 Tendenziell haben dies schon Schubert/Schubert angemerkt, wenn sie feststellen, Magnanimus meide die Gefahr, wenn sie zu Übermut und Unvernunft verführe (Sbruglio: Magnanimus, hg. von Schubert/Schubert, S. xxvii).
95 Müller: Gedechtnus, S. 164.

bereits dargelegt.[96] Bei den *labores* des Aeneas handelt es sich um „bemitlei-
denswerte, punktuelle Vorfälle seines Lebens wie den Krieg in Troja, die Irrfahrten
und als Extremfall den Tod des Anchises".[97] Der Begriff meint bei Vergil primär
das Aushalten.[98] Sabine Bruck belegt, dass im fünften Buch von Vergils Epos eine
zunehmende Akzeptanz dieser einsetzt, im zwölften Buch die *labores* in Aeneas'
Augen dann ein fester, notwendiger Bestandteil des menschlichen Lebens sind,
ein schicksalbestimmtes Lebensprinzip.[99] Das Aushalten ist wiederum auch Kern
des *Hercules laborans*-Typus, weshalb im Folgenden zunächst die Integration dieser Passivität in die Heroik des *Magnanimus* zu analysieren ist.

Für diese Fragestellung liefert der Name des Protagonisten einen ersten Anhalt.[100] Der Dichter wählt ein lateinisches Pendant zum sprechenden ‚Teuerdank': So heiße der deutsche Protagonist, erklärt Pfinzing, weil „Er von Jugent auf
all sein gedannckhen nach Tewerlichen sachen gericht" (S. 566–567), er also, wie
Carl Haltaus formuliert, an „kühnen, abentheuerlichen und ruhmvollen Taten großes Gefallen gefunden hat."[101] Nach Hollegger bezeichnet ‚Teuerdank' denjenigen,
„der hohes [!] im Sinn hat".[102] Ein solches Programm vertritt auch der Name ‚Magnanimus'. Wie bereits dargestellt, zeugt dieses Attribut einerseits von der Seelenruhe und dem Standhalten des Menschen gegen das Schicksal, andererseits das
auf Gott ausgerichtete Selbstvertrauen bei der Bewältigung aller Mühen.[103]

In diesem Sinne prägt die Titulatur des Protagonisten gerade auch die
Wahrnehmung der Taten, die – dem Namen nach – mehr sein sollen als biedere
Jagdszenen: eine Illustration umfassender Tugendhaftigkeit, Standhaftigkeit

---

96 Neben Binder, S. 141–149 s. hierzu auch Buchheit, S. 37, der den Kampf Hercules–Antaeus
als Präfiguration der Auseinandersetzung Aeneas–Cacus sieht sowie einen weiteren typologischen Bezug zu Augustus gegen Antonius herstellt. Hinsichtlich der *labores* der beiden Helden
im Vergleich s. Susan Scheinberg Kristol: *Labor* and *Fortuna* in Virgil's *Aeneid*. New York, London 1990, S. 154–158.
97 Bruck, S. 164.
98 Hierzu substanziell Dieter Lau: Der lateinische Begriff *labor*. München 1975, S. 9: „Labor
bezeichnet das angestrengte, aufreibende Sichabmühen [...]. Es ist primär weniger das Tun
selbst, wohl aber in der Regel eng damit gekoppelt als dessen Antriebskraft und äußert sich in
kraftvoller, ausdauernder Betätigung. [...] Labor bezeichnet so auch den Zustand dessen, der
widrigen Umständen ausgesetzt ist und im Kampf gegen Krankheiten und zerstörerische
Mächte steht".
99 Bruck, S. 165.
100 Greene, S. 16 betont, ein Held müsse einen Namen tragen, an dem man dessen Taten von
denen anderer abheben kann: „[The name] becomes equal to the sum of his accomplishments."
101 Maximilian I.: Theuerdank. Hg. von Carl Haltaus. Quedlinburg, Leipzig 1836 (Bibliothek
der gesamten deutschen National-Literatur von der ältesten bis auf die neuere Zeit 2), S. 2–3.
102 Hollegger: Herrscher und Mensch, S. 246.
103 Ausführlich zuvor S. 260–261.

gegenüber dem Schicksal, und zwar aus dem Glauben heraus. Zugleich repräsentiert eine Figur mit dem Namen ‚Magnanimus‘ die Eignung zum Herrscher. Asch nämlich stellt die Seelengröße für das sechzehnte Jahrhundert als Adelsideal heraus, wenngleich dieses auch von einem Gewalthabitus geprägt gewesen sei, um die Bereitschaft zu zeigen, „die eigene Ehre und den eigenen Anspruch auf soziale Geltung und Überlegenheit mit der Waffe in der Hand zu verteidigen."[104] Dies belegen im Epos dann vor allem die ritterlichen Taten auf der Jagd.

Um der Programmatik des Namens Vorschub zu leisten, öffnet das Werk mit ihm: ‚Wir besingen Magnanimus‘ („Magnanimum canimus"; 1, 1). Abgesehen von dieser Intertextualität zum Beginn der *Aeneis* hat Knapp einige weitere Parallelen zum Proömium von Vergils Epos aufgezeigt;[105] damit werden sowohl Aeneas als auch dessen Mühen aufgerufen. Verstärkt wird die Referenz bereits im vierten Vers, der Magnanimus als einen ‚durch bitteres Schicksal umhergetrieben‘ Helden zeigt („fato iactatus acerbo"; 1, 4), bezogen auf Aen. 1, 3–4a: „multum ille et terris iactatus et alto | vi superum".[106] Die rhetorische Frage, ‚was er nicht alles ertragen hat‘ („quid non tulit"; 1,4) intensiviert die Fülle an Bewährungsproben. Aus den ‚Mühen‘ („labores"; Aen. 1, 10) des Aeneas werden bei Sbruglio ‚schwere‘ („graves labores"; 1, 9), aus den ‚vielen Schicksalsschlägen‘ („tot casus"; Aen. 1, 9) werden ‚harte‘ („duri casus"; 1, 10) in Verbindung mit dem durativen Akkusativ ‚über viele Jahre‘ („multos annos"; ebd.). Sbruglios Formulierung „labores tolerare" (1, 9) kennt die *Aeneis* noch nicht; erst später bezieht Lukan diese auf die Qualitäten eines Feldherrn (Bellum civile 9, 881–882): „cogit tantos tolerare labores | summa ducis virtus.[107] Der Gedanke an Lukan passt durchaus zur Situation der erzählten Welt, denn die Lage steuert auf die Türkengefahr und den Kreuzzug zu, wie Lukans Kosmos auf den Weltenbrand. Aeneas ist

---

104 Asch: Adel.

105 Knapp, S. 29–32.

106 [‚viel über Länder getrieben und über das Meer durch Göttergewalt‘] (Übers. aus Vergil: Aen., hg. von Holzberg, S. 43); auf diese Intertextualität verweist bereits Knapp, S. 29.

107 [‚Was sie so gewaltige Leiden auszuhalten zwang, war der Heldensinn ihres Führers‘] (Übers. aus Lukan: Bellum civile, hg. von Ehlers, S. 459). Es folgen Ausführungen zu diesem *dux* (Lukan, Bellum civile 9, 882b–887): „qui nuda fusus harena | excubat atque omni fortunam provocat hora. | Omnibus unus adest fatis: Quocumque vocatus, | avolat atque ingens meritum maiusque salute | contulit, in letum vires, puduitque gementem | illo teste mori." [‚der ausgestreckt im nackten Sand auf Posten lag und das Geschick zu jeder Stunde in die Schranken forderte. Er war, der eine Mann, bei jedem Schicksalsschlag zur Stelle: überall, wo man ihn rief, flog er herbei und spendete unabsehbare Wohltat, eine größere noch als Leben, nämlich Kraft zum Tod, schämte man sich doch, in seinem Beisein mit Geseufz zu sterben.‘] (Übers. aus Lukan: Bellum civile, hg. von Ehlers, S. 459).

‚durch das Schicksal auf der Flucht' („fato profugus"; Aen. 1, 2), Magnanimus ‚durch das Schicksal hin- und hergetrieben' („fato iactatus").[108] Was in der *Aeneis* der Zorn der Juno bewirkt, ist im Magnanimus sowohl Schicksal als auch Effekt der *comites*. Beides fällt in eines (1, 4–6). Dass die *comites* und ihre Gefahren Teil des Schicksalsplanes sind, darauf deuten auch Magnanimus' Worte gegenüber Fervidus (12, 22b–23): „taedas nisi fata iugales | impediant, erit illa meis mea fortibus ausis."[109] Die Heirat ist ihm zweifelsfrei gewiss, nur der Tod, den die Unterweltsmächte bringen wollen, könnte ihn abhalten.

Neben Aeneas wird im Proömium auch auf den *Hercules laborans* Bezug genommen. Das Magnanimus beigegebene Attribut „defunctus variis terrae pelagique periclis" (1, 5)[110] verweist auf diesen, indem es die Stelle Elegiae in Maecenatem[111] 1, 69 rezipiert, wo es heißt: „impiger Alcide, multo defuncte labore".[112] Tatsächlich scheint diese Parallele kein Zufall zu sein, denn wie im *Magnanimus* wird auch im antiken Prätext die Dichotomie von *otium* und *labor* verarbeitet. Während die Elegiae Maecenas' *otium*, den luxuriösen Lebensstil im Anschluss an seine Soldatenzeit, legitimieren,[113] agiert Magnanimus, um *otium* zu vermeiden – wie später eingehend dargelegt wird. Insofern könnte man an dieser Stelle eine Korrektur der Herculesrezeption durch Sbruglio sehen. Im Proömium heißt es weiter, der Ritter habe oft Tigern in Menschengestalt gegenübergestanden sowie versteckten Sinonen (1, 13–14), also Leuten, die dieselbe Überzeugungskraft hatten wie der Grieche Sinon, der die Trojaner zur Annahme des hölzernen Pferdes überredet hat. Vor diesem Hintergrund fragt der Erzähler (1, 12): „Quis magis insidias lernaeaque monstra subegit?",[114] wobei „quis magis" Magnanimus' Heldentaten über die des Hercules überhöht. Bei der Eberjagd in Kapitel 17 heißt es später, Erymanthus habe keinen größeren Eber gesehen und auch nicht Calydon (17, 14–15).[115]

---

108 Knapp, S. 29.

109 [‚Wenn nicht das Schicksal das eheliche Bett verhindern sollte, wird sie aufgrund meiner tapferen Wagnisse meine sein.']

110 [‚der mannigfaltige Gefahren zu Wasser und zu Land durchgemacht hat'].

111 Die *Elegiae in Maecenatem* sind ein Werk aus der sog. *Appendix Vergiliana*, einer Sammlung Vergil zugeschriebener Gedichte. Bei den *Elegiae* handelt es sich um Trauergedichte auf den verstorbenen Maecenas; ihr Autor und ihre Entstehungszeit sind unbekannt.

112 [‚wackerer Hercules, der Du viel Mühe ertragen hast'].

113 Marco Marinčič: *Der elegische Staatsmann: Maecenas und der augusteische Diskurs. Die Appendix Vergiliana. Pseudoepigraphen im literarischen Kontext*. Hg. von Niklas Holzberg. Tübingen 2005 (Classica Monacensia 30), S. 116–141, hier S. 133.

114 [‚Wer hat mehr Hinterhalte und lernäische Monster bewältigt?']

115 Das Einfangen des erymanthischen Ebers ist eine Tat des Hercules; die Bezwingung des kaledonischen die des Meleager; Knapp, S. 69 bemerkt die Anspielung auf Ovid, met. 8, 260–436.

Nie, so der Erzähler im Proömium weiter, würden so viele Vögel oder Eber gefangen werden, wie die Hauptleute Maximilian ‚angegriffen' hätten („petitus"; 1, 16). Die Referenz an die Taten des Hercules dient somit vor allem zur Aufwertung der Taten und des Magnanimus;[116] die von der Forschung zurecht bemerkte Geringfügigkeit der Taten im *Teuerdank* wird behoben.

Diese Passivität des Helden zeigt sich dann noch einmal unmittelbar vor dessen Aufbruch zur Abenteuerfahrt in Kapitel 11, wo Eroaldus die Schwierigkeit der von außen auferlegten Mühen beglaubigt (11, 50b–53a):

> Si te vinclo regina iugali
> pulchra petit, quantos fas exhaurire labores,
> fas tibi multa pati. Sine magno tanta periclo
> non aderit fortuna.[117]

Die Antwort des Magnanimus belegt die bereits erwähnte Konnotation der *magnanimitas* mit dem Selbstvertrauen durch den Glauben an Gott: Für den Helden könne es keine neuartige Gefahr geben (11, 58). Solange er sich an die Gebote Christi halte, könne er auf Gott vertrauen (11, 59–61a). Indem Gott selbst ihn leite (11, 62 sowie zuvor in 10, 71), wird die Bewältigung der Mühen als heroische *imitatio Christi* deklariert, die die Abenteuergefahren zu echtem Leiden und Aushalten stilisiert. Magnanimus ist sogar bereit, den Heldentod zu sterben (41, 28b–29).[118] Zwar ist es unbestritten, dass sich in den Wanderunfällen oder

---

116 Knapp, S. 30, Anm. 3 bemerkt, dass die Formulierung „lernaeaque monstra" die *comites* als Höllengefahren identifiziert. Gleichzeitig wird an dieser Stelle auch die *militia Christiana* verarbeitet. Hercules' Kampf gegen die Hydra wurde zudem „als Kampf des Christen gegen den apokalyptischen Drachen verstanden oder gilt als so vorbildlich wie der Kampf Michaels gegen den Drachen." (Wang, S. 199).

117 [‚Wenn die schöne Königin in Absicht ehelicher Verbindung um Dich anhält, erfordert es die Pflicht, Mühen zu überstehen, wie groß sie auch sein mögen, und es ist Deine Pflicht, viel zu erleiden. Ohne große Gefahr wird kein so großes Glück dasein.']

118 „Minima careat rubigine ferrum | militis, optandam faciat cui gloria mortem." [,Das Schwert eines Soldaten, für den der Ruhm den Tod wünschenswert macht, möge frei sein vom kleinsten Rost.'] Gerade in diesem Heldentod zeigt sich die Adaptation des deutschsprachigen Narrativs an das lateinische Epos, für das die Bereitschaft zum Tod immer Teil des Heldenideals war. Ein solcher Passus zum Tod nämlich fehlt an dieser Stelle im *Teuerdank*. Sbruglio kombiniert damit das individuelle Heldentum mit dem christlichen Märtyrertod. Denn im christlichen Kontext des Narrativs, das – auch wenn der letzte Teil des Epos fehlt – bekanntermaßen auf einen Kreuzzug zuläuft, muss dieser Heldentod als Teil der Bewährung zur Verteidigung der Christenheit zu einem Märtyrertod werden. Gleichzeitig könnte man ihn in der Wertrationalität – erinnert sei wieder an den Bärenkampf in der *Austrias* – als einen Tod für die Gemeinschaft sehen.

auch den Jagderfolgen kein unmittelbarer Dienst für die Christenheit widerspiegelt, und auch fehlen die letzten Kapitel, allerdings wird in den einführenden Kapiteln und gerade im elften für den Leserkreis deutlich, dass Sbruglio die Bindung der gesamten Handlung an eine künftige *militia Christiana* aus dem *Teuerdank* übernimmt. Unabhängig davon, dass alle Abenteuer auf künftiges Kriegertum ausgerichtet sind (1, 20–22) und Romricus von seinem Schwiegersohn den Schutz des Reiches verlangt (2, 23), macht Magnanimus gegenüber dem *daemon* klar, dass alle Ehre einzig von Gott komme (10, 22) und er auf ihn allein vertraue (10, 71–72). Der ‚ruhmreiche Kriegsdienst' („celebri[s] [...] militia"; 9, 21–22) im Rahmen der Brautfahrt kann nicht auf die ritterlichen Taten der Abenteuer – und das damit verbundene Aushalten – beschränkt bleiben, sondern muss sich in einem künftigen Kreuzzug verwirklichen.

Im Verlauf des Werkes beglaubigen die *comites* immer wieder Magnanimus' Duldsamkeit. In Kapitel 45 reflektiert Infoelix die Menge an Mühen, die der Held bereits überstanden hat, wobei diese eindrucksvoll durch die Anapher von „tot" und die Häufung des Plosivs t, das ein Seufzen lautmalt, illustriert wird (45, 3b–4a): „tot tantosque labores, | tot mala, tot casus".[119] In Kapitel 48 wird erneut die Formel aus dem Proömium aufgenommen (48, 9): „nullos renuit tolerare labores",[120] beklagt Infoelix. Explizite Vergleiche zu Aeneas und Hercules untermauern die Leidensfähigkeit: Als der Held erstmals auf Fervidus trifft, wird durch den Erzähler unmittelbar der Bezug zu den Mühen des Hercules hergestellt (12, 28–29): „Non magis Alcides Steneleo paruit hosti | bisseno nitidum meritus discrimine caelum."[121] In Kapitel 16 greift Magnanimus nach der Zunge eines Löwen. Fervidus überredet den Helden zu dieser waghalsigen Tat, indem er daran erinnert, dass auch Samson und Hercules Derartiges überstanden hätten (16, 20–22): „Si potuit Samson, potuit Tyrinthius heros | invicta validos dextra superare leones, | et tibi sunt animi floretque in corpore robur."[122] Samson, der als biblischer Hercules galt,[123] ist im *Teuerdank* nur mitgedacht, er wird nicht explizit genannt, wenngleich die Löwenbezähmung deutlich an ihn erinnert. Indem Sbruglio ihn beim Namen nennt, macht er sich dessen Präfiguration für die Überwindung des

---

119 [‚so viele, so große Mühen, so viele Übel, so viele Schicksalsschläge'].

120 [‚Er weigert sich nicht, jegliche Mühen zu ertragen.']

121 [‚Nicht mehr hat der Alkide seinem Widersacher Sthenelos gehorcht und sich in zwölf Gefahren den glänzenden Himmel verdient.'] König Eurystehus ist der Sohn des Sthenelos.

122 [‚Wenn Samson und Hercules es vermochten, mit ihrer unversehrten Rechten kräftige Löwen zu bezähmen, hast auch Du den Mut und auch in Deinem Körper zeigt sich diese Kraft.']

123 Knapp, S. 60.

Teufels durch Christus[124] zunutze und verstärkt die Bedeutsamkeit der Abenteuer des Magnanimus. In Kapitel 62 konstatiert Infoelix dann, dass Magnanimus stets siegreich sei, und nennt ihn einen ‚zweiten Hercules' (62, 18–19). Entscheidend ist, dass Infoelix, wie zuvor gerade Fervidus, diesen Bezug herstellt, nicht der Erzähler, und zwar aus Überzeugung, dass Magnanimus die Situation nicht überleben könnte und gerade nicht so heldenhaft wie Hercules sein würde. Infoelix muss dann zur Einsicht gelangen, dass er sich getäuscht hat, was das Heldentum des Protagonisten deutlich stärker beglaubigt als eine Aussage des Erzählers es könnte.

Auch Aeneas' Mühen werden immer wieder in Erinnerung gerufen: Fervidus vergleicht seine Hinterhalte mit den Gefahren, die Juno Aeneas bereitet hat (33, 8–9),[125] und überlegt sogar, ob er – wie Iuno letztlich – einlenken und seinen Zorn ruhen lassen solle (33, 14–19). In Kapitel 49 nennt Infoelix den Helden einen ‚zweiten Aeneas' (49, 17–19).[126] Das Überwinden der Schicksalsschläge wird dabei auch typologisch auf die Gründung einer neuen Heimat ausgerichtet. Im Vorfeld zu diesem Vergleich erhebt Infoelix auch die Protektion Maximilians durch Gott über die des Aeneas durch Venus,[127] vermutet sogar eine Abstammung von dem mythischen Ahnherrn der Römer (49, 15b 16a): „Num sanguine vestro | prosilit iste?"[128]

Bis hierhin lässt sich festhalten, dass der Begriff des *labor* von Sbruglio gebraucht wird, um die Mühen nicht nur in die Nachfolge des Hercules und typologisch in die des Aeneas zu stellen, sondern auch in die Nachfolge Christi. Das Dulden wird somit zu einem zentralen Bestandteil des Heldentums. Doch dabei belässt der Dichter es nicht. Thurn hat für die *Carlias* aufgezeigt, wie in der Frühen Neuzeit der christliche Dulder wieder an Handlungsmacht gewinnt und entgegen den Leiden des vergilischen Helden und dem Dulden des augustinischen der humanistische Typ des Kreuzritters „[n]och im Leben [...] die Erfüllung [seiner Taten erreicht], nicht erst im Himmel".[129] Aus dem Dulder werde in

---

124 Schmid: Schreiben, S. 173.

125 Müller: Gedechtnus, S. 166 weist darauf hin, dass Fervidus und Infoelix an die Stelle olympischer Gottheiten träten, gegen die sich nicht nur Aeneas, sondern auch Odysseus behaupten musste, und sieht darin eine Aufwertung der Gefahren für Magnanimus.

126 „Alter ut Aeneas hinc casibus inde subactis | optato sedeat solio dulcique fruatur | connubio patriamque novam sua sub iuga mittat?" [‚Soll er somit wie ein zweiter Aeneas, wenn dann alle Zufälle gemeistert sind, sich auf dem gewollten Boden niederlassen, sich an der süßen Ehe erfreuen und eine neue Heimat unter sein Joch bringen?']

127 Es heißt in 49, 9b–10a: „Non sic Cytherea superbam | Anchisae fovit sobolem." [‚Venus war dem erhabenen Sprössling des Anchises nicht so hold.']

128 [‚Entspringt er etwa Eurem Blut?']

129 Thurn: Heros Aeneas, S. 27 mit Bezug auf Karls Sieg gegen die Langobarden.

der Renaissance wieder ein Handelnder.[130] Diese Idee von den guten Taten eines christlichen Helden setzt auch Sbruglio in seinem Epos um, der die Passivität des *laborans*, speziell des Aeneas und Hercules, mithilfe einer aktiven Suche nach Mühen fortbildet.

5.4 Die selbstmächtige Suche nach Mühen und die Motivation des Helden

Für seine Argumentation eines passiven Helden weist Müller besonders auf eine Aussage des Magnanimus hin (11, 61):[131] „tolerare piam iuvat omnia mentem".[132] Diese Worte folgen auf das bereits zitierte, gegenüber Eroaldus bekundete Selbstvertrauen des Protagonisten in seinem Glauben an Gott.[133] Für seinen Schluss, der Held „sucht nicht Gelegenheit zu ritterlicher *Tat*, sondern hält den Widrigkeiten von *fortuna* und *fatum* stand",[134] bezieht Müller zusätzlich eine Stelle des 25. Kapitels ein (49–51a):[135] „Tot mihi iamdudum contingit adire labores, | tot mala, tot casus Dominam toleramus ob unam, | pluraque ferre libet."[136] Gerade diese beiden Stellen aber weisen keineswegs einen leidvollen Tenor auf: In ersterer wird das passive „tolerare" mit Freude assoziiert („iuvat"), womit Sbruglio eine Formulierung aus dem Proömium aufgreift, in dem es über den Helden heißt, er gehe mit Freude der Jagd nach (1, 17–19).[137] Nicht anders verhält es sich mit der zweiten Stelle, wenn man sie mit der vergilischen Vorlage vergleicht, wo es heißt, Juno habe Aeneas auferlegt, ‚so vielen Mühen einzugehen' („tot adire labores"; Aen. 1, 10b–11a). Im Prätext wird die *agency* des Helden, die im „adire" eigentlich inbegriffen ist, reduziert. Sbruglio hingegen baut sie aus, indem er das empfangende „impulerit" (Aen. 1, 11) durch das selbstbestimmte „contingit" ersetzt: Es sei dem Helden gelungen, die Mühen anzugehen; er ist kein Spielball höherer Mächte (mehr). In diesen beiden Passagen deutet sich bereits an, dass

---

130 Ebd., S. 27–28.
131 Müller: Gedechtnus, S. 163.
132 [‚Alles zu ertragen, erfreut ein gottesfürchtiges Herz.']
133 S. S. 295.
134 Müller: Gedechtnus, S. 163.
135 Ebd., S. 163.
136 [‚So viele Strapazen gelang es mir schon zu auf mich zu nehmen, so viele Übel, so viel Unglück erdulde ich wegen einer Frau und ich habe Lust darauf, noch mehr zu ertragen.']
137 „Multa domi passus, dum munia militis implet | otia nec patitur foedum sibi ferre veternum, | dum sectatur apros, dum gaudet figere cervos." [‚Vieles hat er in Friedenszeiten ertragen, während er die Pflichten eines Soldaten erfüllt und nicht zulässt, dass freie Zeit ihm verächtliche Untätigkeit bringe, während er Eber verfolgt und sich freut, Hirsche zu erlegen.']

Magnanimus mehr als ein reiner Dulder sein soll. Noch sichtbarer wird die Selbstermächtigung in einer Entgegnung gegenüber Fervidus (31, 18b–19): „Si quis toto fugit otia mundo, | ardet et ingenuo vires augere labore."[138] Magnanimus sucht die *labores*, er erlegt sie sich willentlich auf. Sbruglio versucht, den Tatendrang des jungen Teuerdank mit etablierten Heldennarrativen in der Hercules- oder Aeneasnachfolge zu harmonisieren. Die hierfür notwendigen Veränderungen an der Erzählung betreffen vor allem drei Punkte: Die Mühen fallen nicht von selbst auf Magnanimus ein, vielmehr sucht er sie, weil er aktiv jegliches *otium* vermeiden will. Zweitens kann die *voluptas* nicht mehr in herkulischer Weise der Tugendhaftigkeit entgegenstehen, sondern sie muss in eine christliche transformiert werden, die auf Gottes Ehre aus ist und Anteil an Maximilians Wesen beansprucht. Drittens muss die Liebe zu Erenrica auf den gegebenen Rahmen des *Teuerdank* reduziert bleiben und darauf hin ausgerichtet werden, den Abenteuern eine Wertrationalität hinsichtlich des künftig regierten Volkes zuzuschreiben.

5.4.1 Die Vermeidung von *otium*

Noch bevor im Proömium von Erenricas Liebe die Rede ist, konstatiert der Erzähler, dass dem Magnanimus Muße im Sinne von freier Zeit verhasst sei (1, 18) und er deshalb mit Freude Eber und Hirsche jage (1, 19). Diese Motivation spiegelt sich auch in einigen Abenteuerepisoden wider: In Kapitel 22 überlegt sich Fervidus mögliche neue Gefahrensituationen und reflektiert darüber, dass der Held die ,schändliche Muße' („turpia [...] | otia"; 22, 4–5) verachte. Da Magnanimus auch weltliche Dinge wie Überfluss an Gütern oder Gold (22, 7) nichts bedeuteten, sieht Fervidus nur die potenziellen Gefahren einer weiteren Jagd (22, 8). Dass gerade sie dem Helden „proelia" (ebd.) bereiten muss, resultiert aus dem anhaltenden Frieden.[139] Dieser schaffe ungewolltes *otium*, das allerdings durch kriegsähnliche Abenteuer überwunden werden könne. In Kapitel 40 bezeugt Magnanimus selbst, dass die Jagd hierzu tauge (40, 24b–25a): „Vitiosa quidem sunt otia, summis | detestanda viris."[140] Die Vermeidung von *otium* wird als Adelsideal etabliert und die ganze Erzählung über aufrechterhalten.[141] In Kapitel 29 bezeichnet der Held den

---

138 [,Wenn jemand auf der ganzen Welt vor dem Müßiggang flieht, brennt er auch darauf, seine Kräfte durch edelmütige Mühe zu vergrößern.']
139 Bereits Patzer, S. 193–194 hat für die homerischen Epen bemerkt, dass ein Held in Friedenszeiten insbesondere auf die Jagd gehe.
140 [,Muße ist freilich lasterhaft und von den größten Männern zu verabscheuen.']
141 Damit knüpft Sbruglio an den antiken Diskurs um die negativen Seiten des *otium* an, das den Römer in seiner *vita activa* für den Staat und insbesondere den Staatsmann behindere.

Müßiggang als ‚Krankheit' („pest[is]"; 29, 25) für einen jungen Mann. Er sei ihm verhasst, weshalb er die Gefahren der Jagd, die Nacht, den Nebel, einzugehen bereit sei (29, 25–28). Die ganze Reise erscheint für ihn schließlich als Strategie der Mußebewältigung (57, 35–36a): „Ne mihi tempus iners eat, arces, oppida, pagos | perlustrabo libens."[142]

Das Konzept des *neg-otium* wird von Sbruglio in das Narrativ eingefügt und das passive Dulden so durch eine aktive Motivation ergänzt. Denn die genannten Stellen stellen allesamt Modifikationen des Dichters dar: Weder in Kapitel 22, noch in 40, 29 oder 57 finden sich im *Teuerdank* Bemerkungen über Müßiggang. Wo beispielsweise in Kapitel 22 Fervidus über die Verachtung des *otium* durch Magnanimus als Antrieb in mehreren Versen reflektiert und der Erzähler dazu Stellung nimmt, heißt es im *Teuerdank* nur, ein Jäger habe Fürwittig einen geeigneten Ort zur Jagd verraten und wolle Teuerdank dorthin führen; der Ritter antwortet schlicht: „so will Ich geen" (S. 101). In Kapitel 57 nutzt Sbruglio das sinnlose Umherführen im *Teuerdank* („Unfalo fůrt den Held hin vnnd her | Vnnd zeiget Im dann ditz dann das | Zůletzt Sy kamen da die püchs was"; S. 259), um in seinem Epos die ganze Reise als Bewältigung der leeren Zeit zu präsentieren.

Die Ablehnung des *otium* durch den Helden fußt in ihrer Radikalität vor allem auf den bereits aufgezeigten antiken Bezugsfiguren, Hercules, aber vor allem Aeneas. Zum einen nimmt Sbruglio eine Parallelisierung mit dem emsigen Hercules vor, nämlich dem Typus *Hercules impiger*, dem in der augusteischen Dichtung die Attribute ‚rastlos' (*impiger*), ‚wirkmächtig' (*efficax*), ‚Mühenbewältiger' (*defunctus labore*) und ‚tatkräftig' (*actor*) beigegeben wurden.[143] Dass Muße im *Magnanimus* eine verbotene ‚Trägheit' („segnitie[s]"; 29, 25) ist, dürfte zum anderen eine Lehre aus Vergils *Aeneis* sein. Ulrike Auhagen kann für die wenigen Stellen, an denen das Wort dort vorkommt, durchweg eine negative Konnotation nachweisen: Sie belegt, dass bei Vergil *otium* in Kriegszeiten, die in seinen *Bucolica* und *Georgica* herrschen, eine Sehnsucht nach Frieden repräsentiere, in Friedenszeiten wiederum, d.i. in Vergils *Aeneis*, dann aber mit faulem Herumsitzen

---

Über Cato, Cicero, Livius und Seneca zeichnet Vickers detailreich nach, wie es als unwürdiger Müßiggang und Ausschweifung verurteilt wurde: Brian Vickers: Leisure and idleness in the Renaissance: the ambivalence of otium. In: Renaissance Studies 4.1 (1990), S. 1–37. Nach Senecas Ansicht, dessen Schriften in Maximilians Zeit besonders prominent waren und auch die Epiker geprägt haben, führt *otium* zu einer Lähmung des Menschen (hierzu ebd., S. 31–34), was fundamental dem Tatendrang des jungen Teuerdank und seiner Bewährung für den künftigen Kreuzzug entgegensteht.

142 [‚Möge mir keine leere Zeit verrinnen, ich werde Burgen, Städte und Dörfer mit Freude bereisen.']

143 Zu den unterschiedlichen Hercules beigegebenen Attributen s. Möller, S. 130–133.

assoziiert sei.[144] Als Vorlage wiederum für diese pessimistische Sicht in Vergils *Aeneis* macht Auhagen eine Passage aus Sallusts *Bellum Iugurthinum* (41, 1) aus, wo dieselbe Differenzierung wie in der *Aeneis* zu finden ist: ersehnter Frieden bei Krieg, Trägheit bei Frieden.[145] Die zentrale Stelle der *Aeneis* diesbezüglich sind Merkurs Worte an den Helden. Darin kontrastiert Vergil vertanes[146] *otium* mit erstrebenswerter *gloria* und verknüpft diese mit dem *labor* (Aen. 4, 271–276a).

> Quid struis? Aut qua spe Libycis teris otia terris?
> Si te nulla movet tantarum gloria rerum
> nec super ipse tua moliris laude laborem,
> Ascanium surgentem et spes heredis Iuli
> respice, cui regnum Italiae Romanaque tellus
> debetur.[147]

Der entscheidende Vers ist Aen. 4, 273. Mag dieser auch in der heutigen Forschung als unecht gelten,[148] ist er in Maximilians Zeit in den gängigen Aeneisausgaben zu finden und nicht inkriminiert.[149] Entsprechend Merkurs Worten, wonach nur die Mühen zum Ruhm führten, sucht Magnanimus den *labor* aktiv.

Schließlich dürfte die Rastlosigkeit des Helden auch durch die spätantike Panegyrik beeinflusst sein. Zunächst ist hier Claudian zu nennen, der Stilicho dafür lobt, niemals das *otium* über den Ruhm zu stellen (De consulatu Stilichonis 1, 91–94a),[150]

---

144 Ulrike Auhagen: Zwischen Muße und Müßiggang – *otium* bei Vergil. In: Muße, otium, σχολή in den Gattungen der antiken Literatur. Hg. von Francesco Fiorucci. Freiburg i. Brsg. u.a. 2017 (Paradeigmata 38), S. 69–83, hier S. 69–75.

145 Ebd., S. 74.

146 Auhagen bemerkt ebd., S. 74: „Die Formulierung *otia terere* – wörtlich ‚die Muße zerreiben' – kombiniert zwei Wendungen: *tempus terere* (‚Zeit vergeuden') und *otium agere* (‚Muße haben, Muße betreiben')."

147 [‚Was hast du vor? Was erhoffend vertust deine Zeit du in Libyen? Wenn dir die Aussicht auf Ruhm so gewaltiger Taten egal ist, denk an Askanius, der heranwächst, die Hoffnung für deinen Erben Iulus, welchem die Herrschaft über Italien und Roms Erde bestimmt sind'] (Übers. aus Aen., hg. von Holzberg, S. 205 mit Auslassung von Vers 4, 273).

148 S. u.a. John Sparrow: Half-Lines and Repetitions in Virgil. Oxford 1931, S. 132.

149 S. bspw. den Druck *Publii Vergilii Bvcolica, Georgica, Aeneis*. Venedig: o. Dr. 1507. Es wäre also einzufügen: „und Du außerdem nicht zwecks Deines eigenen Ruhmes die Mühe auf Dich nimmst."

150 „talem quippe virum natis adiunxit et aulae, | cui neque luxuries bello nec blanda periclis | otia nec lucis fructus pretiosior umquam | laude fuit." [‚Denn er hat für seine Kinder und für den Hof einen Mann gewonnen, dem das Luxusleben niemals wichtiger war als der Krieg, der das süße Nichtstun niemals über die Gefahren stellte und dem niemals der Genuss, am Leben zu sein, wertvoller war als der Ruhm.'] (Übers. aus Claudian: Stilichos Konsulat. In: Claudian: Politische Gedichte. Carmina maiora. Hg. und übers. von Philipp Weiß, Claudia Wiener. Berlin, Boston 2020, S. 463–573, hier S. 479.481).

eine Eigenschaft, die zu einem Topos wurde.[151] Als weiteres Beispiel zu nennen wäre das *Carmen* 7 des Sidonius Apollinaris, in dem Avitus' Weg zur Kaiserwürde besonders durch seine unentwegte Aktivität geprägt ist.[152] Bestimmend waren die Motive des Kaisers als *custos*, der wie ein Soldat Wache hält,[153] bzw. des schlaflosen Kaisers.[154] Mause konstatiert allgemein für die *Panegyrici Latini*, der Kaiser benötige nur soviel Ruhe wie unbedingt nötig.[155] Einen Anknüpfungspunkt zur Göttlichkeit des Kaisers stellt ein Redner auf Maximianus Herculius her (Panegyrici Latini 11 [3], 3, 2), indem er festhält: „quidquid immortale est stare nescit, sempiternoque motu se servat aeternitas".[156]

Dass der *Magnanimus* keinen Protagonisten zeigen wird, der als zweiter Hercules oder Aeneas nur erträgt, sondern einen, der sich seine Taten und Gefahren beständig sucht, wird trotz aller Intertextualität zur *Aeneis* bereits im Proömium angedeutet. In Vers 1, 18 heißt es „Otia nec patitur foedum sibi ferre veternum".[157] Die Formulierung „veternum" lenkt den Blick weg von den Mühen des Hercules und Aeneas hin zur Darstellung der Zeitalter in Vergils *Georgica*. Nach dem Ende des Goldenen Zeitalters habe Jupiter den Menschen die Arbeit auferlegt (georg. 1, 121b–124):

> Pater ipse colendi
> haud facilem esse viam voluit primusque per artem
> movit agros, curis acuens mortalia corda,
> nec torpere gravi passus sua regna veterno.[158]

Christine Perkell spricht von der Darstellung eines „ennobling *labor*" an dieser Stelle.[159] Die Mühen erscheinen als eine Bewährungsprobe, die durch Jupiter auferlegt wurde und deren Bestehen zur Zivilisation führt. Eine solche Quelle

---

151 Mause, S. 121, Anm. 3 hat Belegstellen hierzu aus den *Panegyrici Latini* zusammengetragen.

152 Ebd., S. 101.

153 Ebd., S. 105.

154 Ebd., S. 139; Belegstellen hierzu ebd., Anm. 107.

155 Ebd., S. 139, insb. Anm. 109.

156 [‚Was unsterblich ist, weiß nicht stillzustehen, und in ständiger Bewegung bewahrt sich die Ewigkeit'].

157 S. Anm. 137 auf S. 298.

158 [‚Er selber, der Vater, wollte, dass schwer sei der Landbau, und ließ als erster die Äcker planvoll aufwühlen, schärfte durch Sorgen die Herzen der Menschen und ließ nicht sein Reich in lastender Dumpfheit erstarren.'] (Übers. aus Vergil: Hirtengedichte, hg. von Holzberg, S. 121).

159 Christine G. Perkell: Vergil's theodicy reconsidered. In: Vergil at 2000. Commemorative Essays on the Poet and His Influence. Hg. von John D. Bernard. New York 1986, S. 67–83, hier S. 67. Zum Forschungsdiskurs über diese Passage s. ebd., S. 68–69.

menschlicher Mühen wurde prominent in Silius' *Punica* konzeptuiert, wo Jupiter explizit Kriegsmühen stellt, um die Menschen zu prüfen (Punica 3, 573b–576).[160] Jupiter ist im *Magnanimus* zugleich der christliche Gott,[161] die von ihm gestellten Aufgaben sind die Pflichten, die ein Mensch leisten muss. Das Wort *veternus* behält im *Magnanimus* die negative Konnotation; es zeigt an, dass der Müßiggang dem Voranschreiten des Protagonisten und damit des Schicksalsplanes hinderlich gegenübersteht.[162] Zwar wird Maximilian ein neues Goldenes Zeitalter bereiten, da mit ihm die vergilische Prophetie in Erfüllung gehen wird (44, 9–11); das ist auch im *Magnanimus* teleologisch fixiert. Bis dahin aber, das wird deutlich, stellt sich der Held den Erfordernissen der Zeit, sehnt sich nicht zurück, sondern nimmt die Mühen der gegenwärtigen Gesellschaft auf sich und seine Pflichten wahr. Die Referenz an die *Georgica* betont nicht nur die Aktivität, sondern unterstützt auch die Mühseligkeit der *labores*, die Magnanimus stets bereit ist zu meistern.[163]

---

160 „Hac ego Martis | mole viros spectare paro atque expendere bello. | Gens ferri patiens ac laeta domare labores | paulatim antiquo patrum dissuescit honori." [‚In Kriegsnot wie dieser will ich die Männer prüfend betrachten und wägen im Kampfe. Schwertgewohntes Volk, das fröhlich die Arbeit bewältigt, das entwöhnt sich allmählich des alten Ruhmes des Ahnen.'] (Übers. aus Silius: Punica, hg. von Rupprecht, Bd. 1, S. 99).

161 So spricht Magnanimus gegenüber dem Dämon in 10, 91: „Mens amat aeterno solum parere Tonanti" [‚Mein Geist verspürt die Liebe, einzig dem ewigen Jupiter zu dienen.']. Der *Tonans* ist das Attribut Jupiters und setzt den römischen Gott mit dem christlichen, der sonst im Epos waltet, gleich.

162 Dass die Passage über die Zeitalter im ersten Buch *Georgica* quer zur Vorstellung eines idealen goldenen Zeitalters liege, hinsichtlich nämlich der Frage, ob das Goldene Zeitalter denn dann noch besser für den Menschen sei, wurde formuliert von L. P. Wilkinson: Virgil's Theodicy. In: The Classical Quarterly 13.1 (1963), S. 75–84. Dem widersprochen hat insbesondere Perkell, S. 74, die eine Ironie in der Darstellung sieht „[T]he poet never states that the current age [sc. the Iron] is better for man. [...] [T]he fact that man's skills thus remain with non specific qualification or evaluation [...] allows the ambiguous potential of *labor* and *ars* to suggest itself." Magnanimus verkörpert hier beides, er lebt in der Welt der Technologie und versucht in seinen Mühen, den alten Frieden wiederherzustellen.

163 Denn Vergil hat diese *labores* dargestellt, die mit Beginn der Herrschaft Jupiters anbrachen (georg. 1, 129–135): „Ille malum virus serpentibus addidit atris | praedarique lupos iussit pontumque moveri, | mellaque decussit foliis ignemque removit | et passim rivis currentia vina repressit, | ut varias usus meditando extunderet artes | paulatim et sulcis frumenti quaereret herbam, | ut silicis venis abstrusum excuderet ignem." [‚Er erst gab das üble Gift den verderblichen Schlangen, hieß die Wölfe auf Raub ausgehen und wogen die Meere, schüttelte von den Blättern den Honig, entfernte das Feuer, ließ auch den Wein, der überall floss in den Bächen, versiegen; denn das Bedürfnis sollte durch Nachdenken vielerlei Künste langsam hervortreiben, Halme des Korns in den Furchen sich suchen und aus den Adern des Kieselsteins schlagen verborgenes Feuer.'] (Übers. aus Vergil: Hirtengedichte, hg. von Holzberg, S. 123).

Die radikale Ablehnung von Muße durch die aktive Suche nach Mühen stellt den Helden nicht nur als zweiten Hercules und besseren Aeneas dar, den man nicht an seine Pflichten erinnern muss. Er verkörpert vielmehr einen idealen Herrscher, der sich den Herausforderungen seiner Zeit stellt und auch in zerbrechlichem Frieden nicht träge wird, um in kommenden Kriegen ein neues Zeitalter einzuläuten. Die Suche nach Mühen ist dabei nicht nur ein pflichtgemäßes Ideal, dem der Held gerecht wird, sondern vielmehr in einer natürlichen *voluptas* des Helden angelegt, wie im Folgenden näher dargelegt werden soll.

5.4.2 Die *voluptas* als tragende Komponente der Abenteuersuche

Dass die bisherige Forschung die *voluptas* als Teil des *otium* ausgemacht hat und Magnanimus als einen Helden sah, der gegen diese ankämpfe, stimmt mit dem Text nur zum Teil überein. Müller spricht davon, dass der Held „der *voluptas* abzuschwören" habe,[164] in der Meinung, sie sei als Nichtstun und Trägheit konnotiert.[165] Im *Magnanimus* verkörpere sie gerade die weltlichen Dinge wie Geselligkeit, Ausschweifung und Reichtum, also irdische Verlockungen.[166] Zu diesem Urteil kommt Müller aufgrund des Motivs von Hercules am Scheideweg, das er in einem Vergleich des Invidus rezipiert sieht (42, 39–40) :[167] „Nec te paeniteat duros superare labores. | Alcides repetenda tibi vestigia fixit."[168] Die Prominenz des Herculesvorbildes im Epos – und die Prominenz des Hercules am Scheideweg in der Literatur auf Maximilian – legt in der Tat nahe, dass die Entscheidung zwischen *virtus* und *voluptas* hier anklingen soll. Knapp folgt Müllers These, spricht auch von „abschwören"[169] und „Anfechtungen der *voluptas*".[170]

Im *Magnanimus* muss allerdings zwischen zwei *voluptas*-Konzepten unterschieden werden: zwischen dem, das der *daemon* und die *comites* verkörpern, und dem, von dem sich der Held leiten lässt. Immer wieder versuchen die *comites*, Magnanimus mit Bezug auf dessen *voluptas* zur Gefahr zu locken (z.B. 13, 5; 20, 5; 30, 26). Dass ihnen das gelingt, bedeutet aber nicht, dass Magnanimus sich blind von einer Lust leiten lässt, die der Tugend entgegensteht. Dass der

---

164 Müller: Gedechtnus, S. 164.
165 Ebd.
166 Ebd.
167 Ebd., S. 163.
168 [‚Sei nicht unzufrieden, harte Mühen zu überwinden. Hercules festigte seine Fußstapfen, in die Du nun treten musst.']
169 Knapp, S. 24.
170 Ebd.

Held vielmehr eine andere Art von *voluptas* repräsentiert, wird bereits im Aufeinandertreffen mit dem *daemon* in Kapitel 10 deutlich,[171] wo dieser nicht die *virtus*, sondern die *voluptas* zum Maßstab des Handelns zu erklären sucht (10, 25):
„curae sit blanda voluptas".[172] Der Teufel verweist auf Jupiter selbst, der sich
einen Namen durch seine Liebschaften gemacht habe (10, 29–30). Mögen auch
manche Menschen herkulische Mühen auf sich nehmen (10, 32–34), was sei
besser, so fragt der Teufel, als die Federposter des Sardanapal (10, 34). Der as-
syrische König war bereits in der Antike für seine verschwenderische und deka-
dente Lebensweise bekannt –[173] ein Inbegriff der *voluptas*, die der Teufel anpreist.
Gegen diese Lust aber stellt sich Magnanimus, wie Hercules sich gegen sie gestellt
hat; der junge Ritter erklärt die christliche Ethik zu seinem Leitsatz, richtet sein
Handeln ‚in frommer Liebe zur Tugend' aus („pio virtutis amore"; 10, 45); er will
sich ganz von den Geboten Gottes leiten lassen (10, 41–42). Bezeichnenderweise
erscheint Sardanapal erneut in Kapitel 48, wo Infoelix erkennen muss, dass Magnanimus an seinen Maßstäben festhält und keineswegs wie Sardanapal, sondern
wie Hercules ist (48, 27): „qui solet Alcidem praeponere Sardanapalo".[174]

Dennoch gibt es offenkundig eine *voluptas*, die Magnanimus zu seinen
Taten treibt. Der Held selbst bezeugt dies (15, 10b–12): „Mihi summa voluptas |
ardua declivis superare cacumina montis. | Quos alii fugiunt, ultro sequor ipse
labores."[175] Aus Lust und eigenem Willen („ultro") geht er die Mühen ein. Eindeutig wird diese Lesart noch durch das Verb *sequi* unterstrichen; sie prasseln
nicht auf ihn ein, er sucht sie. Dabei verspürt der Held nicht nur Freude an der
Jagd, sondern auch an militärischen Aufgaben („Nos militis omnia dudum |
munia delectant."; 54, 27b–28a),[176] nur dass eben kein Krieg herrscht. Den kau-
salen Bezug zwischen *voluptas* und *labores* unterstreicht Sbruglio in einer weiteren Rede des Helden selbst, indem Infoelix, der versucht hat, Magnanimus
mit der ‚nicht zu verachtenden Lust' („non aspernanda voluptas"; 39, 18), eines
weiteren Abenteuers zu locken, von diesem entgegengehalten bekommt (39,
19b–20): „Teneris mihi fervor ab unguibus haesit | ingenuas nullis non scire la-

---

171 Hierzu ausführlich Kapitel 5.5.1.
172 [‚Mögest Du Dich um die verführerische Lust kümmern.']
173 Friedrich H. Weißbach: Sardanapal. In: Pauly's Realencyclopädie der classischen Altertumswissenschaft. Hg. von Wilhelm Kroll, Kurt Witte. Rh. 2, Bd. 1, Hbd. 2. Stuttgart 1920. Sp.
2436–2475, hier Sp. 2448.
174 [‚der für gewöhnlich Hercules dem Sardanapal vorzieht'].
175 [‚Ich habe die größte Lust, steile Gipfel eines abschüssigen Berges zu überwinden. Den
Mühen, die andere meiden, ihnen folge ich selbst aus eigenem Willen.']
176 [‚Die Aufgaben eines Soldaten erfreuen mich lange schon.']

boribus artes."[177] Es handelt sich um eine klare Anspielung auf Teuerdank, der auszog, um auszuprobieren, was er in Büchern gelesen hat. Diese Erprobung wird hier explizit als *labor* verstanden, ist aber der eigene Wille zur Suche von Gefahren. Die *voluptas* lässt den Helden neue, außergewöhnliche Situationen eingehen, die dann zu *labores* werden können (55, 8b–10a): „Nullus | rebus in assuetis labor est: superare voluptas | omnia dura solet."[178] Sbruglio spielt dabei mit der Doppeldeutigkeit des Attributs „dura", das einerseits das „voluptas", andererseits das „omnia" näher bezeichnen kann: Die „voluptas [...] dura" würde als Hyperbaton alle Herausforderungen umklammern, die Juxtaposition „omnia dura" wertet die Gefahren auf. Dass *labor* und *voluptas* ineinanderfließen, wird im selben Kapitel erneut deutlich, wenn der Held seine Freude zum Ausdruck bringt, körperliche und geistige Kräfte auf der Jagd zu trainieren, und bekennt, dass gerade die Lust im Wesentlichen zum Gelingen seiner Taten beitrage (55, 27b–28): „Labor atque voluptas | hic coeunt gratosque solent producere fructus."[179] Neben der Ablehnung von *otium* stellt somit gerade die *voluptas* im *Magnanimus* einen maßgeblichen Antrieb für die Heldentaten dar – viele werden erst durch sie möglich: Sie muss dabei nicht nur stets aufrechterhalten werden (35, 33–34),[180] sondern scheint sich mit jedem neuen Abenteuer noch zu steigern (33, 41).[181] Die hitzige Unüberlegtheit Teuerdanks, in der man ein Streben nach weltlicher Ehre sehen könnte, wird im Lateinischen zu einer Charaktereigenschaft, durch die Sbruglio Magnanimus seine eigenen Kräfte stets auf Neue transgredieren lässt.

Es stellt sich somit die Frage, wie sich diese ‚Lust' mit den christlichen Leitsätzen des Helden verträgt; von einem Abschwören von ihr kann jedenfalls keine Rede sein. Ebenso würde man es sich zu einfach machen, von einer konzeptionellen Inkonsistenz auszugehen. Eine Antwort wird in einem Kommentar des Erzählers in Kapitel 73 gegeben: Verzweifelt plant Infoelix einen Feueranschlag. Angesichts der Tatsache, dass Magnanimus allen Gefahren bis zu diesem Zeitpunkt getrotzt hat, bittet der *comes* den Gott Vulcanus und dessen Feuer um Hilfe (73, 29). Augenscheinlich ist der Held gerade unterwegs, wohl auf der Jagd, als er zu einem ärmlichen Bauernhof kommt, wo er übernachten

---

177 [‚An mir hing die Lust mit ihren jugendlichen Klauen, die edlen Künste nicht ohne Mühen zu kennen.']

178 [‚In erprobten Situationen gibt es keine Mühe: die Lust besiegt für gewöhnlich alles Harte.']

179 [‚Mühe und Lust gehen hier zusammen und lassen für gewöhnlich angenehme Früchte sprießen.']

180 „Raris quaecumque voluptas | et variis retinenda modis" [‚Jede Lust muss mit seltenen und mannigfaltigen Ausführungen aufrechterhalten werden.']

181 „Iam venabor eques. Maior datur inde voluptas." [‚Schon will ich als Ritter jagen. Daher wird mir eine größere Lust zuteil.'] (anlässlich einer weiteren Hirschjagd).

wird. Der umherziehende Magnanimus wird dabei vom Erzähler als ‚unbesiegt auf der Suche nach ehrenhafter Lust' („voluptates quaerens invictus honestas"; 73, 41) beschrieben. Die *voluptas*, die Magnanimus leitet, ist nicht „blanda", wie es der Teufel will, sondern „honesta[]". Der Plural verallgemeinert diese Aussage für alle Abenteuer. Die Juxtaposition von „invictus" und „honestas" suggeriert zugleich, dass eine Abhängigkeit zwischen beidem besteht. Damit wird deutlich, dass die *voluptas* an sich bereits Anteil am Erfolg hat –[182] sie wird zum Teil des Selbstvertrauens, das nach Thomas von Aquin Teil der *magnanimitas* ist.[183] Es handelt sich bei Magnanimus' Charakterzug nicht um eine Lust im Sinne einer dekadenten Trägheit, wie Sardanapal sie verkörperte, Hercules sie ablehnte und in dessen Nachfolge auch Magnanimus sie radikal abtut. Das Ehrenhafte an ihr meint eine Lust zum Handeln, sich in Wagnisse zu stürzen und dabei stets auf Gott zu vertrauen; denn der Erfolg komme immer nur von Gott – so zeigt es bereits der *Teuerdank* und diese Sicht hat auch Magnanimus (10, 22–24).

Eine solche christliche Prägung der *voluptas*, die zum gottgefälligen Handeln antreibt, ist in Sbruglios Zeit etabliert. Besonders prominent wurde sie von Erasmus von Rotterdam[184] vertreten. Für ihn gibt es eine wahre *voluptas*, hervorgerufen durch ‚ein ruhiges Bewusstsein', wie Erasmus es nennt.[185] Damit ist ein Zustand gemeint, der frei ist von menschlichen Begierden. Im *Enchiridion militis Christiani* heißt es über diese Lust: „Vera et unica voluptas gaudium est purae conscientiae."[186] Erasmus ist nicht der erste bedeutende Humanist, der eine solche ehrenhafte *voluptas* entwirft. Sie war bereits Bestandteil christlicher Ethik in Lorenzo Vallas Werk *De vero falsoque bono* (1443/1444).[187] Die *voluptas*

---

182 Dass das Eingehen eines Wagnisses der erste Schritt zum Ruhm ist, hat Magnanimus' Vater seinem Sohn bereits als Weisheit mit auf den Weg gegeben. So spricht er (9, 43): „Sors erit audenti facilis" [‚Das Schicksal ist demjenigen hold, der wagt.'].

183 S. S. 260–261.

184 Dieser wurde an Maximilians Hof besonders durch die Verbindungen nach Burgund rezipiert (Müller: Rinascimento, S. 37–38).

185 Erasmus von Rotterdam: Enchiridion militis Christiani. In: Erasmus von Rotterdam: Ausgewählte Schriften. Bd. 1. Hg. von Werner Welzig. Darmstadt 1968, S. 55–375, hier S. 164: „In summa, nulla deest voluptas, ubi adest tranquilla conscientia." [‚Kurz und gut, wo ein ruhiges Gewissen ist, fehlt kein Vergnügen.'] (Übers. aus ebd., S. 165). Die *conscientia* bezeichnet bei Erasmus „das sittlich qualifizierte (Selbst-) Bewußtsein des Menschen in seiner Verantwortung vor Gott" (Rudolf B. Hein: ‚Gewissen' bei Adrian von Utrecht (Hadrian VI.), Erasmus von Rotterdam und Thomas More. Ein Beitrag zur systematischen Analyse des Gewissensbegriffs in der katholischen nordeuropäischen Renaissance. Diss. Münster 1998, S. 335).

186 Erasmus von Rotterdam: Enchiridion, hg. von Welzig, S. 256. [‚Das wahre und einzige Vergnügen ist die Freude des reinen Gewissens.'] (Übers. aus ebd., S. 257).

187 Bedeutsam hierbei ist der Hinweis von Leinkauf, S. 707, dass das Werk in einem früheren Druck (1431) den Titel *De voluptate* trug.

wird darin unter Bezug auf biblische Stellen[188] als höchstes Gut, konform zum christlichen Glauben, dargestellt, allerdings nicht diejenige im Diesseits wie etwa ein prunkvolles Haus oder Reichtum, sondern diejenige im Himmel bei Gott.[189] Über sie schreibt Valla (De vero falsoque bono 3, 10, 1–2):

> (1) Nam ea [sc. voluptas] duplex est: altera nunc in terris, altera postea in caelis [...], altera mater est vitiorum, altera virtutum. [...] Quicquid citra spem illius posterioris fit propter spem huius praesentis peccatum est; [...] (2) [...] Neque vero deest in hac vita probabilis quaedam voluptas et ea maxima quae venit ex spe futurae felicitatis, cum mens sibi conscia recti et animus considerandis divinis assiduus quasi candidatum se quendam putat.[190]

Der Mensch müsse nach Vallas Lehre seine Taten auf die jenseitige Lust ausrichten und diese Ausrichtung bringe Lust im Diesseits.[191] Ein solches Handeln wird von Valla unmittelbar mit der *militia Christiana* verknüpft: Leinkauf spricht von Vallas *voluptas* als „ethische[r] Waffe' des *miles Christianus*".[192] Nach Valla ist gerade sie der Antrieb des Menschen zur *militia Christiana*, und zwar zum aktiven Handeln für Gott, nicht zum Dulden.[193]

---

188 Eine Auflistung der Bibelstellen, anhand derer Valla die *voluptas* als das wahre Gut rechtfertigt, findet sich in Leinkauf, S. 720.

189 Zur *voluptas*-Ethik Vallas s. ebd., S. 706–724.

190 [,(1) Lust nämlich ist zweifach: Die eine ist hier auf Erden, die andere danach in den Himmeln [...] und die eine Lust ist die Mutter der Laster, die andere Mutter der Tugenden. [...] Alles, was ohne Hoffnung auf jene spätere Lust geschieht und nur mit der Erwartung gegenwärtiger Lust, ist Sünde [z.B. Hausbau und Handel]. (2) Doch auch im irdischen Leben fehlt es nicht an einer gewissen Lust, die man gutheißen darf; es ist besonders jene, die der Hoffnung auf künftiges Glück entspringt, wenn der Geist im Bewußtsein guter Taten und die Seele bei ständiger Betrachtung des Göttlichen sich als Anwärter himmlischer Lust empfindet.'] (Übers. aus Lorenzo Valla: Vom wahren und falschen Guten. Eingel. von Michael Erler, übers. und angem. von Otto Schönberger, Eva Schönberger. Würzburg 2004, S. 145).

191 Leinkauf, S. 720 resümiert: „Das individuelle Selbstbewusstsein (mens sibi conscia) – das Secum esse Petrarcas, die Selbstreflexion Platons und Aristoteles', die ‚mens' als vis infinita, die Cusanus herausstellen wird, das Selbstverständnis, das Ficino nur einige Jahre später fast wortgleich immer wieder einfordern wird: in summa, das als spontan und grundständig aktiv zu denkende Ich, das im Zentrum der Reflexion der Theoretiker des 14. und 15. Jahrhunderts steht – ist für Valla sozusagen der ethische Ort, an dem die wahre Lust (voluptas divina, die er auch christliche honestas nennt) als Glaubensintentionalität (durch Gehorsam und Verehrung) wirklich werden kann."

192 Ebd., S. 721.

193 De vero falsoque bono 3, 10, 2: „Adeo nihil recte fit sine voluptate neque ullum meritum eius est qui patienter et non etiam libenter Dei militiam militat." [‚So geschieht keine gute Tat ohne Lust, und der gewinnt kein Verdienst, der nur duldend und nicht auch freudig in Gottes Heer dient.'] (Übers. aus Valla: Vom wahren und falschen Guten, hg. von Schönberger/Schönberger, S. 146).

Magnanimus verkörpert genau diese *voluptas*, die gerade nicht auf irdischen Reichtum aus ist, zu einem Handeln für Gott und den Glauben antreibt und mit Gottes Hilfe Erfolg bringt.

5.4.3 Die Liebe zu Erenrica

Ein dritter Bestandteil der Motivierung ist die Liebe zu Erenrica, die vor allem in den einleitenden Kapiteln hervorgehoben wird, in den eigentlichen Abenteuern dann aber – wie auch bereits im *Teuerdank* – kaum mehr eine Rolle spielt. Es handelt sich hierbei um den festgesetzten Rahmen, den Sbruglio übernehmen muss, der dem Dichter aber nur wenig Raum zur Heldenstilisierung bietet. Aus diesem Grund bleibt die Prägnanz der Brautfahrt in den Abenteuern marginal und Sbruglio konzentriert sich auf die Motivation des Helden in den Abenteuern durch eine stärkere Gewichtung des *negotium* und der *voluptas*. Es lässt sich nicht bestreiten, dass dies zu einem strukturellen Riss führt, der von Sbruglio nicht ganz behoben werden kann. Unverständlich ist, wie Schubert/ Schubert von einer „[b]ruchlos[en]"[194] Integration der Liebe des *Teuerdank* ins lateinische Narrativ sprechen können, oder dass Kagerer gar einen „Perspektivwechsel, weg vom kämpfenden Ritter, hin zum liebenden Kaiser"[195] sieht. Es bleibt letztlich für die Leserschaft die Frage, warum Magnanimus immer wieder als Beschäftigung gegen das *otium* jagt, obwohl er eigentlich zu seiner Braut kommen sollte. Die Begründung aber liegt in der Verschiebung des Heldenideals. Der Ritter Teuerdank will seine Braut erreichen und diese Fahrt gibt die Gelegenheit, eine ganze Reihe an erinnerungswürdigen Begebenheiten zu erzählen. Der Held Magnanimus erhält seinen heroischen Status nicht durch die Brautfahrt, sondern durch die heldenhaften Abenteuer; sie bieten im lateinischen Epos vielmehr die Möglichkeit, auch noch von einer Brautfahrt zu erzählen, sodass das Heldentum wertrational wird. Die Funktion der Liebe liegt hauptsächlich in der sozialen Ausrichtung der Handlungen, die auf diese Weise zugleich Taten für das künftige Volk werden, während *negotium* und *voluptas* vor allem die Bereitschaft zu Großem in der Nachfolge des Hercules und Aeneas sowie den christlichen Lebensweg illustrieren. Man wird Schubert/Schubert auch widersprechen müssen, dass Sbruglio „das dankbare *amor*-Motiv etwas breiter als die Vorlage ausgestalten kann".[196] In den Abenteuerepisoden fällt das Wort „amor

---

194 Sbruglio: Magnanimus, hg. von Schubert/Schubert, S. xxviii.
195 Kagerer, S. 130.
196 Sbruglio: Magnanimus, hg. von Schubert/Schubert, S. xxviii

[ ]" für Erenrica nur einmal (70, 21), ansonsten ist höchstens die Rede von der ‚Liebe zur Jagd' („venandi [...] amor[ ]"; 49, 29), der ‚Lust auf die Jagd' („iaculandi [...] libido"; 50, 18) oder der ‚Ruhmesliebe' („laudis amore"; 44, 32). In den Abenteuern bleibt die Liebe so marginal wie in der Vorlage. Wo Fürwittig Teuerdank mit dem Gefallen der Königin lockt (Kapitel 16, S. 74), lockt auch Fervidus Magnanimus (16, 23–24). Sbruglio nennt den Gefallen der Königin auch in 21, 10[197] kurz, wo der *Teuerdank* dies nicht hat, dafür verzichtet der Dichter in Kapitel 31 auf den von Unfallo im *Teuerdank* in Aussicht gestellten Beifall Erenreichs (S. 140). Sbruglio übernimmt weiterhin zwei Passagen aus dem *Teuerdank*, aus denen ein Einfluss der Liebe auf die Taten sichtbar wird. Beim ersten Aufeinandertreffen mit Fervidus spricht der Protagonist (12, 31–32): „Non homines, non ipse feras, non monstra timebo. | Sufficient animos viresque Cupidinis arcus".[198] Seine Unerschrockenheit scheint somit durch die Liebe noch gesteigert zu sein. Es ist die Rede von einem Doppelmotiv (12, 19b–20a): „Amor hoc et gloria corpus | excitat."[199] An der entsprechenden Stelle im *Teuerdank* bekennt der Ritter, er wolle „willig sein | Vnnd schewhen ab kheiner not" (S. 56). In 25, 50, als Magnanimus erstmals Infoelix begegnet, heißt es zudem: „Tot mala, tot casus dominam toleramus ab unam",[200] auch dies gemäß der Vorlage im *Teuerdank* (S. 115).

Die Ansätze eines positiven Einflusses der Liebe aber baut Sbruglio nicht aus. Hintergrund hierbei ist, dass die Gattung in ihren prägenden Narrativen keine Heroisierung eines Liebenden kennt. Traditionell war die epische Liebe dem epischen Heldentum hinderlich, was paradigmatisch Bartolini mit Oebalus auch für Maximilians Zeit übernommen hat.[201] Man erinnere sich an Achill in der *Ilias* und dessen Untätigkeit und Unfähigkeit für den Kriegsdienst während der Abwesenheit seiner geliebten Briseis.[202] Die *Achilleis* des Statius knüpft hieran an, indem die Liebe zu Deidamia den Helden vom Krieg fernhält. Gleichzeitig aber entwirft

---

197 „Excipiet facili te posthac regia plausu" [‚Danach wird die Königin Dich mit bereitwilligem Beifall empfangen']. Unterstrichen wird das Entzücken des Helden durch den intertextuellen Verweis auf Ovid, am. 3, 2, 83, wo sich das Lächeln noch auf die intensive elegische Liebe bezieht. In 21, 11 lächelt Magnanimus.
198 [‚Ich werde keine Menschen, keine Tiere und keine Ungeheuer fürchten, für meinen Mut und meine Kraft werden die Pfeile Amors genügen.'].
199 [‚Diesen Körper versetzen die Liebe und die Ehre in Bewegung.']
200 [‚So viel Übel, so viele Schicksalsschläge ertrage ich wegen einer Frau.'].
201 S. Kapitel 4.3.1.
202 „In the Renaissance the story of the lady who seeks to divert the hero from his goal merged with the theme of the Iliad, the story of the great warrior Achilles, who rests idly in his tents as the Greek army fights its losing battles. This theme, that of the hero kept from war by enchantments of a beautiful lady, appealed strongly to the half-medieval, half-classical taste

sie ein Pendant zum transgressiven Zorn im Krieg, nämlich die Normüberschrei-
tung durch das Tragen von Frauenkleidern, das Stören des Bacchusfestes und die
Vergewaltigung der Deidamia. Insofern büßt der stazische Achill auch abseits des
Krieges nicht an *agency* ein, allerdings ist dieses Narrativ in der christlich geprägten Frühen Neuzeit nicht anschlussfähig. Eine substanzielle Prägung erhielt das
lateinische Epos durch die Liebe zwischen Aeneas und Dido,[203] die den göttlichen
Auftrag des Aeneas verhindert hätte, hätte nicht Merkur Aeneas an seine Pflichten
erinnert.[204] In neulateinischen Epen sieht Braun einzig die Möglichkeit der reinen
Liebe zweier Christen gegeben,[205] konstatiert umgekehrt rigoros die Unmöglich-
keit, „daß ein Held einer sündhaften Liebesversuchung erliegt und in dieser Verir-
rung auch noch verharrt".[206] Abseits der menschlichen Ebene sei zuletzt noch auf
den Mythos von Ares und Aphrodite in Hephaistos' Netzen[207] oder Hercules und
Omphale[208] erinnert, zwei Beispiele, die zeigen, so bemerkt Bernhard König, „wie
wenig die Verstrickungen der Sinnlichkeit dem Kriegsmann zum Ruhm gereichen".[209] Es handelt sich hierbei nur um wenige Beispiele, die allerdings umso

---

of the sixteenth century." (Martin Rose: Heroic Love. Studies in Sidney and Spencer. Cambridge 1968, S. 135).

203 Rose, S. 135 hebt die Aeneas-Dido-Erzählung als besonders prägend für frühneuzeitliche
epische Narrative von Liebe und Heldentum heraus.

204 Das Motiv, dass Liebe einen guten Feldherrn nicht von seinen Pflichten abhalten darf,
findet sich auch in Lukan, Bellum civile 5, 749b–753, wo Pompeius im Bewusstsein seiner
Pflichten spricht, er könne angesichts des Krieges nicht wie gewohnt an der Seite seiner Frau
Schlaf finden.

205 Ludwig Braun: Warum gibt es im neulateinischen Epos keine Liebe? In: Listy filologické
137 (2014), S. 339–348, hier S. 341.

206 Ebd., S. 342.

207 Von diesem Mythos berichtet bereits Homer, Od. 8, 266–358: Der Kriegsgott Ares (lat.
Mars) liebte Aphrodite (lat. Venus), die jedoch mit dem Schmiedegott Hephaistos verheiratet
war. Helios entdeckte den Ehebruch der Aphordite und sandte einen Boten zu Hephaistos. Dieser schmiedete feinste unlösbare Ketten und formte damit filigrane, unsichtbare Netze, die er
an seinem Ehebett als Falle befestigte. Als er Ares und Aphrodite so überführen konnte, stellte
er sie noch in den Netzen den Göttern zur Schau. In der lateinischen Literatur wurde der Mythos u.a. von Ovid rezipiert (met. 4, 171–189).

208 Hercules stand als Sklave im Dienst der Omphale, der Königin von Lydien, und sorgte für
Sicherheit in ihrem Reich. Der Heros musste damit die Tötung des Iphitos sühnen. Als Omphale von der Identität ihres Dieners erfuhr, heiratete sie ihn. In dieser Zeit entfremdete sich
Hercules von seinem kriegerischen Heldentum, dass er sogar Frauenkleider trug und Keule
und Löwenfell an Omphale abgab (Ovid, fast. 2, 303–358). Als seine Strafzeit vorüber war, erkannte Hercules seine Verweichlichung und verließ Omphale.

209 Bernhard König: Transformation und Deformation: Vergils Aeneis als Vorbild spanischer
und italienischer Ritterdichtung. Wiesbaden 2000 (Nordrhein-Westfälische Akademie der Wissenschaften, Vorträge G 364), S. 13.

stärker die epische Tradition geprägt haben. Sie illustrieren, dass – wenngleich in der Frühen Neuzeit Gefühle, insbesondere Liebe nicht *a priori* dem Heroischen abträglich waren –[210] es in der Gattung weder einen Topos vom liebenden Helden gab noch ein konzises Narrativ durch Rückgriffe auf antike Helden entworfen werden konnte. Auch wenn die Liebe zu Erenrica bei den Abenteuern zurücktritt, muss Sbruglio grundsätzlich an ihr festhalten und nützt sie abseits der Abenteuer in den einleitenden Kapiteln, um einerseits den Bruch zwischen Rahmen und Abenteuern etwas zu kitten und andererseits Magnanimus' Handeln als wertrational darzustellen.

Als der Held die Kunde von Erenricas Liebe erhält, äußert er gegenüber dem Boten seine Annahme und Freude (8, 42–44). Außerdem möge er seiner Königin von einer ‚voll und ganz ähnlichen Liebe‘ berichten („amorem | consimilem[ ]"; 8, 43–44). Der Protagonist beteuert, dass einzig Erenrica ihm gefalle und sie einen Platz tief in seinem Herzen habe (8, 51–52). Wenn Magnanimus sagt, er trage kein ‚falsches Herz‘ („Punica [...] | pectora"; 8, 44b–45a)[211] und stamme nicht aus Höhlen im Kaukasus (8, 45),[212] zeigt sich die Referenz zu Aeneas: Letzteres wirft bekanntlich die enttäuschte und erzürnte Dido Aeneas vor (Aen. 4, 366–367).[213] Magnanimus wird bereits in dieser Hinsicht zu einem besseren Helden stilisiert, dass er lieben kann und dennoch pflichtbewusst agiert. Im Moment der Heiratszusage fällt ihm dann ein („in mentem venit"; 8, 60), er müsse im Glanz seiner Jugend Denkwürdiges zustande bringen („memoranda [...] | moliri"; 8, 60–61). Einerseits will der Held seiner Braut imponieren, andererseits stellt Sbruglio abweichend vom *Teuerdank* gegenüber dem Boten Eren-

---

210 Ronald G. Asch: The Hero in the Early Modern Period and Beyond: An Elusive Cultural Construct and an Indispensable Focus of Social Identity? In: helden.heroes.héros. Special Issue 1 (2014), S. 5–14, hier S. 6. Gefühle können dann Teil eines Helden sein, wenn sie kontrolliert bleiben oder in das christliche Ehekonzept eingebettet sind. Schubert/Schubert stellen für den *Magnanimus* einen stoischen Einfluss fest (Sbruglio: Magnanimus, hg. von Schubert/Schubert, S. xxviii).

211 Der Ausdruck *Punica pectora* ist für das antike Epos nicht überliefert. Gemeint ist das in der Antike verbreitete Bild der Phönizier u.a. als hartherzig. Bekannt ist die Wiederaufnahme dieses Bildes am Beginn der Renaissance in Petrarcas *Africa* (2, 106–107).

212 Zur Similie in Ovid, ars 3, 195 kommentiert Gibson: „The desolate Caucasus was [...] proverbial for its wild beasts." (Ovid: Ars Amatoria 3. Hg. von Roy K. Gibson. Cambridge 2003 [Cambridge Classical Texts and Commentaries 40], S. 173).

213 Auch in der Dido-Episode muss Aeneas seine Gefühle zurückhalten (Aen. 4, 331–332). Diese Rationalität des Helden hebt ihn eindeutig von den homerischen Helden ab. Wie Høystad zum homerischen Menschen erklärt, war dieser nicht vernünftig, sondern „auf eine für uns schwer verständliche Weise unmittelbaren Impulsen, Gefühlen, spontanen Einfällen, Trieben und Leidenschaften ausgeliefert" (Ole M. Høystad: Kulturgeschichte des Herzens: von der Antike bis zur Gegenwart. Köln u.a. 2006, S. 35).

ricas diese erinnernswerten Taten als wertrational dar, nämlich als Dienst an seiner zukünftigen Gattin und seinem zukünftigen Volk (8, 61b–64a):

> quo se forti regina marito
> felicem dicat, populi laetentur et ipsi
> principe Magnanimo, quo nullam sospite cladem
> permetuant.[214]

Die Bewährungstaten dienen mittelbar der Selbstversicherung der Königin, dass sie die richtige Wahl getroffen hat und über einen starken Ehemann glücklich sein kann, aber auch dem Wohl des Volkes, das sich an Magnanimus als Herrscher erfreuen wird und keinen Feind fürchten muss. Mit *sospes* gebraucht Sbruglio ein Wort, dessen Bedeutung von der reinen Unversehrtheit des Magnanimus bis hin zu einem Rettertum gegenüber dem Volk reicht. Doederlein erklärt zu letzterer Lesart, dass es „auf den Schutz einer höheren Macht hinweist".[215] Mit dem künftigen Volk ist zugleich das Publikum des Epos gemeint, denn auch hierin hebt sich der *Magnanimus* von seiner deutschsprachigen Vorlage ab, dass der Held nicht in einem fernen Land regiert, sondern an der Donau.[216]

In Kapitel 9 bittet Magnanimus seinen Vater um Erlaubnis zum Aufbruch und verweist ihm gegenüber auf Venus' Verhältnis mit Mars (9, 22): „duro gaudet Cytherea Gradivo".[217] Wenn er in glänzenden Waffen einst Ruhm und Ehre haben werde (litotisch „fuero non illaudatus"; 9, 24),[218] so Magnanimus weiter, werde man von ihm sagen, dass er Königin und Reich verdiene.[219] In dieser Kombination wird ersichtlich, dass die Liebe (eine christliche, ‚heilige'; 9, 27) nicht nur Erenrica betreffe, sondern dass mit der Königin auch immer das künftige Volk mitgedacht ist – auf diese Weise können dann Liebe und Krieg tatsächlich miteinander harmonisiert werden. Auch für die Liebe stellt somit gerade Gewalthandeln – in Friedenszeiten alternativ Taten, die ähnliche Fähig-

---

214 [‚damit die Königin sich eines tapferen Gatten glücklich schätzen kann, gerade die Völker sich über ihren Herrscher Magnanimus freuen und keinen Schaden fürchten müssen, solange er lebe'].

215 Ludwig Doederlein: Lateinische Synonyme und Etymologieen. Tl. 1. Leipzig 1826, S. 36.

216 Im *Teuerdank* spielt die Handlung in einem fernen Land („umb die refier | Gen dem nidergang der Sunnen" (S. 5–6, so Bezeichnung für das Reich Romreichs), Erenricas Bote aber findet Magnanimus in einer Stadt an der Donau (7, 9).

217 [‚Venus erfreut sich am starken Mars.']

218 [‚Nicht ohne Lob werde ich dastehen.']

219 Seinem Vater gegenüber bekundet Magnanimus seine Lust („iuvat"; 9, 20), mit einem bewaffneten Trupp umherzuziehen, mit dem Ziel, durch eine „celebri[s] [...] | militia" (9, 21–22) die Ehe zu Recht zu erwerben.

keiten fordern –[220] die bedeutendste Anerkennungsressource dar. Obwohl die Liebe in Kapitel 9 zweimal als schicksalsbestimmt apostrophiert wird,[221] will sich Magnanimus dafür als würdig erweisen. Immerhin erwarte sich Erenrica einen Mann mit besonderer Veranlagung (12, 16b–17).[222] Auch dies ist eine wichtige Modifikation Sbruglios. Die „rar[ae] dot[es]" meinen eine exzeptionelle Natur, die Magnanimus durch seine Taten sichtbar machen will. Derartiges findet sich an der Stelle im *Teuerdank* nicht: Ernreich hat nicht die Erwartung daran, einen exzeptionellen Mann zu heiraten, sie verlangt vielmehr jemanden, „Der frumb vnnd tewrlich sey | Vnnd lieb von hertzen Eer" (S. 56), rechtschaffen und „tewrlich", d.i. tapfer, tüchtig, stark. Magnanimus bekennt außerdem, er könne sich für die Liebe Erenricas nicht auf seine Schönheit verlassen, sondern einzig auf seine Ehre –[223] eine markante Aussage, wo er doch als ‚schönster' („pulcherrimus"; 9, 1) gilt oder zumindest ‚gutaussehend' („formosus"; 29, 11).[224] Für die Herrschaft ist die Schönheit nicht mehr hinreichend. Seines Ruhmes ist sich der Held indes gewiss: Hinsichtlich seiner Heirat spekuliert er, dass die Erde

---

220 Wie Helden in Friedenszeiten agieren, dazu hat für die homerischen Epen Patzer, S. 193–194 einige Beobachtungen gemacht; insbesondere gehen sie auf die Jagd. Bereits Horaz bezeichnete die Jagd als den ‚römischen Kriegsdienst' („Romana [...] | militia"; sat. 2, 2, 10b–1a). In der Spätantike zeigte die lateinische Panegyrik den Kaiser in seiner Freizeit bei sportlichen Aktivitäten, die auf kriegerische Übung vorbereiteten, insbesondere bei der Jagd (hierzu Mause, S. 148–149). Bekannt hierfür war vor allem Trajan (ebd., S. 149).

221 So spricht der Erzähler in 9, 10 „Ire parat, quo ducit Amor, quo sidera ducunt" [‚Er bereitet sich vor, dorthin zu gehen, wohin die Liebe ihn führt, wohin die Sterne ihn leiten'] und der Vater antwortet seinem Sohn (9, 38): „I quo fata vocant" [‚Gehe, wohin das Schicksal Dich ruft'].

222 „virum raris fulgentem dotibus, | quem vires animique pares caelestibus aequant" [‚einen Mann glänzend durch seltene Gaben, den seine Kräfte und sein ebensogroßer Mut den Himmelsbewohnern gleichmachen'].

223 Es heißt in 12, 24–26a: „Conciliatur amor forma vel moribus omnis. | Si minus exstiterit species, exstabit honestum, | quod magnam capiat reginam." [‚Jede Liebe wird durch das Aussehen oder die Sitten gewonnen. Wenn der Anblick weniger herausragen wird, so wird das Ehrenwerte prangen, das imstande ist, die große Königin zu ergreifen.'] Patzer, S. 166–167 hat herausgehoben, dass die Schönheit des Helden in den homerischen Epen einen Rückschluss auf exzellente kriegerische Fähigkeiten zulasse. Die angeblich mangelnde Schönheit des Magnanimus macht es somit umso wichtiger, dass er seine Fähigkeiten in den Abenteuern zur Schau stellt.

224 Magnanimus stellt damit einen starken Kontrast zur Königin dar, auf deren Schönheit im 25. Kapitel hingewiesen wird: Sogar der alte Nestor würde von ihrem Antlitz ergriffen. Außerdem verfüge sie über eine solche Tugendhaftigkeit, dass Thersites davon angezogen würde (25, 25–26). Thersites kämpft in der *Ilias* auf der Seite der Griechen; er ist nicht nur für seine Hässlichkeit bekannt, sondern wird als nicht besonders tugendhaft gezeichnet; eingehend hierzu Joachim Ebert: Die Gestalt des Thersites in der Ilias. In: Philologus 113 (1969), S. 159–175.

sich freuen werde (25, 28) und der Feind zitternd ins Schlingern gerate (ebd.); mit Nachdruck hält er fest: „Non illa vocabit | me (reor) indecorem" (25, 31).[225] Das *indecorus* vereint beides, die mangelnde Schönheit der äußeren Gestalt und die Ehrenhaftigkeit, den Ruhm jenseits der Liebe.

5.5 Die *militia Christiana*

Der Kern des aufgezeigten Motivationsgefüges ist der Kriegsdienst für Gott, die *militia Christiana*. Auf diesen leiten die bereits dargestellten Facetten von Magnanimus' Handeln hin: Die freie Zeit im Frieden wird vom Helden propädeutisch für den kommenden Kriegsdienst für Gott genützt. Wang hat verallgemeinert, dass man in der Frühen Neuzeit gerade das *otium* als Hindernis hierfür begriff.[226] Die Abenteuertaten entwerfen in der Komponente des Duldens ein Märtyrertum, in der ehrenhaften *voluptas* aber auch einen aktiven und unerschütterlichen Einsatz für die Christenheit. Die künftigen Kriegstaten werden in diesem Kontext von Beginn an als gerecht präsentiert, indem es im Proömium über Magnanimus heißt (1, 20): „multa etiam bello [*sc.* passus], dum iustas colligit iras".[227] Es zählt die *iusta causa*, der ‚gerechte Anlass' als Basis jedes Gewalthandelns. Die Formulierung *iras colligere* scheint aus Lukan übernommen zu sein, wo sie den Zorn des Marius beschreibt (Bellum civile 2, 93),[228] der schlicht auf Hass gegen Rom aufbaut.[229] Magnanimus besitzt dieselbe *agency*, verknüpft jedoch mit einem christlichen Ethos.

Im Kern übernimmt Sbruglio den christlichen Lebensweg aus dem *Teuerdank*, worauf der Dichter bereits im Proömium unübersehbar hinweist: Als Sbruglio nämlich erstmals das christliche Heldentum des Protagonisten anspricht, wird ebenfalls zum ersten Mal dessen deutscher Name genannt (1, 24–25): „Ille Theurdanckus Germano nomine dictus | non homini, non ulla deo convitia fecit."[230] Weiter heißt es, seine Taten – die Weltliches verachteten – würden einerseits der Ehre des Himmels dienen, andererseits der seiner Nachkommen (1, 27–29).[231]

---

225 [‚Sie wird mich, denke ich, nicht unansehnlich nennen.']
226 Wang, S. 208.
227 [‚Vieles hat er auch im Krieg ertragen, während er gerechten Zorn in sich staute.']
228 „Libycas ibi colligit iras." [‚Dort sammelt er den libyschen Zorn.']
229 Lukan: De bello civili, Book 2. Hg. von Elaine Fantham. Cambridge 1992, S. 98.
230 [‚Jener, der bei seinem deutschen Namen Teuerdank genannt wird, hat keinem Menschen und auch Gott niemals Tadel bereitet.']
231 „Mortalia sprevit | scilicet aucturus caelestis nomina coetus, | aucturus caros aeterna laude nepotes." [‚Er verachtete das Menschliche, um nämlich den Namen der himmlischen Scharen zu vergrößern und seine lieben Nachkommen durch ewigen Ruhm zu erheben.']

Damit schafft der Dichter eine Symbiose seiner primären Vorlagen, des *Teuerdank* und der *Aeneis*: Wo die Taten des Teuerdank auf „gottes eer" (S. 47) ausgerichtet sind, dienen die des Magnanimus auch noch den Nachkommen – wie Aeneas eine glorreiche Dynastie begründen sollte (Aen. 6, 758): „illustris animas nostrumque in nomen ituras".[232] Hierin deutet sich bereits an, dass die Umsetzung der Motivik der deutschen Vorlage im lateinischen Epos variieren muss und zwar sowohl im grundlegenden Kapitel hierzu, dem zehnten, wo der Ritter Teuerdank auf den Teufel im Gewand eines Gelehrten trifft bzw. Magnanimus auf einen *daemon* der Unterwelt, als auch in den einzelnen Kapiteln, in denen Teuerdank bzw. Magnanimus den Schutz Gottes erhält. Auch wenn der wichtigste Bestandteil dieses Rahmens, die Ankunft Teuerdanks am Hof Ernreichs, der lateinischen Fassung abgeht, bietet auch das bestehende Narrativ einen guten Eindruck von Sbruglios Einbettung dieses Kontextes in die Gattung des lateinischen Epos:

5.5.1 Die Versuchungen des *daemon*

Die dreifache Versuchung, die aus dem *Teuerdank* übernommen wird, erinnert nicht durch Zufall an die dreifache Versuchung Jesu. Ein *daemon* der Unterwelt – nicht mehr in Gestalt eines Gelehrten („Beclaidt wie ein glerter Doctor"; S. 41), sondern eines Ritters oder Adeligen, der vortäuscht, Ruhm und Ehre bereits erlangt zu haben (10, 3) – will den jungen Magnanimus darüber belehren, wie größtmöglicher Ruhm zu erlangen sei und der Held gottgleich werden könne (10, 19–20). Bereits zu Beginn der Episode erscheint Magnanimus nicht als irgendein Reisender. Während der Teufel Teuerdank noch mit „gnediger herr" (S. 42) anredete, apostrophiert der *daemon* Magnanimus als „patriae clarissime gentis | Europaeque decus, princeps" (10, 15b–16a),[233] wobei Letzteres dem Handeln des Ritters noch vor den Abenteuern eine soziale Bedeutung zuspricht und dessen kommende Taten als relevant für das christliche Europa, und das meint hier für jedermann, ausweist. Mertens arbeitet heraus, wie seit Mitte des fünfzehnten Jahrhunderts der Begriff ‚Europa' im Diskurs um die Türkenbedrohung prägend wurde, um eine Einheit auf dem Kontinent her- und der Gefahr entgegenzustellen.[234] Erstens wurde der Kontinent hierzu als Eigentum der Europäer, als ihre

---

232 [‚edle Seelen, bestimmt, einst unseren Namen zu tragen'] (Übers. aus Vergil: Aeneis, hg. von Holzberg, S. 337).

233 [‚Ansehnlichste Zierde des väterlichen Geschlechts und Europas, Fürst'].

234 Keineswegs nämlich sahen alle Länder darin eine unmittelbare Gefahr. So spricht 1459 Papst Enea Silvio Piccolomini in seiner Rede *Cum bellum hodie* in Abschnitt 18 (Enea Silvio Piccolomini: Cum bellum hodie. Hg. und übers. von Michael von Cotta-Schönberg. 6. Auf-

Heimat dargestellt, zweitens wurde eine Synonymie von *Christiani* und *Europaei* konstruiert, drittens wurde deutlich gemacht, dass durch Uneinigkeit auf dem Kontinent die Türken bald bis Spanien vorrücken würden.[235] Der Teufel konstatiert somit bereits in der Anrede, dass das Christentum auf dem Kontinent von Magnanimus und somit Maximilian als Beschützer abhänge, denn, so Mertens, „[d]er Begriff ‚Europa' [...] bezeichnet die Ebene, auf der Friede und Türkenkrieg miteinander zu verknüpfen waren".[236] Diese Herrschaft, die in Magnanimus begründet liegt, wird von Sbruglio durch ein göttliches Charisma beglaubigt, das dessen Körper und besonders die Augen vermitteln (10, 12–14) und vor dem der *daemon* zurückschaudert – beides fehlt im *Teuerdank*. Überhaupt kennt das deutschsprachige Epos keinen europäischen – und somit unmittelbar für das Publikum sozial relevanten – Bezug des Dargestellten, weil die Handlung in einem fernen Land spielt („umb die refier | Gen dem nidergang der Sunnen"; S. 5–6).

Abseits dieser Ausgangssituation nimmt Sbruglio auch Veränderungen an den spezifischen Versuchungen vor. Während im *Teuerdank* der Teufel Versprechungen macht, aber keine expliziten Handlungsanweisungen gibt, fordert der *daemon* in der ersten Versuchung Folgendes (10, 24b–25a): „Rege solus et omnes | debella tumidos." –[237] angelehnt an das vergilische „debellare super hos" (Aen. 6, 853), wobei die damit verbundene Schonung der Unterworfenen „parcere subiectis" (ebd.) als fundamentales und auch später zur christlichen Lehre passendes *ius in bello* ausgelassen ist. Der expansiv-imperiale Gedanke wird in Kombination mit einem dekadenten Lebensstil empfohlen: Ein luxuriöser wie der des Sardanapal sei herkulischen Mühen vorzuziehen (10, 32–34).[238] Sbruglio lässt den *daemon* ein Heldentum versprechen, das eine soziale Motivation negiert und den Zweck auf den Erhalt von weltlichem Ruhm reduziert. An dieser Stelle fällt der bereits angesprochene Preis der „blanda voluptas" (10, 25).[239]

---

lage. 2019 unter https://hal.archives-ouvertes.fr/hal-01184169 [letzter Zugriff 17.02.2020], S. 85): „Non timent haec fortasse Hispani et Galli, nec Theutones, qui Rhenum accolunt, nec Anglici oceano circumfusi." [‚Vielleicht haben die Spanier und Franzosen keine Angst davor, auch nicht die Deutschen, die am Rhein wohnen und die Briten, die vom Meer umgeben sind.']

235 Mertens: Europäischer Friede, S. 48–53.

236 Ebd., S. 53.

237 [‚Regiere allein und bekämpfte alle Aufrührerischen.']

238 „Herculeis alii caelum sudoribus optent | atque exanclatos terraque marique labores | laude ferant. Melius quid plumis Sardanapali?" [‚Andere mögen sich mit ihrem herkulischen Schweiß den Himmel wünschen und mit Lob zu Wasser und zu Land ihre vertanen Mühen ertragen. Was aber könnte besser sein als die Federn des Sardanapal?']

239 S. 307.

Der Geist aber scheitert mit seinen Ratschlägen. Magnanimus bekennt sich zu den Geboten Gottes, da er ein Mensch und kein Tier sei (10, 46–47), was der Entgegnung des Teuerdank entspricht, er wäre der Lehre des Teufels gemäß „Recht wie ein vnuernüfftigs thier" (S. 43). Während der Teufel sich daraufhin wundert, wieviel Teuerdank aus der Schrift gelernt habe (S. 43), lässt Sbruglio seine Unterweltsgestalt in einem inneren Monolog fragen: (10, 50b–51): „Quis huic tantum iuveni deus attulit artis, | vincat ut aetatem, patruos sapit atque Catones?"[240] Sbruglio verknüpft mit Magnanimus' Einstellung bereits einen göttlichen Schutz und eine Vergleichbarkeit zur ethischen Haltung der römischen Catonen, sucht somit die Anknüpfung an ein positiv besetztes römisches Heldentum.[241] Gerade die Tugendhaftigkeit des jüngeren Cato erfreute sich einer breiten Rezeption bei christlichen Autoren der Spätantike und des Mittelalters.[242]

In der zweiten Versuchung betont die lateinische Höllengestalt, allumfassender Ruhm bedürfe der Bereitschaft zum Heldentod („magnae mors grata cupidine famae"; 10, 58). Vergleichspersonen werden genannt: Caesar, Sulla, Marius, Scipio, Pyrrhus und Hannibal. Wenn Magnanimus sein wolle wie sie, müsse er auf die feindliche Lehre hören. Der *daemon* selbst charakterisiert die Heldentaten dieser Männer als groß, aber – zu Recht – nicht als glänzend (10, 56): „Magna tibi potius quam candida fama petatur."[243] Die benannten Männer sind Anti-Helden, Gewaltherrscher, Kriegstreiber, Machtmenschen, die vor allem wegen ihrer Grausamkeit bekannt sind – man erinnere sich an die intertextuell aufgerufenen „Libyca[e] ira[e]" des Marius bei Lukan.[244] Magnanimus will so nicht sein und antwortet (10, 67–68): „Laudes | non fugio, sed quae sola virtute parantur."[245] Auch der Teufel erklärte dem jungen Teuerdank, der Ritter müsse Abenteuer suchen und dürfe den Tod nicht fürchten (S. 44). Teuerdanks Reaktion, Gottes Gnade bedeute ihm mehr als weltlicher Lohn,[246] wird im *Magnanimus* mehr auf die Tat ausgerichtet, indem Lob für Taten durchaus zu erstreben ist, solange diese auf

---

240 [‚Welcher Gott hat diesem jungen Mann so die Künste vermittelt, dass er sein Alter besiegt und den Anschein hat, die Catonen wären seine Ahnen?']
241 Gleichzeitig spielt Sbruglio mit dem Wort *patruus*, das auch den Sittenrichter bezeichnen kann, sodass das Heldentum in Nachfolge der Catonen gleichzeitig eine besondere Sittsamkeit anzeigt.
242 Ausführlich hierzu Hildegart Biller: Cato der Jüngere in der lateinischen Rezeption der christlichen Spätantike und des frühen Mittelalters. In: Mediaevistik 12 (1999), S. 41–184.
243 [‚Du wirst eher einen großen Ruhm erstreben als einen glänzenden.']
244 S. Anm. 228 auf S. 315.
245 [‚Ich meide den Ruhm nicht, aber nur den, der einzig durch Tugend bereitet wird.']
246 „Das gottes lon ist allzeit mer | Dann auf dieser erd alle eer." (S. 44) Es geht vor allem darum, dass Teuerdank nicht von Gottes Gnade abfallen möchte, was durch Befolgung der Lehre des Teufels geschehen würde: „Vnnd dardurch verlieren gots gnad" (ebd.).

christlicher Tugendhaftigkeit gründen. Gleichzeitig nimmt Sbruglio eine Abgrenzung zu Antihelden vor, die es im *Teuerdank* nicht gibt.

In der letzten Versuchung lobt der *daemon* Magnanimus' körperliche Konstitution und fragt, warum der Held sich nicht bemühe, diese weiter auszubilden – verbunden mit der Expansion seiner Herrschaft (10, 82–84). Diesem Appell entgegnet der Held einmal mehr, er werde Gott in seinem Handeln gehorchen (10, 91), und betont die Wertrationalität seines Tuns: Er werde Ruhm und Ehre nicht meiden, sofern seine kriegerischen Taten Gewaltherrschern Schaden brächten (10, 92) – auch hier eine explizite Wiederaufnahme der „iusta[e] [...] ira[e]" (1, 20) sowie die Fokussierung der aktiven christlichen Tat. Im *Teuerdank* heißt es nur „Ich wil streiten nach gottes eer | Mein glauben halten In der not" (S. 47).

In den Versuchungen spiegelt sich nicht nur die biblische Versuchung Jesu. Auch in den antiken Epen wurden Helden hinsichtlich ihrer Begierde nach Macht und Ruhm versucht. Wenn der *daemon*, nachdem er die Namen gewaltaffiner Helden aufgezählt und ihre ‚unwiderstehliche Kraft im Krieg' („fulmina Martis"; 10, 63) angepriesen hat, nicht wie der Teufel Teuerdanks Stärke, Mut und ritterliche Haltung lobt, sondern explizit von Körper und Stärke eines Hector (10, 80) spricht, soll man sich gerade auch an Hectors Scheitern beim Versuch erinnern, Achill zu töten (Il. 20, 436–444). Dieser erlag seinem Verlangen, sodass schließlich die Götter eingreifen mussten: Athena wehrte die Lanze ab und Apollo ließ Hector im Nebel verschwinden, weil es dem göttlichen Plan widersprach.

Zum Abschluss eine Bemerkung zu Sbruglios Wortwahl *daemon*. Das Wort ist keineswegs unüblich für den Teufel, wie er im *Teuerdank* erscheint. Innerhalb eines lateinischen Epos erscheint es dennoch ungewöhnlich. Der Dichter hätte leicht eine Furie aus der Unterwelt, Fortuna oder Bellona entsenden können, um Magnanimus zu verführen; auch Fama wäre geeignet gewesen. Sbruglio zeigt mit seiner auffälligen Wortwahl an, dass Magnanimus durch dessen Bezwingen im eigentlichen Sinne ein Heros der Kirche genannt werden soll und zwar mit Bezug auf die von Augustinus postulierte Bezeichnung. Denn in civ. 10, 21 leitet der Kirchenvater das Wort *heros* von den Siegern über die Dämonen und damit letztendlich über Hera selbst ab.[247] Die Reminiszenz an Augustinus richtet

---

247 Augustinus, civ. 10, 21: „Sed a contrario martyres nostri heroes nuncuparentur, si, ut dixi, usus ecclesiastici sermonis admitteret, non quod eis esset cum daemonibus in aere societas, sed quod eosdem daemones, id est aerias vincerent potestates et in eis ipsam, quidquid putatur significare, Iunonem, quae non usquequaque inconvenienter a poetis inducitur inimica virtutibus et caelum petentibus viris fortibus invida." [‚Unsere Märtyrer könnten aber [...] Heroen heißen, wenn, wie gesagt, der kirchliche Sprachgebrauch es zuließe, nicht weil sie mit den Dämonen in der Luft eine Gemeinschaft bilden, sondern weil sie diese Dämonen, das heißt die

Magnanimus' Heldentum auf den künftigen Kreuzzug aus und auf die Bereitschaft zum Heldentod (kundgetan in 10, 58), was ein Märtyrertod wäre. Im gleichen Kapitel identifiziert Augustinus den Helden seiner Lehre als einen dem Aeneas überlegenen, weil Vergils Held Iuno nur mit ,demütigen Gaben' („supplicibus donis"; ebd.) habe besänftigen können. Die ,Menschen mit wahrer Frömmigkeit vor Gott' („vera pietate homines Dei"; civ. 10, 22) würden ihre Versuchung überwinden, indem sie zu Gott beteten und nicht zu feindlichen Mächten (ebd.).

5.5.2 Die Ausgestaltung von Gottes Schutz in den Abenteuertaten und die Sakralität des Helden

Indem Magnanimus bekennt, stets nach christlichen Maßstäben und zu Gottes Ehre zu handeln, erfährt er während der Abenteuer dessen Schutz. Bereits sein Vater kündet von diesem Geleit (9, 50–51): „Tu duce, nate, deo laqueos, discrimina, casus | subicies pedibus meritoque frueris honore."[248] Durch die Juxtaposition von „nate" und „deo" wird darüber hinaus aber auch eine gewisse Göttlichkeit des Jungen selbst suggeriert,[249] welche neben dem *daemon* auch die *comites* im Laufe der Abenteuer mehrfach selbst erleben. In 30, 13 konstatiert Infoelix, dass Magnanimus göttlicher Abstammung sei („divum certe genus"), in 59, 22b–23a dann, Magnanimus trage eine göttliche Kraft unter seinem menschlichen Herzen („divinum pectore robur | esse sub humano"). Eine solche Sakralität des Protagonisten selbst und seiner Tugenden (10, 13) fehlt im *Teuerdank*. Die Auserwähltheit des Helden versucht Sbruglio unter Rückgriff auf die *Aeneis* zu belegen, indem er ihn topisch in einem Weltenplan verortet, was allerdings zu einem gewissen Bruch mit der Vorlage im *Teuerdank* führen muss. Es heißt (44, 8b–11):

---

luftigen Mächte, besiegt haben, und in ihnen eben auch Juno, was immer man sich unter ihr vorstellen mag, die nicht so ganz unzutreffend von den Dichtern als Feindin der Tugenden mißgünstig gegen die nach dem Himmel strebenden Helden dargestellt wird'] (Übers. aus Augustinus: Der Gottesstaat, hg. von Perl, Bd. 1, S. 661).

248 [,Du wirst unter Gottes Geleit, mein Sohn, die Fallstricke, Gefahren und Schicksalsfälle mit Deinen Füßen niedertreten und verdiente Ehre genießen.']

249 Man erinnere sich auch an Hector, der Aeneas im Traum erscheint und ihn zur Flucht auffordert (Aen. 2, 289): „,Heu fuge, nate dea, teque his', ait, ,eripe flammis'." [,Ach, flieh, Sohn einer Göttin, entreiß dich den Flammen"] (Übers. aus Vergil: Aeneis, hg. von Holzberg, S. 109).

> Laboriferi nequeunt submergere casus
> quem iubet Altitonans emergere. Surget ab illo
> progenies siquidem, famam quae terminet astris
> legibus et nullas sacris non temperet oras.[250]

Magnanimus erhalte seinen Schutz durch Jupiter, weil er Teil eines göttlichen Planes sei, der in der *Aeneis* von Jupiter verkündet wurde (Aen. 1, 286–287): „Nascetur pulchra Troianus origine Caesar, | imperio Oceano, famam qui terminet astris."[251] Wie zuvor ist Aeneas nicht nur ein Vorläufer für das Handeln des Magnanimus, in dem Sinne, dass er *labores* auf sich genommen hat und dem Schicksalsplan gefolgt ist. Vielmehr wird ein Ausblick auf die Zukunft gegeben und Aeneas somit zum Präfiguranten. Magnanimus wird wie der Trojaner eine Reihe an Mühen bestehen müssen, um dann aber den Samen für ein neues Friedenszeitalter zu legen. Dies verstetigt sich im weiteren Verlauf: In Kapitel 49 klagt Infoelix, dass er nicht weiterwisse, wie man Magnanimus töten könne, und ahnt dessen Schicksalsbestimmtheit (69, 18): „Sic rata constituunt supremi iussa Tonantis?"[252] Er erinnert sich an Aeneas, wie er verdient („meruit"; 69, 14) nach Latium gelangte, und vergleicht diesen mit Magnanimus, wie er als ‚ein Gast, aus älterem Geschlecht als alle' („cunctis antiquior hospes"; 69, 17) ins Reich der Erenrica komme. Der Held wird von Infoelix als ersehnt präsentiert, als jemand, auf den man in den entsprechenden Gebieten wartet („quaeritur"; 69, 16). Die Aeneas-Referenz dient vor allem der Inszenierung eines Telos, das letztlich den im Narrativ nicht mehr verarbeiteten Kreuzzug vorwegnehmen soll. Damit gelingt es Sbruglio zwar, den Ritter Teuerdank in lateinischer Tradition zu episieren, allerdings nimmt er einen konzeptuellen Widerspruch in Kauf. Denn im *Teuerdank* wird deutlich, dass der Held aufgrund seines Lebensweges auf Gottes Schutz vertrauen kann;[253] er steht in der Christusnachfolge. Magnanimus' Sakralität müsste der Vorlage entsprechend von seinem Handeln selbst anhängen und somit immer fragil bleiben, was jedoch durch den Platz im unabänderlichen Weltenplan konterkariert wird. Die prinzipielle Auser-

---

250 [‚Der mühenbringende Zufall vermag nicht den zu überwältigen, den Jupiter aufstehen heißt. Denn von jenem wird eine Nachkommenschaft erwachsen, die ihren Ruhm mit den Sternen begrenzt und keine Gegenden nicht mit heiligen Gesetzen zähmt.']
251 [‚Dann wird aus vornehmem Stamm geboren der troische Caesar, der sein Reich mit dem Weltmeer begrenzt, seinen Ruhm mit den Sternen' (Übers. aus Vergil: Aeneis, hg. von Holzberg, S. 61).
252 [‚Beschließen es so die erlassenen Befehle des höchsten Jupiter?']
253 „Darumb Ich allzeit sein gepot | Vnnd die eer hoff zů behalten | Got der herr welle mein walten | Allweg vnnd yetz auf diser reys | Dann ich zůvoran vast wol weys | Das der anfanng eerlicher tat | Nicht leichlichen von henden gat" (S. 51–52).

wähltheit und die Notwendigkeit, sich Gottes Beistand zu verdienen, können nie ganz miteinander harmonisiert werden.

Im Verlauf der Erzählung erfährt Magnanimus dann die Unterstützung durch Gott, die in der epischen Tradition von Schutzgottheiten steht. Ein Beispiel hierfür ist Kapitel 67, wo von der Genesung des Helden vom Fieber erzählt wird. Während im *Teuerdank* der Protagonist gerade nicht durch Gottes Hilfe, sondern aus eigener Kraft genest, indem er sich eigenmächtig eine andere als die verschriebene Medizin kommen lässt, sind es im *Magnanimus* die Himmelsbewohner („superi"; 67, 16), die dem Helden die richtige Medizin eingeben. Die Hilfe des Himmels wird von Sbruglio zudem zur Legitimation für Magnanimus' Weg ausgebaut, indem es von den Himmlischen heißt (67, 17): „quos cura sacri diadematis unica tangit".[254] Während der Plural „superi" Parallelen zu antiken Begebenheiten suggeriert, etwa die Heilung des Aeneas durch seine Mutter Venus in Aen. 12, 411–419, bezeichnet das *sacrum diadema* eine christliche, heilige Herrschaftsinsignie.[255] Joachim Ott bemerkt bereits für die Spätantike, dass in einer solchen Sakralisierung des Herrscherdiadems die göttliche Legitimation des Herrschers gezeigt werden soll, dass nämlich das *diadema* himmlisch verliehen sei.[256]

Trotz vergilischen Weltenplans aber ist dieser Schutz nicht unbedingt. Wie Teuerdank muss auch Magnanimus ihn durch seinen christlichen Lebenswandel aufrechterhalten. Dass Sbruglio gerade diese Spannung zwischen Auserwähltheit und eigener Leistung ausnutzt, spiegelt sich im Konzept der *virtus heroa* wider, das die Bewährung im *Teuerdank* ersetzt, wonach der Held das wagen wolle, was er aus den Chroniken und Historien gelernt habe (S. 35). In Kapitel 33 wird ein 8 bis 10 Meter weiter Sprung von Magnanimus' Pferd geschildert, der auch für einen geübten Reiter beängstigend wäre. Dann heißt es (33, 54–56): „Hic in Magnanimo virtus heroa refulsit: | Immotus penitus sella permansit in ipsa. | Porrexit dextram iuveni Deus ipse potentem."[257] Unter der *virtus heroa* wird an dieser Stelle die Beherrschung von Körper und Geist mit Gottes Hilfe verstanden: Weder durch Gestikulation zeigt der Held Angst noch behindert er dadurch sein Pferd an der Ausführung der Bewegung; *immotus* meint beides. Infoelix erkennt die immense Leistung an und kann sich an kei-

---

254 [‚die die einzigartige Sorge um das heilige Diadem berührt'].

255 Joachim Ott: Krone und Krönung. Die Verheißung und Verleihung von Kronen in der Kunst von der Spätantike bis um 1200 und die geistige Auslegung der Krone. Mainz 1998, S. 166–167, der die christliche Aufladung des Herrschaftsdiadems bis ins vierte Jahrhundert zurückverfolgt.

256 Ott, S. 167.

257 [‚Dabei spiegelte sich in Magnanimus die *virtus heroica* wider. Unbewegt saß er fest in seinem Sattel. Gott selbst hat dem mächtigen jungen Mann seine rechte Hand gereicht.']

nen vergleichbaren Helden erinnern (33, 61b–63).[258] Der Begriff fällt ein zweites Mal in Kapitel 37, wo Bauern vom Berg Steine auf den Helden werfen, die seinen Diener verletzen, Magnanimus allerdings nur die Mütze vom Kopf reißen. Dieser nämlich beugt seinen Körper geistesgegenwärtig zur Seite. Der Erzähler bemerkt, Gott habe dem Unschuldigen zur Seite gestanden (37, 39–40): „Vis heroa virum lapsu tutatur ab alto. | Insonti facilis nitido Deus assidet orbe."[259]

Das Konzept der *virtus heroa* existiert im *Teuerdank* nicht, dort ist die Rede von Gott oder Glück. Geprägt hat den Begriff Aristoteles, bei dem er einen Menschen bezeichnet, dessen Tugend das Menschsein übersteigt.[260] Dass diese Tugend nun von Gott komme, entspricht der Darstellung des Thomas von Aquin, wonach sie eine Gabe des Heiligen Geistes sei.[261] Im Zuge der Außeralltäglichkeit

---

258 „‚Quis in omnibus heros | inveniatur [...] terris, qui fortior acri | aut insidat equo cursus aut concitet aequos?'" [„‚Was für einen Helden könnte man irgendwo auf der Welt finden, der tapferer auf dem wilden Pferd sitzen oder es zu solch günstigem Lauf antreiben könnte"]. Die verblüffende Leistung des Pferdes lässt auf die Qualitäten des Reiters zurückschließen, s. Anm. 299 auf Seite 231.

259 [‚Die *vis heroa* schützt den Mann vor dem Sturz aus der Höhe. Gott, der sich erbarmt, steht dem Unschuldigen in der schönen Welt zur Seite.']

260 Aristoteles, eth. Nic. 1145a15–20: „Μετὰ δὲ ταῦτα λεκτέον, ἄλλην ποιησαμένους ἀρχήν, ὅτι τῶν περὶ τὰ ἤθη φευκτῶν τρία ἐστὶν εἴδη, κακία ἀκρασία θηριότης. τὰ δ' ἐναντία τοῖς μὲν δυσὶ δῆλα· τὸ μὲν γὰρ ἀρετὴν τὸ δ' ἐγκράτειαν καλοῦμεν· πρὸς δὲ τὴν θηριότητα μάλιστ' ἂν ἁρμόττοι λέγειν τὴν ὑπὲρ ἡμᾶς ἀρετήν, ἡρωικήν τινα καὶ θείαν, ὥσπερ Ὅμηρος περὶ < τοῦ > Ἕκτορος πεποίηκε λέγοντα τὸν Πρίαμον ὅτι σφόδρα ἦν ἀγαθός, ‚οὐδὲ ἐῴκει ἀνδρός γε θνητοῦ παῖς ἔμμεναι ἀλλὰ θεοῖο'." [‚Wir haben nun einen Ausgangspunkt zu nehmen und zu sagen, dass es im Ethischen drei Arten von Dingen gibt, die man zu fliehen hat: die Schlechtigkeit, die Unmäßigkeit und die Rohheit. Die Gegensätze davon sind für die zwei ersten klar (wir nennen sie Tugend und Selbstbeherrschung), als Gegenteil der Rohheit würde am ehesten die den Menschen übersteigende Tugend passen, eine heroische und göttliche, wie bei Homer Priamos über Hektor sagt, er sei überaus tüchtig, ,und er schien nicht der Sohn eines sterblichen Mannes zu sein, sondern eines Gottes'.'] (Übers. aus Aristoteles: Die Nikomachische Ethik. Hg. von Olof Gigon, neu hg. von Rainer Nickel. 2. Auflage. Düsseldorf 2007, S. 271).

261 Thomas von Aquin, Summa Theologiae 1, 2, q. 68 a. 1 ad 1: „Ad primum ergo dicendum quod huiusmodi dona nominantur quandoque virtutes, secundum communem rationem virtutis. Habent tamen aliquid supereminens rationi communi virtutis, inquantum sunt quaedam divinae virtutes, perficientes hominem inquantum est a Deo motus. Unde et philosophus, in VII Ethic., supra virtutem communem ponit quandam virtutem heroicam vel divinam, secundum quam dicuntur aliqui divini viri." [‚Zu 1. Die Gaben werden manchmal Tugenden genannt nach der allgemeinen Bedeutung von Tugend. Sie haben aber etwas, was über die allgemeine Bedeutung hinausgeht, insofern sie gewisse göttliche Tugenden sind, die den Menschen vervollkommnen, sofern er von Gott bewegt wird. Darum nimmt auch der Philosoph [sc. Aristoteles] über der allgemeinen Tugend noch eine ,heldische' oder ,göttliche' Tugend an, derzufolge manche Menschen ,göttliche Menschen' genannt werden.'] (Übers. aus: Thomas von Aquin: Grundlagen der menschlichen Handlung. I–II. 49–70. Salzburg, Leipzig 1940 [Die

des epischen Helden repräsentiert die *virtus heroa* das vollkommene Menschsein. Denn Thomas spricht von den ‚göttlichen Tugenden, die einen Menschen vollkommen machen' („divinae virtutes perficientes hominem"; Summa Theologiae 2, 2, q. 68 a. 1 ad 1). Damit transponiert Sbruglio die Sakralität eines Diomedes oder Aeneas in ein christliches Konzept, in dem Göttlichkeit gerade nicht ererbt ist, sondern einem aufrechten Christenmenschen von Gott geschenkt wird. Magnanimus weiß um dieses Geschenk, aber auch darum, dass es seines Zutuns bedarf, um es aufrecht zu erhalten. Der Held selbst spricht zu seinem treuen Begleiter Eroaldus, er brauche keine neuen Gefahren fürchten, solange er sich an die christlichen Gebote halte (11, 57–61).[262] Durch die Heraushebung des ‚frommen Geistes' („pia[ ] men[s]"; 11, 61) – nicht mehr Geburt oder Abstammung – als Grundlage des Erfolgs gelingt es Sbruglio, Magnanimus von der Masse abzugrenzen und als auserwählt zu präsentieren, gleichzeitig aber die Herausforderungen an sein Menschsein aufrecht zu erhalten und die Bewährung letztlich auf die aktive Entscheidung des Helden für einen christlichen Lebenswandel – aufbauend auf der des Hercules für die Tugend – zurückzuführen.

5.6 Die Heroik der Taten

Im Anschluss an die Heroik der Rahmenhandlung und den Motivationszusammenhang muss das Handeln des Helden selbst in den Blick genommen werden. Die Kritik der Forschung, die Taten seien geringfügig, wird ihrer Relevanz in Maximilians Zeit nicht gerecht. Gewiss ist man von lateinisch- wie auch volkssprachlichen Epen der Antike und des Mittelalters große Gegner gewohnt. Dass

---

deutsche Thomas-Ausgabe, Summa theologica 11], S. 361). Zur weiteren scholastischen Diskussion um die *virtus heroica* s. Risto Saarinen: *Virtus heroica*. ‚Held' und ‚Genie' als Begriffe des christlichen Aristotelismus. In: Archiv für Begriffsgeschichte 33 (1990), S. 96–114; Iacopo Costa: Heroic Virtue in the Commentary Tradition of the Nicomachean Ethics in the Second Half of the Thirteenth Century. In: Virtue Ethics in the Middle Ages. Commentaries of Aristotle's Nicomachean Ethics, 1200–1500. Hg. von István P. Bejczy. Leiden, Boston 2008 (Brill's Studies in Intellectual History 160), S. 153–172; Nina Niedermeier: Heroische Tugend (Katholizismus). In: Compendium heroicum. Hg. von Ronald G. Asch u.a. Freiburg i. Brsg. 13.05.2019. DOI: 10.6094/heroicum/htkd1.0 (letzter Zugriff 10.08.2021); Stefano Fogelberg Rota, Andreas Hellerstedt: Heroische Tugend (Herrschertugend). In: Compendium heroicum. Hg. von Ronald G. Asch u.a. Freiburg i. Brsg. 26.02.2020. DOI: 10.6094/heroicum/hthed1.0.20200226 (letzter Zugriff 10.08.2021).

262 Hiermit knüpft Sbruglio zudem an den antiken Topos der *felicitas imperatoria*, das Glück des Kaisers, an (näher Mause, S. 103–104). Sie bezeichnet das in den Taten des Kaisers (in Kriegs- und Friedenszeichen) sichtbare „Wohlwollen der Götter" (ebd., S. 103) und hat ihren Ursprung in der *pietas* des Kaisers (ebd., S. 103–104).

ein Held ‚nur' auf die Jagd geht, ‚nur' ein normales Lebewesen im Wald erlegt, ‚nur' eine Felswand erklimmt oder ‚nur' geschickt reitet, mag daher auf den ersten Blick unbedeutend anmuten. Aber diese ritterlichen Eigenschaften waren substanzieller Bestandteil von Maximilians Persönlichkeit und auch seiner Herrschaftslegitimation. Maximilian wurde nicht nur ritterlich erzogen,[263] vielmehr waren ritterliche Ideale im adeligen Milieu zu Maximilians Zeit nach wie vor allgegenwärtig.[264] Martin Wrede unterstreicht für Maximilians Zeit den Stellenwert des Rittertums als „prominenteste[n] Bezugspunkt [...] fürstlicher Selbstvergewisserung auf dem Wege der Vergangenheitsbeschwörung"[265] und sieht es als „moralisches, intellektuelles und auch ästhetisches Phänomen"[266] am Hof. Abseits dieser legitimierenden Funktion zeigen die Abenteuer des Teuerdank und des Magnanims die körperlichen und geistigen Fähigkeiten auf, wie sie Maximilian als Souverän des Ordens vom Goldenen Vlies verkörpern musste. In diesem Sinne verwundert es nicht, dass auch das lateinische Epos diese Taten beibehielt. Zudem waren es immer noch die Taten des Kaisers, von denen das Epos kündet, und Teuerdank war eine Figur, in der Maximilian selbst seine Ideen und Vorstellungen verwirklicht hat. Sbruglio konnte nicht umhin, die Taten nur geringfügig zu modifizieren.

Bei genauer Betrachtung zeigt sich, dass der Dichter die Taten in drei Schritten so weit wie möglich exzeptionalisiert hat. Erstens hat er die Ausgangslage verändert. Magnanimus wird als außergewöhnliche Figur eingeführt, dessen Fähigkeiten sein Alter bei weitem übertreffen. Daher müssen die Taten nicht mehr in gleich hohem Maße den Heldenstatus beglaubigen. Zweitens werden einzelne körperliche und geistige Auszeichnungen wie Schnelligkeit oder Klugheit deutlicher herausgehoben, wobei das Zufällige des *Teuerdank* reduziert wird. Eine dritte Strategie besteht darin, durch antike Vorläufer und Präfiguranten einen Anhalt für den Deutungshorizont zu bieten und so eine Überhöhung auch minder exzeptioneller Taten zu ermöglichen.

5.6.1 Die Prädisposition des Magnanimus

Die Grundkonstitution des Magnanimus unterscheidet sich signifikant von der des Teuerdank. Im deutschen Ritterepos will der Protagonist während seiner Abenteuerfahrt Praxis und Ruhm erlangen, was im *Magnanimus* ebenfalls als

---

263 Zur Erziehung ausführlich Hollegger: Herrscher und Mensch, S. 19–29.
264 Spieß: Rittertum, S. 57.
265 Wrede, S. 25.
266 Ebd.

ein Ziel proklamiert wird. Neben der Anerkennung durch Erenrica sollen die Taten eine besondere Außeralltäglichkeit bezeugen, die dem Jupiter ähnlich ist (42, 34–35). Ein entscheidender Unterschied aber liegt in der Prädisposition zu dieser Abenteuerfahrt. Dass Magnanimus bereits Renommee für seine Fähigkeiten und Taten erhalten hat, zeigt sich in seiner Antwort an den Boten Erenricas, wo er ihre Bitte als ,gerecht' bezeichnet („prec[es] [...] iust[ae]"; 8, 50), also als angemessen und berechtigt. Im *Teuerdank* gibt es kein Pendant dazu, einzig spricht der Bote: „Euch Iren grüß zů sagen" (S. 34). Nicht nur in den Augen von Ernreichs Boten muss sich Teuerdank erst bewähren,[267] auch der Ritter selbst bekennt das fehlende Zeugnis seiner Tauglichkeit. Er ist nicht der Überzeugung, der Beste zu sein, vielmehr hoffe er, andere Bewerber zu übertreffen.[268] Magnanimus hingegen weiß um seine für sein Alter überdurchschnittlichen, exzeptionellen Fähigkeiten. Als der Vater überlegt, ob er seinen Sohn ziehen lassen kann, bemerkt er dessen Reife (9, 41–42): „Strenuus aetatem vincis. Non ulla perhorres | proelia nec varii diversa pericula Martis."[269] Ganz im Gegenteil dazu verhielt sich Teuerdanks Vater, der sich deshalb um seinen Sohn sorgte, dass dieser gerade noch nicht erwachsen genug sei.[270] Dass Magnanimus über eine körperlich und geistig umfassende Konstitution verfügt, die über das gewöhnliche Maß seines Alters hinausgeht, muss später auch der *daemon* feststellen (10, 50–51).

Magnanimus' Vater nennt seinen Sohn sein süßes Abbild („mea dulcis imago"; 9, 30) und sein Blut („sanguis meus"; 9, 33), wodurch der Ruhm der Ahnen und der Dynastie auf den Sohn übertragen werden. Der Ruhm der Ahnen ist aber zugleich auch Verpflichtung zu großen Taten bzw. lässt ein Wetteifern des Helden mit den Vorfahren vermuten, so wie Andromache Iulus' *virtus* durch Aeneas und Hector herausgefordert sieht (Aen. 3, 342–343).[271] Im *Magnanimus* folgt ein Vergleich mit Ajax (9, 36–37): Wie dieser seinen Vater

---

267 „Darumb solt Ir mit mir khomen | Zů Ir dann Sy einen man | Will han der sich darff vnnderstan | Zů thůn was gebürt eim Ritter | Zů erlanngen preys vnnd eer" (S. 34).

268 „Ich hoff auch mit meiner hanndt | Ir huld noch baß [*sc.* besser] zů erwerbenn | Oder darumb zů sterben" (S. 35).

269 [,Wacker übertriffst Du Dein Alter. Keine Schlachten scheust Du noch die unsteten Gefahren des wankelmütigen Mars.'] Auch in 9, 31 bezeugt der Vater die über das Maß des Alters hinausgehende Weisheit und Stärke seines Sohnes.

270 Der Vater mahnt Teuerdank nur zur Gottesfurcht, dessen Gedanken werden aber durch den Erzähler fokalisiert (S. 38): „Der vater was klůg vnnd weys | Betrachtet die waglicheit | Das darauf angst not vnd leyd | Mocht dem Sun widerfaren | Dann Er an seinen Jaren | Noch iung vnd nicht erstackt was".

271 „Ecquid in antiquam virtutem animosque virilis | et pater Aeneas et avunculus excitat Hector?" [,Spornen ihn wohl zu der Tatkraft früherer Zeiten sowie zum Mannesmut an sein Vater Aeneas und Hektor, sein Onkel?'] (Übers. aus Vergil: Aeneis, hg. von Holzberg, S. 163).

Telamon im Krieg übertraf, so übertreffe Magnanimus das alte Geschlecht. Der Vergleich stellt einen Bezug zu gleich zwei Facetten des homerischen Helden her, dass nämlich Ajax einerseits Telamon im Krieg überragt und sich so durch ein besseres Kriegertum auszeichnet, dass andererseits Ajax für seine außergewöhnliche Größe und Körperkraft bekannt war und Magnanimus an diesen zu erinnern scheint. Das Übertreffen der Vorfahren ist zudem eine Reminiszenz an Achill, der laut der Prophezeiung des Proteus die Taten seines Vaters übertreffen werde.[272]

Mit Verweis auf Tüchtigkeit, Unerschrockenheit und den Mut des Sohnes fügt der Vater schließlich eine Sentenz an, wonach der Körper der Tugend wie ein Schatten folge („sequitur virtutem corpus ut umbra"; 9, 44), eine Similie zu Cicero, Tusc. 1, 45, 109. Mit dem Verweis auf Ciceros Postulat, dass die Toten in ihrem Ruhm weiterleben, wird eine lange währende Heldenverehrung vorausgesagt. Ergänzend wird man auch Seneca mitbedenken müssen, der sagt (epist. 79, 13): „Gloria umbra virtutis est: etiam invitam comitabitur."[273] Tugend ziehe somit notwendigerweise Ruhm nach sich, was sich im *Magnanimus* mit der Prognose des Vaters deckt, der Ruhm werde den Sohn nie verlassen („Te gloria numquam | destituet."; 9, 43–44).

5.6.2 Die konkreten Heldentaten

Der *Magnanimus* zeigt einen jungen Ritter, der neben seiner Kraft eine exzellente Körperbeherrschung aufweist und dabei stets entschlossen und unerschrocken agiert. Hervorgehoben werden Magnanimus' Schnelligkeit, Beweglichkeit, Reaktionsfähigkeit, Balance und Kraft, die er zwar generell, aber speziell in unvorhergesehenen Gefahrensituationen, insbesondere während der Jagd, abrufen kann.[274]

---

272 Ovid schreibt in met. 11, 221–223: „Namque senex Thetidi Proteus ‚dea' dixerat ‚undae, | concipe; mater eris iuvenis, qui fortibus actis | acta patris vincet maiorque vocabitur illo'. [„‚Göttin der Wogen, empfang!' sprach Proteus, der alte, zu Thetis, ‚Mutter wirst du eines Jünglings, der das übertrifft, was der Vater tat, durch tapfere Taten, und größer als dieser genannt wird."] (Übers. aus Ovid: Metamorphosen. Hg. und übers. von Niklas Holzberg. Berlin, Boston 2017, S. 553).

273 [‚Ruhm ist der Schatten der moralischen Haltung: Er wird sie auch gegen ihren Willen begleiten.'] (Übers. aus Seneca: Epistulae morales ad Lucilium. Briefe an Lucilium. Bd. 2. Hg. und übers. von Rainer Nickel. Düsseldorf 2009, S. 53).

274 Einen Überblick über die Gefahren, die Magnanimus speziell im Gebirge erwarten, bietet Johanna Luggin: Maximilian I. bezwingt die Berge. Der Magnanimus des Richardus Sbrulius. In: Alltag – Albtraum – Abenteuer. Gebirgsüberschreitung und Gipfelsturm in der Geschichte. Hg. von Michael Kasper u.a. Wien u.a. 2015, S. 151–167.

Geleitet wird er dabei von einer christlichen Lebenshaltung, die als *sapientia* qualifiziert wird.[275] Meist ist die Heldentat auf einen oder wenige Verse beschränkt,[276] wie bei der Tötung eines Ebers (35, 42): „Ac stapedem retinens aprum necat ense cruentum".[277] Oft wird das Heldische gar nicht herausgehoben,[278] selten kommentiert der Erzähler die besondere Fähigkeit dahinter,[279] höchstens noch nennt er den beweglichen Körper („agili [...] corpore"; 38, 52), die gewohnte Kraft („solito [...] robore"; 34, 30), die Unerschrockenheit („interritus"; 14, 17 sowie „nescius indignae [...] formidinis"; 32, 50) oder die Standfestigkeit wie eine ‚sehr starke Eiche‘ („solidissima quercus"; 26, 27). Die Taten auf der Jagd aber sind zu denen eines Kriegshelden äquivalent, auch sie versprechen einen Garanten für Frieden (22, 9–12).[280]

Bei der Ausgestaltung der einzelnen Abenteuer zeigen sich abgesehen von Veränderungen an der Struktur wie der größeren Gewichtung der Reden der Hauptleute oder der Einfügung von Gleichnissen auch kleinere Abweichungen

---

275 Der Vater nennt ihn einen über sein Alter hinaus Weisen („sapiens annos ultra"; 9, 31), Magnanimus selbst bezeichnet sich in seiner Gottesfurcht zweimal als weise (10, 43.66), außerdem spricht er (11, 62–63a): „Nil nisi trupe nocet. Sapiens formidine nulla | tangitur." [‚Nichts außer das Schändliche schadet. Ein Weiser wird von keiner Furcht berührt.‘]

276 Sbruglio: Magnanimus, hg. von Schubert/Schubert, S. xxiii.

277 [‚Er hält sich am Steigriemen und tötet mit seinem Schwert den blutigen Eber.‘]

278 Sbruglio scheint zu akzeptieren, dass eine Reihe an Taten einen guten Jäger o. Ä. zeigen, aber noch keinen Helden. In diesen Fällen verzichtet er auf eine übermäßige Überhöhung, die zuweilen komisch oder ironisch anmuten und so das Bild des Helden beschädigen könnte. Luggin, S. 165 bemerkt, dass Sbruglio „einen Großteil an weidmännischen Details" ausgespart habe und vermutet ebd., dass einerseits diese Details für das gelehrte Publikum des lateinischen Epos von geringerem Interesse gewesen seien, dass andererseits im Lateinischen das passende Vokabular gefehlt habe. Bei einem Adressatenkreis, der in der Jagd versiert ist, sind es vielleicht gerade diese unscheinbaren Details, die die tatsächliche Herausforderung erst kenntlich machen. Es könnte somit auch mit dem Publikum zusammenhängen, dass in manchen Punkten das Heroische gar nicht erst in besonderem Maß zur Geltung kommen kann. Für ein Urteil hierüber bedarf es allerdings einer eingehenderen, komparatistischen Studie.

279 Schubert/Schubert bemerken, „daß der Handlungskern der einzelnen Abenteuer, Gefährdung und Befreiung des Helden aus der Gefahr, oft über den genannten Wegfall von Details hinaus drastisch verkürzt erscheint und gelegentlich bis an die Grenze des Proportionsverlustes zurückgedrängt wird." (Sbruglio: Magnanimus, hg. von Schubert/Schubert, S. xxiii).

280 „Fulmineas caecis turbare cubilibus ursas | setigerosque sues promisso sternere ferro | convenit heroi, cum saevi claudere Martis | templa cupit rapidum nec poscunt tempora bellum." [‚Für einen Helden ist es angemessen, mörderische Bären in ihren dunklen Höhlen aufzuschrecken und borstentragende Schweine durch Zustechen mit einem Schwert zu Boden zu bringen, wenn er die Tempel des wütenden Mars schließen will und auch die Zeitumstände keinen wilden Krieg fordern‘]. Für seine Tochter sucht Romricus explizit jemanden, der, wenn nötig, zum Schutz seiner Tochter und seines Landes in der Lage ist (2, 24–26).

an der Darstellung der Taten, die die Vorlage im *Teuerdank* heroisch überhöhen. Ein paar davon seien hier benannt: Während in Kapitel 29 Teuerdank mit
seinem Pferd auf einem gefrorenen See stürzt („Dann Ich hab nun gefallen
schon"; S. 134), springt Magnanimus unversehrt von seinem wankenden Ross
ab („labenti protinus ille | exilit incolumis"; 29, 33b–34a), als dieses zu schlit-
tern beginnt. In Kapitel 38 heißt es im *Maganimus*, als der Held ausrutscht und
in sein Schwert zu stürzen droht, er drehe sich mit seinem beweglichen Körper
(„agili se corpore vertit"; 38, 52), während im *Teuerdank* nur die Rede davon
ist, dass er fällt, er das Schwert an seiner Seite spürt und dann wieder aufsteht
(S. 178).[281] In kapitel 41 des *Teuerdank* entgleitet dem Helden das Schwert, als
er auf einem Pony reitet und ein Eber ihn angreift, genauer: Der Eber stößt Teuerdank das Schwert aus der Hand. Dieses jedoch schlägt dem Pferd den Fuß ab
und der Held stürzt. Er steht sogleich auf, ergreift das Schwert und tötet den
Eber. Anders die Umsetzung im *Magnanimus*: Der Held schwingt sein Schwert
selbst, lässt es allerdings fallen und verletzt dabei das Knie des Pferdes. Die Reaktion des Pferdes wird gar nicht geschildert, vielmehr springt Magnanimus in
noch größerem Zorn schnell aus dem Sattel (41, 38–39), um das Schwert aufzuheben, das noch just dem Eber vor den Kopf gefallen ist; er tötet das Tier. Ähnlich Kapitel 45, wo Teuerdank gerade noch sein Pferd davor bewahren kann, in
eine abgedeckte Grube zu fallen, indem er es mit aller Kraft zur Seite zieht. Im
Magnanimus droht ein mit Sträuchern abgedeckter Flusslauf. Als das Pferd mit
den Beinen hineintritt, dreht sich der Held selbst mit aller Kraft zur Seite,
springt ab und führt anschließend das ängstliche Pferd aus dem Gestrüpp hinaus. Hier dient die Ängstlichkeit des Pferdes (45, 62–63) als Kontrast zur Unerschrockenheit des Helden. Im *Teuerdank* ist von der Angst des Pferdes keine
Rede. In Kapitel 65 wird Teuerdanks Schiff von einem zweiten angefahren und
bricht entzwei. Der Held hält sich am Strick eines anderen Schiffes fest, bis
Hilfsschiffe ausrücken, um ihn und seine Gefährten zu retten. Magnanimus hingegen ahnt die Gefahr bereits (65, 28–29) und springt auf das andere Schiff
über (65, 37–38). Nicht nur, dass der Sprung an sich heroisch ist (und von
einem Seil keine Rede ist, er also nur sehr wenig Halt hat), Sbruglio benützt
hier das Attribut ‚munter' („alacer"; 65, 38), das er der Angst der anderen
(„cunctis [...] trepidantibus"; 65, 37) gegenüberstellt, um den Helden zu überhöhen. Auch der Held sorgt sich, aber behält seine Sorgen für sich (65, 28–29).[282]
Damit endet im *Magnanimus* das 65. Kapitel, wohingegen im *Teuerdank* der

---

281 „Der Heldt als Er des spitz empfanndt | In seiner seytten da Ermandt | Er wider vnd
braucht sein krefft all."
282 S. zu den Sorgen des Aeneas bei der Strandung vor Karthago S. 93.

Held gegenüber Unfallo noch klagt, dass er fast ertrunken wäre. Füssel entlarvt eine Inkonsistenz in Kapitel 58 des *Teuerdank*,[283] worin von einem mit Pulverfässern beladenen Boot die Rede ist, auf dem Teuerdank den Tod finden soll: In Kapitel 46 aber hatte sich der Ritter, als er auf einem gefrorenen See beinahe mit einem Boot untergegangen wäre, vorgenommen, keine Gefahren auf dem Wasser mehr einzugehen (S. 214). Ein derartiges Lippenbekenntnis findet sich im *Magnanimus* nicht. Der lateinische Held zeigt vielmehr eine Affinität zu Gefahren auf See. In Kapitel 32 erwidert er auf Infoelix' Lockung zu einer Seefahrt, dass er das schon längst hätte unternehmen wollen (32, 29–32),[284] wohingegen Teuerdank kommentarlos in die Pläne des Unfallo einwilligt.

Das Motiv der Bewährung zu See ist ein bedeutsamer Topos lateinischer Epik.[285] Im antiken Epos war der Schiffbruch dazu dienlich, „[den Menschen] in seiner Verlorenheit und seinem Ausgeliefertsein (etwa den Göttern oder dem Schicksal gegenüber) genauso [darzustellen] wie in seiner Bewährung in schier übermächtigen Gefahren".[286] Kapitel 46 veranschaulicht, dass Sbruglio der gehobenen Bedeutung der See im lateinischen Epos Rechnung trägt: Teuerdanks Boot wird von einer Eisscholle gerammt, Wasser läuft ins Boot, Teuerdank und die Mannschaft verstopfen die Risse, sodass sie gerade noch an Land kommen. Ganz anders begibt es sich im *Magnanimus*: Ein Unwetter zieht auf, der Held spricht, der Nordwind wüte („furit Boreas"; 46, 32). Eine mutmachende Rede des Helden wird wiedergegeben (46, 31–34), noch bevor eine Eisscholle erwähnt wird (46, 36–37). Magnanimus kann seine Mannschaft trotz ihrer Ängste

---

283 Füssel: Medien, S. 70.

284 „Iamdudum sedet hoc animo scopulosa tueri | aequora caeruleisque sonos haurire sub undis, | quae sit Tritonis facies, quos gurgite vasto | emittat cantus, multum spectare iuvaret. | Me mora nulla tenet pictam conscendere navim | spumiferosque libet tecum mihi vertere fluctus." [‚Schon längst beabsichtige ich, die klippenreiche See zu erblicken und auf den blauen Wellen den Klängen zu lauschen. Es würde mir viel Freude bereiten zu schauen, wie Triton aussieht, welche Gesänge er aus dem unermesslichen Schlund hervorbringt. Keine Sekunde zögere ich, das bemalte Schiff zu besteigen. Ich habe Lust dazu, mit Dir die Wogen zu brechen.']

285 Knapp, S. 32–41 hat bereits einige intertextuelle Parallelen zwischen den Seeabenteuern und Vergils Seesturmerzählungen ausfindig gemacht. Sie zeigt damit Sbruglios Geschick auf, mit wenigen Modifikationen den *Teuerdank* in die Gattung des lateinischen Epos einzupassen. Sie analysiert ebd., S. 32–35 Kapitel 32 des *Magnanimus*, ebd., S. 35–38 Kapitel 42 und ebd., S. 39–41 Kapitel 72, das sie als Anlehnung an Aen. 3, 192–210 sieht. Auf intertextuelle Auswirkungen auf das Heldentum geht sie nicht ein, auch das hier angesprochene, relevante Kapitel 46 lässt sie außer Acht.

286 Jens Börstinghaus: Sturmfahrt und Schiffbruch. Zur lukanischen Verwendung eines literarischen Topos in Apg 27,1–28,6. Tübingen 2010 (Wissenschaftliche Untersuchungen zum Neuen Testament 2, 274), S. 445.

zum Durchhalten und Rudern ermutigen, sodass sie sicher das Land erreichen.
In diesem Seesturm klingt der Seesturm der Trojaner in Vergils *Aeneis* an, den
Aeolus auf Junos Bitte hin entfacht hat (Aen. 1, 65–142). Bei Vergil aber ist explizit nur von Euros, Notus und Africus die Rede (Aen. 1, 85–86); letztlich ent-
kommen die Trojaner nur durch die Hilfe Neptuns. Die explizite Erwähnung
des Boreas gibt vielmehr den Anstoß, an eine Stelle in der *Ilias* denken, die sich
angesichts des Motivs des *Hercules laborans* im *Magnanimus* deutlich besser in
das Narrativ einfügt: Hera hat Boreas einen Seesturm entfachen lassen, der Hercules nach Kos abtreiben ließ. Ihm half dann Zeus (Il. 15, 24–30). Sbruglio ruft
beides auf und zeigt einen Helden, der sich gegen Naturgewalten zu bewähren
weiß, selbstmächtig aber und ohne die Hilfe, auf die Hercules und Aeneas noch
angewiesen waren.

5.6.3 Magnanimus in der Nachfolge antiker Helden

Eine weitere Modifikation, die sich in einigen Abenteuern beobachten lässt, ist die
explizite Erwähnung antiker Helden. Ihnen kommen dabei zwei Funktionen zu:
Erstens können sie der Steigerung der Agonalität dienen, indem die *comites* oder
tierische Gegner auf der Jagd mit antiken Figuren verglichen werden. Zweitens
kann auch der Protagonist mit antiken Helden gleichgesetzt werden, was eine Ver-
gleichbarkeit zu einem kriegerischen Kontext erzeugt, der im *Magnanimus* nicht
gegeben ist. Beides aber ist insgesamt nur wenig zum Einsatz gekommen.

Zum ersten Punkt: Um die Heldenhaftigkeit zu überhöhen, vergleicht sich
Infoelix selbst mit dem homerischen Antiphates und dessen Verletzung der
Gastfreundschaft (51, 1–2). Indem Sbruglio hier Odysseus' Landung bei den
Laistrygonen aufruft (Od. 10, 80–132), wird Magnanimus mit dem griechischen
Helden parallelisiert. In Kapitel 53 wird durch Welpen ein Steinschlag ausge-
löst, der Magnanimus treffen soll. Diesen Angriff vergleicht der Erzähler mit
denen des Aiax und des Turnus (53, 45–46). Zum zweiten Punkt: Eine Reihe antiker Figuren dient lose der Kontextualisierung zu antikem Kriegskontext. In
diese Gruppe gehört der bereits erwähnte Ajax, wie dieser im Krieg seinen
Vater Telamon übertroffen habe (10, 36–37). Zu Beginn des 28. Kapitels hofft
Fervidus dann darauf, Magnanimus irgendwann zu besiegen, da ja auch Achill
allen Gefahren lange getrotzt habe, bis der Pfeil des Paris ihn schließlich doch
töten konnte (28, 6–9). Einmal vergleicht Infoelix Magnanimus mit Marius, der
sich nicht von der Stärke der Kimbern einschüchtern ließ (45, 20–24a). In Kapitel 48 stellt Infoelix dem Helden außerdem unvergänglichen Ruhm in Aussicht,
wie er Diomedes zuteilwurde (37–40a). Magnanimus' Fähigkeiten werden ferner durch die Referenz auf zwei Olympiasieger unterstrichen, Ikkos und Krison

(44, 27–38).[287] Beide werden als Muster genannt, die enthaltsam waren und stets in vollem Besitz ihrer Kräfte diese selbstmächtig einsetzen konnten.[288] Ganz allgemein fragt Infoelix gegen Ende der Abenteuer dann (72, 4b–6a): „An cuncti quaecumque pericula divi | cedere Magnanimo mandant? Non longa malorum | Ilias huic animos adimit.“[289] Die einzelnen Jagdabenteuer seien die persönliche Ilias des Magnanimus gewesen. Diese gelehrten Referenzen auf Vorläufer wären im *Teuerdank* angesichts des breiten Adressatenkreises aus humanistisch wenig gebildeten Schichten gar nicht möglich gewesen.

Insgesamt sind die Änderungen Sbruglios in der Darstellung der einzelnen Taten nicht besonders umfangreich; und sie sind überhaupt weniger ausführlich dargestellt als im *Teuerdank*.[290] Die Taten des Teuerdank sind verschlüsselt immerhin die Taten Maximilians, die bereits groß und bedeutsam sind, weil sie die des Kaisers sind. An ihnen kann der Dichter keine dominierenden Veränderungen vornehmen. Dieser Reduzierung allerdings steht der größere Raum entgegen, den die Reden der Hauptleute zu Beginn der einzelnen Abenteuerepisoden einnehmen.[291] Sbruglio scheint Magnanimus' Taten vor Veralltäglichung schützen zu wollen, indem die Heldenhaftigkeit immer wieder neu attestiert werden muss und die *comites* augenscheinlich immer schwerere Bewährungsproben ersinnen.

---

287 Knapp, S. 64 sieht den Ursprung der Anekdote bei Platon (leg. 839E–840A) und bemerkt, beide seien in den *Fasti Olympionicarum* des Sextus Iulius Africanus gelistet (Sextus Iulius Africanus: Olympionicarum fasti. Hg. von John Rutgers. Leiden 1862, S. 113–114.47–48).

288 Ikkos aus Tarent (Olympiasieger im Fünfkampf 470 v. Chr.), von Pausanias als der beste Athlet seiner Zeit bezeichnet (Pausanias, Graeciae Descriptio 6, 10, 5–6), war ein Muster an Mäßigung. Er lebte dieses Ideal an Harmonie, d.i. „Symmetrie zwischen Nahrungsaufnahme und Leistung und außerdem Beachtung der seelischen Einflüsse" (Joseph Schumacher: Antike Medizin. 2. Auflage. Berlin 1963, S. 83). Das Ziel war eine Maximierung der eigenen Kraft. Gemeint ist auch sexuelle Enthaltsamkeit, die hier in der Vermeidung der „nocturna[ ] bella" (44, 33) zum Ausdruck kommt (eine Formulierung Ovids aus am. 1, 9, 45). Auch Krison von Himera war Olympiasieger im Wettlauf in den Jahren 448, 444 und 440 v. Chr. (Diodorus Siculus, Bibliotheca historica 12, 5, 1; 12, 23, 1; 12, 29, 1).

289 [‚Oder befehlen alle Götter dem Magnanimus, jegliche Gefahren zu meistern? Die lange Ilias an Übeln hat ihm nicht den Mut genommen.']

290 Müller: Gedechtnus, S. 164–165.

291 Schubert/Schubert sprechen von einer „massiven[n] Erweiterung des Parts der Hauptleute" (Sbruglio: Magnanimus, hg. von Schubert/Schubert, S. xxv). Sie fügen ebd. hinzu: „Sbrulius räumt ihren inneren Monologen, in denen sich Haßgefühle und Verzweiflung über das bisherige Scheitern der Anschläge, aber auch Reflexionen über die eigene psychische Verfassung, schließlich die Planung neuer Tücke aussprechen, breitesten Raum ein. Hinzu tritt die Ausweitung der Trugreden, die Magnanimus in neue Gefahr stürzen bzw. Verdacht ablenken sollen." Die Editoren bemerken, dass gerade in den Reden der *ductores* die „Möglichkeit echter Charakterzeichnung" des Helden gegeben werde (ebd.).

In den vielen Abenteuern und der damit verbunden Wiederholbarkeit allerdings, die man im *Teuerdank* als Makel sehen könnte, kann der Dichter in kaum günstigerer Weise die epischen „tot [...] labores" (Aen. 1, 10) verarbeiten und so Magnanimus zu einem noch besseren Helden als Aeneas und Hercules stilisieren, der die Herausforderungen seiner Zeit mit Gottes Schutz zu bestehen weiß.

6 Maximilian – kein Held wie andere: ein Resümee

> „Parce metu, Cytherea: manent immota tuorum
> fata tibi; cernes urbem et promissa Lavini
> moenia, sublimemque feres ad sidera caeli
> magnanimum Aenean; neque me sententia vertit."[1]
> (Vergil, Aen. 1, 257–260)

Bei Jupiters Worten an seine Tochter Venus handelt es sich nicht nur um die erste Prophezeiung der *Aeneis* über das Schicksal ihres Helden, sondern auch um die weitestreichende. Venus solle von ihren Sorgen ablassen, denn das Schicksal sei unumstößlich. Ihr Sohn Aeneas werde nicht nur in seine neue Heimat Latium kommen, sondern auch sein Los erhaben meistern und sich somit einer künftigen Apotheose für würdig erweisen. Damit zementiert Jupiter die Zukunft des Trojaners und der glorreichen Nachkommen, die Aeneas selbst noch von Anchises in der Unterwelt gezeigt bekommen wird.[2] In seiner ‚Arbeit am Mythos' hat Vergil diese heroische Nachkommenschaft auf Augustus zulaufen lassen und damit zugleich eine Figuration des Heroischen geschaffen, die auch die Maximiliansepik substanziell geprägt hat: Ohne den Helden Aeneas kann es den epischen Helden Maximilian nicht geben.

Diese Abhängigkeit lässt sich am besten mit Tonio Hölschers Erklärungen über das Fortwirken und die Rezeption eines politischen Mythos illustrieren. Hölscher geht hierbei von zwei „Grundfaktoren" aus,[3] einem exemplarischen und einem genealogischen.[4] Während der exemplarische auf einem nachzuahmenden Verhalten aufbaue – Hölscher spricht von „Heldentum" –,[5] und Taten sowie Haltung einer Figur „zum ideellen Muster" würden,[6] diene der genealogische durch einen Rückbe-

---

1 [„Hab keine Angst, Kytherea: Dir bleiben die Fata der Deinen unverändert; die Stadt wirst du sehn und die Mauern Laviniums, wie es versprochen ist, wirst erheben den edlen Aeneas hoch zu den Sternen; verändert hat kein Gedanke den Sinn mir."] (Übers. aus Vergil: Aeneis, hg. von Holzberg, S. 59).

2 Die Herrschaft des Aeneas und seiner Nachkommen war bereits in Il. 20, 302–307 prophezeit worden.

3 Tonio Hölscher: Mythen als Exempel der Geschichte. In: Mythos in mythenloser Gesellschaft. Das Paradigma Roms. Hg. von Fritz Graf. Leipzig 1993 (Colloquia Raurica 3), S. 67–87, hier S. 70.

4 Ebd.

5 Ebd.

6 Ebd.

https://doi.org/10.1515/9783110742497-006

zug auf den eigenen Ursprung und die Ahnen der eigenen Legitimation und Abgrenzung von anderen.[7] In Vergils Aeneasmythos fließt beides in eins: Es sind die Nachkommen des Trojaners, die dessen Heldentum gleichsam zu einem Gipfelpunkt führen, indem sie immerwährenden Frieden in einem goldenen Zeitalter garantieren. Es ist Maximilian, der diese heroische und genealogische Nachfolge antritt.

Für die starke Anbindung Maximilians an Aeneas mögen einige Gründe auf der Hand liegen, selbstverständlich allerdings ist sie bei weitem nicht. Die italienischen Epiker des fünfzehnten Jahrhunderts haben vorgemacht, wie die großen Figuren ihrer Zeit als Erben und echte Nachfolger der Römer samt einer noch nie dagewesenen Größe auch abseits des Aeneasmythos inszeniert werden konnten: Sigismondo Malatesta, Borso d'Este, Lorenzo de' Medici oder Francesco Sforza, Namen, die in dieser Studie immer wieder gefallen sind und die paradigmatisch die neue Heldengeneration verkörpern. Ihre Heroisierung gründet nicht auf Aeneas. In Basinios *Hesperis* spricht Jupiter zu seiner Frau Juno, dass man beim Anblick Sigismondo Malatestas keinen Zweifel haben könne, dass es noch Römer ,aus dem alten Geschlecht' („prisca de gente"; 1, 474) gebe. In der *Volaterrais* ist Lorenzo de' Medici ebenfalls der wahre Erbe der römischen Größe (2, 24–25) und auch Borso soll in der *Borsias* nach Jupiters Wunsch den alten Menschen in ihrer Tugend und Frömmigkeit gleichen (1, 360–361). Die Rolle des Aeneas dabei aber ist marginal: Im neunten Buch der *Hesperis* trifft Sigismondo während einer Nekyia seinen Vater und kann einen Blick auf die verstorbenen großen Helden der Vergangenheit werfen. Der Katalog beginnt mit Camillus und unter Nennung vieler anderer Figuren heißt es nur beiläufig „Nec procul Aeneas, nec non Lavinia" (9, 235),[8] woraufhin die Auflistung mit anderen Figuren fortsetzt. Nichts von dem einstigen Heldentum, nicht einmal das Attribut *pius* ließ Basinio ihm, wohl auch, um die Helden seiner Gegenwart in den Vordergrund zu rücken. In der *Volaterrais* sorgt sich Venus um die Zukunft von Florenz, als sich die Einwohner Volterras bewaffnen, und fragt Jupiter, was seine *fata* vorsähen (2, 53–54). Der Göttervater antwortet, das Schicksal laufe wie bestimmt ab und das Haus der Medici behalte seine Größe (2, 59–61). Indem Naldi die Konstellation Venus-Jupiter übernimmt, über Aeneas und die einstige Prophetie aber, die indes auf Rom zielt, kein Wort verliert und Jupiter noch dazu sagen lässt, alles verlaufe wie beabsichtigt, negiert er Vergils Geschichtstelos. Ganz anders baut Strozzi einen himmlischen Verlauf der Dinge in sein Narrativ ein, löst jedoch ebenso die göttliche Sendung Borsos von Vergil: In seiner Rede bei der Götterversammlung zu Beginn der *Borsias* ermahnt der Göttervater die Himmelsbewohner, einträchtig zu sein

---

7 Ebd.
8 [,und nicht weit entfernt stand Aeneas und mit ihm Lavinia'].

(besonders 1, 179.207). Er nennt einige Gefallen, die er ihnen getan hat, und erinnert auch an den Fall Trojas, den hinzunehmen ihm schwergefallen sei (1, 200). Auf all das aber, so Jupiter, wolle er nicht weiter eingehen (1, 205–206). Er klagt über die Menschen, die nicht aus ihren Fehlern lernen und auch die unmissverständlichen göttlichen Zeichen wie Sintflut und Krankheiten nicht zur Besserung nutzen würden (1, 331–350). Mögen sie nur so weiterleben, spricht er, und zwar bis zum Jüngsten Tag, ‚bis die festgesetzte Stunde gekommen ist' („donec stata venerit hora"; 1, 355). Nicht nur, dass Strozzi das Schicksal ‚in unbeweglicher Ordnung' („immoto [...] ordine"; 1, 356) ablaufen lässt und mit dem Ziel des Jüngsten Tages suggeriert, dass der vergilische Weltenplan überkommen sei, ein christlicher ihn ersetzt habe bzw. die proklamierte Ankunft einer Messiasfigur in Jesus bereits verwirklich worden sei, vielmehr noch will der Göttervater explizit außerhalb dieses Planes Borso auf die Erde schicken. Er will einen Menschen schaffen, der an die der alten Zeit in gleicher Tugend und Frömmigkeit erinnere, damit die Menschen erkennen, wie verdorben ihre Gegenwart sei (1, 358–366). Damit ist Borso gerade nicht unter den Nachkommen des Aeneas, die Rom zu seiner Größe führen sollten.

Die genannten Epen negieren somit Hölschers genealogischen Aspekt des Mythos. Der exemplarische hingegen wird auch in ihnen verwirklicht. Sie richten ihren Helden an den vergilischen Heldenidealen aus. Aeneas' soziale Verantwortung, seine kriegerischen Tugenden, sein Durchhalten und sein Verzicht[9] haben das Heldenideal panegyrischer Epik, die nicht nur den Kriegshelden, sondern auch den idealen Herrscher zeigt, in besonderer Weise geprägt. Schaffenrath spricht von einer „Verbindlichkeit [der *Aeneis*] in der Schaffung eines Herrschaftsnarratives".[10] Ein Held wie er zu sein, ist gerade für diejenigen Herrscher von besonderer Bedeutung, die gegeneinander um das rechtmäßige Erbe der Römer und das Vorrecht auf die einstige Größe und Herrschaft des Reiches konkurrieren. Aber in diesen Punkten imitieren die Dichter den Aeneasmythos gerade nur in seiner exemplarischen Facette. Servius hatte als Kernintention der *Aeneis* neben der Homerimitation noch das Lob auf Augustus ausgehend von dessen Vorvätern („Augustum laudare a parentibus")[11] ausgemacht. Die Humanisten übernehmen die Muster für die Panegyrik – allein schon aus ihrem Wettstreit mit Vergil –, lassen aber von den Ahnen ab. Sie gehen sogar soweit, dass sie Aeneas noch als Präfigurant für ihre Helden aufrufen. So erscheint etwa in der *Hesperis* Sigismondo als Antitypus zu Aeneas, wenn er denselben Ort der Er-

---

9 Das Verzichten-Müssen stellt Pöschl: Vergangenheit, S. 142 als besonderes Merkmal des Helden Aeneas heraus.

10 Schaffenrath: Großepos, S. 119.

11 Servius, Commentarius in Aeneadem, praefatio.

kenntnis, den Tempel der Fama, aufsucht.[12] Sigismondo Malatesta stellt sich als Repräsentant Italiens gegen einen äußeren Feind, wodurch Basinio die Gegenüberstellung Römer versus Auswärtige in der Schildbeschreibung der *Aeneis* verarbeitet.[13] Eine Präfiguration findet sich ebenso, wenn Francesco Sforza in der *Sphortias* (1, 170–176) dieselbe Flammenerscheinung wie Iulus erhält.[14] Die Präfiguration aber macht eine Aussage über deren Größe, mit ihr ist noch nichts über den Platz im Weltenplan gesagt oder dass die Präfigurate die Aeneasnachfolge antreten würden.

Um die Anbindung Maximilians an Aeneas exemplarisch und genealogisch nachzuvollziehen, können die eingangs zitierten Verse, die den Weltenplan und die Hochherzigkeit (*magnanimitas*) des Trojaners betonen, eine Schlüsselrolle einnehmen. Die *magnanimitas* spielt in der *Aeneis* zum ersten Mal bei der Strandung vor Karthago eine Rolle; dort ermutigt Aeneas seine Männer und gibt ihnen Hoffnung, wird jedoch selbst von starken Sorgen geplagt (Aen. 1, 208–209). Wlosók hebt die Bedeutung dieser Verse für die Charakterzeichnung des Helden heraus, da in ihnen der unbedingte Gehorsam vor den Göttern zum Ausdruck komme, das heroische Aushalten des göttlichen Planes.[15] Dies sei *magnanimitas*;[16] weshalb in Aen. 1, 260 Jupiter den Helden dann „magnanimu[s]" nenne.[17] Entscheidend ist dabei auch, dass Aeneas ganz aus sich selbst heraus handele und nicht im Streben nach Ruhm, sondern einzig in der Suche nach Frieden.[18] In dieser Ausprägung ist Vergil u.a. durch Ciceros Stilisierung der Tugend als der eines idealen Staatsmannes gefolgt.[19] In der Frühen Neuzeit verstand man sie als Herrschertugend.[20] Es nimmt nicht wunder, dass sie bereits bei den Epikern des Quattrocento präsent ist. Im Proömium zum fünften Buch der *Borsias* thront Borso gottgleich auf einem Thron aus Elfenbein „magnanimus propria transgressus laude parentes" (5, 22).[21] Auch in der *Hesperis* findet sich das Attribut für Sigismondo (z.B. 3, 448; 4, 219.495). Markant ist der Beginn der

---

12 Peters: Mythologie, S. 207.

13 Ebd., S. 220 der Argumentation von Quint, S. 27 folgend.

14 S. S. 260–261.

15 Antonie Wlosók: Die Göttin Venus in Vergils Aeneis. Heidelberg 1967 (Bibliothek der klassischen Altertumswissenschaften NF 21), S. 23–24.

16 Ebd., S. 24.

17 Ebd., S. 24, Anm. 41.

18 Franz Beckmann: Mensch und Welt in der Dichtung Vergils. 2. Auflage. Münster 1960, S. 26.

19 Rudolf Rieks: Affekte und Strukturen. Pathos als ein Form- und Wirkprinzip von Vergils Aeneis. München 1989 (Zetemata 68), S. 29.

20 Ebd.

21 [‚der Du hochherzig Deine Vorfahren mit Deinem eigenen Ruhm übertroffen hast'].

Carlias, wo, wie Thurn ausführt, der „magnanim[us] [...] Carol[us]" (Carlias 1, 1) intertextuell gegen den *pius Aeneas* gestellt wird.[22]

Die in der Großgesinntheit gefassten Tugenden der Stärke, Beharrlichkeit und Mildtätigkeit vereinen nicht nur die kriegerische Stärke und die Durchsetzungskraft eines Herrschers, sondern mit der Mildtätigkeit eine Tugend, die für epische Heroisierungen in Maximilians Zeit besonders relevant war, weil man der Tötung des Turnus ein ethisches Handeln entgegensetzen und dem Ende der *Aeneis* und ihrem Helden die Finalität nehmen konnte. Mehr noch dürfte die *magnanimitas* die *pietas* verdrängt haben, weil sie nicht nur das stoische Dulden, für das Aeneas im Respekt vor den Göttern berühmt wurde, sondern auch das aristotelische Streben nach großen Taten mit in sich fasste und in der Lehre Thomas von Aquins dabei stets auf Gott ausgerichtet war, auf seine Ehre und in Hoffnung auf ihn.

Wirft man einen Blick auf die Maximiliansepen, findet man in den *Encomiastica* das Attribut nur für Friedrich (4, 8), einmal auch für die Adligen auf dem Reichstag (2, 138). Der Grund hierfür dürfte primär in der Abgrenzung von Maximilian zu Friedrich liegen, wobei nicht beide dasselbe Attribut erhalten sollten. Die Szene, in der sich Friedrich auf den strahlend weißen Thron setzt, fehlt in der ersten Fassung des Epos. Sie scheint explizit zur Abgrenzung eingerichtet worden zu sein und eventuell auch in Anlehnung an Borso könnte das Attribut *magnanimus* für Friedrich instrumentalisiert worden sein, da Friedrich (2, 13) wie Borso (5, 21–26) auf einem elfenbeinernen Thron sitzt. Anders verhält es sich bereits im *Pronostichon*. Der Dichter bekundet, er wolle von einem Ruhm singen, der sich ähnlich dem des Aeneas erheben werde (1, 61–62). Dabei kommt er auf Maximilians Herrschaft über Rom zu sprechen und schreibt (1, 133–134): „Magnanimus Caesar, sceptrum, cognomen et urbis | qui tenet".[23] Jupiter selbst bezeichnet Maximilian in seiner Rede an Venus als „magnanimu[s]" (1, 241), als er betont, dieser werde mit dem Olymp um den Ruhm wetteifern (1, 241–242). Nagonio verknüpft damit die *magnanimitas* mit der Figur des Aeneas und dessen Nachfahren – was die italienischen Dichter noch nicht gemacht haben. Gleichzeitig koppelt der Dichter den Ruhm des Helden an die Stadt Rom. An Bedeutung gewinnt die Großgesinntheit weiter in der *Austrias*, in der der erste Auftritt Maximilians mit diesem Attribut eingeleitet wird (2, 14–15): „Magnanimus Caesar curis ingentibus acris | principium evol-

---

22 Thurn, S. 99.

23 [,der hochherzige Caesar, der den Szepter und den Beinamen der Stadt trägt']. Wie der Dichter die Erfolge antiker Helden anhand ihrer Beinamen wie Creticus etc. aufgelistet hat, scheint ihm hier ein Beiname für Maximilians Regentschaft über Rom vorzuschweben, vielleicht Romulus.

vens belli cladesque futuras."[24] Abgesehen davon, dass Maximilian noch mehrfach so bezeichnet wird, fällt das Wort besonders pointiert noch einmal im Musenanruf vor der Entscheidungsschlacht (10, 542). Mit dem *Magnanimus* schließlich wird diese Tugend ein fester Erinnerungsort für Maximilians Heldentum. Gerade in Sbruglios Epos wird deutlich, dass die Tugend nach wie vor eine stoische Seelenruhe bezeichnet, aber zugleich die thomistische Prägung trägt, nämlich im Handeln durch Vertrauen auf Gott begründet ist.

Die Hochherzigkeit verdeutlicht die Beschwerlichkeit der *labores*, die Maximilian in allen vier Epen bewältigen muss. In diesem gottergebenen Aushalten ist der zentrale Anknüpfungspunkt an das Heldentum des Aeneas gegeben. Es ist indes nicht nur das Heldenideal, das rezipiert wird, sondern es bleibt an der Figur des Aeneas haften, indem Maximilian explizit als dessen Nachfolger inszeniert wird. Diese Bindung wird durch die Inanspruchnahme der Jupiterprophetie hergestellt. Auch in diesem Punkt fällt auf, dass die *Encomiastica* – wie sie schon keine *magnanimitas* für Maximilian kannten – auch diese Anknüpfung nur sehr schwach ausbauen. Die Flammenerscheinung samt anschließendem weiteren Auspizium haben präfigurativen Zweck und bestimmten in jedem Fall für Maximilian solche Taten voraus, wie Aeneas sie geleistet hat. Dass aber die einstige Prophetie explizit noch Gültigkeit für Maximilian besitzt, ist damit nicht gesagt. In diesem Kontext gewinnt Cimbriacos Darstellung eines Wandbehanges auf dem Reichstag zu Frankfurt an Relevanz.[25] Auf diesen Tapisserien finden sich Beschreibungen von Himmel und Erde. Auch einige Vorfahren Maximilians sowie deren Taten sind darauf zu sehen (ohne dass sie näher beschrieben würden). Klecker hat bemerkt, dass das Wort „genus" (1, 215) intertextuell auf die Schildbeschreibung der *Aeneis* verweise, die Darstellung jedoch dann an die des Schildes des Achill in Il. 18, 483–489 angelehnt sei.[26] Klecker stellt zurecht die Frage, warum Cimbriaco nicht die Habsburggenealogie in der Abstammung von Aeneas mitverarbeitet habe.[27] Zudem findet sich diese Tapisserie in der ersten Fassung der *Encomiastica* noch nicht[28] und die Genealogie wäre umso mehr dem intendierten Lob Maximilians in der Überarbeitung zugutegekommen. Es zeigt sich, dass Cimbriaco das genealogische Moment des Aeneas-Mythos (wohl unter Einfluss der italienischen Vorläufer) noch nicht mitbeachtet hat. Erst das *Pronostichon* kennt diese doppelte Anknüpfung, sodass vielleicht gerade dieses Epos, das

---

24 [‚Der hochherzige Maximilian bedenkt mit immensen Sorgen den Beginn eines heftigen Krieges und das künftige Blutbad'].
25 Ausführlich hierzu (einschließlich Text und Übersetzung) Klecker: Tapisserien.
26 Hierzu Klecker: Tapisserien, S. 185.
27 Ebd., S. 188.
28 Ebd., S. 187.

in der Forschung, aber auch in der Wahrnehmung der Zeitgenossen augenscheinlich wenig Beachtung fand, die Besonderheiten der Maximiliansepen erst begründet hat und eventuell einen prägenden Einfluss auf die weiteren Epen ausgeübt hat. Beim Einsetzen der Handlung dort wird ein Einblick in das Zaudern der Venus gegeben, ob denn die einstmals von Jupiter gegebene Prophetie noch Gültigkeit habe. „Quae cecini, Cytherea, tibi spectantibus olim | caelicolis praefixa sedent" (1, 119–120a),[29] so Jupiters Antwort. Hinzu kommen die Nekyia sowie eine Schildbeschreibung. Klecker hat zu Cimbriaco bemerkt, er verzichte wohl um der Logik willen auf eine Schildbeschreibung, da sie nur rückwärtsgewandt sein könne.[30] Nagonio hingegen gibt zugunsten der größtmöglichen Heroisierung die narrative Logik radikal auf; in seinem Epos findet sich ein hybrides Zeitverhältnis, in dem noch im ersten Buch von der künftigen Geburt Maximilians gekündet wird, der dann im zweiten Buch bereits auf Rom zuzieht. Noch markanter wirkt dieser Schritt vor der Folie der Katabasis Sigismondo Malatestas in Basinios *Hesperis*. Peters hat angemerkt, dass nur Basinio im Quattrocento seinem Helden eine Katabasis ermögliche, und führt dies darauf zurück, dass die „geschichtsteleologische Spannung verpufft", wenn nicht die Gegenwart aus der Vergangenheit heraus überhöht werde.[31] Um diesen Bruch zu beheben, habe Basinio nicht (mehr) auf die künftigen Figuren geschaut, sondern auf die bereits Verstorbenen.[32] Bei Nagonio findet sich das krasse Gegenteil, in seiner Katabasis wird bereits in Maximilians Zeit dessen Geburt ganz nach vergilischem Muster noch in die Zukunft gelegt. Damit schöpft der Dichter zugleich das Legitimationspotenzial einer solchen Konstruktion vollumfänglich aus: Im Sinne der Translatio Imperii, wonach die einstige Größe bei den Deutschen fortbestehe, besteht auch das große Schicksal der Römer unabänderlich weiter fort und zwar in Maximilian. Wo Buchheit davon sprach, dass die *Aeneis* einen Blick „auf das Endglied des julischen Hauses, auf Augustus, richten soll",[33] werden die Ahnen durch Maximilian relativiert: „cui cedere nomen | Iuleum merito poterit" (1, 83b–84a).[34] In Augustus hat die einstige Prophetie noch nicht ihre Erfüllung gefunden, so die Aussage.

Auch die noch folgenden Epen, *Austrias* und *Magnanimus*, kennen diese übergeordnete Zeitschicht. Gleich viermal heißt es in der *Austrias*, das Schicksal bleibe unbeweglich (1, 521; 2, 401; 5, 727; 12, 141). In der letzten Stelle spricht Jupiter dies

---

29 [‚Was ich Dir, Kytherische, einst vor den Augen der Himmelsbewohner vorausgesagt habe, sitzt unbeweglich fest.']
30 Klecker: Tapisserien, S. 188.
31 Peters: Mythologie, S. 205–206.
32 Ebd., S. 206.
33 Buchheit, S. 35.
34 [‚dem der julische Name mit Recht wird weichen können']

selbst aus: Dort will Pallas den Göttervater dazu bringen, Maximilian anzugreifen, worauf Jupiter die Beständigkeit des Schicksals verdeutlicht und Bartolini dessen Aussage intertextuell an Anchises' Worte in Aen. 6, 851–853 anlehnt.[35] In 2, 401–406 verkündet Diana Maximilian, dass das Schicksal seinen Lauf nehme und er einst nach Latium gelangen und das römische Volk zu seiner alten Größe führen werde. Obwohl schließlich im *Magnanimus* – aufgrund der deutschen Vorlage – auf einen Götterapparat verzichtet wird, schaffte der Dichter es doch, diese Anknüpfung an die Jupiterprophetie deutlich zu machen, wenn auch nur ganz beiläufig. In Kapitel 69 gerät Infoelix in Zweifel und fragt, ob ein Fürst trojanischer Abkunft vor ihm stehe und das Schicksal eben doch unbeweglich sei (69, 12–13a): „Fata ne perpetuo prohibent immota tenore | externum violare virum?".[36]

Mit dieser Anknüpfung beschreitet die Epik einen Weg, der nicht auf Maximilians Linie war. Denn im Kampf um die Hegemonie in Europa und vor allem zur Legitimation in Burgund wollte Maximilian seine Abstammung gerade nicht über Rom und damit letztlich zurückgehend auf Aeneas suchen, sondern sie über die Franken auf Troja zurückführen. Hector war der mythische Urahn, dessen man sich hierfür bedient hat. Vielleicht liegt hierin auch ein Grund, dass Cimbriaco sich der Aeneasnachfolge verschlossen hat und erst Nagonio im päpstlichen Auftrag unbefangen und, um Maximilian nach Rom zu holen, offen diese Aeneasnachfolge behaupten konnte.

Diese Aeneasnachfolge in göttlichem Willen verstärkt das reine präfigurative Potenzial der Figur noch einmal deutlich und eine solche Vorausdeutung von Maximilians Heldentum war auch unentbehrlich. Denn der Kern eines jeglichen Heldentums ist die Größe der Taten. „Wenn wir uns darüber verständigen,", so Reemtsma, „was ein Held ist, – ob primär gewalttätig oder nicht, ob jemand, der etwas ‚für uns' tut oder nur für sich – müssen wir die Ansicht teilen, dass es etwas Großartiges ist, was er tut".[37] Auch wenn innere Stärke und Moralität zunehmend an Bedeutung gewinnen, zeigen die Epen der Frühen Neuzeit, dass die Tat und zwar die kriegerische nach wie vor bestimmend war. Schaut man jedoch rückblickend auf die tatsächlich geleisteten Heldentaten Maximilians in den Epen, muss man ein ernüchterndes Resümee ziehen. Dies nimmt nicht wunder, denn Maximilians Dichter waren mit dem Dilemma konfrontiert, dass sie einerseits den König und Kaiser als großen Helden preisen wollten, der Rom zu seiner alten Blüte und Macht führen, die Christenheit beschützen, dauerhaften Frieden sichern

---

35 Pfeifer, S. 110.

36 [‚Verhindert das unbewegliche Schicksal in seinem ewigen, ununterbrochenen Lauf, den auswärtigen Mann zu verletzen?']

37 Jan Philipp Reemtsma: Der Held, das Ich und das Wir. In: Mittelweg 36.4 (2009), S. 41–64, hier S. 46.

und ein neues Goldenes Zeitalter einläuten kann, andererseits hat Maximilian abseits des Landshuter Erbfolgekrieges[38] realiter keine für eine derartige Stilisierung hinreichenden Erfolge feiern können:[39] Die *Encomiastica* versuchen, die Schmach der Gefangenschaft zu tilgen, das *Pronostichon* schildert gar keine Tat, nur ein Versprechen, und der *Magnanimus* zeichnet Maximilian zwar als idealen Ritter und Christen, allerdings mehr vor dem Hintergrund von Gefahren des Alltags oder denen eines jeden Christenmenschen. Bedenkt man zudem, dass der epische Maximilian stets im Rahmen des *bellum iustum* agieren musste, war die tatsächliche, darstellbare Aktionsmacht beschränkt und musste sogar durch Erfordernisse wie Diplomatie oder Mildtätigkeit vielfach verhindert werden. Von See hat deutlich gemacht, dass sich in der europäischen Literaturgeschichte eine gewisse Sehnsucht nach transgressiven Helden feststellen lasse.[40] Der epische Maximilian jedoch kann eine solche Transgressivität nicht kennen, er ist ein Balancestifter.[41]

---

38 Maximilians Sieg gegen Ruprecht stabilisierte die Machtverhältnisse und verschaffte Maximilian große Anerkennung, insbesondere auch bei den opponierenden Kurfürsten. Zur Bedeutung des Erfolges Laffan, S. 211. Sogar in Italien brachte Maximilians Triumph Anerkennung, wie venezianische Gesandte in die Heimat berichteten, dass Maximilian tatsächlich „tamquam verus imperator imperii et dominii in Germania" sei ([‚gleichsam wie ein wahrer Kaiser über das Reich und seine Herrschaftsgebiete in Germanien']; Brief der Gesandten Capello und Quirino vom 11. April 1505, abgedruckt in Depeschen des venezianischen Botschafters bei Erzherzog Philipp, Herzog von Burgund, König von Leon, Castilien, Granada, Dr. Vincenzo Quirino 1505–1506. Hg. von Constantin R. von Höfler. In: Archiv für österreichische Geschichte 66 (1885), S. 45–256, hier S. 77).

39 Zu Maximilian als Kriegsherr einführend Christoph Haidacher: Imperator bellipotens. Kaiser Maximilian I. als Kriegsherr. In: Der Venezianerkrieg Kaiser Maximilians I. Tagungsbände der Stiftung Bozner Schlösser. Bd. 1. Hg. von Stiftung Bozner Schlösser. Bozen 2019, S. 13–31. Es ist keineswegs so, dass Maximilian keine kriegerischen Erfolge verzeichnet hätte. Fichtenau nennt ihn nicht grundlos einen „Leistungsmenschen" (Heinrich Fichtenau: Reich und Dynastie im politischen Denken Maximilians I. In: Beiträge zur Mediävistik. Ausgewählte Aufsätze. Bd. 1. Hg. von Heinrich Fichtenau. Stuttgart 1975, S. 259–269, hier S. 261). Haidacher, S. 15 hält fest, „Maximilian war ein durch und durch kriegerischer Herrscher". Im Blick hat er dabei die 27 Feldzüge Maximilians während seiner Herrschaft (nachgerechnet hat er ebd.) sowie die Marmorreliefs in und um das Innsbrucker Kenotaph. Diese Erfolge hatten jedoch offensichtlich nicht die Tragweite und das Potenzial, in Maximilian den großen Beschützer der europäischen Christenheit zu zeichnen und so haben Cimbriaco, Nagonio und Sbruglio eventuell lieber ganz darauf verzichtet, in ihren Augen zu geringfügige Erfolge übermäßig zu loben und lieber das (noch) Unerfüllte für die Zukunft beglaubigt. Niederlagen und Finanznöte haben einige Erfolge zudem geschmälert.

40 Von See, S. 37–38.

41 Maximilian erscheint damit als Gegenentwurf zu einer Vielzahl an Helden in der europäischen Literaturgeschichte, die Hegel, Giesen und Reemtsma dazu veranlasst haben, den Hel-

Die Verlagerung der Großtaten in die Zukunft, nach Rom oder an den Hof Erenricas, ist eine der zentralen Strategien in der Bewältigung dieses Dilemmas. Es ist das große Verdienst von Maximilians Epikern, erkannt zu haben, wie viel stärker die Wirkung der Präfiguranten ist, wenn sie ihnen die Zeitschicht, wie Vergil sie im Weltenplan angelegt hat, überordnen.[42] Wolfinger betont, dass Herrschaftsinszenierung immer auch ein „ein Ringen um Öffentlichkeit(en)" war, die eigene Herrschaft gegenüber der Konkurrenz abgegrenzt werden musste und nicht selten die Grenzen des Herrschaftsbereiches mit denen der Selbstinszenierung deckungsgleich waren.[43] Indem durch göttliche Vorsehung einzig Maximilian einen dauerhaften Schutz gewähren könne und seine Herrschaftsansprüche noch aus Troja stammten, wird eine singuläre Deutungsmacht beansprucht. Darin besteht die spezifisch epische Umsetzung einer Tendenz der panegyrischen Dichtung um den Kaiser, die bereits Mertens aufgedeckt hat: Überblickt man die Erzeugnisse von Maximilians Dichtern, zeigt sich, dass sie vor allem den Triumph avisierten, „die Feier also des Siegfriedens, der der einseitige Schlußakt eines Krieges ist".[44] Nicht nur, dass der Frieden das Ziel war, er wird – im Innern – auch als Voraussetzung dargestellt für den Sieg über Maximilians große Gegner, die Türken; nur durch Frieden im Heiligen Römischen Reich und Einigung in Europa könne er erreicht werden.[45] Dass jeglicher Krieg nur dem Zweck des Friedens dienen könne, hat Augustinus in civ. 19, 12 postuliert und dies deckt sich gut mit der Erwartung eines Goldenen Zeitalters. Das ersehnte Friedenszeitalter fokussiert vor allem auf den diesem vorausgehenden Krieg und Sieg gegen die Türken und das meint zugleich den Triumph des Christentums. In gewisser Weise bot der Sieg im Erbfolgekrieg Stoff für eine literarische Ausarbeitung dessen,[46] insgesamt aber mangelte es an

---

den als außerhalb der Ordnung zu sehen: Hegel: Philosophie, S. 46; Hegel: Ästhetik, S. 243; Giesen: Zwischenlagen, S. 77; Reemtsma: Brautwerbung.

42 Bezeichnenderweise widmet Thomas Murner Maximilian seine *Aeneis*-Übersetzung, wobei seine Aufforderung an den Kaiser dahingehend gerichtet ist, das Friedenzeitalter aufrecht zu erhalten, das bereits sein Vater etabliert habe; das maximilianische Zeitalter aber wird als neue *pax Augusta* gefeiert (hierzu Thomas Murners ›Aeneis‹-Übersetzung (1515). Lateinischdeutsche Edition und Untersuchungen. Hg. von Julia Frick. Bd. 1, Wiesbaden 2019, S. 99–103).

43 Wolfinger, S. 53.

44 Mertens: Maximilians gekrönte Dichter, S. 106.

45 Ebd., S. 110–111.

46 Derartiges hat man auch abseits des Epos versucht, etwa auf einem Einblattdruck aus dem Jahr 1504 (Augsburg: Johann Otmar), überschrieben mit *Die behemsch schlacht* (altkoloriert, 36, 5x22, 5 cm; Albertina, Wien, Inv.Nr. DG1959/279, zwei Teile). Darauf findet sich eine Darstellung der Schlacht von Hans Burgkmair d. Ä. (1473–1531), wo Maximilian bei Wenzenbach die eingekreisten Böhmen besiegt. In einem dazugehörigen Spruchgedicht, wahrscheinlich von Johann Kurtz (gest. nach 1512), heißt es über Maximilian, „er wirt vertreiben den türcken. vnd sich obschreiben zu Constantinopel kayseer" (Transkription nach Hans-Jörg Künast: Die

den verheißungsvollen kriegerischen Auseinandersetzungen. Im Prinzip gilt für die Epen auf Maximilian, was Binder für Naevius' Epos auf die Erfolge Roms im ersten punischen Krieg festgehalten hat. Er würdigt Naevius, dass er den Sieg nicht aus der Truppenstärke, den Kriegern, der Taktik etc., sondern aus dem Mythos gedeutet hat und ihn damit „als ein[en] Sieg nach dem Plan der Götter [gedeutet hat], den diese seit Urzeiten mit Rom verfolgten".[47] Damit habe er den Römern zeigen können, „*daß* sie und *warum* sie unbesiegbar seien".[48] Es war Naevius gewesen, der in der Bedrängnis durch Hannibal (nach den Niederlagen der Römer am Trasimenischen See und bei Cannae) ein Epos dichtete und hierbei den Mythos der Irrfahrten des Aeneas eingebaut hat bzw. die Strandung in Karthago erfunden hat.[49]

Diese übergeordnete Zeitschicht sowie die Präfigurationen weisen nicht nur auf die künftigen Taten voraus und geben ihnen Bedeutung, sondern schützen Maximilian – neben einer Reihe weiterer Komponenten wie dem Charisma – vor Veralltäglichung. Die Häufung der Heldentaten in der *Austrias*, die vielen Kämpfe, die kaum Raum bieten, Maximilian immer weiter zu überhöhen, reduzieren unweigerlich die Außeralltäglichkeit – ganz zu schweigen von den vielen (teils identischen) Abenteuern des Magnanimus: „[I]f the charismatic appeal to followers cannot stand the test of time, if it collapses suddenly or fades away in the routines of ordinary life [...], the hero is dethroned and sometimes turned into a perpetrator not just by outsiders but also by what was his own community before".[50] Durch die Einbettung in den Schicksalsplan wird diese Gefahr genommen, weil nicht eine Heldentat nach der anderen als höchste Leistung dargestellt wird, sondern es sich augenscheinlich ‚nur' um heroische Taten handelt, die zur Beglaubigung und Vorbereitung auf noch größere dienen. Pöschl hat herausgehoben, dass in Vergils Epos mit der Größe der zu meisternden Situation für Aeneas auch die Größe des Heldentums wachse.[51] In Maximilians Fall kann dies für die zeitlich eng umrissenen

---

böhmische Schlacht. In: Maximilian I. (1459–1519). Kaiser. Ritter. Bürger zu Augsburg. Hg. von Heidrun Lange-Krach. Augsburg, Regensburg 2019, S. 224–225, Anm. 120 (im Anhang zum gesamten Band S. 405).

47 Gerhard Binder: Vom Mythos zur Ideologie. Rom und seine Geschichte vor und bei Vergil. In: Mythos. Erzählende Weltdeutung im Spannungsfeld von Ritual, Geschichte und Rationalität. Hg. von Gerhard Binder, Bernd Effe. Trier 1990 (Bochumer Altertumswissenschaftliches Colloquium 2), S. 137–161, hier S. 139.

48 Ebd., S. 139.

49 Ebd., S. 138.

50 Giesen: Triumph, S. 19.

51 Viktor Pöschl: Die Dichtkunst Vergils. Bild und Symbol in der Äneis. 3. Auflage. Berlin 1977, S. 68.

Rahmen der Epenstoffe nicht gelten und deshalb muss dieses Hinauswachsen auf die Zukunft verlagert werden.

Es ist hierzu abschließend zu bemerken, dass die Adaption des Aeneas-Mythos auf Maximilian in einem weiteren Punkt mit den panegyrischen Absichten der Humanisten harmoniert, nämlich hinsichtlich der Figur des Hercules, die für Maximilian ein besonderes Identifikationspotenzial besaß. In der *Aeneis* ist eine typologische Kette angelegt, von Hercules auf Aeneas auf Augustus. Wie Binder deutlich gemacht hat, dass Hercules' Triumph über Cacus typologisch den Sieg des Aeneas über Turnus und dieser wiederum Augustus' Sieg über Antonius vorausdeute,[52] so bezeugen Hercules und Aeneas nun eine identische Leistung, nämlich Maximilians Sieg über die Türken. In die Präfiguration durch Aeneas lässt sich somit ohne Brüche auch die wichtige Figur des Hercules aufnehmen. In den *Encomiastica* wird Maximilian nicht nur mehrfach mit Hercules verglichen, auch abschließend urteilt der Dichter, das Aushalten möge als herkulische Mühe in Erinnerung bleiben. Während in der *Austrias* die erste Heldentat ‚im Kleinen‘, der Sieg gegen ein Ungeheuer, suggeriert, dass die eigentlichen, später einmal anstehenden Herausforderungen im Krieg noch größer als die des Hercules sind, Maximilian sie aber ebenso beharrlich meistern werde, wird im *Magnanimus* noch einmal deutlich nachdrücklicher auf Hercules verwiesen, der vielfach als Vergleichsobjekt, einige Male auch als Typus einbezogen wird. Bei Nagonio wird das gesamte künftige Handeln in die echte Herculesnachfolge gerückt. Dass der griechische Heros als gleichwertiger Präfigurant neben Aeneas treten kann, auch in diesem Punkt unterscheiden sich die Maximiliansepen von den italienischen Vorläufern, obwohl bereits Petrarca sein zweites Buch *De viris illustribus* mit der Darstellung des Hercules (im Anschluss an Jason, Moses, Josef etc.) „als Ideal der Virtus, welche Manneskraft und Tugend, innere und äußere Größe umfaßt",[53] schließt, die vielen Facetten seines Heldentums samt seiner Ankunft bei Euander nachzeichnet und so die Figur, ihren Mythos, aber auch ihr Potenzial für die Herrschaftspanegyrik eindrücklich dargestellt hat.

Es ist der Mythos, der die Autorität für die Ideologien der Gegenwart liefert.[54] Während Vergils Aeneasmythos im Kern davon bestimmt ist, dass er nicht nur einen Helden, sondern auch eine heroische Nachfolge dessen kennt, bleibt im Folgenden zu resümieren, wie Maximilian aus sich heraus als Held behauptet wird. Dass es ihm an den nötigen Großtaten fehlt, bedeutet nicht,

---

52 Binder, S. 146.
53 Annegrit Schmitt: Der Einfluß des Humanismus auf die Bildprogramme fürstlicher Residenzen. In: Höfischer Humanismus. Hg. von August Buck. Weinheim 1989 (Kommission für Humanismusforschung, Mitteilung 16), S. 215–257, hier S. 248.
54 Hölscher, S. 73.

dass seine verwirklichte *agency* geringfügig wäre. Verauäeralltäglicht wird sie vor allem durch diverse Götterzeichen oder göttliche Aufträge, die das Handeln begründen. Genealogische Anspielungen übertragen zudem Handlungsmacht der Ahnen auf den Akteur, nicht minder Vergleiche oder Präfigurationen. Während das strahlende und detailreicher beschriebene Instrumentarium des Helden, seine Rüstung oder sein Pferd, sowie sein Gesichtsausdruck, seine leuchtende Gesichtsfarbe oder seine Augen Stärke und Autonomie offenbaren, kommt der Beschreibung des in der Tat begriffenen Helden besondere Bedeutung zu. Es sind nicht nur sprachliche Ausdrücke wie *volare* (‚fliegen'/‚hinwegfegen'), Lautmalereien oder Schnelligkeit illustrierende *inifinitivi historici*, vor allem greifen die Dichter auf Gleichnisse zurück, nicht nur zu Menschen oder Tieren, sondern auch zu Naturgewalten oder zum Göttervater selbst. Kataloge der Besiegten können ebenfalls dem Individuum entgegengestellt werden, um dessen Fähigkeiten zu zementieren. Die meisten dieser gestalterischen Möglichkeiten dienen nicht nur der Darstellung von äußerer, kriegerischer *agency*, sondern illustrieren auch eine innere Handlungsmacht, die in den Maximiliansepen zum Teil die äußere *agency* noch überragt. Denn die Verlagerung der Taten in die Zukunft ist nur eine von zwei Strategien, ausgebliebene oder nur minder imposante Kriegserfolge zu beheben. Die zweite besteht darin, die innerliche Stärke des Helden zu belegen, was der Tendenz der Renaissanceepik entspricht: „the truest heroism would finally have to seek a ‚higher argument'".[55] In seinem Inneren kann Maximilian nicht nur stoische *magnanimitas* beweisen, sondern in Situationen des Aushaltens und Duldens in die Christusnachfolge treten. Kein Mensch seit Christus am Kreuz habe so gelitten wie er, soll Maximilian gesagt haben.[56] Christusstilisierungen der Kaisers finden sich etwa im *Zaiger*, wo Maximilian bildlich wie der gepeinigte Christus dargestellt von Gott gekrönt wird,[57] oder im *Weißkunig*, wo die Geburt Maximilians Parallelen zu der Jesu aufweist.[58] In der episch verarbeiteten Gefangenschaft in Brügge wird das Warten-Können normativ als heroische Qualität postuliert. Die Situation ist von der Ungewissheit über Dauer und Ausgang geprägt. Cimbriacos Epos hätte das Potenzial gehabt, die tatsächliche Aktionsmacht Friedrichs gegen Brügge und Gent zu zeigen. Friedrich konnte mithilfe des Schwäbischen Bundes und einiger weiterer Regenten 4000 Reiter und 11000 Knechte gegen die Aufstän-

---

55 Di Cesare, S. 65.
56 So in einer Wormser Schrift, s. Diederichs, S. 73.75 sowie 111, Nr. 46.
57 Jakob Mennel: Kayser Maximilians besonder buch genant der Zaiger: Wien, Österreichische Nationalbibliothek, Cod. 7892, fol 25ʳ.
58 Hierzu näher Joseph Strobl: Studien über die literarische Tätigkeit Kaiser Maximilian I. Berlin 1913, S. 33–37.

dischen versammeln.[59] Im Narrativ wird die ausweglose Lage für die Erpresser nicht dargestellt, nur die akute Bedrängnis Maximilians. Er harrt unbeirrt der Entwicklungen, träumt von seiner Freilassung und betet zu Gott, er möge diesen Traum in Erfüllung gehen lassen. Diese innere Stärke kommt besonders zum Ausdruck, indem der Dichter noch in einem Gleichnis warnt, ein eingesperrter und von seinem Vater entführter Löwe würde einen gewaltigen Zorn entwickeln. Maximilians Dulden wird damit kontrastiv gegen die episch-kriegerische Aktionsmacht gestellt. An die Christusnachfolge erinnert zudem der ganze Rahmen der Handlung. Maximilian als von Gott Auserwählter gerät in Gefangenschaft, seine Mutter trauert um ihn, mithilfe seines Vaters kommt er frei und vergibt seinen Peinigern.[60] Am deutlichsten erscheint die *imitatio Christi* jedoch im *Magnanimus*, wo der Held explizit sagt, er wolle es in seinen Mühen dem Gottessohn gleichtun. Bereits die dreifache Versuchung durch den *daemon* zeigt an, wie die künftigen Abenteuer zu lesen sind. Dabei ist das Aushalten immerfort präsent, und wie in den *Encomiastica* wird stets weniger der *Christus triumphator* als vielmehr der *Christus dolorosus* zur epischen Heroisierung bemüht, ebenso der *Hercules laborans* und weniger der *Hercules invictus*. Der Christusbezug ist nicht der einzige Grund für den Blick auf das Innere des Helden. In der *Austrias* kämpft Maximilian allegorisch gegen die Liebe; der äußere Kampf und die Verwundung der Göttin – das höchste, was ein epischer Held erreichen kann – kehrt die Beschwerlichkeit des inneren Triumphs gegen die Leidenschaften nach außen. Von einem bemerkenswerten inneren Sieg, in diesem Fall gegen den Zorn, zeugt auch die Mildtätigkeit Maximilians, die Nachsicht gegenüber den Brüggern oder die Schonung Kufsteins.

Eng mit der *agency* verknüpft ist die Agonalität. Handelt es sich um einen menschlichen oder tierischen Gegner, wird diese vielfach durch Vergleiche der beiden Parteien illustriert, sei es durch gegensätzliche (etwa Südwind gegen Nordwind) oder identische (beispielsweise zwei Stiere). Da die Ebenbürtigkeit in epischen Auseinandersetzungen substanziell ist, kann die Agonalität besonders durch moralische Dichotomien erzeugt werden, etwa indem die Gegenseite unchristlich agiert[61] oder auf der Götterebene Konkurrenzen entstehen. Handelt es

---

59 Zu diesen und weiteren Reaktionen, die die Rebellen zunehmend bedrängten, ausführlich Hollegger: Herrscher und Mensch, S. 55–57.

60 Für diesen Hinweis danke ich Florian Schaffenrath (Innsbruck).

61 Zur Anwendung dieses Topos in Maximilians Propaganda s. Diederichs, S. 76–84. Eine solche moralische Abwertung des Gegners zeigt sich nicht nur in den Epen. Diederichs, S. 82 spricht in der Propaganda Maximilians von der Inszenierung der „Verletzung einer moralischen Ordnung" auf der Gegenseite. Er führt ebd. ein Beispiel an: „Als ihm Karl VIII. 1491 Anna von Bretagne und damit die Aussicht auf den Erwerb ihrer Länderschaften entriß, erklärte er die Franzosen offen für Feinde des christlichen Glaubens. Er ließ alle Deutschen bitten, ,diesen unchristlichen Handel, Schand und Laster' strafen zu helfen, der ihn am Türkenkrieg hindere und ihn zwänge, das

sich indes um einen inneren Antagonisten, greifen die Dichter bevorzugt auf Erzählungen von Hercules oder Aeneas zurück, um die Ausmaße des Duldens oder Ertragens aufzuzeigen, projizieren somit die Größe nach außen wirkender Taten nach innen. Die Mühen des Hercules lassen sich für einen christlichen Kontext besonders gut instrumentalisieren. Wang hat ausgeführt, dass gerade dessen Kampf gegen die Hydra den Sieg im Kampf der Christenheit gegen den Antichristen in Gestalt des apokalyptischen Drachen vorausdeute.[62] Hercules stehe sinnbildlich für diejenigen Herrscher, die die Christenheit beschirmen.[63] Innere Zerrissenheit kann auch nach außen sichtbar gemacht werden, etwa indem das Rollen der Augen das Wälzen der Gedanken aufzeigt – ein Beispiel jedoch, das nicht Maximilian betrifft, sondern für Kasimir genutzt wurde, das aber auch unterstreicht, was es bedeutet, wenn jemand wie Maximilian in einem Moment, indem er innerlich erschüttert sein müsste, fest auf dem Boden steht, wie beispielsweise im Magnanimus als ‚extrem stabile Eiche‘ („solidissima quercus"; 26, 27).

Die innere Stärke und die inneren Herausforderungen, denen sich ein Held stellen muss, interferieren eng mit der Moralität, dem sittlichen, der christlichen Lehre entsprechenden Handeln, im Vertrauen auf Gott und für die Christenheit. Die „homerische Natürlichkeit", deren Kollision mit der Moral Pöschl gerade bei der Tötung des Turnus herausgehoben hat,[64] findet sich bei Maximilian nicht mehr. Während zumeist der göttliche Wille selbst den Helden leitet, muss das Kriegertum in den engen Rahmen des *bellum iustum* gespannt werden, was insbesondere die Ausschöpfung diplomatischer Bemühungen zur Vermeidung von Krieg mit sich bringt sowie jederzeit ein rechtes Maß an Gewalt einfordert. Die Befolgung dieser Gebote wiegt in der epischen Darstellung schwerer als die Möglichkeit, durch Gewalthandeln Anerkennung zu finden. Ethisch gutes Handeln war bereits für das epische Quattrocento verbindlich. Für Maximilian in seiner Funktion als König und Kaiser, für seinen Stand als „weltliches Haupt der Christenheit",[65] den er in vielen Konflikten zur Legitimation nutzte, „die Abtrünnigen als christlicher Herrscher zu strafen und damit wieder auf den rechten Weg zu führen",[66] musste die christliche Komponente indes noch deutlich stärker entwickelt werden. Alle kriegerischen Taten sowie die Jagd erscheinen propädeutisch für den Türkenfeldzug, Maximilians Heldentum muss immer auch *mi-*

---

schon versammelte Heer gegen Westen zu bewegen." Mit Verweis auf die Kundgebung der niederländischen Räte vom Mai 1492, s. Diederichs, S. 107, Nr. 6.
62 Wang, S. 200.
63 Ebd.
64 Pöschl: Vergangenheit, S. 139.
65 Diederichs, S. 77.
66 Ebd., S. 78.

litia Christiana sein. Als Soldat Gottes zu agieren, bezeichnet Weber für das fünfzehnte Jahrhundert ein „religiöses Programm für das Erdenleben jedes Einzelnen".[67] Wang nennt sie „eine Grundsituation des Christen".[68] In diesem Punkt wird im Speziellen deutlich, dass, wie vermutet, die Moralität mit der Exemplarität des Helden zumeist zusammenfällt. Jedem Leser und jeder Leserin eröffnet sich hierbei die Möglichkeit zur *imitatio* des Menschen Maximilian. Im *Magnanimus* heißt es klar (10, 46): „homo re sum, non nomine tantum",[69] und besonders in diesem Epos wird deutlich, dass der Mensch den Teufel nur durch die Waffen besiegen kann, die Gott ihm schenkt.[70] Maximilians Erfolge sind somit unmittelbar auf seinen christlichen Lebensweg zurückzuführen. Nicht anders verhält es sich in den *Encomiastica*, die zwar – wie alle Epen – die göttliche Auserwähltheit des Habsburgers demonstrieren, aber dennoch den Menschen ins Zentrum rücken, der erwählt wird, der als Mensch leidet und so dem Publikum des Werkes besonders nahe sein kann.

Nähe aber alleine erzeugt kein Heldentum, vielmehr ist in gleichem Maße eine Distanz zur Verehrergemeinschaft nötig. So sehr Maximilian in seiner Moralität denen nahe ist, die von seinen Taten lesen, so fern ist er es zugleich in seiner Exzeptionalität. In den Erzählungen wird sie sprachlich ausgemalt durch Superlative, Pleonasmen wie ‚leuchtend strahlen' aus *fulgens* und *emicare*, durch charakteristische Wörter oder Epitheta wie *Caesar* in der *Austrias* oder spezifische Gleichnisse. Räumlich kann die Exzeptionalität dadurch installiert werden, dass Maximilian auf dem Pferd reitet oder auf einem Thron sitzt. Von besonderer Bedeutung ist hierbei der Glanz, der Glanz der Rüstung oder der des Pferdes, auch der Glanz der Haut und der Augen sowie der innere Glanz, der Teil des Charismas ist. Bei seinem Einzug in Rom im *Pronostichon* versetzt er alle in Staunen, bei seinem Auszug aus Augsburg in der *Austrias* ebenfalls. Im *Magnanimus* leugnet der Held seine Schönheit. Indes wird der *daemon* durch das Göttliche an Magnanimus geschaudert. Auspizien wie die Flammenerscheinung können einen Glanz von außen hinzufügen oder Maximilian bereits dadurch herausheben, dass sie sich für ihn ereignen und er ihre Botschaft versteht. Einzigartig macht Maximilian nicht nur seine Befähigung, Gottheiten zu erkennen, sondern auch seine Siege über Pallas und Venus, die Fähigkeit, an ihrer Seite augenscheinlich gleichstark zu agieren. Wo für die homerischen Epen Patzer festgehalten hat, dass die Abgrenzung zu den Göttern mit

---

67 Paul Weber: Beiträge zu Dürers Weltanschauung. Eine Studie über die drei Stiche Ritter, Tod und Teufel, Melancholie und Hieronymus im Gehäus. Straßburg 1900, S. 22.
68 Wang, S. 9.
69 [‚In meinem Wesen bin ich Mensch, nicht nur dem Namen nach.']
70 Ebd., S. 106.

ihren Fähigkeiten „in einem übermenschlichen, kosmisch-absoluten Ausmaß"[71] gerade die Menschlichkeit der Helden betone,[72] wird diese Distinktion teilweise aufgegeben; die Prager Frauen deuten sogar Maximilians Apotheose voraus. Im *Pronostichon* verkündet Hercules, Maximilian werde die Sterblichkeit überwinden.

Es war das erklärte Ziel der Epiker, Maximilian mittels ihrer Narrative genau diese Unsterblichkeit zu gewährleisten und ihn aus dem kommunikativen Gedächtnis, dem des Alltags, ins kulturelle zu überführen, das sich durch eine besondere Alltagsferne auszeichnet.[73] Ihnen gilt das Verdienst, die ganz unterschiedlichen heroischen Facetten Maximilians mithilfe der Bausteine des Epos zu einem kohärenten Narrativ geformt zu haben und damit kein Schlaglicht auf ein Ereignis zu werfen, sondern ein heroisches Leben zu präsentieren und dies mithilfe des Aeneasmythos an einem göttlichen Weltenplan zu fixieren. Die Maximiliansepik war mehr als eine Huldigungsform oder ein Propagandainstrument, sie sollte auch Maximilians Leben und Wirken zu einer Art Mythos formen, etwas, das wir heute mit Assmann als ‚Erinnerungsfigur' bezeichnen.[74] Die Basis hierfür bieten die Epen vor allem durch ihr Identifikationspotenzial, indem sie Maximilian als legitimen Herrscher Roms, als Verteidiger Europas und der Christenheit erscheinen lassen und dabei stets mit den Gegensätzen Innen–Außen und Christlich–Heidnisch arbeiten. Maximilians Heldentum wird dabei für Leserinnen und Leser nicht nur durch die postulierte Auserwähltheit des Habsburgers und den vergilischen Heilsplan verbindlich, vielmehr halten die Epen vor allem durch die Nekyiai ein ideales kulturelles Gedächtnis vor Augen und zeigen normativ, was an der Vergangenheit zu erinnern ist und dass alles auf Maximilian hin zuläuft.

Wie prägend die Epen für die Nachwelt tatsächlich waren, muss eine eigene Studie klären. Während eine solche nachzeichnen muss, wie die Texte rezipiert und aktualisiert wurden, Maximilians Heldentum bestenfalls auf die künftigen Habsburger hin fortgeschrieben wurde, steht bereits außer Zweifel, dass die Epen nachgewirkt haben, sowohl hinsichtlich ihrer Motivik wie auch hinsichtlich der Heldenerinnerung. Ein Beispiel für beides ist Joachim Mynsingers *Austrias* (Basel: Isingrinius 1540) auf Karl V. und Ferdinand I. Es wurde unlängst gezeigt, dass

---

71 Patzer, S. 160.

72 Ebd., S. 161–162.

73 Entsprechend dem Verständnis von kommunikativem und kulturellem Gedächtnis in Jan Assmann: Kollektives Gedächtnis und kulturelle Identität. In: Kultur und Gedächtnis. Hg. von Jan Assmann, Tonio Hölscher. Frankfurt a.M. 1988, S. 9–19, hier S. 11–12.

74 Zur Beschaffenheit des kulturellen Gedächtnisses ebd., S. 13–15.

Mynsinger sich Bartolinis Epos für ein Flüssekonzil zum Vorbild nahm,[75] zugleich wird man aber auch in der Darstellung Maximilians als Jäger, der sich auf diese Weise auf den kommenden Krieg vorbereitet (Bl. D 2^r–D 3^r), den Einfluss der Maximiliansepik sehen müssen. Die Epen haben Maximilians Erinnerung mindestens in den Punkten weiter zementiert und ausgestaltet, die in seinem Ruhmeswerk bereits breiteren Platz gefunden haben, hinsichtlich der Kreuzzugspläne[76] oder der leidenschaftlichen Jagd.[77] Wie sich u.a. in Mynsingers Jagddarstellung zeigt, bleibt

---

75 Walther Ludwig: Vom Jordan zur Donau. Die Rezeption Sannazaros durch Joachim Münsinger von Frundeck. In: Humanistica Lovaniensia 42 (1993), S. 252–258, hier S. 257.

76 Einige Jahrzehnte nach seinem Tod etwa fertigte man für das Innsbrucker Kenotaph eine Marmorplatte, auf der eine Schlacht Maximilians gegen die Türken zu sehen ist. Ausführlich hierzu Christoph Haidacher: Maximilians Leben und Taten in 24 Bildern. Die Marmorreliefs am Grabdenkmal des Kaisers. Mit kunsthistorischen Beschreibungen der Reliefs von Dorothea Diemer. In: Maximilian. I. Der Kenotaph in der Hofkirche zu Innsbruck. Hg. von Christoph Haidacher, Dorothea Diemer. Innsbruck, Wien 2004, S. 81–188, hier S. 123–126. Der Darstellung ist Folgendes beigeschrieben: „TVRCARVM INGENS MVLTITVDO QVE IN CROATIA ET SLA-VON(IA) CVNCTA FERRO ET IGNI VASTAVERAT, SOLIVS IPSIVS AVSPICIIS AC ALIORVM OPE NE QVICQVAM IMPLORATA, INDE EIECTA." [‚Eine gewaltige Anzahl von Türken, die in Kroatien und Slawonien mit Feuer und Schwert gewütet hatte, wurde von dort unter seiner alleinigen Führung und durch die in keinster Weise erflehte Hilfe anderer, hinausgeworfen'] (Text und Übersetzung ebd., S. 123). Im Jahr 1493 hatten Kroaten ein Heer eingefallener Türken, die auch die habsburgischen Gebiete bedrohten, in der sog. Schlacht auf dem Krbava-Feld zurückgeschlagen. Maximilian zog entschlossen gegen die Feinde, doch hatten sich diese nach ihren Plünderungen bereits zurückgezogen und Maximilian geriet nicht mit ihnen in Konflikt. Haidacher, S. 124 betont Maximilians Entschlossenheit. Seine Unerschrockenheit war, so Solveigh Rumpf-Dorner, „in der Vorstellung dieser Zeit zur realen Heldentat des ‚Letzten Ritters' geworden" (Solveigh Rumpf-Dorner: »Der Cristenheit zu nutz vnnd gut«. Die Kreuzzugsidee unter Friedrich III. und Maximilian I. In: Kaiser Maximilian I. Ein großer Habsburger. Hg. von Katharina Kaska. Wien 2019, S. 148–165, hier S. 162). Sie gibt ebd., S. 159 an, es heiße in unhistorischen Berichten, Maximilian habe noch Beute der Türken zurückerobern können; sie gibt jedoch keinen Beleg hierfür. Umgekehrt muss man auch bedenken, wie Haidacher, S. 162 anmerkt, dass der Höhepunkt der Türkengefahr zur Zeit der Fertigung der Marmorplatten wiederum gut zur Steigerung von Maximilians ‚Heldentat' oder intendierter Heldentat dienlich war.

77 In seinem *Solatium Podagricorum*, einer Trostschrift für Gichtkranke, wendet sich der Dichter Jacob Balde (1604–1668) in Gedicht 2, 42 an Maximilians Enkel Karl V., der sich im Kampf gegen die Gicht so heldenhaft erwiesen habe, wie sein Vater Philipp der Schöne und sein Großvater Maximilian (2, 42, 16–18): „Hoc demum est fortem esse virum, dignumque Philippo | patre et avo magno: quem celsa et acuta Tyrolis | venantem coluit, portantemque Herculis arcus." [‚Das heißt schließlich, ein tapferer Mann sein und würdig Philipps, des Vaters und des großen Ahnen, den das ragende, steile Tirol verehrte, als er jagte und den Bogen des Hercules trug.'] (Übers. aus Jakob Balde: Jakob Baldes *Solatium Podagricorum* (1661). Ein satirischer Trost der Gichtkranken. Hg. von Eckard Lefèvre. Berlin, Boston 2020 [Beiträge zur Altertumskunde 387], S. 391; der Text entstammt ebenfalls dieser Edition, wurde aber an das klassische Latein angepasst). Die Standhaftigkeit Karls V. ist der des Vorfahren, des Jägers Ma-

auch das ideale Rittertum in positiver Weise erinnert, obwohl dieses in Maximilians Zeit mit dem Einsatz von Feuerwaffen eine Zäsur erfuhr.[78] Ein besonderes Verdienst haben die Epen zudem daran, der ambigen Figur des Hercules, der wegen seiner Hybris, seiner Heldentaten abseits des Krieges und seinem Ruf als Liebhaber nicht ganz leicht in positiver Weise zu instrumentalisieren war, zu einem legitimen Platz in der Habsburgpanegyrik verholfen zu haben.[79] Daneben steht jedoch auch eine Reihe tragender epischer Motive, bei denen noch zu untersuchen ist, ob und inwiefern sie in der Erinnerung an Maximilian erhalten geblieben sind. Darunter fällt nicht etwa nur das Motiv des herkulischen Romerneuerers, sondern auch die konstruierte Aeneasnachfolge – generell diejenigen Punkte, die der Dominanz abweichender Stilisierungen des Habsburgers innerhalb des Ruhmeswerkes ausgesetzt waren. Auch dies lässt sich mit Mynsinger illustrieren, in dessen *Austrias* die Abstammung an Aeneas und Rom vorbei auf Nachkommen des Priamos an der Donau zurückgeführt wurde, obwohl Maximilians Epiker Aeneas' Potenzial zur Begründung imperialer Ansprüche hervorgehoben haben. Gute 50 Jahre nach Maximilians Tod erdichtet dann Johannes Baptista Fonteius anlässlich der Hochzeit Karls II. einen ganz neuen, innovativen Ursprungsmythos des Hauses Habsburg, der auf der Verbindung des Windgottes Auster und einer Tochter des Rhenus namens Abspurge beruht.[80] Baptistas Mythos zeigt auf, dass die epischen

---

ximilian I., würdig. Balde erinnert hiermit an sein 1631 (Ingolstadt: Haelinus) erschienenes Prosimetrum *Maximilianus Primus Austriacus*, worin Maximilians Jagderfolge allegorisch als Siege gegen die Leidenschaften gedeutet werden (Balde: Solatium Podagricorum, hg. von Lefèvre, S. 393). Karl solle die Gicht „durch seinen ererbten Willen innerlich [...] bezwingen" (ebd.). Gerade an dieser Jagd wird auch der Vergleich mit Hercules (und seinem Bogen) festgemacht; auch Karl V. wird in 2, 42, 13 mit Hercules verglichen.

78 Der Einschnitt in das ritterliche Ethos wird besonders in Ariosts *Orlando furioso* (1516) reflektiert. Die Motive des idealen Rittertums ließen sich in den Epen jedoch leicht an die etablierten Strukturen und antiken Heldennarrative anpassen, für die Jagd ist paradigmatisch Hercules zu nennen, Turniere finden sich in der *Aeneis* genauso wie in der *Thebais*. Maximilians Dichter zeigten auf, wie sich ideales Rittertum episch erzählen lässt, und vermutlich ist es gerade diese Rückbindung, die den ,letzten Ritter' weiterleben ließ.

79 In hohem Maß wird Hercules bereits für die Inszenierung Karls V. herangezogen. So erscheint dieser bereits im Jahr 1511 im *Carmen ad libellum ut sibi patronum querat Virtus et voluptas* (Augsburg: Othmar 1511) des Johannes Pinicianus als Hercules am Scheideweg, bildlich dargestellt zudem in einem Holzschnitt von Hans Burgkmair d. Ä. (Bl. [a vi]ʳ).

80 Wie Klecker darstellt, ist dabei auch die Abstammung von den Pierleoni und den Grafen von Altenburg verarbeitet (Elisabeth Klecker: Auster und Abspurge. Ein »Habsburg-Mythos« des 16. Jahrhunderts. In: Renaissancekultur und antike Mythologie. Hg. von Bodo Guthmüller, Wilhelm Kühlmann. Tübingen 1999 [Frühe Neuzeit 50], S. 167–182, hier S. 170). Klecker würdigt ebd., S. 173 zurecht Fonteius' Innovation, die ebenfalls für die Habsburger eine Herrschaft im Weltenplan vorsah.

Heroisierungen Maximilians auch fragil bleiben mussten, weil sich künftige Dichter durch ihre eigene Originalität hervorzutun suchten. Dabei darf man ebenfalls nicht die Wünsche künftiger Herrscher nach eigenen Narrativen oder auch Einflüsse aus Kunst oder Musik vergessen. Reizvoll wäre eine Studie, wann und wie etwa Alexander der Große, der in der Musik als Identifikationsfigur für Kaiser Leopold I. eine große Rolle spielte,[81] Einzug auch in der lateinischen Panegyrik hielt. Mit der Dominanz einer solchen Figur, die in den Maximiliansepen noch keine Rolle spielt, verblassen frühere Narrative unweigerlich, wenn sie nicht hinreichend gefestigt sind. Eingehender zu klären wäre ebenfalls, inwiefern die zunehmende Kritik am paganen Götterapparat die Rezeption der epischen Maximiliansinszenierung beeinflusst und dabei verhindert haben könnte, dass der Götterkampf Maximilians oder die Herculesepiphanie zu Topoi wurden. Dass aber die Epen die Erinnerung der Nachwelt, sei es innerhalb der Gattung oder im kulturellen Gedächtnis überhaupt, weniger dort bedienen können, wo sie ihre eigenen Wege gehen, als in den Punkten, die mit den Leitlinien des monumentalen Ruhmeswerkes übereinstimmen, kann nicht verwundern.

Mit ihrer Gelehrsamkeit und Kunstfertigkeit haben Maximilians Dichter ausgeschöpft, was sie für das Bild des Königs und Kaisers leisten konnten. Mit ihren Epen schenkten sie den bedeutendsten Erinnerungsort, den die Literatur der damaligen Zeit zu bieten hatte, und setzten Maximilian ein Denkmal in der erhabensten Gattung.[82] Dass der Papst für Maximilian das *Pronostichon* in Auf-

---

81 Entsprechend dem bisher unveröffentlichten Vortrag von Susanne Rode-Breymann mit dem Titel „Antike Heldenfiguren im höfischen Musiktheater", gehalten in Freiburg am 17. Januar 2020.

82 Hierbei offenbart sich ein wesentlicher Aspekt in der Erinnerung an Maximilian, den besonders die Veranstaltungen zu seinem 500. Todestag mehr als deutlich gemacht haben, nämlich seine Leistung als Förderer von Kunst, Wissenschaft, Literatur und Musik. Eingehend zu Maximilian als Kunstheld Christina Posselt-Kuhli: Kunstheld versus Kriegsheld? Heroisierung durch Kunst im Kontext von Krieg und Frieden in der Frühen Neuzeit. Baden-Baden 2017 (Helden – Heroisierungen – Heroismen 7), S. 93–103. In Celtis' Widmungsschreiben zu seinen *Epitoma in Ciceronis Rhetoricas* vom 28. März 1492 wird Maximilian zuallererst für herkulische Heldentaten gerühmt (Ediert ist der Brief unter der Nummer 25 in Conrad Celtis: Der Briefwechsel des Konrad Celtis, gesammelt, hg. und erläutert von Hans Rupprich. München 1934 [Veröffentlichungen der Kommission zur Erforschung der Geschichte der Reformation und Gegenreformation, Humanistenbriefe 3], S. 42–45.); als zweiter Hercules wird er bezeichnet und zwar ‚hinsichtlich der Tapferkeit des Geistes und dem höchsten Dulden der Mühen' („animi fortitudine et summa laborum patientia"; Zeile 7–8). Zugleich allerdings bezeichnet ihn Celtis auch als zweiten Augustus, unter dessen Herrschaft ‚die ehrenwerten Künste' („honestae artes"; Zeile 44) neu erblühen.

trag gab und Spiegel die *Austrias* noch wie ein antikes Epos kommentierte, vergrößerte noch den damit verbundenen Ruhm. Es sind nicht nur die Narrative, die die Bedeutung Maximilians für seine Zeit, sein Heldentum in Tat und Haltung emporheben sollten, vielmehr ist es die Epenproduktion selbst, die der Größe des Kaisers einen schillernden Ausdruck verlieh.

7 Literatur

7.1 Primärliteratur und Übersetzungen

Sextus Iulius Africanus: Olympionicarum fasti. Hg. von John Rutgers. Leiden 1862.

Paolo Amalteo: Carmen Lyricum In Maximiliani Romanorum Regis Laudem. In: De carminibus Latinis saeculi XV. et XVI. ineditis. Hg. von Anton Zingerle. Innsbruck 1880, S. 40–42.

Ambrosius: Commentarii in Epistulam ad Timotheum secundam. Hg. von Jacques-Paul Migne. In: Patrologia Latina. Bd. 17. Paris 1845, S. 483–498.

Publius Faustus Andrelinus: De neapolitana fornoviensique victoria. Paris: Marchant, Petit 1496.

Aristoteles: Rhetorik. Hg. von Christof Rapp. Hbd. 1. Darmstadt 2002 (Aristoteles. Werke in deutscher Übersetzung 4).

Aristoteles: Die Nikomachische Ethik. Hg. von Olof Gigon, neu hg. von Rainer Nickel. 2. Auflage. Düsseldorf 2007.

Augustinus: De civitate Dei. Libri I–X. Hg. von Bernhard Dombart, Alfons Kalb. Turnhout 1955 (Corpus Christianorum Series Latina 47).

Augustinus: Contra Faustum. In: Augustinus: De utilitate credendi. De duabus animabus contra Fortunatum. Contra Adimantum. Contra epistulam Fundamenti. Contra Faustum. Hg. von Joseph Zycha. Prag, Wien, Leipzig 1891 (Corpus Scriptorum Ecclesiasticorum Latinorum 25.1), S. 251–797.

Augustinus: Quaestiones in Heptateuchum. In: Augustinus: Opera. Bd. 5. Turnhout 1958, S. 1–377.

Augustinus: Der Gottesstaat. De civitate Dei. 2 Bde. Hg. von Carl J. Perl. Paderborn u.a. 1979.

Averroes: Expositio Poeticae Interprete Hermanno Alemanno seu Poetria Ibinrosdin. In: Aristoteles Latinus. Bd. 33. Hg. von Laurentius Minio-Paluello. Brüssel, Paris 1968, S. 39–74.

Jakob Balde: Maximilianus Primus Austriacus. Ingolstadt: Hänlin 1631.

Jakob Balde: Jakob Baldes *Solatium Podagricorum* (1661). Ein satirischer Trost der Gichtkranken. Hg. von Eckard Lefèvre. Berlin, Boston 2020 (Beiträge zur Altertumskunde 387).

Ermolao Barbaro: Epistolae, Orationes et Carmina. Bd. 1. Hg. von Vittore Branca. Florenz 1943.

Riccardo Bartolini: Ad Divum Maximilianum Caesarem Augustum, Riccardi Bartholini, de bello Norico Austriados Libri duodecim. Straßburg: Schürer 1516.

Riccardo Bartolini: Austriados Lib. XII. Maximiliano Augusto dicati Cum Scholiis Iacobi Spiegellij Selest. V. C. In: Guntheri Poetae clarissimi Ligurinus seu Opus de rebus gestis Imp. Caesaris Friderici I. Augusti lib. X. Austriados lib. XII Maximiliano Augusto dicati cum scholiis Iacobi Spiegellij. Straßburg: Schott 1531 (eigene Seitenzählung).

Riccardo Bartolini: Odeporicon idest Itinerarium [...] Mathei Sancti Angeli Cardinalis Gurcensis coadiutoris Saltzburgen[sis] [...]. Wien: Vietor, Wiedemann 1515.

Bartolo de Sassoferrato: Bartoli, Interpretum Iuris Civilis Coryphaei, In Duodecim Libros Codicis, Commentaria [...]. Basel: Froben 1562.

Basinio da Parma: Hesperis. In: Basinio da Parma: Opera praestantiora nunc primum edita et opportunis commentariis inlustrata. Hg. von Lorenzo Drudi. Bd. 1. Rimini 1794, S. 1–288.

Beda Venerabilis: Libri II De Arte Metrica et De Schematibus et Tropis. The Art of Poetry and Rhetoric. The Latin Text with an English Translation, Introduction, and Notes. Hg. von Calvin B. Kendall. Saarbrücken 1991.

https://doi.org/10.1515/9783110742497-007

Bernhard von Cluny: Scorn of the World: Bernard of Cluny's De Contemptu Mundi. The Latin Text with English Translation and an Introduction. Hg. von Ronald E. Pepin. East Lansing 1991 (Medieval Texts and Studies 8).

Filippo Beroaldo: Commentarii a Philippo Beroaldo conditi in Asinum Aureum Lucii Apuleii. Bologna: Faelli 1500.

Filippo Beroaldo: Responsio. In: Hic subnotata continentur [...] Philippi Beroaldi et Thomas Vuolphii Iunioris disceptatio/ de nomine imperatorio [...]. Straßburg: Prüs, Schürer 1505, Bl. [G 6]$^{r-v}$.

Giovanni Boccaccio: Pro Africa Petrarchae. In: Francesco Petrarca: Africa. Hg. von Leonce Pingaud. Paris 1872, S. 363–370.

Boethius: Trost der Philosophie. Consolatio philosophiae. Hg. und übers. von Ernst Gegenschatz, Olof Gigon. 6. Auflage. Düsseldorf, Zürich 2002.

Sebastian Brant: Daß Narrenschyff ad Narragoniam. Basel: von Olpe 1494.

Ambrogio Calepino: [Dictionarium Latinum]. Reggio d'Emilia: o. Dr. 1502.

Carmen allegoricum sub forma animalium inimicos domus Austriacae flagellans: Wien, Österreichische Nationalbibliothek, Cod. 2831**.

Conrad Celtis: Der Briefwechsel des Konrad Celtis, gesammelt, hg. und erläutert von Hans Rupprich. München 1934 (Veröffentlichungen der Kommission zur Erforschung der Geschichte der Reformation und Gegenreformation, Humanistenbriefe 3).

Conrad Celtis: Quattuor libri Amorum. In: Conrad Celtis: Quattuor libri Amorum. Germania generalis. Hg. von Felicitas Pindter. Leipzig 1934, S. 8–97.

Conrad Celtis: Ad divum Maximilianum de rhematariis suis. In: Conrad Celtis: Ludi Scaenici (Ludus Dianae – Rhapsodia). Hg. von Felicitas Pindter. Budapest 1945, S. 16.

Conrad Celtis: Rhapsodia. In: Conrad Celtis: Ludi Scaenici (Ludus Dianae – Rhapsodia). Hg. von Felicitas Pindter. Budapest 1945, S. 7–13.

Conrad Celtis: Selections from Conrad Celtis 1459–1508. Hg. von Leonard Forster. Cambridge 1948.

Conrad Celtis: Die ‚Germania generalis' des Conrad Celtis. Studien mit Edition, Übersetzung und Kommentar. Hg. von Gernot Michael Müller. Tübingen 2001.

Cicero: Pro M. Marcello oratio. In: Ders: Die Prozessreden. Hg., übers. und erl. von Manfred Fuhrmann. Bd. 2. Zürich, Düsseldorf 1997, S. 648–667.

Cicero: Der Staat. Hg. und übers. von Karl Büchner. 5. Auflage. München 1993.

Cicero: Pro Sestio oratio. In: Cicero: Die politischen Reden. Bd. 2. Hg., übers. und erl. von Manfred Fuhrmann. München 1993. S. 110–285.638–660.

Cicero: Gespräche in Tusculum. Tusculanae Disputationes. Mit ausführlichen Anmerkungen neu hg. von Olof Gigon. 7. Auflage. Düsseldorf, Zürich 1998.

Cicero: De oratore. Über den Redner. Hg. und übers. von Theodor Nüßlein. Düsseldorf 2007.

Cicero: Der Staat. De re publica. Hg. und übers. von Rainer Nickel. Mannheim 2010.

Giovanni Stefano Emiliano Cimbriaco: Cimbriaci Poe[tae] Encomiastica Ad Divos Caes[ares] Foedericum Imperatorem Et Maximilianum Regem Ro[manorum]. Venedig: Aldo 1504.

Claudian: Stilichos Konsulat. In: Claudian: Politische Gedichte. Carmina maiora. Hg. und übers. von Philipp Weiß, Claudia Wiener. Berlin, Boston 2020, S. 463–573.

Cola di Rienzo: Briefwechsel des Cola di Rienzo. Teil 3: Kritischer Text, Lesarten und Anmerkungen. Hg. von Konrad Burdach, Paul Piur. Berlin 1912 (Vom Mittelalter zur Reformation 2, 3).

Commentariorum in Aratum reliquiae. Hg. von Ernst Maass. Berlin 1889.

Ulrich von Hutten: Quod Germania nec virtutibus nec ducibus ab primoribus degeneravit. Heroicum. In: Vlrichi Hutteni equitis Germani Opera quae reperiri potuerunt omnia. Hg. von Eduard Böcking. Bd. 3: Poetmata. Leipzig 1862, S. 331–340.

Ulrich von Hutten: Fortuna. In: Ulrich von Hutten: Die Schule des Tyrannen. Lateinische Schriften. Hg. von Martin Treu. Leipzig 1991, S. 26–54.

Simon Lemnius: Die Raeteis. Schweizerisch-deutscher Krieg von 1499. Epos in IX Gesängen. Hg. mit Vorwort und Kommentar von Placidus Plattner. Chur 1874.

Simon Lemnius: Raeteis. Heldengedicht in acht Gesängen. Im Versmaß der Urschrift ins Deutsche übertragen von Placidus Plattner. Chur 1882.

Jakob Locher: Panegyricus Jacobi Philomusi laureati poete Augustissimo Maximilianum Romanorum Regi [...]. In: Libri philomusi. Panegyrici ad Regem Tragediam de Thurcis et Suldano Dyalogus de heresiarchis. Straßburg: Grüninger 1497, Bl. [B]^v–[B v]^v.

Jakob Locher: Exhortatio heroica [...] ad Principes Germaniae [...]. o. O. (nach 3.8.1521).

Johann von Würzburg: Descriptio Sanctae Terrae. In: Patrologia Latina. Hg. von Jacques-Paul Migne. Bd. 155. Paris 1854, S. 1053–1090.

Lukan: Bellum civile. Der Bürgerkrieg. Hg. und übers. von Wilhelm Ehlers. 2. Auflage. München 1978.

Lukan: De bello civili, Book 2. Hg. von Elaine Fantham. Cambridge 1992.

Maximilian I.: Verba regis ad poetam Quem hedera coronat. In: Libri philomusi. Panegyrici ad Regem Tragediam de Thurcis et Suldano Dyalogus de heresiarchis. Straßburg: Grüninger 1497, Bl. [A vi]^v–B^r.

Maximilian I.: Der Weiß Kunig. Eine Erzehlung von den Thaten Kaiser Maximilians des Ersten. Von Marx Treitzsaurwein auf dessen Angeben zusammengetragen [...]. Wien 1775.

Maximilian I.: Theuerdank. Hg. von Carl Haltaus. Quedlinburg, Leipzig 1836 (Bibliothek der gesamten deutschen National-Literatur von der ältesten bis auf die neuere Zeit 2).

Maximilian I.: Theuerdank. 1517. Mit einem Nachwort von Horst Appuhn, Dortmund 1979.

Menander Rhetor: Abhandlungen zur Rhetorik. Übers., eingel. und erl. von Kai Brodersen. Stuttgart 2019 (Bibliothek der griechischen Literatur 88).

Jakob Mennel: Fürstliche Chronik genant Kayer Maximilians geburt spiegel. Wien: Österreichische Nationalbibliothek, Cod. 3072*–3077.

Thomas Murner: Thomas Murners ›Aeneis‹-Übersetzung (1515). Lateinisch-deutsche Edition und Untersuchungen. Hg. von Julia Frick. Wiesbaden 2019 (Münchener Texte und Untersuchungen zur deutschen Literatur des Mittelalters 149).

Publio Francesco Modesti: Ad Antonium Grimanum P[rincipem] S[enatum]q[ue] V[enetum] Venetias. Rimini: Vitali 1521.

Joachim Mynsinger von Frundeck: Ioachimi Mynsingeri [...] Austriados Libri Duo. Basel: Insingrinius 1540.

Naldo Naldi: Bucolica, Volaterrais, Hastiludium, Carmina varia. Hg. von William L. Grant. Florenz 1974 (Nuova collezione di test umanistici inediti o rari 16).

Giovanni Michele Nagonio: Ad divum Cesarem Maximilianum sempter augustum Romanorum regem serenissimum pronostichon de futuro imperio propagando [...]. In: Wien, Österreichische Nationalbibliothek, Cod. 12750, fol. 5^r–51^v.

Giovanni Michele Nagonio: Ad eundem divi Cesarem maximilianum [...] liber Secundus Carminis lyrici [...]. In: Wien, Österreichische Nationalbibliothek, Cod. 12750, fol. 52^r–66^r.

Ovid: Fasti. Festkalender Roms. Hg. von Wolfgang Gerlach. München 1960.

Ovid: Ars Amatoria 3. Hg. von Roy K. Gibson. Cambridge 2003 (Cambridge Classical Texts and Commentaries 40).

Ovid: Briefe aus der Verbannung. Tristia. Epistulae ex Ponto. Übertragen von Wilhelm Willige, eingel. und erl. von Niklas Holzberg. 5. Auflage. Mannheim 2011.

Ovid: Metamorphosen. Hg. und übers. von Niklas Holzberg. Berlin, Boston 2017.

XII Panegyrici Latini. Hg. von Roger A. B. Mynors. Oxford 1964.

Francesco Petrarca: De remediis utriusque fortune. Cremona: Minista, Parmensis 1492.

Francesco Petrarca: Le Familiari. 2 Bde. Hg. von Vittorio Rossi. Florenz 1934.

Francesco Petrarca: Collatio laureationis. Hg. von Carlo Godi. In: Italia Medioevale e umanistica 13 (1970), S. 1–27.

Francesco Petrarca: Heilmittel gegen Glück und Unglück. De remediis utriusque fortunae. Hg. von Rudolf Schottlaender, Eckhard Keßler. München 1988.

Francesco Petrarca: Africa. Hg., übers. und mit einem Nachwort von Bernhard Huss, Gerhard Regn. Mainz 2007.

Francesco Petrarca: Familiaria. Bücher der Vertraulichkeiten. 2 Bde. Hg. von Berthe Widmer. Berlin, New York 2009.

Georg von Peuerbach: Positio sive determinatio de arte oratoria sive poetica. In: Die Frühzeit des Humanismus und der Renaissance in Deutschland. Hg. von Hans Rupprich. Leipzig 1938 (Deutsche Literatur 8, 1), S. 197–210.

Enea Silvio Piccolomini: Cum bellum hodie. Hg. und übers. von Michael von Cotta-Schönberg. 6. Auflage. 2019 unter https://hal.archives-ouvertes.fr/hal-01184169 (letzter Zugriff 17. 02.2020).

Johannes Pinicianus: Carmen ad libellum vt sibi patronum querat Virtus et voluptas. In: Johannes Pinicianus: Contenta Hoc Libello Carmen ad libellum vt sibi patronum querat Virtus et voluptas Carmen de origine ducum Austrie, et alia. Carmen de armis Venetorum. Augsburg: Othmar 1511, Bll. [a vi]ʳ–[b ii]ᵛ.

Bartholomeo Platina: Lives of the Popes. Bd. 1. Hg. von Anthony D'Elia. Harvard 2008.

Giovanni Pontano: Dialogues. Bd. 2. Actius. Hg. von Julia H. Gaisser. Harvard 2020.

Regesta Imperii XIV. Ausgewählte Regesten des Kaiserreiches unter Maximilian I. 1493–1519. Bd. 1. 2 Tle., bearb. von Hermann Wiesflecker u.a. Wien, Köln 1990.

Regesta imperii XIV. Ausgewählte Regesten des Kaiserreiches unter Maximilian I. 1493–1519. Bd. 2. 2 Tle., bearb. von Hermann Wiesflecker u.a. Wien, Köln 1993.

Regesta imperii XIV. Ausgewählte Regesten des Kaiserreiches unter Maximilian I. 1493–1519. Bd. 4. Tl. 1, bearb. von Hermann Wiesflecker u.a. Wien u.a. 2002.

Jacopo Sannazaro: Opere volgari. Hg. von Alfredo Mauro. Bari 1961 (Scrittori d'Italia 220).

Riccardo Sbruglio: Magnanimus. Die lateinische Fassung des ‚Theuerdank' Kaiser Maximilians I. Hg. von Claudia Schubert, Christoph Schubert. Remchingen 2002 (Helfant Texte 12).

Johannes Scottus Eriugena: Expositiones in ierarchiam coelestem. Hg. von Jeanne Barbet. Turnhout 1975 (Corpus Christianorum Continuatio Mediaevalis 31).

Sebastian Franck: Germaniae Chronicon. Von des gantzen Teutschlands/ aller Teutschen völcker herkomen/ Namen/ Händeln/ Güten vnd bösen Thaten/ Reden/ Räthen/ Kriegen/ Siegen […] Vonn Noe biß auff Carolum V. [Frankfurt a. M.]: [Egenolff] 1538.

Seneca: De clementia. Über die Güte. Hg. von Karl Büchner. Stuttgart 1970.

Seneca: Epistulae morales ad Lucilium. Briefe an Lucilius. Bd. 2. Hg. und übers. von Rainer Nickel. Düsseldorf 2009.

Seneca: De clementia. Edited with translation and commentary by Susanna Braund. Oxford 2009.

Servius: In Vergilii Carmina Commentarii. Bd. 1. Hg. von Georg Thilo, Hermann Hagen. Leipzig 1881.

Servius: In Vergilii Bucolica et Georgica Commentarii. Hg. von Georg Thilo. Leipzig 1887.

Sidonius Apollinaris: Poèmes. Hg. von André Loyen. Paris 1960.

Silius Italicus: Punica. Das Epos vom Zweiten Punischen Krieg. Lateinischer Text mit Einleitung, Übersetzung, kurzen Erläuterungen, Eigennamenverzeichnis und Nachwort von Hermann Rupprecht. Mitterfels 1991.

Johannes Stabius: Bericht des Johannes Stabius über die Werke Kaiser Maximilians I. an Kaiser V., Augsburg, um 1519/20. In: Karl Giehlow: Dürers Entwürfe für das Triumphrelief Kaiser Maximilians I. im Louvre, eine Studie zur Entwicklungsgeschichte des Triumphzuges. In: Jahrbuch der Kunsthistorischen Sammlungen des Allerhöchsten Kaiserhauses 29 (1910/11), S. 14–84.

Statius: Lied von Theben, deutsch von A. Imhof. Erster Theil: Erstes bis sechstes Buch. Ilmenau, Leipzig 1885.

Statius: Achilleis. Das Lied von Achilles. Text mit Einleitung, Übersetzung, kurzen Erläuterungen, Eigennamenverzeichnis und Nachwort von Hermann Rupprecht, Mitterfels 1984.

Statius: Silvae. Übers. und erl. von Heinz Wissmüller. Neustadt/Aisch 1990.

Statius: Der Kampf um Theben. Einleitung, Übersetzung und Anmerkungen von Otto Schönberger. Würzburg 1998.

Tito Vespasiano Strozzi: Die Borsias des Tito Strozzi: ein lateinisches Epos der Renaissance. Hg., eingel. und komm. von Walther Ludwig. München 1977.

Tacitus: Germania. In: Die Germania des Tacitus und die wichtigsten antiken Schriftsteller über Deutschland. Hg. von Herbert Ronge. 4. Auflage. München 1944, S. 14–81.

Thomas von Aquin: Masshaltung (2. Teil). II-II 151–170. Kommentiert von Josef Groner. Graz u.a. 1993 (Die deutsche Thomas-Ausgabe, Summa theologica 22).

Thomas von Aquin: Grundlagen der menschlichen Handlung. I–II. 49–70. Salzburg, Leipzig 1940 (Die deutsche Thomas-Ausgabe, Summa theologica 11).

Joachim Vadian: De Poetica et Carminis ratione, Liber ad Melchiorem Vadianum fratrem. Wien: o. Dr. 1518.

Lorenzo Valla: De vero falsoque bono. Hg. von Maristella de Panizza Lorch. Bari 1970.

Lorenzo Valla: Vom wahren und falschen Guten. Eingel. von Michael Erler, übers. und angem. von Otto Schönberger, Eva Schönberger. Würzburg 2004.

Roberto Valturio: De re militari. [Verona]: Giovanni da Verona 1472.

Vergil: Aeneid Book XII. Hg. von Richard Tarrant. Cambridge 2012.

Vergil: Aeneid 6. A Commentary. Hg. von Nicholas Horsfall. Berlin, Boston 2013.

Vergil: Aeneis. Hg. und übers. von Niklas Holzberg. Mit einem Essay von Markus Schauer. Berlin, Boston 2015.

Vergil: Aeneid 5. Text, translation and commentary. Hg. von Lee M. Fratantuono, Alden Smith. Leiden 2015.

Vergil: Hirtengedichte, Bucolica. Landwirtschaft, Georgica. Hg. und übers. von Niklas Holzberg. Berlin, Boston 2016.

Ugolino Verino: Carlias. Ein Epos des 15. Jahrhunderts. Hg. von Nikolaus Thurn, München 1995 (Humanistische Bibliothek. Texte und Abhandlungen 2, 31).

Veterum Scriptorum, Qui Caesarum Et Imperatorum Germanicorum Res Per Aliquot Saecula Gestas Litteris Mandarunt [...]. Bd. 1. Hg. von Justus Reuber. Hannover: Aubriorum 1619.

Vocabularius Gemma Gemmarum [...]. Köln: o. Dr. 1507.

Martin Waldseemüller: Der *Globus mundi* Martin Waldseemüllers aus dem Jahre 1509. Text – Übersetzung – Kommentar. Hg. von Martin Lehmann, Freiburg i. Brsg. 2016 (Paradeigmata 35).

7.2 Sekundärliteratur

Beate Ackermann-Arlt: Das Pferd und seine epische Funktion im mittelhochdeutschen ‚Prosa-Lancelot'. Berlin, New York 1990 (Arbeiten zur Frühmittelalterforschung 19).

Traute Adam: Clementia Principis. Der Einfluß hellenistischer Fürstenspiegel auf den Versuch einer rechtlichen Fundierung des Principates durch Seneca. Stuttgart 1970 (Kieler Historische Studien 11).

Giuseppe Albini: Il Modesti e la Veneziade. Studi e versioni. Imola 1866.

Michael von Albrecht: Silius Italicus. Freiheit und Gebundenheit römischer Epik. Amsterdam 1964.

Michael von Albrecht: Vergils Geschichtsauffassung in der „Heldenschau". In: Wiener Studien 80/NF 1 (1967), S. 156–182.

Franca Allegrezza: Alessandro VI e le famiglie romane di antica nobilità: gli Orsini. In: Roma di fronte all'Europa al tempo di Alessandro VI. Hg. von Myriam Chiabò u.a. Bd. 1. Rom 2001, S. 331–344.

Gerd Althoff: Ira Regis: Prolegomena to a History of Royal Anger. In: Anger's Past: The Social Uses of an Emotion in the Middle Ages. Hg. von Barbara H. Rosenwein. Ithaka/NJ 1998, S. 59–74.

Annemarie Ambühl: Krieg und Bürgerkrieg bei Lucan und in der griechischen Literatur. Studien zur Rezeption der attischen Tragödie und der hellenistischen Dichtung im ‚Bellum civile'. Berlin u.a. 2015 (Beiträge zur Altertumskunde 225).

Norman H. Anderson, Alfred A. Barrios: Primacy Effects in Personality Impression Formation. In: The Journal of Abnormal and Social Psychology 63.2 (1961), S. 346–350.

Silke Anzinger: Schweigen im römischen Epos. Berlin 2007.

Walter Arend: Die typischen Scenen bei Homer. Berlin 1933 (Problemata 7).

Ronald G. Asch: The Hero in the Early Modern Period and Beyond: An Elusive Cultural Construct and an Indispensable Focus of Social Identity? In: helden.heroes.héros. Special Issue 1 (2014), S. 5–14.

Ronald G. Asch, Michael Butter: Verehrergemeinschaften und Regisseure des Charisma. Heroische Figuren und ihr Publikum. In: Bewunderer, Verehrer, Zuschauer: Die Helden und ihr Publikum. Hg. von Ronald G. Asch, Michael Butter. Würzburg 2016 (Helden – Heroisierungen – Heroismen 2), S. 9–21.

Ronald G. Asch: Adel (Frühe Neuzeit). In: Compendium heroicum. Hg. von Ronald G. Asch u.a. Freiburg i. Brsg. 08.02.2018. DOI: 10.6094/heroicum/adel-fnz (letzter Zugriff 10. 11.2019).

Ulrike Asche: Roms Weltherrschaftsidee und Außenpolitik in der Spätantike im Spiegel der Panegyrici Latini. Bonn 1983 (Habelts Dissertationsdrucke. Alte Geschichte 16).

Jan Assmann: Kollektives Gedächtnis und kulturelle Identität. In: Kultur und Gedächtnis. Hg. von Jan Assmann, Tonio Hölscher. Frankfurt a. M. 1988, S. 9–19.

Jan Assmann: Das kulturelle Gedächtnis. Schrift, Erinnerung und politische Identität in frühen Hochkulturen. 8. Auflage. München 2018.

Ulrike Auhagen: Zwischen Muße und Müßiggang – *otium* bei Vergil. In: Muße, otium, σχολή in den Gattungen der antiken Literatur. Hg. von Francesco Fiorucci. Freiburg i. Brsg. u.a. 2017 (Paradeigmata 38), S. 69–83.

Ulrike Auhagen: Verhindertes Warten: Pompeius vor der Schlacht von Pharsalos (Lukan, *Bellum civile* 7, 87–123). In: Heldenhaftes Warten in der Literatur. Eine Figuration des

Heroischen von der Antike bis in die Moderne. Hg. von Isabell Oberle, Dennis Pulina. Baden-Baden 2020 (Paradeigmata 59), S. 79–91.

Achim Aurnhammer: Vom Humanisten zum „Trotzromanisten". Huttens poetische Rom-Polemik. In: Das alte Rom und die neue Zeit: Varianten des Rom-Mythos zwischen Petrarca und dem Barock. Hg. von Martin Disselkamp. Tübingen 2006, S. 153–169.

Achim Aurnhammer, Hanna Klessinger: Was macht Schillers Wilhelm Tell zum Helden? Eine deskriptive Heuristik heroischen Handelns. In: Jahrbuch der Deutschen Schillergesellschaft 62 (2018), S. 127–149.

Achim Aurnhammer u.a.: Pferd. In: Compendium heroicum. Hg. von Ronald G. Asch u.a. Freiburg i. Brsg. 08.06.2020 (Version 1.1). DOI: 10.6094/heroicum/pd1.1.20200608 (letzter Zugriff 02. 07.2021).

Achim Aurnhammer, Johann A. Steiger (Hg.): Christus als Held und seine heroische Nachfolge. Zur *imitatio Christi* in der Frühen Neuzeit. Berlin, Boston 2020 (Frühe Neuzeit 235).

Norman Austin: Dean A. Miller, The Epic Hero. In: International Journal of the Classical Tradition 9 (2002), S. 127–129.

Franz Babinger: Eine lateinische Totenklage auf Mehmed II. In: Studi orientalistici in onore di Giorgio Levi della Vida. Hg. von Istituto per l'Oriente. Bd. 1. Rom 1956 (Pubblicazioni dell'Istituto per l'Oriente 52), S. 15–31.

Annette M. Baertschi: Nekyiai. Totenbeschwörung und Unterweltsbegegnung im neronisch-flavischen Epos. Diss. Berlin 2013.

Andreas Bagordo: Wie die Griechen (und ihre Helden) beim Warten die Zeit entdeckten. In: Heldenhaftes Warten in der Literatur. Eine Figuration des Heroischen von der Antike bis in die Moderne. Hg. von Isabell Oberle, Dennis Pulina. Baden-Baden 2020 (Paradeigmata 59), S. 23–37.

Nicolas Barker: Aldus Manutius and the Development of Greek Script and Type in the Fifteenth Century. 2. Auflage. New York 1992.

Hans Baron: The Crisis of the Early Italian Renaissance. Civic Humanism and Republican Liberty in an Age of Classicism and Tyranny. Bd. 2. Princeton 1955.

Edward L. Bassett: Hercules and the hero of the Punica. In: The Classical Tradition. Literary and Historical Studies in Honor of Harry Caplan. Hg. von Luitpold Wallach. Ithaca, New York 1966, S. 258–273.

Gustav Bauch: Die Anfänge des Studiums der griechischen Sprache und Literatur in Norddeutschland. Tl. 2. In: Mitteilungen der Gesellschaft für deutsche Erziehungs- und Schulgeschichte 6 (1896), S. 75–98.

Richard Baum, Sebastian Neumeister: Hochherzigkeit. In: Historisches Wörterbuch der Philosophie. Hg. von Joachim Ritter. Bd. 3. Darmstadt 1974, Sp. 1149–1150.

Charles C. Bayley: Petrarch, Charles IV, and the ‚Renovatio Imperii'. In: Speculum 17.3 (1942), S. 323–341.

Franz Beckmann: Mensch und Welt in der Dichtung Vergils. 2. Auflage. Münster 1960.

Antonio Belloni: Storia dei Generi Letterari Italiani. Bd. 8. Mailand 1912.

Andrea Benedetti: Storia di Pordenone. A cura di Daniele Antonini. Pordenone 1964.

Joachim Berger: Herkules – Held zwischen Tugend und Hybris. Ein Europäischer Erinnerungsort der Frühen Neuzeit? In: Auf dem Weg nach Europa. Deutungen, Visionen, Wirklichkeiten. Hg. von Irene Dingel, Matthias Schnettger. Göttingen 2010, S. 79–106.

Jörg J. Berns: Maximilian und Luther. Ihre Rolle im Entstehungsprozeß einer deutschen Nationalliteratur. In: Nation und Literatur im Europa der Frühen Neuzeit. Hg. von Klaus Garber. Tübingen 1989 (Frühe Neuzeit 1), S. 640–668.

Karl Bielohlawek: Das Heldenideal in der Sagendichtung vom troischen Krieg. In: Wiener
    Studien 65 (1950/1951), S. 5–18.
Hildegart Biller: Cato der Jüngere in der lateinischen Rezeption der christlichen Spätantike
    und des frühen Mittelalters. In: Mediaevistik 12 (1999), S. 41–184.
Gerhard Binder: Aeneas und Augustus. Interpretationen zum 8. Buch der *Aeneis*. Meisenheim
    am Glan 1971 (Beiträge zur klassischen Philologie 38).
Gerhard Binder: Vom Mythos zur Ideologie. Rom und seine Geschichte vor und bei Vergil.
    In: Mythos. Erzählende Weltdeutung im Spannungsfeld von Ritual, Geschichte und
    Rationalität. Hg. von Gerhard Binder, Bernd Effe. Trier 1990 (Bochumer
    Altertumswissenschaftliches Colloquium 2), S. 137–161.
Gregor Bitto: Vergimus in senium. Statius' *Achilleis* als Alterswerk. Göttingen 2016.
Maurice Blanchot: Die wesentliche Einsamkeit. Berlin 1959.
Hans Blumenberg: Präfiguration. Arbeit am politischen Mythos. Hg. von Angus Nicholls, Felix
    Heidenreich. Berlin 2014.
Norbert Bolz: Der antiheroische Affekt. In: Merkur. Deutsche Zeitschrift für europäisches
    Denken 63.724/725 (2009), S. 762–771.
Conradin Bonorand: Joachim Vadian und der Humanismus im Bereich des Erzbistums
    Salzburg. St. Gallen 1980 (Vadian-Studien. Untersuchungen und Texte 10).
Jens Börstinghaus: Sturmfahrt und Schiffbruch. Zur lukanischen Verwendung eines
    literarischen Topos in Apostelgeschichte 27,1–28,6. Tübingen 2010 (Wissenschaftliche
    Untersuchungen zum Neuen Testament 2, 274).
Christine Bossmeyer: Visuelle Geschichte in den Zeichnungen und Holzhschnitten zum
    ‚Weißkunig' Kaiser Maximilians. Textband. Ostfildern 2015.
Cecil M. Bowra: Heldendichtung. Eine vergleichende Phänomenologie der heroischen Poesie
    aller Völker und Zeiten. Stuttgart 1964.
Ludwig Braun: Ancilla Calliopeae. Ein Repertorium der neulateinischen Epik Frankreichs
    (1500–1700). Leiden, Boston 2007 (Mittellateinische Studien und Texte 38).
Ludwig Braun: *Fortia facta cano Lodoici* – Über die Heroisierung der Gegenwart durch das
    transformierte Epos der Antike im 17. Jahrhundert. In: Wissensästhetik. Wissen über die
    Antike in ästhetischer Vermittlung. Hg. von Ernst Osterkamp. Berlin, New York 2008
    (Transformationen der Antike 6), S. 161–170.
Ludwig Braun: Über den Wandel epischer Bauformen im lateinischen Epos der Neuzeit.
    In: Hyperboreus 16–17 (2010–2011), S. 479–492.
Ludwig Braun: Warum gibt es im neulateinischen Epos keine Liebe? In: Listy filologické 137
    (2014), S. 339–348.
Georg Braungart: Mythos und Herrschaft. Maximilian I. als Hercules Germanicus.
    Traditionswandel und Traditionsverhalten. Hg. von Walter Haug, Burghart Wachinger.
    Tübingen 1991 (Fortuna vitrea 5), S. 77–95.
Marilynn B. Brewer: A Dual Process Model of Impression Formation. In: Advances in Social
    Congition 1 (1988), S. 1–36.
Ulrich Bröckling: Negationen des Heroischen – ein typologischer Versuch. In: helden.heroes.
    héros. 3.1 (2015), S. 9–13.
Sabine Bruck: Labor in Vergils Aeneis. Frankfurt a. M. u.a. 1993 (Europäische
    Hochschulschriften, Rh. XV 61).
Vinzenz Buchheit: Vergilische Geschichtsdeutung. In: Grazer Beiträge 1 (1973), S. 23–50.
Erich Burck: Das römische Epos. Darmstadt 1979.
Roger Caillois: Les jeux et les hommes (Le masque et le vertige). 7. Auflage. Paris 1958.

Allen Cameron: Claudian. Poetry and Propaganda at the Court of Honorius. Oxford 1970.
Stefania Camilli: Orsini d'Aragona, Gentil Virginio. In: Dizionario Biografico degli Italiani.
    Bd. 79. Rom 2013, S. 721–729.
Joseph Campbell: The Hero with a Thousand Faces. 3. Auflage. Novato 2008 (Bollingen Series 17).
Laura Casarsa: Emiliano Giovanni Stefano detto il Cimbriaco. In: Nuovo Liruti. Dizionario
    biografico dei Friulani. Bd. 2. Hg. von Cesare Scalon. Udine 2009, S. 1014–1018.
Marco Cavina: Imperator Romanorum Triplici Corona Coronatur. Studi sull'incoronazione
    imperiale nella scienza giuridica italiana fra tre et cinquecento. Mailand 1991
    (Pubblicazioni della facoltà di Giurisprudenza 17).
Mario A. Di Cesare: ‚Not less but more heroic': The epic task and the Renaissance hero.
    In: The Yearbook of English Studies 12 (1982), S. 58–71.
Eva von Contzen: On the (Epic) List: Catalogues of Heroes and Literary Form from Homer to
    Omeros. In: Antikes Heldentum in der Moderne: Konzepte, Praktiken. Hg. von Stefan Tilg,
    Anna Novokhatko. Freiburg i. Brsg. 2019 (Paradeigmata 55), S. 231–255.
Marina Coray: Book XIX. Boston, Berlin 2016 (Homer's Iliad. The Basel Commentary).
Lisa Cordes: Kaiser und Tyrann. Die Kodierung und Umkodierung der Herrscherrepräsentation
    Neros und Domitians. Berlin, Boston 2017 (Philologus Supplemente 8).
Iacopo Costa: Heroic Virtue in the Commentary Tradition of the Nicomachean Ethics in the
    Second Half of the Thirteenth Century. In: Virtue Ethics in the Middle Ages. Commentaries
    of Aristotle's Nicomachean Ethics, 1200–1500. Hg. von István P. Bejczy. Leiden, Boston
    2008 (Brill's Studies in Intellectual History 160), S. 153–172.
Wilhelm Derichs: Herakles. Vorbild des Herrschers in der Antike. Diss. Köln 1950.
Will Desmond: Between Gods and Mortals: The Piety of Homeric Kings. In: Homer and the
    Good Ruler in Antiquity and Beyond. Hg. von Jacqueline Klooster, Baukje van den Berg.
    Leiden, Boston 2018 (Mnemosyne Supplements 413), S. 38–64.
Nicolas Detering: Heroischer Fatalismus. Denkfiguren des ‚Durchhaltens' von Nietzsche bis
    Seghers. In: Literaturwissenschaftliches Jahrbuch. Neue Folge 60 (2019), S. 317–338.
Peter Diederichs: Kaiser Maximilian I. als politischer Publizist. Diss. Heidelberg 1931.
Ludwig Doederlein: Lateinische Synonyme und Etymologieen. Tl. 1. Leipzig 1826.
Siegmar Döpp: Claudian und die lateinische Epik zwischen 1300 und 1600. In: Res Publica
    Litterarum. Studies in the Classical Tradition 12 (1989), S. 39–50.
Alfred Doren: Fortuna im Mittelalter und in der Renaissance. In: Vorträge der Bibliothek
    Warburg. Bd. 2.1. Hg. von Fritz Saxl. Leipzig, Berlin 1924, S. 71–144.
Angelika Dörfler-Dierken: Die Verehrung der heiligen Anna in Spätmittelalter und früher
    Neuzeit. Göttingen 1992 (Forschungen zur Kirchen- und Dogmengeschichte 50).
Peter Dronke: The Medieval Poet And His World. Rom 1984 (Storia e Letteratura 164).
Joachim Ebert: Die Gestalt des Thersites in der Ilias. In: Philologus 113 (1969), S. 159–175.
Anthony T. Edwards: Achilles in the Odyssey: Ideologies of Heroism in the Homeric Epic.
    Königstein/Ts. 1985 (Beiträge zur Klassischen Philologie 171).
Erich Egg: Die Münzen Kaiser Maximilians I. Innsbruck o. J. (ca. 1970).
Raphael Einetter: Die Jagd als Leidenschaft in den Briefen und Schriften Maximilians I.
    In: historia.scribere 6 (2014), S. 419–451.
Anja Eisenbeiß: Ein Herrscher formt sein Bild. Die Porträts Kaiser Maximilians. In:
    Maximilianus. Die Kunst des Kaisers. Hg. von Lukas Madersbacher, Erwin Pokorny. Berlin,
    München 2019, S. 28–39.
Falk Eisermann: Buchdruck und politische Kommunikation. Ein neuer Fund zur frühen
    Publizistik Maximilians I. In: Gutenberg-Jahrbuch 77 (2002), S. 76–83.

Karl-Ludwig Elvers: F. Luscinus, C. In: Der Neue Pauly. Hg. von Hubert Cancik, Helmuth
  Schneider. Bd. 4. Stuttgart, Weimar 1998, Sp. 382.
Cornelia Emperer: Kaiser Maximilian I. als *Hercules Germanicus*. Eine Analyse des
  Bärenkampfes im 2. Buch der *Austrias* Riccardo Bartolinis. Diplomarbeit Wien 2016.
Franz-Rainer Erkens: Sakral legitimierte Herrschaft im Wechsel der Zeiten und Räume. Versuch
  eines Überblicks. In: Die Sakralität von Herrschaft. Herrschaftslegitimierung im Wechsel
  der Zeiten und Räume. Hg. von Franz-Rainer Erkens. Berlin 2002, S. 7–32.
Georg Feitscher: Erinnerung und Gedächtnis. In: Compendium heroicum. Hg. von Ronald G.
  Asch u.a. Freiburg i. Brsg. 23.08.2018. DOI: 10.6094/heroicum/erinnerung (letzter Zugriff
  10.11.2019).
Heinrich Fichtenau: Reich und Dynastie im politischen Denken Maximilians I. In: Beiträge zur
  Mediävistik. Ausgewählte Aufsätze. Bd. 1. Hg. von Heinrich Fichtenau. Stuttgart 1975,
  S. 259–269.
Margalit Finkelberg: Odysseus and the Genus ‚Hero‘. In: Greece&Rome 42.1 (1995), S. 1–14.
Georg Finsler: Homer in der Neuzeit. Von Dante bis Goethe. Italien – Frankreich – England –
  Deutschland. Leipzig, Berlin 1912.
Susan T. Fiske, Steven L. Neuberg: A Continuum of Impression Formation, from Category-
  Based to Individuation Processes: Influences of Information and Motivation on Attention
  and Interpretation. In: Advances in Experimental Social Psychology 23 (1990), S. 1–74.
Susan T. Fiske, Shelley E. Taylor: Social Cognition. From Brains to Culture. 2. Auflage. Los
  Angeles u.a. 2013.
John L. Flood: Poets Laureate in the Holy Roman Empire. A Bio-bibliographical Handbook.
  4 Bde. Berlin, New York 2006.
Birgit Franke: Jagd und landesherrliche Domäne. Bilder höfischer Repräsentation in
  Spätmittelalter und Früher Neuzeit. In: Die Jagd der Eliten in den Erinnerungskulturen von
  der Antike bis in die Frühe Neuzeit. Hg. von Wolfram Martini. Göttingen 2000 (Formen der
  Erinnerung 3), S. 189–218.
Hermann Fränkel: Die homerischen Gleichnisse, Göttingen 1921.
Monika Frenzel u.a. (Hg.): Maximilian 1. Aufbruch in die Neuzeit. Innsbruck, Wien 2019.
Stephan Füssel: Der Einfluss der italienischen Humanisten auf die zeitgenössischen
  Darstellungen Kaiser Maximilians I. In: Acta conventus Neo-Latini Bononiensis.
  Proceedings of the Fourth International Congress of Neo-Latin Studies. Hg. von Richard J.
  Schoeck. Binghamton 1985 (Medieval & Renaissance Texts & Studies 37), S. 34–43.
Stephan Füssel: Riccardus Bartholinus Perusinus. Humanistische Panegyrik am Hofe Kaiser
  Maximilians I. Baden-Baden 1987 (Saecula spiritalia 16).
Stephan Füssel: Maximilian I. In: Deutsche Dichter der frühen Neuzeit (1450–1600). Ihr Leben
  und Werk. Hg. von Stephan Füssel. Berlin u.a. 1993, S. 200–216.
Stephan Füssel: Kaiser Maximilian und die Medien seiner Zeit. Der Theuerdank von 1517. Köln
  u.a. 2003.
Stephan Füssel: Die Funktionalisierung der „Türkenfurcht" in der Propaganda Kaiser
  Maximilians I. In: Osmanische Expansion und europäischer Humanismus. Akten des
  interdisziplinären Symposions vom 29. und 30. Mai 2003 im Stadtmuseum Wiener
  Neustadt. Hg. von Franz Fuchs. Wiesbaden 2005 (Pirckheimer Jahrbuch für Renaissance-
  und Humanismusforschung 20), S. 9–30:
Stephan Füssel: Theuerdank. Das Epos des letzten Ritters. Köln 2018.
Karl G. Galinsky: The Herakles Theme. The Adaptations of the Hero in Literature from Homer to
  the Twentieth Century. Oxford 1972.

Karl G. Galinsky: Markus Schauer, Aeneas dux in Vergils Aeneis. Eine literarische Fiktion in augusteischer Zeit. In: Bryn Mawr Classical Review 2008.06.29.

Daniela Galli: Valerii Flacci Argonautica I. Commento. Berlin, New York 2007 (Beiträge zur Altertumskunde 243).

Ursula Gärtner, Karen Blaschka: Similes and comparisons in the epic tradition. In: Structures of Epic Poetry. Bd. 1. Hg. von Christiane Reitz, Simone Finkmann. Berlin, Boston 2019, S. 727–772.

Klaus Garber: Zur Konstitution der europäischen Nationalliteraturen. Implikationen und Perspektiven. In: Nation und Literatur im Europa der Frühen Neuzeit. Hg. von Klaus Garber. Tübingen 1989 (Frühe Neuzeit 1), S. 1–55.

René-Antoine Gauthier: Magnanimité. L'idéal de la grandeur dans la philosophie païenne et dans la théologie chrétienne. Paris 1951.

Andreas Gelz: Der Glanz des Helden. Über das Heroische in der französischen Literatur des 17. bis 19. Jahrhunderts. Göttingen 2016 (Figurationen des Heroischen 2).

Andreas Gelz: Deheroisierung. In: Compendium heroicum. Hg. von Ronald G. Asch u.a. Freiburg i. Brsg. 04.03.2019. DOI: 10.6094/heroicum/dehd1.0 (letzter Zugriff 10.11.2019).

Andreas Gerstacker u.a. (Hg.): Skythen in der lateinischen Literatur. Eine Quellensammlung. Berlin u.a. 2015 (Beiträge zur Altertumskunde 334).

Bernhard Giesen: Triumph and Trauma. Boulder 2004.

Bernhard Giesen: Zwischenlagen. Das Außerordentliche als Grund der sozialen Wirklichkeit. Weilerswist 2010.

Olmo Gölz: Helden und Viele. Typologische Überlegungen zum kollektiven Sog des Heroischen. Implikationen aus der Analyse des revolutionären Iran. In: helden.heroes. héros. Special Issue 7 (2019), S. 7–20.

Peter Götz: Römisches bei Cicero und Vergil. Untersuchung von römischen Zügen und Bezügen in Ciceros De Re Publica und Vergils Aeneis. Diss. Freiburg i. Brsg. 1972.

Werner Goez: Translatio Imperii. Ein Beitrag zur Geschichte des Geschichtsdenkens und der politischen Theorien im Mittelalter und in der frühen Neuzeit. Tübingen 1958.

Ludwig Goppelt: Apokalyptik und Typologie bei Paulus. In: Theologische Literaturzeitung 89.5 (1964), S. 321–344.

Rismag Gordesiani: Prinzipien der Individualisierung der Helden im antiken Epos (Homer, Apollonios Rhodios, Vergil). In: Euphrosyne. Sudies in Ancient Epic and its Legacy in Honor of Dimitris N. Maronitis. Hg. von John N. Kazazis, Antonios Rengakos. Stuttgart 1999, S. 124–131.

Herbert Grabes: Wie aus Sätzen Personen werden … In: Poetica 10 (1978), S. 405–428.

Klaus Graf: Fürstliche Erinnerungskultur. Eine Skizze zum neuen Modell des Gedenkens in Deutschland im 15. und 16. Jahrhundert. In: Les princes et l'histoire du XIVe au XVIIIe siècle. Hg. von Chantal Grell u.a. Bonn 1998 (Pariser historische Studien 47), S. 1–11.

Klaus Graf: Jagd und Erinnerungskultur. Kommentar vom 15. 07. 2001 zur Besprechung von Wolfram Martin: Die Jagd der Eliten in den Erinnerungskulturen von der Antike bis in die Frühe Neuzeit. Göttingen 2000 auf H-Soz-Kult verfügbar unter https://www.hsozkult.de/ publicationreview/id/reb-2548 (letzter Zugriff: 06.08.2020).

Fritz Graf: Fortuna. In: Der Neue Pauly. Hg. von Hubert Cancik, Helmuth Schneider. Bd. 4. Stuttgart, Weimar 1998, Sp. 598–602.

Fritz Graf: Heroenkult. In: Der Neue Pauly. Hg. von Hubert Cancik, Helmuth Schneider. Bd. 5. Stuttgart, Weimar 1998. Sp. 476–480.

Sabine Grebe: Die vergilische Heldenschau. Tradition und Fortwirken. Frankfurt a. M. u.a.
1989 (Studien zur klassischen Philologie 47).

Thomas Greene: The Descent from Heaven. A Study in Epic Continuity. New Haven, London 1963.

Tobias Gregory: From Many Gods to One. Divine Action in Renaissance Epic. Chicago, London
2006.

Jonas Grethlein: Das Geschichtsbild der Ilias. Eine Untersuchung aus phänomenologischer
und narratologischer Perspektive. Göttingen 2006 (Hypomnemata 163).

Christiane Gruber: Between logos (*kalima*) and light (*nur*): Representations of the Prophet
Muhammad in Islamic Painting. In: Muqarnas 26 (2009), S. 229–262.

Armin Gugau: Untersuchungen zum Landshuter Erbfolgekrieg von 1504/1505. Die Schäden
und ihre Behebung. München 2015 (Geschichtswissenschaften 31).

Paul Gwynne: ‚Tu alter Caesar eris': Maximilian I, Vladislav II, Johannes Michael Nagonius and
the *Renovatio Imperii*. In: Journal of the Society for Renaissance Studies 10 (1996),
S. 56–71.

Paul Gwynne: Poets and Princes. The Panegyric Poetry of Johannes Michael Nagonius.
Turnhout 2012 (Courts: Medieval and Renaissance Court Cultures 1).

Paul Gwynne: Epic. In: A Guide to Neo-Latin Literature. Hg. von Victoria Moul. Cambridge 2017,
S. 200–220.

Paul Gwynne: The Poets and the Prince: Silius Italicus, Johannes Michael Nagonius and Gentil
Virginio Orsini, Lord of Bracciano. In: Building Family Identity. The Orsini Castle of
Bracciano from Fiefdom to Duchy (1470–1698). Hg. von Paolo Alei, Max Grossmann.
Oxford u.a. 2019 (Court Cultures of the Middle Ages and Renaissance 5), S. 143–159.

Werner Hager: Das geschichtliche Ereignisbild. Beitrag zu einer Typologie des weltlichen
Geschichtsbildes bis zur Aufklärung. München 1939.

Christoph Haidacher: Maximilians Leben und Taten in 24 Bildern. Die Marmorreliefs am
Grabdenkmal des Kaisers. Mit kunsthistorischen Beschreibungen der Reliefs von
Dorothea Diemer. In: Maximilian. I. Der Kenotaph in der Hofkirche zu Innsbruck. Hg. von
Christoph Haidacher, Dorothea Diemer. Innsbruck, Wien 2004, S. 81–188.

Philip Hardie: The Epic Successors of Virgil. A Study in the Dynamics of a Tradition. Cambridge
1993.

Philip Hardie: Ancient and modern theories of epic. In: Structures of Epic Poetry. Bd. 1. Hg. von
Christiane Reitz, Simone Finkmann. Berlin, Boston 2019, S. 25–50.

Osborne B. Hardison: The Enduring Monument. A Study of the Idea of Praise in Renaissance
Literary Theory and Practice. Westport 1962.

Henriette Harich-Schwarzbauer: Die ‚Mauern' Roms in Claudians De bello Gildonico und De
bello Getico – Diskurse der Angst in den Jahren 398–402. In: Der Fall Roms und seine
Wiederauferstehungen in Antike und Mittelalter. Hg. von Henriette Harich-Schwarzbauer,
Karla Pollmann. Berlin, Boston 2013 (Millennium-Studien zu Kultur und Geschichte des
ersten Jahrtausends n. Chr. 40), S. 37–52.

James Haskins: The Latin Poetry of Leonardo Bruni. In: Humanistica Lovaniensia 39 (1990),
S. 1–39.

Karl Hauck: Geblütsheiligkeit. In: Liber Floridus. Mittellateinische Studien. Paul Lehmann zum
65. Geburtstag am 13. Juli 1949 gewidmet von Freunden, Kollegen und Schülern. Hg. von
Bernhard Bischoff, Suso Brechter. St. Ottilien 1950, S. 187–240.

Georg W. F. Hegel: Phänomenologie des Geistes. Frankfurt a. M. 1986 (Georg Wilhelm
Friedrich Hegel. Werke 3).

Georg W. F. Hegel: Vorlesungen über die Philosophie der Geschichte. Frankfurt a. M. 1986 (Georg Wilhelm Friedrich Hegel. Werke 12).

Georg W. F. Hegel: Vorlesungen über die Ästhetik I. Frankfurt a. M. 1986 (Georg Wilhelm Friedrich Hegel. Werke 13).

Rudolf B. Hein: ‚Gewissen' bei Adrian von Utrecht (Hadrian VI.), Erasmus von Rotterdam und Thomas More. Ein Beitrag zur systematischen Analyse des Gewissensbegriffs in der katholischen nordeuropäischen Renaissance. Diss. Münster 1998.

Alexander Heintzel: Propaganda im Zeitalter der Reformation. Persuasive Kommunikation im 16. Jahrhundert. St. Augustin 1998.

Felix Heinzer u.a.: Einleitung: Relationen zwischen Sakralisierungen und Heroisierungen. In: Sakralität und Heldentum. Hg. von Felix Heinzer u.a. Würzburg 2017 (Helden – Heroisierungen – Heroismen 6), S. 9–18.

Klaus Heitmann: Fortuna und Virtus. Eine Studie zu Petrarcas Lebensweisheit. Köln, Graz 1958 (Studi Italiani 1).

Ursula Hennigfeld: Auferstanden aus Ruinen? Europäische Gründungsmythen in petrarkistischen Sonetten. In: Der Petrarkismus – ein europäischer Gründungsmythos. Hg. von Michael Bernsen, Bernhard Huss. Göttingen 2011 (Gründungsmythen Europas in Literatur, Musik und Kunst 4), S. 129–146.

James Henry: Aeneidea, or critical, exegetical, and aesthetical remarks on the Aeneis. Bd. 1. London 1873.

Oskar Hey: fortis. In: Thesaurus Linguae Latinae 6.1, Sp. 1145–1166.

Nikolaus Himmelmann: Helden und Heroen. In: Helden wie sie. Übermensch – Vorbild – Kultfigur in der griechischen Antike. Hg. von Marion Meyer, Ralf von den Hoff. Freiburg i. Brsg. 2010 (Paradeigmata 13), S. 29–38.

Heinz Hofmann: Von Africa über Bethlehem nach Amerika. In: Von Göttern und Menschen erzählen. Formkonstanzen und Funktionswandel vormoderner Epik. Hg. von Jörg Rüpke. Stuttgart 2001 (Potsdamer Altertumswissenschaftliche Beiträge 4), S. 130–182.

Peter R. Hofstätter: Das Denken in Stereotypen. Göttingen 1960 (Vortragsreihe der niedersächsischen Landesregierung zur Förderung der wissenschaftlichen Forschung in Niedersachsen 15).

Hajo Holborn: Ulrich von Hutten. Göttingen 1969.

Manfred Hollegger: Erwachen vnd aufsten als ein starcker stryter. Zu Formen und Inhalt der Propaganda Maximilians I. In: Propaganda, Kommunikation und Öffentlichkeit (11.–16. Jahrhundert). Hg. von Karel Hruza. Wien 2002 (Denkschriften der Philosophisch-Historischen Klasse der Österreichischen Akademie der Wissenschaften 307; Forschungen zur Geschichte des Mittelalters 6), S. 223–234.

Manfred Hollegger: Maximilian I. (1459–1519). Herrscher und Mensch einer Zeitenwende. Stuttgart 2005.

Manfred Hollegger: „Damit das Kriegsgeschrei den Türken und anderen bösen Christen in den Ohren widerhalle." Maximilians I. Rom- und Kreuzzugspläne zwischen propagierter Bedrohung und unterschätzter Gefahr. In: Maximilians Welt. Kaiser Maximilian I. im Spannungsfeld zwischen Innovation und Tradition. Hg. von Johannes Helmrath u.a. Göttingen 2018 (Berliner Mittelalter- und Frühneuzeitforschung 22), S. 191–208.

Manfred Hollegger: Maximilian I. (1459–1519) und seine Zeit. In: informationen zur deutschdidaktik 3 (2019), S. 17–28.

Tonio Hölscher: Mythen als Exempel der Geschichte. In: Mythos in mythenloser Gesellschaft. Das Paradigma Roms. Hg. von Fritz Graf. Leipzig 1993 (Colloquia Raurica 3), S. 67–87.

Fabian Horn: Held und Heldentum bei Homer. Das homerische Heldenkonzept und seine poetische Verwendung. Tübingen 2014 (Classica Monacensia. Münchener Studien zur Klassischen Philologie 47).

Attilio Hortis: Pordenone e Trieste e un poemetto inedito dei fatti di Pordenone dal 1466 al 1468. Triest 1891.

Luke B. T. Houghton: Virgil's Fourth Ecloge in the Italian Renaissance. Cambridge 2019.

Ole M. Høystad: Kulturgeschichte des Herzens: von der Antike bis zur Gegenwart. Köln u.a. 2006.

Waltraut Hruschka: König Maximilian der Erste und die bayerisch-pfälzischen Erbfolgehändel von 1503–1507. Diss. Graz 1961.

Karel Hruza: Propaganda, Kommunikation und Öffentlichkeit im Mittelalter. In: Propaganda, Kommunikation und Öffentlichkeit (11.–16. Jahrhundert). Hg. von Karel Hruza. Wien 2002 (Denkschriften der Philosophisch-Historischen Klasse der Österreichischen Akademie der Wissenschaften 307 = Forschungen zur Geschichte des Mittelalters 6), S. 9–25.

Johann G. B. Huber: Geschichte der Stadt Burghausen in Oberbayern, aus urkundlichen und anderen Quellen bearbeitet. Burghausen 1862.

Andrea von Hülsen-Esch: Einleitung. In: Inszenierung und Ritual in Mittelalter und Renaissance. Hg. von Andrea von Hülsen-Esch. Düsseldorf 2005 (Studia humaniora 40), S. 7–12.

Wolfgang Irtenkauf: Jakob Mennel, Hofgenealoge Kaiser Maximilians I. In: Literatur und bildende Kunst im Tiroler Mittelalter. Die Iwein-Fresken von Rodenegg und andere Zeugnisse der Wechselwirkung von Literatur und bildender Kunst. Hg. von Egon Kühebacher. Innsbruck 1982 (Innsbrucker Beiträge zur Kulturwissenschaft. Germanistische Reihe 15), S. 53–66.

Stefanie Jahn: Der Troia-Mythos. Rezeption und Transformation in epischen Geschichtsdarstellungen der Antike. Köln u.a. 2007.

Hubert Jedin: Ein Prinzenspiegel für den jungen Maximilian I. In: Archiv für Kulturgeschichte 43 (1961), S. 52–61.

Garth S. Jowett, Victoria O'Donnell: Propaganda & Persuasion. 7. Auflage. Thousand Oaks u.a. 2019.

Monika B. Juhar: Der Romgedanke bei Cola di Rienzo. Diss. Kiel 1977.

Alexander Kagerer: Macht und Medien um 1500. Selbstinszenierungen und Legitimationsstrategien von Habsburgern und Fuggern. Berlin, Boston 2017 (Deutsche Literatur. Studien und Quellen 23).

Otto Kaiser: Gott, Mensch und Geschichte. Studien zum Verständnis des Menschen und seiner Geschichte in der klassischen, biblischen und nachbiblischen Literatur. Berlin, New York 2010 (Beihefte zur Zeitschrift für die alttestamentliche Wissenschaft 413).

Craig Kallendorf: In Praise of Aeneas. Virgil and Epideictic Rhetoric in the Early Italian Renaissance. Hanover, London 1989.

Craig Kallendorf: The Neo-Latin Epic. In: Brill's Encyclopaedia of the Neo-Latin World. Hg. von Philip Ford u.a. Leiden, Boston 2014, S. 449–460.

Pamela Kalning: Kriegslehren in deutschsprachigen Texten um 1400. Seffner, Rothe, Wittenwiler. Münster u.a. 2006.

Alois Kapsner: „De bello Norico". Ein unveröffentlichtes Epos des Abtes Wolfgang Marius von Aldersbach über den Landshuter Erbfolgekrieg. In: Ostbairische Grenzmarken 44 (2002), S. 38–56.

Beate Kellner: Ursprung und Kontinuität. Studien zum genealogischen Wissen im Mittelalter. München 2004.

Beate Kellner, Linda Webers: Genealogische Entwürfe am Hof Kaiser Maximilians I.
(am Beispiel von Jakob Mennels *Fürstlicher Chronik*). In: Zeitschrift für
Literaturwissenschaft und Linguistik 147 (2007), S. 122–149.

Beate Kellner: Formen des Kulturtransfers am Hof Kaiser Maximilians I. Muster genealogischer
Herrschaftslegitimation. In: Kulturtransfer am Fürstenhof. Höfische Austauschprozesse
und ihre Medien im Zeitalter Kaiser Maximilians I. Hg. von Matthias Müller u.a. Berlin
2013 (Schriften zur Residenzkultur 9), S. 52–103.

Katherine C. King: Achilles: Paradigms of the War Hero from Homer to the Middle Ages.
Berkeley u.a. 1987.

Wolfgang Kirsch: Strukturwandel im lateinischen Epos des 4.–6. Jhs. In: Philologus 123 (1979),
S. 38–53.

Elisabeth Klecker: Kaiser Maximilians Homer. In: Wiener Studien 107/108 (1994/1995),
S. 613–637.

Elisabeth Klecker: Impius Aeneas – pius Maximilianus. In: Wiener Humanistische Blätter
37 (1995), S. 50–65.

Elisabeth Klecker: Nachleben antiker Mythologie in der Renaissance und Poetische Habsburg-
Panegyrik in lateinischer Sprache. Zwei Wiener Projekte zur schöpferischen Antike-
Rezeption in der frühen Neuzeit. In: Wolfenbütteler Renaissance Mitteilungen 21.3 (1997),
S. 142–145.

Elisabeth Klecker: Auster und Abspurge. Ein »Habsburg-Mythos« des 16. Jahrhunderts. In:
Renaissancekultur und antike Mythologie. Hg. von Bodo Guthmüller, Wilhelm Kühlmann.
Tübingen 1999 (Frühe Neuzeit 50), S. 167–182.

Elisabeth Klecker: Bella nullos habitura triumphos? Lucans Einfluß auf die Darstellung von
Kriegen im Deutschen Reich. In: Die Wahrnehmung und Darstellung von Kriegen im
Mittelalter und in der Frühen Neuzeit. Hg. von Horst Brunner. Wiesbaden 2000, S. 115–140.

Elisabeth Klecker: Mit Vergil im Seesturm. Parodie und Panegyrik bei Riccardo Bartolini. In:
›Parodia‹ und Parodie. Aspekte intertextuellen Schreibens in der lateinischen Literatur der
Frühen Neuzeit. Hg. von Reinhold Glei, Robert Seidel. Tübingen 2006 (Frühe Neuzeit 120),
S. 321–344.

Elisabeth Klecker: Tapisserien Kaiser Maximilians. Zu Ekphrasen in der neulateinischen
Habsburg-Panegyrik. In: Die poetische Ekphrasis von Kunstwerken. Eine literarische
Tradition der Großdichtung in Antike, Mittelalter und früher Neuzeit. Hg. von Christine
Ratkowitsch. Wien 2006 (Österreichische Akademie der Wissenschaften, Phil.-hist.
Klasse, Sitzungsberichte 735), S. 181–202.

Elisabeth Klecker: Sbruglio, Sbru/ olius, Riccardo Foroiulianus. In: Killy Literaturlexikon.
Hg. von Wilhelm Kühlmann. Bd. 10. Berlin, Boston 2011, Sp. 217–218.

Elisabeth Klecker: Lateinische Epik für Maximilian. In: Kaiser Maximilian I. Ein großer
Habsburger. Hg. von Katharina Kaska. Wien 2019, S. 84–93.

Beda Kleinschmidt: Das Trinubium (Dreiheirat) der hl. Anna in Legende, Liturgie und
Geschichte. In: Theologie und Glaube 20.2 (1928), S. 332–344.

Claudia Knapp: Das Heldenleben Kaiser Maximilians im humanistischen Gewande eines
Carmen heroicum Vergilianum. Diplomarbeit Wien 1994.

Ulrich Knoche: Magnitudo animi. Untersuchungen zur Entstehung und Entwicklung eines
römischen Wertgedankens (Philologus, Supplementbd. 27, Heft 3). Leipzig 1935.

Ari Kohen: Untangling Heroism, Classical Philosophy and the Concept of the Hero. New York,
London 2014.

Alfred Kohler: Expansion und Hegemonie. Internationale Beziehungen 1450–1559. Paderborn u.a. 2008 (Handbuch der Geschichte der Internationalen Beziehungen 1).

Rabea Kohnen: Das mer gehoert zuo eim Ritter auserkorn – Überlegungen zum Theuerdank. In: Maximilians Ruhmeswerk. Künste und Wissenschaften im Umkreis Maximilians I. Hg. von Jan-Dirk Müller, Hans-Joachim Ziegeler. Berlin 2015 (Frühe Neuzeit 190), S. 269–294.

Bernhard König: Transformation und Deformation: Vergils Aeneis als Vorbild spanischer und italienischer Ritterdichtung. Wiesbaden 2000 (Nordrhein-Westfälische Akademie der Wissenschaften, Vorträge G 364).

Norbert Koppensteiner, Christa Angermann (Hg.): Maximilian I.: der Aufstieg eines Kaisers: von seiner Geburt bis zur Alleinherrschaft 1459–1493. Wiener Neustadt 2000.

Hildegart Kornhardt: heros. In: Thesaurus Linguae Latinae 6.3, Sp. 2661–2664.

Reinhart Koselleck: Krise. In: Geschichtliche Grundbegriffe. Historisches Lexikon zur politisch-sozialen Sprache in Deutschland. Bd. 3. Hg. von Otto Brunner u.a. Stuttgart 1982, S. 617–650.

Reinhart Koselleck: Zeitschichten. Studien zur Historik. Frankfurt a. M. 2000.

Andreas Kosuch: Abbild und Stellvertreter Gottes. Der König in herrschaftstheoretischen Schriften des späten Mittelalters. Köln u.a. 2011 (Passauer historische Forschungen 17).

Elisabeth Kovács: Die Heiligen und heiligen Könige der frühen Habsburger (1273–1519). In: Laienfrömmigkeit im späten Mittelalter. Formen, Funktionen, politisch-soziale Zusammenhänge. Hg. von Klaus Schreiner. München 1992 (Schriften des Historischen Kollegs, Kolloquien 20), S. 93–126.

Johann P. Krebs: Antibarbarus der Lateinischen Sprache. Frankfurt a. M. 1843.

Tilman Krischer: Formale Konventionen der homerischen Epik. München 1971 (Zetemata 56).

Susan Kristol Scheinberg: *Labor* and *Fortuna* in Virgil's *Aeneid*. New York, London 1990.

Gerhard Krüger: Die Herkunft des philosophischen Selbstbewußtseins. In: Logos 22 (1933), S. 225–272.

Peter Krüger: Dürers ‚Apokalypse‘. Zur poetischen Struktur einer Bilderzählung der Renaissance. Wiesbaden 1996 (Gratia. Bamberger Schriften zur Renaissanceforschung 28).

Wilhelm Kühlmann: Katalog und Erzählung. Studien zu Konstanz und Wandel einer literarischen Form in der antiken Epik. Diss. Freiburg i. Brsg. 1973.

Werner Kühn: Rüstungsszenen bei Homer und Vergil. In: Gymnasium 64 (1957), S. 28–59.

Hans-Jörg Künast: Die böhmische Schlacht. In: Maximilian I. (1459–1519). Kaiser. Ritter. Bürger zu Augsburg. Hg. von Heidrun Lange-Krach. Augsburg, Regensburg 2019, S. 224–225.

Wolfgang Kullmann: Das Heldenideal der Ilias und die Zeit ihres Dichters. In: Wolfgang Kullmann: Homerische Motive. Beiträge zur Entstehung, Eigenart und Wirkung von Ilias und Odyssee. Hg. von Roland J. Müller. Stuttgart 1992, 264–271.

Jochem Küppers: *Tantarum causas irarum*. Untersuchungen zur einleitenden Bücherdyade der *Punica* des Silius Italicus. Berlin, New York 1986.

Stratis Kyriakidis: Catalogues of Proper Names in Latin Epic Poetry. Lucretius – Virgil – Ovid. Newcastle 2007.

Robert G. D. Laffan: The Empire under Maximilian I. In: The New Cambridge Modern History. Hg. von George R. Potter. Cambridge 2008, S. 194–223.

Vincenzo Lancetti: Memorie intorno ai poeti laureati d'ogni tempo d'ogni nazione. Mailand 1839.

Heidrun Lange-Krach (Hg.): Maximilian I. 1459–1519. Kaiser. Ritter. Bürger zu Augsburg. Augsburg, Regensburg 2019.

Simon Laschitzer: Die Genealogie des Kaisers Maximilian I. In: Jahrbuch der Kunsthistorischen Sammlungen des Allerhöchsten Kaiserhauses 7 (1888), S. 1–46.

Dieter Lau: Der lateinische Begriff *labor*. München 1975.

Alexander Lee: Humanism and Empire. The Imperial Ideal in Fourteenth-Century Italy. Oxford 2018.

Eckard Lefèvre: Cicero und Vergil als literarische Zeugen des Übergangs vom Bürgerkrieg zur Pax Augusta. Von den *Orationes Philippicae* zur *Aeneis*. In: Latein und Griechisch in Baden-Württemberg 35 (2007), S. 32–45.

Thomas Leinkauf: Grundriss Philosophie des Humanismus und der Renaissance (1350–1600). Bd. 1. Hamburg 2017.

Alphons Lhotsky: Apis Colonna. Fabeln und Theorien über die Abkunft der Habsburger. Ein Exkurs zur Cronica Austrie des Thomas Ebendorfer. In: Mitteilungen des Instituts für Österreichische Geschichtsforschung 55 (1944), S. 171–245.

Gian-Giuseppe Liruti: Notizie Delle Vite Ed Opere Scritte Da'Letterati Del Friuli [...]. Bd. 1. Venedig 1760.

Alexander S. Luchins: Primacy-Recency in Impression Formation. In: The Order of Presentation in Persuasion. Hg. von Carl I. Hovland u.a. New Haven 1957, S. 33–61.

Alexander S. Luchins: Experimental Attempts to Minimize the Impact of First Impressions. In: The Order of Presentation in Persuasion. Hg. von Carl I. Hovland u.a. New Haven 1957, S. 62–65.

Walther Ludwig: Vom Jordan zur Donau. Die Rezeption Sannazaros durch Joachim Münsinger von Frundeck. In: Humanistica Lovaniensia 42 (1993), S. 252–258.

Johanna Luggin: Maximilian I. bezwingt die Berge. Der Magnanimus des Richardus Sbrulius. In: Alltag – Albtraum – Abenteuer. Gebirgsüberschreitung und Gipfelsturm in der Geschichte. Hg. von Michael Kasper u.a. Wien u.a. 2015, S. 151–167.

Christopher J. Mackie: Achilles' teachers: Chiron and Phoenix in the *Iliad*. In: Greece&Rome 44 (1997), S. 1–10.

Heather K. S. Madar: History Made Visible: Visible Strategies in the Memorial Project of Maximilian I. Diss. Berkeley 2003.

Felix K. Maier: Kein Held im Zögern sein – die Glorifizierung des Fabius Cunctator bei Silius Italicus. In: helden.heroes.héros 6.1 (2018), S. 5–13.

Stefan Manns: Topik und Gedächtnis. Text-Bild-Relationen und symbolische Kommunikation in der *Ehrenpforte*. In: Kaiser Maximilian I. (1459–1519) und die Hofkultur seiner Zeit. Hg. von Sieglinde Hartmann, Freimut Löser. Wiesbaden 2009, S. 215–229.

Marco Marinčič: Der elegische Staatsmann: *Maecenas* und der augusteische Diskurs. Die Appendix Vergiliana. Pseudoepigraphen im literarischen Kontext. Hg. von Niklas Holzberg. Tübingen 2005 (Classica Monacensia 30), S. 116–141.

Richard P. Martin: The language of Heroes. Speech and Performance in the *Iliad*. Ithaca, London 1989.

David Maskell: The Historical Epic in France (1500–1700). Oxford 1973.

Hanna Z. C. Mason: Appropriate Transgressions: An Intertextual Approach to Problems of Genre and Heroism in Statius' *Achilleid*. Masterarbeit Wellington 2013.

Marie-Sophie Masse: Frühe Neuzeit und Mittelalter zwischen Alterität und Kontinuität. Memoria und translatio im Ambraser Heldenbuch. In: Das Mittelalter des Historismus. Formen und Funktionen in Literatur und Kunst, Film und Technik. Hg. von Mathias Herweg, Stefan Keppler-Tasaki. Würzburg 2015 (Rezeptionskulturen in Literatur- und Mediengeschichte 3), S. 43–63.

Michael Mause: Die Darstellung des Kaisers in der lateinischen Panegyrik. Stuttgart 1994.

William C. McDonald: German medieval Literary Patronage from Charlemagne to Maximilian I. A Critical Commentary with Special Emphasis on Imperial Promotion of Literature. With the collaboration of Ulrich Goebel. Amsterdam 1973.

Thomas Menzel: Der Fürst als Feldherr. Militärisches Handeln und Selbstdarstellung zwischen 1470 und 1550. Dargestellt an ausgewählten Beispielen. Berlin 2003.

Thomas Menzel: Kaiser Maximilian I. und sein Ruhmeswerk. Selbstdarstellung als idealer Ritter, Fürst und Feldherr. In: Militärgeschichtliche Zeitschrift 63.2 (2004), S. 401–427.

Dieter Mertens: Maximilians gekrönte Dichter über Krieg und Frieden. In: Krieg und Frieden im Horizont des Renaissancehumanismus. Hg. von Franz J. Worstbrock. Weinheim 1986, S. 105–123.

Dieter Mertens: Geschichte und Dynastie – zu Methode und Ziel der ‚Fürstlichen Chronik‘ Jakob Mennels. In: Historiographie am Oberrhein im späten Mittelalter und in der Frühen Neuzeit. Hg. von Kurt Andermann. Sigmaringen 1988 (Oberrheinische Studien 7), S. 121–153.

Dieter Mertens: Europäischer Friede und Türkenkrieg im Spätmittelalter. In: Zwischenstaatliche Friedenswahrung in Mittelalter und Früher Neuzeit. Hg. von Heinz Duchhardt. Köln, Wien 1991 (Münsterische Historische Forschungen 1), S. 45–90.

Dean A. Miller: The epic hero. Baltimore, London 2000.

Nina Mindt: Martials ‚epigrammatischer Kanon‘. München 2013 (Zetemata 146).

Klaus Möller: Götterattribute in ihrer Anwendung auf Augustus. Eine Studie über die indirekte Erhöhung des ersten Princeps in der Dichtung seiner Zeit. Idstein 1985 (Wissenschaftliche Schriften im Wissenschaftlichen Verlag Dr. Schulz-Kirchner 9, 101).

Theodor Mommsen: Römisches Staatsrecht. Bd. 1. Leipzig 1887.

Maurizio Moschella: Emiliano, Giovanni Stefano. In: Dizionario biografico degli Italiani. Bd. 42. Rom 1993, S. 613–615.

Christian Müller: M. Imperiosus Torquatus, T. In: Der Neue Pauly. Hg. von Hubert Cancik, Helmuth Schneider. Bd. 7. Stuttgart, Weimar 1999, Sp. 825.

Christian Müller: V. (Maximus) Corvus, M. In: Der Neue Pauly. Hg. von Hubert Cancik, Helmuth Schneider. Bd. 12/1. Stuttgart 2002, Sp. 2093.

Claudia Müller, Isabell Oberle: Durchhalten. In: Compendium heroicum. Hg. von Ronald G. Asch u.a. Freiburg i. Brsg. 12.02.2020. DOI: 10.6094/heroicum/dud1.1.20200212 (letzter Zugriff 02. 07.2021).

Gernot M. Müller: Lectiones Claudianae. Studien zu Poetik und Funktion der politisch-zeitgeschichtlichen Dichtungen Claudians. Heidelberg 2011 (Bibliothek der klassischen Altertumswissenschaften NF 133).

Jan-Dirk Müller: Funktionswandel ritterlicher Epik am Ausgang des Mittelalters. In: Gesellschaftliche Sinnangebote mittelalterlicher Literatur. Hg. von Gert Kaiser. München 1980 (Forschungen zur Geschichte der älteren deutschen Literatur 1), S. 11–35.

Jan-Dirk Müller: Deutsch-lateinische Panegyrik am Kaiserhof und die Entstehung eines neuen höfischen Publikums in Deutschland. In: Europäische Hofkultur im 16. und 17. Jahrhundert. Bd. 2. Hg. von August Buck u.a. Hamburg 1981 (Wolfenbütteler Arbeiten zur Barockforschung 9), S. 133–140.

Jan-Dirk Müller: Gedechtnus. Literatur und Hofgesellschaft um Maximilian I. München 1982 (Forschungen zur Geschichte der älteren deutschen Literatur 2).

Jan-Dirk Müller: Kaiser Maximilian I. In: Die deutsche Literatur des Mittelalters. Verfasserlexikon. Hg. von Kurt Ruh u.a. Bd. 6. Berlin, New York 1987, Sp. 204–236.

Jan-Dirk Müller: Literatur und Kunst unter Maximilian I. In: Kaiser Maximilian I. Bewahrer und Reformer. Hg. von Georg Schmidt-von Rhein. Ramstein 2002, S. 141–150.

Jan-Dirk Müller: ›Episches‹ Erzählen. Erzählformen früher volkssprachiger Schriftlichkeit. Berlin 2017 (Philologische Studien und Quellen 259).

Mathias F. Müller: Rinascimento alla Moderna. Kaiser Maximilian I. als Imitator Antiquorum. Wien 2019.

Matthias Müller: Die Heilige Sippe als dynastisches Rollenspiel. Familiäre Repräsentation in Bildkonzepten des Spätmittelalters und der beginnenden Frühen Neuzeit. In: Die Familie in der Gesellschaft des Mittelalters. Hg. von Karl-Heinz Spieß. Ostfildern 2009 (Vorträge und Forschungen 71), S. 17–49.

Ricarda Müller: Boccaccios Tacitus. Rekonstruktion einer Humanistenhandschrift. In: Rheinisches Museum für Philologie NF 136.2 (1993), S. 164–180.

Stephan Müller, Dennis Wegener: Maximilian als Autor. Der letzte Ritter in den Mühlen seines Ruhmeswerks. In: Maximilianus. Die Kunst des Kaisers. Hg. von Lukas Madersbacher, Erwin Pokorny. München 2019, S. 40–49.

Ernst Münch: Aus Ulrich von Hutten's Jugendgedichten. In: Aletheia 1 (1830), S. 87–94.

Herfried Münkler: Nation als politische Idee im frühneuzeitlichen Europa. In: Nation und Literatur im Europa der Frühen Neuzeit. Hg. von Klaus Garber. Tübingen 1989 (Frühe Neuzeit 1), S. 56–86.

Gregory Nagy: The Epic Hero. In: A Companion to Ancient Epic. Hg. von John M. Foley. Malden u.a. 2005, S. 71–89.

Nina Niedermeier: Heroische Tugend (Katholizismus). In: Compendium heroicum. Hg. von Ronald G. Asch u.a. Freiburg i. Brsg. 13.05.2019. DOI: 10.6094/heroicum/htkd1.0 (letzter Zugriff 10. 08.2021).

Karl-Heinz Niemann: Die Darstellung der römischen Niederlagen in den Punica des Silius Italicus. Bonn 1975 (Habelts Dissertationsdrucke. Klassische Philologie 20).

Alfred Noe: Der Einfluß des italienischen Humanismus auf die deutsche Literatur vor 1600. Ergebnisse jüngerer Forschung und ihre Perspektiven. Tübingen 1993 (Internationales Archiv für Sozialgeschichte, Sonderheft 5).

Heinz Noflatscher: Maximilian I. (1486/93–1519). In: Höfe und Residenzen im spätmittelalterlichen Reich. Ein dynastisch-topographisches Handbuch. Hg. von Werner Paravicini. Ostfildern 2003 (Residenzenforschungen 15.1), S. 351–360.

René Nünlist, Irene De Jong: Homerische Poetik in Stichwörtern. In: Homers Ilias. Gesamtkommentar. Prolegomena. Hg. von Joachim Latacz. München, Leipzig 2000, S. 159–171.

Kurt Nyholm: Jan-Dirk Müller: Gedechtnus. Literatur und Hofgesellschaft um Maximilian I. In: Arbitrium 2.1 (1984), S. 269–272.

Isabell Oberle, Dennis Pulina: Heldenhaftes Warten. Eine Figuration des Heroischen von der Antike bis in die Moderne. In: Heldenhaftes Warten in der Literatur. Eine Figuration des Heroischen von der Antike bis in die Moderne. Hg. von Isabell Oberle, Dennis Pulina. Baden-Baden 2020 (Paradeigmata 59), S. 9–22.

Otto G. Oexle: Soziale Gruppen in der Ständegesellschaft: Lebensformen des Mittelalters und ihre historischen Wirkungen. In: Die Repräsentation der Gruppen. Texte – Bilder – Objekte. Hg. von Otto G. Oexle, Andrea von Hülsen-Esch. Göttingen 1998 (Veröffentlichungen des Max-Planck-Instituts für Geschichte 141), S. 9–44.

Peter Orth: Eine Spur des ‚Ligurinus‘? Der Landshuter Erbfolgekrieg (1504–1505) bei Wolfgang Marius von Aldersbach. In: Mittellateinisches Jahrbuch 51.3 (2016), S. 423–462.

Joachim Ott: Krone und Krönung. Die Verheißung und Verleihung von Kronen in der Kunst von der Spätantike bis zum 1200 und die geistige Auslegung der Krone. Mainz 1998.

Erwin Panofsky: Hercules am Scheidewege und andere antike Bildstoffe in der neueren Kunst. Leipzig, Berlin 1930 (Studien der Bibliothek Warburg 18).

Dante Pattini: Modesti, Publio Francesco. In: Dizionario Biografico degli Italiani. Bd. 75. Rom 2011, S. 209–212.

Harald Patzer: Die Formgesetze des homerischen Epos. Stuttgart 1996 (Schriften der Wissenschaftlichen Gesellschaft an der Johann Wolfgang Goethe-Universität Frankfurt am Main, Geisteswissenschaftliche Reihe 12).

Roland Pauler: Die deutschen Könige und Italien im 14. Jahrhundert. Von Heinrich VII. bis Karl IV. Darmstadt 1997.

Alberto Pavan: Il trionfo all'antica di Massimiliano I imperatore. Il motivo del funerale epico e dei ludi funebri dal VI libro della *Tebaide* di Stazio al *Bellum Noricum* di Riccardo Bartolini. Imitazione letteraria ed esigenze di propaganda. In: Humanistica Lovaniensia 61 (2012), S. 247–277.

Louise Pendry: Soziale Kognition. In: Sozialpsychologie. Hg. von Wolfgang Stroebe u.a. 6. Auflage. Berlin, Heidelberg 2014, S. 107–140.

Christine G. Perkell: Vergil's theodicy reconsidered. In: Vergil at 2000. Commemorative Essays on the Poet and His Influence. Hg. von John D. Bernard. New York 1986, S. 67–83.

Menakhem Perry: Literary Dynamics: How the Order of a Text Creates Its Meanings. In: Poetics Today 1.1–2 (1979), S. 35–36 u. 311–361.

Christian Peters: Mythologie und Politik. Die panegyrische Funktionalisierung der paganen Götter im lateinischen Epos des 15. Jahrhunderts. Münster 2016 (Wissenschaftliche Schriften der WWU Münster, Rh. X 24).

Christian Peters: Narrative structures in Neo-Latin epic from 1440 to 1500. In: Structures of Epic Poetry. Bd. 3. Hg. von Christiane Reitz, Simone Finkmann. Berlin, Boston 2019, S. 257–299.

Michael Pfeifer: Die *Carlias* des Ugolino Verino und die *Austrias* des Riccardo Bartolini. Ein Vergleich zweier Heldengestalten: Karl der Große und Maximilian I. von Habsburg. Masterarbeit Graz 2015.

Martin Pickavé: Thomas von Aquin: Emotionen als Leidenschaften der Seele. In: Handbuch Klassische Emotionstheorien. Von Platon bis Wittgenstein. Hg. von Hilge Landweer, Ursula Renz. Berlin, Boston 2012, S. 185–204.

Ryan Platte: Equine Poetics. Washington 2017 (Hellenic Studies Series 74).

Egert Pöhlmann: Codex Hersfeldensis und Codex Aesians. Zu Tacitus' Agricola. In: Würzburger Jahrbücher 27 (2003), S. 153–160.

Veronika Pokorny: Clementia Austriaca. Studien zur Bedeutung der clementia Principis für die Habsburger im 16. und 17. Jahrhundert. In: Mitteilungen des Instituts für österreichische Geschichtsforschung 86 (1978), S. 310–364.

Heinrich Popitz: Phänomene der Macht. 2. Auflage. Tübingen 1992.

Mechthild Pörnbacher: heros. In: Mittellateinisches Wörterbuch. Bd. 4. Lieferung 7. München 2013, Sp. 998–1000.

Viktor Pöschl: Die Dichtkunst Vergils. Bild und Symbol in der Äneis. 3. Auflage. Berlin 1977.

Viktor Pöschl: Lebendige Vergangenheit. Abhandlungen und Aufsätze zur Römischen Literatur und Ihrem Weiterwirken. Kleine Schriften III. Hg. von Wolf-Lüder Liebermann. Heidelberg 1995 (Bibliothek der klassischen Altertumswissenschaften NF Rh. 2, 92), Heidelberg 1995.

Christina Posselt-Kuhli: Kunstheld versus Kriegsheld? Heroisierung durch Kunst im Kontext von Krieg und Frieden in der Frühen Neuzeit. Baden-Baden 2017 (Helden – Heroisierungen – Heroismen 7).

Franz Posset: Benedictus Chelidonius O.S.B. (c. 1460–1521), a Forgotton Monastic Humanist of the Renaissance. In: The American Benedictine Review 53.4 (2002), S. 426–452.

Dirk Preuß: Begriffsanalytische und philosophiegeschichtliche Perspektiven auf pietas und Pietät. In: Facetten der Pietät. Hg. von Dirk Preuß u.a. München 2015 (ta ethika 15), S. 19–140.

Dennis Pulina: The Impact of Violence as Heroization Technique in Basini's *Hesperis*, Naldi's *Volaterrais* and Filelfo's *Sphortias*. In: Battle Descriptions as Literary Texts. A Comparative Approach. Hg. von Johanna Luggin, Sebastian Fink. Wiesbaden 2020, S. 247–268.

Dennis Pulina: Auspizien im neulateinischen Epos – ein antikes Rechtsinstitut als Mittel frühneuzeitlicher Herrscherpanegyrik. In: Neulateinisches Jahrbuch 22 (2020), S. 217–233.

David Quint: Epic and Empire. Politics and Generic Form from Virgil to Milton. Princeton 1993.

Fidel Rädle: Tugenden, Verdienste, Ordnungen. Zum Herrscherlob in der karolingischen Dichtung. In: Am Vorabend der Kaiserkrönung. Das Epos „Karolus Magnus et Leo papa" und der Papstbesuch in Paderborn 799. Hg. von Peter Godman u.a. Berlin 2002, S. 9–18.

Fidel Rädle: Ulrichs von Hutten lateinischer Kampf gegen Rom. In: Rom und das Reich vor der Reformation. Hg. von Nikolaus Staubach. Frankfurt a. M. u.a. 2004 (Tradition – Reform – Innovation 7), S. 289–302.

Hugo Rahner: Griechische Mythen in christlicher Deutung. Freiburg i. Brsg. u.a. 1984 (Herder Spektrum 4152).

Ludwig Ramshorn: Lateinische Synonymik. Nach Gardin-Dumesnil's Synonymes latins. Tl. 1. Leipzig 1831.

Jan Philipp Reemtsma: Der Held, das Ich und das Wir. In: Mittelweg 36.4 (2009), S. 41–64.

Jan Philipp Reemtsma: Dietrichs mißlungene Brautwerbung. Über Heldengeschichten. In: Gewalt und Heldentum. Hg. von Olmo Gölz, Cornelia Brink. Baden-Baden 2020 (Helden – Heroisierungen – Heroismen 16), S. 33–46.

Tanja Reinhardt: Die habsburgischen Heiligen des Jakob Mennel. Diss. Freiburg i. Brsg. 2002.

Christiane Reitz u.a.: Epic catalogues. In: Structures of Epic Poetry. Bd. 1. Hg. von Christiane Reitz, Simone Finkmann. Berlin, Boston 2019, S. 653–725.

Jacques Ridé: Un chevalier humaniste allemand contre l'or de Rome: Ulrich von Hutten. In: L'or au temps de la Renaissance: Du mythe à l'économie. Hg. von Marie-Thérèse Jones-Davies. Paris 1978, S. 115–123.

Rudolf Rieks, Anton Weische: Hochherzigkeit. In: Historisches Wörterbuch der Philosophie. Hg. von Joachim Ritter u.a. Bd. 3. Darmstadt 1974, Sp. 1147–1149.

Rudolf Rieks: Affekte und Strukturen. Pathos als ein Form- und Wirkprinzip von Vergils Aeneis. München 1989 (Zetemata 68).

Helmut Rizzoli: Die Veroneser Prägungen Maximilians in seinem Dietrich-Bern. Maximilians geprägte Propaganda. In: Der Venezianerkrieg Kaiser Maximilians I. Tagungsbände der Stiftung Bozner Schlösser. Bd. 1. Hg. von Stiftung Bozner Schlösser. Bozen 2019, S. 175–187.

Bernd Roling: Heroische Askese und aristokratische Inszenierung. Überlegungen zur Tugend der magnanimitas in der Philosophie des Mittelalters und der Renaissance. In: Frühmittelalterliche Studien 45.1 (2012), S. 349–370.

Hans-Gert Roloff: Der Arminius des Ulrich von Hutten. In: Arminius und die Varusschlacht. Geschichte – Mythos – Literatur. Hg. von Rainer Wiegels, Winfried Woesler. 3. Auflage. Paderborn u.a. 2003, S. 211–238.

Franz Römer: Kritischer Problem- und Forschungsbericht zur Überlieferung der taciteischen Schriften. In: Aufstieg und Niedergang der römischen Welt. Hg. von Wolfang Haase, Hildegard Temporini. Bd. II 33.3. Berlin, New York 1991, S. 2299–2339.

Franz Römer: Klassische Bildung im Dienst habsburgischer Propaganda: Lateinische Panegyrik in der Donaumonarchie. In: International Journal of the Classical Tradition 5.2 (1998), S. 195–203.

Franz Römer: Aeneas Habsburgus. Rudolf I. in einer epischen Darstellung des 16. Jahrhunderts. In: Wiener Studien 114 (2001), S. 709–724.

Franz Römer: Zur Panegyrik in der Epoche Karls V. In: Karl V. 1500–1558. Neue Perspektiven seiner Herrschaft in Europa und Übersee. Hg. von Alfred Kohler u.a. Wien 2002 (Zentraleuropa-Studien 6), S. 67–82.

Franz Römer, Elisabeth Klecker: Poetische Habsburg-Panegyrik in lateinischer Sprache. Bestände der Österreichischen Nationalbibliothek als Grundlage eines Forschungsprojekts. In: Biblos 43 (1994), S. 183–198.

Martin Rose: Heroic Love. Studies in Sidney and Spencer. Cambridge 1968.

Stefano Fogelberg Rota, Andreas Hellerstedt: Heroische Tugend (Herrschertugend). In: Compendium heroicum. Hg. von Ronald G. Asch u.a. Freiburg i. Brsg. 26.02.2020. DOI: 10.6094/heroicum/hthed1.0.20200226 (letzter Zugriff 10.08.2021).

Solveigh Rumpf-Dorner: »Der Cristenheit zu nutz vnnd gut«. Die Kreuzzugsidee unter Friedrich III. und Maximilian I. In: Kaiser Maximilian I. Ein großer Habsburger. Hg. von Katharina Kaska. Wien 2019, S. 148–165.

Hans Rupprich: Wilibald Pirckheimer und die erste Reise Dürers nach Italien. Wien 1930.

Joycelyne G. Russell: Diplomats at Work. Three Renaissance Studies. Phoenix Mill u.a. 1992.

Kristina Rzehak: Literatur und politischer Umbruch. Die Selbstzeugnisse Baburs und Maximilians I. als Reaktionen auf die Abhängigkeiten und Gefährdungen ihrer Herrschaft. In: Dichter und Lenker. Die Literatur der Staatsmänner, Päpste und Despoten von der Frühen Neuzeit bis in die Gegenwart. Hg. von Patrick Ramponi, Saskia Wiedner. Tübingen 2014, S. 105–123.

Risto Saarinen: *Virtus heroica*. ‚Held' und‚Genie' als Begriffe des christlichen Aristotelismus. In: Archiv für Begriffsgeschichte 33 (1990), S. 96–114.

Gisela Sachse: Maximilian I. und seine Begegnung mit Burgund. In: Kaiser Maximilian I. Bewahrer und Reformer. Hg. von Georg Schmidt-von Rhein. Ramstein 2002, S. 232–250.

Herbert H. Samek: Die „Encomiastica" des Aemilianus Cimbriacus. Studien zur literarischen Technik. Diplomarbeit Wien 1992.

Willy Sanders: Glück. Zur Herkunft und Bedeutungsentwicklung eines mittelalterlichen Schicksalsbegriffs. Köln, Graz 1965 (Niederdeutsche Studien 13).

Franz Sauter: Der römische Kaiserkult bei Martial und Statius. Stuttgart, Berlin 1934 (Tübinger Beiträge zur Altertumswissenschaft 21), S. 54–78.

Alfons Schäfer: Geschichte der Stadt Bretten von den Anfängen bis zur Zerstörung im Jahre 1689. Bretten 1977 (Oberrheinische Studien 4).

Florian Schaffenrath: Narrative Poetry. In: The Oxford Handbook of Neo-Latin. Hg. von Sarah Knight, Stefan Tilg. Oxford 2015, S. 57–71.

Florian Schaffenrath: Riccardo Bartolinis *Austrias* (1516) oder: Wie ein Herrscher zum Feldherrn gegen die Türken wird. In: Portraying the Prince in the Renaissance. The

Humanist Depiction of Rulers in Historiographical and Biographical Texts. Hg. von Patrick Baker u.a. Berlin, Boston 2016 (Transformationen der Antike 44), S. 193–213.

Florian Schaffenrath: Neo-Latin Epic. In: Encyclopedia of Renaissance Philosophy. Hg. von Marco Sgarbi. Cham/CH 2018 (online living edition). DOI: 10.1007/978-3-319-02848-4_852-1 (letzter Zugriff 04.03.2021).

Florian Schaffenrath: Das erste Großepos über Kaiser Maximilian I.: Ein Vergleich der beiden Fassungen der *Encomiastica* des Helius Quinctius Cimbriacus. In: Bibliothèque d'Humanisme et Renaissance 81 (2019), S. 103–140.

Florian Schaffenrath: Narrative structures in Neo-Latin epic: 16th–19th century. In: Structures of Epic Poetry. Bd. 3. Hg. von Christiane Reitz, Simone Finkmann. Berlin, Boston 2019, S. 301–329.

Markus Schauer: Aeneas dux in Vergils Aeneis. Eine literarische Fiktion in augusteischer Zeit. München 2007 (Zetemata 128).

Thomas U. Schauerte: Die Ehrenpforte für Kaiser Maximilian I. Dürer und Altdorfer im Dienst des Herrschers. München u.a. 2001 (Kunstwissenschaftliche Studien 95).

Tine Scheijnen: Quintus of Smyrna's *Posthomerica*. A Study of Heroic Characterization and Heroism. Leiden 2018 (Mnemosyne Supplemente. Late Antique Literature 421).

Peter Schenk: Die Gestalt des Turnus in Vergils Aeneis. Königstein/Taunus 1984.

Albert Schirrmeister: Triumph des Dichters. Gekrönte Intellektuelle im 16. Jahrhundert. Köln u.a. 2003 (Frühneuzeitstudien NF 4).

Albert Schirrmeister: Sbrulius, Richardus in: Deutscher Humanismus 1480–1520. Verfasserlexikon. Hg. von Franz J. Worstbrock. Bd. 2. Berlin, Boston 2013, Sp. 802–819.

Tobias Schlechtriemen: The Hero and a Thousand Actors. On the Constitution of Heroic Agency. In: helden.heroes.héros 4.1 (2016), S. 17–32.

Tobias Schlechtriemen: Der Held als Effekt. *Boundary work* in Heroisierungsprozessen. In: Berliner Debatte Initial 29.1 (2018), S. 106–119.

Tobias Schlechtriemen: Konstitutionsprozesse heroischer Figuren. In: Compendium heroicum. Hg. von Ronald G. Asch u.a. Freiburg i. Brsg. 07.06.2018. DOI: 10.6094/heroicum/konstitutionsprozesse (letzter Zugriff 10. 11.2019).

Tobias Schlechtriemen: Handlungsmacht. In: Compendium heroicum. Hg. von Ronald G. Asch u.a. Freiburg i. Brsg. 14.11.2019. DOI: 10.6094/heroicum/hd1.0.20191114 (letzter Zugriff 25.11.2019).

Utz Schliesky: Souveränität und Legitimität von Herrschaftsgewalt. Die Weiterentwicklung von Begriffen der Staatslehre und des Staatsrechts im europäischen Mehrebenensystem. Tübingen 2004 (Jus Publicum 112).

Herwig Schlögl: Lateinische Hofpoesie unter Maximilian I. Wien 1969.

Alois Schmid: „Poeta et orator a Caesare laureatus". Die Dichterkrönungen Kaiser Maximilians I. In: Historisches Jahrbuch 109 (1989), S. 56–108.

Barbara Schmid: Schreiben für Status und Herrschaft. Deutsche Autobiographik in Spätmittelalter und früher Neuzeit. Zürich 2006.

Karl Schmid: Geblüt. Herrschaft. Geschlechterbewusstsein. Grundfragen zum Verständnis des Adels im Mittelalter. Hg. von Dieter Mertens, Thomas Zotz. Sigmaringen 1998 (Vorträge und Forschungen 44).

Peter Schmid: Landshuter Erbfolgekrieg. In: Von Kaisers Gnaden. 500 Jahre Pfalz-Neuburg. Katalog zur Bayerischen Landesausstellung 2005, Neuburg an der Donau. Hg. von Suzanne Bäumler u.a. Regensburg 2005 (Veröffentlichungen zur Bayerischen Geschichte und Kultur 50/2005), S. 75–105.

Complurium eruditorum vatum carmina, ad magnificum virum D. Blasium Hoelcelium, sacri Caesaris Maximiliani consiliarium […]. Augsburg: o. Dr. 1518.

Continuata procerum series a Noe ad Sicambrum per facultatem theologicam studii Viennensis: Wien, Österreichische Nationalbibliothek, Codex Vat. Pal. 10298.

Johannes Cuspinian: De Caesaribus atque Imperatoribus Romanis opus insigne […]. Straßburg: Schürer 1540.

Depeschen des venezianischen Botschafters bei Erzherzog Philipp, Herzog von Burgund, König von Leon, Castilien, Granada, Dr. Vincenzo Quirino 1505–1506. Hg. von Constantin R. von Höfler. In: Archiv für österreichische Geschichte 66 (1885), S. 45–256.

Martin Dolet: De parta ab Inuictissimo Gallorum Rege Ludovico duodecimo In maximilianum Ducem victoria cum dialogo pacis. Paris: Gourmont [ca. 1508].

Ennius: Annianae poesis reliquiae. Hg. von Johannes Vahlen. Amsterdam 1967.

Erasmus von Rotterdam: Institutio Principis Christiani saluberrimis referta praeceptis […]. Basel: Froben 1516.

Erasmus von Rotterdam: Enchiridion militis Christiani. In: Erasmus von Rotterdam: Ausgewählte Schriften. Bd. 1. Hg. von Werner Welzig. Darmstadt 1968, S. 55–375.

Francesco Filelfo: Sphortias. In: Francesco Filelfo and Francesco Sforza. Critical Edition of Filelfo's Sphortias, De Genuensium deditione, Opera parentalis, and his Polemical Exchange with Galeotto Marzio. Hg. von Jeroen De Keyser. Hildesheim u.a. 2015 (Noctes Neolatinae 22), S. 3–220.

Gian Mario Filelfo: Amyris. Hg. von Aldo Manetti. Bologna 1978 (Letteratura italiana e comparata 10).

Antoine Forestier: De triumphali atque insigni christianissimi invictissimique francorum regis Ludovici duodecimi in venetos victoria. Paris: De Marnef [1509].

Gunther von Pairis: Ligurinus. Hg. von Erwin Assmann. Hannover 1987 (Monumenta Germaniae Historica 63).

Gunther von Pairis: Ligurinus. Ein Lied auf den Kaiser Friedrich Barbarossa. Aus dem Lateinischen übersetzt und erläutert von Gerhard Streckenbach. Mit einer Einführung von Walter Berschin. Sigmaringendorf 1995.

Herrn Erzherzog Maximilians Verkündung, etliche Söldner wider den König von Frankreich und dessen Anhänger zu bestellen: Nürnberg, Stadtarchiv Nürnberg, Reichsstadt Nürnberg, Ratskanzlei, A-Laden, Akten A 141 Nr. 36.

Hesiod: Works and Days. Hg. von Martin L. West. Oxford 1978.

Homer: Ilias. Hg. von Hans Rupé. 2. Auflage. München 1961.

Homer: Odyssee. Übertragen von Anton Weiher mit Urtext, Anhang und Registern. Einführung von A. Heubeck. 14. Auflage. Berlin 2013.

Horaz: Oden und Epoden. Hg. und übers. von Gerhard Fink. Düsseldorf, Zürich 2002.

Ulrich von Hutten: Fortuna. In: Hulderichi Hutteni Eq[itis] Germ[ani] Dialogi. Fortuna. Febris prima. Febris secunda. Trias Romana. Inspicientes. [Mainz]: [Scheffer] 1520, Bll. Aii^r–[Cvi]^r.

Ulrich von Hutten: Arminius Dialogus. In: Ulrichs von Hutten Arminius, Herrmann, ein Dialog, und Georg Spalatinus Geschichte des deutschen Heerführers gegen die Römer, Hermann. Hg. von Friedrich Fröhlich. Berlin 1815, S. 10–57.

Ulrich von Hutten: Aus Ulrich von Hutten's Jugendgedichten. Hg. von Ernst Münch. In: Aletheia 1 (1830), S. 87–94.

Ulrich von Hutten: Ad Crotum Rubianum de statu Romano epigrammata ex urbe missa. In: Vlrichi Hutteni equitis Germani Opera quae reperiri potuerunt omnia. Hg. von Eduard Böcking. Bd. 3: Poetmata. Leipzig 1862, S. 278–283.

Peter Schmid: Die Rolle des Landshuter Erbfolgekrieges in der Politik König Maximilians I.
In: Von Wittelsbach zu Habsburg. Maximilian I. und der Übergang der Gerichte Kufstein, Rattenberg und Kitzbühel von Bayern an Tirol 1504–2004. Hg. von Christoph Haidacher, Richard Schober. Innsbruck 2005, S. 125–144.

Ernst A. Schmidt: Vergils Aeneis als augusteische Dichtung. In: Von Göttern und Menschen erzählen. Formkonstanzen und Funktionswandel vormoderner Epik. Hg. von Jörg Rüpke. Stuttgart 2001 (Potsdamer Altertumswissenschaftliche Beiträge 4), S. 65–92.

Ernst G. Schmidt: Achilleus – Odysseus – Aeneas: Zur Typologie des Vergilischen Helden. In: Listy filologické 106 (1983), S. 24–28.

Georg Schmidt-von Rhein: Maximilian aus der Sicht der Zeitgenossen. Einleitung. In: Kaiser Maximilian I. Bewahrer und Reformer. Hg. von Georg Schmidt-von Rhein. Ramstein 2002, S. 290–292.

Annegrit Schmitt: Der Einfluß des Humanismus auf die Bildprogramme fürstlicher Residenzen. In: Höfischer Humanismus. Hg. von August Buck. Weinheim 1989 (Kommission für Humanismusforschung, Mitteilung 16), S. 215–257.

Tilman Schmitt-Neuerburg: Vergils Äneis und die antike Homerexegese. Berlin, New York 1999 (Untersuchungen zur antiken Literatur und Geschichte 56).

Gerhild Scholz Williams: Vergil in Wien: Bartholinis Austriados Libri XII und Jakob Spiegels Kommentar. In: Acta Conventus Neo-Latini Guelpherbytani. Proceedings of the Sixth International Congress of Neo-Latin Studies. Hg. von Stella P. Revard, Mario A. Di Cesare. Binghamton, New York 1988 (Medieval & Renaissance Texts & Studies 53), S. 171–180.

Hubert Schrade: Götter und Menschen Homers. Stuttgart 1952.

Percy E. Schramm: Kaiser, Rom und Renovatio. Studien und Texte zur Geschichte des römischen Erneuerungsgedankens vom Ende des karolingischen Reiches bis zum Investiturstreit. 3. Auflage. Darmstadt 1962.

Christoph Schubert: Il Teuerdank de l'imperatore Massimiliano I, trasformato in un carmen heroicum virgiliano. In: Studi Umanistici Piceni XXII (2002), S. 169–179.

Friedrich H. Schubert: Riccardo Bartolini. Eine Untersuchung zu seinen Werken über den Landshuter Erbfolgekrieg und den Augsburger Reichstag von 1518. In: Zeitschrift für bayerische Landesgeschichte 19 (1956), S. 95–127.

Martin Schubert: Maximilian und das Ambraser Heldenbuch. Konzeption und Kontingenz im kaiserlichen Buchprojekt. In: Maximilians Welt. Kaiser Maximilian I. im Spannungsfeld zwischen Innovation und Tradition. Hg. von Johannes Helmrath u.a. Göttingen 2018 (Berliner Mittelalter- und Frühneuzeitforschung 22), S. 103–118.

Jochen Schultheiß: Philosophie des Willens und Erzählstruktur: Die Scheidewegszene in den Punica des Silius Italicus. In: Götter und menschliche Willensfreiheit. Von Lucan bis Silius Italicus. Hg. von Thomas Baier. München 2012 (Zetemata 142), S. 255–274.

Joseph Schumacher: Antike Medizin. 2. Auflage. Berlin 1963.

Johannes Schwitalla: Deutsche Flugschriften 1460–1525. Textsortengeschichtliche Studien. Tübingen 1983 (Germanistische Linguistik 45).

Regine Schweers: Albrecht von Bonstetten und die vorländische Historiographie zwischen Burgunder- und Schwabenkriegen. Münster 2005 (Studien und Texte zum Mittelalter und zur frühen Neuzeit 6).

Klaus von See: Was ist Heldendichtung? In: Europäische Heldendichtung. Hg. von Klaus von See. Darmstadt 1978 (Wege der Forschung 500), S. 1–38.

Ulrich Seelbach: Späthöfische Literatur und ihre Rezeption im späten Mittelalter: Studien zum Publikum des ‚Helmbrecht' von Wernher von Gartenaere. Berlin 1987 (Philologische Studien und Quellen 115).

Larry Silver: Der Papier-Kaiser. Burgkmair, Augsburg und das Bild des Kaisers. In: Kaiser Maximilian I. und die Kunst der Dürerzeit. Hg. von Eva Michel, Maria L. Sternath. München u.a. 2012, S. 91–99.

Bruno Snell: Die Entdeckung des Geistes. Studien zur Entstehung des europäischen Denkens bei den Griechen. 7. Auflage Göttingen 1993.

Sonderforschungsbereich 948: Heroisierung. In: Compendium heroicum. Hg. von Ronald G. Asch u.a. Freiburg i. Brsg. 20.02.2018. DOI: 10.6094/heroicum/heroisierung (letzter Zugriff 10.02.2020).

Sonderforschungsbereich 948: Heldentat. In: Compendium heroicum. Hg. von Ronald G. Asch u.a. Freiburg i. Brsg. 22.02.2018. DOI: 10.6094/heroicum/heldentat (letzter Zugriff 10. 02.2020).

Sonderforschungsbereich 948: Held. In: Compendium heroicum. Hg. von Ronald G. Asch u.a. Freiburg i. Brsg. 01.02.2019. DOI: 10.6094/heroicum/hdd1.0 (letzter Zugriff 10.02.2020).

Sonderforschungsbereich 948: Attraktionskraft. In: Compendium heroicum. Hg. von Ronald G. Asch u.a. Freiburg i. Brsg. 04.02.2019. DOI: 10.6094/heroicum/atd1.0 (letzter Zugriff 10. 02.2020).

Sonderforschungsbereich 948: Präfiguration. In: Compendium heroicum. Hg. von Ronald G. Asch u.a. Freiburg i. Brsg. 09.03.2021. DOI: 10.6094/heroicum/pfd1.0.20210309 (letzter Zugriff 18.08.2021).

Violet Soen: Challenges to Clemency: Seneca, Lipsius and the Dutch Revolt. In: Acta Conventus Neo-Latini Upsaliensis. Proceeding of the Fourteenth International Congress of Neo-Latin Studies (Uppsala 2009). Bd. 1. Hg. von Astrid Steiner-Weber u.a. Leiden, Boston 2012, S. 1039–1048.

John Sparrow: Half-Lines and Repetitions in Virgil. Oxford 1931.

Heinrich Spieß: Menschenart und Heldentum in Homers Ilias. Paderborn 1913.

Karl-Heinz Spieß: Idealisiertes Rittertum. Herzog Karl der Kühne von Burgund und Kaiser Maximilian I. In: Die Inszenierung der heroischen Monarchie. Frühneuzeitliches Königtum zwischen ritterlichem Erbe und militärischer Herausforderung. Hg. von Martin Wrede. München 2014, S. 57–75.

Joel Springarn: A History of Literary Cirticism in the Renaissance. New York 1956.

Thomas K. Srull, Robert S. Wyer Jr.: The Role of Category Accessibility in the Interpretation of Information About Persons: Some Determinants and Implications. In: Journal of Personality and Social Psychology 37.10 (1979), S. 1660–1672.

Hubert Stadler: Hercules' Kampf mit dem Seeungeheuer (Val. Fl. 2, 497–549). In: *Ratis omnia vincet*. Untersuchungen zu den Argonautica des Valerius Flaccus. Hg. von Matthias Korn, Hans J. Tschiedel. Hildesheim u.a. 1991 (Spudasmata 48).

Hans-Peter Stahl: Poetry Underpinning Power. Virgil's Aeneid: The Epic for Emperor Augustus. A Recovery Study. Swansea 2016.

William B. Stanford: The Ulysses Theme. A Study in the Adaptability of a Traditional Hero. Oxford 1954.

John M. Steadman: Milton and the Renaissance Hero. Oxford 1967.

Robert B. Steele: The Similes in Latin Epic Poetry. In: Transactions and Proceedings of the American Philological Association 49 (1918), S. 83–100.

Reinhard Steiner: Heldenposen. In: Merkur 63.9/10 (2009), S. 925–933.

Samuel Steinherz: Ein Bericht über die Werke Maximilians I. In: Mitteilungen des Instituts für Österreichische Geschichtsforschung 27 (1906), S. 152–155.

Meir Sternberg: Expositional Modes and Temporal Ordering in Fiction. Baltimore, London 1978.

Charles L. Stinger: The Renaissance in Rome. Bloomington 1985.

Jenny Strauss Clay: How to be a Hero: the Case of Sarpedon. In: Ἀντιφίλησις. Studies on Classical, Byzantine and Modern Greek Literature and Culture. In Honour of John-Theophanes A. Papademetriou. Hg. von Eleni Karamalengou, Eugenia Makrygianni. Stuttgart 2009, S. 30–38.

Markus Stock: Effekte des Authentischen? Selbstentwurf und Referenz in der Autobiographie Joahnns von Soest (1504/05). In: Texttyp und Textproduktion in der deutschen Literatur des Mittelalters. Hg. von Elizabeth Andersen u.a. Berlin, New York 2005 (Trends in Medieval Philology 7), S. 267–283.

Peter Stotz: Handbuch zur lateinischen Sprache des Mittelalters. Bd. 2. München 2000 (Handbuch der Altertumswissenschaft 2, 5).

Joseph Strobl: Studien über die literarische Tätigkeit Kaiser Maximilian I. Berlin 1913.

Peter Strohschneider: Ritterromantische Versepik im ausgehenden Mittelalter. Studien zu einer funktionsgeschichtlichen Textinterpretation der ‚Mörin' Hermanns von Sachsenheim sowie zu Ulrich Fuetrers ‚Persibein' und Maximilians ‚Theuerdanck'. Frankfurt a. M. 1986 (Mikrokosmos 14).

Heinke Stulz: Die Farbe Purpur im frühen Griechentum. Beobachtet in der Literatur und in der bildenden Kunst. Stuttgart 1990 (Beiträge zur Altertumskunde 6).

Elena Taddei: Der Römische König Maximilian aus der Sicht der estensischen Gesandtschaft und das Beispiel eines problematischen Lehensverhältnisses in Reichsitalien. In: Maximilian I. (1459–1519). Wahrnehmung – Übersetzungen – Gender. Hg. von Heinz Noflatscher u.a. Innsbruck u.a. 2011 (Innsbrucker Historische Studien 21).

Stefan Tilg, Ralf von den Hoff: Homerische Helden. In: Compendium heroicum. Hg. von Ronald G. Asch u.a. Freiburg i. Brsg. 26.06.2019. DOI: 10.6094/heroicum/homhd2.0 (letzter Zugriff 10.11.2019).

Nikolaus Thurn: Kommentar zur *Carlias* des Ugolino Verino. München 2002.

Nikolaus Thurn: Heros Aeneas und Iuno, die Hera. Der Wandel des Heldenbegriffes von der Antike zur Neuzeit. In: Vestigia Vergiliana. Vergil-Rezeption in der Neuzeit. Hg. von Thorsten Burkard u.a. Berlin, New York 2010 (Göttinger Forum für Altertumswissenschaft, Beihefte NF 3), S. 9–30.

Fritz Trautz: Die Reichsgewalt in Italien im Spätmittelalter. In: Heidelberger Jahrbücher 7 (1963), S. 45–81.

Uwe Tresp: Söldner aus Böhmen. Im Dienst deutscher Fürsten: Kriegsgeschäft und Heeresorganisation im 15. Jahrhundert. Paderborn 2004 (Krieg in der Geschichte 19).

Mathilde Uhlirz: Das Werden des Gedankens der ‚Renovatio Imperii Romanorum' bei Otto III. In: I problemi comuni dell'Europa post-carolingia. Spoleto 1955 (Settimane di studio del Centro italiano di studi sull'alto medioevo 2), S. 201–219.

Franz Unterkircher: Maximilian I.: ein kaiserlicher Auftraggeber illustrierter Handschriften. Hamburg 1983.

James O. Urmson: Saints and Heroes. In: Essays in Moral Philosophy. Hg. von Abraham I. Melden. Seattle, London 1958, S. 198–216.

Jonathan Usher: Monuments More Enduring than Bronze: Boccaccio and Paper Inscriptions. In: Heliotropia 4.1–2 (2007), S. 21–50.

Hans R. Velten: Triumphzug und Ehrenpforte im Werk Kaiser Maximilians I. Intermediale
    Konstellationen zwischen Aufführung und ‚gedechtnus'. In: Medialität der Prozession.
    Performanz ritueller Bewegung in Texten und Bildern der Vormoderne. Hg. von Katja
    Gvozdeva, Hans R. Velten. Heidelberg 2011 (Germanisch-Romanische Monatsschrift,
    Beiheft 39), S. 247–269.

Giovanni B. Vermiglioli: Memorie di Jacopo Antiquarj et degli studj di amena letteratura escritati
    in Perugia nel secolo decimoquinto con un appendice di monumenti. Perugia 1813.

Giovanni B. Vermiglioli: Bartolini, Riccardo. In: Biografia degli scrittori perugini e notizie delle
    opere loro. Bd. 1. Hg. von Giovanni B. Vermiglioli. Perugia 1828, S. 188–197.

David Vessey: Statius and the Thebaid. Cambridge 1973.

Brian Vickers: Epideictic and Epic in the Renaissance. In: New Literary History 14.3 (1983),
    S. 497–537.

Brian Vickers: Leisure and idleness in the Renaissance: the ambivalence of otium. In:
    Renaissance Studies 4.1 (1990), S. 1–37.

Karl Vocelka: Die Familien Habsburg und Habsburg-Lothringen. Politik – Kultur – Mentalität.
    Wien u.a. 2010.

Kaja M. Vogt: Anger, Present Injustice and Future Revenge in Seneca's De ira. In: Seeing
    Seneca whole. Perspectives on Philosophy, Poetry and Politics. Hg. von Katharina Volk,
    Gareth D. Williams. Leiden, Boston 2006 (Columbia Studies in the Classical Tradition 28),
    S. 57–74.

Ulrich Volp: Die Würde des Menschen. Ein Beitrag zur Anthropologie in der Alten Kirche.
    Leiden, Boston 2006 (Supplements to Vigiliae Christianae 81).

Glenn E. Waas: The Legendary Character of Kaiser Maximilian. New York 1966.

Georg Wagner: Maximilian I. und die politische Propaganda. In: Maximilian I. Katalog der
    Ausstellung Innsbruck. Innsbruck 1969, S. 33–46.

Christine Walde, Helmut Hühn: Zorn. In: Historisches Wörterbuch der Philosophie. Hg. von
    Joachim Ritter u.a. Bd. 12. Basel 2004, Sp. 1382–1390.

Katharina Waldner: Kallisto. In: Der Neue Pauly. Hg. von Hubert Cancik, Helmut Schneider.
    Bd. 6. Stuttgart, Weimar 1999, S. 205.

Andreas Wang: Der ›Miles Christianus‹ im 16. und 17. Jahrhundert und seine mittelalterliche
    Tradition. Ein Beitrag zum Verhältnis von sprachlicher und graphischer Bildlichkeit. Bern,
    Frankfurt a. M. 1975 (Mikrokosmos 1).

Max Weber: Wirtschaft und Gesellschaft. Grundriss der verstehenden Soziologie. 5. Auflage.
    Tübingen 1972.

Max Weber: Gesammelte Aufsätze zur Wissenschaftslehre. Hg. von Johannes Winckelmann. 7.
    Auflage. Tübingen 1988.

Paul Weber: Beiträge zu Dürers Weltanschauung. Eine Studie über die drei Stiche Ritter, Tod
    und Teufel, Melancholie und Hieronymus im Gehäus. Straßburg 1900.

Linda Elisa Webers: Genealogische Herrschaftslegitimierung in Text und Bild. Die ‚Fürstliche
    Chronik' Jakob Mennels und ihr Ort im gedechtnus-Werk Maximilians I. Diss. Dresden
    2014.

Hans van Wees: Status Warriors. War, Violence, and Society in Homer and History. Amsterdam
    1992.

Brigitte Weingart: Faszinationsanalyse. In: Der Stoff, an dem wir hängen. Faszination und
    Selektion von Material in den Kulturwissenschaften. Hg. von Gerald Echterhoff, Michael
    Eggers. Würzburg 2002, S. 19–30.

Sabine Weiss: Maximilian I. Habsburgs faszinierender Kaiser. Innsbruck 2018.

Friedrich H. Weißbach: Sardanapal. In: Pauly's Realencyclopädie der classischen
  Altertumswissenschaft. Hg. von Wilhelm Kroll, Kurt Witte. Rh. 2, Bd. 1, Hbd. 2. Stuttgart
  1920. Sp. 2436–2475.
Volkhard Wels: Der Begriff der Dichtung in der Frühen Neuzeit. Berlin, New York 2009 (Historia
  Hermeneutica. Series Studia 8).
Volkhard Wels: Dichtung als Argumentationstechnik. Eine Interpreation der averroischen
  Bearbeitung der aristotelischen ‚Poetik' in ihren lateinischen Übertragungen. In: Beiträge
  zur Geschichte der deutschen Sprache und Literatur 133.2 (2011), S. 265–289.
Horst Wenzel: Höfische Geschichte. Literarische Tradition und Gegenwartsdeutung in den
  volkssprachigen Chroniken des hohen und späten Mittelalters. Berlin u.a. 1980 (Beiträge
  zur Älteren Deutschen Literaturgeschichte 5).
Klaus Werner: Die Gattung des Epos nach italienischen und französischen Poetiken des
  16. Jahrhunderts. Frankfurt a. M. 1977 (Heidelberger Beiträge zur Romanistik 11).
Cedric H. Whitman: Homer and the Heroic Tradtion. Cambridge 1958.
Claudia Wick: M. Annaeus Lucanus, Bellum Civile, Liber IX. Kommentar. München, Leipzig
  2004 (Beiträge zur Altertumskunde 202).
Claudia Wiener: Chelidonius (Schwalbe, Hirundo, Musophilus), Benedictus. In: Deutscher
  Humanismus 1480–1520. Verfasserlexikon. Hg. von Franz J. Worstbrock. Bd. 1. Berlin, New
  York 2006, Sp. 427–439.
Claudia Wiener: Der ‚Wiener' Kongress von 1515 als literarisches Doppelprojekt. Zum
  Verhältnis von Benedictus Chelidonius' Epos *De conventu Divi Caesaris* zu Johannes
  Cuspinians *Diarium*. In: Iohannes Cuspinianus (1473–1529). Ein Wiener Humanist und
  sein Werk im Kontext. Hg. von Christian Gastgeber, Elisabeth Klecker. Wien 2012
  (Singularia Vindobonensia 2), S. 349–377.
Claudia Wiener: Die Kreuzzüge in der Literatur zur Zeit Maximilians I. In: Das Mittelalter des
  Historismus. Formen und Funktionen in Literatur und Kunst, Film und Technik. Hg. von
  Mathias Herweg, Stefan Keppler-Tasaki. Würzburg 2015 (Rezeptionskulturen in Literatur-
  und Mediengeschichte 3), S. 65–90.
Hermann Wiesflecker: Joseph Grünpecks Redaktionen der lateinischen Autobiographie
  Maximilians I. In: Mitteilungen des Instituts für Österreichische Geschichtsforschung 78
  (1970), S. 416–431.
Hermann Wiesflecker: Kaiser Maximilian I. Das Reich, Österreich und Europa an der Wende zur
  Neuzeit. 4 Bde. Wien 1971/1975/1977/1986.
Hermann Wiesflecker: Maximilian I. in: Neue Deutsche Biographie. Hg. von der Historischen
  Kommission bei der Bayerischen Akademie der Wissenschaften. Bd. 16. Berlin 1990,
  S. 458–471.
Inge Wiesflecker-Friedhuber: Kaiser Maximilian I. und die Stadt Innsbruck. In: Der Innsbrucker
  Hof. Residenz und höfische Gesellschaft in Tirol vom 15. bis 19. Jahrhundert. Hg. von
  Heinz Noflatscher. Wien 2005 (Archiv für österreichische Geschichte 138), S. 125–158.
Ernest H. Wilkins: The Coronation of Petrarch. In: Speculum 18.2 (1943), S. 155–197.
L. P. Wilkinson: Virgil's Theodicy. In: The Classical Quaterly 13.1 (1963), S. 75–84.
Jakob Willis: Glanz und Blendung. Zur Ästhetik des Heroischen im Drama des *Siècle classique*.
  Bielefeld 2018.
Max Wingenroth: Die Kunstdenkmäler des Kreises Offenburg. Tübingen 1908 (Die
  Kunstdenkmäler des Grossherzogtums Baden 7).
Antonie Wlosók: Die Göttin Venus in Vergils Aeneis. Heidelberg 1967 (Bibliothek der
  klassischen Altertumswissenschaften NF 21).

Antonie Wlosók: Zur Funktion des Helden (Aeneas) in Vergils *Aeneis*. In: Klio 67 (1985), S. 216–223.

Susanne Wolf: Die Doppelregierung Kaiser Friedrichs III. und König Maximilians (1486–1493). Köln u.a. 2005 (Beihefte zu J. F. Böhmer, Regesta Imperii 25).

Lukas Wolfinger: Die Herrschaftsinszenierung Rudolfs IV. von Österreich. Strategien – Publikum – Rezeption. Köln 2018.

Harald Wolter-von dem Knesebeck: Bildliche Darstellungen der Jagd zwischen Antike und Mittelalter als Teil der Erinnerungskultur und Repräsentation von Eliten. In: Die Jagd der Eliten in den Erinnerungskulturen von der Antike bis in die Frühe Neuzeit. Hg. von Wolfram Martini. Göttingen 2000 (Formen der Erinnerung 3), S. 39–78.

Francis Wormald: An Italian Poet at the Court of Henry VII. In: Journal of the Warburg and Courtauld Institutes 14.1/2 (1951), S. 118–119.

Franz J. Worstbrock: Das geschichtliche Selbstverständnis des deutschen Humanismus. In: Historizität in Sprach- und Literaturwissenschaft. Vorträge und Berichte der Stuttgarter Germanistentagung 1972. Hg. von Walter Müller-Seidel. München 1974, S. 499–519.

Franz J. Worstbrock: Bartholinus, Riccardus. In: Deutscher Humanismus 1480–1520. Verfasserlexikon. Hg. von Franz J. Worstbrock. Bd. 1. Berlin 2008, S. 120–132.

Martin Wrede: Ohne Furcht und Tadel – für König und Vaterland. Frühneuzeitlicher Hochadel zwischen Familienehre, Ritterideal und Fürstendienst. Ostfildern 2012 (Beihefte der Francia 75).

Andreas Würgler: Medien in der Frühen Neuzeit. München 2009 (Enzyklopädie deutscher Geschichte 85).

Hans-Joachim Ziegeler: Der betrachtende Leser – Zum Verhältnis von Text und Illustration in Kaiser Maximilians I. ‚Teuerdank‘. In: Literatur und bildende Kunst im Tiroler Mittelalter. Die Iwein-Fresken von Rodenegg und andere Zeugnisse der Wechselwirkung von Literatur und bildender Kunst. Hg. von Egon Kühebacher. Innsbruck 1982 (Innsbrucker Beiträge zur Kulturwissenschaft. Germanistische Reihe 15), S. 67–110.

Hans-Joachim Ziegeler: Beobachtungen zur Entstehungsgeschichte von Kaiser Maximilians *Theuerdank*. In: Maximilians Ruhmeswerk. Künste und Wissenschaften im Umkreis Maximilians I. Hg. von Jan-Dirk Müller, Hans-Joachim Ziegeler. Berlin 2015 (Frühe Neuzeit 190), S. 211–254.

Henrike M. Zilling: Jesus als Held. Odysseus und Herakles als Vorbilder christlicher Heldentypologie. Paderborn u.a. 2011.

Bernhard Zimmermann: Episches und tragisches Warten. In: Heldenhaftes Warten in der Literatur. Eine Figuration des Heroischen von der Antike bis in die Moderne. Hg. von Isabell Oberle, Dennis Pulina. Baden-Baden 2020 (Paradeigmata 59), S. 39–56.

Veronika Zink: Das Spiel der Hingabe. Zur Produktion des Idolatrischen. In: Bewunderer, Verehrer, Zuschauer: Die Helden und ihr Publikum. Hg. von Ronald G. Asch, Michael Butter. Würzburg 2016 (Helden – Heroisierungen – Heroismen 2), S. 23–43.

Index locorum

https://doi.org/10.1515/9783110742497-008

Index nominum

https://doi.org/10.1515/9783110742497-009